图书在版编目 (CIP) 数据

国际统计年鉴 = International Statistical Yearbook. 2018 : 汉英对照 / 国家统计局编 . -- 北京 : 中国统计出版社 , 2019.1
ISBN 978-7-5037-8776-8

Ⅰ . ①国… Ⅱ . ①国… Ⅲ . ①统计资料 — 世界 — 2018 — 年鉴 — 汉、英 Ⅳ . ① C831-54

中国版本图书馆 CIP 数据核字 (2019) 第 003172 号

国际统计年鉴—2018

作　　者／国家统计局
责任编辑／郭　栋
封面设计／张　冰　李雪燕
出版发行／中国统计出版社
通信地址／北京市丰台区西三环南路甲 6 号　邮政编码／100073
电　　话／邮购（010）63376909　书店（010）68783171
网　　址／http://www.zgtjcbs.com/
印　　刷／河北鑫兆源印刷有限公司
经　　销／新华书店
开　　本／880 × 1230 毫米　1/16
字　　数／820 千字
印　　张／26.5
版　　别／2019 年 1 月第 1 版
版　　次／2019 年 1 月第 1 次印刷
定　　价／498.00 元　Price: 498.00 yuan (RMB)

本书附同版本 CD-ROM 一张，光盘内容以书面文字为准。
中国统计版图书，如有印装错误，本社发行部负责调换。

《国际统计年鉴－2018》

编委会和编辑出版人员

International Statistical Yearbook - **2018**

EDITORIAL BOARD AND EDITORIAL STAFF

编者说明

一、《国际统计年鉴-2018》是一部综合性的国际经济社会统计资料年刊，收录了世界200多个国家和地区的统计数据，并对其中40多个主要国家和地区的经济社会发展指标及国际组织发布的主要综合评价指标进行了更为详细的收集。

二、本年鉴包括17个部分：1.中国在世界的地位；2.自然资源和环境；3.国民经济核算；4.人口；5.就业人员和劳动报酬；6.投资环境；7.能源；8.财政和金融；9.价格指数；10.居民收支和贫困；11.农业；12.工业和建筑业；13.运输和通讯；14.对外贸易和旅游；15.国际收支和外债；16.教育、科技、文化和卫生；17.经济社会综合评价指标。

三、国外的大部分数据经过联合国等国际组织的调整，口径基本可比。

四、许多国家的最新数据是初步数或预计数。

五、中国数据除国土面积外，均未包括中国台湾地区、香港特别行政区和澳门特别行政区。

六、数据取自有关国际组织的数据库、光盘、年报、月报。每张表前均附有资料来源。

七、个别数据的合计项或相对数，因受进位的影响，不一定等于分项累计数。

八、本年鉴所跨年度内，一些国家的名称和疆域有所改变，除非特别注明，本年鉴中所列国家均为现国家名称及其疆域范围。

九、本年鉴中使用的符号含义如下："…"表示数据不够本表最小单位数；"空格"表示无该项数据或该项统计数据不详；"#"表示其中的主要项；"|"表示因统计口径调整，前后数据不可比。

Editorial Note

I. *International Statistical Yearbook 2018* is an annual comprehensive reference publication on international economic and social statistics. It contains data from as much as 200 countries, regions and territories over the world. More detailed information on the economic and social development of over 40 countries and main comprehensive evaluation indexes of international organizations are also included in the Yearbook.

II. The Yearbook contains the following 17 chapters: China in the World; Geography, Natural Resources and Environmental; National Accounts; Population; Employment and Earnings; Investment Environment; Energy; Government Finance and Banking; Price Index; Household Income and Expenditure and Poverty; Agriculture; Industry and Construction; Transportation and Communication; External Trade and Tourism; Balance of Payments and External Debts; Education, Science and Technology, Culture and Health; Main Comprehensive evaluation indicators.

III. Data for most of the foreign countries or territories have been adjusted by international organizations such as the United Nations, and the scope and coverage is therefore comparable.

IV. The latest data for many countries are preliminary or estimated statistics.

V. All data of China do not cover Taiwan Province, Hong Kong SAR and Macao SAR except data for the surface area.

VI. The data are from the databases, CD-ROMs, yearbooks and monthly publications of international organizations. The sources of data are given at the top of each table in the Yearbook.

VII. Several aggregations or rates may not add up to the sum of the series because of rounding.

VIII. Unless otherwise indicated, the countries included in the Yearbook are the countries under their present names with the present territories, although the names or the boundaries may have changed during the period covered by the Yearbook.

IX. The meanings of the symbols used in the Yearbook are as following,

"…" indicates that the figure is not large enough to be measured with the smallest unit in the table;

"(blank)" indicates that data are not available;

"#" indicates the major items of the total;

"|" indicates that the data to the left are not comparable with those to the right because of the adjustment of scope and coverage.

目　录

CONTENTS

一、中国在世界的地位
China in the World

二、自然资源和环境
Natural Resource and Environment

三、国民经济核算
National Accounts

四、人口
Population

五、就业人员和劳动报酬
Employment and Earnings

六、投资环境
Investment Environment

七、能源
Energy

八、财政和金融
Government Finance and Banking

九、价格指数
Price Indices

十、居民收支和贫困
Household Income and Expenditure and Poverty

十一、农业
Agriculture

十二、工业和建筑业
Industry and Construction

十三、运输和通讯
Transportation and Communication

十四、对外贸易和旅游
External Trade and Tourism

十五、国际收支和外债
Balance of Payments and External Debts

十六、教育、科技、文化和卫生
Education, Science and Technology, Culture and Health

十七、经济社会综合评价指标
Comprehensive Evaluation Indicators

附 录
Appendix

中国在世界的地位

China in the World

1-1 中国主要指标居世界的位次
Ranking of China in the World in Terms of Main Indicators

资料来源：联合国贸发会议数据库、世界贸易组织数据库、世界银行WDI数据库、国际货币基金组织数据库。
Source: UNCTAD Database;WTO Database;World Bank WDI Database;IMF Database.

指　标	Indicator	1978	1980	1990	2000	2010	2016	2017
国土面积	Country Area	4	4	4	4	4	4	4
人　口	Population	1	1	1	1	1	1	1
国内生产总值	Gross Domestic Product	11	12	11	6	2	2	2
人均国民总收入①	GNI per capita ①	175(188)	177(188)	178(200)	141(207)	120(215)	93(217)	70(189)
货物进出口贸易总额	Foreign Trade Total	29	26	16	8	2	2	1
出口额	Exports	31	30	15	7	1	1	1
进口额	Imports	29	22	18	8	2	2	2
外商直接投资	Foreign Direct Investment Inflows	128	55	12	8	2	3	2
对外直接投资	Foreign Direct Investment Outflows	45	63	22	33	5	2	3
外汇储备	Foreign Exchange Reserves	38	36	10	2	1	1	1

注：①括号中所列为参加排序的国家和地区数。
Note:①The number in the parentheses indicates the number of countries or territories the order based on.

1-2 中国主要指标占世界的比重
Major Indicators as Percentage of the World for China

资料来源：联合国贸发会议数据库、世界贸易组织数据库、世界银行WDI数据库、国际货币基金组织数据库、联合国FAO数据库。
Source: UNCTAD Database,WTO Database,World Bank WDI Database,IMF Database,FAO Database.
单位：%　(%)

指　标	Indicator	1978	1980	1990	2000	2010	2016	2017
国土面积	Country Area	7.1	7.1	7.1	7.1	7.1	7.1	7.1
人　口	Mid-year Population	22.3	22.1	21.5	20.6	19.3	18.5	18.4
国内生产总值	Gross Domestic Product	1.8	1.7	1.6	3.6	9.2	14.7	15.2
货物进出口贸易总额	Foreign Trade Total	0.8	0.9	1.6	3.6	9.7	11.4	11.5
出口额	Exports	0.8	0.9	1.8	3.9	10.3	13.1	12.8
进口额	Imports	0.8	1.0	1.5	3.3	9.0	9.7	10.2
外商直接投资	Foreign Direct Investment Inflows		0.1	1.7	3.0	8.3	7.7	9.5
对外直接投资	Foreign Direct Investment Outflows			0.3	0.1	5.0	13.3	8.7
外汇储备	Foreign Exchange Reserves			3.3	8.6	30.7	28.1	27.5
稻谷产量	Rice Production	35.5	35.3	36.5	31.4	27.9	27.9	27.6
小麦产量	Wheat Production	12.1	12.5	16.6	17.0	18.0	17.8	17.4
玉米产量	Maize Production	14.2	15.8	20.0	17.9	20.8	24.0	22.8
大豆产量	Soybeans Production	10.0	9.8	10.1	9.6	5.7	3.8	3.7

1-3 中国农业主要产品产量居世界的位次
Ranking of China in the World in Terms of Major Agricultural Products

资料来源：联合国FAO数据库。
Source: FAO Database.

项 目	Item	1978	1980	1990	2000	2005	2010	2016	2017
谷物	Cereals	2	1	1	1	1	1	1	1
肉类①	Meat①	3	3	2	1	1	1	1	1
籽棉	Seed Cotton	2	2	1	1	1	1	1	2
大豆	Soybeans	3	3	3	4	4	4	5	4
花生	Groundnuts in Shell	2	2	2	1	1	1	1	1
油菜籽	Rapeseed	2	2	1	1	1	1	2	2
甘蔗	Sugar Cane	10	10	4	3	3	3	3	3
茶叶	Tea	2	2	2	2	1	1	1	1
水果	Fruit	6	8	1	1	1	1	1	1

注：①1990年以前为猪、牛、羊肉产量的位次。
Note: ①Data refer to pork,beef and mutton prior to 1990.

1-4 中国工业主要产品产量居世界位次
Ranking of China in the World in Terms of Major Industrial Products

资料来源：联合国统计月报数据库、联合国FAO数据库。
Source: UN Monthly Bulletin of Statistics Database,FAO Database.

项 目	Item	1978	1980	1990	2000	2005	2010	2016	2017
粗 钢	Crude Steel	5	5	4	1	1	1	1	1
煤	Coal	3	3	1	1	1	1	1	1
原 油	Crude Petroleum	8	6	5	5	5	4	5	5
发电量	Electricity	7	6	3	2	2	2	1	1
水 泥	Cement	4	4	1	1	1	1	1	1
化 肥	Fertilizer	3	3	3	1	1	1	1	1
棉 布	Woven Cotton Fabrics	1	1	1	2	2	1	1	1

自然资源和环境

Natural Resource and Environment

2-1 国土面积与人口密度
Country Area and Population Density

资料来源：世界银行WDI数据库。
Source: World Bank WDI Database.
单位：万平方公里 (10 000 sq.km)

国家或地区	Country or Area	国土面积（万平方公里） Surface Area(10 000 sq.km)	人口密度（人/平方公里） Population Density(persons/sq.km)		
		2017	2005	2010	2017
世　界	**World**	**13432.5**	**50.3**	**53.4**	**58.1**
中　国	China	960.0	138.9	142.5	147.7
中国澳门	Macao, China	…	17234.3	18079.8	20546.8
孟加拉国	Bangladesh	14.8	1101.9	1168.9	1265.0
文　莱	Brunei Darussalam	0.6	69.3	73.8	81.4
柬埔寨	Cambodia	18.1	75.2	81.1	90.7
印　度	India	298.0	384.8	414.0	450.4
印度尼西亚	Indonesia	191.1	125.2	133.9	145.7
伊　朗	Iran	174.5	43.2	45.8	49.8
以色列	Israel	2.2	320.3	352.3	402.6
日　本	Japan	37.8	350.5	351.3	347.8
哈萨克斯坦	Kazakhstan	272.5	5.6	6.1	6.7
韩　国	Korea, Rep.	10.0	497.5	509.7	528.0
老　挝	Laos	23.7	24.9	27.1	29.7
马来西亚	Malaysia	33.1	78.1	85.6	96.3
蒙　古	Mongolia	156.4	1.6	1.8	2.0
缅　甸	Myanmar	67.7	74.2	76.8	81.7
巴基斯坦	Pakistan	79.6	199.7	221.3	255.6
菲律宾	Philippines	30.0	289.4	314.3	351.9
中国香港	Hong Kong, China	0.1	6488.8	6689.7	7039.7
新加坡	Singapore	0.1	6191.2	7231.8	7915.7
斯里兰卡	Sri Lanka	6.6	311.4	322.1	342.0
泰　国	Thailand	51.3	128.1	131.6	135.1
越　南	Viet Nam	33.1	271.9	285.3	308.1
埃　及	Egypt	100.2	77.1	84.5	98.0
尼日利亚	Nigeria	92.4	152.6	174.1	209.6
南　非	South Africa	121.9	40.2	42.5	46.8
加拿大	Canada	998.5	3.6	3.7	4.0
墨西哥	Mexico	196.4	55.8	60.4	66.4
美　国	United States	983.2	32.3	33.8	35.6
阿根廷	Argentina	278.0	14.3	15.1	16.2
巴　西	Brazil	851.6	22.4	23.6	25.0
委内瑞拉	Venezuela	91.2	30.4	32.9	36.3
捷　克	Czech Rep.	7.9	132.2	135.6	137.2
法　国	France	54.9	115.4	118.8	122.6
德　国	Germany	35.7	236.5	234.6	237.0
意大利	Italy	30.1	197.1	201.5	205.9
荷　兰	Netherlands	4.2	483.4	492.6	508.5
波　兰	Poland	31.3	124.6	124.2	124.0
俄罗斯	Russia	1709.8	8.8	8.7	8.8
西班牙	Spain	50.6	87.5	93.2	93.1
土耳其	Turkey	78.5	88.2	94.0	104.9
乌克兰	Ukraine	60.4	81.3	79.2	77.4
英　国	United Kingdom	24.4	249.7	259.4	272.9
澳大利亚	Australia	774.1	2.7	2.9	3.2
新西兰	New Zealand	26.8	15.7	16.5	18.2

2-2 土地利用(2016年)
Land Utilization(2016)

资料来源：世界银行WDI数据库。
Source: World Bank WDI Database.
单位：万公顷 (10 000 hectares)

国家或地区	Country or Area	陆地面积 Land Area	耕地面积① Arable Area①	多年生作物面积① Permanent Crop Area①	森林面积① Forest Area①
世　界	**World**	**1297332**	**142593**	**16554**	**399913**
中　国	China	93882	11900	1600	20832
孟加拉国	Bangladesh	1302	776	83	143
文　莱	Brunei Darussalam	53	1	1	38
柬埔寨	Cambodia	1765	380	15	946
印　度	India	29732	15646	1300	7068
印度尼西亚	Indonesia	18116	2350	2250	9101
伊　朗	Iran	16288	1469	179	1069
以色列	Israel	216	30	10	17
日　本	Japan	3646	420	29	2496
哈萨克斯坦	Kazakhstan	26997	2940	13	331
韩　国	Korea, Rep.	975	146	21	618
老　挝	Laos	2308	153	17	1876
马来西亚	Malaysia	3286	95	660	2220
蒙　古	Mongolia	15536	57		1255
缅　甸	Myanmar	6531	1088	155	2904
巴基斯坦	Pakistan	7709	3044	81	147
菲律宾	Philippines	2982	559	535	804
新加坡	Singapore	7	…	…	2
斯里兰卡	Sri Lanka	627	130	100	207
泰　国	Thailand	5109	1681	450	1640
越　南	Viet Nam	3101	700	407	1477
埃　及	Egypt	9955	290	92	7
尼日利亚	Nigeria	9108	3400	650	699
南　非	South Africa	12131	1250	41	924
加拿大	Canada	90935	4361	470	34707
墨西哥	Mexico	19440	2291	269	6604
美　国	United States	91474	15226	260	31010
阿根廷	Argentina	27367	3920	100	2711
巴　西	Brazil	83581	8002	657	49354
委内瑞拉	Venezuela	8821	270	70	4668
捷　克	Czech Rep.	772	314	8	267
法　国	France	5476	1848	99	1699
德　国	Germany	3489	1185	21	1142
意大利	Italy	2941	660	245	930
荷　兰	Netherlands	337	103	4	38
波　兰	Poland	3062	1089	39	944
俄罗斯	Russia	163769	12312	160	81493
西班牙	Spain	5002	1234	470	1842
土耳其	Turkey	7696	2065	328	1172
乌克兰	Ukraine	5793	3254	89	966
英　国	United Kingdom	2419	601	5	314
澳大利亚	Australia	76823	4613	33	12475
新西兰	New Zealand	2633	59	7	1015

注：①2015年数据。
Note:①Data refer to 2015.

2-3 淡水资源(2014年)
Freshwater(2014)

资料来源：世界银行WDI数据库。
Source: World Bank WDI Database.

国家或地区	Country or Area	可再生淡水资源(亿立方米) Total Renewable Internal Freshwater Resources (100 milliom cu.m.)	淡水抽取量 Freshwater Withdrawals			
			占水资源总量的比重(%) % of Internal Resources	农业用水 % for Agriculture	工业用水 % for Industry	生活用水 % for Domestic
世　界	**World**	**428099.6**	**9.1**	**1.3**	**95.4**	**4.2**
高收入国家	**High Income**	**104473.8**	**9.7**	**1.2**	**96.2**	**3.5**
中等收入国家	**Middle Income**	**294136.6**	**9.5**	**14.9**		**85.1**
低收入国家	**Low Income**	**29489.1**	**3.2**	**90.2**	**3.1**	**6.7**
中　国	China	28130.0	21.3	64.6	23.2	12.2
孟加拉国	Bangladesh	1050.0	34.2	87.8	2.2	10.0
文　莱	Brunei Darussalam	85.0	1.1	5.8		
柬埔寨	Cambodia	1206.0	1.8	94.0	1.5	4.5
印　度	India	14460.0	44.8	90.4	2.2	7.4
印度尼西亚	Indonesia	20190.0	5.6	81.9	6.5	11.6
伊　朗	Iran	1285.0	72.6	92.2	1.2	6.7
以色列	Israel	7.5	260.5	57.8	5.8	36.4
日　本	Japan	4300.0	18.9	66.8	14.3	18.9
哈萨克斯坦	Kazakhstan	643.5	31.1	66.2	29.6	4.2
韩　国	Korea, Rep.	648.5	45.0	54.7	15.3	23.7
老　挝	Laos	1904.0	1.8	91.4	4.9	3.7
马来西亚	Malaysia	5800.0	1.9	22.4	42.8	34.8
蒙　古	Mongolia	348.0	1.6	43.9	43.2	12.9
缅　甸	Myanmar	10030.0	3.3	89.0	1.0	10.0
巴基斯坦	Pakistan	550.0	333.6	94.0	0.8	5.3
菲律宾	Philippines	4790.0	17.0	82.2	10.1	7.7
斯里兰卡	Sri Lanka	528.0	24.5	87.3	6.4	6.2
泰　国	Thailand	2245.0	25.5	90.4	4.9	4.8
越　南	Viet Nam	3594.0	22.8	94.8	3.8	1.5
埃　及	Egypt	18.0	4100.0	86.4	5.9	7.8
尼日利亚	Nigeria	2210.0	5.6	53.8	15.0	31.3
南　非	South Africa	448.0	34.6	62.7	6.1	31.2
加拿大	Canada	28500.0	1.4	12.2	80.2	14.2
墨西哥	Mexico	4090.0	20.0	76.7	9.1	14.3
美　国	United States	28180.0	14.9	40.2	46.1	13.7
阿根廷	Argentina	2920.0	12.9	73.9	10.6	15.5
巴　西	Brazil	56610.0	1.3	60.0	17.0	23.0
委内瑞拉	Venezuela	8050.0	2.8	73.8	3.5	22.6
捷　克	Czech Rep.	131.5	12.6	2.3	63.1	34.6
法　国	France	2000.0	14.9	9.5	73.9	16.6
德　国	Germany	1070.0	30.8	0.6	84.0	15.4
意大利	Italy	1825.0	29.5	44.1	35.9	16.9
荷　兰	Netherlands	110.0	97.5	1.1	87.4	11.4
波　兰	Poland	536.0	21.4	9.6	72.7	17.7
俄罗斯	Russia	43120.0	1.4	19.9	59.8	20.2
西班牙	Spain	1112.0	33.1	63.5	20.6	16.0
土耳其	Turkey	2270.0	17.7	73.8	10.7	15.5
乌克兰	Ukraine	551.0	27.0	30.0	48.0	22.0
英　国	United Kingdom	1450.0	5.5	9.2	32.4	58.5
澳大利亚	Australia	4920.0	3.1	65.7	12.8	21.6
新西兰	New Zealand	3270.0	1.6	61.7	22.8	15.6

2-4 人均可再生淡水资源
Renewable Internal Freshwater Resources per Capita

资料来源：世界银行WDI数据库。
Source: World Bank WDI Database.
单位：立方米 (cubic meters)

国家和地区	Country or Area	2011	2012	2013	2014
世　界	**World**	**6122.6**	**6064.2**	**6055.2**	**5920.5**
高收入国家	**High Income**	**8195.3**	**8860.3**	**11404.4**	**8749.8**
中等收入国家	**Middle Income**	**5819.3**	**5613.8**	**4769.7**	**5485.1**
低收入国家	**Low Income**	**5125.4**	**4600.9**	**4972.0**	**4372.2**
中　国	China	2092.8	2082.6	2072.4	2061.9
孟加拉国	Bangladesh	686.9	674.3	670.5	658.7
文　莱	Brunei Darussalam	20909.6	21263.4	20345.4	20645.9
柬 埔 寨	Cambodia	8257.0	8161.4	7968.2	7897.4
印　度	India	1184.1	1144.8	1154.8	1117.6
印度尼西亚	Indonesia	8281.3	8112.2	8080.3	7913.6
伊　朗	Iran	1703.7	1680.8	1659.2	1638.8
以 色 列	Israel	96.6	94.8	93.1	91.3
日　本	Japan	3364.2	3369.1	3376.8	3378.5
哈萨克斯坦	Kazakhstan	3886.2	3832.2	3777.5	3722.2
韩　国	Korea, Rep.	1302.8	1291.8	1291.3	1277.9
老　挝	Laos	29196.6	29679.7	28125.2	28952.0
马来西亚	Malaysia	20167.6	19883.1	19517.5	19187.5
蒙　古	Mongolia	12635.2	12365.8	12257.5	11901.9
缅　甸	Myanmar	19159.2	19671.9	18832.5	19316.6
巴基斯坦	Pakistan	312.2	309.1	302.0	296.4
菲 律 宾	Philippines	5039.3	4944.9	4868.2	4785.1
新 加 坡	Singapore	115.8	112.9	111.1	109.7
斯里兰卡	Sri Lanka	2530.1	2585.1	2577.8	2542.0
泰　国	Thailand	3372.1	3309.1	3350.2	3281.4
越　南	Viet Nam	4091.5	3973.4	4006.3	3883.5
埃　及	Egypt	22.7	20.5	21.9	19.6
尼日利亚	Nigeria	1346.0	1321.0	1272.9	1252.4
南　非	South Africa	885.6	845.3	842.8	821.4
加 拿 大	Canada	82647.1	82013.1	81061.9	80201.8
墨 西 哥	Mexico	3426.6	3385.0	3343.4	3292.5
美　国	United States	9044.0	8974.7	8903.7	8844.3
阿 根 廷	Argentina	6776.5	6936.4	7045.3	6793.6
巴　西	Brazil	27511.6	28225.8	28253.9	27721.0
委内瑞拉	Venezuela	24487.6	26929.3	26475.7	26188.8
捷　克	Czech Rep.	1252.9	1251.1	1250.7	1249.4
法　国	France	3059.4	3046.0	3034.0	3015.9
德　国	Germany	1308.1	1330.4	1326.8	1321.3
意 大 利	Italy	3005.4	3065.2	3029.9	3002.2
荷　兰	Netherlands	659.0	656.5	654.6	652.2
波　兰	Poland	1391.0	1408.2	1409.0	1410.1
俄 罗 斯	Russia	30169.3	30111.4	30054.3	29982.0
西 班 牙	Spain	2408.3	2377.4	2385.2	2392.4
土 耳 其	Turkey	3107.1	3044.1	3029.4	2946.9
乌 克 兰	Ukraine	1161.8	1208.5	1167.3	1217.1
英　国	United Kingdom	2310.7	2276.3	2261.9	2244.1
澳大利亚	Australia	22039.2	21633.5	21274.9	20932.5
新 西 兰	New Zealand	74230.5	74181.6	73613.8	72510.4

2-5 森林覆盖率
Forest Area as Percentage of Land Area

资料来源：世界银行WDI数据库。
Source: World Bank WDI Database.
单位：% (%)

国家或地区	Country or Area	2000	2005	2010	2014	2015
世　界	**World**	**31.3**	**31.1**	**31.0**	**30.9**	**30.8**
高收入国家	**High Income**	**27.4**	**27.4**	**27.4**	**27.5**	**27.6**
中等收入国家	**Middle Income**	**33.6**	**33.4**	**33.4**	**33.2**	**33.1**
低收入国家	**Low Income**	**28.1**	**27.4**	**26.5**	**26.0**	**25.9**
中　国	China	18.9	20.6	21.4	22.0	22.2
孟加拉国	Bangladesh	11.3	11.2	11.1	11.0	11.0
文　莱	Brunei Darussalam	75.3	73.8	72.1	72.1	72.1
柬 埔 寨	Cambodia	65.4	60.8	57.2	54.3	53.6
印　度	India	22.0	22.8	23.5	23.7	23.8
印度尼西亚	Indonesia	54.9	54.0	52.1	50.6	50.2
伊　朗	Iran	5.7	6.6	6.6	6.6	6.6
以 色 列	Israel	7.1	7.2	7.1	7.5	7.6
日　本	Japan	68.2	68.4	68.5	68.5	68.5
哈萨克斯坦	Kazakhstan	1.2	1.2	1.2	1.2	1.2
韩　国	Korea, Rep.	65.2	64.6	64.0	63.5	63.4
老　挝	Laos	71.6	73.1	77.2	80.5	81.3
马来西亚	Malaysia	65.7	63.6	67.3	67.5	67.6
蒙　古	Mongolia	7.5	7.3	8.4	8.1	8.1
缅　甸	Myanmar	53.4	51.0	48.6	45.3	44.5
巴基斯坦	Pakistan	2.7	2.5	2.2	2.0	1.9
菲 律 宾	Philippines	23.6	23.7	22.9	26.2	27.0
新 加 坡	Singapore	24.4	23.7	23.3	23.1	23.1
斯里兰卡	Sri Lanka	35.0	33.8	33.5	33.1	33.0
泰　国	Thailand	33.3	31.5	31.8	32.0	32.1
越　南	Viet Nam	37.7	42.2	45.6	47.2	47.6
埃　及	Egypt	0.1	0.1	0.1	0.1	0.1
尼日利亚	Nigeria	14.4	12.2	9.9	8.1	7.7
南　非	South Africa	7.6	7.6	7.6	7.6	7.6
加 拿 大	Canada	38.2	38.2	38.2	38.2	38.2
墨 西 哥	Mexico	34.9	34.5	34.2	34.0	34.0
美　国	United States	33.1	33.3	33.7	33.9	33.9
阿 根 廷	Argentina	11.6	11.0	10.4	10.0	9.9
巴　西	Brazil	62.4	60.6	59.6	59.2	59.0
委内瑞拉	Venezuela	55.7	54.1	53.9	53.1	52.9
捷　克	Czech Rep.	34.1	34.3	34.4	34.5	34.5
法　国	France	27.9	29.0	30.0	30.8	31.0
德　国	Germany	32.5	32.6	32.7	32.7	32.7
意 大 利	Italy	28.5	29.8	30.7	31.4	31.6
荷　兰	Netherlands	10.7	10.8	11.1	11.1	11.2
波　兰	Poland	29.6	30.0	30.5	30.7	30.8
俄 罗 斯	Russia	49.4	49.4	49.8	49.8	49.8
西 班 牙	Spain	34.0	34.6	36.5	36.8	36.8
土 耳 其	Turkey	13.2	13.9	14.6	15.1	15.2
乌 克 兰	Ukraine	16.4	16.5	16.5	16.6	16.7
英　国	United Kingdom	12.2	12.5	12.6	12.9	13.0
澳大利亚	Australia	16.8	16.6	16.0	16.2	16.2
新 西 兰	New Zealand	38.5	38.7	38.6	38.6	38.6

2–6 二氧化碳排放量
Emissions of Carbon Dioxide

资料来源：世界银行WDI数据库。
Source: World Bank WDI Database.

国家或地区	Country or Area	二氧化碳排放总量（百万吨）Total Emissions of Carbon Dioxide (million metric tons)			人均二氧化碳排放量(吨) Emissions of Carbon Dioxide per Capita (ton)		
		2000	2010	2014	2000	2010	2014
世　界	**World**	**24689.9**	**33472.4**	**36138.3**	**4.0**	**4.8**	**5.0**
中　国	China	3405.2	8776.0	10291.9	2.7	6.6	7.5
中国香港	Hong Kong, China	40.4	40.7	46.2	6.1	5.8	6.4
中国澳门	Macao, China	1.6	1.4	1.3	3.8	2.6	2.2
孟加拉国	Bangladesh	27.9	59.9	73.2	0.2	0.4	0.5
文　莱	Brunei Darussalam	4.7	8.2	9.1	14.1	21.1	22.1
柬埔寨	Cambodia	2.0	5.0	6.7	0.2	0.4	0.4
印　度	India	1031.9	1719.7	2238.4	1.0	1.4	1.7
印度尼西亚	Indonesia	263.4	428.8	464.2	1.3	1.8	1.8
伊　朗	Iran	372.2	573.0	649.5	5.6	7.7	8.3
以色列	Israel	60.3	68.9	64.6	9.6	9.0	7.9
日　本	Japan	1220.5	1171.6	1214.1	9.6	9.2	9.5
哈萨克斯坦	Kazakhstan	118.1	248.6	248.3	7.9	15.2	14.4
韩　国	Korea, Rep.	447.6	566.7	587.2	9.5	11.4	11.6
老　挝	Laos	0.9	1.6	2.0	0.2	0.3	0.3
马来西亚	Malaysia	125.7	218.5	242.8	5.4	7.8	8.0
蒙　古	Mongolia	7.5	13.8	20.8	3.1	5.1	7.1
缅　甸	Myanmar	10.1	12.5	21.6	0.2	0.3	0.4
巴基斯坦	Pakistan	106.5	161.4	166.3	0.8	1.0	0.9
菲律宾	Philippines	73.3	84.9	105.7	0.9	0.9	1.1
新加坡	Singapore	49.0	55.6	56.4	12.2	11.0	10.3
斯里兰卡	Sri Lanka	10.2	13.3	18.4	0.6	0.7	0.9
泰　国	Thailand	181.3	281.9	316.2	2.9	4.2	4.6
越　南	Viet Nam	53.6	142.7	166.9	0.7	1.6	1.8
埃　及	Egypt	141.3	202.7	201.9	2.0	2.4	2.2
尼日利亚	Nigeria	76.1	91.5	96.3	0.6	0.6	0.6
南　非	South Africa	378.7	474.1	489.8	8.3	9.2	9.0
加拿大	Canada	534.4	534.7	537.2	17.4	15.7	15.1
墨西哥	Mexico	398.4	464.3	480.3	3.9	4.0	3.9
美　国	United States	5693.7	5395.5	5254.3	20.2	17.4	16.5
阿根廷	Argentina	142.1	187.9	204.0	3.8	4.6	4.8
巴　西	Brazil	328.0	419.8	529.8	1.9	2.1	2.6
委内瑞拉	Venezuela	152.4	189.1	185.2	6.2	6.5	6.0
捷　克	Czech Rep.	123.9	111.6	96.5	12.1	10.7	9.2
法　国	France	362.2	353.0	303.3	6.0	5.4	4.6
德　国	Germany	830.0	758.9	719.9	10.1	9.3	8.9
意大利	Italy	450.6	405.4	320.4	7.9	6.8	5.3
荷　兰	Netherlands	173.5	183.1	167.3	10.9	11.0	9.9
波　兰	Poland	299.3	316.3	285.7	7.8	8.3	7.5
俄罗斯	Russia	1557.9	1670.5	1705.4	10.6	11.7	11.9
西班牙	Spain	294.4	270.9	234.0	7.3	5.8	5.0
土耳其	Turkey	216.2	298.0	346.0	3.4	4.1	4.5
乌克兰	Ukraine	320.9	304.6	227.3	6.5	6.6	5.0
英　国	United Kingdom	541.8	493.2	419.8	9.2	7.9	6.5
澳大利亚	Australia	329.4	390.9	361.3	17.2	17.7	15.4
新西兰	New Zealand	33.0	31.8	34.7	8.6	7.3	7.7

2-7 空气中不足2.5微米的颗粒物含量
Particulate Matter Content (Diameter Less Than 2.5 Microns) in the Air

资料来源：世界银行WDI数据库。
Source: World Bank WDI Database.

单位：微克/立方米 (micrograms per cubic meter)

国家或地区	Country or Area	2000	2005	2010	2015	2016
世　　界	**World**	**40.5**	**41.8**	**41.9**	**49.1**	**49.7**
中　　国	China	51.6	56.9	58.2	56.4	56.3
孟加拉国	Bangladesh	65.5	80.3	82.4	100.3	101.0
文　　莱	Brunei Darussalam	5.7	7.4	6.4	6.4	6.4
柬埔寨	Cambodia	25.0	28.2	24.6	26.2	26.1
印　　度	India	61.5	65.7	64.6	75.6	75.8
印度尼西亚	Indonesia	16.5	17.1	14.5	16.7	16.7
伊　　朗	Iran	48.0	37.2	48.1	48.6	49.0
以色列	Israel	17.0	16.5	17.9	18.8	18.7
日　　本	Japan	12.4	13.2	12.3	13.1	13.2
哈萨克斯坦	Kazakhstan	16.6	15.0	16.9	19.6	19.7
韩　　国	Korea, Rep.	25.8	25.9	25.2	28.7	28.7
老　　挝	Laos	27.0	30.0	28.0	27.9	27.7
马来西亚	Malaysia	15.9	19.8	15.3	17.5	17.6
蒙　　古	Mongolia	19.2	18.4	20.3	29.2	29.7
缅　　甸	Myanmar	44.2	48.0	45.8	49.0	48.8
巴基斯坦	Pakistan	69.6	63.9	61.4	75.1	75.8
菲律宾	Philippines	25.3	28.1	23.6	23.2	23.2
新加坡	Singapore	19.1	26.9	18.1	24.9	25.0
斯里兰卡	Sri Lanka	30.8	30.4	27.0	25.8	25.6
泰　　国	Thailand	23.8	24.8	22.5	23.3	23.2
越　　南	Viet Nam	27.1	29.2	26.8	26.4	26.3
埃　　及	Egypt	73.5	79.5	90.4	124.9	126.0
尼日利亚	Nigeria	74.5	60.0	51.5	115.1	122.5
南　　非	South Africa	37.1	35.9	29.8	35.5	35.9
加拿大	Canada	7.8	8.1	7.3	7.5	7.5
墨西哥	Mexico	28.9	26.0	20.2	18.9	18.8
美　　国	United States	10.7	10.4	8.6	9.2	9.2
阿根廷	Argentina	15.6	14.8	14.2	14.1	14.1
巴　　西	Brazil	16.2	13.8	11.0	12.6	12.7
委内瑞拉	Venezuela	32.6	28.9	22.7	26.1	26.3
捷　　克	Czech Rep.	21.0	19.3	20.2	19.3	19.2
法　　国	France	12.6	12.3	12.2	11.9	11.9
德　　国	Germany	14.1	13.4	13.7	13.5	13.5
意大利	Italy	15.4	14.2	14.7	15.6	15.5
荷　　兰	Netherlands	15.8	15.3	15.3	15.2	15.2
波　　兰	Poland	26.3	25.2	27.5	25.6	25.6
俄罗斯	Russia	15.3	15.0	16.6	15.5	15.5
西班牙	Spain	10.1	9.9	9.7	10.0	10.0
土耳其	Turkey	30.2	27.7	32.6	37.2	37.3
乌克兰	Ukraine	20.0	17.5	19.3	19.2	19.2
英　　国	United Kingdom	12.7	12.0	11.8	11.5	11.5
澳大利亚	Australia	6.8	6.6	5.9	6.1	6.1
新西兰	New Zealand	6.2	6.1	5.4	5.5	5.5

2-8 国家保护区面积和濒危物种(2017年)
National Protected Areas and Threatened Species(2017)

资料来源：世界银行WDI数据库。
Source: World Bank WDI Database.

单位：% (%)

国家或地区	Country or Area	国家保护区① National Protected ①		濒危物种(种) Threatened Species(number)			
		陆地保护区面积占陆地面积比重 Terrestrial protected areas (% of total land area)	海洋保护区面积占领海面积比重 Marine protected areas (% of territorial waters)	哺乳动物 Mammals	鸟类 Birds	鱼类 Fish	高植株植物 Higher Plants
中　国	China	17.1	3.8	74	93	134	574
中国香港	Hong Kong, China	41.9		4	20	15	9
中国澳门	Macao, China				4	5	
孟加拉国	Bangladesh	4.6	5.4	37	35	29	22
文　莱	Brunei Darussalam	46.9	0.2	33	25	14	111
柬埔寨	Cambodia	26.0	0.2	39	28	49	37
印　度	India	6.0	0.2	94	89	228	390
印度尼西亚	Indonesia	11.9	2.9	191	153	163	437
伊　朗	Iran	8.6	0.8	19	27	46	4
以色列	Israel	19.9	0.0	15	18	45	22
日　本	Japan	19.4	0.5	29	49	77	47
哈萨克斯坦	Kazakhstan	3.3	1.1	16	27	14	16
韩　国	Korea, Rep.	11.2	1.6	11	33	27	31
老　挝	Laos	16.7		45	25	55	53
马来西亚	Malaysia	19.1	1.4	72	55	87	717
蒙　古	Mongolia	17.4		11	24	2	
缅　甸	Myanmar	7.2	0.1	49	52	53	61
巴基斯坦	Pakistan	12.3	0.8	26	32	45	12
菲律宾	Philippines	15.3	1.2	39	93	93	243
新加坡	Singapore	5.6		14	18	29	60
斯里兰卡	Sri Lanka	29.9	0.1	31	16	57	292
泰　国	Thailand	18.8	1.9	59	54	107	153
越　南	Viet Nam	7.6	0.6	56	46	82	204
埃　及	Egypt	13.1	5.0	18	14	54	8
尼日利亚	Nigeria	13.9	0.0	32	20	72	200
南　非	South Africa	14.1	12.1	30	52	120	151
加拿大	Canada	9.7	0.9	14	21	43	17
墨西哥	Mexico	14.3	2.3	93	66	181	430
美　国	United States	13.0	41.1	36	82	251	475
阿根廷	Argentina	8.9	4.0	37	52	41	70
巴　西	Brazil	28.9	1.7	81	172	90	533
委内瑞拉	Venezuela	54.1	3.5	35	51	44	82
捷　克	Czech Rep.	21.7		3	9	2	26
法　国	France	26.0	26.2	9	16	52	42
德　国	Germany	37.7	45.4	5	11	24	36
意大利	Italy	21.5	8.8	8	17	51	86
荷　兰	Netherlands	11.3	21.5	3	10	15	
波　兰	Poland	39.6	22.6	5	11	8	11
俄罗斯	Russia	9.7	3.0	34	57	39	56
西班牙	Spain	28.0	8.7	17	19	80	234
土耳其	Turkey	0.2	0.1	19	20	131	108
乌克兰	Ukraine	4.0	3.4	11	17	24	20
英　国	United Kingdom	28.2	20.2	5	11	47	42
澳大利亚	Australia	17.0	40.7	63	50	123	99
新西兰	New Zealand	32.6	30.3	9	69	35	21

注：①2016年数据。
Note:①Data refer to 2016.

主要统计指标解释

国土面积 是一个国家包括陆地面积和内陆水域在内的总面积，不包括离岸的领海面积。

陆地面积 是一个国家扣除内陆水域面积、国家宣称拥有的大陆架和专属经济区之后的总面积，内陆水域一般包括主要的河流和湖泊。

人口密度 是特定年份每一平方公里国土面积上的人口数量。

耕地面积 是指种植短期作物的土地（种植两季作物的土地面积只计算一次），割草或放牧的短期性草场，供应市场和自用菜园，以及暂时休耕地，不包括因轮垦而抛荒的土地面积。

多年生作物面积 是几年内不需要再重新种植的长期生长作物的土地面积，如可可和咖啡。它包括花卉型的树木和灌木（如玫瑰和茉莉）及苗圃，但不包括归入森林类的树木和多年生草场和牧场。

林业面积 是指天然的或人工种植林木的面积，与林木是否有生产价值无关。

可再生淡水资源 指国内可再生的淡水资源流量，包括国内江河水流量、降水补给的地下水量。

年度淡水抽取量 指水源总抽取量，不计水库的水蒸发量。在淡化水是水资源的重要来源的国家，水资源抽取量还包括来自淡化水厂的水量。抽取量占可再生资源比重可超过百分之百，更多的抽取量来自一次性的含水层或海水淡化厂或此地有较强的水资源再使用能力。工农业的抽取量指用于灌溉、畜牧生产以及工业直接使用的总抽取量(包括热电厂冷却用水抽取量)。民用抽取量包括饮用水、市政用水或供水、公共设施用水、商业机构用水和家庭用水。

森林消失面积 是指林区永久转换作其他用途，包括农业，畜牧，定居点和基础设施。但不包括为重新种植而砍伐的林区或为薪材、酸雨和森林火灾而减少的林区。

国家级保护区 指总面积或部分面积不少于 1000 公顷的全部或部分被保护区域：限制公众进入的科学保护地、国家公园、自然遗址、自然保护区、野生动植物栖息地、受保护的陆地景观及为可持续使用的管理的区域。不包括海洋保护地区、未分类地区、海滨地区和地方或省法律法规保护地。

濒危物种 是国际自然与自然资源保护联合会划分的有灭绝危险的、脆弱的、稀少的、不确定的、脱离危险的或未充分认知的物种。

高等植物 形态上有根、茎、叶分化，又称茎叶体植物（仅指开花植物）。

Explanatory Notes on Main Statistical Indicators

Surface Area is a country total area including land area and inland water bodies, but excluding offshore territorial waters.

Land Area is a country's total area, excluding area under inland water bodies, national claims to continental shelf, and exclusive economic zones. In most cases the definition of inland water bodies includes major rivers and lakes.

Population Density is number of persons in the total population for a given year per square kilometre of total surface area.

Arable Area includes land defined by the FAO as land under temporary crops (double-cropped areas are counted once), temporary meadows for mowing or for pasture, land under market or kitchen gardens, and land temporarily fallow. Land abandoned as a result of shifting cultivation is excluded. Data for "Arable land" are not meant to indicate the amount of land that is potentially cultivable.

Permanent Crop Area is the land cultivated with long-term crops which do not have to be replanted for several years (such as cocoa and coffee); land under trees and shrubs producing flowers, such as roses and jasmine; and nurseries (except those for forest trees, which should be classified under "forest"). Permanent meadows and pastures are excluded from land under permanent crops.

Forest Area is land under natural or planted stands of trees, whether productive or not.

Renewable Internal Freshwater Resources Flows refer to internal renewable resources (internal river flows and groundwater from rainfall) in the country.

Annual Freshwater Withdrawals refer to total water withdrawals, not counting evaporation losses from storage basins. Withdrawals also include water from desalination plants in countries where they are a significant source. Withdrawals can exceed 100 percent of total renewable resources where extraction from nonrenewable aquifers or desalination plants is considerable or where there is significant water reuse. Withdrawals for agriculture and industry are total withdrawals for irrigation and livestock production and for direct industrial use (including withdrawals for cooling thermoelectric plants). Withdrawals for domestic uses include drinking water, municipal use or supply, and use for public services, commercial establishments, and homes.

Deforested Area is the permanent conversion of natural forest area to other uses, including agriculture, ranching, settlements, and infrastructure. Deforested areas do not include areas logged but intended for regeneration or areas degraded by fuel-wood gathering, acid precipitation, or forest fires.

National Protected Areas are totally or partially protected areas of at least 1,000 hectares that are designated as scientific reserves with limited public access, national parks, natural monuments, nature reserves or wildlife sanctuaries, protected landscapes, and areas managed mainly for sustainable use. Marine areas, unclassified areas, and littoral (intertidal) areas are excluded. The data also do not include sites protected under local or provincial law.

Threatened Species are the number of species classified by the IUCN as endangered, vulnerable, rare, indeterminate, out of danger, or insufficiently known.

Higher Plants are native vascular plant species (flowering plants only).

国民经济核算

National Accounts

3-1 国内生产总值(现价美元)
Gross Domestic Product(USD)

资料来源：世界银行WDI数据库。
Source: World Bank WDI Database.
单位：亿美元 (100 million USD)

国家或地区	Country or Area	2000	2005	2010	2015	2016	2017
世　界	**World**	**335717**	**474118**	**659567**	**748427**	**759368**	**806838**
高收入国家	**High Income**	**278990**	**378289**	**457193**	**483224**	**492819**	**514754**
中等收入国家	**Middle Income**	**55236**	**93688**	**198539**	**260058**	**261578**	**286827**
中等偏下收入国家	**Lower Middle Income**	**12718**	**20912**	**44915**	**57888**	**60368**	**65042**
中等偏上收入国家	**Upper Middle Income**	**42518**	**72776**	**153624**	**202108**	**201089**	**221684**
中低收入国家	**Low and Middle Income**	**56623**	**95731**	**202418**	**265346**	**266636**	**292368**
东亚和太平洋	**East Asia and Pacific**	**17352**	**31071**	**78824**	**132711**	**135093**	**147423**
欧洲和中亚	**Europe and Central Asia**	**6983**	**16809**	**30953**	**30749**	**29433**	**33005**
拉丁美洲和加勒比	**Latin America and Caribbean**	**17975**	**23755**	**44748**	**43756**	**42638**	**47231**
中东和北非国家	**Middle East and North Africa**	**4517**	**6984**	**13835**	**14352**	**14447**	**14317**
南　亚	**South Asia**	**6150**	**10286**	**20421**	**26953**	**29031**	**32917**
撒哈拉以南非洲	**Sub-Saharan Africa**	**3663**	**6829**	**13633**	**16087**	**15110**	**16472**
低收入国家	**Low Income**	**1410**	**2055**	**3848**	**5301**	**5018**	**5497**
最不发达地区	**Least Developed Countries**	**2039**	**3201**	**6615**	**9283**	**9297**	**10626**
重债穷国	**Heavily Indebted Poor Countries**	**1559**	**2435**	**4690**	**6400**	**6522**	**7288**
中　国	China	12113	22860	61006	110647	111910	122377
中国香港	Hong Kong, China	1717	1816	2286	3094	3209	3414
中国澳门	Macao, China	67	121	281	454	453	504
阿富汗	Afghanistan		63	159	192	195	208
阿尔巴尼亚	Albania	36	82	119	114	119	130
阿尔及利亚	Algeria	548	1032	1612	1659	1590	1704
安道尔	Andorra	14	33	34	28	29	30
安哥拉	Angola	91	282	825	1026	953	1242
安提瓜和巴布达	Antigua and Barbuda	8	10	12	14	15	15
阿根廷	Argentina	2842	1987	4236	5947	5549	6376
亚美尼亚	Armenia	19	49	93	106	105	115
阿鲁巴岛	Aruba	19	23	25			
澳大利亚	Australia	4150	6926	11443	13490	12080	13234
奥地利	Austria	1968	3160	3919	3821	3908	4166
阿塞拜疆	Azerbaijan	53	132	529	531	379	407
巴哈马	Bahamas	81	98	101	118	118	122
巴　林	Bahrain	91	160	257	311	322	353
孟加拉国	Bangladesh	534	694	1153	1951	2214	2497
巴巴多斯	Barbados	31	39	45	46	45	48
白俄罗斯	Belarus	127	302	572	565	477	544
比利时	Belgium	2379	3874	4835	4550	4675	4927
伯利兹	Belize	8	11	14	18	18	18
贝　宁	Benin	26	48	70	83	86	93
百慕大	Bermuda	35	49	57			
不　丹	Bhutan	4	8	16	21	22	25
玻利维亚	Bolivia	84	95	196	330	339	375
波　黑	Bosnia and Herzegovinian	55	112	172	162	169	182
博茨瓦纳	Botswana	58	99	128	144	156	174
巴　西	Brazil	6554	8916	22089	18022	17940	20555
文　莱	Brunei Darussalam	60	95	137	129	114	121
保加利亚	Bulgaria	132	296	506	502	532	568
布基纳法索	Burkina Faso	26	55	90	104	114	129
布隆迪	Burundi	9	11	20	31	30	35
柬埔寨	Cambodia	37	63	112	180	200	222
喀麦隆	Cameroon	101	179	261	309	322	348
加拿大	Canada	7423	11694	16135	15596	15358	16530
佛得角	Cape Verde	5	10	17			
中　非	Central African Rep.	9	13	20	16	18	19

3-1 续表 1 continued

单位：亿美元 (100 million USD)

国家或地区	Country or Area	2000	2005	2010	2015	2016	2017
乍　　得	Chad	14	66	107	110	94	100
海峡群岛	Channel Islands	64	88				
智　　利	Chile	779	1230	2185	2440	2500	2771
哥伦比亚	Colombia	999	1466	2870	2915	2801	3092
科 摩 罗	Comoros	2	4	5	6	6	6
刚果(金)	Congo, Dem. Rep.	191	120	216	379	350	372
刚果(布)	Congo, Rep.	32	61	120	86	78	87
哥斯达黎加	Costa Rica	149	200	373	548	570	571
科特迪瓦	Cote D'Ivoire	107	171	249	331	364	404
克罗地亚	Croatia	218	454	598	494	513	548
古　　巴	Cuba	306	426	643	871		
塞浦路斯	Cyprus	102	187	256	197	202	217
捷　　克	Czech Rep.	616	1363	2075	1868	1953	2157
丹　　麦	Denmark	1642	2645	3220	3013	3069	3249
吉 布 提	Djibouti	6	7	11	16	18	18
多米尼克	Dominica	3	4	5	5	6	6
多米尼加	Dominican Rep.	243	361	540	688	723	759
厄瓜多尔	Ecuador	183	415	696	993	986	1031
埃　　及	Egypt	998	897	2189	3327	3329	2354
萨尔瓦多	El Salvador	118	147	184	232	239	248
赤道几内亚	Equatorial Guinea	10	82	163	132	113	125
厄立特里亚	Eritrea	7	11	21			
爱沙尼亚	Estonia	57	140	195	226	233	259
埃塞俄比亚	Ethiopia	82	124	299	645	730	806
法罗群岛	Faeroe Islands	11	17	23	25		
斐　　济	Fiji	17	30	31	44	47	51
芬　　兰	Finland	1255	2044	2478	2325	2387	2519
法　　国	France	13622	21961	26426	24382	24651	25825
法属波立尼西亚	French Polynesia	34					
加　　蓬	Gabon	51	96	144	144	140	146
冈 比 亚	Gambia	8	6	10	9	10	10
格鲁吉亚	Georgia	31	64	116	140	144	152
德　　国	Germany	19500	28614	34171	33756	34778	36774
加　　纳	Ghana	50	107	322	373	428	473
希　　腊	Greece	1301	2478	2994	1955	1927	2003
格 陵 兰	Greenland	11	18	25	25	27	
关　　岛	Guam		42	49	57	58	
危地马拉	Guatemala	193	272	413	638	687	756
几 内 亚	Guinea	30	29	70	89	93	105
几内亚比绍	Guinea-Bissau	4	6	9	10	12	13
圭 亚 那	Guyana	7	8	23	32	35	37
海　　地	Haiti	40	43	66	87	80	84
洪都拉斯	Honduras	71	97	158	210	216	230
匈 牙 利	Hungary	473	1130	1309	1229	1258	1391
冰　　岛	Iceland	89	167	133	169	203	239
印　　度	India	4621	8089	16566	21024	22742	25975
印度尼西亚	Indonesia	1650	2859	7551	8609	9323	10155
伊　　朗	Iran	1096	2265	4871	3859	4190	4395
伊 拉 克	Iraq	259	500	1385	1796	1715	1977
爱 尔 兰	Ireland	999	2117	2220	2906	3048	3337
马 恩 岛	Isle of Man	16	30	59	68		
以 色 列	Israel	1323	1425	2336	2991	3177	3509
意 大 利	Italy	11418	18527	21251	18329	18594	19348
牙 买 加	Jamaica	90	112	132	142	141	148
日　　本	Japan	48875	47554	57001	43950	49493	48721

3-1 续表 2 continued

单位：亿美元 (100 million USD)

国家或地区	Country or Area	2000	2005	2010	2015	2016	2017
约　旦	Jordan	85	126	264	375	387	401
哈萨克斯坦	Kazakhstan	183	571	1480	1844	1373	1594
肯尼亚	Kenya	127	187	400	640	709	749
基里巴斯	Kiribati	1	1	2	2	2	2
韩　国	Korea, Rep.	5616	8981	10945	13828	14148	15308
科威特	Kuwait	377	808	1154	1146	1109	1201
吉尔吉斯斯坦	Kyrgyzstan	14	25	48	67	68	76
老　挝	Laos	17	27	71	144	158	169
拉脱维亚	Latvia	79	169	238	270	276	303
黎巴嫩	Lebanon	173	213	384	495	496	518
莱索托	Lesotho	9	17	24	25	23	26
利比里亚	Liberia	5	6	13	20	21	22
利比亚	Libya	383	473	748	293	323	510
列支敦士登	Liechtenstein	25	37	51	63		
立陶宛	Lithuania	115	261	371	415	428	472
卢森堡	Luxemburg	213	373	532	578	586	624
马其顿	Macedonia	38	63	94	101	107	113
马达加斯加	Madagascar	39	50	87	97	100	115
马拉维	Malawi	17	37	70	64	54	63
马来西亚	Malaysia	938	1435	2550	2964	2965	3145
马尔代夫	Maldives	6	12	26	40	42	46
马　里	Mali	30	62	107	131	140	153
马耳他	Malta	43	64	87	106	113	125
马绍尔群岛	Marshall Islands	1	1	2	2	2	2
毛里塔尼亚	Mauritania	13	22	43	48	47	50
毛里求斯	Mauritius	46	63	100	117	122	133
墨西哥	Mexico	7079	8775	10578	11696	10769	11499
密克罗尼西亚	Micronesia, Fed.	2	3	3	3	3	3
摩尔多瓦	Moldova	13	30	58	65	68	81
摩纳哥	Monaco	26	43	54			
蒙　古	Mongolia	11	25	72	117	112	115
黑　山	Montenegro	10	23	41	41	44	48
摩洛哥	Morocco	389	623	932	1006	1036	1091
莫桑比克	Mozambique	50	77	102	148	110	123
缅　甸	Myanmar	89	120	495	597	632	693
纳米比亚	Namibia	39	73	113	118	113	132
瑙　鲁	Nauru				1	1	1
尼泊尔	Nepal	55	81	160	214	211	245
荷　兰	Netherlands	4128	6785	8364	7580	7772	8262
新喀里多尼亚	New Caledonia	27					
新西兰	New Zealand	526	1147	1466	1776	1893	2059
尼加拉瓜	Nicaragua	51	63	88	126	132	138
尼日尔	Niger	18	34	57	73	76	81
尼日利亚	Nigeria	464	1122	3691	4811	4047	3758
挪　威	Norway	1713	3087	4291	3867	3711	3988
阿　曼	Oman	195	311	586	689	668	726
巴基斯坦	Pakistan	740	1095	1774	2706	2787	3050
帕　劳	Palau	1	2	2	3	3	3
巴拿马	Panama	123	164	294	543	578	618
巴布亚新几内亚	Papua New Guinea	35	49	143	206	199	211
巴拉圭	Paraguay	82	87	200	273	274	297
秘　鲁	Peru	517	761	1475	1899	1916	2114
菲律宾	Philippines	810	1031	1996	2928	3049	3136
波　兰	Poland	1719	3061	4793	4774	4714	5245
葡萄牙	Portugal	1184	1973	2383	1994	2052	2176

3-1 续表 3 continued

单位：亿美元 (100 million USD)

国家或地区	Country or Area	2000	2005	2010	2015	2016	2017
波多黎各	Puerto Rico	617	839	984	1031	1050	
卡 塔 尔	Qatar	178	445	1251	1646	1525	1676
罗马尼亚	Romania	374	997	1667	1779	1878	2118
俄 罗 斯	Russia	2597	7640	15249	13684	12847	15775
卢 旺 达	Rwanda	17	26	58	83	85	91
圣基茨和尼维斯	Saint Kitts and Nevis	4	5	7	9	9	9
圣卢西亚	Saint Lucia	8	10	14	16	17	17
圣文森特和格林纳丁斯	Saint Vincent and the Grenadines	4	6	7	8	8	8
萨 摩 亚	Samoa	3	5	6	8	8	9
圣马力诺	San Marino	11	20	21	16	16	17
圣多美和普林西比	Sao Tome and Principe	1	1	2	3	4	4
沙特阿拉伯	Saudi Arabia	1895	3285	5282	6543	6449	6838
塞内加尔	Senegal	47	87	129	136	147	164
塞尔维亚	Serbia	65	263	395	372	383	414
塞 舌 尔	Seychelles	6	9	10	14	14	15
塞拉利昂	Sierra Leone	6	17	26	42	36	38
新 加 坡	Singapore	958	1274	2364	3041	3098	3239
斯洛伐克	Slovakia	291	627	895	875	898	958
斯洛文尼亚	Slovenia	203	363	480	431	447	488
所罗门群岛	Solomon Islands	4	4	7	12	12	13
南 非	South Africa	1364	2577	3753	3177	2958	3494
西 班 牙	Spain	5954	11573	14316	11978	12373	13113
斯里兰卡	Sri Lanka	166	244	567	806	818	872
苏 丹	Sudan	123	265	656	972	956	1175
苏 里 南	Suriname	9	18	44	48	33	33
斯威士兰	Swaziland	17	32	44	40	37	44
瑞 典	Sweden	2598	3890	4884	4979	5145	5380
瑞 士	Switzerland	2721	4087	5838	6793	6687	6789
叙 利 亚	Syrian Arab Republic	193	289	591			
塔吉克斯坦	Tajikistan	9	23	56	79	70	71
坦桑尼亚	Tanzania	102	169	314	456	474	521
泰 国	Thailand	1264	1893	3411	4014	4118	4552
东 帝 汶	Timor-Leste	4	18	40	31	25	30
多 哥	Togo	13	21	32	41	44	48
汤 加	Tonga	2	3	4	4	4	4
特立尼达和多巴哥	Trinidad And Tobago	82	160	222	244	223	221
突 尼 斯	Tunisia	215	323	441	432	421	403
土 耳 其	Turkey	2730	5014	7719	8598	8637	8511
土库曼斯坦	Turkmenistan	29	81	226	358	362	424
乌 干 达	Uganda	62	90	202	271	241	259
乌 克 兰	Ukraine	313	861	1360	910	933	1122
阿 联 酋	United Arab Emirates	1043	1806	2898	3581	3570	3826
英 国	United Kingdom	16480	25207	24412	28856	26509	26224
美 国	United States	102848	130937	149644	181207	186245	193906
乌 拉 圭	Uruguay	228	174	403	533	527	562
乌兹别克斯坦	Uzbekistan	138	143	393	669	671	487
瓦努阿图	Vanuatu	3	4	7	7	8	9
委内瑞拉	Venezuela	1171	1455	3932			
越 南	Viet Nam	312	576	1159	1932	2053	2239
约旦河西岸和加沙	West Bank and Gaza	43	48	89	127	134	145
也 门	Yemen	96	168	309	346	182	
赞 比 亚	Zambia	36	83	203	212	210	258
津巴布韦	Zimbabwe	67	58	101	163	166	178

3–2 人均国内生产总值
GDP per Capita

资料来源：世界银行WDI数据库。
Source: World Bank WDI Database.
单位：美元 (USD)

国家或地区	Country or Area	2000	2005	2010	2015	2016	2017
世　界	**World**	**5484**	**7271**	**9514**	**10172**	**10201**	**10715**
高收入国家	**High Income**	**25021**	**32776**	**38138**	**39137**	**39675**	**41211**
中等收入国家	**Middle Income**	**1216**	**1939**	**3876**	**4792**	**4766**	**5169**
中等偏下收入国家	**Lower Middle Income**	**558**	**843**	**1675**	**2004**	**2060**	**2188**
中等偏上收入国家	**Upper Middle Income**	**1881**	**3094**	**6295**	**7965**	**7865**	**8605**
中低收入国家	**Low and Middle Income**	**1131**	**1784**	**3530**	**4334**	**4299**	**4655**
东亚和太平洋	**East Asia and Pacific**	**956**	**1639**	**4009**	**6511**	**6579**	**7128**
欧洲和中亚	**Europe and Central Asia**	**1778**	**4277**	**7757**	**7486**	**7123**	**7943**
拉丁美洲和加勒比	**Latin America and Caribbean**	**3909**	**4825**	**8526**	**7866**	**7583**	**8313**
中东和北非国家	**Middle East and North Africa**	**1608**	**2278**	**4123**	**3906**	**3866**	**3769**
南　亚	**South Asia**	**444**	**680**	**1252**	**1545**	**1644**	**1841**
撒哈拉以南非洲	**Sub-Saharan Africa**	**546**	**892**	**1554**	**1600**	**1463**	**1553**
低收入国家	**Low Income**	**303**	**385**	**629**	**762**	**703**	**750**
最不发达地区	**Least Developed Countries**	**307**	**425**	**779**	**970**	**949**	**1060**
重债穷国	**Heavily Indebted Poor Countries**	**328**	**445**	**744**	**883**	**876**	**953**
中　国	China	959	1753	4561	8069	8117	8827
中国香港	Hong Kong, China	25757	26650	32550	42432	43737	46194
中国澳门	Macao, China	15703	25059	52375	75484	74017	80893
阿富汗	Afghanistan		250	553	570	562	586
阿尔巴尼亚	Albania	1176	2709	4094	3953	4132	4538
阿尔及利亚	Algeria	1757	3100	4463	4160	3917	4123
安道尔	Andorra	21937	41282	39736	36038	37232	39147
安哥拉	Angola	555	1444	3531	3684	3309	4170
安提瓜和巴布达	Antigua and Barbuda	9932	11453	12175	13659	14462	15022
阿根廷	Argentina	7669	5077	10276	13698	12654	14402
亚美尼亚	Armenia	623	1644	3218	3618	3606	3937
澳大利亚	Australia	21669	33962	51937	56561	49897	53800
奥地利	Austria	24565	38403	46858	44207	44731	47291
阿塞拜疆	Azerbaijan	655	1578	5843	5500	3881	4132
巴哈马	Bahamas	27112	29875	27979	30484	30260	30762
巴　林	Bahrain	13636	17959	20722	22689	22561	23655
孟加拉国	Bangladesh	406	484	758	1210	1359	1517
巴巴多斯	Barbados	11568	14223	15959	16129	15892	16789
白俄罗斯	Belarus	1277	3126	6029	5949	5023	5726
比利时	Belgium	23207	36967	44380	40361	41261	43324
伯利兹	Belize	3364	3933	4344	4950	4960	4906
贝　宁	Benin	374	602	758	784	789	830
百慕大	Bermuda	56284	75882	88207			
不　丹	Bhutan	766	1247	2179	2615	2774	3110
玻利维亚	Bolivia	1007	1046	1981	3077	3117	3394
波　黑	Bosnia and Herzegovinian	1462	2968	4615	4584	4809	5181
博茨瓦纳	Botswana	3349	5351	6346	6528	6954	7596
巴　西	Brazil	3739	4770	11224	8750	8639	9821
文　莱	Brunei Darussalam	18008	26102	35268	30968	26939	28291
保加利亚	Bulgaria	1610	3870	6843	6994	7469	8032
布基纳法索	Burkina Faso	227	407	575	575	614	671
布隆迪	Burundi	136	151	231	301	286	320
柬埔寨	Cambodia	303	474	786	1163	1270	1384
喀麦隆	Cameroon	660	1030	1309	1354	1375	1447
加拿大	Canada	24124	36190	47448	43525	42349	45032
佛得角	Cape Verde	1219	2031	3403			
中　非	Central African Rep.	244	324	446	348	382	418
乍　得	Chad	166	660	897	784	651	670
海峡群岛	Channel Islands	43299	57211				

3-2 续表 1 continued

单位：美元 (USD)

国家或地区	Country or Area	2000	2005	2010	2015	2016	2017
智　　利	Chile	5101	7615	12860	13737	13961	15347
哥伦比亚	Colombia	2472	3386	6251	6045	5757	6302
科 摩 罗	Comoros	376	622	769	728	775	797
刚果(金)	Congo, Dem. Rep.	406	219	334	498	444	458
刚果(布)	Congo, Rep.	998	1637	2737	1712	1528	1658
哥斯达黎加	Costa Rica	3808	4697	8199	11393	11733	11631
科特迪瓦	Cote D'Ivoire	642	932	1220	1434	1535	1662
克罗地亚	Croatia	4920	10224	13543	11758	12299	13295
古　　巴	Cuba	2741	3779	5676	7602		
塞浦路斯	Cyprus	14673	25325	30819	23212	23667	25234
捷　　克	Czech Rep.	6012	13346	19808	17716	18484	20368
丹　　麦	Denmark	30744	48800	58041	53013	53579	56308
吉 布 提	Djibouti	768	905	1326	1762	1872	1928
多米尼克	Dominica	4820	5244	6912	7314	7907	7610
多米尼加	Dominican Rep.	2839	3910	5454	6535	6794	7052
厄瓜多尔	Ecuador	1451	3022	4657	6150	6019	6199
埃　　及	Egypt	1428	1168	2603	3548	3479	2413
萨尔瓦多	El Salvador	2009	2438	2993	3670	3769	3889
赤道几内亚	Equatorial Guinea	1703	10851	17136	11214	9218	9850
厄立特里亚	Eritrea	208	277	482			
爱沙尼亚	Estonia	4070	10338	14639	17156	17737	19705
埃塞俄比亚	Ethiopia	124	162	341	646	713	768
斐　　济	Fiji	2076	3659	3652	4890	5198	5589
芬　　兰	Finland	24253	38969	46202	42424	43433	45703
法　　国	France	22364	34760	40638	36613	36870	38477
法属波立尼西亚	French Polynesia	14531					
加　　蓬	Gabon	4117	6827	8754	7449	7079	7221
冈 比 亚	Gambia	636	432	563	459	472	483
格鲁吉亚	Georgia	692	1530	2965	3765	3866	4078
德　　国	Germany	23719	34697	41786	41324	42233	44470
加　　纳	Ghana	263	498	1313	1354	1518	1642
希　　腊	Greece	12043	22552	26918	18071	17882	18613
格 陵 兰	Greenland	19004	32490	43988	44912	48160	
格林纳达	Grenada	5118	6755	7366	9333	9842	10376
危地马拉	Guatemala	1656	2078	2826	3924	4141	4471
几 内 亚	Guinea	340	303	648	733	748	825
几内亚比绍	Guinea-Bissau	298	425	547	592	649	724
圭 亚 那	Guyana	946	1099	3045	4120	4531	4725
洪都拉斯	Honduras	1089	1312	1933	2341	2375	2480
匈 牙 利	Hungary	4633	11206	13092	12484	12820	14225
冰　　岛	Iceland	31746	56251	41852	51214	60530	70057
印　　度	India	439	707	1346	1606	1718	1940
印度尼西亚	Indonesia	780	1261	3114	3335	3570	3847
伊　　朗	Iran	1657	3216	6532	4862	5219	5415
伊 拉 克	Iraq	1086	1850	4503	4974	4610	5166
爱 尔 兰	Ireland	26242	50879	48672	61808	64100	69331
马 恩 岛	Isle of Man	21552	39034	73936	81672		
以 色 列	Israel	21043	20557	30643	35691	37181	40270
意 大 利	Italy	20051	31959	35849	30180	30669	31953
牙 买 加	Jamaica	3382	4082	4683	4940	4879	5110
日　　本	Japan	38532	37218	44508	34568	38972	38428
约　　旦	Jordan	1658	2203	3679	4096	4088	4130
哈萨克斯坦	Kazakhstan	1229	3771	9071	10511	7715	8838
肯 尼 亚	Kenya	404	520	967	1355	1463	1508
基里巴斯	Kiribati	797	1215	1493	1505	1587	1685

3-2 续表 2 continued

单位：美元 (USD)

国家或地区	Country or Area	2000	2005	2010	2015	2016	2017
韩 国	Korea, Rep.	11948	18640	22087	27105	27608	29743
科 威 特	Kuwait	18389	35490	38498	29109	27368	29040
吉尔吉斯斯坦	Kyrgyzstan	280	477	880	1121	1121	1220
老 挝	Laos	325	475	1141	2159	2339	2457
拉脱维亚	Latvia	3353	7559	11326	13640	14070	15594
黎 巴 嫩	Lebanon	5335	5339	8858	8452	8257	8524
莱 索 托	Lesotho	475	863	1169	1152	1040	1182
利比里亚	Liberia	183	169	327	452	455	456
利 比 亚	Libya	7146	8171	12121	4695	5126	7998
列支敦士登	Liechtenstein	74625	104994	141165	168146		
立 陶 宛	Lithuania	3297	7863	11985	14289	14913	16681
卢 森 堡	Luxemburg	48736	80290	104965	101447	100739	104103
马 其 顿	Macedonia, FYR	1854	3038	4543	4834	5163	5443
马达加斯加	Madagascar	246	275	413	402	402	450
马 拉 维	Malawi	153	280	459	363	300	339
马来西亚	Malaysia	4045	5594	9071	9649	9508	9945
马尔代夫	Maldives	2227	3649	7100	9576	9872	10536
马 里	Mali	269	488	708	750	780	825
马 耳 他	Malta	11039	15835	21088	23759	24771	26946
马绍尔群岛	Marshall Islands	2127	2650	3147	3391	3665	3753
毛里塔尼亚	Mauritania	478	698	1203	1158	1102	1137
毛里求斯	Mauritius	3861	5116	8000	9260	9682	10547
墨 西 哥	Mexico	6959	8089	9017	9291	8444	8903
密克罗尼西亚	Micronesia, Fed.	2171	2356	2862	3018	3144	3188
摩尔多瓦	Moldova	354	831	1632	1833	1913	2290
摩 纳 哥	Monaco	82535	126656	144246			
蒙 古	Mongolia	474	999	2650	3947	3694	3735
黑 山	Montenegro	1627	3675	6682	6514	7029	7670
摩 洛 哥	Morocco	1332	2014	2834	2847	2893	3007
莫桑比克	Mozambique	278	369	419	528	382	416
缅 甸	Myanmar	193	247	988	1139	1196	1299
纳米比亚	Namibia	2058	3573	5192	4852	4561	5227
尼 泊 尔	Nepal	231	317	592	747	729	835
荷 兰	Netherlands	25921	41577	50338	44746	45638	48223
新喀里多尼亚	New Caledonia	12580					
新 西 兰	New Zealand	13641	27751	33692	38649	40332	42941
尼加拉瓜	Nicaragua	1016	1175	1527	2074	2144	2222
尼 日 尔	Niger	158	250	348	364	368	378
尼日利亚	Nigeria	379	808	2327	2655	2176	1969
挪 威	Norway	38147	66775	87770	74498	70890	75505
阿 曼	Oman	8601	12377	19281	16407	15102	15668
巴基斯坦	Pakistan	534	712	1040	1429	1442	1548
帕 劳	Palau	7550	9278	8932	13768	14077	13417
巴 拿 马	Panama	4060	4917	8081	13684	14333	15088
巴布亚新几内亚	Papua New Guinea	632	771	2005	2606	2462	2556
巴 拉 圭	Paraguay	1546	1507	3226	4109	4078	4366
秘 鲁	Peru	1997	2755	5023	6053	6031	6572
菲 律 宾	Philippines	1039	1195	2130	2878	2951	2989
波 兰	Poland	4493	8021	12600	12567	12415	13812
葡 萄 牙	Portugal	11502	18785	22539	19253	19872	21136
波多黎各	Puerto Rico	16192	21959	26436	29697	30833	
卡 塔 尔	Qatar	29986	51489	70306	66347	59324	63506
罗马尼亚	Romania	1668	4676	8231	8978	9532	10814
俄 罗 斯	Russia	1772	5324	10675	9347	8759	10743
卢 旺 达	Rwanda	216	287	563	712	711	748
圣基茨和尼维斯	Saint Kitts and Nevis	9268	11174	13704	16178	16597	17090

3-2 续表 3 continued

单位：美元 (USD)

国家或地区	Country or Area	2000	2005	2010	2015	2016	2017
圣卢西亚	Saint Lucia	4996	5810	8008	9306	9365	9574
圣文森特和格林纳丁斯	Saint Vincent and the Grenadines	3673	5065	6232	6913	6982	7185
萨 摩 亚	Samoa	1541	2571	3453	4149	4030	4361
圣马力诺	San Marino	40189	66987	68758	47611	47909	49664
圣多美和普林西比	Sao Tome and Principe	550	804	1130	1614	1772	1913
沙特阿拉伯	Saudi Arabia	9127	13740	19260	20733	19982	20761
塞内加尔	Senegal	474	774	1003	911	953	1033
塞尔维亚	Serbia	870	3528	5412	5237	5426	5900
塞 舌 尔	Seychelles	7579	11093	10805	14725	15061	15505
塞拉利昂	Sierra Leone	139	292	399	583	481	499
新 加 坡	Singapore	23793	29870	46570	54941	55243	57714
斯洛伐克	Slovakia	5403	11669	16601	16133	16530	17605
斯洛文尼亚	Slovenia	10228	18169	23438	20873	21650	23597
所罗门群岛	Solomon Islands	1055	881	1291	1965	2057	2132
索 马 里	Somalia				477	472	500
南 非	South Africa	2982	5278	7275	5747	5280	6161
西 班 牙	Spain	14677	26511	30737	25790	26617	28157
斯里兰卡	Sri Lanka	884	1250	2809	3842	3857	4065
苏 丹	Sudan	361	680	1477	2514	2415	2899
苏 里 南	Suriname	1889	3595	8303	8725	5871	5901
斯威士兰	Swaziland	1638	2874	3690	3048	2770	3224
瑞 典	Sweden	29283	43085	52076	50812	51845	53442
瑞 士	Switzerland	37868	54953	74606	82016	79866	80190
叙 利 亚	Syrian Arab Republic	1178	1578	2747			
塔吉克斯坦	Tajikistan	138	337	738	919	796	801
坦桑尼亚	Tanzania	307	442	702	872	878	936
泰 国	Thailand	2008	2894	5075	5846	5979	6594
东 帝 汶	Timor-Leste	504	1767	3604	2502	1987	2279
多 哥	Togo	260	372	488	551	577	617
汤 加	Tonga	2063	2595	3548	4094	3749	3944
特立尼达和多巴哥	Trinidad And Tobago	6431	12323	16684	17942	16352	16145
突 尼 斯	Tunisia	2214	3195	4140	3828	3689	3491
土 耳 其	Turkey	4317	7384	10672	10985	10863	10541
土库曼斯坦	Turkmenistan	643	1705	4439	6433	6389	7356
图 瓦 卢	Tuvalu	1459	2178	3022	3232	3296	3550
乌 干 达	Uganda	258	316	595	675	580	604
乌 克 兰	Ukraine	636	1829	2965	2125	2186	2640
阿 联 酋	United Arab Emirates	33071	39440	35038	39122	38518	40699
英 国	United Kingdom	27982	41733	38893	44306	40412	39720
美 国	United States	36450	44308	48375	56444	57589	59532
乌 拉 圭	Uruguay	6872	5221	11938	15525	15298	16246
乌兹别克斯坦	Uzbekistan	558	547	1377	2138	2106	1504
瓦努阿图	Vanuatu	1470	1886	2966	2789	2914	3124
委内瑞拉	Venezuela	4784	5433	13545			
越 南	Viet Nam	388	684	1310	2065	2171	2343
约旦河西岸和加沙	West Bank and Gaza	1476	1455	2339	2866	2950	3095
也 门	Yemen	539	814	1309	1286	660	
赞 比 亚	Zambia	342	691	1463	1314	1263	1510
津巴布韦	Zimbabwe	547	445	720	1033	1029	1080

3-3 人均国民总收入
GNI per Capita

资料来源：世界银行WDI数据库。
Source: World Bank WDI Database.
单位：美元 (USD)

国家或地区	Country or Area	2000	2005	2010	2015	2016	2017
世　界	**World**	**5475**	**7337**	**9380**	**10595**	**10326**	**10366**
高收入国家	**High Income**	**25184**	**33629**	**38621**	**40925**	**40009**	**40136**
中等收入国家	**Middle Income**	**1167**	**1825**	**3585**	**4958**	**4860**	**4940**
中等偏下收入国家	**Lower Middle Income**	**537**	**830**	**1505**	**2047**	**2062**	**2118**
中等偏上收入国家	**Upper Middle Income**	**1801**	**2874**	**5870**	**8272**	**8063**	**8192**
中低收入国家	**Low and Middle Income**	**1083**	**1680**	**3267**	**4482**	**4385**	**4451**
东亚和太平洋	**East Asia and Pacific**	**914**	**1639**	**3767**	**6476**	**6672**	**6987**
欧洲和中亚	**Europe and Central Asia**	**1783**	**3723**	**7426**	**8755**	**7656**	**7370**
拉丁美洲和加勒比	**Latin America and Caribbean**	**3640**	**4339**	**7657**	**8463**	**7661**	**7413**
中东和北非国家	**Middle East and North Africa**	**1566**	**2153**	**3949**	**4148**	**4058**	**3845**
南　亚	**South Asia**	**440**	**684**	**1160**	**1541**	**1618**	**1743**
撒哈拉以南非洲	**Sub-Saharan Africa**	**503**	**802**	**1287**	**1662**	**1518**	**1453**
低收入国家	**Low Income**	**267**	**365**	**611**	**762**	**734**	**744**
最不发达地区	**Least Developed Countries**	**283**	**406**	**742**	**961**	**954**	**990**
重债穷国	**Heavily Indebted Poor Countries**	**302**	**416**	**710**	**874**	**862**	**879**
中　国	China	940	1760	4340	7950	8250	8690
中国香港	Hong Kong, China	26930	28890	33620	41180	42970	46310
中国澳门	Macao, China	14710	24030	45690	64480	65130	
阿富汗	Afghanistan		250	500	600	580	570
阿尔巴尼亚	Albania	1170	2670	4360	4390	4320	4320
阿尔及利亚	Algeria	1590	2700	4460	4830	4360	3960
安道尔	Andorra	19930	41240	41650			
安哥拉	Angola	360	1090	3240	4030	3450	3330
安提瓜和巴布达	Antigua and Barbuda	9230	11320	11800	12850	13560	14170
阿根廷	Argentina	7440	4600	9170	12300	11940	13040
亚美尼亚	Armenia	660	1540	3470	4030	3770	4000
澳大利亚	Australia	21110	30270	46550	60360	54130	51360
奥地利	Austria	26790	38720	49610	47630	45850	45440
阿塞拜疆	Azerbaijan	610	1270	5410	6550	4760	4080
巴哈马	Bahamas	20330	23510	21660	27920	27850	29170
巴　林	Bahrain	10940	16550	18970	22660	21350	20240
孟加拉国	Bangladesh	420	530	780	1190	1330	1470
巴巴多斯	Barbados	11010	13640	15740	15310	15210	15540
白俄罗斯	Belarus	1380	2820	6080	6720	5620	5280
比利时	Belgium	26040	37850	47920	44230	42640	41790
伯利兹	Belize	3150	3680	3910	4580	4480	4390
贝　宁	Benin	390	600	790	870	820	800
不　丹	Bhutan	770	1210	1970	2340	2510	2720
玻利维亚	Bolivia	990	1030	1810	3000	3080	3130
波　黑	Bosnia and Herzegovinian	1480	3110	4930	5050	4940	4940
博茨瓦纳	Botswana	3020	4790	5570	6680	6760	6820
巴　西	Brazil	3860	3940	9610	10100	8860	8580
文　莱	Brunei Darussalam	14680	23080	33300	38590	32890	29600
保加利亚	Bulgaria	1650	3770	6980	7480	7580	7760
布基纳法索	Burkina Faso	250	410	570	620	610	610
布隆迪	Burundi	130	130	210	280	280	290
柬埔寨	Cambodia	300	460	750	1060	1140	1230
喀麦隆	Cameroon	680	1020	1350	1470	1400	1360
加拿大	Canada	22610	34120	44370	47460	43880	42870
佛得角	Cape Verde	1330	2050	3340			
中　非	Central African Rep.	250	330	470	360	380	390
乍　得	Chad	180	470	910	890	720	630
海峡群岛	Channel Islands	42430	55320				

3-3 续表 1 continued

单位：美元 (USD)

国家或地区	Country or Area	2000	2005	2010	2015	2016	2017
智　　利	Chile	5090	6220	10780	14270	13430	13610
哥伦比亚	Colombia	2320	2920	5540	7130	6350	5830
科 摩 罗	Comoros	420	630	790	790	770	760
刚果(金)	Congo, Dem. Rep.	130	210	320	460	460	450
刚果(布)	Congo, Rep.	550	930	2070	2350	1700	1360
哥斯达黎加	Costa Rica	3580	4650	7230	10500	10830	11040
科特迪瓦	Cote D'Ivoire	640	930	1200	1490	1520	1540
克罗地亚	Croatia	5290	9870	13790	12950	12290	12430
古　　巴	Cuba	2610	3950	5560			
塞浦路斯	Cyprus	14860	24450	31330	26210	24430	23719
捷　　克	Czech Rep.	6310	12390	19210	18250	17630	18160
丹　　麦	Denmark	32660	49610	61220	60170	56990	55220
吉 布 提	Djibouti	770	1030		1740	1840	1880
多米尼克	Dominica	3600	5130	6670	6760	7110	6990
多米尼加	Dominican Rep.	2620	2840	5230	6250	6390	6630
厄瓜多尔	Ecuador	1540	2900	4410	6000	5800	5890
埃　　及	Egypt	1390	1210	2330	3310	3410	3010
萨尔瓦多	El Salvador	2130	2830	3370	3880	3930	3560
赤道几内亚	Equatorial Guinea	760	3850	9890	10780	8250	7060
厄立特里亚	Eritrea	210	280	410			
爱沙尼亚	Estonia	4150	9710	14540	18380	17830	18190
埃塞俄比亚	Ethiopia	120	160	380	600	660	740
斐　　济	Fiji	2230	3590	3650	4810	4800	4970
芬　　兰	Finland	26420	40100	49330	46630	45040	44580
法　　国	France	25140	35990	43790	40730	38780	37970
法属波立尼西亚	French Polynesia	15990					
加　　蓬	Gabon	3090	5460	7750	8040	7170	6610
冈 比 亚	Gambia	670	410	580	440	430	450
格鲁吉亚	Georgia	750	1410	3000	4120	3830	3790
德　　国	Germany	26210	35880	44790	45790	44020	43490
加　　纳	Ghana	340	470	1250	1490	1390	1490
希　　腊	Greece	13330	22760	27660	20360	18870	18090
格 陵 兰	Greenland	20290	30920				
格林纳达	Grenada	4660	6760	7050	8700	9100	9650
危地马拉	Guatemala	1660	2010	2700	3610	3790	4060
几 内 亚	Guinea	380	340	620	690	720	820
几内亚比绍	Guinea-Bissau	200	420	570	620	640	660
圭 亚 那	Guyana	870	1050	2950	4060	4240	4460
海　　地	Haiti	470	400	650	810	790	760
洪都拉斯	Honduras	880	1290	1760	2090	2160	2250
匈 牙 利	Hungary	4660	10440	13100	12960	12500	12870
冰　　岛	Iceland	31540	50680	36530	49960	54970	60830
印　　度	India	440	700	1220	1600	1680	1820
印度尼西亚	Indonesia	580	1220	2520	3430	3410	3540
伊　　朗	Iran	1740	2930	6140	5340	5470	5400
爱 尔 兰	Ireland	24100	44610	44760	51850	53910	55290
马 恩 岛	Isle of Man	23200	40840	78300	82650		
以 色 列	Israel	19270	21450	29580	36080	36250	37270
意 大 利	Italy	21820	32390	37690	32970	31700	31020
牙 买 加	Jamaica	3230	3780	4370	4730	4630	4750
日　　本	Japan	36230	40560	43440	38880	38000	38550
约　　旦	Jordan	1680	2360	3470	3890	3920	3980
哈萨克斯坦	Kazakhstan	1260	2950	7440	11420	8800	7890
肯 尼 亚	Kenya	420	520	980	1310	1380	1440
基里巴斯	Kiribati	1330	1730	1990	3460	2800	2780
韩　　国	Korea, Rep.	10740	17790	21260	27250	27690	28380

3-3 续表 2 continued

单位：美元 (USD)

国家或地区	Country or Area	2000	2005	2010	2015	2016	2017
科威特	Kuwait	17930	34400	42060	40750	34890	31430
吉尔吉斯斯坦	Kyrgyzstan	280	450	850	1180	1110	1130
老挝	Laos	280	460	1000	2000	2150	2270
拉脱维亚	Latvia	3310	7360	12620	14970	14570	14740
黎巴嫩	Lebanon	5470	5760	8540	8040	7970	8310
莱索托	Lesotho	630	1040	1330	1320	1270	1280
利比里亚	Liberia	150	120	250	380	370	380
利比亚	Libya		6870	12440	5970	5110	6540
列支敦士登	Liechtenstein	78620	92360				
立陶宛	Lithuania	3210	7600	12430	15110	14790	15200
卢森堡	Luxemburg	46590	74020	78440	73530	71590	70260
马其顿	Macedonia	1840	2990	4700	5100	4990	4880
马达加斯加	Madagascar	250	290	420	420	400	400
马拉维	Malawi	150	290	430	340	320	320
马来西亚	Malaysia	3460	5280	8290	10450	9860	9650
马尔代夫	Maldives	2070	3470	5980	8190	8740	9570
马里	Mali	280	460	690	790	780	770
马耳他	Malta	10920	15660	20530	24690	23840	23810
马绍尔群岛	Marshall Islands	2850	3580	3790	4720	4630	4800
毛里塔尼亚	Mauritania	520	700	1130	1230	1130	1100
毛里求斯	Mauritius	3870	5420	8250	9780	9780	10140
墨西哥	Mexico	5830	7790	8930	9860	9010	8610
密克罗尼西亚	Micronesia, Fed.	2210	2550	2880	3640	3550	3590
摩尔多瓦	Moldova	370	890	1820	2230	2140	2180
摩纳哥	Monaco	90830	128440				
蒙古	Mongolia	470	900	2000	3850	3590	3290
黑山	Montenegro		3660	6920	7280	7120	7350
摩洛哥	Morocco	1390	2060	2930	3020	2870	2863
莫桑比克	Mozambique	280	350	460	580	480	420
缅甸	Myanmar		270	860	1190	1190	1190
纳米比亚	Namibia	2110	3380	4400	5320	4720	4600
尼泊尔	Nepal	230	310	540	740	730	790
荷兰	Netherlands	28460	41950	53530	49030	46610	46180
新喀里多尼亚	New Caledonia	14020					
新西兰	New Zealand	14020	25380	29770	40270	38560	38970
尼加拉瓜	Nicaragua	970	1180	1530	2020	2100	2130
尼日尔	Niger	170	250	350	390	370	360
尼日利亚	Nigeria	270	670	1470	2850	2450	2080
挪威	Norway	36560	63790	88440	93050	82010	75990
阿曼	Oman	7070	10620	18170	18150	16200	14440
巴基斯坦	Pakistan	490	730	1080	1430	1500	1580
帕劳	Palau	5690	9270	8970	11790	12550	12530
巴拿马	Panama	3910	4840	7150	11480	11990	13100
巴布亚新几内亚	Papua New Guinea	600	670	1780	2780	2530	2410
巴拉圭	Paraguay	1360	1230	2930	4210	4060	3920
秘鲁	Peru	2010	2570	4360	6160	5950	5970
菲律宾	Philippines	1220	1430	2470	3520	3580	3660
波兰	Poland	4660	7350	12770	13340	12680	12710
葡萄牙	Portugal	12140	18550	22960	20440	19850	19820
波多黎各	Puerto Rico	10550	14750	16920	19430	19460	
卡塔尔	Qatar		38280	66360	75660	66670	61070
罗马尼亚	Romania	1720	3930	8640	9530	9520	9970
俄罗斯	Russia	1710	4450	9980	11760	9720	9232
卢旺达	Rwanda	240	270	560	710	710	720
圣基茨和尼维斯	Saint Kitts and Nevis	8630	11050	13280	15450	15690	16030
圣卢西亚	Saint Lucia	4630	5460	7390	8200	8440	8780

3-3 续表 3 continued

单位：美元 (USD)

国家或地区	Country or Area	2000	2005	2010	2015	2016	2017
圣文森特和格林纳丁斯	Saint Vincent and the Grenadines	3470	4950	6030	6670	6770	6990
萨摩亚	Samoa	1600	2370	3200	4070	4120	4100
圣多美和普林西比	Sao Tome and Principe		760	1170	1690	1730	1770
沙特阿拉伯	Saudi Arabia	8110	12610	18750	23810	21780	20080
塞内加尔	Senegal	510	780	1050	980	950	950
塞尔维亚	Serbia	1530	3630	5850	5540	5300	5180
塞舌尔	Seychelles	7290	11140	10190	14010	14100	14180
塞拉利昂	Sierra Leone	140	290	420	550	480	510
新加坡	Singapore	23670	28370	44790	54020	52350	54530
斯洛伐克	Slovakia	5520	11320	17240	17580	17010	16610
斯洛文尼亚	Slovenia	11350	18440	24560	22240	21700	22000
所罗门群岛	Solomon Islands	1010	890	900	1920	1880	1920
南非	South Africa	3020	4900	6160	6070	5490	5430
西班牙	Spain	15790	25930	32130	28420	27580	27180
斯里兰卡	Sri Lanka	880	1210	2420	3760	3790	3840
苏丹	Sudan	330	580	1250	2000	2140	2379
苏里南	Suriname	1900	3200	7660	8830	6990	6020
斯威士兰	Swaziland	1580	2870	3070	3280	2960	2960
瑞典	Sweden	31220	45420	53900	57880	54530	52590
瑞士	Switzerland	43460	61540	77360	85780	82080	80560
叙利亚	Syrian Arab Republic	970	1510	2610			
塔吉克斯坦	Tajikistan	170	320	910	1240	1110	990
坦桑尼亚	Tanzania	300	400	690	910	900	905
泰国	Thailand	1980	2790	4580	5710	5700	5960
东帝汶	Timor-Leste		710	2810	2980	2290	1790
多哥	Togo	290	360	450	610	600	610
汤加	Tonga	2050	2450	3560	4280	4060	4010
特立尼达和多巴哥	Trinidad And Tobago	5400	11210	16460	18840	16760	15350
突尼斯	Tunisia	2280	3170	4130	3930	3690	3500
土耳其	Turkey	4300	6760	10430	12000	11230	10930
土库曼斯坦	Turkmenistan	600	1590	4070	7030	6820	6650
图瓦卢	Tuvalu		3620	4400	5490	5130	4970
乌干达	Uganda	270	300	540	670	630	600
乌克兰	Ukraine	700	1540	2990	2650	2310	2388
阿联酋	United Arab Emirates	20630	37570	34530	43360	40000	39130
英国	United Kingdom	28880	42770	41380	43720	42370	40530
美国	United States	36070	46340	48950	56300	56800	58270
乌拉圭	Uruguay	7050	4720	10390	15830	15200	15250
乌兹别克斯坦	Uzbekistan	630	530	1340	2170	2220	1980
瓦努阿图	Vanuatu	1430	1780	2690	2860	2870	2920
委内瑞拉	Venezuela	4070	4910	11570			
越南	Viet Nam	410	630	1250	1950	2060	2170
约旦河西岸和加沙	West Bank and Gaza	1580	1650	2310	3440	3380	3180
也门	Yemen	420	690	1180	1100	1030	
赞比亚	Zambia	330	550	1320	1560	1360	1300
津巴布韦	Zimbabwe	500	430	490	890	890	910

3-4 按购买力平价法计算的国民经济核算主要指标(2017年)
Main Economic Indicators of National Accounts Based on PPP(2017)

资料来源：世界银行WDI数据库。
Source: World Bank WDI Database.

国家或地区	Country or Area	国内生产总值(现价亿国际元) GDP (100 million international $)	人均国内生产总值(现价国际元) GDP per Capita (current price international $)	国民总收入(现价亿国际元) GNI (100 million international $)	人均国民总收入(现价国际元) GNI per capita (current price iternational $)
世　界	**World**	**1277238**	**16961**	**1274639**	**16927**
高收入国家	**High Income**	**592059**	**47400**	**595268**	**47657**
经合组织高收入国家①	**High Income: OECD①**	**456985**	**42708**	**462845**	**43255**
非经合组织高收入国家①	**High Income: nonOECD①**	**110839**	**33995**	**109216**	**33498**
中等收入国家	**Middle Income**	**672393**	**12118**	**666490**	**12011**
中等偏下收入国家	**Lower Middle Income**	**213796**	**7192**	**213768**	**7191**
中等偏上收入国家	**Upper Middle Income**	**458230**	**17787**	**452352**	**17559**
中低收入国家	**Low and Middle Income**	**687265**	**10941**	**681413**	**10848**
东亚和太平洋	**East Asia and Pacific**	**308277**	**14905**	**307025**	**14844**
欧洲和中亚	**Europe and Central Asia**	**85632**	**20607**	**83709**	**20144**
拉丁美洲和加勒比	**Latin America and Caribbean**	**83710**	**14734**	**81691**	**14379**
中东和北非国家	**Middle East and North Africa**	**51543**	**13567**	**51387**	**13526**
南　亚	**South Asia**	**116134**	**6494**	**116932**	**6538**
撒哈拉以南非洲	**Sub-Saharan Africa**	**40369**	**3805**	**39056**	**3681**
低收入国家	**Low Income**	**15198**	**2075**	**15290**	**2088**
重债穷国	**Heavily Indebted Poor Countries**	**18220**	**2381**	**17699**	**2313**
最不发达地区	**Least Developed Countries**	**27481**	**2741**	**27299**	**2723**
中　国	China	233008	16807	232415	16760
中国香港	Hong Kong, China	4549	61540	4738	64100
中国澳门	Macao, China	717	115123	591②	96570②
孟加拉国	Bangladesh	6371	3869	6645	4040
文　莱	Brunei Darussalam	338	78836	359	83760
柬埔寨	Cambodia	640	4002	601	3760
印　度	India	94487	7056	94487	7060
印度尼西亚	Indonesia	32428	12284	31402	11900
伊　朗	Iran	17004	20950	17052	21010
以色列	Israel	3347	38413	3316	38060
日　本	Japan	55628	43876	57648	45470
哈萨克斯坦	Kazakhstan	4764	26410	4228	23440
韩　国	Korea, Rep.	19691	38260	19692	38260
老　挝	Laos	482	7023	456	6650
马来西亚	Malaysia	9307	29431	9059	28650
蒙　古	Mongolia	400	13000	344	11170
缅　甸	Myanmar	3276	6139	3112	5830
巴基斯坦	Pakistan	10890	5527	11484	5830
菲律宾	Philippines	8753	8343	10525	10030
新加坡	Singapore	5270	93905	5083	90570
斯里兰卡	Sri Lanka	2747	12811	2674	12470
泰　国	Thailand	12337	17871	11801	17090
越　南	Viet Nam	6474	6776	6166	6450
埃　及	Egypt	11299	11583	11087	11360
尼日利亚	Nigeria	11188	5861	10845	5680
南　非	South Africa	7656	13498	7426	13090
加拿大	Canada	17024	46378	16792	45750
墨西哥	Mexico	23442	18149	22907	17740
美　国	United States	193906	59532	196076	60200
阿根廷	Argentina	9202	20787	8972	20270
巴　西	Brazil	32405	15484	31734	15160
委内瑞拉①	Venezuela①	5422	17640	5361	17440
捷　克	Czech Rep.	3910	36916	3708	35010
法　国	France	28713	42779	29344	43720
德　国	Germany	41939	50716	42805	51760
意大利	Italy	24110	39817	24238	40030
荷　兰	Netherlands	9070	52941	9019	52640
波　兰	Poland	11124	29291	10699	28170
俄罗斯	Russia	37493	25533	36554	24893
西班牙	Spain	17740	38091	17738	38090
土耳其	Turkey	22541	27916	22247	27550
乌克兰	Ukraine	3682	8667	3781	8900
英　国	United Kingdom	28968	43877	28495	43160
澳大利亚	Australia	11573	47047	11262	45780
新西兰	New Zealand	1962	40917	1896	39560

注：①2014年数据。②2016年数据。
Note:①Data refer to 2014.②Data refer to 2016.

3-5 国内生产总值增长率
Growth Rate of GDP

资料来源：世界银行WDI数据库。
Source: World Bank WDI Database.
单位：%　　(%)

国家或地区	Country or Area	2000	2005	2010	2015	2016	2017
世　　界	**World**	**4.4**	**3.8**	**4.3**	**2.9**	**2.5**	**3.2**
高收入国家	**High Income**	**4.0**	**2.8**	**3.0**	**2.3**	**1.7**	**2.2**
中等收入国家	**Middle Income**	**5.8**	**7.0**	**7.5**	**3.9**	**4.2**	**4.9**
中等偏下收入国家	**Lower Middle Income**	**4.4**	**6.9**	**7.4**	**5.7**	**5.2**	**5.3**
中等偏上收入国家	**Upper Middle Income**	**6.2**	**7.1**	**7.5**	**3.4**	**3.9**	**4.8**
中低收入国家	**Low and Middle Income**	**5.8**	**7.0**	**7.4**	**3.9**	**4.2**	**4.9**
东亚和太平洋	**East Asia and Pacific**	**7.5**	**9.7**	**9.8**	**6.5**	**6.3**	**6.6**
欧洲和中亚	**Europe and Central Asia**	**8.0**	**7.1**	**5.2**	**0.6**	**1.5**	**4.0**
拉丁美洲和加勒比	**Latin America and Caribbean**	**4.2**	**3.9**	**5.6**	**-0.3**	**-0.4**	**1.6**
中东和北非国家	**Middle East and North Africa**	**4.3**	**4.5**	**5.3**	**0.9**	**7.0**	**3.5**
南　　亚	**South Asia**	**4.1**	**8.8**	**9.1**	**7.6**	**6.8**	**6.5**
撒哈拉以南非洲	**Sub-Saharan Africa**	**3.6**	**5.6**	**5.4**	**3.1**	**1.3**	**2.6**
低收入国家	**Low Income**	**2.3**	**6.0**	**6.7**	**1.8**	**2.5**	**5.7**
最不发达地区	**Least Developed Countries**	**4.3**	**8.7**	**5.9**	**3.8**	**3.6**	**5.3**
重债穷国	**Heavily Indebted Poor Countries**	**2.8**	**6.1**	**5.7**	**5.1**	**4.5**	**5.3**
中　　国	China	8.5	11.4	10.6	6.9	6.7	6.9
中国香港	Hong Kong, China	7.7	7.4	6.8	2.4	2.2	3.8
中国澳门	Macao, China	5.7	8.1	25.3	-21.6	-0.9	9.1
阿 富 汗	Afghanistan		11.2	8.4	1.3	2.4	2.6
阿尔巴尼亚	Albania	6.7	5.7	3.7	2.2	3.4	3.8
阿尔及利亚	Algeria	3.8	5.9	3.6	3.8	3.3	1.7
安 道 尔	Andorra	3.5	7.4	-5.4	0.8	1.9	1.9
安 哥 拉	Angola	3.1	20.9	3.5	3.0	-0.8	0.7
安提瓜和巴布达	Antigua and Barbuda	6.7	6.4	-7.2	4.1	5.3	3.3
阿 根 廷	Argentina	-0.8	8.9	10.1	2.7	-1.8	2.9
亚美尼亚	Armenia	5.9	13.9	2.2	3.2	0.2	7.5
澳大利亚	Australia	3.9	3.2	2.1	2.4	2.8	2.0
奥 地 利	Austria	3.4	2.2	1.8	1.1	1.5	3.0
阿塞拜疆	Azerbaijan	11.1	26.4	4.9	1.1	-3.1	0.1
巴 哈 马	Bahamas	4.1	3.4	1.5	1.0	-1.7	1.4
巴　　林	Bahrain	5.3	6.8	4.3	2.9	3.2	3.9
孟加拉国	Bangladesh	5.3	6.5	5.6	6.6	7.1	7.3
巴巴多斯	Barbados	2.3	4.0	0.3	0.9	2.0	1.7
白俄罗斯	Belarus	5.8	9.4	7.8	-3.8	-2.5	2.4
比 利 时	Belgium	3.6	2.1	2.7	1.4	1.4	1.7
伯 利 兹	Belize	13.0	2.6	3.3	3.8	-0.5	0.9
贝　　宁	Benin	5.9	1.7	2.1	2.1	4.0	5.6
百 慕 大	Bermuda	9.3	1.7	-2.1			
不　　丹	Bhutan	6.9	7.1	11.7	6.6	8.0	6.8
玻利维亚	Bolivia	2.5	4.4	4.1	4.9	4.3	4.2
波　　黑	Bosnia and Herzegovinian	5.5	8.8	0.9	3.1	3.1	3.0
博茨瓦纳	Botswana	2.0	4.6	8.6	-1.7	4.3	2.4
巴　　西	Brazil	4.1	3.2	7.5	-3.5	-3.5	1.0
文　　莱	Brunei Darussalam	2.8	0.4	2.6	-0.6	-2.5	1.3
保加利亚	Bulgaria	4.9	7.1	1.3	3.6	3.9	3.6
布基纳法索	Burkina Faso	1.8	8.7	5.4	3.9	5.9	6.7
布 隆 迪	Burundi	-0.9	0.9	3.8	-3.9	-0.6	0.5
柬 埔 寨	Cambodia	10.7	13.3	6.0	7.0	7.0	6.8
喀 麦 隆	Cameroon	3.6	2.0	3.4	5.7	4.5	3.2
加 拿 大	Canada	5.2	3.2	3.1	1.0	1.4	3.0
佛 得 角	Cape Verde	7.3	6.5	5.2			
中　　非	Central African Rep.	-2.5	0.9	3.0	4.8	4.5	4.3
乍　　得	Chad	-0.9	17.3	13.6	2.8	-6.3	-3.0
海峡群岛	Channel Islands	5.8	1.4				

3-5 续表 1 continued

单位：% (%)

国家或地区	Country or Area	2000	2005	2010	2015	2016	2017
智 利	Chile	5.3	5.7	5.8	2.3	1.3	1.5
哥伦比亚	Colombia	4.4	4.7	4.0	3.1	2.0	1.8
科摩罗	Comoros	10.8	2.8	2.2	1.0	2.2	2.5
刚果(金)	Congo, Dem. Rep.	-6.9	6.1	7.1	6.9	2.4	3.7
刚果(布)	Congo, Rep.	7.6	7.8	8.8	2.6	-2.8	-4.6
哥斯达黎加	Costa Rica	3.7	3.9	5.0	3.6	4.2	3.2
科特迪瓦	Cote D'Ivoire	-2.1	1.7	2.0	8.8	8.3	7.8
克罗地亚	Croatia	3.8	4.2	-1.4	2.3	3.2	2.8
古 巴	Cuba	5.9	11.2	2.4	4.4		
塞浦路斯	Cyprus	5.7	3.7	1.3	2.0	3.4	3.9
捷 克	Czech Rep.	4.3	6.5	2.3	5.3	2.6	4.3
丹 麦	Denmark	3.7	2.3	1.9	1.6	2.0	2.2
吉布提	Djibouti	0.4	3.2	3.5	9.7	8.7	4.1
多米尼克	Dominica	0.4	-0.1	0.7	-2.5	2.6	-4.2
多米尼加	Dominican Rep.	4.7	9.4	8.3	7.0	6.6	4.6
厄瓜多尔	Ecuador	1.1	5.3	3.5	0.1	-1.6	3.0
埃 及	Egypt	5.4	4.5	5.1	4.4	4.3	4.2
萨尔瓦多	El Salvador	1.1	2.7	2.1	2.4	2.6	2.3
赤道几内亚	Equatorial Guinea	18.2	16.7	-8.9	-9.1	-8.6	-3.2
厄立特里亚	Eritrea	-3.1	2.6	2.2			
爱沙尼亚	Estonia	10.6	9.4	2.3	1.7	2.1	4.9
埃塞俄比亚	Ethiopia	6.1	11.8	12.6	10.4	7.6	10.2
斐 济	Fiji	-1.7	0.7	3.0	3.8	0.4	3.8
芬 兰	Finland	5.6	2.8	3.0	0.1	2.1	2.6
法 国	France	3.9	1.6	2.0	1.1	1.2	1.8
法属波立尼西亚	French Polynesia	4.0					
加 蓬	Gabon	-1.9	2.7	7.1	3.9	2.1	1.1
冈比亚	Gambia	5.5	-0.9	6.5	4.3	2.2	3.5
格鲁吉亚	Georgia	1.8	9.6	6.2	2.9	2.8	5.0
德 国	Germany	3.0	0.7	4.1	1.7	1.9	2.2
加 纳	Ghana	3.7	5.9	7.9	3.8	3.7	8.5
希 腊	Greece	3.9	0.6	-5.5	-0.3	-0.2	1.4
格陵兰	Greenland	7.1	4.8	1.7	0.3	7.7	
格林纳达	Grenada	4.9	13.3	-0.5	6.4	3.7	3.7
危地马拉	Guatemala	3.6	3.3	2.9	4.1	3.1	2.8
几内亚	Guinea	2.5	3.0	4.8	3.8	10.5	12.7
几内亚比绍	Guinea-Bissau	5.4	4.3	4.6	6.1	6.3	5.9
圭亚那	Guyana	-1.4	-2.0	4.1	3.2	3.3	2.9
海 地	Haiti	0.9	1.8	-5.5	1.2	1.5	1.2
洪都拉斯	Honduras	5.7	6.1	3.7	3.8	3.8	4.8
匈牙利	Hungary	4.2	4.4	0.7	3.4	2.2	4.0
冰 岛	Iceland	4.6	6.4	-3.6	4.3	7.5	3.6
印 度	India	3.8	9.3	10.3	8.2	7.1	6.6
印度尼西亚	Indonesia	4.9	5.7	6.2	4.9	5.0	5.1
伊 朗	Iran	5.9	3.2	5.8	-1.3	13.4	4.3
爱尔兰	Ireland	9.6	6.0	1.8	25.6	5.1	7.8
马恩岛	Isle of Man	5.3	5.9	9.4	-3.4		
以色列	Israel	8.2	4.1	5.2	3.0	4.1	3.3
意大利	Italy	3.7	1.0	1.7	1.0	0.9	1.5
牙买加	Jamaica	0.9	0.9	-1.5	0.9	1.4	0.5
日 本	Japan	2.8	1.7	4.2	1.4	0.9	1.7
约 旦	Jordan	4.2	8.1	2.3	2.4	2.0	2.0
哈萨克斯坦	Kazakhstan	9.8	9.7	7.3	1.2	1.1	4.0
肯尼亚	Kenya	0.6	5.9	8.4	5.7	5.9	4.9
基里巴斯	Kiribati	6.3	5.0	-1.6	10.3	1.1	3.1
韩 国	Korea, Rep.	8.9	3.9	6.5	2.8	2.9	3.1

3-5 续表 2 continued

单位：% (%)

国家或地区	Country or Area	2000	2005	2010	2015	2016	2017
科 威 特	Kuwait	4.7	10.1	-2.4	0.6	3.5	-2.9
吉尔吉斯斯坦	Kyrgyzstan	5.4	-0.2	-0.5	3.9	4.3	4.6
老 挝	Laos	5.8	7.1	8.5	7.3	7.0	6.9
拉脱维亚	Latvia	5.4	10.7	-3.9	3.0	2.2	4.5
黎 巴 嫩	Lebanon	1.3	2.7	8.0	0.8	2.0	2.0
莱 索 托	Lesotho	3.9	3.5	6.1	2.5	2.4	5.6
利比里亚	Liberia	28.6	5.3	6.1		-1.6	2.5
利 比 亚	Libya	3.7	11.9	5.0	-8.9	-2.8	26.7
列支敦士登	Liechtenstein	3.2	4.8				
立 陶 宛	Lithuania	3.8	7.7	1.6	2.0	2.3	3.8
卢 森 堡	Luxemburg	8.2	3.2	4.9	2.9	3.1	2.3
马 其 顿	Macedonia	4.5	4.7	3.4	3.8	2.9	
马达加斯加	Madagascar	4.8	4.6	0.3	3.1	4.2	4.2
马 拉 维	Malawi	1.6	3.3	6.9	2.8	2.5	4.0
马来西亚	Malaysia	8.9	5.3	7.4	5.0	4.2	5.9
马尔代夫	Maldives	3.8	-13.1	7.3	2.2	6.2	8.8
马 里	Mali	-0.1	6.5	5.4	6.0	5.8	5.3
马 耳 他	Malta	6.8	3.8	3.5	9.6	5.2	6.4
马绍尔群岛	Marshall Islands	5.9	2.9	6.5	-0.4	1.9	2.5
毛里塔尼亚	Mauritania	-0.4	9.0	4.8	1.4	2.0	3.5
毛里求斯	Mauritius	9.0	1.2	4.4	3.5	3.8	3.8
墨 西 哥	Mexico	4.9	2.3	5.1	3.3	2.9	2.0
密克罗尼西亚	Micronesia, Fed.	4.6	2.1	2.0	4.9	-0.1	2.0
摩尔多瓦	Moldova	2.1	7.5	7.1	-0.4	4.5	4.5
摩 纳 哥	Monaco	3.9	1.9				
蒙 古	Mongolia	1.1	7.3	6.4	2.4	1.2	5.9
黑 山	Montenegro	3.1	4.2	2.7	3.4	2.9	4.3
摩 洛 哥	Morocco	1.9	3.3	3.8	4.6	1.2	4.1
莫桑比克	Mozambique	1.7	8.7	6.7	6.6	3.8	3.7
缅 甸	Myanmar	13.7	13.6	9.6	7.0	5.9	6.4
纳米比亚	Namibia	3.5	2.5	6.0	6.1	0.7	-0.8
尼 泊 尔	Nepal	6.2	3.5	4.8	3.3	0.4	7.5
荷 兰	Netherlands	4.2	2.2	1.4	2.3	2.2	3.2
新喀里多尼亚	New Caledonia	2.1					
新 西 兰	New Zealand	2.3	3.3	1.0	4.4	3.5	3.0
尼加拉瓜	Nicaragua	4.1	4.3	4.4	4.8	4.7	4.9
尼 日 尔	Niger	-1.4	4.5	8.4	4.3	4.9	4.9
尼日利亚	Nigeria	5.3	3.4	7.8	2.7	-1.6	0.8
挪 威	Norway	3.2	2.6	0.7	2.0	1.1	1.9
阿 曼	Oman	5.4	2.5	4.8	4.7	5.4	-0.3
巴基斯坦	Pakistan	4.3	7.7	1.6	4.7	5.5	5.7
帕 劳	Palau	-2.6	6.1	-0.9	10.1	0.1	-3.7
巴 拿 马	Panama	2.7	7.2	5.8	5.6	5.0	5.4
巴布亚新几内亚	Papua New Guinea	-2.5	6.3	10.1	5.3	1.9	2.2
巴 拉 圭	Paraguay	-2.3	2.1	13.1	3.0	4.0	0.8
秘 鲁	Peru	2.7	6.3	8.3	3.3	4.0	2.5
菲 律 宾	Philippines	4.4	4.8	7.6	6.1	6.9	6.7
波 兰	Poland	4.6	3.5	3.6	3.8	2.9	4.6
葡 萄 牙	Portugal	3.8	0.8	1.9	1.8	1.6	2.7
波多黎各	Puerto Rico	3.3	-2.0	-0.4	-1.1	-2.6	
卡 塔 尔	Qatar		7.5	19.6	3.6	2.2	1.6
罗马尼亚	Romania	2.4	4.2	-2.8	4.0	4.8	6.9
俄 罗 斯	Russia	10.0	6.4	4.5	-2.8	-0.2	1.5
卢 旺 达	Rwanda	8.4	9.4	7.3	8.9	6.0	6.1
圣基茨和尼维斯	Saint Kitts and Nevis	10.7	8.8	-2.2	4.0	2.2	1.7
圣卢西亚	Saint Lucia		-0.4	-1.6	2.0	1.7	2.7

3-5 续表 3 continued

单位：% (%)

国家或地区	Country or Area	1990	2000	2005	2010	2015	2016	2017
圣文森特和格林纳丁斯	Saint Vincent and the Grenadines	4.2	1.6	2.5	-3.4	1.8	1.3	1.6
萨 摩 亚	Samoa	-4.4	6.9	4.2	0.5	1.6	7.1	2.5
圣马力诺	San Marino	2.1	2.2	2.4	-4.7	0.5	1.0	1.2
圣多美和普林西比	Sao Tome and Principe			7.1	6.7	3.8	4.2	3.9
沙特阿拉伯	Saudi Arabia	15.2	5.6	5.6	5.0	4.1	1.7	-0.7
塞内加尔	Senegal	-0.7	3.2	5.6	4.2	6.5	6.7	6.8
塞尔维亚	Serbia	-8.0	7.8	5.5	0.6	0.8	2.8	1.9
塞 舌 尔	Seychelles	7.0	1.5	9.0	6.0	4.9	4.5	4.2
塞拉利昂	Sierra Leone	3.4	6.7	4.5	5.3	-20.6	6.1	4.2
新 加 坡	Singapore	10.0	8.9	7.5	15.2	2.2	2.4	3.6
斯洛伐克	Slovakia	-2.7	1.2	6.8	5.0	3.9	3.3	3.4
斯洛文尼亚	Slovenia		4.2	4.0	1.2	2.3	3.1	5.0
所罗门群岛	Solomon Islands		-14.3	5.4	6.8	2.5	3.5	3.2
南 非	South Africa	-0.3	4.2	5.3	3.0	1.3	0.6	1.3
西 班 牙	Spain	3.8	5.3	3.7		3.4	3.3	3.1
斯里兰卡	Sri Lanka	6.4	6.0	6.2	8.0	5.0	4.5	3.1
苏 丹	Sudan	-5.5	6.3	7.5	3.5	4.9	4.7	4.3
苏 里 南	Suriname	-0.5	-0.1	4.6	5.2	-2.6	-5.1	0.1
斯威士兰	Swaziland	21.0	1.8	6.0	3.8	0.4	1.4	2.0
瑞 典	Sweden	0.8	4.7	2.8	6.0	4.5	3.2	2.3
瑞 士	Switzerland	3.7	3.9	3.1	3.0	1.2	1.4	1.1
叙 利 亚	Syrian Arab Republic	7.6	2.7	6.2	3.2			
塔吉克斯坦	Tajikistan	-0.6	8.3	6.7	6.5	6.0	6.9	7.1
坦桑尼亚	Tanzania	7.0	4.9	8.2	6.4	7.0	7.0	7.1
泰 国	Thailand	11.2	4.5	4.2	7.5	3.0	3.3	3.9
东 帝 汶	Timor-Leste		58.1	35.9	-1.2	20.9	0.8	-8.0
多 哥	Togo	-0.2	-0.8	1.2	4.0	5.4	5.4	5.6
汤 加	Tonga	-2.0	3.4	1.6	3.6	3.7	3.4	2.7
特立尼达和多巴哥	Trinidad And Tobago	1.5	6.9	6.2	3.3	1.5	-6.0	-2.3
突 尼 斯	Tunisia	8.0	4.7	3.5	3.5	1.2	1.1	2.0
土 耳 其	Turkey	9.3	6.6	9.0	8.5	6.1	3.2	7.4
土库曼斯坦	Turkmenistan	35.4	5.5	13.0	9.2	6.5	6.2	6.5
图 瓦 卢	Tuvalu		-1.0	-3.8	-2.7	9.1	3.0	3.2
乌 干 达	Uganda	6.5	3.1	6.3	5.6	5.2	4.7	4.0
乌 克 兰	Ukraine	-6.3	5.9	2.7	4.2	-9.8	2.3	2.5
阿 联 酋	United Arab Emirates	18.3	10.9	4.9	1.6	5.1	3.0	0.8
英 国	United Kingdom	0.7	3.7	3.1	1.7	2.3	1.9	1.8
美 国	United States	1.9	4.1	3.3	2.5	2.9	1.5	2.3
乌 拉 圭	Uruguay	0.3	-1.9	7.5	7.8	0.4	1.7	2.7
乌兹别克斯坦	Uzbekistan	1.6	3.8	7.0	8.5	8.0	7.8	5.3
瓦努阿图	Vanuatu	11.7	5.9	5.3	1.6	-0.8	4.0	4.5
委内瑞拉	Venezuela	6.5	3.7	10.3	-1.5	-5.7		
越 南	Viet Nam	5.1	6.8	7.5	6.4	6.7	6.2	6.8
约旦河西岸和加沙	West Bank and Gaza		-8.6	10.8	8.1	3.4	4.7	3.1
也 门	Yemen		6.2	5.6	7.7	-37.1	-34.3	
赞 比 亚	Zambia	-0.5	3.9	7.2	10.3	2.9	3.8	4.1
津巴布韦	Zimbabwe	7.0	-3.1	-5.7	12.6	1.7	0.6	3.4

3-6 人均国内生产总值增长率
Growth Rate of GDP per Capita

资料来源：世界银行WDI数据库。
Source: World Bank WDI Database.
单位：% (%)

国家或地区	Country or Area	2000	2005	2010	2015	2016	2017
世　界	**World**	**3.0**	**2.6**	**3.1**	**1.7**	**1.3**	**2.0**
高收入国家	**High Income**	**3.4**	**2.1**	**2.3**	**1.7**	**1.1**	**1.7**
中等收入国家	**Middle Income**	**4.4**	**5.7**	**6.2**	**2.8**	**3.1**	**3.8**
中等偏下收入国家	**Lower Middle Income**	**2.6**	**5.1**	**5.8**	**4.2**	**3.7**	**3.9**
中等偏上收入国家	**Upper Middle Income**	**5.3**	**6.3**	**6.7**	**2.6**	**3.1**	**4.0**
中低收入国家	**Low and Middle Income**	**4.2**	**5.6**	**6.0**	**2.6**	**2.9**	**3.6**
东亚和太平洋	**East Asia and Pacific**	**6.5**	**8.8**	**9.0**	**5.7**	**5.6**	**5.8**
欧洲和中亚	**Europe and Central Asia**	**8.0**	**7.0**	**4.6**	**0.0**	**0.9**	**3.4**
拉丁美洲和加勒比	**Latin America and Caribbean**	**2.6**	**2.6**	**4.3**	**-1.4**	**-1.5**	**0.6**
中东和北非国家	**Middle East and North Africa**	**2.4**	**2.7**	**3.4**	**-0.9**	**5.2**	**1.9**
南　亚	**South Asia**	**2.2**	**7.0**	**7.5**	**6.2**	**5.5**	**5.2**
撒哈拉以南非洲	**Sub-Saharan Africa**	**0.9**	**2.8**	**2.6**	**0.4**	**-1.4**	**-0.1**
低收入国家	**Low Income**	**-0.4**	**3.1**	**3.9**	**-0.8**	**-0.1**	**3.0**
最不发达地区	**Least Developed Countries**	**1.7**	**6.1**	**3.5**	**1.3**	**1.2**	**2.8**
重债穷国	**Heavily Indebted Poor Countries**	**0.0**	**3.2**	**2.8**	**2.2**	**1.7**	**2.4**
中　国	China	7.6	10.7	10.1	6.4	6.1	6.3
中国香港	Hong Kong, China	6.7	6.9	6.0	1.5	1.5	3.0
中国澳门	Macao, China	3.4	5.6	22.6	-23.2	-2.7	7.3
阿富汗	Afghanistan		7.0	5.4	-1.6	-0.4	0.1
阿尔巴尼亚	Albania	7.4	6.3	4.2	2.5	3.5	3.9
阿尔及利亚	Algeria	2.4	4.5	1.8	1.8	1.4	-0.1
安道尔	Andorra	1.9	3.8	-5.3	2.4	2.9	2.3
安哥拉	Angola	0.0	16.7	-0.2	-0.5	-4.1	-2.6
安提瓜和巴布达	Antigua and Barbuda	4.5	5.2	-8.3	3.0	4.3	2.3
阿根廷	Argentina	-1.9	7.7	9.0	1.7	-2.8	1.9
亚美尼亚	Armenia	6.6	14.6	2.6	2.8	-0.1	7.3
澳大利亚	Australia	2.7	1.8	0.5	0.9	1.3	0.4
奥地利	Austria	3.1	1.6	1.6	0.0	0.4	2.2
阿塞拜疆	Azerbaijan	10.2	25.1	3.6	-0.1	-4.2	-1.0
巴哈马	Bahamas	2.6	1.3	-0.1	-0.2	-2.8	0.4
巴　林	Bahrain	0.9	-0.4	-0.4	0.2	-0.6	-0.8
孟加拉国	Bangladesh	3.3	5.0	4.4	5.4	6.0	6.2
巴巴多斯	Barbados	2.0	3.7	-0.1	0.6	1.7	1.4
白俄罗斯	Belarus	6.3	10.2	8.0	-4.0	-2.7	2.4
比利时	Belgium	3.4	1.5	1.8	0.8	0.9	1.4
伯利兹	Belize	9.3	0.0	0.9	1.6	-2.6	-1.2
贝　宁	Benin	2.8	-1.3	-0.7	-0.7	1.1	2.7
百慕大	Bermuda	8.4	1.0	-1.3			
不　丹	Bhutan	4.0	4.5	9.7	5.1	6.6	5.5
玻利维亚	Bolivia	0.6	2.6	2.5	3.3	2.7	2.7
波　黑	Bosnia and Herzegovinian	5.3	8.8	1.5	4.0	3.7	3.3
博茨瓦纳	Botswana	0.3	3.1	6.7	-3.5	2.4	0.5
巴　西	Brazil	2.6	2.0	6.5	-4.4	-4.3	0.2
文　莱	Brunei Darussalam	0.7	-1.2	1.3	-2.0	-3.8	0.0
保加利亚	Bulgaria	5.5	7.9	2.0	4.3	4.7	4.3
布基纳法索	Burkina Faso	-1.0	5.5	2.2	0.9	2.9	3.7
布隆迪	Burundi	-2.7	-2.4	0.5	-6.8	-3.6	-2.6
柬埔寨	Cambodia	8.3	11.5	4.4	5.3	5.3	5.2
喀麦隆	Cameroon	1.0	-0.7	0.6	2.9	1.8	0.5
加拿大	Canada	4.3	2.2	1.9	0.2	0.2	1.8
佛得角	Cape Verde	5.3	5.2	4.8			
中　非	Central African Rep.	-4.5	-0.9	2.0	4.1	3.4	2.9
乍　得	Chad	-4.5	13.2	9.9	-0.5	-9.1	-5.9
海峡群岛	Channel Islands	5.1	0.6				

3-6 续表 1 continued

单位：% (%)

国家或地区	Country or Area	2000	2005	2010	2015	2016	2017
智　　利	Chile	4.1	4.6	4.8	1.5	0.4	0.7
哥伦比亚	Colombia	2.9	3.4	2.8	2.1	1.2	0.9
科 摩 罗	Comoros	8.1	0.4	-0.2	-1.3	-0.1	0.2
刚果(金)	Congo, Dem. Rep.	-9.2	2.8	3.6	3.5	-0.9	0.4
刚果(布)	Congo, Rep.	4.6	4.5	5.5	0.1	-5.3	-7.0
哥斯达黎加	Costa Rica	1.7	2.4	3.6	2.6	3.1	2.2
科特迪瓦	Cote D'Ivoire	-4.3	-0.2	-0.3	6.1	5.7	5.1
克罗地亚	Croatia	6.8	4.1	-1.2	3.2	3.9	4.0
古　　巴	Cuba	5.5	11.0	2.3	4.2		
塞浦路斯	Cyprus	4.6	2.2	-1.3	2.6	2.6	
捷　　克	Czech Rep.	4.6	6.4	2.0	5.1	2.4	4.0
丹　　麦	Denmark	3.4	2.1	1.4	0.9	1.2	1.5
吉 布 提	Djibouti	-1.2	1.5	1.8	7.9	7.0	2.5
多米尼克	Dominica	0.7	-0.4	0.4	-3.1	2.1	-4.7
多米尼加	Dominican Rep.	3.0	7.8	6.9	5.8	5.4	3.4
厄瓜多尔	Ecuador	-0.8	3.6	1.8	-1.4	-3.0	1.5
埃　　及	Egypt	3.4	2.6	3.1	2.2	2.3	2.2
萨尔瓦多	El Salvador	0.4	2.2	1.7	1.9	2.1	1.8
赤道几内亚	Equatorial Guinea	13.5	11.7	-12.9	-12.6	-12.0	-6.8
厄立特里亚	Eritrea	-5.7	-0.3	0.3			
爱沙尼亚	Estonia	10.0	10.0	2.5	1.6	2.0	4.9
埃塞俄比亚	Ethiopia	3.1	8.8	9.6	7.6	4.9	7.6
斐　　济	Fiji	-2.3	0.3	2.0	3.1	-0.4	3.0
芬　　兰	Finland	5.4	2.4	2.5	-0.2	1.8	2.3
法　　国	France	3.2	0.9	1.5	0.7	0.8	1.4
法属波立尼西亚	French Polynesia	2.1					
加　　蓬	Gabon	-4.3	-0.2	3.6	1.0	-0.5	-1.2
冈 比 亚	Gambia	2.4	-4.1	3.2	1.2	-0.8	0.4
格鲁吉亚	Georgia	2.6	11.0	7.7	3.2	2.8	5.1
德　　国	Germany	2.8	0.8	4.2	0.9	1.1	1.8
加　　纳	Ghana	1.2	3.2	5.2	1.5	1.4	6.2
希　　腊	Greece	3.5	0.3	-5.6	0.4	0.2	1.5
格 陵 兰	Greenland	6.9	4.8	0.7	0.6	7.5	
格林纳达	Grenada	4.7	13.0	-0.9	6.0	3.2	3.2
危地马拉	Guatemala	1.3	0.9	0.7	2.0	1.0	0.8
几 内 亚	Guinea	0.7	1.0	2.5	1.4	7.7	9.9
几内亚比绍	Guinea-Bissau	3.5	2.0	2.0	3.5	3.6	3.3
圭 亚 那	Guyana	-1.1	-1.9	4.0	2.5	2.7	2.3
海　　地	Haiti	-0.8	0.2	-6.9	-0.1	0.2	-0.1
洪都拉斯	Honduras	3.0	3.6	1.7	2.1	2.0	3.1
匈 牙 利	Hungary	4.5	4.6	0.9	3.6	2.5	4.3
冰　　岛	Iceland	3.2	4.7	-3.5	3.2	6.0	1.9
印　　度	India	2.0	7.6	8.8	6.9	5.9	5.4
印度尼西亚	Indonesia	3.5	4.3	4.8	3.7	3.9	3.9
伊　　朗	Iran	4.2	2.0	4.6	-2.5	12.1	3.2
爱 尔 兰	Ireland	8.1	3.7	1.3	24.4	4.0	6.5
马 恩 岛	Isle of Man	4.5	4.8	8.4	-4.1		
以 色 列	Israel	5.4	2.3	3.3	1.0	2.1	1.4
意 大 利	Italy	3.7	0.5	1.4	1.1	1.0	1.6
牙 买 加	Jamaica	0.0	0.3	-1.9	0.6	1.0	0.2
日　　本	Japan	2.6	1.7	4.2	1.5	1.1	1.9
约　　旦	Jordan	2.4	4.8	-2.8	-1.5	-1.2	-0.6
哈萨克斯坦	Kazakhstan	10.1	8.7	5.8	-0.3	-0.3	2.6
肯 尼 亚	Kenya	-2.1	3.1	5.5	3.0	3.2	2.3
基里巴斯	Kiribati	4.4	2.9	-3.6	8.4	-0.6	1.3
韩　　国	Korea, Rep.	8.0	3.7	6.0	2.3	2.5	2.6

3-6 续表 2 continued

单位：% (%)

国家或地区	Country or Area	2000	2005	2010	2015	2016	2017
科威特	Kuwait	-0.1	6.8	-8.2	-3.3	0.6	-4.8
吉尔吉斯斯坦	Kyrgyzstan	4.2	-1.3	-1.7	1.8	2.2	2.5
老挝	Laos	4.1	5.4	6.9	5.9	5.5	5.3
拉脱维亚	Latvia	6.4	11.9	-1.9	3.8	3.2	5.6
黎巴嫩	Lebanon	-1.1	-0.5	4.2	-3.5	-0.6	0.8
莱索托	Lesotho	2.9	2.6	5.0	1.2	1.0	4.2
利比里亚	Liberia	21.9	2.5	2.4	-2.4	-4.0	-0.1
利比亚	Libya	2.1	10.2	4.2	-9.3	-3.7	25.1
列支敦士登	Liechtenstein	1.8	4.1				
立陶宛	Lithuania	4.6	9.5	3.8	3.0	3.7	5.3
卢森堡	Luxemburg	6.8	1.6	3.0	0.5	0.9	-0.7
马其顿	Macedonia	4.0	4.6	3.3	3.8	2.8	-0.1
马达加斯加	Madagascar	1.5	1.6	-2.5	0.4	1.4	1.4
马拉维	Malawi	-1.4	0.4	3.7	-0.2	-0.5	1.0
马来西亚	Malaysia	6.4	3.3	5.5	3.3	2.7	4.4
马尔代夫	Maldives	1.7	-15.4	4.3	-0.2	3.8	6.7
马里	Mali	-2.8	3.2	2.1	2.9	2.7	2.2
马耳他	Malta	6.1	3.1	3.0	7.0	2.9	4.2
马绍尔群岛	Marshall Islands	5.7	3.0	6.2	-0.6	1.8	2.4
毛里塔尼亚	Mauritania	-3.4	5.9	1.8	-1.5	-0.8	0.7
毛里求斯	Mauritius	8.0	0.6	4.1	3.3	3.7	3.7
墨西哥	Mexico	3.5	0.9	3.5	1.9	1.6	0.8
密克罗尼西亚	Micronesia, Fed.	4.9	2.4	2.4	4.5	-0.5	1.4
摩尔多瓦	Moldova	2.3	7.8	7.2	-0.3	4.6	4.6
摩纳哥	Monaco	3.0	0.5				
蒙古	Mongolia	0.3	6.0	4.6	0.6	-0.5	4.2
黑山	Montenegro	3.3	4.0	2.6	3.3	2.9	4.3
摩洛哥	Morocco	0.7	2.1	2.5	3.1	-0.2	
莫桑比克	Mozambique	-1.0	5.6	3.6	3.6	0.8	0.8
缅甸	Myanmar	12.4	12.6	8.9	6.0	4.9	5.4
纳米比亚	Namibia	1.3	1.4	4.3	3.7	-1.5	-2.9
尼泊尔	Nepal	4.3	2.1	3.7	2.1	-0.7	6.3
荷兰	Netherlands	3.5	1.9	0.9	1.8	1.7	2.6
新喀里多尼亚	New Caledonia	0.2					
新西兰	New Zealand	1.7	2.2	-0.2	2.5	1.3	0.9
尼加拉瓜	Nicaragua	2.5	2.9	3.1	3.6	3.5	3.7
尼日尔	Niger	-4.9	0.7	4.3	0.4	1.0	1.0
尼日利亚	Nigeria	2.7	0.8	5.0	0.0	-4.2	-1.8
挪威	Norway	2.5	1.9	-0.6	0.9	0.2	1.0
阿曼	Oman	4.8	-0.2	-0.7	-1.2	0.0	-4.8
巴基斯坦	Pakistan	1.9	5.5	-0.5	2.6	3.4	3.7
帕劳	Palau	-2.8	5.6	-1.5	9.1	-0.9	-4.7
巴拿马	Panama	0.7	5.2	4.0	3.8	3.3	3.7
巴布亚新几内亚	Papua New Guinea	-5.0	3.8	7.6	3.1	-0.2	0.1
巴拉圭	Paraguay	-4.3	0.5	11.6	1.6	2.7	-0.5
秘鲁	Peru	1.3	5.0	7.0	1.9	2.7	1.3
菲律宾	Philippines	2.2	2.8	5.9	4.4	5.2	5.1
波兰	Poland	5.7	3.5	3.9	3.9	2.9	4.5
葡萄牙	Portugal	3.1	0.6	1.9	2.3	1.9	3.0
波多黎各	Puerto Rico	3.0	-1.9	0.1	0.6	-0.7	
卡塔尔	Qatar		-5.7	6.9	-0.9	-1.3	-1.1
罗马尼亚	Romania	2.5	4.8	-2.2	4.5	5.4	7.6
俄罗斯	Russia	10.5	6.8	4.5	-3.0	-0.4	
卢旺达	Rwanda	2.5	7.3	4.5	6.2	3.4	3.6
圣基茨和尼维斯	Saint Kitts and Nevis	9.4	7.3	-3.3	2.9	1.2	0.8
圣卢西亚	Saint Lucia	-1.1	-1.3	-2.5	1.5	1.2	2.2

3-6 续表 3 continued

单位：% (%)

国家或地区	Country or Area	2000	2005	2010	2015	2016	2017
圣文森特和格林纳丁斯	Saint Vincent and the Grenadines	1.6	2.3	-3.4	1.7	1.1	1.4
萨摩亚	Samoa	6.4	3.5	-0.3	0.9	6.4	1.8
圣马力诺	San Marino	1.0	1.1	-5.8	-0.4	0.2	0.6
圣多美和普林西比	Sao Tome and Principe		4.6	4.3	1.5	1.9	1.6
沙特阿拉伯	Saudi Arabia	3.2	2.6	2.1	1.5	-0.6	-2.7
塞内加尔	Senegal	0.7	2.9	1.2	3.4	3.7	3.8
塞尔维亚	Serbia	8.1	5.9	1.0	1.3	3.3	2.4
塞舌尔	Seychelles	0.6	8.5	3.0	2.6	3.1	2.9
塞拉利昂	Sierra Leone	3.7	0.5	2.9	-22.3	3.8	1.9
新加坡	Singapore	7.0	5.0	13.2	1.0	1.1	3.5
斯洛伐克	Slovakia	1.4	6.7	4.9	3.8	3.2	3.2
斯洛文尼亚	Slovenia	3.9	3.8	0.8	2.2	3.1	4.9
所罗门群岛	Solomon Islands	-16.6	2.8	4.4	0.5	1.4	1.2
南非	South Africa	2.6	4.0	1.8	-0.1	-0.7	0.1
西班牙	Spain	4.8	2.0	-0.4	3.5	3.2	2.9
斯里兰卡	Sri Lanka	5.4	5.4	7.4	4.0	3.3	2.0
苏丹	Sudan	3.4	4.6	0.8	2.4	2.2	
苏里南	Suriname	-1.2	3.5	4.1	-3.5	-6.0	-0.8
斯威士兰	Swaziland	0.2	5.0	1.9	-1.4	-0.5	0.2
瑞典	Sweden	4.6	2.4	5.1	3.4	2.0	0.8
瑞士	Switzerland	3.4	2.5	1.9	0.1	0.3	…
叙利亚	Syrian Arab Republic	0.3	3.4	0.8			
塔吉克斯坦	Tajikistan	6.5	4.5	4.2	3.7	4.6	4.9
坦桑尼亚	Tanzania	2.2	5.0	3.1	3.7	3.7	
泰国	Thailand	3.4	3.5	7.0	2.7	3.0	3.6
东帝汶	Timor-Leste	16.7	31.9	-2.7	18.1	-1.4	-10.0
多哥	Togo	-3.7	-1.5	1.2	2.7	2.8	3.0
汤加	Tonga	2.9	0.9	3.1	3.1	2.7	1.9
特立尼达和多巴哥	Trinidad And Tobago	6.6	5.7	2.8	1.1	-6.3	-2.6
突尼斯	Tunisia	3.7	2.6	2.4	…	…	0.8
土耳其	Turkey	5.0	7.6	7.0	4.4	1.6	5.8
土库曼斯坦	Turkmenistan	4.3	11.8	7.5	4.6	4.4	4.7
图瓦卢	Tuvalu	-1.8	-5.1	-3.6	8.2	2.1	2.4
乌干达	Uganda	-0.2	2.7	2.1	1.8	1.3	0.6
乌克兰	Ukraine	7.0	3.5	4.6	-9.4	2.7	
阿联酋	United Arab Emirates	5.0	-6.4	-5.8	4.1	1.7	-0.6
英国	United Kingdom	3.3	2.4	0.9	1.5	1.2	1.1
美国	United States	2.9	2.4	1.7	2.1	0.7	1.6
乌拉圭	Uruguay	-2.3	7.4	7.4	0.0	1.3	2.3
乌兹别克斯坦	Uzbekistan	2.4	5.8	5.5	6.1	5.9	3.6
瓦努阿图	Vanuatu	3.8	2.7	-0.7	-3.0	1.8	2.3
委内瑞拉	Venezuela	1.7	8.4	-3.0	-7.0		
越南	Viet Nam	5.6	6.6	5.3	5.5	5.1	5.7
约旦河西岸和加沙	West Bank and Gaza	-12.2	8.1	-0.2	9.1	0.5	-6.1
也门	Yemen	3.2	2.7	4.8	-38.7	-35.9	
赞比亚	Zambia	1.0	4.4	7.2	-0.2	0.7	1.0
津巴布韦	Zimbabwe	-4.3	-6.9	10.4	-0.7	-1.7	1.1

3-7 资本形成率
Capital Formation Rate

资料来源：世界银行WDI数据库。
Source: World Bank WDI Database.

单位：% (%)

国家或地区	Country or Area	2000	2005	2010	2015	2016	2017
世　界	**World**	**24.4**	**24.8**	**24.2**	**24.2**	**23.8**	
高收入国家	**High Income**	**23.8**	**23.0**	**20.7**	**21.4**	**21.1**	
中等收入国家	**Middle Income**	**25.9**	**29.7**	**33.1**	**31.2**	**30.6**	**31.0**
中等偏下收入国家	**Lower Middle Income**	**23.1**	**28.1**	**30.7**	**26.9**	**26.8**	**27.6**
中等偏上收入国家	**Upper Middle Income**	**26.7**	**30.1**	**33.8**	**32.5**	**31.8**	**31.9**
中低收入国家	**Low and Middle Income**	**25.7**	**29.5**	**32.9**	**31.1**	**30.5**	**30.9**
东亚和太平洋	**East Asia and Pacific**	**31.9**	**38.1**	**43.3**	**41.6**	**40.8**	**41.1**
欧洲和中亚	**Europe and Central Asia**	**20.4**	**23.5**	**24.5**	**24.0**	**24.5**	**25.6**
拉丁美洲和加勒比	**Latin America and Caribbean**	**20.3**	**19.4**	**22.0**	**20.2**	**19.2**	**18.9**
中东和北非国家	**Middle East and North Africa**	**26.6**	**28.2**	**31.5**	**29.6**	**29.2**	**29.9**
南　亚	**South Asia**	**25.9**	**35.5**	**37.0**	**30.0**	**29.0**	**29.6**
撒哈拉以南非洲	**Sub-Saharan Africa**	**16.8**	**15.6**	**19.9**	**20.7**	**19.7**	**19.9**
低收入国家	**Low Income**	**16.3**	**17.5**	**21.2**	**24.5**	**23.5**	
最不发达地区	**Least Developed Countries**	**21.2**	**19.8**	**22.0**	**24.5**	**23.9**	**24.9**
重债穷国	**Heavily Indebted Poor Countries**	**18.5**	**20.5**	**21.0**	**25.5**	**25.0**	**25.0**
中　国	China	34.4	41.4	47.6	45.4	44.3	43.6
中国香港	Hong Kong, China	27.6	21.1	23.9	21.5	21.5	22.3
中国澳门	Macao, China	10.5	25.7	13.3	25.1	21.7	18.5
孟加拉国	Bangladesh	23.8	25.8	26.2	28.9	29.7	30.5
文　莱	Brunei Darussalam	13.1	11.4	23.7	35.2	34.6	34.8
柬埔寨	Cambodia	17.4	18.5	17.4	22.5	22.7	22.9
印　度	India	27.0	38.6	40.7	31.8	30.3	30.7
印度尼西亚	Indonesia	22.2	25.1	32.9	34.1	33.8	33.4
伊　朗	Iran	35.1	38.7	40.3	34.0	33.2	34.2
以色列	Israel	22.8	20.5	18.4	19.8	20.5	
日　本	Japan	27.3	24.7	21.3	24.0	23.6	
哈萨克斯坦	Kazakhstan	18.1	31.0	25.4	27.9	27.8	
韩　国	Korea, Rep.	32.9	32.2	32.0	28.9	29.3	31.1
老　挝	Laos	13.4	34.1	27.5	31.6	29.0	29.0
马来西亚	Malaysia	26.9	22.4	23.4	25.1	25.9	25.5
蒙　古	Mongolia	29.0	37.5	42.1	26.4	29.4	36.2
缅　甸	Myanmar	12.4		23.2	34.9	32.9	
巴基斯坦	Pakistan	17.2	19.1	15.8	15.7	15.7	16.1
菲律宾	Philippines	18.4	21.6	20.5	21.2	24.3	25.0
新加坡	Singapore	34.9	21.4	28.2	27.1	27.0	27.6
斯里兰卡	Sri Lanka	28.0	26.8	30.4	31.2	35.0	36.5
泰　国	Thailand	22.3	30.4	25.4	22.1	21.7	
越　南	Viet Nam	29.6	33.8	35.7	27.7	26.6	25.8
埃　及	Egypt	19.6	18.0	19.5	14.3	15.0	15.3
尼日利亚	Nigeria	7.0	5.5	17.3	15.5	15.3	
南　非	South Africa	16.4	18.3	19.5	21.0	19.4	18.6
加拿大	Canada	20.7	22.7	23.5	24.1	23.2	23.7
墨西哥	Mexico	23.0	22.1	22.8	23.3	23.7	23.1
美　国	United States	23.6	23.2	18.4	20.4	19.7	
阿根廷	Argentina	16.2	18.9	17.7	17.1	17.0	19.1
巴　西	Brazil	18.9	17.2	21.8	17.4	15.4	15.5
委内瑞拉	Venezuela	24.2	23.0	22.0			
捷　克	Czech Rep.	31.4	29.1	27.1	28.0	26.3	26.3
法　国	France	22.5	22.5	21.9	22.7	22.7	23.5
德　国	Germany	23.9	18.8	19.6	19.1	19.2	19.8
意大利	Italy	20.7	21.1	20.5	17.3	17.1	17.3
荷　兰	Netherlands	23.0	20.9	20.4	19.9	20.1	20.2
波　兰	Poland	24.6	19.9	21.3	20.5	19.6	20.0
俄罗斯	Russia	18.7	20.1	22.6	21.9	22.8	23.9
西班牙	Spain	26.6	30.0	23.5	20.4	20.5	21.1
土耳其	Turkey	23.8	27.0	27.0	28.4	28.2	30.9
乌克兰	Ukraine	19.6	22.6	20.9	15.9	21.5	20.7
英　国	United Kingdom	18.5	17.2	15.7	17.0	17.0	17.0
澳大利亚	Australia	26.3	27.5	26.8	26.1	25.3	24.2
新西兰	New Zealand	22.0	25.4	20.1	23.4	24.4	

3-8 居民消费率
Household Final Consumption Rate

资料来源：世界银行WDI数据库。
Source: World Bank WDI Database.

单位：% (%)

国家或地区	Country or Area	2000	2005	2010	2015	2016	2017
中　　国	China	46.9	40.2	35.4	38.6	39.5	38.4
中国香港	Hong Kong, China	58.6	57.5	61.4	66.4	66.2	67.0
中国澳门	Macao, China	46.0	31.9	23.4	26.1	26.4	24.2
孟加拉国	Bangladesh	75.0	73.8	74.1	72.4	69.1	68.7
文　　莱	Brunei Darussalam	24.8	22.5	14.7	19.8	21.2	20.5
柬 埔 寨	Cambodia	88.2	86.0	81.3	76.8	76.1	71.8
印　　度	India	63.6	57.4	55.2	58.8	59.0	58.9
印度尼西亚	Indonesia	61.7	64.4	56.2	57.5	57.8	57.3
伊　　朗	Iran	49.7	41.2	42.9	50.3	49.4	51.0
以 色 列	Israel	53.0	55.4	56.8	54.7	55.1	
日　　本	Japan	54.4	55.6	57.8	56.6	55.7	
哈萨克斯坦	Kazakhstan	61.9	49.9	45.4	53.7	54.5	
韩　　国	Korea, Rep.	53.8	52.2	50.3	49.3	48.7	48.1
老　　挝	Laos	87.6	71.6	74.6	71.2	65.7	65.2
马来西亚	Malaysia	43.8	44.2	48.1	54.1	54.9	55.4
蒙　　古	Mongolia	75.1	55.2	55.2	59.1	52.9	49.2
巴基斯坦	Pakistan	75.4	76.9	79.7	79.8	80.0	82.0
菲 律 宾	Philippines	72.2	75.0	71.6	73.8	73.6	73.3
新 加 坡	Singapore	41.5	39.1	35.5	36.6	36.0	35.6
斯里兰卡	Sri Lanka	71.5	69.0	68.5	67.4	63.8	62.2
泰　　国	Thailand	54.1	55.8	52.2	51.1	50.1	
越　　南	Viet Nam	66.5	65.5	66.6	68.0	68.5	68.0
埃　　及	Egypt	75.9	71.6	74.6	82.4	82.7	86.8
尼日利亚	Nigeria	52.5	75.2	66.1	78.6	81.6	
南　　非	South Africa	63.1	62.0	59.0	59.7	59.4	59.4
加 拿 大	Canada	54.4	54.2	56.9	57.5	58.2	57.8
墨 西 哥	Mexico	67.9	68.6	65.3	65.5	65.5	65.5
美　　国	United States	66.0	67.2	68.2	68.1	68.8	
阿 根 廷	Argentina	69.3	63.0	64.2	65.9	65.9	65.5
巴　　西	Brazil	64.6	60.5	60.2	64.0	64.0	63.4
委内瑞拉	Venezuela	51.7	46.8	55.9			
捷　　克	Czech Rep.	50.6	47.8	49.0	46.8	47.0	47.4
法　　国	France	53.9	54.4	55.4	54.0	54.4	54.1
德　　国	Germany	57.1	57.7	56.1	53.6	53.3	53.1
意 大 利	Italy	60.6	59.4	61.0	60.9	60.8	61.1
荷　　兰	Netherlands	50.0	48.1	44.7	44.4	44.2	43.9
波　　兰	Poland	63.6	62.9	61.6	58.4	58.5	58.5
俄 罗 斯	Russia	46.2	49.9	51.5	52.3	52.6	52.4
西 班 牙	Spain	59.7	57.7	57.2	58.0	57.6	57.7
土 耳 其	Turkey	67.3	64.1	63.1	60.4	59.8	59.1
乌 克 兰	Ukraine	54.3	55.4	63.0	66.2	64.5	65.2
英　　国	United Kingdom	66.9	65.9	65.6	65.6	65.8	65.7
澳大利亚	Australia	58.1	57.7	56.3	57.3	58.3	56.8
新 西 兰	New Zealand	58.0	58.2	58.1	57.5	57.2	

3-9 国内生产总值产业构成
Composition of Gross Domestic Product by Industry

资料来源：世界银行WDI数据库。
Source: World Bank WDI Database.

单位：% (%)

国家或地区	Country or Area	农业增加值占国内生产总值比重 Primary Industry as Percentage of GDP		工业增加值占国内生产总值比重 Secondary Industry as Percentage of GDP		服务业增加值占国内生产总值比重 Tertiary Industry as Percentage of GDP	
		2000	2017	2000	2017	2000	2017
世　界	**World**	**5.0**	**3.5①**	**29.4**	**25.4①**	**62.6**	**65.1①**
高收入国家	**High Income**	**1.8**	**1.3①**	**26.5**	**22.9①**	**65.9**	**69.6①**
中等收入国家	**Middle Income**	**12.2**	**8.4**	**36.5**	**31.7**	**49.7**	**54.3**
中等偏下收入国家	**Lower Middle Income**	**20.4**	**15.2**	**32.0**	**28.2**	**42.8**	**49.6**
中等偏上收入国家	**Upper Middle Income**	**9.9**	**6.4**	**37.8**	**32.7**	**50.9**	**55.6**
中低收入国家	**Low and Middle Income**	**12.5**	**8.7**	**36.3**	**31.6**	**49.7**	**54.2**
东亚和太平洋	**East Asia and Pacific**	**14.8**	**8.7**	**44.1**	**39.5**	**41.0**	**51.3**
欧洲和中亚	**Europe and Central Asia**	**9.0**	**5.3**	**31.4**	**29.6**	**49.0**	**54.4**
拉丁美洲和加勒比	**Latin America and Caribbean**	**5.3**	**4.8**	**28.7**	**23.3**	**56.2**	**61.4**
中东和北非国家	**Middle East and North Africa**	**10.4**	**9.9**	**43.0**	**28.4**	**44.7**	**55.7①**
南　亚	**South Asia**	**22.2**	**15.9**	**27.3**	**25.4**	**42.7**	**49.8**
撒哈拉以南非洲	**Sub-Saharan Africa**	**18.6**	**16.2**	**33.6**	**23.3**	**51.2**	**53.2**
低收入国家	**Low Income**	**29.0**	**26.3①**	**25.0**	**29.7①**	**41.7**	**39.2①**
最不发达地区	**Least Developed Countries**	**28.5**	**23.7**	**27.5**	**23.6**	**40.0**	**45.5**
重债穷国	**Heavily Indebted Poor Countries**	**29.3**	**23.8**	**22.2**	**22.6**	**42.1**	**44.5**
中　国	China	14.7	7.9	45.5	40.5	39.8	51.6
中国香港	Hong Kong, China	0.1	0.1①	12.1	7.5①	83.8	89.5①
中国澳门	Macao, China			11.6	6.6①	81.3	92.5①
孟加拉国	Bangladesh	22.7	13.4	22.3	27.8	50.6	53.5
文　莱	Brunei Darussalam	1.0	1.1	63.7	59.7	35.3	40.9
柬埔寨	Cambodia	35.7	23.4	21.7	30.9	36.9	39.7
印　度	India	21.9	15.5	28.4	26.2	41.3	48.9
印度尼西亚	Indonesia	15.7	13.1	42.0	39.4	33.4	43.6
伊　朗	Iran	9.1	10.1	40.3	21.2	51.4	65.4
日　本	Japan	1.5	1.2①	32.8	29.3①	65.9	68.8①
哈萨克斯坦	Kazakhstan	8.1	4.4	37.8	32.0	48.4	57.4
韩　国	Korea, Rep.	3.9	2.0	34.2	35.9	51.6	52.8
老　挝	Laos	33.6	16.2	16.5	30.9	42.2	41.5
马来西亚	Malaysia	8.6	8.8	48.3	38.8	43.1	51.0
蒙　古	Mongolia	27.4	10.4	22.2	33.0	44.1	50.5①
缅　甸	Myanmar	57.2	26.2	9.7	31.6	33.1	42.2
巴基斯坦	Pakistan	24.1	22.9	21.7	17.9	47.2	53.1
菲律宾	Philippines	14.0	9.7	34.5	30.5	51.6	59.9
新加坡	Singapore	0.1		32.5	23.2	60.6	70.4
斯里兰卡	Sri Lanka	19.9	7.7	27.3	27.2	52.8	55.8
泰　国	Thailand	8.5	8.7	36.8	35.0	54.7	56.3
越　南	Viet Nam	24.5	15.3	36.7	33.3	38.7	40.9①
埃　及	Egypt	15.5	11.5	30.8	33.8	50.1	55.2①
尼日利亚	Nigeria	25.3	20.8	47.5	22.3	66.8	55.8
南　非	South Africa	3.0	2.3	29.1	25.9	59.1	61.5
加拿大	Canada	2.3	1.4②	32.5	27.5②	64.5	64.7②
墨西哥	Mexico	3.3	3.4	34.2	29.9	57.8	60.9
美　国	United States	1.2	1.0①	22.4	18.9①	73.1	77.0①
阿根廷	Argentina	4.7	5.6	26.0	21.7	61.9	56.9
巴　西	Brazil	4.8	4.6	23.0	18.5	58.3	63.1
委内瑞拉	Venezuela	3.9	5.0②	46.4	37.2②	43.1	46.8②
捷　克	Czech Rep.	3.1	2.2	33.9	33.5	54.1	54.2
法　国	France	2.1	1.5	21.3	17.4	66.3	70.2
德　国	Germany	1.0	0.6	27.9	27.6	61.4	61.9
意大利	Italy	2.6	1.9	24.3	21.4	62.7	66.3
荷　兰	Netherlands	2.2	1.9	22.2	17.5	65.3	70.4
波　兰	Poland	3.1	1.7	28.9	27.9	56.8	58.3
俄罗斯	Russia	5.8	4.0	33.9	30.0	49.7	56.2
西班牙	Spain	3.7	2.6	27.9	21.6	59.1	66.4
土耳其	Turkey	10.1	6.1	26.9	29.2	52.6	53.3
乌克兰	Ukraine	14.5	10.2	30.8	24.0	39.5	50.3
英　国	United Kingdom	0.8	0.5	22.5	18.6	66.4	70.1
澳大利亚	Australia	3.1	2.8	24.7	23.0	64.3	67.0
新西兰	New Zealand	8.9	5.5③	22.4	20.4③	61.8	65.6③

注：①2016年数据。②2014年数据。③2015年数据。
Note:①Data refer to 2016.②Data refer to 2014.③Data refer to 2015.

3-10 生产法国内生产总值
Gross Domestic Product by Production Approach

资料来源：联合国NAOCD数据库。
Source: UN NAOCD Database.

单位：亿美元 (100 million USD)

国家或地区	Country or Area	2000	2005	2010	2015	2016
中　国	**China**					
按当年价格计算	at Current Prices					
增加值总额	Total Value Added	12113	22860	61006	110647	111992
农业、狩猎业、林业和渔业	Agriculture, Hunting, Forestry, Fishing	1805	2736	5986	10102	9928
采掘、制造、电、煤气和水供应业	Mining, Manufacturing, Utilities	4863	9514	24390	37978	37303
制造业	Manufacturing		7337	19250	31234	30799
建筑业	Construction	668	1269	4026	7487	7453
批发、零售贸易、旅馆和饭店业	Wholesale, Retail Trade, Restaurants and Hotels	1245	2216	6442	12580	12701
运输、仓储和通讯业	Transport, Storage and Communication	744	1302	2774	4896	5020
其他服务业	Other Activities	2787	5822	17387	37604	39586
按2010年价格计算	at Constant Prices of 2010					
增加值总额	Total Value Added	22590	35797	61006	89085	94847
农业、狩猎业、林业和渔业	Agriculture, Hunting, Forestry, Fishing	3958	4800	5986	7354	7611
采掘、制造、电、煤气和水供应业	Mining, Manufacturing, Utilities	8281	13912	24390	35776	37922
制造业	Manufacturing		10286	19250	28116	29789
建筑业	Construction	1220	1994	4026	6197	6606
批发、零售贸易、旅馆和饭店业	Wholesale, Retail Trade, Restaurants and Hotels	2021	3235	6442	9954	10624
运输、仓储和通讯业	Transport, Storage and Communication	1180	1858	2774	3813	4060
其他服务业	Other Activities	5930	9998	17387	25992	28023
中国香港	**Hong Kong, China**					
按当年价格计算	at Current Prices					
增加值总额	Total Value Added	1647	1772	2236	3000	3117
农业、狩猎业、林业和渔业	Agriculture, Hunting, Forestry, Fishing	1	1	1	2	2
采掘、制造、电、煤气和水供应业	Mining, Manufacturing, Utilities	127	104	84	79	80
制造业	Manufacturing	79	51	39	34	35
建筑业	Construction	80	50	73	139	145
批发、零售贸易、旅馆和饭店业	Wholesale, Retail Trade, Restaurants and Hotels	404	511	605	782	798
运输、仓储和通讯业	Transport, Storage and Communication	180	207	248	298	313
其他服务业	Other Activities	853	899	1226	1700	1779
按2010年价格计算	at Constant Prices of 2010					
增加值总额	Total Value Added	1553	1865	2236	2578	2635
农业、狩猎业、林业和渔业	Agriculture, Hunting, Forestry, Fishing	2	2	1	1	1
采掘、制造、电、煤气和水供应业	Mining, Manufacturing, Utilities	94	86	84	82	82
制造业	Manufacturing	57	44	39	38	38
建筑业	Construction	91	70	73	116	119
批发、零售贸易、旅馆和饭店业	Wholesale, Retail Trade, Restaurants and Hotels	326	471	605	694	697
运输、仓储和通讯业	Transport, Storage and Communication	164	215	248	297	307
其他服务业	Other Activities	878	1023	1226	1389	1430

3-10 续表 1 continued

单位：亿美元 (100 million USD)

国家或地区	Country or Area	2000	2005	2010	2015	2016
中国澳门	**Macao, China**					
按当年价格计算	at Current Prices					
增加值总额	Total Value Added	54	89	184	329	307
农业、狩猎业、林业和渔业	Agriculture, Hunting, Forestry, Fishing					
采掘、制造、电、煤气和水供应业	Mining, Manufacturing, Utilities	6	5	3	5	4
制造业	Manufacturing	5	4	2	3	2
建筑业	Construction	1	8	10	29	20
批发、零售贸易、旅馆和饭店业	Wholesale, Retail Trade, Restaurants and Hotels	5	9	26	48	45
运输、仓储和通讯业	Transport, Storage and Communication	4	4	7	12	10
其他服务业	Other Activities	38	63	138	235	227
按2010年价格计算	at Constant Prices of 2010					
增加值总额	Total Value Added	81	126	184	230	214
农业、狩猎业、林业和渔业	Agriculture, Hunting, Forestry, Fishing					
采掘、制造、电、煤气和水供应业	Mining, Manufacturing, Utilities	12	9	3	4	3
制造业	Manufacturing	8	5	2	2	1
建筑业	Construction	2	10	10	20	14
批发、零售贸易、旅馆和饭店业	Wholesale, Retail Trade, Restaurants and Hotels	8	14	26	38	34
运输、仓储和通讯业	Transport, Storage and Communication	6	6	7	12	9
其他服务业	Other Activities	57	88	138	159	154
孟加拉国	**Bangladesh**					
按当年价格计算	at Current Prices					
增加值总额	Total Value Added	439	553	1093	1880	2099
农业、狩猎业、林业和渔业	Agriculture, Hunting, Forestry, Fishing	112	111	195	287	310
采掘、制造、电、煤气和水供应业	Mining, Manufacturing, Utilities	77	105	215	383	443
制造业	Manufacturing	67	91	185	326	376
建筑业	Construction	34	45	71	139	161
批发、零售贸易、旅馆和饭店业	Wholesale, Retail Trade, Restaurants and Hotels	59	82	163	266	295
运输、仓储和通讯业	Transport, Storage and Communication	38	60	116	218	216
其他服务业	Other Activities	119	149	334	586	675
按2010年价格计算	at Constant Prices of 2010					
增加值总额	Total Value Added	623	807	1093	1493	1600
农业、狩猎业、林业和渔业	Agriculture, Hunting, Forestry, Fishing	134	152	195	231	238
采掘、制造、电、煤气和水供应业	Mining, Manufacturing, Utilities	103	144	215	339	379
制造业	Manufacturing	89	123	185	296	330
建筑业	Construction	34	51	71	104	113
批发、零售贸易、旅馆和饭店业	Wholesale, Retail Trade, Restaurants and Hotels	86	118	163	224	238
运输、仓储和通讯业	Transport, Storage and Communication	55	78	116	163	173
其他服务业	Other Activities	213	267	334	429	456

3−10 续表 2 continued

单位：亿美元 (100 million USD)

国家或地区	Country or Area	2000	2005	2010	2015	2016
文　莱	**Brunei Darussalam**					
按当年价格计算	at Current Prices					
增加值总额	Total Value Added	68	108	140	132	116
农业、狩猎业、林业和渔业	Agriculture, Hunting, Forestry, Fishing	1	1	1	1	1
采掘、制造、电、煤气和水供应业	Mining, Manufacturing, Utilities	43	76	92	76	62
制造业	Manufacturing	13	16	20	19	13
建筑业	Construction	1	2	2	3	3
批发、零售贸易、旅馆和饭店业	Wholesale, Retail Trade, Restaurants and Hotels	3	4	7	8	8
运输、仓储和通讯业	Transport, Storage and Communication	2	3	4	5	5
其他服务业	Other Activities	18	23	34	38	37
按2010年价格计算	at Constant Prices of 2010					
增加值总额	Total Value Added	134	144	140	139	136
农业、狩猎业、林业和渔业	Agriculture, Hunting, Forestry, Fishing	1	1	1	1	1
采掘、制造、电、煤气和水供应业	Mining, Manufacturing, Utilities	101	105	92	83	81
制造业	Manufacturing	21	22	20	20	20
建筑业	Construction	2	2	2	3	3
批发、零售贸易、旅馆和饭店业	Wholesale, Retail Trade, Restaurants and Hotels	4	5	7	8	8
运输、仓储和通讯业	Transport, Storage and Communication	3	3	4	5	5
其他服务业	Other Activities	23	27	34	38	38
柬 埔 寨	**Cambodia**					
按当年价格计算	at Current Prices					
增加值总额	Total Value Added	35	60	106	170	188
农业、狩猎业、林业和渔业	Agriculture, Hunting, Forestry, Fishing	13	19	38	48	50
采掘、制造、电、煤气和水供应业	Mining, Manufacturing, Utilities	6	12	18	32	36
制造业	Manufacturing	6	11	17	29	32
建筑业	Construction	2	4	7	18	23
批发、零售贸易、旅馆和饭店业	Wholesale, Retail Trade, Restaurants and Hotels	5	9	15	26	28
运输、仓储和通讯业	Transport, Storage and Communication	2	5	9	15	16
其他服务业	Other Activities	6	11	19	32	35
按2010年价格计算	at Constant Prices of 2010					
增加值总额	Total Value Added	50	78	106	149	160
农业、狩猎业、林业和渔业	Agriculture, Hunting, Forestry, Fishing	23	30	38	42	42
采掘、制造、电、煤气和水供应业	Mining, Manufacturing, Utilities	6	12	18	29	31
制造业	Manufacturing	6	11	17	26	28
建筑业	Construction	3	6	7	14	17
批发、零售贸易、旅馆和饭店业	Wholesale, Retail Trade, Restaurants and Hotels	7	10	15	22	23
运输、仓储和通讯业	Transport, Storage and Communication	4	6	9	12	13
其他服务业	Other Activities	8	14	19	28	30

3−10 续表 3 continued

单位：亿美元 (100 million USD)

国家或地区	Country or Area	2000	2005	2010	2015	2016
印　度	**India**					
按当年价格计算	at Current Prices					
增加值总额	Total Value Added	4158	7438	15315	19421	20344
农业、狩猎业、林业和渔业	Agriculture, Hunting, Forestry, Fishing	1003	1450	2892	3391	3530
采掘、制造、电、煤气和水供应业	Mining, Manufacturing, Utilities	1020	1814	3562	4182	4318
制造业	Manufacturing	760	1352	2677	3219	3359
建筑业	Construction	279	686	1409	1569	1550
批发、零售贸易、旅馆和饭店业	Wholesale, Retail Trade, Restaurants and Hotels	377	777	1656	2223	2349
运输、仓储和通讯业	Transport, Storage and Communication	284	544	997	1354	1401
其他服务业	Other Activities	1195	2166	4800	6702	7195
按2010年价格计算	at Constant Prices of 2010					
增加值总额	Total Value Added	7527	10330	15315	21170	22573
农业、狩猎业、林业和渔业	Agriculture, Hunting, Forestry, Fishing	2095	2392	2892	3269	3429
采掘、制造、电、煤气和水供应业	Mining, Manufacturing, Utilities	1724	2349	3562	4936	5282
制造业	Manufacturing	1198	1686	2677	3814	4115
建筑业	Construction	587	969	1409	1766	1796
批发、零售贸易、旅馆和饭店业	Wholesale, Retail Trade, Restaurants and Hotels	679	1059	1656	2385	2559
运输、仓储和通讯业	Transport, Storage and Communication	298	550	997	1511	1642
其他服务业	Other Activities	2148	3011	4800	7306	7869
印度尼西亚	**Indonesia**					
按当年价格计算	at Current Prices					
增加值总额	Total Value Added	1726	3008	7352	8342	8990
农业、狩猎业、林业和渔业	Agriculture, Hunting, Forestry, Fishing	250	364	1052	1162	1254
采掘、制造、电、煤气和水供应业	Mining, Manufacturing, Utilities	650	1106	2540	2569	2698
制造业	Manufacturing	434	743	1664	1806	1912
建筑业	Construction	86	191	690	879	968
批发、零售贸易、旅馆和饭店业	Wholesale, Retail Trade, Restaurants and Hotels	340	567	1237	1402	1501
运输、仓储和通讯业	Transport, Storage and Communication	93	224	552	736	824
其他服务业	Other Activities	307	556	1282	1594	1745
按2010年价格计算	at Constant Prices of 2010					
增加值总额	Total Value Added	4505	5626	7352	9571	10006
农业、狩猎业、林业和渔业	Agriculture, Hunting, Forestry, Fishing	748	876	1052	1289	1331
采掘、制造、电、煤气和水供应业	Mining, Manufacturing, Utilities	1829	2130	2540	3085	3191
制造业	Manufacturing	1078	1374	1664	2128	2219
建筑业	Construction	352	476	690	967	1018
批发、零售贸易、旅馆和饭店业	Wholesale, Retail Trade, Restaurants and Hotels	693	907	1237	1624	1691
运输、仓储和通讯业	Transport, Storage and Communication	165	277	552	848	918
其他服务业	Other Activities	718	961	1282	1758	1857

3-10 续表 4 continued

单位：亿美元 (100 million USD)

国家或地区	Country or Area	2000	2005	2010	2015	2016
伊　朗	**Iran**					
按当年价格计算	at Current Prices					
增加值总额	Total Value Added	1105	2283	5002	3909	4200
农业、狩猎业、林业和渔业	Agriculture, Hunting, Forestry, Fishing	99	147	319	413	410
采掘、制造、电、煤气和水供应业	Mining, Manufacturing, Utilities	382	917	1816	1057	1226
制造业	Manufacturing	182	301	628	487	506
建筑业	Construction	60	126	355	240	214
批发、零售贸易、旅馆和饭店业	Wholesale, Retail Trade, Restaurants and Hotels	172	297	572	517	547
运输、仓储和通讯业	Transport, Storage and Communication	82	169	501	421	433
其他服务业	Other Activities	309	626	1438	1261	1370
按2010年价格计算	at Constant Prices of 2010					
增加值总额	Total Value Added	3246	4196	5002	4826	5415
农业、狩猎业、林业和渔业	Agriculture, Hunting, Forestry, Fishing	243	319	319	403	420
采掘、制造、电、煤气和水供应业	Mining, Manufacturing, Utilities	1302	1567	1816	1524	1994
制造业	Manufacturing	290	463	628	621	663
建筑业	Construction	188	267	355	270	235
批发、零售贸易、旅馆和饭店业	Wholesale, Retail Trade, Restaurants and Hotels	310	482	572	513	545
运输、仓储和通讯业	Transport, Storage and Communication	215	337	501	524	559
其他服务业	Other Activities	980	1222	1438	1666	1693
以 色 列	**Israel**					
按当年价格计算	at Current Prices					
增加值总额	Total Value Added	1184	1271	2084	2679	2847
农业、狩猎业、林业和渔业	Agriculture, Hunting, Forestry, Fishing	17	22	35	35	37
采掘、制造、电、煤气和水供应业	Mining, Manufacturing, Utilities	232	233	368	409	429
制造业	Manufacturing	212	206	323	352	371
建筑业	Construction	61	60	109	154	164
批发、零售贸易、旅馆和饭店业	Wholesale, Retail Trade, Restaurants and Hotels	113	128	224	310	347
运输、仓储和通讯业	Transport, Storage and Communication	165	181	272	362	381
其他服务业	Other Activities	597	648	1076	1409	1489
按2010年价格计算	at Constant Prices of 2010					
增加值总额	Total Value Added	1557	1711	2084	2462	2573
农业、狩猎业、林业和渔业	Agriculture, Hunting, Forestry, Fishing	26	35	35	33	34
采掘、制造、电、煤气和水供应业	Mining, Manufacturing, Utilities	267	270	368	378	385
制造业	Manufacturing	245	246	323	331	335
建筑业	Construction	95	84	109	137	142
批发、零售贸易、旅馆和饭店业	Wholesale, Retail Trade, Restaurants and Hotels	155	183	224	263	284
运输、仓储和通讯业	Transport, Storage and Communication	184	212	272	358	391
其他服务业	Other Activities	829	926	1076	1295	1340

3–10 续表 5 continued

单位：亿美元 (100 million USD)

国家或地区	Country or Area	2000	2005	2010	2015	2016
日　本	**Japan**					
按当年价格计算	at Current Prices					
增加值总额	Total Value Added	48695	47243	56862	43435	48979
农业、狩猎业、林业和渔业	Agriculture, Hunting, Forestry, Fishing	774	576	628	464	530
采掘、制造、电、煤气和水供应业	Mining, Manufacturing, Utilities	11644	10552	13481	10120	10997
制造业	Manufacturing	10308	9409	11875	8925	9792
建筑业	Construction	3483	2738	2732	2430	2700
批发、零售贸易、旅馆和饭店业	Wholesale, Retail Trade, Restaurants and Hotels	6614	7060	9334	7181	8278
运输、仓储和通讯业	Transport, Storage and Communication	4680	4780	5781	4435	5028
其他服务业	Other Activities	21499	21536	24905	18804	21446
按2010年价格计算	at Constant Prices of 2010					
增加值总额	Total Value Added	54602	57501	56862	59347	60011
农业、狩猎业、林业和渔业	Agriculture, Hunting, Forestry, Fishing	819	644	628	565	543
采掘、制造、电、煤气和水供应业	Mining, Manufacturing, Utilities	12069	13159	13481	13506	13692
制造业	Manufacturing	10418	11352	11875	12409	12609
建筑业	Construction	4126	3396	2732	3214	3367
批发、零售贸易、旅馆和饭店业	Wholesale, Retail Trade, Restaurants and Hotels	9607	10354	9334	9770	9778
运输、仓储和通讯业	Transport, Storage and Communication	5102	5728	5781	5938	5976
其他服务业	Other Activities	22833	24188	24905	26322	26624
哈萨克斯坦	**Kazakhstan**					
按当年价格计算	at Current Prices					
增加值总额	Total Value Added	172	548	1433	1749	1273
农业、狩猎业、林业和渔业	Agriculture, Hunting, Forestry, Fishing	15	36	67	87	62
采掘、制造、电、煤气和水供应业	Mining, Manufacturing, Utilities	60	170	487	459	348
制造业	Manufacturing	30	69	168	189	149
建筑业	Construction	9	45	114	110	81
批发、零售贸易、旅馆和饭店业	Wholesale, Retail Trade, Restaurants and Hotels	24	73	205	334	246
运输、仓储和通讯业	Transport, Storage and Communication	21	67	165	207	140
其他服务业	Other Activities	44	157	395	552	396
按2010年价格计算	at Constant Prices of 2010					
增加值总额	Total Value Added	644	1068	1433	1770	1788
农业、狩猎业、林业和渔业	Agriculture, Hunting, Forestry, Fishing	47	62	67	79	83
采掘、制造、电、煤气和水供应业	Mining, Manufacturing, Utilities	235	376	487	525	519
制造业	Manufacturing	87	135	168	194	195
建筑业	Construction	26	69	114	134	145
批发、零售贸易、旅馆和饭店业	Wholesale, Retail Trade, Restaurants and Hotels	86	145	205	317	313
运输、仓储和通讯业	Transport, Storage and Communication	68	113	165	242	249
其他服务业	Other Activities	178	299	395	468	475

3-10 续表 6 continued

单位：亿美元 (100 million USD)

国家或地区	Country or Area	2000	2005	2010	2015	2016
韩　国	**Korea, Rep.**					
按当年价格计算	at Current Prices					
增加值总额	Total Value Added	5042	8105	9905	12586	12807
农业、狩猎业、林业和渔业	Agriculture, Hunting, Forestry, Fishing	221	255	245	288	282
采掘、制造、电、煤气和水供应业	Mining, Manufacturing, Utilities	1618	2520	3284	4166	4208
制造业	Manufacturing	1461	2292	3043	3745	3757
建筑业	Construction	303	520	507	659	730
批发、零售贸易、旅馆和饭店业	Wholesale, Retail Trade, Restaurants and Hotels	635	890	1128	1440	1465
运输、仓储和通讯业	Transport, Storage and Communication	444	731	778	919	939
其他服务业	Other Activities	1821	3189	3965	5114	5182
按2010年价格计算	at Constant Prices of 2010					
增加值总额	Total Value Added	6385	8034	9905	11429	11686
农业、狩猎业、林业和渔业	Agriculture, Hunting, Forestry, Fishing	213	222	245	253	246
采掘、制造、电、煤气和水供应业	Mining, Manufacturing, Utilities	1774	2426	3284	3859	3911
制造业	Manufacturing	1615	2220	3043	3622	3705
建筑业	Construction	430	507	507	516	571
批发、零售贸易、旅馆和饭店业	Wholesale, Retail Trade, Restaurants and Hotels	876	953	1128	1324	1358
运输、仓储和通讯业	Transport, Storage and Communication	468	647	778	909	933
其他服务业	Other Activities	2624	3280	3965	4567	4668
老　挝	**Laos**					
按当年价格计算	at Current Prices					
增加值总额	Total Value Added	16	26	68	129	140
农业、狩猎业、林业和渔业	Agriculture, Hunting, Forestry, Fishing	7	9	16	25	27
采掘、制造、电、煤气和水供应业	Mining, Manufacturing, Utilities	2	5	18	32	37
制造业	Manufacturing	1	2	8	12	12
建筑业	Construction	1	1	3	8	9
批发、零售贸易、旅馆和饭店业	Wholesale, Retail Trade, Restaurants and Hotels	3	5	11	22	23
运输、仓储和通讯业	Transport, Storage and Communication	1	1	3	4	5
其他服务业	Other Activities	2	4	17	37	40
按2010年价格计算	at Constant Prices of 2010					
增加值总额	Total Value Added	32	43	68	99	106
农业、狩猎业、林业和渔业	Agriculture, Hunting, Forestry, Fishing	12	13	16	19	19
采掘、制造、电、煤气和水供应业	Mining, Manufacturing, Utilities	5	9	18	26	30
制造业	Manufacturing	3	5	8	12	12
建筑业	Construction	1	2	3	7	7
批发、零售贸易、旅馆和饭店业	Wholesale, Retail Trade, Restaurants and Hotels	5	8	11	19	20
运输、仓储和通讯业	Transport, Storage and Communication	1	2	3	4	5
其他服务业	Other Activities	9	10	17	24	25

3-10 续表 7 continued

单位：亿美元 (100 million USD)

国家或地区	Country or Area	2000	2005	2010	2015	2016
马来西亚	**Malaysia**					
按当年价格计算	at Current Prices					
增加值总额	Total Value Added	968	1419	2526	2925	2929
农业、狩猎业、林业和渔业	Agriculture, Hunting, Forestry, Fishing	81	119	257	250	261
采掘、制造、电、煤气和水供应业	Mining, Manufacturing, Utilities	416	623	945	1021	1045
制造业	Manufacturing	289	395	598	675	677
建筑业	Construction	37	43	88	139	131
批发、零售贸易、旅馆和饭店业	Wholesale, Retail Trade, Restaurants and Hotels	126	197	418	555	531
运输、仓储和通讯业	Transport, Storage and Communication	66	96	213	261	254
其他服务业	Other Activities	243	341	606	700	706
按2010年价格计算	at Constant Prices of 2010					
增加值总额	Total Value Added	1651	2046	2526	3257	3427
农业、狩猎业、林业和渔业	Agriculture, Hunting, Forestry, Fishing	193	225	257	292	297
采掘、制造、电、煤气和水供应业	Mining, Manufacturing, Utilities	731	885	945	1138	1187
制造业	Manufacturing	419	526	598	758	795
建筑业	Construction	63	66	88	145	160
批发、零售贸易、旅馆和饭店业	Wholesale, Retail Trade, Restaurants and Hotels	218	279	418	575	616
运输、仓储和通讯业	Transport, Storage and Communication	119	157	213	304	327
其他服务业	Other Activities	328	434	606	804	841
蒙　　古	**Mongolia**					
按当年价格计算	at Current Prices					
增加值总额	Total Value Added	12	27	65	108	102
农业、狩猎业、林业和渔业	Agriculture, Hunting, Forestry, Fishing	3	5	8	16	14
采掘、制造、电、煤气和水供应业	Mining, Manufacturing, Utilities	3	8	22	32	32
制造业	Manufacturing	1	2	5	9	7
建筑业	Construction	1	2	2	5	4
批发、零售贸易、旅馆和饭店业	Wholesale, Retail Trade, Restaurants and Hotels	2	3	9	15	14
运输、仓储和通讯业	Transport, Storage and Communication	1	3	7	9	8
其他服务业	Other Activities	2	5	16	32	31
按2010年价格计算	at Constant Prices of 2010					
增加值总额	Total Value Added	38	50	65	107	108
农业、狩猎业、林业和渔业	Agriculture, Hunting, Forestry, Fishing	8	8	8	15	16
采掘、制造、电、煤气和水供应业	Mining, Manufacturing, Utilities	12	18	22	38	38
制造业	Manufacturing	2	3	5	7	7
建筑业	Construction	1	2	2	4	4
批发、零售贸易、旅馆和饭店业	Wholesale, Retail Trade, Restaurants and Hotels	4	6	9	15	15
运输、仓储和通讯业	Transport, Storage and Communication	2	4	7	10	11
其他服务业	Other Activities	11	13	16	23	24

3-10 续表 8 continued

单位：亿美元 (100 million USD)

国家或地区	Country or Area	2000	2005	2010	2015	2016
缅　甸	**Myanmar**					
按当年价格计算	at Current Prices					
增加值总额	Total Value Added	73	119	414	625	657
农业、狩猎业、林业和渔业	Agriculture, Hunting, Forestry, Fishing	42	56	153	167	166
采掘、制造、电、煤气和水供应业	Mining, Manufacturing, Utilities	6	16	91	177	188
制造业	Manufacturing	5	15	82	130	147
建筑业	Construction	1	4	19	38	42
批发、零售贸易、旅馆和饭店业	Wholesale, Retail Trade, Restaurants and Hotels	17	26	83	118	132
运输、仓储和通讯业	Transport, Storage and Communication	4	14	51	84	87
其他服务业	Other Activities	2	3	18	40	42
按2010年价格计算	at Constant Prices of 2010					
增加值总额	Total Value Added	130	244	414	588	622
农业、狩猎业、林业和渔业	Agriculture, Hunting, Forestry, Fishing	69	111	153	170	171
采掘、制造、电、煤气和水供应业	Mining, Manufacturing, Utilities	14	38	91	144	157
制造业	Manufacturing	11	33	82	130	142
建筑业	Construction	3	9	19	33	35
批发、零售贸易、旅馆和饭店业	Wholesale, Retail Trade, Restaurants and Hotels	28	50	83	107	114
运输、仓储和通讯业	Transport, Storage and Communication	10	25	51	102	109
其他服务业	Other Activities	6	11	18	33	36
巴基斯坦	**Pakistan**					
按当年价格计算	at Current Prices					
增加值总额	Total Value Added	717	1097	1672	2544	2663
农业、狩猎业、林业和渔业	Agriculture, Hunting, Forestry, Fishing	210	269	406	639	672
采掘、制造、电、煤气和水供应业	Mining, Manufacturing, Utilities	112	206	309	456	454
制造业	Manufacturing	76	148	228	341	339
建筑业	Construction	17	27	36	52	57
批发、零售贸易、旅馆和饭店业	Wholesale, Retail Trade, Restaurants and Hotels	140	222	331	495	497
运输、仓储和通讯业	Transport, Storage and Communication	84	143	225	315	355
其他服务业	Other Activities	155	230	366	587	630
按2010年价格计算	at Constant Prices of 2010					
增加值总额	Total Value Added	1076	1376	1672	2020	2115
农业、狩猎业、林业和渔业	Agriculture, Hunting, Forestry, Fishing	315	350	406	463	462
采掘、制造、电、煤气和水供应业	Mining, Manufacturing, Utilities	175	263	309	370	392
制造业	Manufacturing	116	187	228	275	289
建筑业	Construction	23	25	36	38	43
批发、零售贸易、旅馆和饭店业	Wholesale, Retail Trade, Restaurants and Hotels	223	307	331	383	401
运输、仓储和通讯业	Transport, Storage and Communication	149	177	225	275	287
其他服务业	Other Activities	201	261	366	484	520

3-10 续表 9 continued

单位：亿美元 (100 million USD)

国家或地区	Country or Area	2000	2005	2010	2015	2016
菲 律 宾	**Philippines**					
按当年价格计算	at Current Prices					
增加值总额	Total Value Added	810	1030	1996	2928	3049
农业、狩猎业、林业和渔业	Agriculture, Hunting, Forestry, Fishing	113	131	246	300	294
采掘、制造、电、煤气和水供应业	Mining, Manufacturing, Utilities	233	300	529	707	720
制造业	Manufacturing	198	248	428	587	599
建筑业	Construction	46	49	122	199	221
批发、零售贸易、旅馆和饭店业	Wholesale, Retail Trade, Restaurants and Hotels	141	185	379	581	611
运输、仓储和通讯业	Transport, Storage and Communication	50	81	130	188	192
其他服务业	Other Activities	227	285	590	952	1011
按2010年价格计算	at Constant Prices of 2010					
增加值总额	Total Value Added	1253	1569	1996	2661	2845
农业、狩猎业、林业和渔业	Agriculture, Hunting, Forestry, Fishing	185	221	246	267	264
采掘、制造、电、煤气和水供应业	Mining, Manufacturing, Utilities	355	437	529	720	772
制造业	Manufacturing	297	360	428	596	638
建筑业	Construction	76	74	122	171	195
批发、零售贸易、旅馆和饭店业	Wholesale, Retail Trade, Restaurants and Hotels	226	295	379	508	545
运输、仓储和通讯业	Transport, Storage and Communication	67	110	130	177	187
其他服务业	Other Activities	347	431	590	814	878
新 加 坡	**Singapore**					
按当年价格计算	at Current Prices					
增加值总额	Total Value Added	893	1217	2233	2793	2778
农业、狩猎业、林业和渔业	Agriculture, Hunting, Forestry, Fishing	1	1	1	1	1
采掘、制造、电、煤气和水供应业	Mining, Manufacturing, Utilities	264	358	513	585	586
制造业	Manufacturing	248	338	477	544	545
建筑业	Construction	47	36	104	145	140
批发、零售贸易、旅馆和饭店业	Wholesale, Retail Trade, Restaurants and Hotels	142	233	472	475	458
运输、仓储和通讯业	Transport, Storage and Communication	122	172	268	330	329
其他服务业	Other Activities	317	418	875	1257	1264
按2010年价格计算	at Constant Prices of 2010					
增加值总额	Total Value Added	1255	1606	2233	2757	2801
农业、狩猎业、林业和渔业	Agriculture, Hunting, Forestry, Fishing	1	1	1	1	1
采掘、制造、电、煤气和水供应业	Mining, Manufacturing, Utilities	297	367	513	550	569
制造业	Manufacturing	274	338	477	511	529
建筑业	Construction	65	50	104	139	140
批发、零售贸易、旅馆和饭店业	Wholesale, Retail Trade, Restaurants and Hotels	235	348	472	592	597
运输、仓储和通讯业	Transport, Storage and Communication	169	222	268	333	341
其他服务业	Other Activities	487	619	875	1141	1154

3-10 续表 10 continued

单位：亿美元 (100 million USD)

国家或地区	Country or Area	2000	2005	2010	2015	2016
斯里兰卡	**Sri Lanka**					
按当年价格计算	at Current Prices					
增加值总额	Total Value Added	141	241	509	747	745
农业、狩猎业、林业和渔业	Agriculture, Hunting, Forestry, Fishing	20	22	48	66	61
采掘、制造、电、煤气和水供应业	Mining, Manufacturing, Utilities	34	55	121	159	156
制造业	Manufacturing	29	46	102	132	126
建筑业	Construction	8	13	30	61	64
批发、零售贸易、旅馆和饭店业	Wholesale, Retail Trade, Restaurants and Hotels	23	41	70	100	100
运输、仓储和通讯业	Transport, Storage and Communication	17	28	62	102	105
其他服务业	Other Activities	39	82	178	259	259
按2010年价格计算	at Constant Prices of 2010					
增加值总额	Total Value Added	311	380	509	691	720
农业、狩猎业、林业和渔业	Agriculture, Hunting, Forestry, Fishing	36	37	48	59	57
采掘、制造、电、煤气和水供应业	Mining, Manufacturing, Utilities	76	89	121	148	153
制造业	Manufacturing	69	78	102	120	122
建筑业	Construction	16	20	30	53	60
批发、零售贸易、旅馆和饭店业	Wholesale, Retail Trade, Restaurants and Hotels	45	55	70	94	97
运输、仓储和通讯业	Transport, Storage and Communication	27	39	62	87	91
其他服务业	Other Activities	109	140	178	251	263
泰　国	**Thailand**					
按当年价格计算	at Current Prices					
增加值总额	Total Value Added	1261	1893	3411	3992	4070
农业、狩猎业、林业和渔业	Agriculture, Hunting, Forestry, Fishing	107	174	359	348	340
采掘、制造、电、煤气和水供应业	Mining, Manufacturing, Utilities	428	675	1269	1342	1344
制造业	Manufacturing	361	564	1060	1103	1116
建筑业	Construction	38	56	96	111	114
批发、零售贸易、旅馆和饭店业	Wholesale, Retail Trade, Restaurants and Hotels	266	340	593	762	821
运输、仓储和通讯业	Transport, Storage and Communication	104	145	242	292	292
其他服务业	Other Activities	318	503	852	1138	1159
按2010年价格计算	at Constant Prices of 2010					
增加值总额	Total Value Added	2171	2837	3411	3974	4111
农业、狩猎业、林业和渔业	Agriculture, Hunting, Forestry, Fishing	290	332	359	370	372
采掘、制造、电、煤气和水供应业	Mining, Manufacturing, Utilities	739	1013	1269	1354	1375
制造业	Manufacturing	620	849	1060	1117	1133
建筑业	Construction	66	85	96	112	122
批发、零售贸易、旅馆和饭店业	Wholesale, Retail Trade, Restaurants and Hotels	418	490	593	718	764
运输、仓储和通讯业	Transport, Storage and Communication	137	191	242	311	329
其他服务业	Other Activities	540	738	852	1081	1115

3-10 续表 11 continued

单位：亿美元 (100 million USD)

国家或地区	Country or Area	2000	2005	2010	2015	2016
越　南	**Viet Nam**					
按当年价格计算	at Current Prices					
增加值总额	Total Value Added	302	508	1014	1739	1847
农业、狩猎业、林业和渔业	Agriculture, Hunting, Forestry, Fishing	74	108	213	328	335
采掘、制造、电、煤气和水供应业	Mining, Manufacturing, Utilities	81	152	301	537	556
制造业	Manufacturing	41	78	150	265	293
建筑业	Construction	16	32	71	105	115
批发、零售贸易、旅馆和饭店业	Wholesale, Retail Trade, Restaurants and Hotels	37	61	135	268	294
运输、仓储和通讯业	Transport, Storage and Communication	12	22	44	66	70
其他服务业	Other Activities	83	133	250	434	477
按2010年价格计算	at Constant Prices of 2010					
增加值总额	Total Value Added	618	854	1014	1368	1453
农业、狩猎业、林业和渔业	Agriculture, Hunting, Forestry, Fishing	153	184	213	249	252
采掘、制造、电、煤气和水供应业	Mining, Manufacturing, Utilities	185	276	301	435	466
制造业	Manufacturing	77	134	150	238	266
建筑业	Construction	29	49	71	92	102
批发、零售贸易、旅馆和饭店业	Wholesale, Retail Trade, Restaurants and Hotels	91	132	135	200	215
运输、仓储和通讯业	Transport, Storage and Communication	21	30	44	61	65
其他服务业	Other Activities	138	182	250	331	353
埃　及	**Egypt**					
按当年价格计算	at Current Prices					
增加值总额	Total Value Added	898	898	2047	3215	2667
农业、狩猎业、林业和渔业	Agriculture, Hunting, Forestry, Fishing	124	129	286	362	318
采掘、制造、电、煤气和水供应业	Mining, Manufacturing, Utilities	257	294	674	1009	732
制造业	Manufacturing	161	155	346	531	455
建筑业	Construction	42	37	94	155	145
批发、零售贸易、旅馆和饭店业	Wholesale, Retail Trade, Restaurants and Hotels	155	127	309	493	422
运输、仓储和通讯业	Transport, Storage and Communication	76	103	196	264	228
其他服务业	Other Activities	244	208	487	933	821
按2010年价格计算	at Constant Prices of 2010					
增加值总额	Total Value Added	1284	1530	2047	2287	2339
农业、狩猎业、林业和渔业	Agriculture, Hunting, Forestry, Fishing	202	243	286	331	341
采掘、制造、电、煤气和水供应业	Mining, Manufacturing, Utilities	419	495	674	687	677
制造业	Manufacturing	220	259	346	381	384
建筑业	Construction	45	49	94	123	136
批发、零售贸易、旅馆和饭店业	Wholesale, Retail Trade, Restaurants and Hotels	212	216	309	345	346
运输、仓储和通讯业	Transport, Storage and Communication	96	133	196	218	233
其他服务业	Other Activities	307	394	487	588	615

3-10 续表 12 continued

单位：亿美元 (100 million USD)

国家或地区	Country or Area	2000	2005	2010	2015	2016
尼日利亚	**Nigeria**					
按当年价格计算	at Current Prices					
增加值总额	Total Value Added	695	1799	3634	4892	4004
农业、狩猎业、林业和渔业	Agriculture, Hunting, Forestry, Fishing	148	460	868	1020	849
采掘、制造、电、煤气和水供应业	Mining, Manufacturing, Utilities	185	379	815	817	593
制造业	Manufacturing	54	111	238	466	351
建筑业	Construction	23	47	105	180	142
批发、零售贸易、旅馆和饭店业	Wholesale, Retail Trade, Restaurants and Hotels	114	307	615	983	852
运输、仓储和通讯业	Transport, Storage and Communication	79	214	442	631	515
其他服务业	Other Activities	146	392	788	1260	1052
按2010年价格计算	at Constant Prices of 2010					
增加值总额	Total Value Added	1617	2556	3634	4592	4520
农业、狩猎业、林业和渔业	Agriculture, Hunting, Forestry, Fishing	323	633	868	1061	1105
采掘、制造、电、煤气和水供应业	Mining, Manufacturing, Utilities	585	785	815	911	825
制造业	Manufacturing	103	157	238	438	419
建筑业	Construction	44	58	105	178	168
批发、零售贸易、旅馆和饭店业	Wholesale, Retail Trade, Restaurants and Hotels	181	328	615	822	818
运输、仓储和通讯业	Transport, Storage and Communication	64	183	442	566	577
其他服务业	Other Activities	421	569	788	1054	1028
南　非	**South Africa**					
按当年价格计算	at Current Prices					
增加值总额	Total Value Added	1262	2310	3408	2842	2636
农业、狩猎业、林业和渔业	Agriculture, Hunting, Forestry, Fishing	40	62	90	66	64
采掘、制造、电、煤气和水供应业	Mining, Manufacturing, Utilities	356	633	897	711	658
制造业	Manufacturing	235	419	490	381	352
建筑业	Construction	34	67	130	118	105
批发、零售贸易、旅馆和饭店业	Wholesale, Retail Trade, Restaurants and Hotels	190	327	506	427	401
运输、仓储和通讯业	Transport, Storage and Communication	132	251	313	290	265
其他服务业	Other Activities	511	971	1471	1230	1144
按2010年价格计算	at Constant Prices of 2010					
增加值总额	Total Value Added	2448	2934	3408	3802	3816
农业、狩猎业、林业和渔业	Agriculture, Hunting, Forestry, Fishing	73	79	90	98	90
采掘、制造、电、煤气和水供应业	Mining, Manufacturing, Utilities	780	878	897	934	919
制造业	Manufacturing	388	451	490	521	524
建筑业	Construction	58	85	130	148	149
批发、零售贸易、旅馆和饭店业	Wholesale, Retail Trade, Restaurants and Hotels	357	431	506	576	583
运输、仓储和通讯业	Transport, Storage and Communication	195	264	313	356	358
其他服务业	Other Activities	985	1198	1471	1690	1717

3-10 续表 13 continued

单位：亿美元 (100 million USD)

国家或地区	Country or Area	2000	2005	2010	2015	2016
加 拿 大	**Canada**					
按当年价格计算	at Current Prices					
增加值总额	Total Value Added	6894	10888	15096	14555	14346
农业、狩猎业、林业和渔业	Agriculture, Hunting, Forestry, Fishing	157	200	215	249	243
采掘、制造、电、煤气和水供应业	Mining, Manufacturing, Utilities	1947	2878	3190	3001	2941
制造业	Manufacturing	1326	1628	1670	1526	1475
建筑业	Construction	342	645	1121	1162	1149
批发、零售贸易、旅馆和饭店业	Wholesale, Retail Trade, Restaurants and Hotels	917	1512	1951	1813	1773
运输、仓储和通讯业	Transport, Storage and Communication	484	781	1306	1135	1076
其他服务业	Other Activities	3046	4872	7314	7196	7165
按2010年价格计算	at Constant Prices of 2010					
增加值总额	Total Value Added	12489	14161	15096	16887	17104
农业、狩猎业、林业和渔业	Agriculture, Hunting, Forestry, Fishing	204	219	215	261	270
采掘、制造、电、煤气和水供应业	Mining, Manufacturing, Utilities	3395	3498	3190	3506	3494
制造业	Manufacturing	2029	2001	1670	1816	1825
建筑业	Construction	774	991	1121	1277	1237
批发、零售贸易、旅馆和饭店业	Wholesale, Retail Trade, Restaurants and Hotels	1444	1760	1951	2244	2298
运输、仓储和通讯业	Transport, Storage and Communication	1026	1208	1306	1505	1541
其他服务业	Other Activities	5607	6459	7314	8093	8262
墨 西 哥	**Mexico**					
按当年价格计算	at Current Prices					
增加值总额	Total Value Added	6218	8285	10149	11019	10095
农业、狩猎业、林业和渔业	Agriculture, Hunting, Forestry, Fishing	234	264	341	374	361
采掘、制造、电、煤气和水供应业	Mining, Manufacturing, Utilities	1944	2541	2597	2644	2360
制造业	Manufacturing	1267	1431	1646	2001	1807
建筑业	Construction	480	670	826	863	799
批发、零售贸易、旅馆和饭店业	Wholesale, Retail Trade, Restaurants and Hotels	1121	1462	1884	2346	2238
运输、仓储和通讯业	Transport, Storage and Communication	563	720	884	925	827
其他服务业	Other Activities	1875	2629	3617	3867	3511
按2010年价格计算	at Constant Prices of 2010					
增加值总额	Total Value Added	8800	9439	10149	11719	12041
农业、狩猎业、林业和渔业	Agriculture, Hunting, Forestry, Fishing	287	307	341	378	392
采掘、制造、电、煤气和水供应业	Mining, Manufacturing, Utilities	2548	2654	2597	2835	2833
制造业	Manufacturing	1631	1622	1646	1895	1924
建筑业	Construction	722	747	826	911	929
批发、零售贸易、旅馆和饭店业	Wholesale, Retail Trade, Restaurants and Hotels	1644	1795	1884	2325	2390
运输、仓储和通讯业	Transport, Storage and Communication	695	771	884	1116	1199
其他服务业	Other Activities	2890	3153	3617	4161	4308

3-10 续表 14 continued

单位：亿美元 (100 million USD)

国家或地区	Country or Area	2000	2005	2010	2015	2016
美　国	**United States**					
按当年价格计算	at Current Prices					
增加值总额	Total Value Added	102846	130939	149641	181207	186242
农业、狩猎业、林业和渔业	Agriculture, Hunting, Forestry, Fishing	985	1286	1602	1848	1776
采掘、制造、电、煤气和水供应业	Mining, Manufacturing, Utilities	18722	21662	24748	28391	27758
制造业	Manufacturing	15553	17042	18306	21850	21830
建筑业	Construction	4623	6541	5416	7399	7925
批发、零售贸易、旅馆和饭店业	Wholesale, Retail Trade, Restaurants and Hotels	16074	19672	21335	26853	27587
运输、仓储和通讯业	Transport, Storage and Communication	9546	12146	14027	17311	18032
其他服务业	Other Activities	52896	69632	82513	99405	103164
按2010年价格计算	at Constant Prices of 2010					
增加值总额	Total Value Added	130222	145579	149641	162833	165262
农业、狩猎业、林业和渔业	Agriculture, Hunting, Forestry, Fishing	1208	1452	1602	1754	1938
采掘、制造、电、煤气和水供应业	Mining, Manufacturing, Utilities	22096	23393	24748	26740	26419
制造业	Manufacturing	16142	17888	18306	19234	19326
建筑业	Construction	7550	7588	5416	6160	6364
批发、零售贸易、旅馆和饭店业	Wholesale, Retail Trade, Restaurants and Hotels	19395	22647	21335	24468	24947
运输、仓储和通讯业	Transport, Storage and Communication	10184	12494	14027	16487	17192
其他服务业	Other Activities	69710	77918	82513	87186	88361
阿根廷	**Argentina**					
按当年价格计算	at Current Prices					
增加值总额	Total Value Added	2714	1714	3578	5317	4600
农业、狩猎业、林业和渔业	Agriculture, Hunting, Forestry, Fishing	125	159	304	321	348
采掘、制造、电、煤气和水供应业	Mining, Manufacturing, Utilities	587	504	891	1197	1013
制造业	Manufacturing	431	368	676	917	756
建筑业	Construction	115	70	186	295	215
批发、零售贸易、旅馆和饭店业	Wholesale, Retail Trade, Restaurants and Hotels	504	280	611	901	764
运输、仓储和通讯业	Transport, Storage and Communication	192	124	255	353	307
其他服务业	Other Activities	1192	576	1330	2250	1955
按2010年价格计算	at Constant Prices of 2010					
增加值总额	Total Value Added	2609	2862	3578	3831	3740
农业、狩猎业、林业和渔业	Agriculture, Hunting, Forestry, Fishing	226	279	304	320	303
采掘、制造、电、煤气和水供应业	Mining, Manufacturing, Utilities	654	740	891	902	856
制造业	Manufacturing	469	540	676	686	647
建筑业	Construction	129	149	186	200	178
批发、零售贸易、旅馆和饭店业	Wholesale, Retail Trade, Restaurants and Hotels	427	455	611	648	634
运输、仓储和通讯业	Transport, Storage and Communication	142	176	255	286	295
其他服务业	Other Activities	1049	1062	1330	1489	1488

3-10 续表 15 continued

单位：亿美元 (100 million USD)

国家或地区	Country or Area	2000	2005	2010	2015	2016
巴　西	**Brazil**					
按当年价格计算	at Current Prices					
增加值总额	Total Value Added	5591	7570	18774	15493	15352
农业、狩猎业、林业和渔业	Agriculture, Hunting, Forestry, Fishing	305	415	909	770	776
采掘、制造、电、煤气和水供应业	Mining, Manufacturing, Utilities	1199	1808	3963	2636	2871
制造业	Manufacturing	904	1314	2810	1822	1917
建筑业	Construction	302	347	1176	826	941
批发、零售贸易、旅馆和饭店业	Wholesale, Retail Trade, Restaurants and Hotels	632	935	2765	2555	2433
运输、仓储和通讯业	Transport, Storage and Communication	345	609	1525	1286	1241
其他服务业	Other Activities	2807	3455	8436	7420	7089
按2010年价格计算	at Constant Prices of 2010					
增加值总额	Total Value Added	13366	15428	18774	19679	19889
农业、狩猎业、林业和渔业	Agriculture, Hunting, Forestry, Fishing	628	775	909	1008	1030
采掘、制造、电、煤气和水供应业	Mining, Manufacturing, Utilities	2949	3462	3963	3657	3603
制造业	Manufacturing	2170	2534	2810	2565	2522
建筑业	Construction	840	846	1176	1279	1302
批发、零售贸易、旅馆和饭店业	Wholesale, Retail Trade, Restaurants and Hotels	1894	2143	2765	2981	3027
运输、仓储和通讯业	Transport, Storage and Communication	1048	1234	1525	1700	1738
其他服务业	Other Activities	6019	6981	8436	9009	9134
委内瑞拉	**Venezuela**					
按当年价格计算	at Current Prices					
增加值总额	Total Value Added	1122	1358	3739	3149	2725
农业、狩猎业、林业和渔业	Agriculture, Hunting, Forestry, Fishing	46	54	212	197	152
采掘、制造、电、煤气和水供应业	Mining, Manufacturing, Utilities	453	679	1587	715	835
制造业	Manufacturing	217	219	509	557	399
建筑业	Construction	90	94	319	246	232
批发、零售贸易、旅馆和饭店业	Wholesale, Retail Trade, Restaurants and Hotels	107	151	580	866	602
运输、仓储和通讯业	Transport, Storage and Communication	78	78	213	209	155
其他服务业	Other Activities	348	302	828	917	749
按2010年价格计算	at Constant Prices of 2010					
增加值总额	Total Value Added	2727	3135	3739	3909	3844
农业、狩猎业、林业和渔业	Agriculture, Hunting, Forestry, Fishing	169	194	212	170	158
采掘、制造、电、煤气和水供应业	Mining, Manufacturing, Utilities	1552	1623	1587	1493	1443
制造业	Manufacturing	472	496	509	464	443
建筑业	Construction	209	197	319	274	245
批发、零售贸易、旅馆和饭店业	Wholesale, Retail Trade, Restaurants and Hotels	371	476	580	541	506
运输、仓储和通讯业	Transport, Storage and Communication	97	125	213	249	252
其他服务业	Other Activities	517	656	828	1009	1028

3-10 续表 16 continued

单位：亿美元 (100 million USD)

国家或地区	Country or Area	2000	2005	2010	2015	2016
白俄罗斯	**Belarus**					
按当年价格计算	at Current Prices					
增加值总额	Total Value Added	91	263	502	490	409
农业、狩猎业、林业和渔业	Agriculture, Hunting, Forestry, Fishing	13	26	51	35	32
采掘、制造、电、煤气和水供应业	Mining, Manufacturing, Utilities	31	94	149	140	118
制造业	Manufacturing	25	77	129	117	93
建筑业	Construction	7	20	54	44	30
批发、零售贸易、旅馆和饭店业	Wholesale, Retail Trade, Restaurants and Hotels	12	32	70	73	55
运输、仓储和通讯业	Transport, Storage and Communication	9	24	45	55	51
其他服务业	Other Activities	19	67	134	142	123
按2010年价格计算	at Constant Prices of 2010					
增加值总额	Total Value Added	264	352	502	531	515
农业、狩猎业、林业和渔业	Agriculture, Hunting, Forestry, Fishing	32	41	51	56	58
采掘、制造、电、煤气和水供应业	Mining, Manufacturing, Utilities	67	104	149	153	152
制造业	Manufacturing	49	84	129	134	133
建筑业	Construction	14	23	54	49	41
批发、零售贸易、旅馆和饭店业	Wholesale, Retail Trade, Restaurants and Hotels	25	43	70	90	84
运输、仓储和通讯业	Transport, Storage and Communication	27	34	45	56	58
其他服务业	Other Activities	94	105	134	131	127
捷　　克	**Czech Rep.**					
按当年价格计算	at Current Prices					
增加值总额	Total Value Added	562	1231	1876	1681	1756
农业、狩猎业、林业和渔业	Agriculture, Hunting, Forestry, Fishing	19	30	32	42	43
采掘、制造、电、煤气和水供应业	Mining, Manufacturing, Utilities	173	382	561	541	565
制造业	Manufacturing	146	314	440	451	476
建筑业	Construction	36	82	129	94	96
批发、零售贸易、旅馆和饭店业	Wholesale, Retail Trade, Restaurants and Hotels	82	166	234	216	228
运输、仓储和通讯业	Transport, Storage and Communication	63	139	212	181	189
其他服务业	Other Activities	188	432	708	608	635
按2010年价格计算	at Constant Prices of 2010					
增加值总额	Total Value Added	1442	1681	1876	2050	2100
农业、狩猎业、林业和渔业	Agriculture, Hunting, Forestry, Fishing	35	42	32	37	41
采掘、制造、电、煤气和水供应业	Mining, Manufacturing, Utilities	357	457	561	610	641
制造业	Manufacturing	234	323	440	509	545
建筑业	Construction	107	123	129	125	122
批发、零售贸易、旅馆和饭店业	Wholesale, Retail Trade, Restaurants and Hotels	163	207	234	290	292
运输、仓储和通讯业	Transport, Storage and Communication	170	195	212	220	222
其他服务业	Other Activities	611	656	708	768	783

3-10 续表 17 continued

单位：亿美元 (100 million USD)

国家或地区	Country or Area	2000	2005	2010	2015	2016
法　国	**France**					
按当年价格计算	at Current Prices					
增加值总额	Total Value Added	12282	19800	23853	21775	22038
农业、狩猎业、林业和渔业	Agriculture, Hunting, Forestry, Fishing	288	371	425	384	362
采掘、制造、电、煤气和水供应业	Mining, Manufacturing, Utilities	2264	3173	3229	3084	3097
制造业	Manufacturing	1932	2635	2684	2510	2508
建筑业	Construction	603	1085	1447	1192	1212
批发、零售贸易、旅馆和饭店业	Wholesale, Retail Trade, Restaurants and Hotels	1668	2692	3135	2781	2814
运输、仓储和通讯业	Transport, Storage and Communication	1188	1976	2367	2131	2210
其他服务业	Other Activities	6271	10503	13250	12203	12343
按2010年价格计算	at Constant Prices of 2010					
增加值总额	Total Value Added	21185	22879	23853	25117	25382
农业、狩猎业、林业和渔业	Agriculture, Hunting, Forestry, Fishing	402	399	425	457	412
采掘、制造、电、煤气和水供应业	Mining, Manufacturing, Utilities	3134	3384	3229	3432	3482
制造业	Manufacturing	2542	2739	2684	2863	2906
建筑业	Construction	1389	1497	1447	1288	1290
批发、零售贸易、旅馆和饭店业	Wholesale, Retail Trade, Restaurants and Hotels	2899	3070	3135	3363	3414
运输、仓储和通讯业	Transport, Storage and Communication	1772	2103	2367	2598	2672
其他服务业	Other Activities	11589	12427	13250	13978	14112
德　国	**Germany**					
按当年价格计算	at Current Prices					
增加值总额	Total Value Added	17590	25893	25930	25833	26635
农业、狩猎业、林业和渔业	Agriculture, Hunting, Forestry, Fishing	186	196	221	187	192
采掘、制造、电、煤气和水供应业	Mining, Manufacturing, Utilities	4537	6613	7952	7893	8059
制造业	Manufacturing	4042	5813	6823	7009	7177
建筑业	Construction	899	998	1322	1385	1493
批发、零售贸易、旅馆和饭店业	Wholesale, Retail Trade, Restaurants and Hotels	2077	3095	3479	3486	3597
运输、仓储和通讯业	Transport, Storage and Communication	1542	2364	2797	2831	2911
其他服务业	Other Activities	8349	12625	10158	10050	10383
按2010年价格计算	at Constant Prices of 2010					
增加值总额	Total Value Added	23763	24472	25930	28093	28627
农业、狩猎业、林业和渔业	Agriculture, Hunting, Forestry, Fishing	228	213	221	211	210
采掘、制造、电、煤气和水供应业	Mining, Manufacturing, Utilities	7113	7480	7952	8954	9118
制造业	Manufacturing	6094	6435	6823	7808	7975
建筑业	Construction	1608	1282	1322	1361	1387
批发、零售贸易、旅馆和饭店业	Wholesale, Retail Trade, Restaurants and Hotels	3135	3502	3479	3917	4015
运输、仓储和通讯业	Transport, Storage and Communication	2027	2319	2797	3171	3248
其他服务业	Other Activities	9542	9647	10158	10648	10832

3-10 续表 18 continued

单位：亿美元 (100 million USD)

国家或地区	Country or Area	2000	2005	2010	2015	2016
意 大 利	**Italy**					
按当年价格计算	at Current Prices					
增加值总额	Total Value Added	10228	16709	19115	16471	16688
农业、狩猎业、林业和渔业	Agriculture, Hunting, Forestry, Fishing	291	376	376	369	349
采掘、制造、电、煤气和水供应业	Mining, Manufacturing, Utilities	2283	3336	3584	3093	3193
制造业	Manufacturing	1999	2879	3023	2630	2715
建筑业	Construction	493	980	1076	786	796
批发、零售贸易、旅馆和饭店业	Wholesale, Retail Trade, Restaurants and Hotels	1689	2577	2812	2496	2539
运输、仓储和通讯业	Transport, Storage and Communication	964	1636	1856	1491	1538
其他服务业	Other Activities	4507	7805	9411	8236	8273
按2010年价格计算	at Constant Prices of 2010					
增加值总额	Total Value Added	18552	19406	19115	18705	18837
农业、狩猎业、林业和渔业	Agriculture, Hunting, Forestry, Fishing	398	378	376	387	386
采掘、制造、电、煤气和水供应业	Mining, Manufacturing, Utilities	3838	3847	3584	3500	3558
制造业	Manufacturing	3251	3236	3023	3021	3056
建筑业	Construction	1044	1220	1076	844	841
批发、零售贸易、旅馆和饭店业	Wholesale, Retail Trade, Restaurants and Hotels	2855	2898	2812	2910	2959
运输、仓储和通讯业	Transport, Storage and Communication	1551	1796	1856	1717	1714
其他服务业	Other Activities	8867	9267	9411	9346	9379
荷 兰	**Netherlands**					
按当年价格计算	at Current Prices					
增加值总额	Total Value Added	3704	6049	7520	6821	6980
农业、狩猎业、林业和渔业	Agriculture, Hunting, Forestry, Fishing	92	121	143	123	128
采掘、制造、电、煤气和水供应业	Mining, Manufacturing, Utilities	714	1117	1260	1070	1064
制造业	Manufacturing	565	852	888	811	848
建筑业	Construction	201	332	404	313	331
批发、零售贸易、旅馆和饭店业	Wholesale, Retail Trade, Restaurants and Hotels	584	909	1106	1076	1130
运输、仓储和通讯业	Transport, Storage and Communication	360	618	726	681	686
其他服务业	Other Activities	1753	2951	3880	3557	3641
按2010年价格计算	at Constant Prices of 2010					
增加值总额	Total Value Added	6544	6975	7520	7910	8082
农业、狩猎业、林业和渔业	Agriculture, Hunting, Forestry, Fishing	128	131	143	149	151
采掘、制造、电、煤气和水供应业	Mining, Manufacturing, Utilities	1170	1246	1260	1240	1254
制造业	Manufacturing	833	896	888	922	950
建筑业	Construction	430	416	404	402	433
批发、零售贸易、旅馆和饭店业	Wholesale, Retail Trade, Restaurants and Hotels	1001	1042	1106	1235	1273
运输、仓储和通讯业	Transport, Storage and Communication	551	657	726	796	808
其他服务业	Other Activities	3264	3482	3880	4088	4164

3-10 续表 19 continued

单位：亿美元 (100 million USD)

国家或地区	Country or Area	2000	2005	2010	2015	2016
波　兰	**Poland**					
按当年价格计算	at Current Prices					
增加值总额	Total Value Added	1507	2665	4217	4235	4172
农业、狩猎业、林业和渔业	Agriculture, Hunting, Forestry, Fishing	53	88	123	105	112
采掘、制造、电、煤气和水供应业	Mining, Manufacturing, Utilities	368	674	1041	1107	1108
制造业	Manufacturing	277	491	746	842	852
建筑业	Construction	125	183	358	338	299
批发、零售贸易、旅馆和饭店业	Wholesale, Retail Trade, Restaurants and Hotels	315	531	862	795	772
运输、仓储和通讯业	Transport, Storage and Communication	134	270	387	444	443
其他服务业	Other Activities	511	918	1446	1446	1438
按2010年价格计算	at Constant Prices of 2010					
增加值总额	Total Value Added	2974	3401	4217	4901	5038
农业、狩猎业、林业和渔业	Agriculture, Hunting, Forestry, Fishing	104	123	123	114	117
采掘、制造、电、煤气和水供应业	Mining, Manufacturing, Utilities	681	769	1041	1260	1303
制造业	Manufacturing	363	468	746	962	1003
建筑业	Construction	287	275	358	430	399
批发、零售贸易、旅馆和饭店业	Wholesale, Retail Trade, Restaurants and Hotels	590	669	862	903	940
运输、仓储和通讯业	Transport, Storage and Communication	267	347	387	512	549
其他服务业	Other Activities	1045	1217	1446	1682	1729
俄 罗 斯	**Russia**					
按当年价格计算	at Current Prices					
增加值总额	Total Value Added	2277	6547	13185	12269	11559
农业、狩猎业、林业和渔业	Agriculture, Hunting, Forestry, Fishing	145	325	510	559	548
采掘、制造、电、煤气和水供应业	Mining, Manufacturing, Utilities	753	2143	3723	3174	2964
制造业	Manufacturing	512	1198	1954	1689	1586
建筑业	Construction	150	350	852	849	784
批发、零售贸易、旅馆和饭店业	Wholesale, Retail Trade, Restaurants and Hotels	546	1336	2774	2168	2036
运输、仓储和通讯业	Transport, Storage and Communication	208	671	1206	973	919
其他服务业	Other Activities	477	1722	4120	4547	4309
按2010年价格计算	at Constant Prices of 2010					
增加值总额	Total Value Added	8409	10965	13185	14139	14103
农业、狩猎业、林业和渔业	Agriculture, Hunting, Forestry, Fishing	457	518	510	629	650
采掘、制造、电、煤气和水供应业	Mining, Manufacturing, Utilities	2738	3649	3723	3968	3970
制造业	Manufacturing	1407	1879	1954	2197	2222
建筑业	Construction	438	676	852	932	925
批发、零售贸易、旅馆和饭店业	Wholesale, Retail Trade, Restaurants and Hotels	1313	2000	2774	2960	2940
运输、仓储和通讯业	Transport, Storage and Communication	769	1033	1206	1342	1335
其他服务业	Other Activities	2683	3161	4120	4331	4309

3-10 续表 20 continued

单位：亿美元 (100 million USD)

国家或地区	Country or Area	2000	2005	2010	2015	2016
西 班 牙	**Spain**					
按当年价格计算	at Current Prices					
增加值总额	Total Value Added	5390	10399	13111	10867	11226
农业、狩猎业、林业和渔业	Agriculture, Hunting, Forestry, Fishing	223	314	334	302	311
采掘、制造、电、煤气和水供应业	Mining, Manufacturing, Utilities	1115	1956	2251	1957	2004
制造业	Manufacturing	964	1632	1741	1545	1593
建筑业	Construction	545	1202	1159	609	631
批发、零售贸易、旅馆和饭店业	Wholesale, Retail Trade, Restaurants and Hotels	1029	1911	2371	2011	2099
运输、仓储和通讯业	Transport, Storage and Communication	496	916	1152	980	1022
其他服务业	Other Activities	1994	4076	5842	5007	5160
按2010年价格计算	at Constant Prices of 2010					
增加值总额	Total Value Added	10491	12303	13111	12975	13385
农业、狩猎业、林业和渔业	Agriculture, Hunting, Forestry, Fishing	348	308	334	345	369
采掘、制造、电、煤气和水供应业	Mining, Manufacturing, Utilities	2070	2324	2251	2211	2288
制造业	Manufacturing	1739	1907	1741	1803	1867
建筑业	Construction	1240	1429	1159	828	844
批发、零售贸易、旅馆和饭店业	Wholesale, Retail Trade, Restaurants and Hotels	1992	2279	2371	2430	2511
运输、仓储和通讯业	Transport, Storage and Communication	914	1050	1152	1259	1325
其他服务业	Other Activities	3928	4913	5842	5901	6048
土 耳 其	**Turkey**					
按当年价格计算	at Current Prices					
增加值总额	Total Value Added	2436	4211	6787	7576	7612
农业、狩猎业、林业和渔业	Agriculture, Hunting, Forestry, Fishing	269	452	697	594	534
采掘、制造、电、煤气和水供应业	Mining, Manufacturing, Utilities	611	978	1429	1698	1695
制造业	Manufacturing	529	827	1166	1437	1434
建筑业	Construction	134	214	470	701	740
批发、零售贸易、旅馆和饭店业	Wholesale, Retail Trade, Restaurants and Hotels	400	700	1032	1230	1204
运输、仓储和通讯业	Transport, Storage and Communication	326	664	796	882	863
其他服务业	Other Activities	697	1204	2363	2471	2576
按2010年价格计算	at Constant Prices of 2010					
增加值总额	Total Value Added	4722	5831	6787	9583	9888
农业、狩猎业、林业和渔业	Agriculture, Hunting, Forestry, Fishing	571	624	697	829	808
采掘、制造、电、煤气和水供应业	Mining, Manufacturing, Utilities	970	1212	1429	2100	2190
制造业	Manufacturing	767	991	1166	1757	1825
建筑业	Construction	242	361	470	798	841
批发、零售贸易、旅馆和饭店业	Wholesale, Retail Trade, Restaurants and Hotels	759	929	1032	1555	1568
运输、仓储和通讯业	Transport, Storage and Communication	534	752	796	1123	1133
其他服务业	Other Activities	1655	1954	2363	3164	3328

3-10 续表 21 continued

单位：亿美元 (100 million USD)

国家或地区	Country or Area	2000	2005	2010	2015	2016
乌克兰	**Ukraine**					
按当年价格计算	at Current Prices					
增加值总额	Total Value Added	276	789	1203	773	791
农业、狩猎业、林业和渔业	Agriculture, Hunting, Forestry, Fishing	45	79	101	110	108
采掘、制造、电、煤气和水供应业	Mining, Manufacturing, Utilities	91	235	308	180	195
制造业	Manufacturing	56	165	180	108	112
建筑业	Construction	11	35	45	18	20
批发、零售贸易、旅馆和饭店业	Wholesale, Retail Trade, Restaurants and Hotels	29	114	207	131	135
运输、仓储和通讯业	Transport, Storage and Communication	38	100	146	95	96
其他服务业	Other Activities	62	227	396	240	236
按2010年价格计算	at Constant Prices of 2010					
增加值总额	Total Value Added	796	1201	1203	1076	1102
农业、狩猎业、林业和渔业	Agriculture, Hunting, Forestry, Fishing	80	96	101	128	136
采掘、制造、电、煤气和水供应业	Mining, Manufacturing, Utilities	227	327	308	224	229
制造业	Manufacturing	122	198	180	127	131
建筑业	Construction	60	87	45	23	27
批发、零售贸易、旅馆和饭店业	Wholesale, Retail Trade, Restaurants and Hotels	89	173	207	162	169
运输、仓储和通讯业	Transport, Storage and Communication	81	126	146	144	149
其他服务业	Other Activities	254	389	396	409	403
英　国	**United Kingdom**					
按当年价格计算	at Current Prices					
增加值总额	Total Value Added	14651	22579	21973	25742	23597
农业、狩猎业、林业和渔业	Agriculture, Hunting, Forestry, Fishing	127	144	161	171	142
采掘、制造、电、煤气和水供应业	Mining, Manufacturing, Utilities	2843	3476	3146	3592	3300
制造业	Manufacturing	2151	2514	2180	2588	2390
建筑业	Construction	870	1498	1247	1559	1460
批发、零售贸易、旅馆和饭店业	Wholesale, Retail Trade, Restaurants and Hotels	2063	3147	3000	3528	3278
运输、仓储和通讯业	Transport, Storage and Communication	1601	2395	2216	2686	2505
其他服务业	Other Activities	7146	11919	12203	14207	12911
按2010年价格计算	at Constant Prices of 2010					
增加值总额	Total Value Added	19140	21655	21973	24202	24578
农业、狩猎业、林业和渔业	Agriculture, Hunting, Forestry, Fishing	164	177	161	189	177
采掘、制造、电、煤气和水供应业	Mining, Manufacturing, Utilities	3508	3370	3146	3118	3132
制造业	Manufacturing	2361	2303	2180	2238	2241
建筑业	Construction	1139	1320	1247	1370	1410
批发、零售贸易、旅馆和饭店业	Wholesale, Retail Trade, Restaurants and Hotels	2619	3008	3000	3509	3626
运输、仓储和通讯业	Transport, Storage and Communication	1818	2180	2216	2514	2627
其他服务业	Other Activities	9818	11570	12203	13546	13651

3-10 续表 22 continued

单位：亿美元 (100 million USD)

国家或地区	Country or Area	2000	2005	2010	2015	2016
澳大利亚	**Australia**					
按当年价格计算	at Current Prices					
增加值总额	Total Value Added	3735	7011	12074	11626	12180
农业、狩猎业、林业和渔业	Agriculture, Hunting, Forestry, Fishing	143	209	297	303	307
采掘、制造、电、煤气和水供应业	Mining, Manufacturing, Utilities	759	1444	2481	1816	2074
制造业	Manufacturing	451	756	959	764	820
建筑业	Construction	211	513	960	1012	1052
批发、零售贸易、旅馆和饭店业	Wholesale, Retail Trade, Restaurants and Hotels	492	887	1422	1347	1400
运输、仓储和通讯业	Transport, Storage and Communication	338	608	980	947	982
其他服务业	Other Activities	1791	3351	5934	6201	6365
按2010年价格计算	at Constant Prices of 2010					
增加值总额	Total Value Added	8903	10539	12074	13821	14103
农业、狩猎业、林业和渔业	Agriculture, Hunting, Forestry, Fishing	248	271	297	289	313
采掘、制造、电、煤气和水供应业	Mining, Manufacturing, Utilities	2122	2246	2481	2802	2869
制造业	Manufacturing	892	951	959	882	946
建筑业	Construction	497	788	960	1148	1187
批发、零售贸易、旅馆和饭店业	Wholesale, Retail Trade, Restaurants and Hotels	1063	1298	1422	1613	1643
运输、仓储和通讯业	Transport, Storage and Communication	676	834	980	1091	1111
其他服务业	Other Activities	4358	5123	5934	6872	6974
新 西 兰	**New Zealand**					
按当年价格计算	at Current Prices					
增加值总额	Total Value Added	507	1064	1351	1626	1718
农业、狩猎业、林业和渔业	Agriculture, Hunting, Forestry, Fishing	42	52	97	81	102
采掘、制造、电、煤气和水供应业	Mining, Manufacturing, Utilities	105	213	235	273	288
制造业	Manufacturing	84	167	159	203	205
建筑业	Construction	23	61	76	107	107
批发、零售贸易、旅馆和饭店业	Wholesale, Retail Trade, Restaurants and Hotels	65	136	161	203	213
运输、仓储和通讯业	Transport, Storage and Communication	46	95	105	133	138
其他服务业	Other Activities	226	506	677	830	870
按2010年价格计算	at Constant Prices of 2010					
增加值总额	Total Value Added	1069	1288	1351	1527	1572
农业、狩猎业、林业和渔业	Agriculture, Hunting, Forestry, Fishing	105	116	97	120	118
采掘、制造、电、煤气和水供应业	Mining, Manufacturing, Utilities	217	242	235	243	244
制造业	Manufacturing	157	184	159	168	172
建筑业	Construction	53	74	76	93	102
批发、零售贸易、旅馆和饭店业	Wholesale, Retail Trade, Restaurants and Hotels	131	158	161	190	198
运输、仓储和通讯业	Transport, Storage and Communication	76	94	105	123	125
其他服务业	Other Activities	494	611	677	760	785

3-11 支出法国内生产总值
Gross Domestic Product by Expenditure Approach

资料来源：世界银行WDI数据库。
Source: World Bank WDI Database.
单位：亿美元 (100 million USD)

国家或地区	Country or Area	2000	2005	2010	2015	2016	2017
中　国	**China**						
按当年价格计算	at current price						
居民消费支出	Household Final Consumption Expenditure	5676	9181	21573	42711	44163	46977
政府消费支出	General Government Final Consumption Expenditure	2015	3199	7820	15461	16023	17450
资本形成总额	Gross Capital Formation	4171	9462	29046	50235	49535	53357
货物和服务出口	Exports of Goods and Services	2531	7733	16025	23621	22000	24178
货物和服务进口	Imports of Goods and Services	2243	6487	13801	20033	19445	22084
国内生产总值	Gross Domestic Product	12113	22860	61006	110647	111910	122377
按2010年价格计算	at constant price of 2010						
居民消费支出	Household Final Consumption Expenditure	17461	18670	21573	24781	25277	25671
政府消费支出	General Government Final Consumption Expenditure	2961	4555	7820	11788	12910	
资本形成总额	Gross Capital Formation	5909	13298	29046	42975	45708	47946
货物和服务出口	Exports of Goods and Services			16025			
货物和服务进口	Imports of Goods and Services			13801			
国内生产总值	Gross Domestic Product	22371	35699	61006	89083	95052	101610
中国香港	**Hong Kong, China**						
按当年价格计算	at current price						
居民消费支出	Household Final Consumption Expenditure	1007	1044	1403	2055	2125	2287
政府消费支出	General Government Final Consumption Expenditure	161	168	203	298	319	336
资本形成总额	Gross Capital Formation	474	382	546	666	691	760
货物和服务出口	Exports of Goods and Services	2164	3222	4694	6061	6000	6419
货物和服务进口	Imports of Goods and Services	2088	3000	4560	5987	5927	6388
国内生产总值	Gross Domestic Product	1717	1816	2286	3094	3209	3414
按2010年价格计算	at constant price of 2010						
居民消费支出	Household Final Consumption Expenditure	1026	1124	1403	1793	1829	1930
政府消费支出	General Government Final Consumption Expenditure	163	180	203	235	243	251
资本形成总额	Gross Capital Formation	415	417	546	575	603	637
货物和服务出口	Exports of Goods and Services	2255	3568	4694	5452	5490	5790
货物和服务进口	Imports of Goods and Services	2280	3379	4560	5400	5447	5792
国内生产总值	Gross Domestic Product	1534	1886	2286	2644	2701	2803
中国澳门	**Macao, China**						
按当年价格计算	at current price						
居民消费支出	Household Final Consumption Expenditure	31	39	66	118	119	122
政府消费支出	General Government Final Consumption Expenditure	8	12	23	44	47	50
资本形成总额	Gross Capital Formation	7	31	37	114	98	93
货物和服务出口	Exports of Goods and Services	60	103	247	353	345	400
货物和服务进口	Imports of Goods and Services	40	63	92	176	156	161
国内生产总值	Gross Domestic Product	67	121	281	454	453	504
按2010年价格计算	at constant price of 2010						
居民消费支出	Household Final Consumption Expenditure	39	49	66	91	90	91
政府消费支出	General Government Final Consumption Expenditure	12	15	23	30	31	32
资本形成总额	Gross Capital Formation	12	43	37	81	70	63
货物和服务出口	Exports of Goods and Services	76	129	247	272	267	308
货物和服务进口	Imports of Goods and Services	45	73	92	161	144	148
国内生产总值	Gross Domestic Product	96	165	281	322	319	348

3-11 续表 1 continued

单位：亿美元 (100 million USD)

国家或地区	Country or Area	2000	2005	2010	2015	2016	2017
孟加拉国	**Bangladesh**						
按当年价格计算	at current price						
居民消费支出	Household Final Consumption Expenditure	400	512	854	1413	1531	1715
政府消费支出	General Government Final Consumption Expenditure	27	36	59	105	130	150
资本形成总额	Gross Capital Formation	127	179	303	564	657	762
货物和服务出口	Exports of Goods and Services	66	100	185	338	369	375
货物和服务进口	Imports of Goods and Services	91	139	251	483	472	506
国内生产总值	Gross Domestic Product	534	694	1153	1951	2214	2497
按2010年价格计算	at constant price of 2010						
居民消费支出	Household Final Consumption Expenditure	539	668	854	1096	1129	1213
政府消费支出	General Government Final Consumption Expenditure	30	45	59	80	87	93
资本形成总额	Gross Capital Formation	135	201	303	454	495	545
货物和服务出口	Exports of Goods and Services	40	121	185	276	282	276
货物和服务进口	Imports of Goods and Services	64	190	251	379	352	362
国内生产总值	Gross Domestic Product	670	859	1153	1566	1678	1800
文　莱	**Brunei Darussalam**						
按当年价格计算	at current price						
居民消费支出	Household Final Consumption Expenditure	15	21	20	26	24	25
政府消费支出	General Government Final Consumption Expenditure	15	18	30	32	30	32
资本形成总额	Gross Capital Formation	8	11	32	46	39	42
货物和服务出口	Exports of Goods and Services	40	67	92	68	57	60
货物和服务进口	Imports of Goods and Services	21	26	38	42	43	43
国内生产总值	Gross Domestic Product	60	95	137	129	114	121
按2010年价格计算	at constant price of 2010						
居民消费支出	Household Final Consumption Expenditure	13	18	20	25	24	25
政府消费支出	General Government Final Consumption Expenditure	20	22	30	33	31	33
资本形成总额	Gross Capital Formation	18	23	32	47	42	45
货物和服务出口	Exports of Goods and Services	112	120	92	77	76	73
货物和服务进口	Imports of Goods and Services	26	30	38	43	44	45
国内生产总值	Gross Domestic Product	120	133	137	136	133	135
柬埔寨	**Cambodia**						
按当年价格计算	at current price						
居民消费支出	Household Final Consumption Expenditure	32	54	91	139	152	159
政府消费支出	General Government Final Consumption Expenditure	2	3	7	10	10	11
资本形成总额	Gross Capital Formation	6	12	20	41	45	51
货物和服务出口	Exports of Goods and Services	18	40	61	111	123	135
货物和服务进口	Imports of Goods and Services	23	46	67	119	131	142
国内生产总值	Gross Domestic Product	37	63	112	180	200	222
按2010年价格计算	at constant price of 2010						
居民消费支出	Household Final Consumption Expenditure	45	67	91	124	132	138
政府消费支出	General Government Final Consumption Expenditure	2	3	7	9	10	10
资本形成总额	Gross Capital Formation	7	12	20	34	37	40
货物和服务出口	Exports of Goods and Services	17	37	61	113	122	129
货物和服务进口	Imports of Goods and Services	20	40	67	123	133	139
国内生产总值	Gross Domestic Product	52	81	112	159	170	182

3-11 续表 2 continued

单位：亿美元 (100 million USD)

国家或地区	Country or Area	2000	2005	2010	2015	2016	2017
印　度	**India**						
按当年价格计算	at current price						
居民消费支出	Household Final Consumption Expenditure	2940	4643	9140	12359	13426	15287
政府消费支出	General Government Final Consumption Expenditure	565	856	1844	2181	2481	2955
资本形成总额	Gross Capital Formation	1250	3124	6739	6684	6902	7987
货物和服务出口	Exports of Goods and Services	607	1604	3742	4168	4393	4901
货物和服务进口	Imports of Goods and Services	650	1833	4489	4651	4784	5656
国内生产总值	Gross Domestic Product	4621	8089	16566	21024	22742	25975
按2010年价格计算	at constant price of 2010						
居民消费支出	Household Final Consumption Expenditure	4663	6159	9140	12918	13856	14695
政府消费支出	General Government Final Consumption Expenditure	1026	1220	1844	2290	2568	2849
资本形成总额	Gross Capital Formation	2022	3969	6739	7830	8198	9018
货物和服务出口	Exports of Goods and Services	3742	3742	3742	3742	3742	3742
货物和服务进口	Imports of Goods and Services	1135	2415	4489	5025	5227	5746
国内生产总值	Gross Domestic Product	8028	11112	16566	23024	24662	26295
印度尼西亚	**Indonesia**						
按当年价格计算	at current price						
居民消费支出	Household Final Consumption Expenditure	1017	1840	4245	4946	5387	5820
政府消费支出	General Government Final Consumption Expenditure	108	232	680	839	889	924
资本形成总额	Gross Capital Formation	367	717	2483	2932	3155	3397
货物和服务出口	Exports of Goods and Services	676	974	1835	1822	1783	2069
货物和服务进口	Imports of Goods and Services	503	855	1692	1789	1708	1946
国内生产总值	Gross Domestic Product	1650	2859	7551	8609	9323	10155
按2010年价格计算	at constant price of 2010						
居民消费支出	Household Final Consumption Expenditure	2780	3387	4245	5479	5755	6042
政府消费支出	General Government Final Consumption Expenditure	314	466	680	853	852	870
资本形成总额	Gross Capital Formation	-6653	-6209	2483	3327	3493	3679
货物和服务出口	Exports of Goods and Services	972	1355	1835	2205	2170	2368
货物和服务进口	Imports of Goods and Services	861	1302	1692	2049	1999	2160
国内生产总值	Gross Domestic Product	4534	5712	7551	9881	10379	10905
以 色 列	**Israel**						
按当年价格计算	at current price						
居民消费支出	Household Final Consumption Expenditure	701	789	1326	1636	1750	
政府消费支出	General Government Final Consumption Expenditure	321	345	531	674	710	
资本形成总额	Gross Capital Formation	302	293	431	591	651	
货物和服务出口	Exports of Goods and Services	471	581	817	935	962	
货物和服务进口	Imports of Goods and Services	472	583	769	845	895	
国内生产总值	Gross Domestic Product	1323	1425	2336	2991	3177	3509
按2010年价格计算	at constant price of 2010						
居民消费支出	Household Final Consumption Expenditure	944	1085	1326	1596	1693	
政府消费支出	General Government Final Consumption Expenditure	437	463	531	622	646	
资本形成总额	Gross Capital Formation	384	352	431	564	610	
货物和服务出口	Exports of Goods and Services	571	657	817	899	922	
货物和服务进口	Imports of Goods and Services	613	657	769	904	989	
国内生产总值	Gross Domestic Product	1738	1911	2336	2765	2878	2974

3-11 续表 3 continued

单位：亿美元 (100 million USD)

国家或地区	Country or Area	2000	2005	2010	2015	2016	2017
日　本	**Japan**						
按当年价格计算	at current price						
居民消费支出	Household Final Consumption Expenditure	26594	26451	32918	24884	27562	
政府消费支出	General Government Final Consumption Expenditure	8236	8615	11110	8699	9787	
资本形成总额	Gross Capital Formation	13346	11769	12140	10550	11663	
货物和服务出口	Exports of Goods and Services	5193	6663	8571	7730	7978	
货物和服务进口	Imports of Goods and Services	4494	5946	7739	7914	7497	
国内生产总值	Gross Domestic Product	48875	47554	57001	43950	49493	48721
按2010年价格计算	at constant price of 2010						
居民消费支出	Household Final Consumption Expenditure	30132	32072	32918	33944	33965	
政府消费支出	General Government Final Consumption Expenditure	9578	10560	11110	11932	12089	
资本形成总额	Gross Capital Formation	15117	14556	12140	14195	14234	
货物和服务出口	Exports of Goods and Services	5459	7360	8571	9684	9813	
货物和服务进口	Imports of Goods and Services	6348	7660	7739	9723	9538	
国内生产总值	Gross Domestic Product	53489	56723	57001	59964	60527	61563
哈萨克斯坦	**Kazakhstan**						
按当年价格计算	at current price						
居民消费支出	Household Final Consumption Expenditure	113	285	672	990	749	
政府消费支出	General Government Final Consumption Expenditure	22	64	160	214	160	
资本形成总额	Gross Capital Formation	33	177	376	515	382	
货物和服务出口	Exports of Goods and Services	104	304	655	526	437	
货物和服务进口	Imports of Goods and Services	90	255	443	452	391	
国内生产总值	Gross Domestic Product	183	571	1480	1844	1373	1594
按2010年价格计算	at constant price of 2010						
居民消费支出	Household Final Consumption Expenditure	286	450	672	945	957	
政府消费支出	General Government Final Consumption Expenditure	84	123	160	232	238	
资本形成总额	Gross Capital Formation	101	254	376	545	559	
货物和服务出口	Exports of Goods and Services	443	613	655	662	632	
货物和服务进口	Imports of Goods and Services	335	406	443	587	575	
国内生产总值	Gross Domestic Product	669	1095	1480	1863	1883	1958
韩　国	**Korea, Rep.**						
按当年价格计算	at current price						
居民消费支出	Household Final Consumption Expenditure	3019	4689	5508	6818	6883	7362
政府消费支出	General Government Final Consumption Expenditure	637	1193	1584	2075	2147	2347
资本形成总额	Gross Capital Formation	1850	2889	3505	3999	4139	4757
货物和服务出口	Exports of Goods and Services	1966	3306	5409	6269	5982	6596
货物和服务进口	Imports of Goods and Services	1850	3087	5060	5306	5012	5769
国内生产总值	Gross Domestic Product	5616	8981	10945	13828	14148	15308
按2010年价格计算	at constant price of 2010						
居民消费支出	Household Final Consumption Expenditure	3945	4728	5508	6120	6274	6438
政府消费支出	General Government Final Consumption Expenditure	952	1211	1584	1834	1916	1982
资本形成总额	Gross Capital Formation	2506	3045	3505	3997	4222	4648
货物和服务出口	Exports of Goods and Services	2168	3548	5409	6952	7131	7266
货物和服务进口	Imports of Goods and Services	2409	3576	5060	6243	6538	6998
国内生产总值	Gross Domestic Product	7100	8947	10945	12688	13059	13459

3-11 续表 4 continued

单位：亿美元 (100 million USD)

国家或地区	Country or Area	2000	2005	2010	2015	2016	2017
老　挝	**Laos**						
按当年价格计算	at current price						
居民消费支出	Household Final Consumption Expenditure	15	20	53	103	104	110
政府消费支出	General Government Final Consumption Expenditure	1	2	8	22	22	22
资本形成总额	Gross Capital Formation	2	9	20	45	46	49
货物和服务出口	Exports of Goods and Services	5	8	25	49	52	58
货物和服务进口	Imports of Goods and Services	7	12	35	75	66	70
国内生产总值	Gross Domestic Product	17	27	71	144	158	169
按2010年价格计算	at constant price of 2010						
居民消费支出	Household Final Consumption Expenditure	22	35	53	72	76	80
政府消费支出	General Government Final Consumption Expenditure	2	4	8	16	16	16
资本形成总额	Gross Capital Formation	6	13	20	36	39	40
货物和服务出口	Exports of Goods and Services	17	15	25	45	50	55
货物和服务进口	Imports of Goods and Services	11	18	35	65	68	72
国内生产总值	Gross Domestic Product	36	48	71	104	111	119
马来西亚	**Malaysia**						
按当年价格计算	at current price						
居民消费支出	Household Final Consumption Expenditure	410	634	1227	1604	1627	1741
政府消费支出	General Government Final Consumption Expenditure	95	165	321	389	373	382
资本形成总额	Gross Capital Formation	252	321	596	744	767	801
货物和服务出口	Exports of Goods and Services	1124	1620	2217	2093	2007	2248
货物和服务进口	Imports of Goods and Services	944	1306	1811	1866	1808	2027
国内生产总值	Gross Domestic Product	938	1435	2550	2964	2965	3145
按2010年价格计算	at constant price of 2010						
居民消费支出	Household Final Consumption Expenditure	643	892	1227	1728	1831	1958
政府消费支出	General Government Final Consumption Expenditure	153	246	321	445	449	474
资本形成总额	Gross Capital Formation	434	436	596	845	873	928
货物和服务出口	Exports of Goods and Services	1534	1991	2217	2396	2423	2655
货物和服务进口	Imports of Goods and Services	1153	1530	1811	2113	2136	2371
国内生产总值	Gross Domestic Product	1625	2049	2550	3301	3441	3644
蒙　古	**Mongolia**						
按当年价格计算	at current price						
居民消费支出	Household Final Consumption Expenditure	9	14	40	69	59	57
政府消费支出	General Government Final Consumption Expenditure	2	3	9	16	16	14
资本形成总额	Gross Capital Formation	3	9	30	31	33	42
货物和服务出口	Exports of Goods and Services	6	15	34	54	56	68
货物和服务进口	Imports of Goods and Services	8	16	41	52	51	66
国内生产总值	Gross Domestic Product	11	25	72	117	112	115
按2010年价格计算	at constant price of 2010						
居民消费支出	Household Final Consumption Expenditure		23	40	69	63	65
政府消费支出	General Government Final Consumption Expenditure		7	9	16	17	17
资本形成总额	Gross Capital Formation		20	30	30	35	48
货物和服务出口	Exports of Goods and Services		21	34	74	85	96
货物和服务进口	Imports of Goods and Services		21	41	72	80	101
国内生产总值	Gross Domestic Product	38	53	72	117	118	125

3-11 续表 5 continued

单位：亿美元 (100 million USD)

国家或地区	Country or Area	2000	2005	2010	2015	2016	2017
巴基斯坦	**Pakistan**						
按当年价格计算	at current price						
居民消费支出	Household Final Consumption Expenditure	557	843	1414	2158	2230	2499
政府消费支出	General Government Final Consumption Expenditure	64	86	183	297	315	343
资本形成总额	Gross Capital Formation	127	209	280	425	437	491
货物和服务出口	Exports of Goods and Services	99	172	240	287	255	251
货物和服务进口	Imports of Goods and Services	109	214	343	461	450	535
国内生产总值	Gross Domestic Product	740	1095	1774	2706	2787	3050
按2010年价格计算	at constant price of 2010						
居民消费支出	Household Final Consumption Expenditure	1001	1262	1414	1724	1855	2017
政府消费支出	General Government Final Consumption Expenditure	94	112	183	237	257	270
资本形成总额	Gross Capital Formation	209	247	280	325	348	381
货物和服务出口	Exports of Goods and Services	118	201	240	219	215	213
货物和服务进口	Imports of Goods and Services	216	325	343	334	387	469
国内生产总值	Gross Domestic Product	1176	1500	1774	2159	2279	2409
菲 律 宾	**Philippines**						
按当年价格计算	at current price						
居民消费支出	Household Final Consumption Expenditure	585	773	1428	2159	2243	2297
政府消费支出	General Government Final Consumption Expenditure	93	93	194	320	339	355
资本形成总额	Gross Capital Formation	149	222	410	621	740	785
货物和服务出口	Exports of Goods and Services	416	476	695	831	853	958
货物和服务进口	Imports of Goods and Services	432	533	731	1004	1126	1258
国内生产总值	Gross Domestic Product	810	1031	1996	2928	3049	3136
按2010年价格计算	at constant price of 2010						
居民消费支出	Household Final Consumption Expenditure	936	1195	1428	1906	2039	2157
政府消费支出	General Government Final Consumption Expenditure	139	142	194	267	289	310
资本形成总额	Gross Capital Formation	228	327	410	637	788	859
货物和服务出口	Exports of Goods and Services	443	533	695	889	984	1173
货物和服务进口	Imports of Goods and Services	484	607	731	1010	1196	1407
国内生产总值	Gross Domestic Product	1253	1569	1996	2661	2843	3034
新 加 坡	**Singapore**						
按当年价格计算	at current price						
居民消费支出	Household Final Consumption Expenditure	398	499	840	1114	1115	1154
政府消费支出	General Government Final Consumption Expenditure	103	130	241	318	331	352
资本形成总额	Gross Capital Formation	334	273	668	825	837	895
货物和服务出口	Exports of Goods and Services	1813	2883	4722	5394	5210	5615
货物和服务进口	Imports of Goods and Services	1695	2503	4107	4612	4401	4829
国内生产总值	Gross Domestic Product	958	1274	2364	3041	3098	3239
按2010年价格计算	at constant price of 2010						
居民消费支出	Household Final Consumption Expenditure	578	707	840	1024	1042	1074
政府消费支出	General Government Final Consumption Expenditure	151	178	241	281	291	302
资本形成总额	Gross Capital Formation	465	365	668	784	822	893
货物和服务出口	Exports of Goods and Services	2169	3441	4722	5876	5941	6184
货物和服务进口	Imports of Goods and Services	2020	2996	4107	5041	5047	5311
国内生产总值	Gross Domestic Product	1345	1707	2364	2922	2992	3100

3-11 续表 6 continued

单位：亿美元 (100 million USD)

国家或地区	Country or Area	2000	2005	2010	2015	2016	2017
斯里兰卡	**Sri Lanka**						
按当年价格计算	at current price						
居民消费支出	Household Final Consumption Expenditure	117	168	388	543	522	542
政府消费支出	General Government Final Consumption Expenditure	17	32	48	72	70	74
资本形成总额	Gross Capital Formation	47	65	172	251	286	318
货物和服务出口	Exports of Goods and Services	65	79	111	169	174	191
货物和服务进口	Imports of Goods and Services	82	101	152	230	235	254
国内生产总值	Gross Domestic Product	166	244	567	806	818	872
按2010年价格计算	at constant price of 2010						
居民消费支出	Household Final Consumption Expenditure	239	296	388	524	504	510
政府消费支出	General Government Final Consumption Expenditure	28	32	48	58	60	56
资本形成总额	Gross Capital Formation	90	111	172	266	338	396
货物和服务出口	Exports of Goods and Services	87	104	111	142	141	151
货物和服务进口	Imports of Goods and Services	103	129	152	225	243	290
国内生产总值	Gross Domestic Product	343	416	567	765	799	824
泰　国	**Thailand**						
按当年价格计算	at current price						
居民消费支出	Household Final Consumption Expenditure	684	1057	1780	2051	2063	
政府消费支出	General Government Final Consumption Expenditure	172	258	539	691	696	
资本形成总额	Gross Capital Formation	282	576	865	888	895	
货物和服务出口	Exports of Goods and Services	820	1295	2268	2758	2804	
货物和服务进口	Imports of Goods and Services	714	1315	2073	2296	2205	
国内生产总值	Gross Domestic Product	1264	1893	3411	4014	4118	4552
按2010年价格计算	at constant price of 2010						
居民消费支出	Household Final Consumption Expenditure	1178	1592	1780	2012	2074	
政府消费支出	General Government Final Consumption Expenditure	307	385	539	646	657	
资本形成总额	Gross Capital Formation	494	849	865	935	852	
货物和服务出口	Exports of Goods and Services	1235	1763	2268	2698	2753	
货物和服务进口	Imports of Goods and Services	1064	1781	2073	2370	2338	
国内生产总值	Gross Domestic Product	2177	2838	3411	3941	4070	4229
越　南	**Viet Nam**						
按当年价格计算	at current price						
居民消费支出	Household Final Consumption Expenditure	207	377	772	1313	1407	1522
政府消费支出	General Government Final Consumption Expenditure	20	31	69	122	134	146
资本形成总额	Gross Capital Formation	92	195	414	535	546	577
货物和服务出口	Exports of Goods and Services	168	367	835	1735	1922	2273
货物和服务进口	Imports of Goods and Services	179	386	930	1720	1869	2211
国内生产总值	Gross Domestic Product	312	576	1159	1932	2053	2239
按2010年价格计算	at constant price of 2010						
居民消费支出	Household Final Consumption Expenditure	394	549	772	1028	1103	1184
政府消费支出	General Government Final Consumption Expenditure	32	45	69	98	105	113
资本形成总额	Gross Capital Formation	139	238	414	494	542	588
货物和服务出口	Exports of Goods and Services	248	570	835	1578	1797	2098
货物和服务进口	Imports of Goods and Services	245	564	930	1651	1904	2237
国内生产总值	Gross Domestic Product	611	854	1159	1545	1641	1753

3-11 续表 7 continued

单位：亿美元 (100 million USD)

国家或地区	Country or Area	2000	2005	2010	2015	2016	2017
埃　　及	**Egypt**						
按当年价格计算	at current price						
居民消费支出	Household Final Consumption Expenditure	757	642	1632	2742	2755	2044
政府消费支出	General Government Final Consumption Expenditure	112	114	244	391	380	238
资本形成总额	Gross Capital Formation	195	161	427	475	501	359
货物和服务出口	Exports of Goods and Services	162	272	467	439	344	384
货物和服务进口	Imports of Goods and Services	228	292	582	721	655	670
国内生产总值	Gross Domestic Product	998	897	2189	3327	3329	2354
按2010年价格计算	at constant price of 2010						
居民消费支出	Household Final Consumption Expenditure	1061	1235	1632	2040	2135	2224
政府消费支出	General Government Final Consumption Expenditure	181	210	244	310	322	331
资本形成总额	Gross Capital Formation	240	267	427	445	495	551
货物和服务出口	Exports of Goods and Services	156	293	467	424	362	674
货物和服务进口	Imports of Goods and Services	246	371	582	705	692	1055
国内生产总值	Gross Domestic Product	1364	1622	2189	2500	2608	2717
南　　非	**South Africa**						
按当年价格计算	at current price						
居民消费支出	Household Final Consumption Expenditure	861	1597	2215	1896	1758	2076
政府消费支出	General Government Final Consumption Expenditure	251	502	759	650	615	731
资本形成总额	Gross Capital Formation	223	472	732	667	572	650
货物和服务出口	Exports of Goods and Services	370	681	1074	958	908	1040
货物和服务进口	Imports of Goods and Services	331	688	1027	999	890	993
国内生产总值	Gross Domestic Product	1364	2577	3753	3177	2958	3494
按2010年价格计算	at constant price of 2010						
居民消费支出	Household Final Consumption Expenditure	1507	1866	2215	2528	2546	2603
政府消费支出	General Government Final Consumption Expenditure	484	610	759	844	860	865
资本形成总额	Gross Capital Formation	395	596	732	900	828	841
货物和服务出口	Exports of Goods and Services	884	1021	1074	1240	1252	1251
货物和服务进口	Imports of Goods and Services	579	847	1027	1319	1269	1293
国内生产总值	Gross Domestic Product	2670	3222	3753	4188	4212	4268
加 拿 大	**Canada**						
按当年价格计算	at current price						
居民消费支出	Household Final Consumption Expenditure	4041	6343	9186	8961	8936	9548
政府消费支出	General Government Final Consumption Expenditure	1423	2238	3473	3260	3241	3442
资本形成总额	Gross Capital Formation	1535	2655	3798	3752	3561	3918
货物和服务出口	Exports of Goods and Services	3284	4303	4691	4917	4756	5107
货物和服务进口	Imports of Goods and Services	2867	3849	5000	5303	5127	5483
国内生产总值	Gross Domestic Product	7423	11694	16135	15596	15358	16530
按2010年价格计算	at constant price of 2010						
居民消费支出	Household Final Consumption Expenditure	6756	7920	9186	10299	10535	10890
政府消费支出	General Government Final Consumption Expenditure	2705	3030	3473	3593	3673	3760
资本形成总额	Gross Capital Formation	2706	3544	3798	4171	4011	4259
货物和服务出口	Exports of Goods and Services	4989	5192	4691	5676	5733	5794
货物和服务进口	Imports of Goods and Services	3804	4469	5000	5726	5669	5876
国内生产总值	Gross Domestic Product	13427	15245	16135	18025	18280	18837

3-11 续表 8 continued

单位：亿美元 (100 million USD)

国家或地区	Country or Area	2000	2005	2010	2015	2016	2017
墨 西 哥	**Mexico**						
按当年价格计算	at current price						
居民消费支出	Household Final Consumption Expenditure	4809	6022	6913	7666	7053	7535
政府消费支出	General Government Final Consumption Expenditure	674	923	1245	1443	1305	1357
资本形成总额	Gross Capital Formation	1625	1942	2411	2722	2557	2662
货物和服务出口	Exports of Goods and Services	1799	2666	3141	4046	3998	4356
货物和服务进口	Imports of Goods and Services	1913	2806	3286	4285	4211	4564
国内生产总值	Gross Domestic Product	7079	8775	10578	11696	10769	11499
按2010年价格计算	at constant price of 2010						
居民消费支出	Household Final Consumption Expenditure	5775	6895	6913	7852	8140	8384
政府消费支出	General Government Final Consumption Expenditure	1113	1128	1245	1399	1432	1434
资本形成总额	Gross Capital Formation	2123	2133	2411	2808	2850	2805
货物和服务出口	Exports of Goods and Services	2226	2853	3141	4238	4385	4553
货物和服务进口	Imports of Goods and Services	2459	3085	3286	4191	4313	4591
国内生产总值	Gross Domestic Product	9152	9827	10578	12234	12590	12847
美 国	**United States**						
按当年价格计算	at current price						
居民消费支出	Household Final Consumption Expenditure	67924	87941	102022	123323	128207	
政府消费支出	General Government Final Consumption Expenditure	14442	19800	25222	26108	26581	
资本形成总额	Gross Capital Formation	24240	30407	27526	37017	36669	
货物和服务出口	Exports of Goods and Services	10968	13089	18523	22649	22146	
货物和服务进口	Imports of Goods and Services	14726	20301	23650	27890	27358	
国内生产总值	Gross Domestic Product	102848	130937	149644	181207	186245	193906
按2010年价格计算	at constant price of 2010						
居民消费支出	Household Final Consumption Expenditure	83057	96893	102022	114504	117634	
政府消费支出	General Government Final Consumption Expenditure	20617	23103	25222	23964	24196	
资本形成总额	Gross Capital Formation	28688	32487	27526	34341	33866	
货物和服务出口	Exports of Goods and Services	13121	14408	18523	22177	22104	
货物和服务进口	Imports of Goods and Services	18369	22897	23650	28273	28633	
国内生产总值	Gross Domestic Product	127131	144081	149644	166727	169203	173050
阿 根 廷	**Argentina**						
按当年价格计算	at current price						
居民消费支出	Household Final Consumption Expenditure	1970	1253	2721	3920	3656	4174
政府消费支出	General Government Final Consumption Expenditure	392	241	642	1076	1001	1155
资本形成总额	Gross Capital Formation	460	375	750	1015	945	1216
货物和服务出口	Exports of Goods and Services	312	462	802	637	698	713
货物和服务进口	Imports of Goods and Services	331	344	679	701	751	882
国内生产总值	Gross Domestic Product	2842	1987	4236	5947	5549	6376
按2010年价格计算	at constant price of 2010						
居民消费支出	Household Final Consumption Expenditure	1936	1988	2721	3092	3060	3169
政府消费支出	General Government Final Consumption Expenditure	461	491	642	802	805	821
资本形成总额	Gross Capital Formation	469	536	750	794	766	913
货物和服务出口	Exports of Goods and Services	493	675	802	699	736	739
货物和服务进口	Imports of Goods and Services	426	408	679	761	804	922
国内生产总值	Gross Domestic Product	3032	3336	4236	4558	4475	4603

3-11 续表 9 continued

单位：亿美元 (100 million USD)

国家或地区	Country or Area	2000	2005	2010	2015	2016	2017
巴　西	**Brazil**						
按当年价格计算	at current price						
居民消费支出	Household Final Consumption Expenditure	4234	5395	13302	11528	11486	13039
政府消费支出	General Government Final Consumption Expenditure	1230	1684	4201	3564	3619	4121
资本形成总额	Gross Capital Formation	1239	1534	4816	3138	2760	3187
货物和服务出口	Exports of Goods and Services	668	1359	2372	2325	2242	2583
货物和服务进口	Imports of Goods and Services	816	1056	2602	2533	2167	2375
国内生产总值	Gross Domestic Product	6554	8916	22089	18022	17940	20555
按2010年价格计算	at constant price of 2010						
居民消费支出	Household Final Consumption Expenditure	9124	10054	13302	14777	14136	14272
政府消费支出	General Government Final Consumption Expenditure	3113	3570	4201	4429	4426	4402
资本形成总额	Gross Capital Formation	2937	3114	4816	4524	4064	
货物和服务出口	Exports of Goods and Services	1292	2093	2372	2695	2747	2889
货物和服务进口	Imports of Goods and Services	1210	1279	2602	2588	2325	2441
国内生产总值	Gross Domestic Product	15389	17749	22089	23380	22569	22789
委内瑞拉	**Venezuela**						
按当年价格计算	at current price						
居民消费支出	Household Final Consumption Expenditure	606	680	2198			
政府消费支出	General Government Final Consumption Expenditure	146	161	441			
资本形成总额	Gross Capital Formation	283	335	864			
货物和服务出口	Exports of Goods and Services	348	577	1122			
货物和服务进口	Imports of Goods and Services	212	298	692	508		
国内生产总值	Gross Domestic Product	1171	1455	3932			
按2010年价格计算	at constant price of 2010						
居民消费支出	Household Final Consumption Expenditure	1277	1608	2198			
政府消费支出	General Government Final Consumption Expenditure	233	325	441			
资本形成总额	Gross Capital Formation	490	592	864			
货物和服务出口	Exports of Goods and Services	1716	1680	1122			
货物和服务进口	Imports of Goods and Services	339	488	692			
国内生产总值	Gross Domestic Product	2890	3278	3932	3980		
捷　克	**Czech Rep.**						
按当年价格计算	at current price						
居民消费支出	Household Final Consumption Expenditure	312	652	1016	875	917	1022
政府消费支出	General Government Final Consumption Expenditure	123	282	432	359	375	412
资本形成总额	Gross Capital Formation	194	397	563	522	514	568
货物和服务出口	Exports of Goods and Services	297	847	1370	1514	1553	1714
货物和服务进口	Imports of Goods and Services	308	815	1306	1402	1407	1558
国内生产总值	Gross Domestic Product	616	1363	2075	1868	1953	2157
按2010年价格计算	at constant price of 2010						
居民消费支出	Household Final Consumption Expenditure	767	909	1016	1067	1106	1150
政府消费支出	General Government Final Consumption Expenditure	351	409	432	433	442	449
资本形成总额	Gross Capital Formation	422	516	563	640	626	652
货物和服务出口	Exports of Goods and Services	544	1002	1370	1800	1881	2003
货物和服务进口	Imports of Goods and Services	547	985	1306	1682	1738	1839
国内生产总值	Gross Domestic Product	1518	1839	2075	2255	2313	2413

3-11 续表 10 continued

单位：亿美元 (100 million USD)

国家或地区	Country or Area	2000	2005	2010	2015	2016	2017
法　国	**France**						
按当年价格计算	at current price						
居民消费支出	Household Final Consumption Expenditure	7337	11946	14628	13178	13404	13964
政府消费支出	General Government Final Consumption Expenditure	3041	5066	6339	5805	5856	6087
资本形成总额	Gross Capital Formation	3063	4931	5800	5538	5592	6058
货物和服务出口	Exports of Goods and Services	3895	5937	7079	7459	7434	7975
货物和服务进口	Imports of Goods and Services	3714	5918	7420	7597	7635	8260
国内生产总值	Gross Domestic Product	13622	21961	26426	24382	24651	25825
按2010年价格计算	at constant price of 2010						
居民消费支出	Household Final Consumption Expenditure	12261	13622	14628	15064	15396	15566
政府消费支出	General Government Final Consumption Expenditure	5394	5857	6339	6766	6851	6955
资本形成总额	Gross Capital Formation	5425	5895	5800	6412	6537	6871
货物和服务出口	Exports of Goods and Services	5947	6713	7079	8517	8674	8945
货物和服务进口	Imports of Goods and Services	5597	6652	7420	8985	9364	9739
国内生产总值	Gross Domestic Product	23427	25431	26426	27731	28060	28571
德　国	**Germany**						
按当年价格计算	at current price						
居民消费支出	Household Final Consumption Expenditure	11143	16522	19155	18083	18521	19526
政府消费支出	General Government Final Consumption Expenditure	3639	5260	6534	6511	6808	7188
资本形成总额	Gross Capital Formation	4665	5384	6706	6464	6677	7274
货物和服务出口	Exports of Goods and Services	6012	10799	14437	15823	16039	17371
货物和服务进口	Imports of Goods and Services	5959	9351	12661	13125	13267	14585
国内生产总值	Gross Domestic Product	19500	28614	34171	33756	34778	36774
按2010年价格计算	at constant price of 2010						
居民消费支出	Household Final Consumption Expenditure	18274	18663	19155	20327	20747	21112
政府消费支出	General Government Final Consumption Expenditure	5798	5912	6534	7055	7314	7427
资本形成总额	Gross Capital Formation	7179	6127	6706	6986	7135	7444
货物和服务出口	Exports of Goods and Services	8804	11752	14437	18003	18477	19330
货物和服务进口	Imports of Goods and Services	8667	10281	12661	15252	15849	16667
国内生产总值	Gross Domestic Product	31239	32138	34171	37096	37817	38658
意大利	**Italy**						
按当年价格计算	at current price						
居民消费支出	Household Final Consumption Expenditure	6914	11011	12965	11163	11309	11814
政府消费支出	General Government Final Consumption Expenditure	2042	3627	4339	3457	3501	3601
资本形成总额	Gross Capital Formation	2365	3910	4364	3172	3179	3337
货物和服务出口	Exports of Goods and Services	2930	4567	5353	5485	5541	6055
货物和服务进口	Imports of Goods and Services	2833	4588	5771	4948	4937	5460
国内生产总值	Gross Domestic Product	11418	18527	21251	18329	18594	19348
按2010年价格计算	at constant price of 2010						
居民消费支出	Household Final Consumption Expenditure	12350	12820	12965	12405	12582	12755
政府消费支出	General Government Final Consumption Expenditure	3922	4259	4339	4135	4159	4164
资本形成总额	Gross Capital Formation	4288	4687	4364	3591	3614	3707
货物和服务出口	Exports of Goods and Services	4853	5247	5353	6223	6373	6720
货物和服务进口	Imports of Goods and Services	4784	5386	5771	5741	5944	6261
国内生产总值	Gross Domestic Product	20602	21587	21251	20629	20806	21119

3-11 续表 11 continued

单位：亿美元 (100 million USD)

国家或地区	Country or Area	2000	2005	2010	2015	2016	2017
荷　兰	**Netherlands**						
按当年价格计算	at current price						
居民消费支出	Household Final Consumption Expenditure	2064	3264	3742	3366	3437	3628
政府消费支出	General Government Final Consumption Expenditure	844	1514	2215	1904	1921	2004
资本形成总额	Gross Capital Formation	951	1419	1708	1510	1559	1665
货物和服务出口	Exports of Goods and Services	2745	4520	6018	6324	6408	7144
货物和服务进口	Imports of Goods and Services	2475	3931	5319	5524	5553	6179
国内生产总值	Gross Domestic Product	4128	6785	8364	7580	7772	8262
按2010年价格计算	at constant price of 2010						
居民消费支出	Household Final Consumption Expenditure	3568	3729	3742	3752	3810	3883
政府消费支出	General Government Final Consumption Expenditure	1583	1799	2215	2179	2204	2230
资本形成总额	Gross Capital Formation	1677	1655	1708	1828	1885	1969
货物和服务出口	Exports of Goods and Services	4356	5191	6018	7407	7727	8195
货物和服务进口	Imports of Goods and Services	3857	4534	5319	6447	6712	7075
国内生产总值	Gross Domestic Product	7347	7851	8364	8709	8901	9183
波　兰	**Poland**						
按当年价格计算	at current price						
居民消费支出	Household Final Consumption Expenditure	1094	1924	2951	2789	2758	3069
政府消费支出	General Government Final Consumption Expenditure	311	560	916	859	842	920
资本形成总额	Gross Capital Formation	423	609	1022	977	924	1047
货物和服务出口	Exports of Goods and Services	468	1059	1920	2364	2464	2800
货物和服务进口	Imports of Goods and Services	577	1092	2016	2216	2273	2591
国内生产总值	Gross Domestic Product	1719	3061	4793	4774	4714	5245
按2010年价格计算	at constant price of 2010						
居民消费支出	Household Final Consumption Expenditure	2053	2346	2951	3245	3370	3530
政府消费支出	General Government Final Consumption Expenditure	644	758	916	980	997	1024
资本形成总额	Gross Capital Formation	704	714	1022	1235	1211	1302
货物和服务出口	Exports of Goods and Services	933	1326	1920	2639	2872	3065
货物和服务进口	Imports of Goods and Services	1096	1343	2016	2536	2737	2946
国内生产总值	Gross Domestic Product	3262	3798	4793	5562	5721	5982
俄罗斯	**Russia**						
按当年价格计算	at current price						
居民消费支出	Household Final Consumption Expenditure	1200	3816	7851	7163	6757	8264
政府消费支出	General Government Final Consumption Expenditure	392	1289	2855	2428	2349	2836
资本形成总额	Gross Capital Formation	485	1534	3449	2993	2934	3764
货物和服务出口	Exports of Goods and Services	1144	2690	4455	3915	3302	4108
货物和服务进口	Imports of Goods and Services	624	1643	3224	2815	2637	3264
国内生产总值	Gross Domestic Product	2597	7640	15249	13684	12847	15775
按2010年价格计算	at constant price of 2010						
居民消费支出	Household Final Consumption Expenditure	3480	5550	7851	8742	8348	8626
政府消费支出	General Government Final Consumption Expenditure	2488	2685	2855	2753	2740	2750
资本形成总额	Gross Capital Formation	1796	2867	3449	3580	3635	3904
货物和服务出口	Exports of Goods and Services	2471	3808	4455	4936	5090	5349
货物和服务进口	Imports of Goods and Services	913	2095	3224	3030	2916	3422
国内生产总值	Gross Domestic Product	9516	12813	15249	16582	16544	16800

3-11 续表 12 continued

单位：亿美元 (100 million USD)

国家或地区	Country or Area	2000	2005	2010	2015	2016	2017
西 班 牙	**Spain**						
按当年价格计算	at current price						
居民消费支出	Household Final Consumption Expenditure	3554	6674	8195	6946	7132	7570
政府消费支出	General Government Final Consumption Expenditure	996	2003	2937	2317	2333	2421
资本形成总额	Gross Capital Formation	1583	3474	3371	2442	2535	2773
货物和服务出口	Exports of Goods and Services	1704	2855	3653	3946	4076	4471
货物和服务进口	Imports of Goods and Services	1883	3433	3840	3674	3703	4121
国内生产总值	Gross Domestic Product	5954	11573	14316	11978	12373	13113
按2010年价格计算	at constant price of 2010						
居民消费支出	Household Final Consumption Expenditure	6730	7965	8195	7824	8060	8252
政府消费支出	General Government Final Consumption Expenditure	1851	2353	2937	2779	2802	2846
资本形成总额	Gross Capital Formation	2973	3895	3371	3102	3197	3372
货物和服务出口	Exports of Goods and Services	2889	3331	3653	4494	4707	4944
货物和服务进口	Imports of Goods and Services	2966	3967	3840	4008	4116	4308
国内生产总值	Gross Domestic Product	11495	13581	14316	14181	14645	15092
土 耳 其	**Turkey**						
按当年价格计算	at current price						
居民消费支出	Household Final Consumption Expenditure	1838	3212	4867	5190	5167	5033
政府消费支出	General Government Final Consumption Expenditure	327	617	1156	1193	1281	1234
资本形成总额	Gross Capital Formation	650	1356	2082	2439	2438	2627
货物和服务出口	Exports of Goods and Services	531	1054	1578	2007	1897	2114
货物和服务进口	Imports of Goods and Services	616	1224	1965	2232	2146	2497
国内生产总值	Gross Domestic Product	2730	5014	7719	8598	8637	8511
按2010年价格计算	at constant price of 2010						
居民消费支出	Household Final Consumption Expenditure	3413	4170	4867	6601	6843	7261
政府消费支出	General Government Final Consumption Expenditure	732	861	1156	1445	1582	1661
资本形成总额	Gross Capital Formation	1217	1870	2082	2980	3090	3414
货物和服务出口	Exports of Goods and Services	937	1360	1578	2346	2302	2579
货物和服务进口	Imports of Goods and Services	1092	1679	1965	2500	2594	2862
国内生产总值	Gross Domestic Product	5209	6581	7719	10879	11225	12058
乌 克 兰	**Ukraine**						
按当年价格计算	at current price						
居民消费支出	Household Final Consumption Expenditure	170	477	857	603	602	731
政府消费支出	General Government Final Consumption Expenditure	65	161	274	172	181	229
资本形成总额	Gross Capital Formation	61	195	284	145	201	233
货物和服务出口	Exports of Goods and Services	195	443	640	479	460	538
货物和服务进口	Imports of Goods and Services	179	436	695	496	518	609
国内生产总值	Gross Domestic Product	313	861	1360	910	933	1122
按2010年价格计算	at constant price of 2010						
居民消费支出	Household Final Consumption Expenditure	343	613	857	847	862	927
政府消费支出	General Government Final Consumption Expenditure	222	256	274	273	273	282
资本形成总额	Gross Capital Formation	272	379	284	197	277	302
货物和服务出口	Exports of Goods and Services	587	762	640	424	418	432
货物和服务进口	Imports of Goods and Services	529	683	695	514	557	625
国内生产总值	Gross Domestic Product	894	1294	1360	1212	1240	1271

3-11 续表 13 continued

单位：亿美元 (100 million USD)

国家或地区	Country or Area	2000	2005	2010	2015	2016	2017
英　国	**United Kingdom**						
按当年价格计算	at current price						
居民消费支出	Household Final Consumption Expenditure	11025	16619	16006	18921	17450	17241
政府消费支出	General Government Final Consumption Expenditure	2715	4895	5214	5532	4991	4828
资本形成总额	Gross Capital Formation	3043	4341	3828	4897	4498	4461
货物和服务出口	Exports of Goods and Services	4094	6222	6888	7901	7490	8006
货物和服务进口	Imports of Goods and Services	4398	6870	7524	8396	8039	8374
国内生产总值	Gross Domestic Product	16480	25207	24412	28856	26509	26224
按2010年价格计算	at constant price of 2010						
居民消费支出	Household Final Consumption Expenditure	13330	15803	16006	17204	17711	18003
政府消费支出	General Government Final Consumption Expenditure	4065	4898	5214	5471	5516	5523
资本形成总额	Gross Capital Formation	3775	4032	3828	5305	5355	5442
货物和服务出口	Exports of Goods and Services	5260	6390	6888	7969	8154	8616
货物和服务进口	Imports of Goods and Services	5516	7162	7524	8831	9258	9556
国内生产总值	Gross Domestic Product	20952	24004	24412	27053	27576	28069
澳大利亚	**Australia**						
按当年价格计算	at current price						
居民消费支出	Household Final Consumption Expenditure	2411	3995	6439	7733	7047	7523
政府消费支出	General Government Final Consumption Expenditure	737	1214	2059	2435	2252	2451
资本形成总额	Gross Capital Formation	1092	1907	3063	3527	3056	3200
货物和服务出口	Exports of Goods and Services	807	1267	2271	2700	2326	2815
货物和服务进口	Imports of Goods and Services	897	1457	2389	2905	2600	2729
国内生产总值	Gross Domestic Product	4150	6926	11443	13490	12080	13234
按2010年价格计算	at constant price of 2010						
居民消费支出	Household Final Consumption Expenditure	4467	5429	6439	7360	7565	7727
政府消费支出	General Government Final Consumption Expenditure	1523	1771	2059	2301	2398	2495
资本形成总额	Gross Capital Formation	1816	2410	3063	3463	3318	3331
货物和服务出口	Exports of Goods and Services	1669	1899	2271	2854	3050	3217
货物和服务进口	Imports of Goods and Services	1163	1687	2389	2898	2894	3029
国内生产总值	Gross Domestic Product	8487	9945	11443	13122	13493	13757
新 西 兰	**New Zealand**						
按当年价格计算	at current price						
居民消费支出	Household Final Consumption Expenditure	305	667	851	1021	1083	
政府消费支出	General Government Final Consumption Expenditure	90	205	287	327	340	
资本形成总额	Gross Capital Formation	116	292	294	415	462	
货物和服务出口	Exports of Goods and Services	188	324	444	490	489	
货物和服务进口	Imports of Goods and Services	172	341	410	476	483	
国内生产总值	Gross Domestic Product	526	1147	1466	1776	1893	2059
按2010年价格计算	at constant price of 2010						
居民消费支出	Household Final Consumption Expenditure	612	772	851	1000	1053	
政府消费支出	General Government Final Consumption Expenditure	201	249	287	314	320	
资本形成总额	Gross Capital Formation	219	329	294	398	419	
货物和服务出口	Exports of Goods and Services	338	396	444	515	518	
货物和服务进口	Imports of Goods and Services	256	385	410	525	551	
国内生产总值	Gross Domestic Product	1118	1360	1466	1702	1761	1815

3-12 收入法国内生产总值
Gross Domestic Product by Income Approach

资料来源：经合组织OLIS数据库。
Source: OECD OLIS Database.
单位：亿美元 (100 million USD)

国家或地区	Country or Area	2000	2005	2010	2015	2016	2017
以色列	**Israel**						
劳动者报酬	Compensation of Employees	633	650	1055	1317	1405	
营业盈余和混合收入	Gross Operating Surplus and Gross Mixed Income	505	565	948	1258	1348	
税减产品补贴	Taxes Less Subsidies on Production and Imports	185	209	334	416	425	
收入法国内生产总值	Gross Domestic Product	1323	1425	2336	2991	3177	
日本	**Japan**						
劳动者报酬	Compensation of Employees	24994	23319	28708	21641	24724	
营业盈余和混合收入	Gross Operating Surplus and Gross Mixed Income	20826	21359	24671	18756	20705	
税减产品补贴	Taxes Less Subsidies on Production and Imports	3163	3147	3706	3431	3857	
统计误差	Statistical Discrepancy	-108	-270	-83	122	207	
收入法国内生产总值	Gross Domestic Product	48875	47554	57001	43950	49493	
韩国	**Korea, Rep.**						
劳动者报酬	Compensation of Employees	2304	3920	4639	6176	6335	
营业盈余和混合收入	Gross Operating Surplus and Gross Mixed Income	2687	4111	5148	6248	6346	6908
税减产品补贴	Taxes Less Subsidies on Production and Imports	625	950	1158	1404	1467	1610
收入法国内生产总值	Gross Domestic Product	5616	8981	10945	13828	14148	15308
南非	**South Africa**						
劳动者报酬	Compensation of Employees	644	1114	1686	1494	1403	1665
营业盈余和混合收入	Gross Operating Surplus and Gross Mixed Income	573	1152	1673			
税减产品补贴	Taxes Less Subsidies on Production and Imports	147	312	394			
收入法国内生产总值	Gross Domestic Product	1364	2578	3753	3175	2957	3489
加拿大	**Canada**						
劳动者报酬	Compensation of Employees	3717	5723	8132	8028	7877	8356
营业盈余和混合收入	Gross Operating Surplus and Gross Mixed Income	2840	4676	6253	5849	5737	6309
税减产品补贴	Taxes Less Subsidies on Production and Imports	873	1299	1737	1727	1735	1864
统计误差	Statistical Discrepancy	-7	-4	13	-8	9	1
收入法国内生产总值	Gross Domestic Product	7423	11694	16135	15596	15358	16530
墨西哥	**Mexico**						
劳动者报酬	Compensation of Employees	1998	2490	2945	3198	2872	
营业盈余和混合收入	Gross Operating Surplus and Gross Mixed Income	4734	5879	7146	7752	7151	
税减产品补贴	Taxes Less Subsidies on Production and Imports	347	405	486	745	746	
收入法国内生产总值	Gross Domestic Product	7079	8775	10578	11696	10769	
美国	**United States**						
劳动者报酬	Compensation of Employees	58546	70777	79330	97079	99689	104206
营业盈余和混合收入	Gross Operating Surplus and Gross Mixed Income	38315	51325	59908	75537	76233	79221
税减产品补贴	Taxes Less Subsidies on Production and Imports	6627	8815	10073	12126	12419	12859
统计误差	Statistical Discrepancy	-965	-551	610	-2549	-1269	-1432
收入法国内生产总值	Gross Domestic Product	102523	130366	149921	182193	187072	194854
捷克	**Czech Rep.**						
劳动者报酬	Compensation of Employees	237	542	833	740	789	894
营业盈余和混合收入	Gross Operating Surplus and Gross Mixed Income	328	699	1058	952	976	1053
税减产品补贴	Taxes Less Subsidies on Production and Imports	51	122	184	176	186	212
收入法国内生产总值	Gross Domestic Product	616	1363	2075	1868	1951	2158

3-12 续表 1 continued

单位：亿美元 (100 million USD)

国家或地区	Country or Area	2000	2005	2010	2015	2016	2017
法　国	**France**						
劳动者报酬	Compensation of Employees	6924	11232	13777	12659	12832	13477
营业盈余和混合收入	Gross Operating Surplus and Gross Mixed Income	4862	7773	9337	8549	8551	8862
税减产品补贴	Taxes Less Subsidies on Production and Imports	1836	2956	3312	3174	3268	3485
收入法国内生产总值	Gross Domestic Product	13622	21961	26426	24382	24651	25825
德　国	**Germany**						
劳动者报酬	Compensation of Employees	10324	14250	16979	17088	17685	18792
营业盈余和混合收入	Gross Operating Surplus and Gross Mixed Income	7415	11761	13928	13389	13860	14553
税减产品补贴	Taxes Less Subsidies on Production and Imports	1761	2603	3264	3337	3407	3587
收入法国内生产总值	Gross Domestic Product	19500	28613	34171	33814	34952	36932
意大利	**Italy**						
劳动者报酬	Compensation of Employees	4220	7080	8507	7238	7400	7711
营业盈余和混合收入	Gross Operating Surplus and Gross Mixed Income	5737	9126	10124	8656	8966	9234
税减产品补贴	Taxes Less Subsidies on Production and Imports	1461	2321	2619	2429	2325	2493
收入法国内生产总值	Gross Domestic Product	11418	18526	21251	18323	18691	19438
荷　兰	**Netherlands**						
劳动者报酬	Compensation of Employees	2089	3305	4128	3663	3767	3981
营业盈余和混合收入	Gross Operating Surplus and Gross Mixed Income	1664	2817	3521	3205	3234	3442
税减产品补贴	Taxes Less Subsidies on Production and Imports	412	728	816	785	834	883
收入法国内生产总值	Gross Domestic Product	4164	6851	8466	7653	7835	8306
波　兰	**Poland**						
劳动者报酬	Compensation of Employees	709	1129	1816	1773	1804	2030
营业盈余和混合收入	Gross Operating Surplus and Gross Mixed Income	801	1546	2384	2450	2356	2562
税减产品补贴	Taxes Less Subsidies on Production and Imports	209	386	592	553	560	670
收入法国内生产总值	Gross Domestic Product	1719	3061	4793	4776	4720	5262
俄罗斯	**Russia**						
劳动者报酬	Compensation of Employees	992	3184	7197	6251	6081	
营业盈余和混合收入	Gross Operating Surplus and Gross Mixed Income	1600	4037	7195	5886	5346	
税减产品补贴	Taxes Less Subsidies on Production and Imports	359	1213	2185	1522	1404	
收入法国内生产总值	Gross Domestic Product	2795	8229	16425	13659	12832	
西班牙	**Spain**						
劳动者报酬	Compensation of Employees	2886	5522	7171	5707	5847	6168
营业盈余和混合收入	Gross Operating Surplus and Gross Mixed Income	2495	4811	5905	5029	5256	5623
税减产品补贴	Taxes Less Subsidies on Production and Imports	573	1239	1240	1255	1272	1352
收入法国内生产总值	Gross Domestic Product	5954	11572	14316	11991	12375	13143
英　国	**United Kingdom**						
劳动者报酬	Compensation of Employees	8143	12519	12607	14185	13008	12927
营业盈余和混合收入	Gross Operating Surplus and Gross Mixed Income	6386	9954	9112	11256	10345	10091
税减产品补贴	Taxes Less Subsidies on Production and Imports	1954	2777	2811	3523	3239	3177
收入法国内生产总值	Gross Domestic Product	16482	25250	24529	28964	26592	26312
澳大利亚	**Australia**						
劳动者报酬	Compensation of Employees	2009	3647	6144	6109	6172	
营业盈余和混合收入	Gross Operating Surplus and Gross Mixed Income	1609	3138	5591	5071	5527	
税减产品补贴	Taxes Less Subsidies on Production and Imports	468	819	1237	1288	1299	
收入法国内生产总值	Gross Domestic Product	4086	7604	12973	12468	13044	
新西兰	**New Zealand**						
劳动者报酬	Compensation of Employees	219	491	640	762		
营业盈余和混合收入	Gross Operating Surplus and Gross Mixed Income	261	517	647			
税减产品补贴	Taxes Less Subsidies on Production and Imports	65	139	179	234		
收入法国内生产总值	Gross Domestic Product	544	1147	1466	1776		

3-13 三次产业对国内生产总值的贡献率

Share of the Contributions of the Three Strata of Industry to the Increase of GDP

资料来源：世界银行WDI数据库。
Source: World Bank WDI Database.
单位：% (%)

国家或地区	Country or Area	第一产业 Primary Industry		第二产业 Secondary Industry		第三产业 Tertiary Industry	
		2000	2017	2000	2017	2000	2017
中　　国	China	5.1	4.4	47.4	42.0	47.5	53.6
中国香港①	Hong Kong, China①				10.5		89.5
孟加拉国	Bangladesh	25.4	6.1	23.5	43.6	51.1	50.3
文　　莱	Brunei Darussalam	1.4	-1.0	78.8	70.6	19.9	30.4
柬 埔 寨	Cambodia	13.2	7.4	51.2	47.4	35.6	45.3
印　　度	India	-0.1	7.1	45.2	24.2	54.9	68.7
印度尼西亚	Indonesia		10.7		36.1		53.3
伊　　朗	Iran	4.8	20.6	73.0	128.4	22.2	-49.0
以 色 列	Israel	1.7	1.3①	26.2	12.0①	72.2	86.7①
日　　本	Japan	4.1	-19.0①	30.7	82.3①	65.2	36.7①
哈萨克斯坦	Kazakhstan	-2.7	3.4	58.1	55.8	44.6	40.9
韩　　国	Korea, Rep.	0.5	0.2	44.7	58.5	54.8	41.3
马来西亚	Malaysia	8.1	10.1	60.3	32.2	31.6	57.7
巴基斯坦	Pakistan	41.6	8.6	5.7	21.1	52.6	70.3
菲 律 宾	Philippines	11.5	5.5	50.0	36.4	38.6	58.1
新 加 坡	Singapore	-0.1	-0.1	37.3	40.1	62.8	60.0
斯里兰卡	Sri Lanka	3.0	-2.0	35.0	36.7	62.1	65.2
泰　　国	Thailand	19.6	13.7	22.1	14.6	58.2	71.7
越　　南	Viet Nam	17.4	4.0①	50.6	47.2①	32.0	48.8①
尼日利亚	Nigeria	11.1	101.1	64.8	57.6	24.1	-58.8
南　　非	South Africa	3.6	30.4	34.6	25.5	61.9	44.1
加 拿 大	Canada		0.2		40.7		59.1
墨 西 哥	Mexico	0.6	5.7	32.5	-10.5	66.9	104.8
美　　国	United States	3.8	9.3①	25.9	1.7①	70.4	89.0①
阿 根 廷	Argentina	17.5	13.5	118.9	27.2	-36.4	59.3
巴　　西	Brazil	3.2	78.8	32.0	0.5	64.8	20.8
委内瑞拉	Venezuela	9.8	6.3②	60.7	78.2②	29.5	15.5②
捷　　克	Czech Rep.	0.8	2.1	31.0	47.1	68.2	50.8
法　　国	France	-0.5	5.4	28.7	15.1	71.8	79.4
德　　国	Germany	-1.1	-0.3	42.9	35.8	58.2	64.6
意 大 利	Italy	-0.8	-6.3	22.2	29.5	78.6	76.8
荷　　兰	Netherlands	0.5	0.3	24.2	20.6	75.3	79.1
波　　兰	Poland	-0.1	-3.3	-9.0	59.1	109.1	44.3
俄 罗 斯	Russia	7.4	3.5	49.0	12.5	43.6	84.0
西 班 牙	Spain	4.4	3.5	28.3	32.1	67.3	64.4
土 耳 其	Turkey	12.3	5.0	26.9	37.0	60.9	58.0
乌 克 兰	Ukraine	15.5	-1.8	48.8	4.1	35.7	97.6
英　　国	United Kingdom	0.3	-0.2	10.9	31.4	88.8	68.7
澳大利亚	Australia	4.3	16.5	24.7	-21.1	71.1	104.7
新 西 兰	New Zealand	14.7	-0.9①	6.3	24.6①	79.0	76.3①

注：①2016年数据。②2014年数据。
Note:①Data refer to 2016.②Data refer to 2014.

3-14 资本形成总额、消费支出及净出口对国内生产总值增长的贡献率
Share of the Contributions of Gross Capital Formation,Final Consumption Expenditure and External Balance on Goods and Services to the Increase of GDP

资料来源：世界银行数据库。
Source: World Bank Database.

单位：%　　(%)

国家或地区	Country or Area	资本形成总额 Gross Capital Formation		消费支出 Final Consumption Expenditure		净出口 External Balance on Goods and Services	
		2000	2017	2000	2017	2000	2017
中　国	China	21.8	54.5①	75.9	46.3①	2.4	-0.8①
中国香港	Hong Kong, China		32.4		105.7		-38.1
中国澳门	Macao, China	-228.8	-23.8	-91.8	6.6	420.6	117.3
文　莱	Brunei Darussalam	-117.0	83.6	-0.2	81.8	217.2	-65.5
印度尼西亚	Indonesia		35.3		57.8		6.9
伊　朗	Iran	129.8	8.8	-88.8	57.5	59.0	33.7
哈萨克斯坦	Kazakhstan	48.3		54.1		-2.3	
韩　国	Korea, Rep.		128.3		69.1		-97.4
马来西亚	Malaysia	62.4	26.7	46.2	74.9	-8.6	-1.6
菲律宾①	Philippines①		73.1		63.7		-36.7
新加坡	Singapore	72.5	75.7	78.1	47.0	-50.6	-22.7
泰　国	Thailand	58.5	-98.2②	144.6	84.1②	-103.1	114.1②
越　南③	Viet Nam③		69.5		159.5		-129.0
尼日利亚	Nigeria	34.4	46.5②	20.9	270.7②	44.7	-217.3②
南　非	South Africa	10.6		58.7		30.7	
加拿大	Canada	30.6	45.7	52.2	81.0	17.1	-26.7
墨西哥	Mexico		-46.7		263.6		-116.9
委内瑞拉	Venezuela	49.8		84.1		-33.9	
捷　克	Czech Rep.		27.0		51.7		21.4
法　国	France	48.0		60.3		-8.4	
德　国	Germany		37.7		58.0		4.3
意大利	Italy		30.6		59.4		10.0
荷　兰	Netherlands	5.3	29.3	61.9	34.3	32.7	36.3
波　兰	Poland		34.9		71.3		-6.2
俄罗斯	Russia	77.5	135.5	30.3	146.1	-7.9	-181.6
西班牙	Spain		38.3		51.9		9.8
澳大利亚	Australia	28.6		70.7		0.7	
新西兰	New Zealand	-35.3	87.3①	44.7	131.1①	90.6	-118.4①

注：①2013年数据。②2016年数据。③2015年数据。
Note:①Data refer to 2013.②Data refer to 2016.③Data refer to 2015.

主要统计指标解释

国内生产总值 指生产活动总成果，等于所有常住单位创造的增加值的总和(包括产出价值中未包括的产品税，不包括各项产品补贴，不包括未计入产值的产品)。等于按购买者价格计算的货物和服务最终使用价值（不包括中间消费)减去进口的货物和服务价值，或等于常住生产单位初次收入分配的总和。计算国内生产总值不扣除折旧折的资产或自然资源的枯竭和退化。

按当年价格计算的国内生产总值 是按报告期价格计算的国内生产总值，即名义国内生产总值。

不变价格国内生产总值 指国内生产总值的物量水平。不变价格国内生产总值估计值等于按基期价格衡量的价值。理论上，价格和数量是价值量的两个组成部分，价格量中的基期价格可用当期价格替代。

按市场价格计算的国内生产总值 是按市场价格计算的所有居民生产者的增加值总和加上税减产品补贴。

支出法国内生产总值 指按购买者价格计算的总支出，包括最终消费支出，总固定资本形成，库存变动，耐用品及以离岸价计算的货物和服务出口，减去货物和服务的进口。

收入法国内生产总值 指雇员报酬加上生产税减补贴，加上混合收入和营业盈余。

生产法国内生产总值 是按基本价格计算的常住居民生产者增加值合计加上各种税减产品补贴。各行业增加值分类依据国际标准产业分类。

人均国内生产总值 指国内生产总值除以年中人口。数据用现价美元表示。

国民总收入 指国内生产总值减去生产税和进口税净额，减去支付给国外的雇员报酬和财产收入，加来自国外的雇员报酬和财产收入（即国内生产总值减去支付给非常住单位的初次收入，加上收到的非常住单位的初次收入）。按市场价格计算国民总收入的另一种方法是各部门所有初次收入的总和（国民总收入即国民生产总值，后者是以往国民核算中使用的概念）。为便于比较，用本币计算的国民总收入通常用官方汇率转换成以美元为单位，尽管官方汇率作为转换比率时被认为大大偏离国际交易实际采用比率。为平抑价格和汇率的波动，世界银行采用了特别的图表集法转换。图表集法用给定年份和其前两年的平均汇率作为转换因子，该转换因子根据该国及几个主要国家的通货膨胀率差异加以调整。到 2000 年为止，这些国家指法国、德国、日本、英国和美国等 5 个国家，2001 年开始，这些国家为欧元区、日本、英国和美国。

人均国民总收入 是用世界银行图表集法转换成美元计量的国民总收入除以年中人口，即原人均国民生产总值。

按购买力平价计算的人均国民总收入 指根据购买力平价计算的人均国民总收入。购买力平价国民总收入是用购买力平价比率转换成国际元计量的国民总收入。国民总收入中一国际元的购买力等于美国一美元购买力。

增加值总额 等于总产出减去中间消耗。用于衡量单个生产者、行业或部门生产活动对国内生产总值的贡献；增加值总额是国民核算账户（SNA）中初次收入形成的来源，因此被（从生产账户）结转到初次收入分配账户中进行反映。

按基本价格计算的增加值总额 等于按基本价格计算的总产出减去按购买者价格计算的中间消耗。基本价格等于生产者出售一个单位的货物和服务得到的收入，减去由此应付的税金，加上应收的补贴。基本价格作为生产或销售的价格单位，不包括生产者开具发票时单列的运输费用。

按要素成本计算的增加值总额 等于按市场价格计算的增加值总额减间接税与产品补贴。

按生产者价格计算的增加值总额 等于按生产者价格计算的总产出减去按购买者价格计算的中间消耗。

三次产业 根据《国际标准产业分类》(ISIC)第三版划分。

第一产业，即农业，指《国际标准产业分类》第三版中第 1 类至第 5 类，包括林业、狩猎业、渔业、种植业和畜牧业。

第二产业，指《国际标准产业分类》第三版中第 10 类至第 45 类，包括制造业（第 15–37 类）。第二产业包括采掘业，制造业，电力、煤气和水的供应业以及建筑业。

第三产业，即服务业，指《国际标准产业分类》第三版中第 50 类至第 99 类。包括批发零售贸易业（包括旅馆和饭店业）、交通运输业以及政府、金融、专业服务和个人服务，例如教育、卫生、房地产服务；还包括估算的银行服务费、进口税和加工或调整数据时的统计误差。

资本形成总额 是固定资产形成总额、存货变动和贵重物品获得减处置的价值合计。

资本形成率 即投资率，指资本形成总额占国内生产总值的比重。

居民消费率 居民最终消费支出占国内生产总值的比重。居民最终消费支出是居民购买的所有商品和服务的市场价值。包括耐用商品（如汽车、洗衣机和家用计算机）；不包括购买住房支出，但包括自有住房的估算租金；还包括支付给政府的获得许可权的费用。居民消费支出包括服务于居民的非盈利机构的支出。

消费支出 是居民消费支出、政府消费支出之和。它包括资源利用与供给之间的统计误差。

政府消费支出 包括政府购买商品和服务的经常性支出（包括雇员报酬)，主要包括国家防卫和安全支出，但是不包括政府军队支出中属于政府资本形成部分。

营业盈余 指核算企业为借入或租赁金融资产或有形非生产性资产而支付利息、租金或类似支出以及企业拥有的金融资产或有形非生产性资产获得的利息、租金或类似收入前，企业生产方面的盈亏（居民拥有的非公司性企业营业盈余称为混合收入)。

Explanatory Notes on Main Statistical Indicators

Gross Domestic Product An aggregate measure of production equal to the sum of the gross values added of all resident institutional units engaged in production (plus any taxes, and minus any subsidies, on products not included in the value of their outputs). The sum of the final uses of goods and services (all uses except intermediate consumption) measured in purchasers' prices, less the value of imports of goods and services, or the sum of primary incomes distributed by resident producer units. It is calculated without making deductions for depreciation of fabricated assets or for depletion and degradation of natural resources.

Gross Domestic Product at Current Price is GDP at prices of the current reporting period. Also known as nominal GDP.

Gross Domestic Product at Constant Price refers to the volume level of GDP. Constant price estimates of GDP are obtained by expressing values in terms of a base period. In theory, the price and quantity components of a value are identified and the price in the base period is substituted for that in the current period. Two main methods are adopted in practice.

Expenditure-based GDP is total final expenditure at purchasers' prices (including final consumption expenditure, gross fixed capital formation, changes in inventories, valuables and f.o.b. value of exports of goods and services), less the f.o.b. value of imports of goods and services.

Income-based GDP is compensation of employees, plus taxes less subsidies on production and imports, plus gross mixed income, plus gross operating surplus.

Output-based GDP is the sum of the gross values added of all resident producers at basic prices, plus all taxes less subsidies on products. Describes the generation of gross value added by industrial classification of economic activities according to the International Standard Industrial Classification.

GDP at Market Prices is the sum of the gross values added of all resident producers at market prices, plus taxes less subsidies on imports.

GDP per capita is gross domestic product divided by midyear population. Data are in current U.S. dollars.

Gross National Income is GDP less net taxes on production and imports, less compensation of employees and property income payable to the rest of the world plus the corresponding items receivable from the rest of the world (in other words, GDP less primary incomes payable to non- resident units plus primary incomes receivable from non-resident units). An alternative approach to measuring GNI at market prices is as the aggregate value of the balances of gross primary incomes for all sectors (note that gross national income is identical to gross national product (GNP) as previously used in national accounts generally). GNI, calculated in national currency, is usually converted to U.S. dollars at official exchange rates for comparisons across economies, although an alternative rate is used when the official exchange rate is judged to diverge by an exceptionally large margin from the rate actually applied in international transactions. To smooth fluctuations in prices and exchange rates, a special Atlas method of conversion is used by the World Bank. This applies a conversion factor that averages the exchange rate for a given year and the two preceding years, adjusted for differences in rates of inflation between the country, and through 2000, the G-5 countries (France, Germany, Japan, the United Kingdom, and the United States). From 2001, these countries include the Euro area, Japan, the United Kingdom, and the United States.

GNI per Capita in PPP GNI per capita based on purchasing power parity (PPP). PPP GNI is gross national income (GNI) converted to international dollars using purchasing power parity rates. An international dollar has the same purchasing power over GNI as a U.S. dollar has in the United States.

Gross Value Added is the value of output less the value of intermediate consumption; it is a measure of the contribution to GDP made by an individual producer, industry or sector; gross value added is the source from which the primary incomes of the SNA are generated and is therefore carried forward into the primary distribution of income account.

Gross Value Added at Basic Prices Output valued at basic prices less intermediate consumption valued at purchasers prices. The basic price is the amount receivable by the producer from the purchaser for a unit of a good or service produced as output minus any tax payable, and plus any subsidy receivable, on that unit as a consequence of its production or sale; it excludes any transport charges invoiced separately by the producer.

Gross Value Added at Factor Cost is GVA at market prices less any indirect taxes plus any subsidies.

Gross Value Added at Producer Prices is output valued at producer prices less intermediate consumption valued at purchasers of prices.

Three Strata of Industry The origin is determined by the International Standard Industrial Classification (ISIC), revision 3.

Primary Industry named as agriculture, corresponds to ISIC divisions 1-5 and includes forestry, hunting, and fishing, as well as cultivation of crops and livestock production.

Secondary Industry corresponds to ISIC divisions 10-45 and includes manufacturing (ISIC divisions 15-37). It comprises value added in mining, manufacturing (also reported as a separate subgroup), electricity, gas and water supply, construction.

Tertiary Industry named as services, corresponds to ISIC divisions 50-99. They include value added in wholesale and retail trade (including hotels and restaurants), transport, and government, financial, professional, and personal services such as education, health care, and real estate services. Also included are imputed bank service charges, import duties, and any statistical discrepancies noted by national compilers as well as discrepancies arising from rescaling.

Gross Capital Formation is the total value of the gross fixed capital formation, changes in inventories and acquisitions less disposals of valuables.

Capital Formation Rate namely investment rate, refers to gross capital formation as percentage of gross domestic product.

Household Final Consumption Rate refers to household final consumption expenditure as percentage of gross domestic of product.

Household Final Consumption Expenditure is the market value of all goods and services, including durable products (such as cars, washing machines, and home computers), purchased by households. It excludes purchases of dwellings but includes imputed rent for owner-occupied dwellings. It also includes payments and fees to governments to obtain permits and licenses. Here, household consumption expenditure includes the expenditures of nonprofit institutions serving households, even when reported separately by the country.

Consumption Expenditure is the sum of household final consumption expenditure and general government final consumption expenditure. This estimate includes any statistical discrepancy in the use of resources relative to the supply of resources.

General Government Final Consumption Expenditure includes all government current expenditures for purchases of goods and services (including compensation of employees). It also includes most expenditure on national defense and security, but excludes government military expenditures that are part of government capital formation.

Operating Surplus measures the surplus or deficit accruing from production before taking account of any interest, rent or similar charges payable on financial or tangible non-produced assets borrowed or rented by the enterprise, or any interest, rent or similar receipts receivable on financial or tangible non-produced assets owned by the enterprise (for unincorporated enterprises owned by households, this component is called mixed income).

人　口

Population

4-1 年中人口
Mid-year Population

资料来源：世界银行WDI数据库。
Source: World Bank WDI Database.

国家或地区	Country or Area	年中人口（万人） Mid-year Population (10 000 persons)				增长率(%) Growth Rate (%)
		2000	2005	2010	2017	2017
世　　界	**World**	**612168.3**	**652029.9**	**693287.0**	**753036.0**	**1.2**
高收入国家	**High Income**	**111501.0**	**115415.6**	**119878.7**	**124906.6**	**0.6**
中等收入国家	**Middle Income**	**454104.1**	**483197.0**	**512180.8**	**554884.5**	**1.1**
中低收入国家	**Low and Middle Income**	**500667.3**	**536614.3**	**573408.3**	**628129.4**	**1.3**
低收入国家	**Low Income**	**46563.1**	**53417.3**	**61227.5**	**73244.9**	**2.6**
中　　国	China	126264.5	130372.0	133770.5	138639.5	0.6
中国香港	Hong Kong, China	666.5	681.3	702.4	739.2	0.7
中国澳门	Macao, China	42.8	48.3	53.7	62.3	1.7
阿 富 汗	Afghanistan	2009.4	2507.1	2880.3	3553.0	2.5
阿尔巴尼亚	Albania	308.9	301.1	291.3	287.3	-0.1
阿尔及利亚	Algeria	3118.4	3328.8	3611.8	4131.8	1.7
美属萨摩亚	American Samoa	5.8	5.9	5.6	5.6	0.1
安 道 尔	Andorra	6.5	7.9	8.4	7.7	-0.4
安 哥 拉	Angola	1644.1	1955.3	2336.9	2978.4	3.3
安提瓜和巴布达	Antigua and Barbuda	8.4	8.9	9.5	10.2	1.0
阿 根 廷	Argentina	3705.7	3914.5	4122.4	4427.1	1.0
亚美尼亚	Armenia	307.0	298.1	287.7	293.0	0.2
阿鲁巴岛	Aruba	9.1	10.0	10.2	10.5	0.4
澳大利亚	Australia	1915.3	2039.5	2203.2	2459.9	1.6
奥 地 利	Austria	801.2	822.8	836.3	880.9	0.8
阿塞拜疆	Azerbaijan	804.9	839.2	905.4	986.2	1.1
巴 哈 马	Bahamas	29.8	32.9	36.1	39.5	1.1
巴　　林	Bahrain	66.5	88.9	124.1	149.3	4.6
孟加拉国	Bangladesh	13158.1	14343.1	15214.9	16467.0	1.0
巴巴多斯	Barbados	27.0	27.4	28.0	28.6	0.3
白俄罗斯	Belarus	998.0	966.4	949.1	950.8	0.1
比 利 时	Belgium	1025.1	1047.9	1089.6	1137.2	0.4
伯 利 兹	Belize	24.7	28.3	32.2	37.5	2.1
贝　　宁	Benin	686.6	798.2	919.9	1117.6	2.8
百 慕 大	Bermuda	6.2	6.4	6.5	6.5	0.2
不　　丹	Bhutan	57.3	65.7	72.8	80.8	1.2
玻利维亚	Bolivia	834.0	912.5	991.8	1105.2	1.5
波　　黑	Bosnia and Herzegovinian	376.7	378.2	372.2	350.7	-0.3
博茨瓦纳	Botswana	172.8	185.6	201.5	229.2	1.8
巴　　西	Brazil	17528.8	18691.7	19679.6	20928.8	0.8
文　　莱	Brunei Darussalam	33.3	36.5	38.9	42.9	1.3
保加利亚	Bulgaria	817.0	765.9	739.6	707.6	-0.7
布基纳法索	Burkina Faso	1160.8	1342.2	1560.5	1919.3	2.9
布 隆 迪	Burundi	640.1	742.3	876.7	1086.4	3.2
柬 埔 寨	Cambodia	1215.2	1327.0	1430.9	1600.5	1.5
喀 麦 隆	Cameroon	1527.4	1742.1	1997.0	2405.4	2.6
加 拿 大	Canada	3077.0	3231.2	3400.5	3670.8	1.2
佛 得 角	Cape Verde	44.2	47.9	48.8		
开曼群岛	Cayman Islands	4.2	4.9	5.6	6.2	1.3
中　　非	Central African Rep.	375.5	412.8	444.9	465.9	1.4
乍　　得	Chad	834.3	1006.7	1188.7	1490.0	3.0
海峡群岛	Channel Islands	14.9	15.4	16.0	16.5	0.5
智　　利	Chile	1526.3	1614.7	1699.3	1805.5	0.8
哥伦比亚	Colombia	4040.4	4328.6	4591.8	4906.6	0.8
科 摩 罗	Comoros	54.2	61.2	69.0	81.4	2.3
刚果(金)	Congo, Dem. Rep.	4707.6	5475.1	6452.3	8134.0	3.3
刚果(布)	Congo, Rep.	322.6	371.8	438.7	526.1	2.6
哥斯达黎加	Costa Rica	392.5	424.8	454.5	490.6	1.0
科特迪瓦	Cote D'Ivoire	1668.7	1833.6	2040.1	2429.5	2.5
克罗地亚	Croatia	442.6	444.2	441.8	412.6	-1.2

4-1 续表 1 continued

国家或地区	Country or Area	年中人口(万人) Mid-year Population (10 000 persons)				增长率(%) Growth Rate(%)
		2000	2005	2010	2017	2017
古　　巴	Cuba	1115.1	1128.4	1133.3	1148.5	0.1
塞浦路斯	Cyprus	94.3	102.8	111.3	118.0	0.8
捷　　克	Czech Rep.	1025.5	1021.1	1047.4	1059.1	0.2
丹　　麦	Denmark	534.0	541.9	554.8	577.0	0.7
吉 布 提	Djibouti	71.8	78.3	85.1	95.7	1.5
多米尼克	Dominica	7.0	7.1	7.1	7.4	0.5
多米尼加	Dominican Rep.	856.3	923.8	989.8	1076.7	1.1
厄瓜多尔	Ecuador	1262.9	1373.5	1493.5	1662.5	1.5
埃　　及	Egypt	6990.6	7677.8	8410.8	9755.3	1.9
萨尔瓦多	El Salvador	586.8	602.9	616.5	637.8	0.5
赤道几内亚	Equatorial Guinea	61.4	75.7	95.1	126.8	3.7
厄立特里亚	Eritrea	339.3	396.9	439.1		
爱沙尼亚	Estonia	139.7	135.5	133.1	131.5	
埃塞俄比亚	Ethiopia	6653.7	7672.7	8770.3	10495.7	2.5
法罗群岛	Faeroe Islands	4.7	4.8	4.9	4.9	0.4
斐　　济	Fiji	81.1	82.2	86.0	90.6	0.7
芬　　兰	Finland	517.6	524.6	536.3	551.1	0.3
法　　国	France	6091.3	6317.9	6502.8	6711.9	0.4
法属波立尼西亚	French Polynesia	23.7	25.5	26.8	28.3	1.0
加　　蓬	Gabon	123.1	140.3	164.0	202.5	2.3
冈 比 亚	Gambia	123.2	144.4	169.2	210.1	3.0
格鲁吉亚	Georgia	441.8	419.0	392.6	371.7	-0.1
德　　国	Germany	8221.2	8246.9	8177.7	8269.5	0.4
加　　纳	Ghana	1893.9	2154.2	2451.2	2883.4	2.2
直布罗陀	Gibraltar	3.1	3.2	3.3	3.5	0.5
希　　腊	Greece	1080.6	1098.7	1112.1	1076.0	-0.1
格 陵 兰	Greenland	5.6	5.7	5.7	5.6	
格林纳达	Grenada	10.2	10.3	10.5	10.8	0.5
关　　岛	Guam	15.5	15.8	15.9	16.4	0.8
危地马拉	Guatemala	1165.1	1309.6	1463.0	1691.4	2.0
几 内 亚	Guinea	880.9	968.0	1079.4	1271.7	2.6
几内亚比绍	Guinea-Bissau	124.3	138.1	155.6	186.1	2.5
圭 亚 那	Guyana	75.3	75.1	74.7	77.8	0.6
海　　地	Haiti	854.9	926.3	1000.0	1098.1	1.2
洪都拉斯	Honduras	652.4	737.3	819.5	926.5	1.7
匈 牙 利	Hungary	1021.1	1008.7	1000.0	978.1	-0.3
冰　　岛	Iceland	28.1	29.7	31.8	34.1	1.7
印　　度	India	105305.1	114411.9	123098.1	133918.0	1.1
印度尼西亚	Indonesia	21154.0	22671.3	24252.4	26399.1	1.1
伊　　朗	Iran	6613.2	7042.2	7456.8	8116.3	1.1
伊 拉 克	Iraq	2356.5	2700.8	3076.3	3827.5	2.8
爱 尔 兰	Ireland	380.5	416.0	456.0	481.4	1.2
马 恩 岛	Isle of Man	7.3	7.6	8.0	8.4	0.7
以 色 列	Israel	628.9	693.0	762.4	871.2	1.9
意 大 利	Italy	5694.2	5796.9	5927.7	6055.1	-0.1
牙 买 加	Jamaica	265.7	274.5	281.7	289.0	0.3
日　　本	Japan	12684.3	12777.3	12807.0	12678.6	-0.2
约　　旦	Jordan	510.3	571.4	718.2	970.2	2.6
哈萨克斯坦	Kazakhstan	1488.4	1514.7	1632.2	1803.8	1.4
肯 尼 亚	Kenya	3145.0	3604.8	4135.0	4970.0	2.5
基里巴斯	Kiribati	8.4	9.2	10.3	11.6	1.7
朝　　鲜	Korea, Dem.	2284.0	2381.3	2450.1		
韩　　国	Korea, Rep.	4700.8	4818.5	4955.4	5146.6	0.4
科 威 特	Kuwait	205.1	227.7	299.8	413.7	2.1
吉尔吉斯斯坦	Kyrgyzstan	489.8	516.3	544.8	620.2	2.0

4-1 续表 2 continued

国家或地区	Country or Area	年中人口(万人) Mid-year Population(10 000 persons)				增长率(%) Growth Rate(%)
		2000	2005	2010	2017	2017
老 挝	Laos	532.9	575.4	624.6	685.8	1.5
拉脱维亚	Latvia	236.8	223.9	209.8	194.1	-1.0
黎 巴 嫩	Lebanon	323.5	398.7	433.7	608.2	1.3
莱 索 托	Lesotho	186.9	195.0	204.1	223.3	1.3
利比里亚	Liberia	288.5	326.1	394.8	473.2	2.5
利 比 亚	Libya	535.6	579.3	616.9	637.5	1.3
列支敦士登	Liechtenstein	3.3	3.5	3.6	3.8	0.7
立 陶 宛	Lithuania	350.0	332.3	309.7	282.8	-1.4
卢 森 堡	Luxemburg	43.6	46.5	50.7	59.9	3.0
前南马其顿	Macedonia, FYR	203.5	206.0	207.1	208.3	0.1
马达加斯加	Madagascar	1576.7	1833.7	2115.2	2557.1	2.7
马 拉 维	Malawi	1137.6	1304.0	1516.7	1862.2	2.9
马来西亚	Malaysia	2318.6	2565.9	2811.2	3162.4	1.4
马尔代夫	Maldives	28.0	31.9	36.5	43.6	2.0
马 里	Mali	1096.8	1279.9	1507.5	1854.2	3.0
马 耳 他	Malta	39.0	40.4	41.5	46.5	2.2
马绍尔群岛	Marshall Islands	5.2	5.2	5.2	5.3	0.1
毛里塔尼亚	Mauritania	270.9	313.1	361.0	442.0	2.7
毛里求斯	Mauritius	118.7	122.8	125.0	126.5	0.1
马约特岛	Mayotte	14.9	17.5	20.4		
墨 西 哥	Mexico	10172.0	10847.2	11731.9	12916.3	1.3
密克罗尼西亚	Micronesia, Fed.	10.7	10.6	10.4	10.6	0.6
摩尔多瓦	Moldova	364.0	359.5	356.2	355.0	-0.1
摩 纳 哥	Monaco	3.2	3.4	3.7	3.9	0.5
蒙 古	Mongolia	239.7	252.6	271.3	307.6	1.6
黑 山	Montenegro	60.5	61.4	61.9	62.2	
摩 洛 哥	Morocco	2885.0	3052.1	3241.0	3574.0	1.3
莫桑比克	Mozambique	1806.8	2092.3	2422.1	2966.9	2.9
缅 甸	Myanmar	4609.5	4848.3	5015.6	5337.1	0.9
纳米比亚	Namibia	189.9	203.2	217.3	253.4	2.2
尼 泊 尔	Nepal	2374.1	2564.0	2702.3	2930.5	1.1
荷 兰	Netherlands	1592.6	1632.0	1661.5	1713.3	0.6
荷属安的列斯	Netherlands Antilles	18.1	18.6			
新喀里多尼亚	New Caledonia	21.3	23.2	25.0	28.0	1.4
新 西 兰	New Zealand	385.8	413.4	435.1	479.4	2.1
尼加拉瓜	Nicaragua	502.7	537.9	573.8	621.8	1.1
尼 日 尔	Niger	1135.3	1361.8	1642.6	2147.7	3.8
尼日利亚	Nigeria	12235.2	13893.9	15857.8	19088.6	2.6
北马里亚纳群岛	Northern Mariana Islands	6.9	6.4	5.4	5.5	0.2
挪 威	Norway	449.1	462.3	488.9	528.2	0.9
阿 曼	Oman	226.8	251.1	304.1	463.6	4.7
巴基斯坦	Pakistan	13852.3	15391.0	17056.0	19701.6	2.0
帕 劳	Palau	1.9	2.0	2.0	2.2	1.0
巴 拿 马	Panama	303.0	333.0	364.3	409.9	1.6
巴布亚新几内亚	Papua New Guinea	557.2	631.5	710.8	825.1	2.0
巴 拉 圭	Paraguay	530.3	579.5	621.0	681.1	1.3
秘 鲁	Peru	2591.5	2761.0	2937.4	3216.5	1.2
菲 律 宾	Philippines	7799.2	8627.4	9372.7	10491.8	1.5
波 兰	Poland	3825.9	3816.5	3804.3	3797.6	
葡 萄 牙	Portugal	1029.0	1050.3	1057.3	1029.4	-0.3
波多黎各	Puerto Rico	381.1	382.1	372.2	333.7	-2.1
卡 塔 尔	Qatar	59.2	86.5	178.0	263.9	2.7
罗马尼亚	Romania	2244.3	2132.0	2024.7	1958.7	-0.6
俄 罗 斯	Russia	14659.7	14351.9	14284.9	14449.5	0.1
卢 旺 达	Rwanda	802.6	899.2	1024.7	1220.8	2.4

4-1 续表 3 continued

国家或地区	Country or Area	年中人口(万人) Mid-year Population(10 000 persons)				增长率(%) Growth Rate(%)
		2000	2005	2010	2017	2017
圣基茨和尼维斯	Saint Kitts and Nevis	4.5	4.9	5.1	5.5	1.0
圣卢西亚	Saint Lucia	15.7	16.4	17.3	17.9	0.5
圣文森特和格林纳丁斯	Saint Vincent and the Grenadines	10.8	10.9	10.9	11.0	0.2
萨 摩 亚	Samoa	17.5	18.0	18.6	19.6	0.7
圣马力诺	San Marino	2.7	2.9	3.1	3.3	0.6
圣多美和普林西比	Sao Tome and Principe	13.9	15.6	17.5	20.4	2.2
沙特阿拉伯	Saudi Arabia	2076.4	2390.6	2742.6	3293.8	2.0
塞内加尔	Senegal	988.4	1125.1	1291.6	1585.1	2.8
塞尔维亚	Serbia	751.6	744.1	729.1	702.2	-0.5
塞 舌 尔	Seychelles	8.1	8.3	9.0	9.6	1.2
塞拉利昂	Sierra Leone	456.4	565.8	645.9	755.7	2.2
新 加 坡	Singapore	402.8	426.6	507.7	561.2	0.1
斯洛伐克	Slovakia	538.9	537.3	539.1	544.0	0.2
斯洛文尼亚	Slovenia	198.9	200.0	204.9	206.7	0.1
所罗门群岛	Solomon Islands	41.3	47.0	52.8	61.1	2.0
索 马 里	Somalia	901.1	1041.0	1205.3	1474.3	2.9
南 非	South Africa	4572.8	4882.1	5158.5	5671.7	1.2
西 班 牙	Spain	4056.8	4365.3	4657.7	4657.2	0.2
斯里兰卡	Sri Lanka	1878.2	1952.5	2019.8	2144.4	1.1
苏 丹	Sudan	2725.1	3091.2	3438.6	4053.3	2.4
苏 里 南	Suriname	47.2	49.9	52.6	56.3	0.9
斯威士兰	Swaziland	106.1	110.6	120.3	136.7	1.8
瑞 典	Sweden	887.2	903.0	937.8	1006.8	1.4
瑞 士	Switzerland	718.4	743.7	782.5	846.6	1.1
叙 利 亚	Syrian Arab Republic	1641.1	1829.5	2101.9	1827.0	-0.9
塔吉克斯坦	Tajikistan	621.6	685.4	764.2	892.1	2.1
坦桑尼亚	Tanzania	3417.8	3941.1	4609.9	5731.0	3.1
泰 国	Thailand	6295.8	6542.5	6720.9	6903.8	0.3
东 帝 汶	Timor-Leste	87.2	102.6	111.0	129.6	2.2
多 哥	Togo	497.0	568.3	650.3	779.8	2.5
汤 加	Tonga	9.8	10.1	10.4	10.8	0.8
特立尼达和多巴哥	Trinidad And Tobago	126.8	129.7	132.8	136.9	0.3
突 尼 斯	Tunisia	969.9	1010.2	1064.0	1153.2	1.1
土 耳 其	Turkey	6324.0	6790.3	7232.7	8074.5	1.5
土库曼斯坦	Turkmenistan	451.6	475.5	508.7	575.8	1.7
特克斯和凯科斯群岛	Turks and Caicos Islands	1.9	2.6	3.1	3.5	1.6
图 瓦 卢	Tuvalu	0.9	1.0	1.1	1.1	0.9
乌 干 达	Uganda	2403.9	2854.4	3391.5	4286.3	3.3
乌 克 兰	Ukraine	4917.6	4710.5	4587.1	4483.1	-0.4
阿 联 酋	United Arab Emirates	315.5	458.0	827.1	940.0	1.4
英 国	United Kingdom	5889.3	6040.1	6276.6	6602.2	0.6
美 国	United States	28216.2	29551.7	30933.8	32571.9	0.7
美属维尔京群岛	Virgin Islands(US)	10.9	10.8	10.8	10.7	-0.2
乌 拉 圭	Uruguay	332.1	332.6	337.4	345.7	0.4
乌兹别克斯坦	Uzbekistan	2465.0	2616.7	2856.2	3238.7	1.7
瓦努阿图	Vanuatu	18.5	20.9	23.6	27.6	2.1
委内瑞拉	Venezuela	2448.8	2678.4	2902.8	3197.7	1.3
越 南	Viet Nam	8028.6	8430.9	8847.3	9554.1	1.0
约旦河西岸和加沙	West Bank and Gaza	292.2	332.0	381.1	468.5	2.9
也 门	Yemen	1787.5	2058.3	2360.7	2825.0	2.4
赞 比 亚	Zambia	1053.1	1205.2	1385.0	1709.4	3.0
津巴布韦	Zimbabwe	1222.2	1294.0	1408.6	1653.0	2.3

4-2　女性人口比重
Female Population as Percentage of Total

资料来源：世界银行WDI数据库。
Source: World Bank WDI Database.
单位：%　　(%)

国家和地区	Country or Area	2000	2005	2010	2015	2016	2017
世　界	**World**	**49.7**	**49.6**	**49.6**	**49.6**	**49.6**	**49.6**
中　国	China	48.6	48.6	48.5	48.5	48.5	48.5
中国香港	Hong Kong, China	50.9	52.0	53.1	53.8	53.9	54.0
中国澳门	Macao, China	52.1	52.5	52.0	52.0	52.0	52.0
孟加拉国	Bangladesh	49.0	49.1	49.4	49.5	49.6	49.6
文　莱	Brunei Darussalam	49.4	49.0	48.4	48.5	48.5	48.5
柬埔寨	Cambodia	51.4	51.5	51.3	51.2	51.2	51.2
印　度	India	48.2	48.2	48.1	48.2	48.2	48.2
印度尼西亚	Indonesia	50.0	49.8	49.6	49.6	49.6	49.7
伊　朗	Iran	49.3	48.9	49.4	49.7	49.7	49.7
以色列	Israel	50.7	50.7	50.6	50.4	50.4	50.3
日　本	Japan	50.9	51.0	51.1	51.1	51.2	51.2
哈萨克斯坦	Kazakhstan	51.9	51.8	51.7	51.6	51.6	51.6
韩　国	Korea, Rep.	49.8	49.8	49.9	49.9	50.0	50.0
老　挝	Laos	50.1	50.4	50.3	50.2	50.1	50.1
马来西亚	Malaysia	49.1	48.8	48.5	48.3	48.3	48.4
蒙　古	Mongolia	50.1	50.2	50.4	50.5	50.5	50.5
缅　甸	Myanmar	51.1	51.2	51.2	51.2	51.2	51.2
巴基斯坦	Pakistan	48.4	48.5	48.6	48.6	48.6	48.6
菲律宾	Philippines	49.6	49.7	49.5	49.6	49.7	49.7
新加坡	Singapore	50.0	50.4	50.7	50.6	50.6	50.6
斯里兰卡	Sri Lanka	50.1	50.7	51.3	51.8	51.9	51.9
泰　国	Thailand	50.6	50.8	51.0	51.2	51.2	51.2
越　南	Viet Nam	50.7	50.8	50.6	50.5	50.5	50.5
埃　及	Egypt	49.7	49.6	49.5	49.4	49.4	49.4
尼日利亚	Nigeria	49.6	49.5	49.4	49.4	49.3	49.3
南　非	South Africa	50.9	50.9	50.9	50.9	50.9	50.9
加拿大	Canada	50.5	50.4	50.4	50.4	50.4	50.4
墨西哥	Mexico	50.3	50.3	50.2	50.2	50.2	50.2
美　国	United States	50.7	50.7	50.6	50.5	50.5	50.5
阿根廷	Argentina	51.1	51.1	51.1	51.1	51.1	51.1
巴　西	Brazil	50.6	50.7	50.7	50.8	50.8	50.9
委内瑞拉	Venezuela	49.8	49.9	50.1	50.2	50.2	50.3
捷　克	Czech Rep.	51.4	51.3	50.9	50.9	50.9	50.8
法　国	France	51.0	50.9	50.9	50.9	50.8	50.8
德　国	Germany	51.3	51.1	51.0	50.8	50.8	50.8
意大利	Italy	51.5	51.3	51.4	51.3	51.3	51.3
荷　兰	Netherlands	50.5	50.4	50.3	50.3	50.3	50.2
波　兰	Poland	51.5	51.6	51.7	51.7	51.7	51.7
俄罗斯	Russia	53.2	53.5	53.6	53.5	53.5	53.5
西班牙	Spain	50.9	50.7	50.6	50.9	51.0	51.0
土耳其	Turkey	50.8	50.8	50.8	50.8	50.8	50.8
乌克兰	Ukraine	53.5	53.6	53.8	53.8	53.8	53.8
英　国	United Kingdom	51.3	51.0	50.9	50.7	50.7	50.7
澳大利亚	Australia	50.1	50.1	50.0	50.2	50.2	50.2
新西兰	New Zealand	50.9	51.0	50.9	50.8	50.8	50.8

4–3 人口年龄构成和抚养比(2017年)
Age Composition and Dependency Ratio of Population(2017)

资料来源：世界银行WDI数据库。
Source: World Bank WDI Database.
单位：% (%)

国家和地区	Country or Area	年龄构成 Age Composition			抚养比 Age Dependency Ratio
		0–14岁人口占比 Persons ages 14 and below	15–64岁人口占比 Persons ages 15 to 64	65岁以上人口占比 Persons ages 65 and above	
世　界	**World**	**25.9**	**65.4**	**8.7**	**54.4**
中　国	China	17.7	71.7	10.6	39.5
中国香港	Hong Kong, China	11.5	72.2	16.3	38.5
中国澳门	Macao, China	13.3	76.9	9.8	30.0
孟加拉国	Bangladesh	28.4	66.5	5.1	50.3
文　莱	Brunei Darussalam	23.0	72.4	4.6	38.2
柬 埔 寨	Cambodia	31.3	64.3	4.4	55.5
印　度	India	27.8	66.2	6.0	51.0
印度尼西亚	Indonesia	27.4	67.3	5.3	48.5
伊　朗	Iran	23.7	70.9	5.4	41.1
以 色 列	Israel	27.9	60.4	11.7	65.6
日　本	Japan	12.9	60.1	27.1	66.5
哈萨克斯坦	Kazakhstan	27.9	65.1	7.0	53.7
韩　国	Korea, Rep.	13.5	72.6	13.9	37.7
老　挝	Laos	32.9	63.1	4.0	58.5
马来西亚	Malaysia	24.3	69.4	6.3	44.1
蒙　古	Mongolia	29.7	66.3	4.0	50.8
缅　甸	Myanmar	26.8	67.4	5.7	48.3
巴基斯坦	Pakistan	34.8	60.7	4.5	64.7
菲 律 宾	Philippines	31.7	63.5	4.8	57.5
新 加 坡	Singapore	15.0	72.1	12.9	38.7
斯里兰卡	Sri Lanka	24.0	65.9	10.1	51.7
泰　国	Thailand	17.3	71.3	11.4	40.2
越　南	Viet Nam	23.1	69.8	7.2	43.3
埃　及	Egypt	33.5	61.4	5.2	63.0
尼日利亚	Nigeria	44.0	53.3	2.8	87.8
南　非	South Africa	29.0	65.7	5.3	52.3
加 拿 大	Canada	16.0	67.0	17.0	49.3
墨 西 哥	Mexico	26.7	66.5	6.9	50.4
美　国	United States	18.9	65.7	15.4	52.3
阿 根 廷	Argentina	24.9	63.9	11.2	56.5
巴　西	Brazil	21.8	69.7	8.6	43.5
委内瑞拉	Venezuela	27.6	65.8	6.6	52.0
捷　克	Czech Rep.	15.4	65.6	19.0	52.4
法　国	France	18.1	62.2	19.7	60.8
德　国	Germany	13.1	65.5	21.5	52.7
意 大 利	Italy	13.5	63.5	23.0	57.6
荷　兰	Netherlands	16.4	64.8	18.8	54.3
波　兰	Poland	14.8	68.4	16.8	46.2
俄 罗 斯	Russia	17.6	68.2	14.2	46.6
西 班 牙	Spain	14.7	65.9	19.4	51.8
土 耳 其	Turkey	25.0	66.9	8.2	49.5
乌 克 兰	Ukraine	15.5	68.1	16.5	47.0
英　国	United Kingdom	17.7	63.8	18.5	56.8
澳大利亚	Australia	19.0	65.5	15.5	52.7
新 西 兰	New Zealand	19.8	64.9	15.3	54.1

4-4 人口粗出生率和死亡率
Crude Birth Rate and Crude Death Rate

资料来源：世界银行WDI数据库。
Source: World Bank WDI Database.
单位：‰ (‰)

国家和地区	Country or Area	粗出生率 Crude Birth Rate			粗死亡率 Crude Death Rate		
		2000	2010	2016	2000	2010	2016
世 界	**World**	**21.6**	**19.9**	**18.9**	**8.5**	**7.9**	**7.6**
中 国	China	14.0	11.9	12.0	6.5	7.1	7.3
中国香港	Hong Kong, China	8.1	12.6	8.3	5.1	6.0	6.4
中国澳门	Macao, China	8.8	9.9	12.1	3.9	3.7	3.8
孟加拉国	Bangladesh	27.6	21.2	19.0	6.9	5.6	5.3
文 莱	Brunei Darussalam	21.4	16.6	15.9	2.9	3.2	3.6
柬埔寨	Cambodia	28.1	25.5	23.3	9.4	6.5	6.1
印 度	India	26.5	21.4	19.0	8.7	7.5	7.3
印度尼西亚	Indonesia	21.8	20.9	19.0	7.3	7.1	7.1
伊 朗	Iran	18.8	18.3	16.5	5.1	4.9	4.5
以色列	Israel	21.7	21.8	21.2	6.0	5.2	5.1
日 本	Japan	9.4	8.5	7.8	7.7	9.5	10.5
哈萨克斯坦	Kazakhstan	14.9	22.5	22.5	10.1	9.0	7.4
韩 国	Korea, Rep.	13.3	9.4	7.9	5.2	5.1	5.5
老 挝	Laos	31.8	26.7	23.9	9.8	7.4	6.7
马来西亚	Malaysia	22.0	17.3	17.1	4.5	4.7	4.9
蒙 古	Mongolia	19.3	24.6	24.0	7.7	6.6	6.3
缅 甸	Myanmar	24.5	19.9	17.8	9.1	8.3	8.1
巴基斯坦	Pakistan	32.0	30.2	28.2	8.7	7.8	7.3
菲律宾	Philippines	29.6	24.8	23.2	6.0	6.2	6.5
新加坡	Singapore	13.7	9.3	9.4	4.5	4.4	4.8
斯里兰卡	Sri Lanka	18.5	17.5	15.3	7.0	6.5	6.9
泰 国	Thailand	14.5	11.8	10.3	6.9	7.3	7.9
越 南	Viet Nam	17.5	17.5	16.7	5.5	5.7	5.8
埃 及	Egypt	25.3	27.1	26.5	6.5	6.2	5.9
尼日利亚	Nigeria	43.2	41.3	38.9	17.9	14.3	12.5
南 非	South Africa	24.3	22.5	21.0	11.6	13.0	9.8
加拿大	Canada	10.9	11.1	10.8	7.1	7.1	7.5
墨西哥	Mexico	24.1	20.0	18.2	4.7	4.7	4.9
美 国	United States	14.4	13.0	12.4	8.5	8.0	8.4
阿根廷	Argentina	19.4	18.2	17.2	7.8	7.6	7.6
巴 西	Brazil	20.2	15.5	14.2	6.0	5.9	6.2
委内瑞拉	Venezuela	23.8	20.8	19.0	5.0	5.3	5.6
捷 克	Czech Rep.	8.9	11.2	10.7	10.6	10.2	10.2
法 国	France	13.3	12.9	11.7	8.9	8.5	8.8
德 国	Germany	9.3	8.3	9.3	10.2	10.5	11.2
意大利	Italy	9.5	9.5	7.8	9.8	9.9	10.1
荷 兰	Netherlands	13.0	11.1	10.1	8.8	8.2	8.7
波 兰	Poland	9.9	10.9	10.1	9.6	9.9	10.2
俄罗斯	Russia	8.7	12.5	12.9	15.3	14.2	12.9
西班牙	Spain	9.8	10.4	8.7	8.9	8.2	8.8
土耳其	Turkey	21.7	18.0	16.2	6.5	5.8	5.8
乌克兰	Ukraine	7.8	10.8	10.3	15.3	15.2	14.7
英 国	United Kingdom	11.5	12.9	11.8	10.3	8.9	9.1
澳大利亚	Australia	13.0	13.7	12.5	6.7	6.5	6.5
新西兰	New Zealand	14.7	14.7	12.7	6.9	6.5	6.6

4−5 生殖健康(2016年)
Reproductive Health(2016)

资料来源：世界银行WDI数据库。
Source: World Bank WDI Database.

国家或地区	Country or Area	总和生育率 Total Fertility Rate	少女生育率(‰) Adolescent Fertility Rate (‰)	15−49岁妇女避孕普及率(%) Contraceptive Prevalence (% of women ages 15-49)	产妇死亡率(1/10 0000) Maternal Mortality Ratio (1/10 0000)
世　界	**World**	**2.4**	**44.6**	**62.7②**	**216.0**
中　国	China	1.6	6.5		27.0
中国香港	Hong Kong, China	1.2	2.8		
中国澳门	Macao, China	1.3	2.6		
孟加拉国	Bangladesh	2.1	84.4	62.4②	176.0
文　莱	Brunei Darussalam	1.9	10.9		23.0
柬埔寨	Cambodia	2.6	49.9	56.3②	161.0
印　度	India	2.3	24.5	53.5	174.0
印度尼西亚	Indonesia	2.4	48.0	59.4	126.0
伊　朗	Iran	1.7	25.7		25.0
以色列	Israel	3.1	9.7		5.0
日　本	Japan	1.4	4.2	39.8①	5.0
哈萨克斯坦	Kazakhstan	2.7	28.4	55.7①	12.0
韩　国	Korea, Rep.	1.2	1.7	79.6①	11.0
老　挝	Laos	2.7	63.3		197.0
马来西亚	Malaysia	2.0	13.4	52.2②	40.0
蒙　古	Mongolia	2.8	24.2	54.6②	44.0
缅　甸	Myanmar	2.2	29.0	52.2	178.0
巴基斯坦	Pakistan	3.5	37.7	35.4③	178.0
菲律宾	Philippines	2.9	59.9	55.1③	114.0
新加坡	Singapore	1.2	3.7		10.0
斯里兰卡	Sri Lanka	2.0	14.8	61.7	30.0
泰　国	Thailand	1.5	51.8	78.4	20.0
越　南	Viet Nam	2.0	29.0	75.7①	54.0
埃　及	Egypt	3.3	51.0	58.5②	33.0
尼日利亚	Nigeria	5.5	109.3	20.4	814.0
南　非	South Africa	2.5	44.4	54.6	138.0
加拿大	Canada	1.6	9.8		7.0
墨西哥	Mexico	2.2	61.4	66.9①	38.0
美　国	United States	1.8	20.6	72.7②	14.0
阿根廷	Argentina	2.3	63.0	81.3③	52.0
巴　西	Brazil	1.7	62.7	80.2③	44.0
委内瑞拉	Venezuela	2.3	85.8		95.0
捷　克	Czech Rep.	1.6	10.2		4.0
法　国	France	2.0	8.8		8.0
德　国	Germany	1.5	6.8		6.0
意大利	Italy	1.4	6.2	65.1③	4.0
荷　兰	Netherlands	1.7	4.1	73.0③	7.0
波　兰	Poland	1.3	13.0		3.0
俄罗斯	Russia	1.8	22.5		25.0
西班牙	Spain	1.3	8.7	70.9	5.0
土耳其	Turkey	2.1	26.9	73.5③	16.0
乌克兰	Ukraine	1.5	24.7		24.0
英　国	United Kingdom	1.8	13.5		9.0
澳大利亚	Australia	1.8	13.3	66.9	6.0
新西兰	New Zealand	1.9	20.6		11.0

注：①2015年数据。②2014年数据。③2013年数据。
Note:①Data refer to 2015.②Data refer to 2014.③Data refer to 2013.

4-6 婴儿死亡率和出生时预期寿命
Infant Mortality Rate and Life Expectancy at Birth

资料来源：世界银行WDI数据库。
Source: World Bank WDI Database.

国家和地区	Country or Area	婴儿死亡率(‰) Infant Mortality Rate(‰)			出生时预期寿命(岁) Life Expectancy at Birth (years)		
		2000	2010	2016	2000	2010	2016
世　界	**World**	**53.9**	**37.4**	**30.5**	**67.7**	**70.7**	**72.0**
中　国	China	30.1	13.5	8.5	72.0	75.2	76.3
中国香港	Hong Kong, China				80.9	83.0	84.2
中国澳门	Macao, China				80.4	82.7	83.9
孟加拉国	Bangladesh	64.0	39.1	28.2	65.3	70.2	72.5
文　莱	Brunei Darussalam	9.5	8.8	8.5	75.2	76.7	77.2
柬埔寨	Cambodia	79.6	37.8	26.3	58.4	66.6	69.0
印　度	India	66.6	45.5	34.6	62.6	66.6	68.6
印度尼西亚	Indonesia	41.1	27.5	22.2	66.3	68.2	69.2
伊　朗	Iran	28.2	16.5	13.0	70.1	73.9	76.0
以色列	Israel	5.6	3.7	2.9	79.0	81.6	82.4
日　本	Japan	3.3	2.4	2.0	81.1	82.8	84.0
哈萨克斯坦	Kazakhstan	37.1	19.1	10.1	65.5	68.3	72.3
韩　国	Korea, Rep.	6.4	3.5	2.9	75.9	80.1	82.0
老　挝	Laos	82.5	58.5	48.9	58.9	64.4	66.7
马来西亚	Malaysia	8.7	6.8	7.1	72.8	74.2	75.3
蒙　古	Mongolia	48.6	22.0	15.4	62.9	67.4	69.3
缅　甸	Myanmar	65.6	49.3	40.1	62.1	65.2	66.6
巴基斯坦	Pakistan	88.1	73.6	64.2	62.7	65.1	66.5
菲律宾	Philippines	30.0	24.9	21.5	67.2	68.3	69.1
新加坡	Singapore	3.0	2.2	2.2	78.0	81.5	82.8
斯里兰卡	Sri Lanka	14.1	9.7	8.0	71.0	74.4	75.3
泰　国	Thailand	19.6	12.8	10.5	70.6	73.9	75.3
越　南	Viet Nam	23.6	18.6	17.3	73.3	75.1	76.3
埃　及	Egypt	37.3	24.3	19.4	68.6	70.4	71.5
尼日利亚	Nigeria	112.3	81.1	66.9	46.3	50.9	53.4
南　非	South Africa	46.3	37.3	34.2	56.3	55.9	62.8
加拿大	Canada	5.2	4.9	4.3	79.2	81.2	82.3
墨西哥	Mexico	22.5	14.8	12.6	74.4	76.1	77.1
美　国	United States	7.1	6.2	5.6	76.6	78.5	78.7
阿根廷	Argentina	17.3	12.9	9.9	73.8	75.6	76.6
巴　西	Brazil	31.3	17.7	13.5	70.1	73.8	75.5
委内瑞拉	Venezuela	18.5	14.7	14.0	72.3	73.6	74.6
捷　克	Czech Rep.	4.5	2.7	2.5	75.0	77.4	78.3
法　国	France	4.4	3.5	3.2	79.1	81.7	82.3
德　国	Germany	4.4	3.5	3.2	77.9	80.0	80.6
意大利	Italy	4.8	3.4	2.8	79.8	82.0	82.5
荷　兰	Netherlands	5.1	3.8	3.2	78.0	80.7	81.5
波　兰	Poland	8.1	5.2	4.0	73.8	76.3	77.5
俄罗斯	Russia	16.6	8.6	6.6	65.5	68.8	71.6
西班牙	Spain	4.3	3.1	2.7	79.0	81.6	82.8
土耳其	Turkey	31.9	16.4	10.9	70.0	74.2	75.8
乌克兰	Ukraine	15.7	10.1	7.8	67.9	70.3	71.5
英　国	United Kingdom	5.5	4.4	3.7	77.7	80.4	81.0
澳大利亚	Australia	5.1	4.0	3.1	79.2	81.7	82.5
新西兰	New Zealand	6.1	5.1	4.5	78.6	80.7	81.6

4-7 结婚率与离婚率
Marriage Rate and Divorce Rate

资料来源：联合国人口统计数据库。
Source: UN Demographic Statistics Database.
单位：‰ (‰)

国家或地区	Country or Area	结婚率 Marriage Rate			离婚率 Divorce Rate		
		2005	2010	2016	2005	2010	2016
中　　国	China	6.3	9.3	9.6①	1.4	2.0	1.8①
中国香港	Hong Kong, China	6.3	7.5	6.8			
中国澳门	Macao, China	3.6	5.8	6.2②	1.2	1.7	1.9②
伊　　朗	Iran	11.2	12.0	8.6②	1.2	1.8	2.1②
日　　本	Japan	5.6	5.5	5.0②	2.0	2.0	1.8②
哈萨克斯坦	Kazakhstan	8.1	9.0	9.9③	2.1	2.5	3.0③
韩　　国	Korea, Rep.	6.6	6.6	5.5	2.7	2.4	2.1
蒙　　古	Mongolia	5.8	3.4	5.5	0.6	1.1	1.3
新 加 坡	Singapore	5.4	4.8	5.0	1.5	1.4	1.3
埃　　及	Egypt	6.8	10.3	10.4④	0.8	1.8	2.0④
墨 西 哥	Mexico	5.5	4.8	4.4②	0.6	0.7	1.0②
美　　国	United States	7.6	6.8	6.9②	2.9	2.8	2.5②
阿 根 廷	Argentina	3.4	3.0	2.7②			
委内瑞拉	Venezuela	3.2	3.3	2.9②			
白俄罗斯	Belarus	7.6	8.1	6.8	3.2	3.9	3.4
保加利亚	Bulgaria	4.4	3.3	3.8	1.9	1.5	1.5
捷　　克	Czech Rep.	5.1	4.5	4.8	3.1	2.9	2.4
法　　国	France	4.4	3.8	3.4	2.4	2.0	1.9
德　　国	Germany	4.7	4.7	4.9②	2.4	2.3	2.0②
意 大 利	Italy	4.3	3.7	3.4	0.8	0.9	1.6
荷　　兰	Netherlands	4.4	4.5	3.8②	2.0	2.0	2.0②
波　　兰	Poland	5.4	6.0	5.1	1.8	1.6	1.7
罗马尼亚	Romania	6.7	5.7	6.8	1.6	1.6	1.5
俄 罗 斯	Russia	7.4	8.5		4.2	4.5	
西 班 牙	Spain	4.7	3.6	3.6	1.7	2.2	2.1
土 耳 其	Turkey	9.4	8.1	7.5	1.4	1.6	1.6
乌 克 兰	Ukraine	7.1	6.7	5.1	3.9	2.7	2.9
英　　国	United Kingdom	4.7	4.5		2.6	2.1	
澳大利亚	Australia	5.4	5.5	4.8②	2.6	2.3	2.0②
新 西 兰	New Zealand	5.0	4.8	4.3	2.4	2.0	1.7

注：①2012年数据。②2015年数据。③2013年数据。④2014年数据。
Note:①Data refer to 2012.②Data refer to 2015.③Data refer to 2013.④Data refer to 2014.

4-8 农村和城市人口比重
Rural and Urban Population as Percentage of Total

资料来源：世界银行WDI数据库。
Source: World Bank WDI Database.

单位：% (%)

国家或地区	Country or Area	农村人口 Rural population			城市人口 Urban population		
		2005	2010	2017	2005	2010	2017
世　界	**World**	**51.0**	**48.5**	**45.3**	**49.0**	**51.5**	**54.7**
中　国	China	57.5	50.8	42.1	42.5	49.2	57.9
中国香港	Hong Kong, China				100.0	100.0	100.0
中国澳门	Macao, China				100.0	100.0	100.0
孟加拉国	Bangladesh	73.2	69.5	64.2	26.8	30.5	35.8
文　莱	Brunei Darussalam	26.5	24.5	22.2	73.5	75.5	77.8
柬埔寨	Cambodia	80.8	80.2	78.8	19.2	19.8	21.2
印　度	India	70.8	69.1	66.5	29.2	30.9	33.5
印度尼西亚	Indonesia	54.1	50.1	44.8	45.9	49.9	55.2
伊　朗	Iran	32.4	29.4	25.6	67.6	70.6	74.4
以色列	Israel	8.5	8.2	7.7	91.5	91.8	92.3
日　本	Japan	14.0	9.5	5.7	86.0	90.5	94.3
哈萨克斯坦	Kazakhstan	45.3	46.3	46.8	54.7	53.7	53.2
韩　国	Korea, Rep.	18.7	18.1	17.3	81.3	81.9	82.7
老　挝	Laos	72.6	66.9	59.3	27.4	33.1	40.7
马来西亚	Malaysia	33.4	29.1	24.0	66.6	70.9	76.0
蒙　古	Mongolia	37.5	32.4	26.4	62.5	67.6	73.6
缅　甸	Myanmar	71.1	68.6	64.8	28.9	31.4	35.2
巴基斯坦	Pakistan	65.3	63.4	60.3	34.7	36.6	39.7
菲律宾	Philippines	53.4	54.7	55.8	46.6	45.3	44.2
新加坡	Singapore				100.0	100.0	100.0
斯里兰卡	Sri Lanka	81.6	81.7	81.5	18.4	18.3	18.5
泰　国	Thailand	62.5	55.9	47.3	37.5	44.1	52.7
越　南	Viet Nam	72.7	69.6	65.1	27.3	30.4	34.9
埃　及	Egypt	57.0	57.0	56.7	43.0	43.0	43.3
尼日利亚	Nigeria	60.9	56.5	50.6	39.1	43.5	49.4
南　非	South Africa	40.5	37.8	34.2	59.5	62.2	65.8
加拿大	Canada	19.9	19.1	17.8	80.1	80.9	82.2
墨西哥	Mexico	23.7	22.2	20.2	76.3	77.8	79.8
美　国	United States	20.1	19.2	18.0	79.9	80.8	82.0
阿根廷	Argentina	9.9	9.0	8.0	90.1	91.0	92.0
巴　西	Brazil	17.2	15.7	13.8	82.8	84.3	86.2
委内瑞拉	Venezuela	11.4	11.2	10.9	88.6	88.8	89.1
捷　克	Czech Rep.	26.4	26.7	27.0	73.6	73.3	73.0
法　国	France	22.9	21.7	20.0	77.1	78.3	80.0
德　国	Germany	26.6	25.7	24.3	73.4	74.3	75.7
意大利	Italy	32.3	31.7	30.7	67.7	68.3	69.3
荷　兰	Netherlands	17.4	12.9	8.5	82.6	87.1	91.5
波　兰	Poland	38.5	39.1	39.5	61.5	60.9	60.5
俄罗斯	Russia	26.5	26.3	25.8	73.5	73.7	74.2
西班牙	Spain	22.7	21.6	20.0	77.3	78.4	80.0
土耳其	Turkey	32.2	29.3	25.6	67.8	70.7	74.4
乌克兰	Ukraine	32.2	31.3	29.9	67.8	68.7	70.1
英　国	United Kingdom	20.1	18.7	16.9	79.9	81.3	83.1
澳大利亚	Australia	12.0	11.3	10.3	88.0	88.7	89.7
新西兰	New Zealand	13.9	13.8	13.6	86.1	86.2	86.4

主要统计指标解释

人口 指实际具有的所有人口，无论其法律地位或公民身份均包括在内，不包括非永久居住在庇护地的难民，难民通常被认为是来源国的人口。人口用年中的估计值表示。

抚养比 指 0－14 岁和 65 岁及以上被抚养人口与 15－64 岁劳动年龄人口之比。

（粗）出生率 指一年内活产数量与年中人口数之比。粗出生率减去粗死亡率为自然增长率，等于没有人口迁移情况下的自然增长率。

（粗）死亡率 指一年内死亡数量与年中人口数之比。粗出生率减去粗死亡率为自然增长率，等于没有人口迁移情况下的自然增长率。

总和生育率 是一个妇女活到育龄期结束，并按当前的特定年龄生育率生育孩子的话，她可能生育的孩子数量。

少女生育率 指每千名 15－19 岁妇女中生育的妇女人数。

避孕普及率 指采取了某种避孕措施的 15－49 岁已婚妇女或其性伙伴所占的百分比。

产妇死亡率 是每年每 10 万例活产中怀孕和分娩期间死亡的妇女人数。

婴儿死亡率 指某年里每千名活产婴儿生存至一周岁前死亡的比率。

出生时预期寿命 指一名新生儿如果其出生时各年龄组的死亡率在其终生保持不变的话，他可能存活的年数。

结婚率 指在一定时期（通常为一个日历年）、给定地域、给定年份内平均每千名年中人口中的结婚次数。

离婚率 指在一定时期（通常为一个日历年）、给定地域、给定年份内平均每千名年中人口中的离婚次数。

城市人口 指向联合国报告的各国定义为城市的区域内的年中人口。

Explanatory Notes on Main Statistical Indicators

Total population is based on the de facto definition of population, which counts all residents regardless of legal status or citizenship--except for refugees not permanently settled in the country of asylum, who are generally considered part of the population of their country of origin. The values shown are midyear estimates.

Age Dependency Ratio is the ratio of dependents--people younger than 15 or older than 64--to the working-age population--those ages 15-64.

Crude Birth Rate is the number of live births occurring during the year, per 1,000 population estimated at midyear. Subtracting the crude death rate from the crude birth rate provides the rate of natural increase, which is equal to the population growth rate in the absence of migration.

Crude Death Rate is the number of deaths occurring during the year, per 1,000 population estimated at midyear. Subtracting the crude death rate from the crude birth rate provides the rate of natural increase, which is equal to the population growth rate in the absence of migration.

Total Fertility Rate is the number of children that would be born to a woman if she were to live to the end of her childbearing years and bear children in accordance with current age-specific fertility rates.

Adolescent Fertility Rate is the number of births per 1,000 women ages 15-19.

Contraceptive Prevalence Rate is the percentage of women who are practicing, or whose sexual partners are practicing, any form of contraception. It is usually measured for married women ages 15-49 only.

Maternal Mortality Ratio is the number of women who die during pregnancy and childbirth, per 100,000 live births.

Infant Mortality Rate is the number of infants dying before reaching one year of age, per 1000 live births in a given year.

Life Expectancy at Birth is the number of years a newborn infant would live if prevailing patterns of mortality at the time of its birth were to stay the same throughout its life.

Crude Marriage Rate is the number of marriages occurring in a population during a given period of time, usually a calendar year, i.e., the number of marriages occurring among the population of a given geographical area during a given year per 1000 mid-year total population of the given geographical area during the same year.

Crude Divorce Rate is the number of divorces occurring in a population during a given period of time, usually a calendar year, i.e., the number of divorces occurring among the population of a given geographical area during a given year per 1000 mid-year total population of the given geographical area during the same year.

Urban Population is the midyear population of areas defined as urban in each country and reported to the United Nations.

就业人员和劳动报酬

Employment and Earnings

5-1 劳动参与率
Labor Force Participation Rate

资料来源：世界银行WDI数据库。
Source: World Bank WDI Database.

国家或地区	Country or Area	劳动力人口(万人) Total Labor Force (10 000 persons)		劳动参与率(%) Labor Force Participation Rate(%)		女性劳动参与率(%) Female Labor Force Participation Rate(%)	
		2000	2017	2000	2017	2000	2017
世　　界	**World**	**277011**	**345287**	**64.8**	**61.9**	**51.2**	**48.7**
高收入国家	**High Income**	**54219**	**62472**	**60.5**	**60.3**	**50.6**	**52.3**
欧 元 区	**Euro Area**	**14807**	**16394**	**55.1**	**56.5**	**45.5**	**50.4**
中等收入国家	**Middle Income**	**204011**	**252097**	**65.3**	**61.3**	**50.3**	**46.1**
中等偏上收入国家	**Upper Middle Income**	**115531**	**132909**	**69.8**	**65.0**	**59.6**	**54.8**
中等偏下收入国家	**Lower Middle Income**	**88480**	**119187**	**60.4**	**57.6**	**39.7**	**37.3**
中低收入国家	**Low and Middle Income**	**222793**	**282815**	**65.9**	**62.3**	**51.4**	**47.8**
东亚和太平洋	**East Asia and Pacific**	**99939**	**113129**	**75.2**	**68.8**	**67.2**	**60.1**
欧洲和中亚	**Europe and Central Asia**	**17786**	**19456**	**59.1**	**59.3**	**50.0**	**49.6**
拉丁美洲和加勒比	**Latin America and Caribbean**	**19552**	**27491**	**63.3**	**64.6**	**46.8**	**51.9**
中东和北非国家	**Middle East and North Africa**	**8106**	**11797**	**45.8**	**45.2**	**17.5**	**18.6**
南　　亚	**South Asia**	**52023**	**69413**	**58.4**	**54.6**	**32.3**	**28.5**
撒哈拉以南非洲	**Sub-Saharan Africa**	**25388**	**41530**	**68.0**	**68.3**	**60.9**	**62.9**
低收入国家	**Low Income**	**18782**	**30718**	**72.9**	**72.4**	**64.5**	**64.9**
中　　国	China	73485	78674	77.2	68.9	71.0	61.5
中国香港	Hong Kong, China	339	395	61.2	60.4	49.6	54.0
中国澳门	Macao, China	22	38	65.3	70.8	55.9	66.1
孟加拉国	Bangladesh	4760	6664	57.5	56.5	26.7	33.0
文　　莱	Brunei Darussalam	16	22	68.0	67.1	55.8	59.0
柬 埔 寨	Cambodia	558	931	78.6	84.6	76.6	80.9
印　　度	India	40552	52019	59.0	53.8	34.0	27.2
印度尼西亚	Indonesia	9902	12711	67.5	66.3	50.6	50.7
伊　　朗	Iran	1897	2735	44.1	44.2	13.9	16.8
以 色 列	Israel	277	403	61.2	64.1	53.2	59.3
日　　本	Japan	6767	6650	62.6	60.2	49.3	50.5
哈萨克斯坦	Kazakhstan	766	923	71.0	71.0	65.6	65.4
韩　　国	Korea, Rep.	2281	2789	61.1	62.6	48.8	52.2
老　　挝	Laos	242	360	80.1	78.3	79.1	76.9
马来西亚	Malaysia	953	1544	61.7	64.5	44.7	50.8
蒙　　古	Mongolia	94	128	60.3	59.3	54.4	52.7
缅　　甸	Myanmar	2239	2541	71.6	65.1	58.9	51.3
巴基斯坦	Pakistan	4162	6996	51.0	54.4	16.1	24.9
菲 律 宾	Philippines	2995	4464	62.4	62.3	47.1	49.6
新 加 坡	Singapore	205	327	64.7	68.5	51.5	60.5
斯里兰卡	Sri Lanka	783	873	56.9	53.5	37.3	35.1
泰　　国	Thailand	3514	3914	73.4	68.6	65.8	60.5
越　　南	Viet Nam	4231	5750	77.1	78.2	72.8	73.2
埃　　及	Egypt	2045	3115	46.1	48.0	19.9	22.2
尼日利亚	Nigeria	3799	5896	55.0	55.1	47.2	50.4
南　　非	South Africa	1610	2204	53.0	54.7	44.8	47.8
加 拿 大	Canada	1624	2010	65.3	65.2	58.6	60.7
墨 西 哥	Mexico	4034	5807	60.3	61.3	38.9	44.1
美　　国	United States	14677	16346	66.4	61.9	59.0	55.7
阿 根 廷	Argentina	1646	1990	61.7	59.8	48.9	47.3
巴　　西	Brazil	7959	10428	65.0	63.7	51.1	53.2
委内瑞拉	Venezuela	1028	1473	63.8	63.6	46.8	50.2
捷　　克	Czech Rep.	515	537	60.1	59.9	51.6	52.0
法　　国	France	2748	3036	55.5	55.2	48.6	50.6
德　　国	Germany	4025	4347	58.1	60.5	49.1	55.0
意 大 利	Italy	2334	2546	47.8	48.6	35.4	39.5
荷　　兰	Netherlands	816	910	62.8	63.5	53.2	58.0
波　　兰	Poland	1732	1830	56.3	56.6	49.6	48.8
俄 罗 斯	Russia	7424	7564	61.9	63.5	55.4	56.6
西 班 牙	Spain	1827	2297	52.8	57.8	40.6	52.2
土 耳 其	Turkey	2141	3128	48.8	51.6	26.3	32.4
乌 克 兰	Ukraine	2322	2054	57.0	54.2	50.8	46.9
英　　国	United Kingdom	2930	3387	61.4	62.3	53.6	56.8
澳大利亚	Australia	960	1291	63.4	64.8	54.6	59.2
新 西 兰	New Zealand	193	266	64.7	69.2	56.7	63.9

5-2 就业人数
Employment

资料来源：联合国ILO数据库。
Source: ILO Database.

单位：万人 (10 000 persons)

国家或地区	Country or Area	2000	2005	2010	2014	2015	2016
中 国	China	72085	74647	76105	77253	77451	77603
中国香港	Hong Kong, China	321	334	347	375	378	
中国澳门	Macao, China	20	24	32	39	40	
孟加拉国	Bangladesh	5176	4736	5408		5953	5953
柬 埔 寨	Cambodia	528		768	824		
印 度	India	33020	37199	37429			
印度尼西亚	Indonesia	8984	9536	10959	11640	11783	
伊 朗	Iran		2062	2066	2130	2197	2259
以 色 列	Israel	222	249	294	356	364	
日 本	Japan	6446	6356	6298	6351	6376	6440
哈萨克斯坦	Kazakhstan		726	811	865	862	
韩 国	Korea, Rep.	2116	2286	2403	2590	2618	2641
马来西亚	Malaysia	932	1005	1178	1385	1407	1416
蒙 古	Mongolia	81	97	103	111	115	115
巴基斯坦	Pakistan	3685	4282	4569	5434	5528	5914
菲 律 宾	Philippines	2745	3231	3604	3809	3874	4084
新 加 坡	Singapore	209	165	306	210	215	
斯里兰卡	Sri Lanka	631	752	771	842	855	
泰 国	Thailand	3300	3630	3804	3808	3802	3769
越 南	Viet Nam	3837	4253	4949	5275	5284	5330
埃 及	Egypt	1720	1934	2383	2430	2478	2537
南 非	South Africa	1224	1230	1379	1532	1574	
加 拿 大	Canada	1476	1612	1696	1780	1795	
墨 西 哥	Mexico	3373	4208	4612	4942	5061	5160
美 国	United States	13689	14173	13906	14631	14883	15144
阿 根 廷	Argentina	826	964	1516	1567		
巴 西	Brazil	6563	1955	2202	9185	9173	8951
委内瑞拉	Venezuela	896	1073	1207	1319	1321	
捷 克	Czech Rep.	468	476	489	497	504	514
法 国	France	2312	2498	2573	2638	2642	2658
德 国	Germany	3632	3636	3799	3987	4021	4127
意 大 利	Italy	2093	2241	2253	2228	2247	2276
荷 兰	Netherlands	786	811	837	824	832	843
波 兰	Poland	1452	1412	1547	1586	1608	1620
俄 罗 斯	Russia	6507	6817	6980	7154	7232	
西 班 牙	Spain	1544	1921	1872	1734	1787	1834
土 耳 其	Turkey	2158	2205	2259	2593	2662	2722
乌 克 兰	Ukraine	2018	2068	2027	1807	1644	1628
英 国	United Kingdom	2726	2874	2913	3067	3119	3163
澳大利亚	Australia	886	985	1099	1154	1177	1195
新 西 兰	New Zealand	178	208	218	231	236	

5-3 按产业类型划分的就业构成
Composition of Employment by Industry

资料来源：世界银行WDI数据库。
Source: World Bank WDI Database.

单位：% (%)

国家或地区	Country or Area	第一产业 Primary Industry		第二产业 Secondary Industry		第三产业 Tertiary Industry	
		2000	2017	2000	2017	2000	2017
中　　国	China	43.8	17.5	28.1	26.6	28.1	55.9
中国香港	Hong Kong, China	0.3	0.2	20.3	13.0	79.4	86.7
中国澳门	Macao, China	0.2	0.5	28.2	20.6	71.6	78.9
孟加拉国	Bangladesh	64.8	39.1	10.7	21.1	24.5	39.8
文　　莱	Brunei Darussalam	1.4	0.5	21.0	17.7	77.5	81.8
柬 埔 寨	Cambodia	73.7	26.7	8.4	27.0	17.9	46.3
印　　度	India	59.6	42.7	16.3	23.8	24.0	33.5
印度尼西亚	Indonesia	45.3	31.2	17.4	21.7	37.2	47.1
伊　　朗	Iran	24.1	17.1	30.6	32.4	45.3	50.5
以 色 列	Israel	2.1	1.1	24.0	17.3	73.9	81.6
日　　本	Japan	5.1	3.5	31.4	25.6	63.5	70.9
哈萨克斯坦	Kazakhstan	36.1	18.0	16.1	20.7	47.8	61.2
韩　　国	Korea, Rep.	10.6	4.9	28.1	24.8	61.3	70.3
马来西亚	Malaysia	18.4	11.0	32.2	27.4	49.5	61.5
蒙　　古	Mongolia	53.0	30.4	11.1	19.0	35.9	50.5
巴基斯坦	Pakistan	48.4	42.0	18.0	23.7	33.5	34.2
菲 律 宾	Philippines	37.1	26.0	16.2	17.7	46.7	56.3
新 加 坡	Singapore	0.1	0.1	33.9	16.3	66.0	83.6
斯里兰卡	Sri Lanka	41.3	26.7	23.4	25.7	35.4	47.7
泰　　国	Thailand	48.8	32.8	19.1	22.6	32.1	44.6
越　　南	Viet Nam	65.3	40.9	12.4	25.1	22.3	34.1
埃　　及	Egypt	29.6	24.8	21.3	25.5	49.1	49.6
南　　非	South Africa	15.8	5.6	24.4	23.4	59.9	71.1
加 拿 大	Canada	3.3	2.0	22.5	19.6	74.2	78.4
墨 西 哥	Mexico	17.7	13.1	27.0	25.8	55.3	61.1
美　　国	United States	1.8	1.7	23.3	18.9	74.8	79.4
阿 根 廷	Argentina	0.7	0.5	22.8	23.3	76.6	76.1
巴　　西	Brazil	21.3	10.3	20.2	20.8	58.5	68.8
委内瑞拉	Venezuela	10.6	10.2	22.8	23.3	66.6	66.5
捷　　克	Czech Rep.	5.2	2.9	39.9	37.9	54.8	59.3
法　　国	France	4.1	2.9	26.3	20.4	69.6	76.8
德　　国	Germany	2.6	1.3	33.5	27.3	63.8	71.5
意 大 利	Italy	5.2	3.9	31.8	26.3	63.0	69.8
荷　　兰	Netherlands	3.3	2.2	21.6	16.5	75.1	81.3
波　　兰	Poland	18.7	10.6	31.1	31.3	50.3	58.1
俄 罗 斯	Russia	14.5	6.7	28.4	26.9	57.1	66.4
西 班 牙	Spain	6.7	4.1	30.8	19.5	62.5	76.4
土 耳 其	Turkey	36.0	19.4	24.0	26.8	40.0	53.8
乌 克 兰	Ukraine	23.1	14.9	27.3	25.3	49.6	59.8
英　　国	United Kingdom	1.5	1.1	25.2	18.4	73.3	80.5
澳大利亚	Australia	4.9	2.6	21.6	19.1	73.5	78.3
新 西 兰	New Zealand	8.7	6.6	23.3	20.2	68.0	73.1

5-4 按行业分类的就业人口
Employment by Economic Activity

资料来源：联合国ILO数据库。
Source: ILO Database.
单位：万人 (10 000 persons)

国家或地区	Country or Area	2000	2010	2014	2015	2016
中　　国①	**China①**					
按第四版ISIC分类	ISIC-Rev.4					
总　计	Total		13051.5	18277.8	18062.5	17888.1
农、林、牧、渔业	Agriculture, Forestry, Animal Husbandry and Fishery		375.7	284.6	270.0	263.2
采矿业	Mining		562.0	596.5	545.8	490.9
制造业	Manufacturing		3637.2	5243.1	5068.7	4893.8
电力、热力、燃气及水生产和供应业	Production and supply of Electricity, Heat,Gas and Water		310.5	403.7	396.0	387.6
建筑业	Construction		1267.5	2921.2	2796.0	2724.7
批发和零售业	Wholesale and Retail Trades		535.1	888.6	883.3	875.0
交通运输、仓储和邮政业	Transport,Storage and Post		631.1	861.4	854.4	849.5
住宿和餐饮业	Hotels and Catering Services		209.2	289.3	276.1	269.7
信息传输、软件和信息技术服务业	Information Transmission,Software and Information Technology		185.8	336.3	349.9	364.1
金融业	Financial Intermediation		470.1	566.3	606.8	665.2
房地产业	Real Estate		211.6	402.2	417.3	431.7
科技研究和技术服务业	Scientific Research and and Technical Services		292.3	408.0	410.6	419.6
公共管理、社会保障和社会组织	Public Management, Social Security and Social Organization		1428.5	1599.3	1637.8	1672.6
教育	Education		1581.8	1727.3	1736.5	1729.2
卫生和社会工作	Health and Social Service		632.5	810.4	841.6	867.0
文化、体育和娱乐业	Culture, Sports and Entertainment		131.4	145.5	149.1	150.8
中国香港	**Hong Kong, China**					
按第四版ISIC分类	ISIC-Rev.4					
总　计	Total	320.7	347.4	374.9	378.1	
制造业	Manufacturing	33.4	13.3	13.0	11.4	
建筑业	Construction	30.2	26.5	30.7	31.7	
批发和零售贸易；机动车辆和摩托车的修理	Wholesale and Retail Trade; Repair of Motor Vehicles and Motorcycles		84.7	84.7	82.2	
运输和储存	Transportation and Storage		31.7	32.2	32.3	
住宿和餐饮业	Accommodation and Food Service Activities		25.8	29.0	28.4	
信息和通讯业	Information and Communication		10.5	12.4	13.1	
金融和保险业	Financial and Insurance Activities		20.6	23.8	24.2	
房地产业	Real Estate Activities		14.6	15.4	15.5	
专业和科技活动	Professional, Scientific and Technical Activities		28.9	34.2	20.1	
企业管理和商务服务业	Administrative and Support Service Activities				15.4	
公共行政和国防；强制性社会保障	Public Administration and Defence; Compulsory Social Security		11.1	10.9	11.1	
教育	Education		18.5	20.6	21.8	
卫生和社会福利业	Human Health and Social Work Activities		16.3	18.0	19.3	
艺术、娱乐和文娱活动	Arts, Entertainment and Recreation		5.2	5.6	5.9	
其他服务活动	Other Service Activities		10.2	11.0	11.0	
未分类经济活动	Not Classifiable by Economic Activity		29.5	33.5	34.9	

5-4 续表 1 continued

单位：万人 (10 000 persons)

国家或地区	Country or Area	2000	2010	2014	2015	2016
印度尼西亚	**Indonesia**					
按第四版ISIC分类	ISIC-Rev.4					
总　计	Total	8983.8	10959.0	11639.9	11783.3	
农业、林业和渔业	Agriculture, Forestry and Fishing			3990.4	3893.7	
采掘业	Mining and Quarrying	45.2	128.1	152.9	136.5	
制造业	Manufacturing	1164.2	1347.4	1568.3	1615.1	
电、煤气、蒸汽和空调供应	Electricity, Gas, Steam and Air Conditioning Supply			23.3	21.2	
供水；污水处理、废物管理和补救活动	Water Supply; Sewerage, Waste Management and Remediation Activities			21.3	27.9	
建筑业	Construction	349.7	548.5	724.6	796.1	
批发和零售贸易；机动车辆和摩托车的修理	Wholesale and Retail Trade; Repair of Motor Vehicles and Motorcycles			2144.8	2195.5	
运输和储存	Transportation and Storage			467.4	462.3	
住宿和餐饮业	Accommodation and Food Service Activities	326.4		482.4	516.7	
信息和通讯业	Information and Communication			62.1	57.5	
金融和保险业	Financial and Insurance Activities			156.6	173.6	
房地产业	Real Estate Activities			25.7	29.2	
专业和科技活动	Professional, Scientific and Technical Activities			36.5	42.2	
企业管理和商务服务业	Administrative and Support Service Activities	957.4	1629.4	96.1	104.6	
公共行政和国防；强制性社会保障	Public Administration and Defence; Compulsory Social Security			392.1	403.4	
教育	Education	241.3	473.3	562.2	574.9	
卫生和社会福利业	Human Health and Social Work Activities	43.8	108.9	141.0	150.5	
艺术、娱乐和文娱活动	Arts, Entertainment and Recreation			42.1	44.0	
其他服务活动	Other Service Activities			296.8	263.8	
家庭作为雇主的活动；家庭自用、未加区分的生产货物及服务的活动	Activities of Households as Employers; Undifferentiated Goods- and Services-Producing Activities of Households for Own Use				252.0	
域外组织和机构的活动	Activities of Extraterritorial Organizations and Bodies				0.1	
未分类经济活动	Not Classifiable by Economic Activity		4.9			
伊　朗	**Iran**					
按第四版ISIC分类	ISIC-Rev.4					
总　计	Total		2065.7	2130.4	2197.2	2258.8
农业、林业和渔业	Agriculture, Forestry and Fishing			381.2	396.1	406.1
采掘业	Mining and Quarrying		11.2	15.9	15.7	15.6
制造业	Manufacturing		352.2	358.7	369.7	381.7
电、煤气、蒸汽和空调供应	Electricity, Gas, Steam and Air Conditioning Supply			14.1	15.3	15.8
供水；污水处理、废物管理和补救活动	Water Supply; Sewerage, Waste Management and Remediation Activities			10.2	9.4	10.0
建筑业	Construction		282.0	320.2	304.7	296.9
批发和零售贸易；机动车辆和摩托车的修理	Wholesale and Retail Trade; Repair of Motor Vehicles and Motorcycles			311.7	328.0	352.0
运输和储存	Transportation and Storage			204.4	217.8	217.9
住宿和餐饮业	Accommodation and Food Service Activities		24.7	25.0	28.9	30.9
信息和通讯业	Information and Communication			19.4	21.3	23.5
金融和保险业	Financial and Insurance Activities			33.8	33.8	31.9
房地产业	Real Estate Activities			13.3	13.6	13.3
专业和科技活动	Professional, Scientific and Technical Activities			22.3	25.4	28.1
企业管理和商务服务业	Administrative and Support Service Activities			25.8	25.8	28.0
公共行政和国防；强制性社会保障	Public Administration and Defence; Compulsory Social Security			134.1	143.0	141.8
教育	Education		123.3	128.4	128.4	132.3
卫生和社会福利业	Human Health and Social Work Activities		49.2	55.5	61.5	64.5
艺术、娱乐和文娱活动	Arts, Entertainment and Recreation			9.5	9.3	12.2
其他服务活动	Other Service Activities			44.1	45.5	51.0
家庭作为雇主的活动；家庭自用、未加区分的生产货物及服务的活动	Activities of Households as Employers; Undifferentiated Goods- and Services-Producing Activities of Households for Own Use			2.4	3.7	
域外组织和机构的活动	Activities of Extraterritorial Organizations and Bodies				0.1	0.1
未分类经济活动	Not Classifiable by Economic Activity			0.3	0.3	0.4

5-4 续表 2 continued

单位：万人 (10 000 persons)

国家或地区	Country or Area	2000	2010	2014	2015	2016
以色列	**Israel**					
按第四版ISIC分类	ISIC-Rev.4					
总计	Total	222.1	293.8	355.6	364.4	
农业、林业和渔业	Agriculture, Forestry and Fishing			4.0	3.7	
采掘业	Mining and Quarrying			0.3	0.3	
制造业	Manufacturing	38.5	40.7	41.7	41.9	
电、煤气、蒸汽和空调供应	Electricity, Gas, Steam and Air Conditioning Supply			1.6	1.6	
供水；污水处理、废物管理和补救活动	Water Supply; Sewerage, Waste Management and Remediation Activities			1.4	1.5	
建筑业	Construction	11.6	15.7	17.2	18.1	
批发和零售贸易；机动车辆和摩托车的修理	Wholesale and Retail Trade; Repair of Motor Vehicles and Motorcycles			40.6	42.0	
运输和储存	Transportation and Storage			14.7	15.1	
住宿和餐饮业	Accommodation and Food Service Activities	10.2	13.5	15.3	15.4	
信息和通讯业	Information and Communication			17.4	18.0	
金融和保险业	Financial and Insurance Activities			12.5	12.4	
房地产业	Real Estate Activities			2.9	2.8	
专业和科技活动	Professional, Scientific and Technical Activities			25.3	25.8	
企业管理和商务服务业	Administrative and Support Service Activities			14.7	15.3	
公共行政和国防；强制性社会保障	Public Administration and Defence; Compulsory Social Security			36.7	37.1	
教育	Education	27.2	36.8	43.4	45.5	
卫生和社会福利业	Human Health and Social Work Activities	21.4	30.4	37.7	39.3	
艺术、娱乐和文娱活动	Arts, Entertainment and Recreation			6.7	6.7	
其他服务活动	Other Service Activities			8.7	8.5	
家庭作为雇主的活动；家庭自用、未加区分的生产货物及服务的活动	Activities of Households as Employers; Undifferentiated Goods- and Services-Producing Activities of Households for Own Use				6.6	
域外组织和机构的活动	Activities of Extraterritorial Organizations and Bodies			0.3	0.3	
未分类经济活动	Not Classifiable by Economic Activity	2.5	3.3	5.9	6.5	
日本	**Japan**					
按第四版ISIC分类	ISIC-Rev.4					
总计	Total	6446	6298		6376	6440
农业、林业和渔业	Agriculture, Forestry and Fishing		255		228	222
采掘业	Mining and Quarrying	5	3		3	3
制造业	Manufacturing	1321	1060		1062	1067
电、煤气、蒸汽和空调供应	Electricity, Gas, Steam and Air Conditioning Supply		34		61	62
供水；污水处理、废物管理和补救活动	Water Supply; Sewerage, Waste Management and Remediation Activities					
建筑业	Construction	653	504		500	492
批发和零售贸易；机动车辆和摩托车的修理	Wholesale and Retail Trade; Repair of Motor Vehicles and Motorcycles		1062		1083	1088
运输和储存	Transportation and Storage		352		366	371
住宿和餐饮业	Accommodation and Food Service Activities		386		383	389
信息和通讯业	Information and Communication		197		209	207
金融和保险业	Financial and Insurance Activities		163		180	190
房地产业	Real Estate Activities		110		92	94
专业和科技活动	Professional, Scientific and Technical Activities		198		214	220
企业管理和商务服务业	Administrative and Support Service Activities		285		294	303
公共行政和国防；强制性社会保障	Public Administration and Defence; Compulsory Social Security		223		234	235
教育	Education		289		303	307
卫生和社会福利业	Human Health and Social Work Activities		656		784	808
艺术、娱乐和文娱活动	Arts, Entertainment and Recreation				71	75
其他服务活动	Other Service Activities		456		206	205
域外组织和机构的活动	Activities of Extraterritorial Organizations and Bodies				3	2
未分类经济活动	Not Classifiable by Economic Activity		65		101	101

5-4 续表 3 continued

单位：万人 (10 000 persons)

国家或地区	Country or Area	2000	2010	2014	2015	2016
哈萨克斯坦	**Kazakhstan**					
按第四版ISIC分类	ISIC-Rev.4					
总　计	Total		811.4	865.2	862.4	
农业、林业和渔业	Agriculture, Forestry and Fishing		229.5		155.3	
采掘业	Mining and Quarrying		19.4		28.4	
制造业	Manufacturing		56.6		55.3	
电、煤气、蒸汽和空调供应	Electricity, Gas, Steam and Air Conditioning Supply		13.2		16.5	
供水；污水处理、废物管理和补救活动	Water Supply; Sewerage, Waste Management and Remediation Activities		5.7		8.2	
建筑业	Construction		57.0		68.9	
批发和零售贸易；机动车辆和摩托车的修理	Wholesale and Retail Trade; Repair of Motor Vehicles and Motorcycles		122.4		126.1	
运输和储存	Transportation and Storage		51.2		61.9	
住宿和餐饮业	Accommodation and Food Service Activities		10.5		17.4	
信息和通讯业	Information and Communication		10.9		15.2	
金融和保险业	Financial and Insurance Activities		10.5		19.5	
房地产业	Real Estate Activities		13.9		9.4	
专业和科技活动	Professional, Scientific and Technical Activities		14.9		22.1	
企业管理和商务服务业	Administrative and Support Service Activities		16.7		23.4	
公共行政和国防；强制性社会保障	Public Administration and Defence; Compulsory Social Security		37.7		47.1	
教育	Education		81.6		101.3	
卫生和社会福利业	Human Health and Social Work Activities		37.0		45.5	
艺术、娱乐和文娱活动	Arts, Entertainment and Recreation		9.0		12.7	
其他服务活动	Other Service Activities		11.4		27.9	
家庭作为雇主的活动；家庭自用、未加区分的生产货物及服务的活动	Activities of Households as Employers; Undifferentiated Goods- and Services-Producing Activities of Households for Own Use		2.3			
韩　国	**Korea, Rep.**					
按第四版ISIC分类	ISIC-Rev.4					
总　计	Total	2115.6	2403.3	2589.7	2617.8	2640.9
农业、林业和渔业	Agriculture, Forestry and Fishing		158.6	144.6	133.7	127.3
采掘业	Mining and Quarrying	1.7	2.1	1.4	1.4	1.9
制造业	Manufacturing	429.3	407.8	440.0	454.6	452.4
电、煤气、蒸汽和空调供应	Electricity, Gas, Steam and Air Conditioning Supply		7.9	8.4	9.4	9.0
供水；污水处理、废物管理和补救活动	Water Supply; Sewerage, Waste Management and Remediation Activities		6.6	8.9	9.0	9.8
建筑业	Construction	158.0	176.8	182.9	185.4	186.9
批发和零售贸易；机动车辆和摩托车的修理	Wholesale and Retail Trade; Repair of Motor Vehicles and Motorcycles		360.8	383.3	381.6	375.3
运输和储存	Transportation and Storage		128.8	143.0	142.9	142.7
住宿和餐饮业	Accommodation and Food Service Activities	191.9	190.3	212.0	219.8	229.5
信息和通讯业	Information and Communication		67.0	71.8	77.4	78.4
金融和保险业	Financial and Insurance Activities		82.0	85.0	79.8	80.3
房地产业	Real Estate Activities		51.7	51.3	54.0	57.6
专业和科技活动	Professional, Scientific and Technical Activities		88.6	103.4	105.2	110.0
企业管理和商务服务业	Administrative and Support Service Activities		102.5	118.8	125.6	130.0
公共行政和国防；强制性社会保障	Public Administration and Defence; Compulsory Social Security		97.0	97.0	94.8	100.4
教育	Education	119.1	181.0	182.8	183.3	185.8
卫生和社会福利业	Human Health and Social Work Activities	42.8	116.2	170.9	178.1	186.1
艺术、娱乐和文娱活动	Arts, Entertainment and Recreation		38.2	39.8	42.8	40.7
其他服务活动	Other Service Activities		122.8	131.5	129.1	128.4
家庭作为雇主的活动；家庭自用、未加区分的生产货物及服务的活动	Activities of Households as Employers; Undifferentiated Goods- and Services-Producing Activities of Households for Own Use		15.0	11.6	8.2	
域外组织和机构的活动	Activities of Extraterritorial Organizations and Bodies	1.9	1.3	1.4	1.9	1.6
未分类经济活动	Not Classifiable by Economic Activity	0.2				

5-4 续表 4 continued

单位：万人 (10 000 persons)

国家或地区	Country or Area	2000	2010	2014	2015	2016
马来西亚	**Malaysia**					
按第四版ISIC分类	ISIC-Rev.4					
总　计	Total	932.2	1177.7	1385.3	1406.8	1416.4
农业、林业和渔业	Agriculture, Forestry and Fishing		167.4	169.4	175.4	161.0
采掘业	Mining and Quarrying		5.7	8.5	10.4	9.6
制造业	Manufacturing		197.2	237.3	232.3	239.1
电、煤气、蒸汽和空调供应	Electricity, Gas, Steam and Air Conditioning Supply		5.2	6.6	6.2	7.8
供水；污水处理、废物管理和补救活动	Water Supply; Sewerage, Waste Management and Remediation Activities		6.4	8.1	7.2	7.6
建筑业	Construction		112.1	127.8	131.0	125.2
批发和零售贸易；机动车辆和摩托车的修理	Wholesale and Retail Trade; Repair of Motor Vehicles and Motorcycles		186.5	232.4	236.1	242.9
运输和储存	Transportation and Storage		54.1	59.8	61.5	63.0
住宿和餐饮业	Accommodation and Food Service Activities		85.7	114.9	115.1	126.1
信息和通讯业	Information and Communication		16.5	21.3	21.4	20.9
金融和保险业	Financial and Insurance Activities		30.5	32.9	35.4	34.7
房地产业	Real Estate Activities		5.7	8.0	7.1	8.2
专业和科技活动	Professional, Scientific and Technical Activities		27.1	32.9	35.9	36.2
企业管理和商务服务业	Administrative and Support Service Activities		34.9	65.4	63.5	65.7
公共行政和国防；强制性社会保障	Public Administration and Defence; Compulsory Social Security		77.9	74.2	75.1	74.8
教育	Education		77.3	87.1	89.9	92.9
卫生和社会福利业	Human Health and Social Work Activities		27.8	53.3	57.3	57.0
艺术、娱乐和文娱活动	Arts, Entertainment and Recreation		9.0	9.4	8.2	8.1
其他服务活动	Other Service Activities		18.1	19.9	23.3	23.1
家庭作为雇主的活动；家庭自用、未加区分的生产货物及服务的活动	Activities of Households as Employers; Undifferentiated Goods- and Services-Producing Activities of Households for Own Use		23.7	14.7		
域外组织和机构的活动	Activities of Extraterritorial Organizations and Bodies		0.4			
蒙　古	**Mongolia**					
按第四版ISIC分类	ISIC-Rev.4					
总　计	Total	80.9	103.4	111.1	115.1	114.8
农业、林业和渔业	Agriculture, Forestry and Fishing		34.7	31.1	32.8	34.8
采掘业	Mining and Quarrying	1.9	3.4	4.1	4.3	3.8
制造业	Manufacturing	5.5	6.5	8.5	8.1	8.6
电、煤气、蒸汽和空调供应	Electricity, Gas, Steam and Air Conditioning Supply		1.2	1.5	1.6	1.6
供水；污水处理、废物管理和补救活动	Water Supply; Sewerage, Waste Management and Remediation Activities		0.8	0.7	0.6	0.6
建筑业	Construction	2.3	4.9	8.1	8.8	7.1
批发和零售贸易；机动车辆和摩托车的修理	Wholesale and Retail Trade; Repair of Motor Vehicles and Motorcycles		14.6	17.0	17.8	17.3
运输和储存	Transportation and Storage		7.7	7.0	7.3	6.6
住宿和餐饮业	Accommodation and Food Service Activities	1.3	2.8	3.7	3.8	3.2
信息和通讯业	Information and Communication		1.4	1.8	1.6	1.8
金融和保险业	Financial and Insurance Activities		1.5	2.3	2.4	2.2
房地产业	Real Estate Activities			0.1	0.1	0.1
专业和科技活动	Professional, Scientific and Technical Activities		1.0	1.3	1.4	1.3
企业管理和商务服务业	Administrative and Support Service Activities		0.9	1.2	1.6	1.5
公共行政和国防；强制性社会保障	Public Administration and Defence; Compulsory Social Security		6.1	6.6	6.8	7.4
教育	Education	5.4	8.5	9.0	8.9	9.5
卫生和社会福利业	Human Health and Social Work Activities	3.4	4.0	3.7	3.8	4.1
艺术、娱乐和文娱活动	Arts, Entertainment and Recreation		0.9	1.1	1.2	1.0
其他服务活动	Other Service Activities		2.1	2.0	2.0	2.0
家庭作为雇主的活动；家庭自用、未加区分的生产货物及服务的活动	Activities of Households as Employers; Undifferentiated Goods- and Services-Producing Activities of Households for Own Use		0.1	0.1	0.1	
域外组织和机构的活动	Activities of Extraterritorial Organizations and Bodies		0.2	0.2	0.2	0.1

5-4 续表 5 continued

单位：万人 (10 000 persons)

国家或地区	Country or Area	2000	2010	2014	2015	2016
菲 律 宾	**Philippines**					
按第四版ISIC分类	ISIC-Rev.4					
总　计	Total	2745.2	3603.5	3809.3	3874.1	4083.9
农业、林业和渔业	Agriculture, Forestry and Fishing		1033.6	1158.8	1129.4	1104.0
采掘业	Mining and Quarrying	10.8	161.6	23.5	23.5	21.9
制造业	Manufacturing	274.5	296.5	317.9	320.9	338.1
电、煤气、蒸汽和空调供应	Electricity, Gas, Steam and Air Conditioning Supply		4.2	8.5	8.3	9.1
供水；污水处理、废物管理和补救活动	Water Supply; Sewerage, Waste Management and Remediation Activities		19.5	5.1	5.2	6.7
建筑业	Construction	147.9	6.5	251.9	269.7	336.7
批发和零售贸易；机动车辆和摩托车的修理	Wholesale and Retail Trade; Repair of Motor Vehicles and Motorcycles		201.7	713.5	731.3	800.9
运输和储存	Transportation and Storage		703.4	266.1	278.1	302.1
住宿和餐饮业	Accommodation and Food Service Activities		106.3	165.6	171.6	177.0
信息和通讯业	Information and Communication		251.0	35.4	38.1	36.5
金融和保险业	Financial and Insurance Activities		54.3	49.1	49.8	51.3
房地产业	Real Estate Activities		2.7	17.0	18.4	18.8
专业和科技活动	Professional, Scientific and Technical Activities		299.3	20.9	20.8	21.1
企业管理和商务服务业	Administrative and Support Service Activities		117.6	107.4	113.9	136.4
公共行政和国防；强制性社会保障	Public Administration and Defence; Compulsory Social Security			192.7	209.6	218.2
教育	Education		45.1	124.4	128.2	130.3
卫生和社会福利业	Human Health and Social Work Activities			48.1	49.4	50.1
艺术、娱乐和文娱活动	Arts, Entertainment and Recreation		91.4	35.0	34.3	35.8
其他服务活动	Other Service Activities		192.6	215.2	248.9	288.4
家庭作为雇主的活动；家庭自用、未加区分的生产货物及服务的活动	Activities of Households as Employers; Undifferentiated Goods- and Services-Producing Activities of Households for Own Use			52.5	24.4	
域外组织和机构的活动	Activities of Extraterritorial Organizations and Bodies		0.2	0.5	0.3	0.3
未分类经济活动	Not Classifiable by Economic Activity		16.2			
新 加 坡	**Singapore**					
按第四版ISIC分类	ISIC-Rev.4					
总　计	Total	209.5	306.3	210.4	214.8	
制造业	Manufacturing		54.2	24.9	23.9	
建筑业	Construction	27.4	38.8	9.8	11.0	
批发和零售贸易；机动车辆和摩托车的修理	Wholesale and Retail Trade; Repair of Motor Vehicles and Motorcycles		40.7	34.6	36.4	
运输和储存	Transportation and Storage		19.7	18.9	18.8	
住宿和餐饮业	Accommodation and Food Service Activities	11.4	18.5	13.7	13.9	
信息和通讯业	Information and Communication		9.3	8.8	8.4	
金融和保险业	Financial and Insurance Activities		17.3	16.6	16.7	
房地产业	Real Estate Activities		7.9	5.6	5.5	
专业和科技活动	Professional, Scientific and Technical Activities		18.0	15.3	16.7	
企业管理和商务服务业	Administrative and Support Service Activities		15.7	10.3	11.2	
公共行政和国防；强制性社会保障	Public Administration and Defence; Compulsory Social Security		20.4	28.5	29.1	
教育	Education					
卫生和社会福利业	Human Health and Social Work Activities		9.2	10.8	10.6	
艺术、娱乐和文娱活动	Arts, Entertainment and Recreation		34.6	3.5	3.7	
其他服务活动	Other Service Activities			6.6	6.7	
未分类经济活动	Not Classifiable by Economic Activity	1.5		2.5	2.3	

5-4 续表 6 continued

单位：万人 (10 000 persons)

国家或地区	Country or Area	2000	2010	2014	2015	2016
斯里兰卡	**Sri Lanka**					
按第四版ISIC分类	ISIC-Rev.4					
总　计	Total	631.0	770.7	842.4	855.4	
农业、林业和渔业	Agriculture, Forestry and Fishing			240.0		
采掘业	Mining and Quarrying	0.3	6.9	7.9		
制造业	Manufacturing		131.8	153.5		
电、煤气、蒸汽和空调供应	Electricity, Gas, Steam and Air Conditioning Supply			1.9		
供水；污水处理、废物管理和补救活动	Water Supply; Sewerage, Waste Management and Remediation Activities			1.3		
建筑业	Construction			58.3		
批发和零售贸易；机动车辆和摩托车的修理	Wholesale and Retail Trade; Repair of Motor Vehicles and Motorcycles			111.1		
运输和储存	Transportation and Storage			52.8		
住宿和餐饮业	Accommodation and Food Service Activities		14.6	20.0		
信息和通讯业	Information and Communication			7.1		
金融和保险业	Financial and Insurance Activities			16.1		
房地产业	Real Estate Activities			1.2		
专业和科技活动	Professional, Scientific and Technical Activities			5.3		
企业管理和商务服务业	Administrative and Support Service Activities			11.2		
公共行政和国防；强制性社会保障	Public Administration and Defence; Compulsory Social Security			65.5		
教育	Education		30.2	34.1		
卫生和社会福利业	Human Health and Social Work Activities		11.6	13.8		
艺术、娱乐和文娱活动	Arts, Entertainment and Recreation			4.3		
其他服务活动	Other Service Activities			14.4		
家庭作为雇主的活动；家庭自用、未加区分的生产货物及服务的活动	Activities of Households as Employers; Undifferentiated Goods- and Services-Producing Activities of Households for Own Use			20.5		
域外组织和机构的活动	Activities of Extraterritorial Organizations and Bodies			0.8		
未分类经济活动	Not Classifiable by Economic Activity		20.7			
泰　国	**Thailand**					
按第四版ISIC分类	ISIC-Rev.4					
总　计	Total	3300.1	3803.7	3807.7	3801.6	3769.3
农业、林业和渔业	Agriculture, Forestry and Fishing			1273.3	1227.2	1174.7
采掘业	Mining and Quarrying	3.9	4.1	6.9	7.9	6.6
制造业	Manufacturing	478.5	535.0	639.3	645.4	628.9
电、煤气、蒸汽和空调供应	Electricity, Gas, Steam and Air Conditioning Supply			11.7	10.5	12.1
供水；污水处理、废物管理和补救活动	Water Supply; Sewerage, Waste Management and Remediation Activities			10.5	8.3	9.6
建筑业	Construction	128.0	235.6	226.9	228.2	235.2
批发和零售贸易；机动车辆和摩托车的修理	Wholesale and Retail Trade; Repair of Motor Vehicles and Motorcycles			618.5	617.6	633.1
运输和储存	Transportation and Storage			119.2	121.6	119.9
住宿和餐饮业	Accommodation and Food Service Activities		265.4	256.8	264.4	272.9
信息和通讯业	Information and Communication			24.8	24.2	23.1
金融和保险业	Financial and Insurance Activities			52.7	53.9	54.6
房地产业	Real Estate Activities			15.9	19.4	18.6
专业和科技活动	Professional, Scientific and Technical Activities			31.7	37.4	35.4
企业管理和商务服务业	Administrative and Support Service Activities			49.5	54.8	57.9
公共行政和国防；强制性社会保障	Public Administration and Defence; Compulsory Social Security			158.9	161.1	157.9
教育	Education		124.6	115.3	118.2	118.5
卫生和社会福利业	Human Health and Social Work Activities		70.1	68.4	68.2	70.6
艺术、娱乐和文娱活动	Arts, Entertainment and Recreation			25.6	26.7	25.2
其他服务活动	Other Service Activities			73.6	77.0	82.9
家庭作为雇主的活动；家庭自用、未加区分的生产货物及服务的活动	Activities of Households as Employers; Undifferentiated Goods- and Services-Producing Activities of Households for Own Use			20.8		
域外组织和机构的活动	Activities of Extraterritorial Organizations and Bodies		0.3	6.6	6.6	8.1

5-4 续表 7 continued

单位：万人 (10 000 persons)

国家或地区	Country or Area	2000	2010	2014	2015	2016
越　南	**Viet Nam**					
按第四版ISIC分类	ISIC-Rev.4					
总　计	Total	3836.8	4949.4	5275.4	5283.9	5330.3
农业、林业和渔业	Agriculture, Forestry and Fishing		2397.0	2442.8	2325.8	2231.4
采掘业	Mining and Quarrying	19.2	27.8	24.3	22.8	21.4
制造业	Manufacturing	353.6	705.7	761.7	829.2	888.3
电、煤气、蒸汽和空调供应	Electricity, Gas, Steam and Air Conditioning Supply		13.1	15.2	14.6	16.0
供水；污水处理、废物管理和补救活动	Water Supply; Sewerage, Waste Management and Remediation Activities		11.8	10.9	12.0	13.4
建筑业	Construction		308.4	318.5	323.1	380.7
批发和零售贸易；机动车辆和摩托车的修理	Wholesale and Retail Trade; Repair of Motor Vehicles and Motorcycles		567.2	655.4	668.9	677.5
运输和储存	Transportation and Storage		142.9	153.6	162.2	160.8
住宿和餐饮业	Accommodation and Food Service Activities	50.6	182.6	230.2	244.1	248.1
信息和通讯业	Information and Communication		26.0	31.8	33.8	32.5
金融和保险业	Financial and Insurance Activities		25.7	35.2	36.5	40.0
房地产业	Real Estate Activities		10.2	15.8	15.7	18.8
专业和科技活动	Professional, Scientific and Technical Activities		21.9	22.7	23.6	22.6
企业管理和商务服务业	Administrative and Support Service Activities		18.7	26.2	29.0	26.3
公共行政和国防；强制性社会保障	Public Administration and Defence; Compulsory Social Security		136.7	169.8	168.6	173.1
教育	Education		168.7	186.1	185.6	188.4
卫生和社会福利业	Human Health and Social Work Activities		44.1	49.3	54.0	57.0
艺术、娱乐和文娱活动	Arts, Entertainment and Recreation		23.4	26.6	27.6	26.9
其他服务活动	Other Service Activities		69.3	76.5	86.0	85.3
家庭作为雇主的活动；家庭自用、未加区分的生产货物及服务的活动	Activities of Households as Employers; Undifferentiated Goods- and Services-Producing Activities of Households for Own Use			19.1		
域外组织和机构的活动	Activities of Extraterritorial Organizations and Bodies	0.3	0.3	0.2	0.3	0.2
未分类经济活动	Not Classifiable by Economic Activity		28.1	3.6	0.2	0.3
埃　及	**Egypt**					
按第四版ISIC分类	ISIC-Rev.4					
总　计	Total	1720.3	2382.9	2429.9	2477.9	2537.1
农业、林业和渔业	Agriculture, Forestry and Fishing		672.8	669.4	639.7	647.8
采掘业	Mining and Quarrying	4.7	4.7	4.8	3.9	4.1
制造业	Manufacturing	204.8	288.2	270.7	278.1	290.0
电、煤气、蒸汽和空调供应	Electricity, Gas, Steam and Air Conditioning Supply		26.6	22.2	20.4	20.2
供水；污水处理、废物管理和补救活动	Water Supply; Sewerage, Waste Management and Remediation Activities		15.0	21.1	18.7	30.7
建筑业	Construction		269.4	274.2	300.5	300.9
批发和零售贸易；机动车辆和摩托车的修理	Wholesale and Retail Trade; Repair of Motor Vehicles and Motorcycles		269.4	271.3	293.5	300.4
运输和储存	Transportation and Storage		147.1	175.6	190.3	188.7
住宿和餐饮业	Accommodation and Food Service Activities		52.9	54.9	64.8	66.8
信息和通讯业	Information and Communication		21.1	19.0	20.6	18.8
金融和保险业	Financial and Insurance Activities		19.3	15.8	16.0	18.1
房地产业	Real Estate Activities		1.6	3.2	3.8	3.6
专业和科技活动	Professional, Scientific and Technical Activities		39.7	41.4	40.8	37.7
企业管理和商务服务业	Administrative and Support Service Activities		16.9	14.5	18.6	20.1
公共行政和国防；强制性社会保障	Public Administration and Defence; Compulsory Social Security		185.7	191.3	179.1	172.9
教育	Education	179.0	209.2	229.3	221.6	228.3
卫生和社会福利业	Human Health and Social Work Activities	53.2	61.2	66.7	74.7	78.0
艺术、娱乐和文娱活动	Arts, Entertainment and Recreation		10.4	12.1	11.5	11.7
其他服务活动	Other Service Activities		53.9	60.2	59.0	60.8
家庭作为雇主的活动；家庭自用、未加区分的生产货物及服务的活动	Activities of Households as Employers; Undifferentiated Goods- and Services-Producing Activities of Households for Own Use		14.0	11.9	21.1	
域外组织和机构的活动	Activities of Extraterritorial Organizations and Bodies		0.3	0.4	0.3	0.4
未分类经济活动	Not Classifiable by Economic Activity	0.2	3.7	0.1		4.1

5-4 续表 8 continued

单位：万人 (10 000 persons)

国家或地区	Country or Area	2000	2010	2014	2015	2016
南　非	**South Africa**					
按第四版ISIC分类	ISIC-Rev.4					
总　计	Total	1223.8	1378.8	1531.7	1574.1	
农业、林业和渔业	Agriculture, Forestry and Fishing			71.2		
采掘业	Mining and Quarrying	60.3	32.7	42.8	45.5	
制造业	Manufacturing	157.8	183.9	178.1	176.2	
电、煤气、蒸汽和空调供应	Electricity, Gas, Steam and Air Conditioning Supply			11.8		
建筑业	Construction	68.3	110.9	125.9	140.5	
批发和零售贸易；机动车辆和摩托车的修理	Wholesale and Retail Trade; Repair of Motor Vehicles and Motorcycles			215.1		
运输和储存	Transportation and Storage			76.3		
住宿和餐饮业	Accommodation and Food Service Activities			57.1		
信息和通讯业	Information and Communication			17.8		
金融和保险业	Financial and Insurance Activities			40.7		
房地产业	Real Estate Activities			8.8		
企业管理和商务服务业	Administrative and Support Service Activities	323.0	411.2		484.0	
公共行政和国防；强制性社会保障	Public Administration and Defence; Compulsory Social Security			87.4		
教育	Education			97.0		
卫生和社会福利业	Human Health and Social Work Activities			96.0		
艺术、娱乐和文娱活动	Arts, Entertainment and Recreation			15.2		
其他服务活动	Other Service Activities			23.7		
家庭作为雇主的活动；家庭自用、未加区分的生产货物及服务的活动	Activities of Households as Employers; Undifferentiated Goods- and Services-Producing Activities of Households for Own Use			124.4		
域外组织和机构的活动	Activities of Extraterritorial Organizations and Bodies					
未分类经济活动	Not Classifiable by Economic Activity	10.3		242.3		
加 拿 大	**Canada**					
按第四版ISIC分类	ISIC-Rev.4					
总　计	Total	1476.0	1696.4	1780.2	1794.7	
农业、林业和渔业	Agriculture, Forestry and Fishing					
采掘业	Mining and Quarrying	16.0	25.8			
制造业	Manufacturing	224.2	171.1	171.1	171.2	
电、煤气、蒸汽和空调供应	Electricity, Gas, Steam and Air Conditioning Supply					
供水；污水处理、废物管理和补救活动	Water Supply; Sewerage, Waste Management and Remediation Activities					
建筑业	Construction	80.7	124.2	137.2	137.1	
批发和零售贸易；机动车辆和摩托车的修理	Wholesale and Retail Trade; Repair of Motor Vehicles and Motorcycles					
运输和储存	Transportation and Storage					

5-4 续表 9 continued

单位：万人 (10 000 persons)

国家或地区	Country or Area	2000	2010	2014	2015	2016
加 拿 大(续)	**Canada(Continued)**					
住宿和餐饮业	Accommodation and Food Service Activities		105.8			
信息和通讯业	Information and Communication					
金融和保险业	Financial and Insurance Activities					
房地产业	Real Estate Activities					
专业和科技活动	Professional, Scientific and Technical Activities					
企业管理和商务服务业	Administrative and Support Service Activities	488.5	599.7	637.0	644.6	
公共行政和国防；强制性社会保障	Public Administration and Defence; Compulsory Social Security					
教育	Education	97.4	121.8			
卫生和社会福利业	Human Health and Social Work Activities	151.4	203.1			
域外组织和机构的活动	Activities of Extraterritorial Organizations and Bodies	0.3	0.3			
墨 西 哥	**Mexico**					
按第四版ISIC分类	ISIC-Rev.4					
总　计	Total	3373.0	4612.2	4941.5	5061.1	5159.5
农业、林业和渔业	Agriculture, Forestry and Fishing		636.6	675.1	674.4	671.0
采掘业	Mining and Quarrying	15.0	18.5	22.9	22.9	19.9
制造业	Manufacturing	648.1	708.6	788.8	811.6	841.2
电、煤气、蒸汽和空调供应	Electricity, Gas, Steam and Air Conditioning Supply		10.3	9.4	10.3	10.2
供水；污水处理、废物管理和补救活动	Water Supply; Sewerage, Waste Management and Remediation Activities		18.2	22.6	22.4	23.4
建筑业	Construction	266.4	360.2	372.3	396.1	424.0
批发和零售贸易；机动车辆和摩托车的修理	Wholesale and Retail Trade; Repair of Motor Vehicles and Motorcycles		1006.6	1056.3	1067.9	1076.0
运输和储存	Transportation and Storage		189.3	204.9	211.5	219.7
住宿和餐饮业	Accommodation and Food Service Activities	151.2	304.7	344.9	365.4	383.7
信息和通讯业	Information and Communication		36.4	36.6	37.6	40.9
金融和保险业	Financial and Insurance Activities		42.9	51.9	51.7	49.4
房地产业	Real Estate Activities		13.8	17.0	18.9	16.7
专业和科技活动	Professional, Scientific and Technical Activities		108.6	126.4	129.3	135.4
企业管理和商务服务业	Administrative and Support Service Activities	652.0	113.9	131.4	138.8	144.1
公共行政和国防；强制性社会保障	Public Administration and Defence; Compulsory Social Security		232.7	232.2	225.8	225.2
教育	Education	185.5	247.3	250.1	253.6	255.9
卫生和社会福利业	Human Health and Social Work Activities	105.9	129.2	139.6	143.8	144.1
艺术、娱乐和文娱活动	Arts, Entertainment and Recreation		42.0	41.9	44.4	46.6
其他服务活动	Other Service Activities		143.5	150.2	155.9	155.9
家庭作为雇主的活动；家庭自用、未加区分的生产货物及服务的活动	Activities of Households as Employers; Undifferentiated Goods- and Services-Producing Activities of Households for Own Use		210.0	226.6	237.6	
域外组织和机构的活动	Activities of Extraterritorial Organizations and Bodies	0.2	0.3	0.3	0.1	0.2
未分类经济活动	Not Classifiable by Economic Activity	15.1	39.5	39.7	40.0	38.6

5-4 续表 10 continued

单位：万人 (10 000 persons)

国家或地区	Country or Area	2000	2010	2014	2015	2016
美　国	**United States**					
按第四版ISIC分类	ISIC-Rev.4					
总　计	Total	13689.1	13906.4	14630.5	14883.4	15143.6
农业、林业和渔业	Agriculture, Forestry and Fishing	221.6	196.9	197.7	212.3	219.0
采掘业	Mining and Quarrying	42.5	59.2	76.8	69.1	62.8
制造业	Manufacturing	2082.8	1524.8	1599.6	1631.3	1636.8
电、煤气、蒸汽和空调供应	Electricity, Gas, Steam and Air Conditioning Supply	123.1	119.1	120.2	119.9	128.4
供水；污水处理、废物管理和补救活动	Water Supply; Sewerage, Waste Management and Remediation Activities	58.2	69.9	72.6	76.2	77.3
建筑业	Construction	1036.6	961.3	1055.6	1061.4	1089.2
批发和零售贸易；机动车辆和摩托车的修理	Wholesale and Retail Trade; Repair of Motor Vehicles and Motorcycles	2007.5	1966.3	2011.3	2013.6	2011.3
运输和储存	Transportation and Storage	785.1	792.1	832.1	846.8	866.2
住宿和餐饮业	Accommodation and Food Service Activities	791.4	892.4	973.6	992.4	1024.1
信息和通讯业	Information and Communication	539.7	483.5	524.0	533.9	552.5
金融和保险业	Financial and Insurance Activities	670.6	675.4	727.6	741.9	758.0
房地产业	Real Estate Activities	252.0	262.3	282.3	288.5	305.0
专业和科技活动	Professional, Scientific and Technical Activities	672.1	741.2	812.1	824.5	847.1
企业管理和商务服务业	Administrative and Support Service Activities	580.3	638.6	667.3	679.5	706.9
公共行政和国防；强制性社会保障	Public Administration and Defence; Compulsory Social Security	450.3	511.8	508.0	521.7	523.5
教育	Education	1125.5	1315.5	1324.6	1359.5	1366.6
卫生和社会福利业	Human Health and Social Work Activities	1519.2	1932.1	2002.7	2057.5	2105.8
艺术、娱乐和文娱活动	Arts, Entertainment and Recreation	283.1	286.3	300.3	308.8	310.5
其他服务活动	Other Service Activities	344.5	371.7	420.1	425.2	438.4
域外组织和机构的活动	Activities of Extraterritorial Organizations and Bodies	31.2	39.1	39.9	39.7	41.6
阿 根 廷	**Argentina**					
按第四版ISIC分类	ISIC-Rev.4					
总　计	Total	826.2	1516.2	1567.4		
农业、林业和渔业	Agriculture, Forestry and Fishing		44.8	6.0		
采掘业	Mining and Quarrying	1.5	7.7	4.8		
制造业	Manufacturing	115.5	203.0	145.1		
电、煤气、蒸汽和空调供应	Electricity, Gas, Steam and Air Conditioning Supply		6.8	4.5		
供水；污水处理、废物管理和补救活动	Water Supply; Sewerage, Waste Management and Remediation Activities		6.8	9.7		
建筑业	Construction	65.4	140.6	100.8		
批发和零售贸易；机动车辆和摩托车的修理	Wholesale and Retail Trade; Repair of Motor Vehicles and Motorcycles		283.7	266.6		
运输和储存	Transportation and Storage		89.0	93.9		
住宿和餐饮业	Accommodation and Food Service Activities	25.5	50.6	58.1		
信息和通讯业	Information and Communication		24.2	26.4		
金融和保险业	Financial and Insurance Activities		27.5	21.9		
房地产业	Real Estate Activities		6.9	3.3		
专业和科技活动	Professional, Scientific and Technical Activities		62.3	54.3		
企业管理和商务服务业	Administrative and Support Service Activities	287.6	32.1	40.6		
公共行政和国防；强制性社会保障	Public Administration and Defence; Compulsory Social Security		120.1	141.0		
教育	Education	62.6	120.8	127.5		
卫生和社会福利业	Human Health and Social Work Activities	47.4	74.8	83.2		
艺术、娱乐和文娱活动	Arts, Entertainment and Recreation		29.4	24.0		
其他服务活动	Other Service Activities		53.2	55.7		
家庭作为雇主的活动；家庭自用、未加区分的生产货物及服务的活动	Activities of Households as Employers; Undifferentiated Goods- and Services-Producing Activities of Households for Own Use		125.0	80.5		
未分类经济活动	Not Classifiable by Economic Activity			9.1		

5-4 续表 11 continued

单位：万人 (10 000 persons)

国家或地区	Country or Area	2000	2010	2014	2015	2016
巴　西	**Brazil**					
按第四版ISIC分类	ISIC-Rev.4					
总　计	Total	6563.0		9185.0	9172.6	8950.5
农业、林业和渔业	Agriculture, Forestry and Fishing			952.4	939.3	911.1
采掘业	Mining and Quarrying			49.8	45.9	41.1
制造业	Manufacturing	875.7		1177.6	1150.3	1022.9
电、煤气、蒸汽和空调供应	Electricity, Gas, Steam and Air Conditioning Supply			21.9	23.9	20.6
供水；污水处理、废物管理和补救活动	Water Supply; Sewerage, Waste Management and Remediation Activities			72.1	63.9	59.4
建筑业	Construction			779.9	748.3	723.5
批发和零售贸易；机动车辆和摩托车的修理	Wholesale and Retail Trade; Repair of Motor Vehicles and Motorcycles			1735.1	1750.1	1726.6
运输和储存	Transportation and Storage			419.2	432.3	446.4
住宿和餐饮业	Accommodation and Food Service Activities	307.2	388.2	421.6	437.1	458.7
信息和通讯业	Information and Communication			125.9	123.7	119.3
金融和保险业	Financial and Insurance Activities			132.3	123.9	122.5
房地产业	Real Estate Activities			56.2	58.8	55.4
专业和科技活动	Professional, Scientific and Technical Activities			316.1	320.3	296.4
企业管理和商务服务业	Administrative and Support Service Activities			400.9	401.6	365.3
公共行政和国防；强制性社会保障	Public Administration and Defence; Compulsory Social Security			579.3	527.4	510.5
教育	Education	382.2		550.1	607.3	603.0
卫生和社会福利业	Human Health and Social Work Activities	215.2		380.3	394.0	426.6
艺术、娱乐和文娱活动	Arts, Entertainment and Recreation			88.4	88.7	88.8
其他服务活动	Other Service Activities			328.3	325.7	331.2
域外组织和机构的活动	Activities of Extraterritorial Organizations and Bodies			0.5	0.6	0.6
未分类经济活动	Not Classifiable by Economic Activity			1.8	1.5	2.4
委内瑞拉	**Venezuela**					
按第四版ISIC分类	ISIC-Rev.4					
总　计	Total	896.1	1207.1	1319.0	1320.6	
农业、林业和渔业	Agriculture, Forestry and Fishing		105.1			
采掘业	Mining and Quarrying	5.3	11.5			
制造业	Manufacturing	119.1	139.4			
电、煤气、蒸汽和空调供应	Electricity, Gas, Steam and Air Conditioning Supply		11.3			
供水；污水处理、废物管理和补救活动	Water Supply; Sewerage, Waste Management and Remediation Activities		5.5			
建筑业	Construction	74.1	108.0			
批发和零售贸易；机动车辆和摩托车的修理	Wholesale and Retail Trade; Repair of Motor Vehicles and Motorcycles		266.0			
运输和储存	Transportation and Storage		102.4			
住宿和餐饮业	Accommodation and Food Service Activities		46.1			
信息和通讯业	Information and Communication		15.6			
金融和保险业	Financial and Insurance Activities		15.3			
房地产业	Real Estate Activities		1.6			
专业和科技活动	Professional, Scientific and Technical Activities		48.6			
企业管理和商务服务业	Administrative and Support Service Activities		0.9			
公共行政和国防；强制性社会保障	Public Administration and Defence; Compulsory Social Security		41.6			
教育	Education		95.9			
卫生和社会福利业	Human Health and Social Work Activities		39.9			
艺术、娱乐和文娱活动	Arts, Entertainment and Recreation		11.4			
其他服务活动	Other Service Activities		2.2			
家庭作为雇主的活动；家庭自用、未加区分的生产货物及服务的活动	Activities of Households as Employers; Undifferentiated Goods- and Services-Producing Activities of Households for Own Use		83.6			
域外组织和机构的活动	Activities of Extraterritorial Organizations and Bodies		0.1			
未分类经济活动	Not Classifiable by Economic Activity		54.8			

5-4 续表 12 continued

单位：万人 (10 000 persons)

国家或地区	Country or Area	2000	2010	2014	2015	2016
捷 克	**Czech Rep.**					
按第四版ISIC分类	ISIC-Rev.4					
总 计	Total	467.5	488.5	497.4	504.2	513.9
农业、林业和渔业	Agriculture, Forestry and Fishing		15.1	13.7	14.7	14.9
采掘业	Mining and Quarrying	7.2	4.8	3.6	3.8	3.9
制造业	Manufacturing	128.0	123.6	133.0	137.7	142.9
电、煤气、蒸汽和空调供应	Electricity, Gas, Steam and Air Conditioning Supply		5.7	5.7	4.9	5.3
供水；污水处理、废物管理和补救活动	Water Supply; Sewerage, Waste Management and Remediation Activities		5.0	5.5	5.7	4.9
建筑业	Construction	43.7	46.5	41.4	39.6	38.6
批发和零售贸易；机动车辆和摩托车的修理	Wholesale and Retail Trade; Repair of Motor Vehicles and Motorcycles		59.4	59.0	61.6	60.6
运输和储存	Transportation and Storage		32.8	29.6	29.8	31.4
住宿和餐饮业	Accommodation and Food Service Activities	15.9	19.0	19.5	19.7	18.3
信息和通讯业	Information and Communication		13.7	14.9	14.2	14.8
金融和保险业	Financial and Insurance Activities		11.5	12.2	11.8	11.7
房地产业	Real Estate Activities		4.0	4.6	4.5	3.9
专业和科技活动	Professional, Scientific and Technical Activities		20.2	22.2	23.7	25.1
企业管理和商务服务业	Administrative and Support Service Activities		11.3	13.0	12.9	12.9
公共行政和国防；强制性社会保障	Public Administration and Defence; Compulsory Social Security		32.9	31.9	31.6	33.0
教育	Education	29.8	29.6	32.6	32.3	33.9
卫生和社会福利业	Human Health and Social Work Activities	28.6	34.0	35.4	35.2	36.0
艺术、娱乐和文娱活动	Arts, Entertainment and Recreation		8.3	8.1	8.2	9.3
其他服务活动	Other Service Activities		9.4	8.8	9.0	8.7
家庭作为雇主的活动；家庭自用、未加区分的生产货物及服务的活动	Activities of Households as Employers; Undifferentiated Goods- and Services-Producing Activities of Households for Own Use		1.6	2.6	3.2	
域外组织和机构的活动	Activities of Extraterritorial Organizations and Bodies	0.2	0.1	0.1	0.1	0.1
未分类经济活动	Not Classifiable by Economic Activity					0.1
法 国	**France**					
按第四版ISIC分类	ISIC-Rev.4					
总 计	Total	2312.3	2573.1	2637.6	2642.4	2658.4
农业、林业和渔业	Agriculture, Forestry and Fishing		74.5	74.3	71.6	75.4
采掘业	Mining and Quarrying	4.6	2.5	2.9	2.7	2.8
制造业	Manufacturing	433.6	337.3	320.3	322.5	323.1
电、煤气、蒸汽和空调供应	Electricity, Gas, Steam and Air Conditioning Supply		21.5	20.0	17.6	17.4
供水；污水处理、废物管理和补救活动	Water Supply; Sewerage, Waste Management and Remediation Activities		18.5	18.8	19.2	19.2
建筑业	Construction	150.3	190.0	174.1	169.7	169.9
批发和零售贸易；机动车辆和摩托车的修理	Wholesale and Retail Trade; Repair of Motor Vehicles and Motorcycles		336.0	338.9	337.1	342.8
运输和储存	Transportation and Storage		134.5	142.8	147.5	146.3
住宿和餐饮业	Accommodation and Food Service Activities	78.3	97.0	93.3	99.5	102.2
信息和通讯业	Information and Communication		73.6	72.1	74.5	74.0
金融和保险业	Financial and Insurance Activities		86.1	86.3	87.9	86.5
房地产业	Real Estate Activities		30.3	42.4	39.9	35.9
专业和科技活动	Professional, Scientific and Technical Activities		127.7	147.5	149.7	152.6
企业管理和商务服务业	Administrative and Support Service Activities		92.4	101.6	99.9	104.2
公共行政和国防；强制性社会保障	Public Administration and Defence; Compulsory Social Security		257.3	244.4	243.0	243.1
教育	Education	174.3	175.1	197.1	199.6	199.5
卫生和社会福利业	Human Health and Social Work Activities	241.4	336.9	383.7	388.0	386.8
艺术、娱乐和文娱活动	Arts, Entertainment and Recreation		34.4	42.4	44.1	44.6
其他服务活动	Other Service Activities		72.5	68.8	64.2	65.6
家庭作为雇主的活动；家庭自用、未加区分的生产货物及服务的活动	Activities of Households as Employers; Undifferentiated Goods- and Services-Producing Activities of Households for Own Use		59.6	35.0	29.8	
域外组织和机构的活动	Activities of Extraterritorial Organizations and Bodies	2.0	2.1	2.2	1.7	1.9
未分类经济活动	Not Classifiable by Economic Activity		12.5	26.9	32.7	34.4

5-4 续表 13 continued

单位：万人 (10 000 persons)

国家或地区	Country or Area	2000	2010	2014	2015	2016
德　国	**Germany**					
按第四版ISIC分类	ISIC-Rev.4					
总　计	Total	3632.4	3799.3	3987.1	4021.1	4126.7
农业、林业和渔业	Agriculture, Forestry and Fishing		62.6	57.0	56.1	54.0
采掘业	Mining and Quarrying	14.6	9.3	8.8	8.2	8.5
制造业	Manufacturing	863.0	758.0	780.8	775.9	790.4
电、煤气、蒸汽和空调供应	Electricity, Gas, Steam and Air Conditioning Supply		34.5	33.6	34.1	32.3
供水；污水处理、废物管理和补救活动	Water Supply; Sewerage, Waste Management and Remediation Activities		20.7	22.1	22.7	22.9
建筑业	Construction	309.8	253.0	273.2	272.4	275.9
批发和零售贸易；机动车辆和摩托车的修理	Wholesale and Retail Trade; Repair of Motor Vehicles and Motorcycles		516.2	561.3	567.1	582.3
运输和储存	Transportation and Storage		178.1	192.4	195.8	201.7
住宿和餐饮业	Accommodation and Food Service Activities	121.0	142.4	152.7	154.9	157.9
信息和通讯业	Information and Communication		121.2	116.4	119.9	126.0
金融和保险业	Financial and Insurance Activities		130.6	127.4	124.8	130.0
房地产业	Real Estate Activities		26.2	19.5	21.3	21.6
专业和科技活动	Professional, Scientific and Technical Activities		189.4	216.7	222.3	234.5
企业管理和商务服务业	Administrative and Support Service Activities		197.6	195.4	202.2	206.4
公共行政和国防；强制性社会保障	Public Administration and Defence; Compulsory Social Security		277.9	279.7	275.8	288.2
教育	Education	191.2	233.5	259.5	263.8	268.8
卫生和社会福利业	Human Health and Social Work Activities		461.3	497.0	510.6	528.3
艺术、娱乐和文娱活动	Arts, Entertainment and Recreation		53.7	53.7	56.1	55.8
其他服务活动	Other Service Activities		109.6	114.8	113.5	116.7
家庭作为雇主的活动；家庭自用、未加区分的生产货物及服务的活动	Activities of Households as Employers; Undifferentiated Goods- and Services-Producing Activities of Households for Own Use		19.7	21.4	21.7	
域外组织和机构的活动	Activities of Extraterritorial Organizations and Bodies		3.0	2.1	1.8	1.9
意大利	**Italy**					
按第四版ISIC分类	ISIC-Rev.4					
总　计	Total	2093.0	2252.7	2227.9	2246.5	2275.8
农业、林业和渔业	Agriculture, Forestry and Fishing		84.9	81.2	84.3	88.4
采掘业	Mining and Quarrying	6.6	3.5	3.9	3.4	3.2
制造业	Manufacturing	482.5	419.6	413.4	412.2	414.8
电、煤气、蒸汽和空调供应	Electricity, Gas, Steam and Air Conditioning Supply		11.3	10.8	11.4	12.5
供水；污水处理、废物管理和补救活动	Water Supply; Sewerage, Waste Management and Remediation Activities		21.1	22.8	23.8	23.5
建筑业	Construction	159.6	188.9	148.4	146.8	140.4
批发和零售贸易；机动车辆和摩托车的修理	Wholesale and Retail Trade; Repair of Motor Vehicles and Motorcycles		330.5	322.7	319.4	324.2
运输和储存	Transportation and Storage		105.7	103.9	103.3	108.5
住宿和餐饮业	Accommodation and Food Service Activities	77.3	116.6	126.9	133.4	139.5
信息和通讯业	Information and Communication		52.3	55.1	56.1	56.2
金融和保险业	Financial and Insurance Activities		65.6	61.2	64.4	64.9
房地产业	Real Estate Activities		13.8	12.6	13.2	14.1
专业和科技活动	Professional, Scientific and Technical Activities		141.6	140.3	141.6	145.9
企业管理和商务服务业	Administrative and Support Service Activities		83.2	90.7	96.8	99.1
公共行政和国防；强制性社会保障	Public Administration and Defence; Compulsory Social Security		140.5	128.0	129.3	126.2
教育	Education	151.1	153.7	151.3	150.9	154.3
卫生和社会福利业	Human Health and Social Work Activities	127.7	163.8	180.4	179.6	183.1
艺术、娱乐和文娱活动	Arts, Entertainment and Recreation		26.2	29.8	30.3	32.4
其他服务活动	Other Service Activities		76.2	65.2	65.9	66.7
家庭作为雇主的活动；家庭自用、未加区分的生产货物及服务的活动	Activities of Households as Employers; Undifferentiated Goods- and Services-Producing Activities of Households for Own Use			76.3	78.7	
域外组织和机构的活动	Activities of Extraterritorial Organizations and Bodies	1.9	1.3	1.6	1.7	1.5

5-4 续表 14 continued

单位：万人 (10 000 persons)

国家或地区	Country or Area	2000	2010	2014	2015	2016
荷　兰	**Netherlands**					
按第四版ISIC分类	ISIC-Rev.4					
总　计	Total	786.0	837.0	823.6	831.9	842.7
农业、林业和渔业	Agriculture, Forestry and Fishing		23.3	17.4	17.8	17.5
采掘业	Mining and Quarrying	1.2	0.9	1.0	1.3	1.1
制造业	Manufacturing	109.5	80.1	76.5	78.6	80.2
电、煤气、蒸汽和空调供应	Electricity, Gas, Steam and Air Conditioning Supply		3.4	2.7	2.8	3.3
供水；污水处理、废物管理和补救活动	Water Supply; Sewerage, Waste Management and Remediation Activities		3.5	3.3	3.1	3.3
建筑业	Construction	45.0	45.6	39.8	40.3	39.8
批发和零售贸易；机动车辆和摩托车的修理	Wholesale and Retail Trade; Repair of Motor Vehicles and Motorcycles		109.5	123.5	123.3	124.2
运输和储存	Transportation and Storage		39.2	35.8	35.6	37.4
住宿和餐饮业	Accommodation and Food Service Activities	28.7	33.8	32.5	35.2	35.6
信息和通讯业	Information and Communication		29.4	24.5	25.6	27.2
金融和保险业	Financial and Insurance Activities		21.7	28.0	26.8	26.4
房地产业	Real Estate Activities		6.3	6.4	6.7	6.5
专业和科技活动	Professional, Scientific and Technical Activities		47.7	58.1	58.5	57.8
企业管理和商务服务业	Administrative and Support Service Activities		30.0	41.0	42.9	44.5
公共行政和国防；强制性社会保障	Public Administration and Defence; Compulsory Social Security		54.2	49.0	48.5	48.3
教育	Education	47.2	57.1	54.4	55.7	56.1
卫生和社会福利业	Human Health and Social Work Activities	106.4	136.0	129.9	129.1	129.3
艺术、娱乐和文娱活动	Arts, Entertainment and Recreation		17.2	15.9	16.9	16.9
其他服务活动	Other Service Activities		17.6	18.6	18.1	18.1
家庭作为雇主的活动；家庭自用、未加区分的生产货物及服务的活动	Activities of Households as Employers; Undifferentiated Goods- and Services-Producing Activities of Households for Own Use		0.4	0.7	0.4	
域外组织和机构的活动	Activities of Extraterritorial Organizations and Bodies	0.1	0.3	0.1	0.2	0.2
未分类经济活动	Not Classifiable by Economic Activity	35.9	80.0	64.3	64.6	68.6
波　兰	**Poland**					
按第四版ISIC分类	ISIC-Rev.4					
总　计	Total	1451.8	1547.3	1586.1	1608.4	1619.7
农业、林业和渔业	Agriculture, Forestry and Fishing		201.8	181.9	184.9	170.8
采掘业	Mining and Quarrying	30.2	22.4	26.7	23.0	22.9
制造业	Manufacturing	287.0	287.6	303.6	310.7	327.9
电、煤气、蒸汽和空调供应	Electricity, Gas, Steam and Air Conditioning Supply		17.8	17.6	17.5	17.3
供水；污水处理、废物管理和补救活动	Water Supply; Sewerage, Waste Management and Remediation Activities		15.1	17.0	17.8	17.1
建筑业	Construction	107.9	125.7	118.7	120.7	122.3
批发和零售贸易；机动车辆和摩托车的修理	Wholesale and Retail Trade; Repair of Motor Vehicles and Motorcycles		228.6	229.6	232.9	235.3
运输和储存	Transportation and Storage		86.4	92.7	94.4	97.0
住宿和餐饮业	Accommodation and Food Service Activities	24.4	33.8	33.4	34.0	37.6
信息和通讯业	Information and Communication		30.3	35.6	36.9	36.0
金融和保险业	Financial and Insurance Activities		35.4	37.6	39.5	38.4
房地产业	Real Estate Activities		16.8	15.8	17.2	16.1
专业和科技活动	Professional, Scientific and Technical Activities		47.7	55.5	56.1	58.4
企业管理和商务服务业	Administrative and Support Service Activities		39.7	45.6	44.0	42.9
公共行政和国防；强制性社会保障	Public Administration and Defence; Compulsory Social Security		100.9	106.3	107.5	108.5
教育	Education	99.9	120.6	124.9	123.3	119.3
卫生和社会福利业	Human Health and Social Work Activities	93.7	90.1	93.5	94.7	97.0
艺术、娱乐和文娱活动	Arts, Entertainment and Recreation		19.3	20.8	21.3	21.6
其他服务活动	Other Service Activities		23.8	23.9	24.5	24.6
家庭作为雇主的活动；家庭自用、未加区分的生产货物及服务的活动	Activities of Households as Employers; Undifferentiated Goods- and Services-Producing Activities of Households for Own Use		2.3	2.5	2.5	
域外组织和机构的活动	Activities of Extraterritorial Organizations and Bodies		0.1			0.1
未分类经济活动	Not Classifiable by Economic Activity		1.1	2.7	5.0	6.1

5-4 续表 15 continued

单位：万人 (10 000 persons)

国家或地区	Country or Area	2000	2010	2014	2015	2016
俄 罗 斯	**Russia**					
按第四版ISIC分类	ISIC-Rev.4					
总 计	Total	6507.0	6980.4	7153.9	7232.4	
采掘业	Mining and Quarrying	129.4	142.2	152.6	150.5	
制造业	Manufacturing	1217.8	1058.2	1038.2	1034.3	
建筑业	Construction	332.9	503.4	541.9	547.5	
住宿和餐饮业	Accommodation and Food Service Activities	92.4	136.7	172.8	180.2	
企业管理和商务服务业	Administrative and Support Service Activities	1998.8	2044.8	2044.8	2082.1	
教育	Education	591.1	656.5	657.7	666.7	
卫生和社会福利业	Human Health and Social Work Activities	439.2	548.5	562.6	571.7	
域外组织和机构的活动	Activities of Extraterritorial Organizations and Bodies	0.4	0.1	0.2	0.5	
西 班 牙	**Spain**					
按第四版ISIC分类	ISIC-Rev.4					
总 计	Total	1544.0	1872.4	1734.4	1786.6	1834.2
农业、林业和渔业	Agriculture, Forestry and Fishing		78.6	73.6	73.7	77.5
采掘业	Mining and Quarrying	6.8	4.6	3.1	3.4	3.0
制造业	Manufacturing	289.4	240.5	214.1	222.5	228.4
电、煤气、蒸汽和空调供应	Electricity, Gas, Steam and Air Conditioning Supply		8.0	9.4	9.2	8.4
供水；污水处理、废物管理和补救活动	Water Supply; Sewerage, Waste Management and Remediation Activities		11.9	11.3	13.1	12.4
建筑业	Construction	170.1	165.1	99.4	107.4	107.4
批发和零售贸易；机动车辆和摩托车的修理	Wholesale and Retail Trade; Repair of Motor Vehicles and Motorcycles		293.7	286.7	292.1	296.9
运输和储存	Transportation and Storage		92.6	85.3	87.1	93.2
住宿和餐饮业	Accommodation and Food Service Activities	101.9	138.3	140.4	150.5	160.4
信息和通讯业	Information and Communication		52.8	51.6	53.0	54.6
金融和保险业	Financial and Insurance Activities		47.7	45.3	45.4	45.8
房地产业	Real Estate Activities		8.4	10.0	10.4	11.4
专业和科技活动	Professional, Scientific and Technical Activities		87.5	85.1	89.1	92.4
企业管理和商务服务业	Administrative and Support Service Activities		91.0	89.9	92.8	94.0
公共行政和国防；强制性社会保障	Public Administration and Defence; Compulsory Social Security		143.9	130.9	132.5	126.6
教育	Education	85.0	121.1	115.2	118.2	126.8
卫生和社会福利业	Human Health and Social Work Activities	81.5	139.7	141.7	144.2	151.1
艺术、娱乐和文娱活动	Arts, Entertainment and Recreation		34.1	35.0	36.5	37.7
其他服务活动	Other Service Activities		39.0	40.5	42.4	43.5
家庭作为雇主的活动；家庭自用、未加区分的生产货物及服务的活动	Activities of Households as Employers; Undifferentiated Goods- and Services-Producing Activities of Households for Own Use		72.3	64.8	62.8	
域外组织和机构的活动	Activities of Extraterritorial Organizations and Bodies	0.1	0.3	0.3	0.2	0.4
土 耳 其	**Turkey**					
按第四版ISIC分类	ISIC-Rev.4					
总 计	Total	2158.1	2259.3	2593.1	2661.9	2721.6
农业、林业和渔业	Agriculture, Forestry and Fishing		535.5	546.8	543.2	530.7
采掘业	Mining and Quarrying	8.2	11.4	13.3	11.9	12.5
制造业	Manufacturing	363.8	421.3	493.5	496.6	491.8
电、煤气、蒸汽和空调供应	Electricity, Gas, Steam and Air Conditioning Supply		7.3	9.2	10.3	10.6
供水；污水处理、废物管理和补救活动	Water Supply; Sewerage, Waste Management and Remediation Activities		9.2	15.4	15.3	15.1
建筑业	Construction	136.4	143.2	191.1	190.7	198.7
批发和零售贸易；机动车辆和摩托车的修理	Wholesale and Retail Trade; Repair of Motor Vehicles and Motorcycles		332.6	358.6	369.3	375.7

5-4 续表 16 continued

单位：万人 (10 000 persons)

国家或地区	Country or Area	2000	2010	2014	2015	2016
土 耳 其(续)	**Turkey(Continued)**					
运输和储存	Transportation and Storage		101.0	111.9	111.0	118.6
住宿和餐饮业	Accommodation and Food Service Activities	77.6	108.4	135.1	144.6	147.1
信息和通讯业	Information and Communication		20.4	22.8	25.3	24.8
金融和保险业	Financial and Insurance Activities		27.3	30.1	29.6	30.1
房地产业	Real Estate Activities		6.0	20.5	21.3	24.3
专业和科技活动	Professional, Scientific and Technical Activities		42.9	68.4	75.2	84.6
企业管理和商务服务业	Administrative and Support Service Activities		76.7	115.5	129.5	139.7
公共行政和国防；强制性社会保障	Public Administration and Defence; Compulsory Social Security		129.1	138.5	145.8	145.5
教育	Education	75.0	101.9	132.1	142.0	160.7
卫生和社会福利业	Human Health and Social Work Activities	47.9	59.0	97.4	105.6	112.3
艺术、娱乐和文娱活动	Arts, Entertainment and Recreation		10.2	13.1	15.0	14.1
其他服务活动	Other Service Activities		58.2	63.8	64.9	68.2
家庭作为雇主的活动；家庭自用、未加区分的生产货物及服务的活动	Activities of Households as Employers; Undifferentiated Goods- and Services-Producing Activities of Households for Own Use			15.9	14.5	
域外组织和机构的活动	Activities of Extraterritorial Organizations and Bodies	0.4	0.4	0.2	0.4	0.6
乌 克 兰	**Ukraine**					
按第四版ISIC分类	ISIC-Rev.4					
总　计	Total	2017.5	2026.6	1807.3	1644.3	1627.7
农业、林业和渔业	Agriculture, Forestry and Fishing			267.0	250.9	253.9
采掘业	Mining and Quarrying	61.8	61.4	69.5	39.9	40.3
制造业	Manufacturing	291.4	268.8	234.9	206.9	199.8
电、煤气、蒸汽和空调供应	Electricity, Gas, Steam and Air Conditioning Supply			42.1	39.0	37.5
供水；污水处理、废物管理和补救活动	Water Supply; Sewerage, Waste Management and Remediation Activities			12.4	8.7	9.7
建筑业	Construction	89.5	130.4	113.6	111.6	107.3
批发和零售贸易；机动车辆和摩托车的修理	Wholesale and Retail Trade; Repair of Motor Vehicles and Motorcycles			312.3	294.6	290.6
运输和储存	Transportation and Storage			117.2	106.5	105.7
住宿和餐饮业	Accommodation and Food Service Activities		32.9	33.9	33.8	34.9
信息和通讯业	Information and Communication			29.6	28.4	27.8
金融和保险业	Financial and Insurance Activities			33.7	30.0	24.9
房地产业	Real Estate Activities			9.0	7.4	6.6
专业和科技活动	Professional, Scientific and Technical Activities			34.4	33.8	31.7
企业管理和商务服务业	Administrative and Support Service Activities			25.1	24.3	26.3
公共行政和国防；强制性社会保障	Public Administration and Defence; Compulsory Social Security			102.6	92.9	94.4
教育	Education		168.4	176.8	160.6	158.3
卫生和社会福利业	Human Health and Social Work Activities		133.8	130.1	113.4	111.5
艺术、娱乐和文娱活动	Arts, Entertainment and Recreation			18.4	16.8	17.7
其他服务活动	Other Service Activities			31.1	30.2	33.1
家庭作为雇主的活动；家庭自用、未加区分的生产货物及服务的活动	Activities of Households as Employers; Undifferentiated Goods- and Services-Producing Activities of Households for Own Use			13.9	14.7	

5-4 续表 17 continued

单位：万人 (10 000 persons)

国家或地区	Country or Area	2000	2010	2014	2015	2016
英　国	**United Kingdom**					
按第四版ISIC分类	ISIC-Rev.4					
总　计	Total	2726.4	2912.5	3067.1	3119.3	3162.8
农业、林业和渔业	Agriculture, Forestry and Fishing		35.2	38.2	35.2	35.4
采掘业	Mining and Quarrying	9.9	10.3	13.2	15.4	11.5
制造业	Manufacturing		286.5	300.7	299.2	299.1
电、煤气、蒸汽和空调供应	Electricity, Gas, Steam and Air Conditioning Supply		17.6	18.2	18.4	18.6
供水；污水处理、废物管理和补救活动	Water Supply; Sewerage, Waste Management and Remediation Activities		19.5	21.0	21.5	22.1
建筑业	Construction	193.1	221.6	223.6	223.4	229.4
批发和零售贸易；机动车辆和摩托车的修理	Wholesale and Retail Trade; Repair of Motor Vehicles and Motorcycles		401.0	401.9	406.5	416.6
运输和储存	Transportation and Storage		145.4	147.5	155.7	161.1
住宿和餐饮业	Accommodation and Food Service Activities	112.7	142.8	159.8	163.7	170.8
信息和通讯业	Information and Communication		101.2	120.1	126.3	126.4
金融和保险业	Financial and Insurance Activities		117.9	117.9	123.4	124.5
房地产业	Real Estate Activities		28.1	35.1	34.1	35.4
专业和科技活动	Professional, Scientific and Technical Activities		187.4	214.3	217.7	228.1
企业管理和商务服务业	Administrative and Support Service Activities		134.0	144.0	150.0	151.1
公共行政和国防；强制性社会保障	Public Administration and Defence; Compulsory Social Security		190.7	182.5	184.6	190.7
教育	Education	219.2	310.0	318.2	327.9	331.0
卫生和社会福利业	Human Health and Social Work Activities	297.9	383.2	409.0	414.7	412.6
艺术、娱乐和文娱活动	Arts, Entertainment and Recreation		75.7	79.4	84.4	82.5
其他服务活动	Other Service Activities		73.0	83.8	86.5	87.2
家庭作为雇主的活动；家庭自用、未加区分的生产货物及服务的活动	Activities of Households as Employers; Undifferentiated Goods- and Services-Producing Activities of Households for Own Use		5.7	7.7	5.5	
域外组织和机构的活动	Activities of Extraterritorial Organizations and Bodies	2.3	4.1	4.3	3.9	5.0
未分类经济活动	Not Classifiable by Economic Activity	7.4	21.0	26.0	21.3	16.8
澳大利亚	**Australia**					
按第四版ISIC分类	ISIC-Rev.4					
总　计	Total	886.1	1099.1	1153.5	1177.1	1195.0
农业、林业和渔业	Agriculture, Forestry and Fishing	43.0	35.5	32.3	31.1	31.4
采掘业	Mining and Quarrying	8.0	18.7	24.7	22.7	22.5
制造业	Manufacturing	114.2	106.2	100.3	96.9	97.5
电、煤气、蒸汽和空调供应	Electricity, Gas, Steam and Air Conditioning Supply	4.3	7.3	8.4	8.1	7.8
供水；污水处理、废物管理和补救活动	Water Supply; Sewerage, Waste Management and Remediation Activities	1.5	3.1	6.2	6.4	6.0
建筑业	Construction	68.5	99.9	103.3	103.0	106.0
批发和零售贸易；机动车辆和摩托车的修理	Wholesale and Retail Trade; Repair of Motor Vehicles and Motorcycles	140.8	159.7	177.0	177.2	174.3
运输和储存	Transportation and Storage	37.6	45.5	59.4	61.0	62.3
住宿和餐饮业	Accommodation and Food Service Activities	61.6	73.7	77.4	82.3	84.4
信息和通讯业	Information and Communication	31.5	34.7	38.0	39.6	39.7
金融和保险业	Financial and Insurance Activities	32.6	38.2	41.5	41.7	42.6
房地产业	Real Estate Activities	2.0	3.6	16.8	16.6	17.1

5-4 续表 18 continued

单位：万人 (10 000 persons)

国家或地区	Country or Area	2000	2010	2014	2015	2016
澳大利亚(续)	**Australia(Continued)**					
专业和科技活动	Professional, Scientific and Technical Activities	42.8	63.0	73.6	79.7	80.9
企业管理和商务服务业	Administrative and Support Service Activities	33.2	37.3	42.7	45.2	47.6
公共行政和国防；强制性社会保障	Public Administration and Defence; Compulsory Social Security	48.2	68.7	72.5	73.0	77.0
教育	Education	45.2	60.1	91.3	93.5	94.8
卫生和社会福利业	Human Health and Social Work Activities	83.3	123.2	140.2	149.6	152.4
艺术、娱乐和文娱活动	Arts, Entertainment and Recreation	15.1	20.6	22.3	23.9	23.8
其他服务活动	Other Service Activities	18.1	23.1	25.0	24.9	26.1
家庭作为雇主的活动；家庭自用、未加区分的生产货物及服务的活动	Activities of Households as Employers; Undifferentiated Goods- and Services-Producing Activities of Households for Own Use	0.7	0.4			
域外组织和机构的活动	Activities of Extraterritorial Organizations and Bodies			0.1	0.1	0.1
新 西 兰	**New Zealand**					
按第四版ISIC分类	ISIC-Rev.4					
总 计	Total	177.9	218.0	230.5	235.7	
农业、林业和渔业	Agriculture, Forestry and Fishing		14.9	14.3	14.3	
采掘业	Mining and Quarrying	0.4	0.7	0.7	0.7	
制造业	Manufacturing	28.2	25.2	25.1	26.4	
电、煤气、蒸汽和空调供应	Electricity, Gas, Steam and Air Conditioning Supply		1.0	1.4	1.4	
供水；污水处理、废物管理和补救活动	Water Supply; Sewerage, Waste Management and Remediation Activities		0.7	0.7	0.9	
建筑业	Construction	11.8	17.9	19.9	22.3	
批发和零售贸易；机动车辆和摩托车的修理	Wholesale and Retail Trade; Repair of Motor Vehicles and Motorcycles		34.5	35.3	34.7	
运输和储存	Transportation and Storage		9.2	10.4	10.1	
住宿和餐饮业	Accommodation and Food Service Activities	9.3	12.2	12.2	13.0	
信息和通讯业	Information and Communication		7.3	8.5	9.2	
金融和保险业	Financial and Insurance Activities		6.3	7.0	6.9	
房地产业	Real Estate Activities		2.8	2.8	2.9	
专业和科技活动	Professional, Scientific and Technical Activities		13.8	14.1	13.7	
企业管理和商务服务业	Administrative and Support Service Activities		8.3	9.8	9.7	
公共行政和国防；强制性社会保障	Public Administration and Defence; Compulsory Social Security		11.5	11.6	11.6	
教育	Education	13.0	19.0	19.7	20.1	
卫生和社会福利业	Human Health and Social Work Activities	14.2	22.4	24.9	25.4	
艺术、娱乐和文娱活动	Arts, Entertainment and Recreation		4.1	4.6	4.9	
其他服务活动	Other Service Activities		5.2	6.1	6.2	
家庭作为雇主的活动；家庭自用、未加区分的生产货物及服务的活动	Activities of Households as Employers; Undifferentiated Goods- and Services-Producing Activities of Households for Own Use		0.3	0.2	0.2	
未分类经济活动	Not Classifiable by Economic Activity	0.8	0.8	1.2	1.3	

注：①指城镇单位就业人员数。数据来源于《中国统计年鉴》。
Note:①Refer to Number of Employed Persons in Urban units.Data comes from China Statistical Yearbook.

5-5 失业人数
Unemployment

资料来源：联合国ILO数据库。
Source: ILO Database.

单位：万人 (10 000 persons)

国家或地区	Country or Area	2000	2005	2010	2014	2015	2016
中　　国①	China①	595	839	908	952	966	982
中国香港	Hong Kong, China	16.7	19.8	15.7	12.8	12.9	13.3
中国澳门	Macao, China	1.4	1.0	0.9	0.7	0.7	0.8
孟加拉国	Bangladesh	175.0	210.4	189.1			258.7
文　　莱	Brunei Darussalam	0.7		0.5	1.4	1.3	
柬 埔 寨	Cambodia	13.4		2.7	1.5		
印　　度	India	1663.4	3934.8	1373.4			
印度尼西亚	Indonesia	581.3	810.9	641.2	491.1	557.0	537.2
伊　　朗	Iran	159.8	264.3	321.8	251.4	272.9	320.3
以 色 列	Israel	30.5	34.8	29.4	22.3	20.2	18.8
日　　本	Japan	320.0	294.0	334.0	236.0	222.0	208.0
哈萨克斯坦	Kazakhstan	90.6	64.1	49.7	46.1		
韩　　国	Korea, Rep.	97.9	88.7	92.0	93.7	97.6	101.2
老　　挝	Laos		3.8	2.2			
马来西亚	Malaysia	28.7	36.8	39.6	41.1	45.0	50.4
蒙　　古	Mongolia	3.9	3.6	7.2	5.6	5.9	9.0
缅　　甸	Myanmar	38.2	19.0			16.8	
巴基斯坦	Pakistan	312.7	356.6	32.5	101.1	204.4	
菲 律 宾	Philippines	345.9	127.5	134.8	142.3		113.7
新 加 坡	Singapore	0.4	4.4	8.4	8.2	8.5	9.2
斯里兰卡	Sri Lanka	51.7	62.3	40.1	38.7		
泰　　国	Thailand	81.3	49.6	23.8	22.0	22.8	26.1
越　　南	Viet Nam	88.6		55.7	67.1	100.1	100.6
埃　　及	Egypt	169.8	245.0	228.7	367.0	372.0	359.4
尼日利亚	Nigeria			1394.7		323.7	
南　　非	South Africa	448.7	449.8	457.2	507.8	535.4	577.2
加 拿 大	Canada	108.2	116.9	148.6	132.2	133.1	136.1
墨 西 哥	Mexico	98.9	155.2	258.3	249.7	228.1	207.1
美　　国	United States	569.2	759.1	1482.5	961.7	829.6	775.1
阿 根 廷	Argentina	146.1	114.2	120.6	118.4		
巴　　西	Brazil	1183.8	880.6		739.4	1015.9	
委内瑞拉	Venezuela	136.6	124.2	113.2			
白俄罗斯	Belarus	9.6	6.8	3.3	2.4		30.2
捷　　克	Czech Rep.	44.9	41.0	38.4	32.4	26.8	21.1
法　　国	France	263.1	231.9	250.5	302.6	305.4	297.2
德　　国	Germany	312.3	457.1	284.5	209.0	195.0	177.4
意 大 利	Italy	254.5	187.7	205.6	323.6	303.3	301.2
荷　　兰	Netherlands	22.0	40.2	39.0	66.0	61.4	53.9
波　　兰	Poland	283.0	304.5	165.0	156.7	130.4	106.3
俄 罗 斯	Russia	770.0	524.2	556.3	389.2	426.7	426.1
西 班 牙	Spain	246.9	193.4	464.0	561.0	505.6	448.1
土 耳 其	Turkey	149.9	238.8	269.6	284.3	303.5	330.8
乌 克 兰	Ukraine	265.6	160.1	178.6	184.8	165.5	167.8
英　　国	United Kingdom	160.6	143.3	245.9	199.6	174.6	159.9
澳大利亚	Australia	59.7	52.4	60.6	74.8	76.0	72.6
新 西 兰	New Zealand	11.8	8.2	15.1	14.1	13.4	13.3

注：①城镇登记失业人数。
Note:①Urban Registered Unemployed Persons.

5-6 失业率
Unemployment Rate

资料来源：联合国ILO数据库。
Source: ILO Database.
单位：%

国家或地区	Country or Area	2000	2005	2010	2014	2015	2016
中　　国①	China①	3.1	4.2	4.1	4.1	4.1	4.0
中国香港	Hong Kong, China	4.9	5.6	4.3	3.3	3.3	3.4
中国澳门	Macao, China	6.8	4.1	2.8	1.7	1.8	1.9
中国台湾	Taiwan, China,	3.0	4.1	5.2	4.0	3.8	3.9
阿尔巴尼亚	Albania	16.8	14.1	14.1	17.5	17.1	
阿尔及利亚	Algeria	29.8	15.3	10.0	10.6		
美属萨摩亚	American Samoa	5.1	10.0	9.2			
阿 根 廷	Argentina	15.0	10.6	7.4	7.0		
亚美尼亚	Armenia	11.7	8.2	19.0	17.5	18.3	17.6
澳大利亚	Australia	6.3	5.0	5.2	6.1	6.1	5.7
奥 地 利	Austria	4.7	5.6	4.8	5.6	5.7	6.0
阿塞拜疆	Azerbaijan	1.2	7.6	5.6	4.9	5.0	5.0
巴 哈 马	Bahamas		10.2				
孟加拉国	Bangladesh	3.3	4.3	3.4			4.4
巴巴多斯	Barbados	9.4	9.1	10.7	12.3	11.3	9.7
白俄罗斯	Belarus	2.1	1.5	0.7	0.5	1.0	5.8
比 利 时	Belgium	6.6	8.4	8.3	8.5	8.5	7.8
百 慕 大	Bermuda	2.7		6.5	9.0		
不　　丹	Bhutan		3.1	3.3	2.6	2.5	
玻利维亚	Bolivia	4.8	5.1	6.0	2.0	3.1	3.1
波　　黑	Bosnia and Herzegovinian			27.2	27.5	27.7	25.4
巴　　西	Brazil	15.3	9.6	6.7	7.1	9.8	
保加利亚	Bulgaria	16.2	10.1	10.3	11.4	9.1	7.6
柬 埔 寨	Cambodia	2.5		0.4	0.1		
加 拿 大	Canada	6.8	6.8	8.1	6.9	6.9	7.0
开曼群岛	Cayman Islands		3.5	6.3	4.7	4.2	
智　　利	Chile	10.5	9.3	8.4	6.7	6.5	6.7
哥伦比亚	Colombia	20.5	11.9	11.0	8.6	8.3	8.7
哥斯达黎加	Costa Rica	5.1	6.6	7.2	8.4	8.3	7.6
克罗地亚	Croatia	21.1	12.6	11.6	17.3	16.2	13.1
古　　巴	Cuba	5.4	1.9	2.5	2.7		
塞浦路斯	Cyprus	5.0	5.3	6.3	16.1	14.9	13.0
捷　　克	Czech Rep.	8.8	7.9	7.3	6.1	5.1	4.0
丹　　麦	Denmark	4.5	4.8	7.5	6.6	6.2	6.2
多米尼加	Dominican Rep.	6.4	6.6	5.2	6.7	6.3	5.8
厄瓜多尔	Ecuador	4.8	3.8	4.1	3.5	3.6	4.6
埃　　及	Egypt	9.0	11.2	8.8	13.1	13.1	12.4
萨尔瓦多	El Salvador	7.0	7.2	4.9	4.2	4.0	4.4
爱沙尼亚	Estonia	13.4	8.0	16.7	7.4	6.2	6.8
埃塞俄比亚	Ethiopia		2.5	18.9	17.4		

5-6 续表 1 continued

单位：% (%)

国家或地区	Country or Area	2000	2005	2010	2014	2015	2016
芬　　兰	Finland	11.1	8.4	8.4	8.7	9.4	8.8
法　　国	France	10.2	8.5	8.9	10.3	10.4	10.1
法属圭亚那	French Guiana	25.8	26.5	21.0			23.2
加　　蓬	Gabon		16.9	20.4			
格鲁吉亚	Georgia	10.8	13.8	16.3	12.4	12.0	11.8
德　　国	Germany	7.9	11.2	7.0	5.0	4.6	4.1
希　　腊	Greece	11.3	10.0	12.7	26.5	24.9	23.5
格 陵 兰	Greenland	11.0	9.3	7.8	10.3	9.1	
瓜德罗普	Guadeloupe	25.7	26.0	23.8			23.8
关　　岛	Guam	15.3	7.0	8.2			
危地马拉	Guatemala	1.4		3.5	2.7	2.5	2.8
洪都拉斯	Honduras		4.9	4.1	5.5	4.6	4.7
匈 牙 利	Hungary	6.6	7.2	11.2	7.7	6.8	5.1
冰　　岛	Iceland	1.9	2.6	7.6	4.9	4.0	3.0
印　　度	India	2.7	3.1	2.4	4.9		
印度尼西亚	Indonesia	6.1	7.9	5.6	4.1	4.5	4.3
伊　　朗	Iran		11.5	13.5	10.6	11.1	12.4
爱 尔 兰	Ireland	4.3	4.3	14.5	11.9	9.9	8.4
马 恩 岛	Isle of Man	0.6	1.4		2.0		2.7
以 色 列	Israel	11.1	11.3	8.5	5.9	5.3	4.8
意 大 利	Italy	10.8	7.7	8.4	12.7	11.9	11.7
牙 买 加	Jamaica	15.5	10.9	12.4	13.7	13.5	13.2
日　　本	Japan	4.7	4.4	5.1	3.6	3.4	3.1
泽 西 岛	Jersey			3.0	4.6	4.0	
约　　旦	Jordan	13.7	14.8	12.5	11.9		
哈萨克斯坦	Kazakhstan	3.7	1.2	5.8	5.1	5.0	
基里巴斯	Kiribati		14.7	30.6			
韩　　国	Korea, Rep.	4.4	3.7	3.7	3.5	3.6	3.7
科 威 特	Kuwait	0.8	2.0	1.8			
吉尔吉斯斯坦	Kyrgyzstan	7.5	8.1	8.6	8.1	7.6	7.2
拉脱维亚	Latvia	14.2	10.0	19.5	10.9	9.9	9.6
列支敦士登	Liechtenstein	1.3	2.7	2.6			
立 陶 宛	Lithuania	15.9	8.3	17.8	10.7	9.1	7.9
卢 森 堡	Luxemburg	2.4	4.5	4.4	5.9	6.7	6.3
马 其 顿	Macedonia	53.7	37.3	32.0			
马达加斯加	Madagascar	5.8	2.3	3.8		1.8	
马来西亚	Malaysia	3.0	3.5	3.3	2.9	3.1	3.4
马 耳 他	Malta	6.3	6.9	6.9	5.8	5.4	4.7
马提尼克	Martinique	26.3	17.8	21.0			17.6
毛里求斯	Mauritius	8.8	9.5	7.7	7.5	7.4	6.8
墨 西 哥	Mexico	2.6	3.6	5.3	4.8	4.3	3.9
摩尔多瓦	Moldova	2.3	7.3	7.5	3.9	3.7	4.2
蒙　　古	Mongolia	4.6	3.3	6.6	4.8	4.9	7.2
黑　　山	Montenegro		30.3	19.7	18.0	17.5	17.7
摩 洛 哥	Morocco	13.6	11.0	9.1	9.9	9.7	
纳米比亚	Namibia	20.3		22.1	18.5		23.4

5-6 续表 2 continued

单位：%　　(%)

国家或地区	Country or Area	2000	2005	2010	2014	2015	2016
荷　兰	Netherlands	2.7	4.7	4.5	7.4	6.9	6.0
荷属安的列斯	Netherlands Antilles	14.0	18.2				
新西兰	New Zealand	6.1	3.8	6.6	5.8	5.4	5.1
尼加拉瓜	Nicaragua	9.8	5.6	9.7	4.5		
挪　威	Norway	3.5	4.4	3.5	3.5	4.3	4.7
巴基斯坦	Pakistan	7.8	7.7	0.7	1.8	3.6	
巴拿马	Panama	13.5	10.3	3.7	2.7	3.0	3.3
巴拉圭	Paraguay	7.6	4.8	7.5	7.8	6.5	7.8
秘　鲁	Peru	7.4	9.2	7.5	5.7	6.3	6.6
菲律宾	Philippines	11.2	3.8	3.6	3.6	6.3	2.7
波　兰	Poland	16.3	17.8	9.6	9.0	7.5	6.2
葡萄牙	Portugal	3.8	7.6	10.8	13.9	12.4	11.1
波多黎各	Puerto Rico	10.2	11.4	16.1	13.9	12.0	
卡塔尔	Qatar			0.5	0.2	0.2	0.1
留尼汪	Reunion	36.5	29.5	28.9			22.4
罗马尼亚	Romania	7.0	7.2	7.0	6.8	6.8	5.9
俄罗斯	Russia	10.6	7.1	7.4	5.2	5.6	5.6
圣卢西亚	Saint Lucia	16.4	18.7	20.6			
圣马力诺	San Marino	2.8	2.1	4.4		7.4	6.5
沙特阿拉伯	Saudi Arabia	4.6	6.1	5.6	5.7	5.6	5.7
塞尔维亚	Serbia		20.9	19.2	19.2	17.9	15.3
新加坡	Singapore	6.0	4.1	4.1	3.7	3.8	4.1
斯洛伐克	Slovakia	19.1	16.3	14.4	13.2	11.5	9.7
斯洛文尼亚	Slovenia	6.9	6.5	7.2	9.7	9.0	8.0
南　非	South Africa	30.2	29.3	24.7	24.9	25.2	26.6
西班牙	Spain	13.8	9.2	19.9	24.4	22.1	19.6
斯里兰卡	Sri Lanka	7.6	7.7	5.0	4.4		
瑞　典	Sweden	5.5	7.5	8.6	8.0	7.4	7.0
瑞　士	Switzerland	2.7	4.4	4.8	4.8	4.8	4.9
叙利亚	Syrian Arab Republic	2.3		8.6			
泰　国	Thailand	2.4	1.4	0.6	0.6	0.6	0.7
特立尼达和多巴哥	Trinidad And Tobago	12.2	8.0	3.8	2.2	2.2	3.0
突尼斯	Tunisia	15.7	12.9	13.1			
土耳其	Turkey	6.5	10.6	10.7	9.9	10.2	10.8
乌干达	Uganda		1.9	12.6			
乌克兰	Ukraine	5.5	7.2	8.1	9.3	9.1	9.4
阿联酋	United Arab Emirates	2.3	3.1				1.6
英　国	United Kingdom	5.6	4.8	7.8	6.1	5.3	4.8
美　国	United States	4.0	5.1	9.6	6.2	5.3	4.9
乌拉圭	Uruguay	13.6	12.0	7.2	6.6	7.5	7.8
委内瑞拉	Venezuela	13.2	11.4	8.5			
越　南	Viet Nam	2.3	5.3	1.1	1.3	1.9	1.9
约旦河西岸和加沙	West Bank and Gaza	14.1	23.5	23.7			
也　门	Yemen		16.1	17.8	13.5		
赞比亚	Zambia	12.9	15.9	13.2			
津巴布韦	Zimbabwe				11.3		

注：①城镇登记失业率。
Note:①Urban Registered Unemployment Rate.

5-7 雇员每月平均工资
Mean Nominal Monthly Earnings of Employees

资料来源：联合国ILO数据库。
Source: ILO Database.

单位：本币 (local currency units)

国家或地区	Country or Area	2000	2005	2010	2013	2014	2015	2016
中　　国①	China①	778	1517	3045	4290	4697	5169	5631
中国香港	Hong Kong, China		10532	11000	12500	13000	14200	
中国澳门	Macao, China	5116	5635	8900	12000	13000		15000
柬 埔 寨	Cambodia			359611				
印　　度	India	3490	4247	5352				
伊　　朗	Iran	201	109	252				
以 色 列	Israel	6791	7219	8100	9030	9317	9503	
日　　本	Japan	330000	330800	296200	295700	299600	304000	304000
哈萨克斯坦	Kazakhstan	14374	33807	77611	109141	121021	126021	142898
韩　　国	Korea, Rep.	1667542	2404385	2785030	3116400	3235210	3269000	3351000
马来西亚	Malaysia	1454	1858	2199	2674	2193	2312	2463
蒙　　古	Mongolia	62300	101200	341500	813474	796597	807995	
缅　　甸	Myanmar	3270	5744				125	
巴基斯坦	Pakistan	3157		8623	12569	13701	15559	14921
菲 律 宾	Philippines		7475	121	121	121		12206
新 加 坡	Singapore	3063	3444	4089	3705	3770	3949	
斯里兰卡	Sri Lanka	5326	9716	13900				
泰　　国	Thailand		7389	9262	13452	14352	11107	14818
越　　南	Viet Nam			2518605	4099224	4470629	5126699	5493000
埃　　及	Egypt	702	897	804	2285		3073	2167
南　　非	South Africa			11715	8194			
加 拿 大	Canada	656	737	3692	3947			940
墨 西 哥	Mexico	127	4252	4928	5370	5355	5546	5802
阿 根 廷	Argentina	589	819	2527	5269	6738		
巴　　西	Brazil	767	969	1452	1532	1654	1835	2057
委内瑞拉	Venezuela			1881				
捷　　克	Czech Rep.	12831	21674	26881	26444			
法　　国	France	1396	2516	2567	2905	2775		
德　　国	Germany	2114	2230	3543	3794	3881	3979	4078
意 大 利	Italy	1687	1928	2286	2175	2458	2123	2137
荷　　兰	Netherlands	5220	2836	2245				
波　　兰	Poland	1894	2361	3224	3659	3777	3908	4047
俄 罗 斯	Russia	2223	8555	20952	29792	32495	34030	36709
西 班 牙	Spain	1335	1572	1839	1869	1881	1894	1878
土 耳 其	Turkey			1641		2211		
乌 克 兰	Ukraine	230	806	2239	3265		4195	5183
英　　国	United Kingdom	386	464	2119	2182		2208	
澳大利亚	Australia	2767	3434	4275	4808			
新 西 兰	New Zealand	2526	3103	3940	4169	4420	4522	4522

注：①城镇单位就业人员平均工资。
Note: ①Average Wage of Employed Persons in Urban Units.

5-8 每个就业者创造的国内生产总值(购买力平价法，2011年不变价美元)
GDP per Person Employed (constant 2011 PPP $)

资料来源：世界银行WDI数据库。
Source: World Bank WDI Database.
单位：美元 (USD)

国家或地区	Country or Area	2000	2005	2010	2015	2016	2017
世　界	**World**	**24281**	**26784**	**30328**	**33830**	**34494**	**34609**
高收入国家	**High Income**	**77403**	**83143**	**85997**	**89482**	**89807**	**88908**
中等收入国家	**Middle Income**	**12130**	**14780**	**19344**	**23573**	**24415**	**24884**
中等偏上收入国家	**Upper Middle Income**	**14852**	**18518**	**24612**	**30415**	**31621**	**32314**
中等偏下收入国家	**Lower Middle Income**	**8645**	**10219**	**13117**	**15884**	**16454**	**16792**
中低收入国家	**Low and Middle Income**	**11404**	**13808**	**17898**	**21539**	**22253**	**22626**
东亚和太平洋	**East Asia and Pacific**	**7836**	**10963**	**16495**	**22719**	**24045**	**24971**
欧洲和中亚	**Europe and Central Asia**	**24973**	**32687**	**37873**	**42008**	**42313**	**42524**
拉丁美洲和加勒比	**Latin America and Caribbean**	**28293**	**27329**	**29519**	**30278**	**30029**	**29501**
中东和北非国家	**Middle East and North Africa**	**34467**	**35636**	**40588**	**40617**	**42320**	**42915**
南　亚	**South Asia**	**7019**	**8293**	**11420**	**14426**	**15103**	**15513**
撒哈拉以南非洲	**Sub-Saharan Africa**	**6912**	**7951**	**9071**	**9604**	**9514**	**9268**
低收入国家	**Low Income**	**3552**	**3863**	**4345**	**4159**	**4131**	**4098**
中　国	China	6554	10013	16778	24324	25988	27153
中国香港	Hong Kong, China	70295	82927	96560	103228	104958	106210
中国澳门	Macao, China	89956	125247	163536	163231	159465	93007
孟加拉国	Bangladesh	4692	5336	6535	8215	8649	9572
文　莱	Brunei Darussalam	184403	180825	171640	155229	149854	167876
柬埔寨	Cambodia	3073	3917	4447	5705	5993	6177
印　度	India	6771	8161	11944	15491	16305	16774
印度尼西亚	Indonesia	13206	15654	18522	22866	23381	23788
伊　朗	Iran	48400	47212	61059	55078	59458	61310
以色列	Israel	69720	70013	72432	75787	77191	76869
日　本	Japan	66281	71112	72076	74461	74555	74427
哈萨克斯坦	Kazakhstan	21920	32378	39733	47095	47299	47317
韩　国	Korea, Rep.	44396	52032	61840	66501	67771	67956
老　挝	Laos	5272	6334	8068	10557	11070	10973
马来西亚	Malaysia	40892	45291	50194	53434	54809	55528
蒙　古	Mongolia	12396	14849	19135	27907	29140	28925
缅　甸	Myanmar	2714	4776	7950	10793	11371	11758
巴基斯坦	Pakistan	12530	13361	13103	14093	14295	14066
菲律宾	Philippines	11950	13274	14088	16779	17564	18618
新加坡	Singapore	108725	120109	134678	141329	142112	141425
斯里兰卡	Sri Lanka	14407	16736	21988	28903	29903	30409
泰　国	Thailand	16865	20231	23206	27062	27955	28303
越　南	Viet Nam	4974	6230	7712	9401	9912	10232
埃　及	Egypt	27749	29037	33396	36201	37000	38678
尼日利亚	Nigeria	9596	14058	17422	19245	18978	18260
南　非	South Africa	35318	38656	43332	42782	43002	42440
加拿大	Canada	76227	79141	79210	83608	84311	83950
墨西哥	Mexico	38860	38317	38089	39157	39187	38390
美　国	United States	92141	101979	107881	111580	111587	111056
阿根廷	Argentina	39483	38673	45639	45705	44891	45109
巴　西	Brazil	29092	27884	32089	32248	31920	31681
委内瑞拉	Venezuela	39552	37978	39698	35512	32336	29555
捷　克	Czech Rep.	45947	54840	60616	62891	63151	64307
法　国	France	85827	87507	88431	93191	93750	92582
德　国	Germany	82271	85666	85505	87630	88235	89240
意大利	Italy	99380	95433	95044	95073	94729	93488
荷　兰	Netherlands	83717	86607	88933	93331	94526	94978
波　兰	Poland	38593	45278	50447	56278	56788	56875
俄罗斯	Russia	31069	39840	46426	49099	49085	49552
西班牙	Spain	76572	73713	79767	83351	83754	83606
土耳其	Turkey	43778	55534	57654	68629	68675	68676
乌克兰	Ukraine	11576	16673	18062	17006	17600	17777
英　国	United Kingdom	70093	76697	76312	78950	79378	79331
澳大利亚	Australia	75426	79649	81938	88339	89515	91149
新西兰	New Zealand	60206	63230	64029	66678	67342	66064

5-9 每个就业者创造的国内生产总值(汇率法，2010年不变价美元)
GDP per Person Employed (constant 2010 USD)

资料来源：联合国ILO数据库。
Source: ILO Database.

单位：美元 (USD)

国家或地区	Country or Area	2000	2005	2010	2015	2016	2017
中国	China	3138	4794	8032	11645	12448	13334
中国澳门	Macao, China	47985	66811	87236	87073	85064	91313
孟加拉国	Bangladesh	1455	1655	2027	2547	2683	2845
文莱	Brunei Darussalam	81187	79820	75949	67954	65425	64080
柬埔寨	Cambodia	957	1217	1385	1777	1866	1965
印度	India	2069	2493	3649	4733	4982	5254
印度尼西亚	Indonesia	4875	5779	6838	8442	8632	8989
伊朗	Iran	17033	16979	21959	19808	21789	22324
以色列	Israel	72222	72526	75031	78506	79961	80888
日本	Japan	82519	88532	89733	92702	92819	94698
哈萨克斯坦	Kazakhstan	9894	14614	17933	21256	21348	21897
韩国	Korea, Rep.	32307	37864	45000	48392	49317	50659
老挝	Laos	1512	1815	2311	3024	3171	3329
马来西亚	Malaysia	17574	19465	21572	22964	23556	24525
蒙古	Mongolia	4262	5106	6579	9595	10019	10228
缅甸	Myanmar	720	1268	2110	2865	3018	3215
巴基斯坦	Pakistan	3043	3244	3182	3422	3461	3574
菲律宾	Philippines	4347	4840	5360	6384	6683	6986
中国香港	Hong Kong, China	47562	56109	65333	69845	71015	73211
新加坡	Singapore	70221	77573	86983	91278	93965	97737
斯里兰卡	Sri Lanka	4744	5510	7240	9517	9846	10264
泰国	Thailand	6347	7614	8733	10184	10494	10922
越南	Viet Nam	1479	1850	2293	2794	2947	3108
埃及	Egypt	7326	7666	8817	9557	9768	9923
尼日利亚	Nigeria	4336	6353	7877	8697	8576	8421
南非	South Africa	21618	23661	26523	26186	26321	26614
加拿大	Canada	88865	92263	92343	97470	98290	99581
墨西哥	Mexico	22412	22099	21968	22583	22601	22705
美国	United States	90278	99916	105699	109323	109330	110910
阿根廷	Argentina	21675	21239	25154	25172	24735	25199
巴西	Brazil	21431	21526	24478	24896	24642	25240
委内瑞拉	Venezuela	32407	31138	32500	29910	26911	24265
捷克	Czech Rep.	32100	38313	42348	43937	44119	45766
法国	France	94744	96599	97620	102874	103491	104777
德国	Germany	85032	88541	88374	90571	91196	92672
意大利	Italy	98415	94505	94120	94149	93809	95002
荷兰	Netherlands	92569	95765	98336	103200	104521	106641
波兰	Poland	22335	26204	29196	32570	32866	34113
俄罗斯	Russia	14353	18404	21447	22682	22675	23057
西班牙	Spain	72401	69698	75423	78811	79193	79648
土耳其	Turkey	26014	33000	34260	40782	40809	43296
乌克兰	Ukraine	4387	6318	6845	6444	6670	6913
英国	United Kingdom	74962	82025	81612	84434	84891	85467
澳大利亚	Australia	94543	99836	102705	110729	112203	112906
新西兰	New Zealand	62891	66050	66884	69651	70345	71312

5-10 制造业每小时平均名义劳动成本
Mean Nominal Hourly Labour Cost per Employee in Manufacturing

资料来源：联合国ILO数据库。
Source: ILO Database.
单位：本币 (local currency)

国家或地区	Country or Area	2000	2005	2010	2013	2014	2015	2016
以色列	Israel				101.0	101.0	106.0	109.0
日本	Japan	25.0	25.2	31.8	29.1			
哈萨克斯坦	Kazakhstan			641.0			1143.0	
韩国	Korea, Rep.	9.8	15.1	16.6				
菲律宾	Philippines				87.0			
新加坡	Singapore	11.7	13.2	19.4	24.0			
加拿大	Canada	18.3	26.3	34.4	36.3			
墨西哥	Mexico	4.7	5.6	6.1	6.8			
美国	United States			22.0	23.0	23.0	24.0	
巴西	Brazil	4.3	5.0	10.0	10.7			
捷克	Czech Rep.			223.0	247.0	254.0	266.0	273.0
法国	France				36.0	37.0	37.0	38.0
德国	Germany			33.0	36.0	37.0	38.0	39.0
意大利	Italy				27.0	28.0	27.0	27.0
荷兰	Netherlands				34.0	35.0	35.0	35.0
波兰	Poland				30.0	31.0	32.0	33.0
西班牙	Spain			25.0	23.0	23.0	23.0	23.0
英国	United Kingdom			17.0	20.0	20.0	21.0	21.0
新西兰	New Zealand			24.0		27.0	28.0	29.0

5-11 劳动力人口占同等教育程度劳动年龄人口比重
Labor Force as Percentage of Working -age Population with the same Education

资料来源：世界银行WDI数据库。
Source: World Bank WDI Database.
单位：% (%)

国家或地区	Country or Area	初等教育 Basic Education		中等教育 Intermediate Education		高等教育 Advanced Education	
		2000	2016	2000	2016	2000	2016
中国香港	Hong Kong, China		38.0		62.9		71.9
中国澳门	Macao, China		59.3		69.8		88.3
印度尼西亚	Indonesia	48.5	44.8	51.0	51.7	77.8	79.8
以 色 列②	Israel②		20.2		64.2		75.3
日　　本	Japan				42.5		69.7
韩　　国	Korea, Rep.	23.3	38.2	62.9	65.1	44.3	77.7
马来西亚	Malaysia		47.5		53.1		65.9
蒙　　古	Mongolia		43.0		49.5		66.0
菲 律 宾	Philippines		45.5		63.0		56.7
斯里兰卡①	Sri Lanka①		32.0		29.7		53.0
泰　　国	Thailand		60.9		63.5		83.0
越　　南	Viet Nam		75.1		70.4		87.4
埃　　及	Egypt		10.6		26.6		65.7
南　　非	South Africa		40.0		61.8		80.3
加 拿 大	Canada	32.8	29.0	63.7	56.4	74.2	72.8
墨 西 哥	Mexico		39.2		49.5		71.5
美　　国	United States	47.2	46.6	67.6	59.8	79.8	74.7
阿 根 廷①	Argentina①		33.7		52.7		78.4
巴　　西	Brazil		35.9		64.9		77.4
捷　　克	Czech Rep.	23.2	17.4	63.0	55.7	74.2	70.6
法　　国	France	30.8	24.3	64.1	58.1	75.4	75.9
德　　国	Germany	31.7	29.4	58.7	61.0	75.0	74.3
意 大 利	Italy	24.2	22.6	59.3	56.3	76.0	72.9
荷　　兰	Netherlands	35.4	35.4	67.5	66.8	76.9	79.7
波　　兰	Poland	21.5	10.9	63.9	48.8	81.0	78.1
俄 罗 斯	Russia		21.6		55.0		75.5
西 班 牙	Spain	29.4	40.3	53.6	63.3	77.1	80.9
土 耳 其	Turkey		28.1		36.9		71.1
乌 克 兰	Ukraine		15.9		48.6		67.4
英　　国	United Kingdom	63.5	49.3	77.9	69.2	87.0	80.4
澳大利亚②	Australia②		44.4		69.3		78.3
新 西 兰②	New Zealand②				47.3		70.5

注：①2014年数据。②2013年数据。
Note:①Data refer to 2014.②Data refer to 2013.

5-12 失业人口占同等教育程度劳动力比重
Unemployment as Percentage of Labor Force with the same Education

资料来源：世界银行WDI数据库。
Source: World Bank WDI Database.

单位：% (%)

国家或地区	Country or Area	初等教育 Basic Education		中等教育 Intermediate Education		高等教育 Advanced Education	
		2000	2016	2000	2016	2000	2016
中国香港①	Hong Kong, China①		3.7		3.4		2.9
中国澳门	Macao, China	7.3	1.9①	4.7	1.8①	3.5	1.6①
印度尼西亚	Indonesia	5.1	4.9②	13.7	10.1②	10.4	5.6②
以色列	Israel	14.3	11.0②	9.9	7.2②	5.2	4.2②
日本①	Japan①				4.0		2.7
哈萨克斯坦②	Kazakhstan②		6.6		5.4		3.7
韩国	Korea, Rep.	7.5	2.6	5.3	4.1	6.7	3.7
马来西亚①	Malaysia①		1.9		3.7		3.6
蒙古③	Mongolia③		8.9		8.6		6.5
菲律宾①	Philippines①		5.3		10.3		8.5
新加坡①	Singapore①		3.5		4.1		3.7
斯里兰卡③	Sri Lanka③		3.4		5.9		8.1
泰国②	Thailand②		0.6		1.3		1.9
越南③	Viet Nam③		1.2		2.7		4.4
埃及①	Egypt①		8.3		16.3		21.4
南非③	South Africa③		31.4		25.7		10.7
加拿大	Canada	16.1	13.9	6.8	8.3	4.3	5.5
墨西哥	Mexico	2.8	3.6		4.9	1.9	5.0
美国	United States	2.4	9.3	0.7	2.8	1.9	1.3
阿根廷③	Argentina③		8.3		6.8		5.5
巴西①	Brazil①		11.4		9.9		4.6
捷克	Czech Rep.	22.6	22.7①	7.8	4.7①	3.0	2.4①
法国	France	15.3	18.0	9.1	10.7	5.6	5.7
德国	Germany	12.5	11.2①	7.9	4.2①	4.3	2.3①
意大利	Italy	12.1	15.4①	10.6	11.4①	6.1	7.1①
荷兰	Netherlands	4.4	11.0①	2.0	7.0①	1.7	3.9①
波兰	Poland	21.5	16.8①	17.0	8.4①	5.5	4.0①
俄罗斯①	Russia①		13.9		7.2		3.9
西班牙	Spain	15.2	28.0	13.9	19.2	10.9	11.7
土耳其①	Turkey①		9.9		11.3		10.8
乌克兰①	Ukraine①		12.2		10.1		8.2
英国	United Kingdom	10.2	9.5①	5.7	6.0①	2.5	2.9①
澳大利亚	Australia	10.3	8.6②	6.4	5.9②	3.7	3.4②
新西兰	New Zealand	9.0	9.4②	6.9	6.3②	2.0	4.0②

注：①2015年数据。②2013年数据。③2014年数据。
Note:①Data refer to 2015.②Data refer to 2013.③Data refer to 2014.

主要统计指标解释

劳动力人口 即国际劳工组织定义的 15 岁及以上的经济活动人口。指在报告期内能提供商品生产和服务的人员。包括就业和失业人员。在不同国家，对军人、季节性就业和兼职就业者处理方法不同。通常，劳动力人口包括军人，失业人员和首次寻找工作者，不包括家务劳动者、和其他无偿护理者和在非正规部门的工作者。

就业人员 为一定年龄以上，在特定时期内（一星期或一天），属于下列类型的所有人：

（1）有酬从业人员，包括两类：① 正在工作的人，指在报告期内做某些工作以得到现金或实物形式工资或薪金的人员； ②有工作岗位但目前不工作的人，指现在有工作，却在短期内暂时不上班，但同时与工作单位有正式联系的人。这种正式联系，可以按照如下的一项或多项标准，根据各国的不同情况予以判断：1）持续领到工资或薪金；2）保证在暂时的不上班状态终止后返回该岗位，或对返回的时间有协议；3）在不工作的这段时间里，该从业者能得到补偿而无须接受其他工作。

（2）自营就业者，包括两类： ①正在工作，指在短期时间内以利润或家庭收入为目的，从事某些工作得到现金或实物的人； ②拥有企业而不工作的人，指自己拥有企业（如商业企业，农场，服务性企业），在一定时期内因特殊原因暂不工作的人。

失业人员 在报告期内，适龄劳动人口中的失业者分为：

(1)没有工作，即没有得到有报酬的工作，又没有自营就业的人；

(2)目前有工作能力，即在报告期内可从事有酬工作和自营就业的人；

(3)正在寻找工作，在最近特定时期已采取具体步骤寻求有酬工作或自营就业的人。这些具体步骤包括：在公共或私人职业介绍所登记；向雇主提出就业申请；在工地、农场、工厂大门外、市场或其他聚集地寻找工作；通过报纸刊登广告或应聘；寻求亲友帮助就业；寻找土地、厂房、机器或设备自己创业；筹集资金；申请许可证和执照等。

失业率 反映了失业的严重程度。失业率是参考期内（一般是特定的一天或一周）特定分组的失业人数和同一时间该组就业、失业人数之和相比得出的。

收入 定期以现金或以实物形式支付给雇员的报酬，包括对雇员工作时间、完成的工作量和未工作的有酬时间（如年休假，法定假日）支付的劳动报酬。收入不包括雇主为雇员支付的社会保险、养老金缴款以及雇员因此得到的收益，也不包括解雇和辞职时加发的工资。

劳动成本 指雇主在雇用劳动力过程中发生的成本。包括向雇员支付的工作报酬，为雇员未从事工作的时间支付的报酬，奖金和赏金，食品、饮料和其他实物费用，雇主负担的雇员住房费用、社会保障费、职业培训费、福利费及其他各项支出，如工人交通费、工作服费用、招工费和被作为人工成本的税金。

Explanatory Notes on Main Statistical Indicators

Total Labor Force comprises people ages 15 and older who meet the International Labour Organization definition of the economically active population: all people who supply labor for the production of goods and services during a specified period. It includes both the employed and the unemployed. While national practices vary in the treatment of such groups as the armed forces and seasonal or part-time workers, in general the labor force includes the armed forces, the unemployed, and first-time job-seekers, but excludes homemakers and other unpaid caregivers and workers in the informal sector.

Employment comprise all persons above a specific age who during a specified brief period, either one week or one day, were in the following categories:

(1)paid employment: ① at work: persons who during the reference period performed some work for wage or salary, in cash or in kind; ② with a job but not at work: persons who, having already worked in their present job, were temporarily not at work during the reference period and had a formal attachment to their job. This formal job attachment should be determined in the light of national circumstance, according to one or more of the following criteria: 1) the continued receipt of wage or salary; 2) an assurance of return to work following the end of the contingency, or an agreement as to the data of return; 3) the elapsed duration of absence from the job which, wherever relevant, may be that duration for which workers can receive compensation benefits without obligations to accept other jobs.

(2)self-employment: ① at work: person who during the reference period performed some work for profit or family gain, in cash or in kind; ② with an enterprise but not at work: persons with an enterprise, which may be a business enterprise, a farm or a service undertaking ,who were temporarily not at work during the reference period for any specific reason.

Unemployment comprises all persons above a specified age who during the reference period were: (1) Without works were not in paid employment or self-employment; (2) Currently available for work were available for paid employment or self-employment during the reference period; (3) Seeking work had taken specific steps in a specified reference period to seek paid employment or self-employment. The specific steps may include registration at a pubic or private employment exchange; application to employers; checking at worksites, farms, factory gates, market or other assembly places; placing or answering newspaper advertisement; seeking assistance of friends or relatives; looking for land, building, machinery or equipment to establish own enterprise; arranging for financial resources; applying for permits and licenses, etc.

Unemployment Rate illustrates the relative severity of unemployment. These rates are calculated by relating the number of persons in the given group who are unemployed during the reference period (usually a particular day or a given week) to the total of employed and unemployed persons in the group at the same date.

Earnings relates to remuneration in cash and in kind paid to employees, as a rule at regular intervals, for time worked or work done together with remuneration for time not worked, such as for annual vacation, other paid leave or holidays. Earnings exclude employers' contribution in respect of their employees paid to social security and pension schemes and also the benefits received by employees under these schemes. Earnings also exclude severance and termination pay.

Labour Cost is the cost incurred by the employer in the employment of labour. The statistical concept of labour cost comprises remuneration for work performed, payments in respect of time paid for but not worked, bonuses and gratuities, the cost of food, drink and other payments in kind, cost of workers' housing borne by employers, employers' social security expenditures, cost to the employer for vocational training, welfare services and miscellaneous items, such as transport of workers, work clothes and recruitment, together with taxes regarded as labour cost.

投资环境

Investment Environment

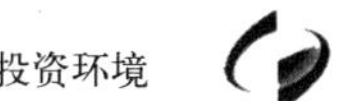

6-1 企业开业成本
Cost of Business Start-up

资料来源：世界银行全球营商环境报告。
Source: World Bank Doing Business.

国家或地区	Country or Area	开办企业所需手续数(个) Starting a Business-Procedures (number)		开办企业所需时间(天) Time Required to Start a Business (days)		开办企业成本占人均收入比重(%) Cost of Business Start-up as Percentage of Income per capita(%)	
		2005	2017	2005	2017	2005	2017
中　国	China	13	7	48	23	13.6	0.6
中国香港	Hong Kong, China	5	2	11	2	3.4	1.1
孟加拉国	Bangladesh	9	9	51.5	20	56.1	22.3
文　莱	Brunei Darussalam		5		12		1.1
柬埔寨	Cambodia	10	9	87	99	276.1	51.3
印　度	India	13	12	93	30	62.0	14.8
印度尼西亚	Indonesia	13	11	164	23	101.7	10.9
伊　朗	Iran	9	8	30	15	6.3	1.4
以色列	Israel	5	4	19	12	5.3	3.2
日　本	Japan	11	9	31	12	10.7	7.5
哈萨克斯坦	Kazakhstan	9	5	31	9	9.9	0.3
韩　国	Korea, Rep.	10	2	17	4	15.7	14.6
老　挝	Laos	9	8	131	67	17.4	3.5
马来西亚	Malaysia	10	8	37	18	26.6	5.4
蒙　古	Mongolia	8	6	17	10	9.6	1.4
缅　甸	Myanmar		12		14		40.1
巴基斯坦	Pakistan	13	12	23	18	25.6	7.6
菲律宾	Philippines	17	16	47	28	23.9	15.8
新加坡	Singapore	6	3	6	3	0.9	0.5
斯里兰卡	Sri Lanka	9	7	46	9	50.0	10.4
泰　国	Thailand	10	5	35	5	17.3	6.2
越　南	Viet Nam	10	9	41	22	27.6	6.5
埃　及	Egypt	10	8	23	14	105.1	7.4
尼日利亚	Nigeria	9	9	36	19	159.3	28.8
南　非	South Africa	9	7	53	45	8.6	0.2
加拿大	Canada	3	2	3.5	2	0.9	0.4
墨西哥	Mexico	9	8	31.5	8	26.2	17.0
美　国	United States	6	6	6	6	0.8	1.1
阿根廷	Argentina	12	13	29	24	15.9	10.4
巴　西	Brazil	17	11	156	80	10.1	5.0
委内瑞拉	Venezuela	16	20	143	230	28.8	351.6
捷　克	Czech Rep.	10	8	40	9	9.5	1.0
法　国	France	5	5	7	4	1.2	0.7
德　国	Germany	9	9	22	11	4.9	1.9
意大利	Italy	9	6	13	7	20.7	13.7
荷　兰	Netherlands	7	4	9	4	13.0	4.4
波　兰	Poland	11	5	52	37	19.9	12.0
俄罗斯	Russia	8	4	29	10	6.6	1.1
西班牙	Spain	10	7	70	13	16.5	4.8
土耳其	Turkey	7	7	7	7	27.4	12.8
乌克兰	Ukraine	16	6	35	7	13.4	0.8
英　国	United Kingdom	6	4	12	5	0.7	
澳大利亚	Australia	3	3	3	3	1.9	0.7
新西兰	New Zealand	2	1	12	1	0.2	0.3

6–2 企业经营环境排名(2017年)
Ease of Doing Businesses Rank(2017)

资料来源：世界银行《全球营商环境报告》。
Source: World Bank Doing Business.

国家或地区	Country or Area	企业经营环境排名 Ease of Doing Business Rank	开办企业排名 Starting a Business Rank	申请建筑许可 Dealing with Construction Permits			注册财产 Registering Property			信贷融资便利度排名 Getting Credit Rank	缴纳税款排名 Paying Taxes Rank
				排名 Rank	手续(个) Procedures (number)	时间(天) Time (days)	排名 Rank	手续(个) Procedures (number)	时间(天) Time (days)		
新西兰	New Zealand	1	1	3	11	93	1	2	1	1	9
新加坡	Singapore	2	6	16	10	54	19	6	5	29	7
丹麦	Denmark	3	34	1	7	64	11	3	4	42	8
韩国	Korea, Rep.	4	9	28	10	28	39	7	6	55	24
中国香港	Hong Kong, China	5	3	5	11	72	55	5	28	29	3
美国	United States	6	49	36	16	81	37	4	15	2	36
英国	United Kingdom	7	14	14	9	86	47	6	22	29	23
挪威	Norway	8	19	21	11	111	14	1	3	77	28
格鲁吉亚	Georgia	9	4	29	11	63	4	1	1	12	22
瑞典	Sweden	10	13	27	8	117	9	1	7	77	27
马其顿	Macedonia	11	22	26	11	96	48	7	30	12	29
爱沙尼亚	Estonia	12	12	8	10	103	6	3	18	42	14
芬兰	Finland	13	26	37	17	65	27	3	47	55	12
澳大利亚	Australia	14	7	6	11	121	51	5	5	6	26
中国台湾	Taiwan, China	15	16	4	10	93	18	3	4	90	56
立陶宛	Lithuania	16	27	12	13	75	3	3	4	42	18
爱尔兰	Ireland	17	8	30	10	150	40	5	32	42	4
加拿大	Canada	18	2	54	12	249	33	5	4	12	16
拉脱维亚	Latvia	19	21	49	14	192	22	4	17	12	13
德国	Germany	20	113	24	9	126	77	6	52	42	41
阿联酋	United Arab Emirates	21	51	2	14	51	10	2	2	90	1
奥地利	Austria	22	118	42	11	222	31	3	21	77	39
冰岛	Iceland	23	55	64	17	84	15	3	4	68	33
马来西亚	Malaysia	24	111	11	14	78	42	8	13	20	73
毛里求斯	Mauritius	25		9	15	98	35	5	17		10
泰国	Thailand	26	36	43	18	104	68	5	7	42	67
波兰	Poland	27	120	41	12	153	38	6	33	29	51
西班牙	Spain	28	86	123	15	208	53	5	13	68	34
葡萄牙	Portugal	29	48	32	14	160	28	1	1	105	38
捷克	Czech Rep.	30	81	127	21	246	32	4	28	42	53
法国	France	31	25	18	9	183	100	8	64	90	54
荷兰	Netherlands	32	20	76	13	161	30	5	3	105	20
瑞士	Switzerland	33	73	62	13	156	16	4	16	68	19
日本	Japan	34	106	50	12	197	52	6	13	77	68
俄罗斯	Russia	35	28	115	14	239	12	4	13	29	52
哈萨克斯坦	Kazakhstan	36	41	52	19	123	17	3	4	77	50
斯洛文尼亚	Slovenia	37	46	100	14	240	36	5	50	105	58
白俄罗斯	Belarus	38	30	22	16	115	5	2	3	90	96
斯洛伐克	Slovakia	39	83	91	14	300	7	3	17	55	49
科索沃	Kosovo	40	10	122	15	152	34	6	27	12	45
卢旺达	Rwanda	41		112	15	113	2	3	7		31
黑山	Montenegro	42	60	78	8	152	76	6	69	12	70
塞尔维亚	Serbia	43	32	10	11	110	57	6	21	55	82
摩尔多瓦	Moldova	44	23	165	28	276	20	5	6	42	32
罗马尼亚	Romania	45	64	150	24	260	45	6	16	20	42
意大利	Italy	46	66	96	12	228	23	4	16	105	112
亚美尼亚	Armenia	47	15	89	19	98	13	3	7	42	87

6-2 续表 1 continued

国家或地区	Country or Area	中小投资者保护 Protecting Minority Investors			跨境贸易排名 Trading Across Borders Rank	合同执行 Enforcing Contracts		解决破产 Resolving Insolvency		
		排名 Rank	披露指数 Disclosure Index	中小投资者保护指数 Strength of Minority Investor Protection Index		排名 Rank	时间(天) Time (days)	排名 Rank	时间(年) Time (years)	收回率(美分/美元) Recovery rate (cents/dollar)
新西兰	New Zealand	2	10	8.2	56	21	216	32	1.3	84.2
新加坡	Singapore	4	10	8.0	42	2	164	27	0.8	88.7
丹麦	Denmark	33	7	6.7	1	32	485	7	1.0	88.1
韩国	Korea, Rep.	20	7	7.2	33	1	290	5	1.5	84.7
中国香港	Hong Kong, China	9	10	7.7	31	28	385	43	0.8	87.2
美国	United States	42	7	6.5	36	16	420	3	1.0	82.1
英国	United Kingdom	10	10	7.5	28	31	437	14	1.0	85.2
挪威	Norway	10	7	7.5	22	8	400	6	0.9	93.1
格鲁吉亚	Georgia	2	9	8.2	62	7	285	57	2.0	39.4
瑞典	Sweden	29	8	6.8	18	36	483	16	2.0	78.1
马其顿	Macedonia	4	10	8.0	27	35	634	30	1.5	47.7
爱沙尼亚	Estonia	76	8	5.7	17	11	455	44	3.0	40.6
芬兰	Finland	62	6	5.8	34	46	485	2	0.9	88.3
澳大利亚	Australia	57	8	6.0	95	3	402	18	1.0	82.5
中国台湾	Taiwan, China	24	9	7.0	55	10	510	20	1.9	82.2
立陶宛	Lithuania	43	7	6.3	19	4	370	70	2.3	45.3
爱尔兰	Ireland	10	9	7.5	47	98	650	17	0.4	85.8
加拿大	Canada	8	8	7.8	46	114	910	11	0.8	87.5
拉脱维亚	Latvia	43	5	6.3	25	20	469	53	1.5	40.1
德国	Germany	62	5	5.8	39	22	499	4	1.2	80.6
阿联酋	United Arab Emirates	10	10	7.5	91	12	445	69	3.2	28.7
奥地利	Austria	29	5	6.8	1	9	397	23	1.1	80.0
冰岛	Iceland	29	7	6.8	69	29	417	13	1.0	84.5
马来西亚	Malaysia	4	10	8.0	61	44	425	46	1.0	81.3
毛里求斯	Mauritius	33	6	6.7	70	27	519	36	1.7	67.4
泰国	Thailand	16	10	7.3	57	34	420	26	1.5	68.0
波兰	Poland	51	7	6.2	1	55	685	22	3.0	63.1
西班牙	Spain	24	7	7.0	1	26	510	19	1.5	76.6
葡萄牙	Portugal	57	6	6.0	1	19	755	15	3.0	63.8
捷克	Czech Rep.	62	2	5.8	1	91	678	25	2.1	67.0
法国	France	33	8	6.7	1	15	395	28	1.9	73.5
荷兰	Netherlands	62	4	5.8	1	69	514	8	1.1	89.7
瑞士	Switzerland	108		5.0	38	45	510	45	3.0	46.7
日本	Japan	62	7	5.8	51	51	360	1	0.6	92.4
俄罗斯	Russia	51	6	6.2	100	18	337	54	2.0	40.7
哈萨克斯坦	Kazakhstan	1	9	8.5	123	6	370	39	1.5	38.3
斯洛文尼亚	Slovenia	24	5	7.0	1	122	1160	10	0.8	88.7
白俄罗斯	Belarus	40	7	6.5	30	24	275	68	1.5	37.2
斯洛伐克	Slovakia	89	3	5.3	1	84	775	42	4.0	47.3
科索沃	Kosovo	89	6	5.3	48	49	330	49	2.0	39.1
卢旺达	Rwanda	16	7	7.3	87	85	230	78	2.5	19.1
黑山	Montenegro	51	5	6.2	44	42	545	37	1.4	49.3
塞尔维亚	Serbia	76	4	5.7	23	60	635	48	2.0	34.0
摩尔多瓦	Moldova	33	7	6.7	35	62	585	65	2.8	28.0
罗马尼亚	Romania	57	9	6.0	1	17	512	51	3.3	35.6
意大利	Italy	62	7	5.8	1	108	1120	24	1.8	64.6
亚美尼亚	Armenia	62	5	5.8	52	47	570	97	1.9	36.4

6-2 续表 2 continued

国家或地区	Country or Area	企业经营环境排名 Ease of Doing Business Rank	开办企业排名 Starting a Business Rank	申请建筑许可 Dealing with Construction Permits			注册财产 Registering Property			信贷融资便利度排名 Getting Credit Rank	缴纳税款排名 Paying Taxes Rank
				排名 Rank	手续（个） Procedures (number)	时间（天） Time (days)	排名 Rank	手续（个） Procedures (number)	时间（天） Time (days)		
匈牙利	Hungary	48	79	90	20	206	29	4	18	29	93
墨西哥	Mexico	49	90	87	15	82	99	8	39	6	115
保加利亚	Bulgaria	50	95	51	18	97	67	8	19	42	90
克罗地亚	Croatia	51	87	126	22	146	59	5	47	77	95
比利时	Belgium	52	16	39	10	212	138	8	56	105	59
塞浦路斯	Cyprus	53	50	120	8	507	92	7	9	68	44
以色列	Israel	54	37	65	15	209	130	6	81	55	99
智利	Chile	55	65	15	12	133	61	6	29	90	72
文莱	Brunei Darussalam	56	58	48	20	83	136	7	299	2	104
阿塞拜疆	Azerbaijan	57	18	161	21	242	21	3	6	122	35
秘鲁	Peru	58	114	61	15	188	44	5	8	20	121
哥伦比亚	Colombia	59	96	81	13	132	60	7	15	2	142
土耳其	Turkey	60	80	96	18	103	46	7	7	77	88
哥斯达黎加	Costa Rica	61	127	70	17	135	49	5	11	12	60
蒙古	Mongolia	62	59	23	17	137	50	5	11	20	62
卢森堡	Luxemburg	63	70	7	11	157	88	7	27	173	21
波多黎各	Puerto Rico	64	47	138	22	165	153	8	191	6	161
阿尔巴尼亚	Albania	65	45	106	17	220	103	6	19	42	125
巴林	Bahrain	66	75	47	11	174	25	2	31	105	5
希腊	Greece	67	37	58	18	124	145	10	20	90	65
越南	Viet Nam	68	123	20	10	166	63	5	58	29	86
摩洛哥	Morocco	69	35	17	13	89	86	6	22	105	25
牙买加	Jamaica	70	5	98	19	142	128	8	18	20	122
阿曼	Oman	71	31	60	14	172	54	2	16	133	11
印度尼西亚	Indonesia	72	144	108	17	200	106	5	28	55	114
萨尔瓦多	El Salvador	73	140	139	23	123	69	5	31	20	61
乌兹别克斯坦	Uzbekistan	74	11	135	17	246	73	9	46	55	78
不丹	Bhutan	75	88	82	21	150	56	3	77	77	17
乌克兰	Ukraine	76	52	35	10	76	64	7	17	29	43
吉尔吉斯斯坦	Kyrgyzstan	77	29	31	11	142	8	3	4	29	151
中国	China	78	93	172	23	247	41	4	20	68	130
巴拿马	Panama	79	39	88	18	105	83	7	23	29	180
肯尼亚	Kenya	80		124	16	159	125	9	61		92
博茨瓦纳	Botswana	81		59	19	106	81	4	27		47
南非	South Africa	82		94	20	155	107	7	23		46
卡塔尔	Qatar	83	89	19	16	58	26	7	13	133	1
马耳他	Malta	84	102	45	15	167	147	7	15	142	71
赞比亚	Zambia	85		69	10	189	149	6	45		15
波黑	Bosnia and Herzegovinian	86	175	166	16	193	97	7	24	55	137
萨摩亚	Samoa	87	33	83	18	58	66	5	15	105	64
突尼斯	Tunisia	88	100	95	18	96	93	4	39	105	140
汤加	Tonga	89	53	13	13	77	160	4	112	42	98
瓦努阿图	Vanuatu	90	128	151	14	124	80	4	58	29	57
圣卢西亚	Saint Lucia	91	69	34	14	116	105	9	17	159	74
沙特阿拉伯	Saudi Arabia	92	135	38	17	90	24	2	2	90	76
圣马力诺	San Marino	93	112	68	15	146	78	9	43	183	40
乌拉圭	Uruguay	94	61	161	21	251	112	9	66	68	106
塞舌尔	Seychelles	95		131	17	151	62	4	33		29
科威特	Kuwait	96	149	129	23	236	70	9	35	133	6
危地马拉	Guatemala	97	139	116	12	205	85	7	24	20	100

6-2 续表 3 continued

国家或地区	Country or Area	中小投资者保护 Protecting Minority Investors 排名 Rank	披露指数 Disclosure Index	中小投资者保护指数 Strength of Minority Investor Protection Index	跨境贸易排名 Trading Across Borders Rank	合同执行 Enforcing Contracts 排名 Rank	时间(天) Time (days)	解决破产 Resolving Insolvency 排名 Rank	时间(年) Time (years)	收回率(美分/美元) Recovery rate (cents/dollar)
匈牙利	Hungary	108	2	5.0	1	13	605	62	2.0	43.7
墨西哥	Mexico	62	8	5.8	63	41	341	31	1.8	67.6
保加利亚	Bulgaria	24	10	7.0	21	40	564	50	3.3	36.0
克罗地亚	Croatia	29	5	6.8	1	23	650	60	3.1	32.7
比利时	Belgium	57	8	6.0	1	52	505	11	0.9	84.6
塞浦路斯	Cyprus	43	8	6.3	45	138	1100	21	1.5	73.2
以色列	Israel	16	7	7.3	60	92	975	29	2.0	62.6
智利	Chile	57	8	6.0	68	56	480	52	2.0	40.8
文莱	Brunei Darussalam	40	4	6.5	144	61	540	60	2.5	47.2
阿塞拜疆	Azerbaijan	10	10	7.5	83	38	277	47	1.5	40.2
秘鲁	Peru	51	9	6.2	92	63	426	84	3.1	29.7
哥伦比亚	Colombia	16	9	7.3	125	177	1288	33	1.7	66.2
土耳其	Turkey	20	9	7.2	71	30	580	139	5.0	15.3
哥斯达黎加	Costa Rica	119	5	4.8	73	129	852	131	3.0	29.1
蒙古	Mongolia	33	6	6.7	110	88	374	93	4.0	17.0
卢森堡	Luxemburg	119	6	4.8	1	14	321	86	2.0	43.8
波多黎各	Puerto Rico	108	7	5.0	64	113	630	9	2.5	69.4
阿尔巴尼亚	Albania	20	9	7.2	24	120	525	41	2.0	41.6
巴林	Bahrain	108	8	5.0	78	111	635	90	2.5	41.9
希腊	Greece	43	7	6.3	29	131	1580	57	3.5	33.6
越南	Viet Nam	81	7	5.5	94	66	400	129	5.0	21.8
摩洛哥	Morocco	62	9	5.8	65	57	510	134	3.5	28.4
牙买加	Jamaica	81	4	5.5	130	127	550	35	1.1	64.9
阿曼	Oman	124	8	4.7	72	67	598	98	4.0	38.1
印度尼西亚	Indonesia	43	10	6.3	112	145	403	38	1.1	64.7
萨尔瓦多	El Salvador	160	3	3.8	43	105	786	84	3.5	32.6
乌兹别克斯坦	Uzbekistan	62	8	5.8	168	39	225	87	2.0	37.2
不丹	Bhutan	124	4	4.7	26	25	225	168		
乌克兰	Ukraine	81	7	5.5	119	82	378	149	2.9	8.9
吉尔吉斯斯坦	Kyrgyzstan	51	7	6.2	84	139	410	119	1.5	35.2
中国	China	119	10	4.8	97	5	496	56	1.7	36.9
巴拿马	Panama	96	4	5.2	54	148	790	107	2.5	27.1
肯尼亚	Kenya	62	6	5.8	106	90	465	95	4.5	27.9
博茨瓦纳	Botswana	76	7	5.7	50	133	660	79	1.7	65.5
南非	South Africa	24	8	7.0	147	115	600	55	2.0	34.4
卡塔尔	Qatar	177	2	2.7	90	123	570	116	2.8	30.7
马耳他	Malta	51	3	6.2	41	37	505	117	3.0	38.8
赞比亚	Zambia	89	4	5.3	150	128	611	89	1.0	48.5
波黑	Bosnia and Herzegovinian	62	3	5.8	37	71	595	40	3.3	37.9
萨摩亚	Samoa	76	5	5.7	148	86	455	137	2.0	18.5
突尼斯	Tunisia	119	4	4.8	96	76	565	63	1.3	52.0
汤加	Tonga	138	3	4.2	103	94	350	136	2.7	28.3
瓦努阿图	Vanuatu	108	5	5.0	143	135	430	96	2.6	45.1
圣卢西亚	Saint Lucia	96	4	5.2	82	71	645	127	2.0	43.3
沙特阿拉伯	Saudi Arabia	10	9	7.5	161	83	575	168		
圣马力诺	San Marino	175	3	3.0	20	78	575	109	2.3	47.2
乌拉圭	Uruguay	132	3	4.3	151	112	725	66	1.8	41.7
塞舌尔	Seychelles	108	4	5.0	88	130	915	67	2.0	38.8
科威特	Kuwait	81	4	5.5	154	73	566	110	4.2	32.6
危地马拉	Guatemala	172	3	3.2	79	176	1402	153	3.0	28.0

6-2 续表 4 continued

国家或地区	Country or Area	企业经营环境排名 Ease of Doing Business Rank	开办企业排名 Starting a Business Rank	申请建筑许可 Dealing with Construction Permits 排名 Rank	申请建筑许可 手续(个) Procedures (number)	申请建筑许可 时间(天) Time (days)	注册财产 Registering Property 排名 Rank	注册财产 手续(个) Procedures (number)	注册财产 时间(天) Time (days)	信贷融资便利度排名 Getting Credit Rank	缴纳税款排名 Paying Taxes Rank
多米尼克	Dominica	98	67	74	11	191	164	5	42	142	77
多米尼加	Dominican Rep.	99	116	62	15	184	79	6	45	105	149
印　度	India	100	156	181	30	144	154	8	53	29	119
斐　济	Fiji	101	160	92	15	141	58	4	69	159	120
特立尼达和多巴哥	Trinidad and Tobago	102	71	119	16	253	151	9	77	55	162
约　旦	Jordan	103	105	110	15	62	72	6	17	159	97
莱索托	Lesotho	104		167	10	183	109	4	43		111
尼泊尔	Nepal	105	109	157	12	117	84	4	6	90	146
纳米比亚	Namibia	106		107	12	160	175	8	52		79
安提瓜和巴布达	Antigua and Barbuda	107	126	99	19	135	118	7	32	159	144
巴拉圭	Paraguay	108	146	72	14	121	75	6	46	122	127
巴布亚新几内亚	Papua New Guinea	109	129	117	17	217	122	4	72	42	91
马拉维	Malawi	110		144	13	153	96	6	69		134
斯里兰卡	Sri Lanka	111	77	76	13	115	157	9	51	122	158
斯威士兰	Swaziland	112		102	14	116	115	9	21		63
菲律宾	Philippines	113	173	101	23	122	114	9	35	142	105
约旦河西岸和加沙	West Bank and Gaza	114	169	154	20	108	94	7	51	20	109
洪都拉斯	Honduras	115	150	113	17	94	91	6	29	12	164
所罗门群岛	Solomon Islands	116	94	57	13	98	152	10	87	90	37
阿根廷	Argentina	117	157	171	22	347	117	7	52	77	169
厄瓜多尔	Ecuador	118	168	105	17	132	74	8	38	105	145
巴哈马	Bahamas	119	108	86	16	180	167	7	122	142	55
加　纳	Ghana	120		131	16	170	119	6	47		116
伯利兹	Belize	121	161	114	16	127	132	9	60	170	48
乌干达	Uganda	122		148	18	122	124	10	42		84
塔吉克斯坦	Tajikistan	123	57	136	25	182	90	5	36	122	132
伊　朗	Iran	124	97	25	15	99	87	7	12	90	150
巴　西	Brazil	125	176	170	19	434	131	14	31	105	184
圭亚那	Guyana	126	92	163	17	208	110	6	45	90	123
佛得角	Cape Verde	127									
埃　及	Egypt	128	103	66	19	172	119	8	75	90	167
圣文森特和格林纳丁斯	Saint Vincent and the Grenadines	129	85	44	14	92	166	7	47	159	101
帕　劳	Palau	130	124	85	19	72	43	5	14	90	107
尼加拉瓜	Nicaragua	131	138	174	18	225	148	9	56	105	159
巴巴多斯	Barbados	132	99	155	9	442	133	6	105	133	89
黎巴嫩	Lebanon	133	143	142	19	249	102	8	34	122	113
圣基茨和尼维斯	Saint Kitts and Nevis	134	91	33	11	105	184	6	224	159	124
柬埔寨	Cambodia	135	183	179	20	652	123	7	56	20	136
马尔代夫	Maldives	136	68	54	10	140	174	6	57	133	118
坦桑尼亚	Tanzania	137		156	24	184	142	8	67		154
莫桑比克	Mozambique	138		56	11	118	104	6	40		117
科特迪瓦	Cote D'Ivoire	139			21	162		6	30		
塞内加尔	Senegal	140		145	14	177	121	5	56		178
老　挝	Laos	141	164	40	11	83	65	4	53	77	156
格林纳达	Grenada	142	82	128	15	146	141	8	32	142	141
马　里	Mali	143		134	13	124	137	5	29		166
尼日尔	Niger	144		164	15	91	116	4	35		160
尼日利亚	Nigeria	145		147	15	110	179	11	69		171
冈比亚	Gambia	146		118	12	144	129	5	66		169
巴基斯坦	Pakistan	147	142	141	15	262	170	8	155	105	172
布基纳法索	Burkina Faso	148		53	14	121	140	4	67		153
马绍尔群岛	Marshall Islands	149	72	71	7	38	187			90	83
毛里塔尼亚	Mauritania	150		109	13	104	98	4	49		179

6-2 续表 5 continued

国家或地区	Country or Area	中小投资者保护 Protecting Minority Investors			跨境贸易排名 Trading Across Borders Rank	合同执行 Enforcing Contracts		解决破产 Resolving Insolvency		
		排名 Rank	披露指数 Disclosure Index	中小投资者保护指数 Strength of Minority Investor Protection Index		排名 Rank	时间(天) Time (days)	排名 Rank	时间(年) Time (years)	收回率(美分/美元) Recovery rate (cents/dollar)
多米尼克	Dominica	96	4	5.2	81	79	681	132	4.0	29.1
多米尼加	Dominican Rep.	96	5	5.2	59	136	590	121	3.5	8.9
印　　度	India	4	8	8.0	146	164	1445	103	4.3	26.4
斐　　济	Fiji	96	2	5.2	75	89	397	92	1.8	46.4
特立尼达和多巴哥	Trinidad and Tobago	62	4	5.8	126	173	1340	72	2.5	26.2
约　　旦	Jordan	146	4	4.0	53	118	642	146	3.0	27.7
莱 索 托	Lesotho	108	3	5.0	40	95	615	124	2.6	27.9
尼 泊 尔	Nepal	62	6	5.8	76	153	910	76	2.0	43.0
纳米比亚	Namibia	89	5	5.3	132	59	460	123	2.5	34.0
安提瓜和巴布达	Antigua and Barbuda	96	4	5.2	101	33	476	128	3.0	36.5
巴 拉 圭	Paraguay	138	6	4.2	120	70	606	100	3.9	21.6
巴布亚新几内亚	Papua New Guinea	89	5	5.3	137	171	591	141	3.0	25.2
马 拉 维	Malawi	96	4	5.2	117	151	522	138	2.6	12.5
斯里兰卡	Sri Lanka	43	8	6.3	86	165	1318	88	1.7	42.9
斯威士兰	Swaziland	138	2	4.2	32	169	956	114	2.0	37.4
菲 律 宾	Philippines	146	2	4.0	99	149	962	59	2.7	21.3
约旦河西岸和加沙	West Bank and Gaza	160	6	3.8	49	124	540	168		
洪都拉斯	Honduras	129	3	4.5	115	152	920	142	3.8	18.9
所罗门群岛	Solomon Islands	108	3	5.0	156	156	497	143	1.0	24.5
阿 根 廷	Argentina	43	7	6.3	116	102	995	101	2.4	21.5
厄瓜多尔	Ecuador	124	2	4.7	102	75	523	157	5.3	17.4
巴 哈 马	Bahamas	129	2	4.5	157	74	532	64	3.0	63.5
加　　纳	Ghana	96	7	5.2	158	116	710	158	1.9	22.8
伯 利 兹	Belize	132	3	4.3	104	132	892	83	2.0	55.9
乌 干 达	Uganda	108	3	5.0	127	64	490	113	2.2	37.5
塔吉克斯坦	Tajikistan	33	8	6.7	149	54	430	148	1.7	36.0
伊　　朗	Iran	170	7	3.3	166	80	505	160	4.5	15.4
巴　　西	Brazil	43	5	6.3	139	47	731	80	4.0	12.7
圭 亚 那	Guyana	96	5	5.2	142	93	581	162	3.0	18.4
佛 得 角	Cape Verde									
埃　　及	Egypt	81	8	5.5	170	160	1010	115	2.5	25.8
圣文森特和格林纳丁斯	Saint Vincent and the Grenadines	96	4	5.2	93	53	595	168		
帕　　劳	Palau	177		2.7	133	126	810	166	2.0	30.4
尼加拉瓜	Nicaragua	167	1	3.5	74	87	490	102	2.2	35.3
巴巴多斯	Barbados	167	2	3.5	129	167	1340	34	1.8	65.8
黎 巴 嫩	Lebanon	138	9	4.2	140	134	721	147	3.0	31.4
圣基茨和尼维斯	Saint Kitts and Nevis	119	4	4.8	66	50	578	168		
柬 埔 寨	Cambodia	108	6	5.0	108	179	483	74	6.0	14.2
马尔代夫	Maldives	132		4.3	152	106	760	139	1.5	50.2
坦桑尼亚	Tanzania	129	2	4.5	182	58	515	108	3.0	21.2
莫桑比克	Mozambique	138	5	4.2	109	184	950	75	1.5	31.5
科特迪瓦	Cote D'Ivoire		7				525		2.2	36.6
塞内加尔	Senegal	138	7	4.2	135	142	740	91	3.0	29.7
老　　挝	Laos	172	6	3.2	124	97	443	168		
格林纳达	Grenada	132	4	4.3	131	76	688	168		
马　　里	Mali	146	7	4.0	85	159	620	94	3.6	28.0
尼 日 尔	Niger	146	7	4.0	122	137	430	112	5.0	20.6
尼日利亚	Nigeria	33	7	6.7	183	96	454	145	2.0	27.8
冈 比 亚	Gambia	164	2	3.7	105	107	407	130	2.0	26.8
巴基斯坦	Pakistan	20	6	7.2	171	156	1071	82	2.6	44.5
布基纳法索	Burkina Faso	146	7	4.0	113	163	446	104	4.0	23.3
马绍尔群岛	Marshall Islands	177	2	2.7	67	99	616	167	2.0	17.1
毛里塔尼亚	Mauritania	108	6	5.0	138	65	370	168		

6-2　续表 6　continued

国家或地区	Country or Area	企业经营环境排名 Ease of Doing Business Rank	开办企业排名 Starting a Business Rank	申请建筑许可 Dealing with Construction Permits			注册财产 Registering Property			信贷融资便利度排名 Getting Credit Rank	缴纳税款排名 Paying Taxes Rank
				排名 Rank	手续（个） Procedures (number)	时间（天） Time (days)	排名 Rank	手续（个） Procedures (number)	时间（天） Time (days)		
贝宁	Benin	151		46	13	88	127	4	120		174
玻利维亚	Bolivia	152	179	158	13	322	144	7	90	133	186
几内亚	Guinea	153		75	15	161	143	6	44		182
吉布提	Djibouti	154	115	84	17	111	168	6	39	183	108
密克罗尼西亚	Micronesia, Fed.	155	170	137	14	86	187			90	110
多哥	Togo	156		173	11	163	182	5	283		173
基里巴斯	Kiribati	157	147	111	15	150	146	5	513	170	94
科摩罗	Comoros	158		79	10	108	111	4	30		168
津巴布韦	Zimbabwe	159		175	10	238	108	5	36		143
塞拉利昂	Sierra Leone	160		182	17	182	165	7	56		85
埃塞俄比亚	Ethiopia	161		169	13	130	139	7	52		133
马达加斯加	Madagascar	162		183	16	185	161	6	100		131
喀麦隆	Cameroon	163		140	15	135	176	5	86		183
布隆迪	Burundi	164		168	15	70	95	5	23		138
苏里南	Suriname	165	186	104	10	223	156	6	46	177	102
阿尔及利亚	Algeria	166	145	146	19	146	163	10	55	177	157
加蓬	Gabon	167		149	14	276	173	5	102		165
伊拉克	Iraq	168	154	93	11	167	101	5	51	186	129
圣多美和普林西比	Sao Tome and Principe	169			16	67		8	52		
苏丹	Sudan	170		133	15	270	89	6	11		163
缅甸	Myanmar	171	155	73	15	95	134	6	85	177	125
利比里亚	Liberia	172		184	25	87	183	10	44		69
赤道几内亚	Equatorial Guinea	173		160	13	144	162	6	23		177
叙利亚	Syrian Arab Republic	174	133	186			155	4	48	173	81
安哥拉	Angola	175		80	10	173	172	7	190		103
几内亚比绍	Guinea-Bissau	176		176	13	143	126	5	48		155
孟加拉国	Bangladesh	177	131	130	14	269	185	8	244	159	152
东帝汶	Timor-Leste	178	151	159	16	207	187			170	139
刚果(布)	Congo, Rep.	179		125	12	164	177	6	55		185
乍得	Chad	180		153	13	226	159	6	44		188
海地	Haiti	181	189	177	14	98	180	5	312	177	147
刚果(金)	Congo, Dem. Rep.	182		121	12	122	158	8	38		181
阿富汗	Afghanistan	183	107	185	13	354	186	9	250	105	176
中非	Central African Rep.	184		180	16	219	169	5	75		187
利比亚	Libya	185	167	186			187			186	128
也门	Yemen	186	163	186			82	6	19	186	80
南苏丹	South Sudan	187		178	23	124	181	9	50		66
委内瑞拉	Venezuela	188	190	143	11	434	135	9	52	122	189
厄立特里亚	Eritrea	189		186			178	11	78		148
索马里	Somalia	190		186			150	5	188		190

6-2　续表 7　continued

国家或地区	Country or Area	中小投资者保护 Protecting Minority Investors			跨境贸易排名 Trading Across Borders Rank	合同执行 Enforcing Contracts		解决破产 Resolving Insolvency		
		排名 Rank	披露指数 Disclosure Index	中小投资者保护指数 Strength of Minority Investor Protection Index		排名 Rank	时间(天) Time (days)	排名 Rank	时间(年) Time (years)	收回率(美分/美元) Recovery rate (cents/dollar)
贝　宁	Benin	146	7	4.0	136	170	750	105	4.0	22.9
玻利维亚	Bolivia	146	1	4.0	89	109	591	99	1.8	40.9
几内亚	Guinea	146	7	4.0	165	117	311	111	3.8	20.7
吉布提	Djibouti	96	7	5.2	159	175	1025	73	2.3	37.5
密克罗尼西亚	Micronesia, Fed.	183		2.5	58	183	885	119	5.3	3.2
多　哥	Togo	146	7	4.0	121	143	488	81	3.0	34.0
基里巴斯	Kiribati	124	6	4.7	127	121	660	168		
科摩罗	Comoros	146	7	4.0	111	180	506	168		
津巴布韦	Zimbabwe	89	8	5.3	153	166	410	155	3.3	19.7
塞拉利昂	Sierra Leone	81	6	5.5	162	100	515	159	2.3	11.1
埃塞俄比亚	Ethiopia	176	3	2.8	167	68	530	122	3.0	28.7
马达加斯加	Madagascar	96	7	5.2	134	158	871	133	3.0	11.4
喀麦隆	Cameroon	138	7	4.2	186	162	800	125	2.8	16.0
布隆迪	Burundi	132	8	4.3	164	150	832	144	5.0	7.7
苏里南	Suriname	167	1	3.5	80	187	1715	135	5.0	8.0
阿尔及利亚	Algeria	170	4	3.3	181	103	630	71	1.3	50.8
加　蓬	Gabon	160	7	3.8	169	178	1160	126	5.0	14.8
伊拉克	Iraq	124	4	4.7	179	144	520	168		
圣多美和普林西比	Sao Tome and Principe		3				1185			
苏　丹	Sudan	186	3	2.3	185	146	810	154	2.0	31.6
缅　甸	Myanmar	183	3	2.5	163	188	1160	164	5.0	14.7
利比里亚	Liberia	177	4	2.7	177	174	1300	106	3.0	17.1
赤道几内亚	Equatorial Guinea	146	7	4.0	174	104	475	168		
叙利亚	Syrian Arab Republic	89	7	5.3	176	161	872	163	4.1	10.8
安哥拉	Angola	81	4	5.5	180	186	1296	168		
几内亚比绍	Guinea-Bissau	138	7	4.2	141	168	1785	168		
孟加拉国	Bangladesh	76	6	5.7	173	189	1442	152	4.0	28.3
东帝汶	Timor-Leste	81	5	5.5	98	190	1285	168		
刚果(布)	Congo, Rep.	146	7	4.0	184	155	560	118	3.3	18.3
乍　得	Chad	160	7	3.8	172	154	743	150	4.0	
海　地	Haiti	188	2	2.0	77	125	530	168		
刚果(金)	Congo, Dem. Rep.	164	7	3.7	188	172	610	168		
阿富汗	Afghanistan	189	1	1.0	175	181	1642	161	2.0	26.5
中　非	Central African Rep.	146	7	4.0	145	182	660	150	4.8	
利比亚	Libya	183	4	2.5	118	141	690	168		
也　门	Yemen	132	6	4.3	189	140	645	156	3.0	19.5
南苏丹	South Sudan	177	2	2.7	178	81	228	168		
委内瑞拉	Venezuela	177	3	2.7	187	147	720	165	4.0	5.6
厄立特里亚	Eritrea	172	3	3.2	189	119	490	168		
索马里	Somalia	190			160	110	575	168		

6–3 新注册企业数
New Businesses Registered

资料来源：世界银行WDI数据库。
Source: World Bank WDI Database.
单位：个 (number)

国家或地区	Country or Area	2000	2005	2009	2010	2012	2014	2016
中国香港	Hong Kong, China	38086	73359	109424	139530	150165	167280	144883
孟加拉国	Bangladesh		5157	8007	8755	9193		
柬埔寨	Cambodia		1509	2003				
印　度	India		38129	60813	86645	103078	69841	93714
印度尼西亚	Indonesia		23348	29604	38106	47714	57926	58426
以色列	Israel		14364	15211	16898	14504	15680	17802
日　本	Japan		112201	5771	7153	9857	11886	
哈萨克斯坦	Kazakhstan		20431	16734	16875	19568	26322	26319
韩　国	Korea, Rep.		31879	56337	60312	74162	84697	96155
老　挝	Laos			860	818			
马来西亚	Malaysia	33149	37672	41638	44202	45441	49203	46555
蒙　古	Mongolia			7164	8482	10486	12492	
巴基斯坦	Pakistan	1051	3917	2461	3021	4148	4892	6893
菲律宾	Philippines	12802		11435	11714	18515	21066	21735
新加坡	Singapore			24234	27483	31531	38306	35021
斯里兰卡	Sri Lanka	2567	4754	4062	6110	6975		
泰　国	Thailand	18481		27520	31707	40900	43589	48907
埃　及	Egypt		3867	6308				
尼日利亚	Nigeria		28988	65089	65074	81144	71941	75380
南　非	South Africa		227624	279397	206826	220910	235602	376727
加拿大	Canada	97000	20868	20191		25723	30904	1564
墨西哥	Mexico		40398	38581	45321	31028	43617	45256
美　国	United States		676830					
阿根廷	Argentina	14500	14219	14493	12118	13799	11672	
巴　西	Brazil	460602	246722	28390	32510	29134	21850	18393
捷　克	Czech Rep.		14062	21717	22456	21571	24366	27881
法　国	France	90787	117284	128906	132696	121538	94927	76276
德　国	Germany		66923	74055	73966	69332	67458	70720
意大利	Italy	60132	84125	83042	87415	75646	91583	102135
荷　兰	Netherlands		46514	35100	33900	48680	64253	67127
波　兰	Poland			14434	18120	24753	30155	43523
俄罗斯	Russia	225317	380973	257170	258327	397952	427388	433464
西班牙	Spain	115870		75086	75070	84954	92231	99231
土耳其	Turkey	66236		42237	50414	38823	53375	62674
乌克兰	Ukraine	29777		21567	31450	29619	33406	48138
英　国	United Kingdom	225600		364131	400867	492754	585872	663616
澳大利亚	Australia		121994	127258	160615	185009	231920	246623
新西兰	New Zealand		64818	48358	44898	44169	49156	58167

6–4 新注册企业密度
New Business Density

资料来源：世界银行WDI数据库。
Source: World Bank WDI Database.
单位：个/万人　　(unit per 10000 persons)

国家或地区	Country or Area	2005	2009	2010	2012	2014	2016
世　界	**World**	**34.2**	**22.9**	**35.6**	**39.7**	**43.5**	**46.6**
高收入国家	**High Income**	**91.2**	**58.8**	**63.1**	**67.6**	**72.6**	**77.4**
经合组织国家	**OECD Countries**	**46.3**	**43.1**	**43.0**	**52.5**		
欧 元 区	**Euro Area**	**44.7**	**50.4**	**57.2**	**68.0**	**67.3**	**69.4**
非经合组织国家	**High Income: nonOECD**	**91.1**	**100.7**	**123.4**	**113.5**		
中等收入国家	**Middle Income**	**20.6**	**20.7**	**21.6**	**24.1**	**27.6**	**28.9**
中等偏上收入国家	**Upper Middle Income**		**28.2**	**28.2**	**31.8**	**34.3**	**37.0**
中等偏下收入国家	**Lower Middle Income**	**6.4**	**9.0**	**12.0**	**12.9**	**15.9**	**13.1**
中低收入国家	**Low and Middle Income**	**17.5**	**17.3**	**18.7**	**21.5**	**23.9**	**25.1**
东亚和太平洋	**East Asia and Pacific**	**13.9**	**19.6**	**27.6**	**29.7**	**35.2**	**32.8**
欧洲和中亚	**Europe and Central Asia**	**19.2**	**23.7**	**24.0**	**27.2**	**30.4**	**30.1**
拉丁美洲和加勒比	**Latin America and Caribbean**	**30.9**	**13.9**	**15.3**	**16.3**	**16.7**	**17.5**
中东和北非国家	**Middle East and North Africa**	**4.3**	**10.9**	**11.6**	**15.1**	**15.1**	**17.3**
南　亚	**South Asia**	**6.7**	**7.9**	**3.2**	**4.3**	**2.2**	**2.8**
撒哈拉以南非洲	**Sub-Saharan Africa**	**15.8**	**18.4**	**19.5**	**24.2**	**24.7**	**32.0**
低收入国家	**Low Income**	**1.6**	**2.9**	**3.1**	**5.1**	**3.7**	**4.4**
中国香港	Hong Kong, China	146.2	209.5	265.0	281.2	313.0	273.4
孟加拉国	Bangladesh	0.6	0.9	0.9	0.9		
柬 埔 寨	Cambodia	1.8	2.2				
印　度	India	0.5	0.8	1.1	1.3	0.8	1.1
印度尼西亚	Indonesia	1.6	1.9	2.4	3.0	3.5	3.3
以 色 列	Israel	33.4	32.6	35.6	29.6	31.1	34.4
日　本	Japan	13.3	0.7	0.9	1.2	1.5	
哈萨克斯坦	Kazakhstan	19.9	15.2	15.1	17.1	22.6	22.5
韩　国	Korea, Rep.	9.3	15.8	16.8	20.3	23.0	25.8
老　挝	Laos		2.3	2.2			
马来西亚	Malaysia	22.3	22.3	23.2	22.8	23.7	22.6
巴基斯坦	Pakistan	0.4	0.2	0.3	0.4	0.4	0.6
菲 律 宾	Philippines		2.1	2.1	3.1	3.4	3.3
新 加 坡	Singapore		66.1	73.5	80.4	95.1	86.2
斯里兰卡	Sri Lanka	3.4	3.0	4.4	5.2		
泰　国	Thailand		5.8	6.7	8.5	9.0	9.9
埃　及	Egypt	0.9	1.3				
尼日利亚	Nigeria	3.9	7.9	7.7	9.1	7.6	7.6
南　非	South Africa	74.4	87.1	63.6	66.4	67.2	102.2
加 拿 大	Canada	9.3	8.6		10.7	12.8	0.6
墨 西 哥	Mexico	5.9	5.2	6.0	4.0	5.4	5.4
阿 根 廷	Argentina	5.8	5.6	4.7	5.2	4.3	
巴　西	Brazil	20.0	12.0	13.5	11.7	8.6	1.3
捷　克	Czech Rep.	19.3	29.2	30.3	29.6	34.2	39.8
法　国	France	28.5	30.7	31.5	28.8	22.6	18.4
德　国	Germany	12.2	13.7	13.8	12.9	12.7	13.0
意 大 利	Italy	21.7	21.0	22.0	19.1	23.2	26.5
荷　兰	Netherlands	42.2	31.6	30.4	43.8	58.2	60.7
波　兰	Poland		5.3	6.6	9.0	11.3	16.6
俄 罗 斯	Russia	37.5	25.2	25.2	38.7	42.0	43.4
西 班 牙	Spain		24.0	24.0	27.3	29.9	32.3
土 耳 其	Turkey		9.0	10.6	7.9	10.5	11.8
乌 克 兰	Ukraine		6.7	9.8	9.2	10.5	15.4
英　国	United Kingdom		89.2	97.8	119.4	140.6	157.4
澳大利亚	Australia	88.9	86.3	107.7	121.6	149.1	155.1
新 西 兰	New Zealand	236.0	139.5	126.6	118.9	126.5	145.0

注：新注册企业密度是指1万个15–64岁劳动人口中新注册企业数量。
Note: New registrations per 10,000 people ages 15-64.

6–5　私人部门贷款占国内生产总值比重
Domestic Credit to Private Sector as Percentage of GDP

资料来源：世界银行WDI数据库。
Source: World Bank WDI Database.
单位：%　　(%)

国家或地区	Country or Area	2000	2005	2010	2015	2016	2017
世　界	**World**	**133.3**	**124.5**	**121.2**	**126.0**	**128.9**	
高收入国家	**High Income**	**156.6**	**142.7**	**144.6**	**142.3**	**144.9**	
经合组织国家	**OECD Countries**	**159.1**	**149.0**	**153.1**			
非经合组织国家	**High Income: nonOECD**	**45.5**	**43.6**	**53.0**			
中等收入国家	**Middle Income**	**49.5**	**53.8**	**71.1**	**97.6**	**100.3**	**105.6**
中等偏上收入国家	**Upper Middle Income**	**55.8**	**59.6**	**80.2**	**113.8**	**117.9**	**117.3**
中等偏下收入国家	**Lower Middle Income**	**28.6**	**33.9**	**39.9**	**42.4**	**43.4**	
中低收入国家	**Low and Middle Income**	**48.6**	**53.0**	**70.4**	**96.7**	**99.4**	**104.9**
东亚和太平洋	**East Asia and Pacific**	**97.2**	**97.8**	**111.7**	**140.3**	**143.5**	**143.3**
欧洲和中亚	**Europe and Central Asia**	**14.9**	**24.7**	**44.5**	**55.2**	**54.2**	**51.4**
拉丁美洲和加勒比	**Latin America and Caribbean**	**22.7**	**23.8**	**39.6**	**51.0**	**50.0**	**50.0**
中东和北非国家	**Middle East and North Africa**	**35.2**	**32.7**	**38.6**	**41.7**	**52.1**	
南　亚	**South Asia**	**27.3**	**38.3**	**47.0**	**47.1**	**45.8**	
撒哈拉以南非洲	**Sub-Saharan Africa**	**56.9**	**60.9**	**54.4**	**45.6**	**45.4**	**32.0**
低收入国家	**Low Income**	**10.5**	**11.9**	**14.8**	**19.2**	**21.0**	
中　国	China	111.1	111.8	126.3	152.6	156.8	155.8
中国香港	Hong Kong, China	150.4	143.1	185.6	207.9	203.8	
中国澳门	Macao, China	72.5	44.1	57.1	107.5	116.8	
孟加拉国	Bangladesh	21.8	29.3	41.0	44.4	45.3	47.6
文　莱	Brunei Darussalam	50.3	40.3	36.9	41.4	44.3	39.5
柬埔寨	Cambodia	6.3	9.0	27.6	74.3	81.7	86.7
印　度	India	28.7	40.6	51.1	51.9	49.5	
印度尼西亚	Indonesia	19.9	26.4	27.3	39.1	39.4	38.7
伊　朗	Iran	26.3	38.3	52.0	59.8	66.1	
以色列	Israel	72.5	77.2	68.7	66.7	65.6	
日　本	Japan	212.3	170.7	159.9	162.1	161.7	
哈萨克斯坦	Kazakhstan	11.2	35.7	39.3	37.7	33.0	30.5
韩　国	Korea, Rep.	73.6	114.8	135.9	140.1	143.0	144.8
老　挝	Laos	8.9	7.4	20.9			
马来西亚	Malaysia	135.0	106.5	107.1	125.1	123.9	
蒙　古	Mongolia	6.9	27.6	34.2	53.9	56.9	52.9
缅　甸	Myanmar	9.5	4.7	4.8	18.1	22.0	23.5
巴基斯坦	Pakistan	22.3	28.6	21.4	15.4	16.5	17.0
菲律宾	Philippines	36.8	29.1	29.6	41.8	44.7	47.8
新加坡	Singapore	96.3	89.5	96.2	124.0	127.4	128.2
斯里兰卡	Sri Lanka	28.8	33.1	25.5	41.6	45.7	
泰　国	Thailand	105.1	93.8	115.7	149.0	145.6	144.5
越　南	Viet Nam	35.3	60.5	114.7	111.9	123.8	130.7
埃　及	Egypt	52.0	51.2	33.1	26.3	34.1	28.5
尼日利亚	Nigeria	12.4	13.2	15.4	14.2	15.7	14.2
南　非	South Africa	130.3	138.2	149.0	147.6	144.3	65.6
加拿大	Canada	93.4	172.7				
墨西哥	Mexico	15.0	16.0	23.3	32.0	34.0	35.6
美　国	United States	162.1	187.8	187.2	188.2	192.2	
阿根廷	Argentina	23.9	10.7	12.7	14.4	13.7	16.1
巴　西	Brazil	31.1	31.8	52.8	66.8	62.3	59.7
委内瑞拉	Venezuela	12.5	13.1	18.8			
捷　克	Czech Rep.	45.2	29.4	46.7	49.9	51.3	51.6
法　国	France	85.1	80.1	95.9	95.1	97.6	101.6
德　国	Germany	119.4	104.9	88.0	77.7	77.2	77.7
意大利	Italy	75.5	71.0	93.4	87.5	85.7	81.7
荷　兰	Netherlands	134.2	117.5	115.1	113.0	115.7	111.8
波　兰	Poland	26.5	27.1	48.7	53.6	54.6	52.7
俄罗斯	Russia	13.6	25.9	42.8	56.4	53.4	52.7
西班牙	Spain	97.8	135.5	170.7	119.0	111.3	105.8
土耳其	Turkey	17.3	21.4	44.7	66.8	69.9	66.5
乌克兰	Ukraine	11.2	32.2	78.6	56.7	47.4	31.1
英　国	United Kingdom	115.9	144.4	187.9	132.8	134.3	136.2
澳大利亚	Australia	87.8	108.9	125.7	136.6	142.5	140.9
新西兰	New Zealand	107.9	120.6	142.3			

主要统计指标解释

企业开业所要办理的手续数　是开办一个企业所要求办理的手续数量，包括为获得许可证和执照，完成所有的登记、证明和开业通知书所进行的往来手续。数据是关于企业的所有权性质，规模和产品类型。

企业办理开业手续所需时间　为开办一个企业办理法律手续需要的日历天数。如果缴纳额外成本之后能加快手续办理速度，则选择办理速度最快的手续。

企业经营环境排名　是所有经济体按其企业经营环境的宽松程度排名，排名越高说明该国的政策法规环境越有利于企业经营。该指数是一国在开办企业、申请建筑许可、获得电力、注册财产、信贷融资便利程度、投资者保护、缴纳税款、跨境贸易、合同执行和解决破产这 10 类指标的百分等级的简单平均。每类指标由若干指标组成，每类指标的数值也是由其构成要素的百分等级的简单平均所得。

开办企业　反映了一个企业家在建立和登记新企业需要克服的行政和法规障碍。它调查了开办一家拥有 50 名员工、法定资本金相当于 10 倍人均国民收入的工商业企业所涉及的程序、时间和成本。

新注册企业数　是日历年度内登记注册的有限责任公司数量。

新注册企业密度　是日历年度内每万人新登记注册企业数。

申请建筑许可　以建造一幢库房为例，所需的步骤以及相应的时间和成本，包括获取必要的许可、完成所需的公示和检查以及接通公用设施。

注册财产　假定在一个标准化案例中，一名企业家想在最大的商业城市中购买土地和一幢建筑物（该物产已被登记在册并且不存在所有权争议），他在登记房地产物权时所涉及的步骤、时间和成本。

信贷融资便利程度　包含了两方面问题，信贷信息登记系统以及担保和破产法在促进信贷方面的效能。

缴纳税款　反映了一家中型企业在给定年份所需缴付的税负，以及纳税的行政成本。

跨境贸易　研究了有关进口和出口一个标准化集装箱所需的成本和程序。每一步正规程序都计算在内－－从两方达成合同协议到交接货物－－同时统计了完成整个过程所需的时间。

投资者权益保护　针对经理人滥用企业财产为己谋私方面，测量了对保护股东权益监测的力度。

执行合同　通过追踪一件付款纠纷的进展、查询从原告提起诉讼到最终获得赔偿的时间、成本和所需步骤数，研究合同强制执行的效率。

解决破产　研究现有破产法规的缺陷以及破产程序存在的主要程序上和行政上的障碍。

对私人部门的国内贷款　是提供给私营部门的应偿还的金融资源，例如，贷款、购买非股本证券、贸易信贷和其他应收账款。部分国家包括对国有企业的借贷。

Explanatory Notes on Main Statistical Indicators

Number of Procedures for Starting a Business is the number of procedures required to start a business, including interactions to obtain necessary permits and licenses and to complete all inscriptions, verifications, and notifications to start operations. Data are for businesses with specific characteristics of ownership, size, and type of production.

Time Required for Starting a Business is the number of calendar days to complete the procedures for legally operating a business. If a procedure can be expedited at additional cost, the fastest procedure, independent of cost, is chosen.

Ease of Doing Business Rank Economies are ranked on their ease of doing business, with first place being the best. A high ranking means that the regulatory environment is conducive to business operation. The index ranks the simple average of the country's percentile rankings on 10 topics (Starting a business,Dealing with construction permits, Getting electricity, Registering property, Getting credit, Protecting investors, Paying taxes, Trading across borders, Enforcing contracts, Resolving Insolvency). The ranking on each topic is the simple average of the percentile rankings on its component indicators.

Starting a Business identifies the bureaucratic and legal hurdles an entrepreneur must overcome to incorporate and register a new firm. It examines the procedures, time, and cost involved in launching a commercial or industrial firm with up to 50 employees and start-up capital of 10 times the economy's per-capita gross national income (GNI).

New Businesses Registered are the number of limited liability firms registered in the calendar year.

New Businesses Density are the number of new limited liability corporations registered per 10 thousand people in the calendar year.

Dealing with Construction Permits tracks the procedures, time, and costs to build a warehouse, including obtaining necessary licenses and permits, completing required notifications and inspections, and obtaining utility connections.

Registering Property examines the steps, time, and cost involved in registering property, assuming a standardized case of an entrepreneur who wants to purchase land and a building that is already registered and free of title dispute.

Getting Credit explores two sets of issues-credit information registries and the effectiveness of collateral and bankruptcy laws in facilitating lending.

Paying Taxes addresses the taxes and mandatory contributions that a medium-size company must pay or withhold in a given year, as well as measures of administrative burden in paying taxes.

Trading Across Borders looks at the procedural requirements for exporting and importing a standardized cargo of goods. Every official procedure is counted—from the contractual agreement between the 2 parties to the delivery of goods—along with the time necessary for completion.

Protecting Investors measures the strength of minority shareholder protections against misuse of corporate assets by directors for their personal gain.

Enforcing Contracts looks at the efficiency of contract enforcement by following the evolution of a sale of goods dispute and tracking the time, cost, and number of procedures involved from the moment the plaintiff files the lawsuit until actual payment.

Resolving Insolvency identifies weaknesses in existing bankruptcy law and the main procedural and administrative bottlenecks in the bankruptcy process.

Domestic Credit to Private Sector is financial resources provided to the private sector—such as through loans, purchases of non-equity securities, and trade credits and other accounts receivable-that establish a claim for repayment. For some countries these claims include credit to public enterprises.

能　源

Energy

7-1 石油主要指标(2017年)
Main Oil Indicators(2017)

资料来源：美国能源署。
Source: US. Energy Information Administration .

国家或地区	Country or Area	原油探明储量(亿桶) Crude Oil Proved Reserves (100 million barrels)	国家或地区	Country or Area	石油存量(万桶)① Total Petroleum Stocks (10 000 Barrels)①
委内瑞拉	Venezuela	3010	美　国	United States	185600
沙特阿拉伯	Saudi Arabia	2660	日　本	Japan	57600
加 拿 大	Canada	1700	德　国	Germany	28900
伊　朗	Iran	1580	加 拿 大	Canada	19300
伊 拉 克	Iraq	1430	韩　国	Korea, Rep.	18400
科 威 特	Kuwait	1020	法　国	France	16800
阿 联 酋	United Arab Emirates	980	荷　兰	Netherlands	12300
俄 罗 斯	Russia	800	西 班 牙	Spain	12100
利 比 亚	Libya	480	意 大 利	Italy	11900
尼日利亚	Nigeria	370	英　国	United Kingdom	7900
美　国	United States	350	土 耳 其	Turkey	6200
哈萨克斯坦	Kazakhstan	300	波　兰	Poland	6000
中　国	China	260	墨 西 哥	Mexico	5300
卡 塔 尔	Qatar	250	比 利 时	Belgium	4200
巴　西	Brazil	130	芬　兰	Finland	3800
阿尔及利亚	Algeria	120	澳大利亚	Australia	3600
厄瓜多尔	Ecuador	83	瑞　士	Switzerland	3600
安 哥 拉	Angola	83	瑞　典	Sweden	2900
墨 西 哥	Mexico	73	希　腊	Greece	2700
阿塞拜疆	Azerbaijan	70	丹　麦	Denmark	2500
挪　威	Norway	66	挪　威	Norway	2400
阿　曼	Oman	54	奥 地 利	Austria	2300
苏　丹	Sudan	50	葡 萄 牙	Portugal	2200
印　度	India	46	捷　克	Czech Rep.	2000
埃　及	Egypt	44	匈 牙 利	Hungary	1700
越　南	Viet Nam	44	智　利	Chile	970
印度尼西亚	Indonesia	36	斯洛伐克	Slovakia	970
马来西亚	Malaysia	36	爱 尔 兰	Ireland	930
也　门	Yemen	30	新 西 兰	New Zealand	830
英　国	United Kingdom	26	斯洛文尼亚	Slovenia	460
叙 利 亚	Syrian Arab Republic	25	爱沙尼亚	Estonia	160
乌 干 达	Uganda	25	卢 森 堡	Luxemburg	90

7-1 续表 continued

单位：万桶/天 (10 000 Barrels Per Day)

国家或地区	Country or Area	石油供应量 Total Oil Supply	国家或地区	Country or Area	石油消费量 Total Petroleum Consumption
美　国	United States	1560	美　国	United States	1996
沙特阿拉伯	Saudi Arabia	1209	日　本	Japan	389
俄罗斯	Russia	1120	韩　国	Korea, Rep.	258
加拿大	Canada	496	德　国	Germany	246
中　国	China	478	加拿大	Canada	244
伊　朗	Iran	469	墨西哥	Mexico	198
伊拉克	Iraq	445	法　国	France	171
阿联酋	United Arab Emirates	372	英　国	United Kingdom	158
巴　西	Brazil	336	西班牙	Spain	130
科威特	Kuwait	282	意大利	Italy	124
墨西哥	Mexico	226	澳大利亚	Australia	117
委内瑞拉	Venezuela	208	土耳其	Turkey	99
尼日利亚	Nigeria	200	荷　兰	Netherlands	95
挪　威	Norway	198	波　兰	Poland	65
卡塔尔	Qatar	197	比利时	Belgium	65
哈萨克斯坦	Kazakhstan	188	智　利	Chile	35
安哥拉	Angola	171	瑞　典	Sweden	32
阿尔及利亚	Algeria	164	希　腊	Greece	30
英　国	United Kingdom	105	奥地利	Austria	27
印　度	India	100	葡萄牙	Portugal	25
阿　曼	Oman	98	以色列	Israel	24
利比亚	Libya	93	芬　兰	Finland	22
印度尼西亚	Indonesia	91	瑞　士	Switzerland	22
哥伦比亚	Colombia	88	挪　威	Norway	21
阿塞拜疆	Azerbaijan	80	捷　克	Czech Rep.	21
马来西亚	Malaysia	75	新西兰	New Zealand	17
阿根廷	Argentina	68	匈牙利	Hungary	17
埃　及	Egypt	65	丹　麦	Denmark	16
厄瓜多尔	Ecuador	53	爱尔兰	Ireland	15
泰　国	Thailand	51	斯洛伐克	Slovakia	9
澳大利亚	Australia	35	卢森堡	Luxemburg	6
越　南	Viet Nam	28	斯洛文尼亚	Slovenia	5
土库曼斯坦	Turkmenistan	28	拉脱维亚	Latvia	4
刚果(布)	Congo, Rep.	25	爱沙尼亚	Estonia	3

注：①2014年数据。
Note:①Data refer to 2014.

7-2 能源平衡表(2014年)
Energy Balance Sheet(2014)

资料来源：国际能源机构。
Source: International Energy Agency.
单位：万吨标准油 (10 000 TOE)

国家或地区	Country or Area	能源生产量 Energy Production				能源进口 Imports			
		总计 Total	煤和煤制品 Coal and Coal Products	原油，天然气凝析液和给料 Crude, NGL and Feedstocks	天然气 Natural Gas	总计 Total	煤和煤制品 Coal and Coal Products	原油，天然气凝析液和给料 Crude, NGL and Feedstocks	天然气 Natural Gas
世 界	**World**	**1371689**	**397106**	**431601**	**294250**	**519873**	**84889**	**221378**	**84666**
中 国	China	250424	190169	21163	10892	55693	15448	30837	4695
中国香港	Hong Kong, China						850		208
孟加拉国	Bangladesh	2946	47	25	1945	618	49	132	
文 莱	Brunei Darussalam	1626		635	991	40		1	
柬 埔 寨	Cambodia	426				219	24		
印 度	India	53334	25349	4239	2749	36483	13390	19360	1574
印度尼西亚	Indonesia	44935	26572	4084	6569	5711	171	2494	
伊 朗	Iran	31637	71	16501	14774	1085	39	154	637
以 色 列	Israel	678		8	619	2302	658	1488	10
日 本	Japan	2712	67	51	240	43405	11640	16704	10428
哈萨克斯坦	Kazakhstan	16629	4994	8435	3127	735	74	99	350
韩 国	Korea, Rep.	4913	78	78	29	29188	7952	12844	4402
马来西亚	Malaysia	9466	169	3076	5884	5153	1370	989	849
蒙 古	Mongolia	1707	1589	102		130			
缅 甸	Myanmar	2486	41	77	1278	243			
巴基斯坦	Pakistan	6925	148	493	2630	2573	330	864	
菲 律 宾	Philippines	2527	401	90	306	2676	901	872	
新 加 坡	Singapore	65				15979	40	4239	929
斯里兰卡	Sri Lanka	533				595	112	188	
泰 国	Thailand	7875	462	1890	2899	7238	1341	4188	885
越 南	Viet Nam	7062	2300	1799	912	1457	180		
埃 及	Egypt	7400		3571	3518	2106	48	502	
尼日利亚	Nigeria	25378	3	11006	3465	2060			
南 非	South Africa	16495	14746	31	88	3285	42	2061	307
加 拿 大	Canada	46923	3472	21995	13758	8187	539	4499	1801
墨 西 哥	Mexico	20831	775	14482	3727	5939	509	38	2363
美 国	United States	201023	48503	54408	60625	54812	636	40538	6227
阿 根 廷	Argentina	7294	3	3039	3252	1875	104	49	975
巴 西	Brazil	26529	306	12079	1928	7711	1467	1811	1609
委内瑞拉	Venezuela	18571	88	15695	1965	73			73
白俄罗斯	Belarus	369		173	14	4056	52	2262	1665
捷 克	Czech Rep.	2983	1698	26	21	2107	294	749	595
法 国	France	13785	19	95	1	14763	923	5541	4019
德 国	Germany	12006	4413	344	686	24549	3720	9080	7534
意 大 利	Italy	3669	5	598	586	13707	1313	5986	4567
荷 兰	Netherlands	6032		209	5192	19811	2867	5634	2232
波 兰	Poland	6735	5403	97	373	4749	642	2422	971
俄 罗 斯	Russia	131946	18947	52866	53133	2724	1590	148	706
西 班 牙	Spain	3510	163	31	2	12387	952	6521	3166
土 耳 其	Turkey	2894	1381	261	39	10166	1947	1859	4056
乌 克 兰	Ukraine	7735	3218	282	1505	3444	1037	19	1572
英 国	United Kingdom	10793	692	4150	3219	15404	2687	5560	3691
澳大利亚	Australia	36546	28544	1908	5292	4950	13	2261	597
新 西 兰	New Zealand	1697	234	208	439	783	24	526	

7-2 续表 1 continued

单位：万吨标准油 (10 000 TOE)

国家或地区	Country or Area	能源进口 Imports		能源出口 Exports					
		电力 Electricity	石油产品 Oil Products	总计 Total	煤和煤制品 Coal and Coal Products	原油,天然气凝析液和给料 Crude, NGL and Feedstocks	天然气 Natural Gas	电力 Electricity	石油产品 Oil Products
世　界	**World**	**6160**	**120647**	**-522635**	**-85990**	**-215134**	**-86344**	**-5962**	**-127358**
中　国	China	58	4656	-4789	-914	-60	-218	-156	-3441
中国香港	Hong Kong, China								
孟加拉国	Bangladesh		437	-9					-9
文　莱	Brunei Darussalam		39	-1289		-589	-698		-2
柬埔寨	Cambodia	16	180						
印　度	India	43	2115	-6754	-56			-38	-6655
印度尼西亚	Indonesia		3047	-28056	-23018	-1488	-2909		-512
伊　朗	Iran	32	222	-8616	-14	-6416	-820	-83	-1283
以色列	Israel		144	-705				-42	-664
日　本	Japan		4580	-1619	-35				-1584
哈萨克斯坦	Kazakhstan	15	198	-9637	-1351	-6701	-880	-25	-679
韩　国	Korea, Rep.		3991	-5903		-14			-5888
马来西亚	Malaysia		1944	-5272	-11	-1191	-2896		-1161
蒙　古	Mongolia	12	119	-1430	-1335	-95			
缅　甸	Myanmar		243	-1002		-15	-988		
巴基斯坦	Pakistan	4	1375	-170		-57			-113
菲律宾	Philippines		884	-458	-304	-87			-67
新加坡	Singapore		10767	-8570		-58			-8511
斯里兰卡	Sri Lanka		295	-2					-2
泰　国	Thailand	105	707	-1279	-1	-57		-14	-1204
越　南	Viet Nam	20	1257	-1487	-418	-947		-8	-114
埃　及	Egypt		1556	-1447	-8	-1236	-27	-6	-168
尼日利亚	Nigeria		2060	-12763		-10670	-2037		-56
南　非	South Africa	96	779	-5093	-4621			-119	-331
加拿大	Canada	110	1128	-26593	-2050	-15154	-6537	-504	-2263
墨西哥	Mexico	18	3010	-7432		-6410	-4	-23	-996
美　国	United States	572	6704	-29006	-5720	-3555	-3468	-114	-15928
阿根廷	Argentina	86	660	-556	-6	-190	-5	-1	-211
巴　西	Brazil	290	2482	-3430		-2684			-669
委内瑞拉	Venezuela			-11821	-68	-9716			-2037
白俄罗斯	Belarus	67	10	-1625		-163		-39	-1420
捷　克	Czech Rep.	102	339	-834	-364	-3		-242	-196
法　国	France	68	4155	-3207	-4	-9	-635	-645	-1894
德　国	Germany	348	3758	-4949	-156	-3	-1867	-639	-2111
意大利	Italy	402	1140	-2202	-24	-128	-19	-26	-1990
荷　兰	Netherlands	283	8728	-16816	-1887	-112	-4411	-156	-10080
波　兰	Poland	116	501	-1958	-1064	-43	-6	-98	-705
俄罗斯	Russia	57	222	-59812	-10016	-22455	-15579	-126	-11633
西班牙	Spain	106	1512	-3193	-83	-338	-715	-135	-1775
土耳其	Turkey	68	2228	-788	-13	-41	-52	-23	-659
乌克兰	Ukraine	1	812	-696	-487	-7		-73	-75
英　国	United Kingdom	200	2981	-6506	-38	-3208	-897	-23	-2308
澳大利亚	Australia		2079	-28455	-24283	-1245	-2718		-208
新西兰	New Zealand		233	-327	-125	-175			-28

7–2 续表 2 continued

单位：万吨标准油 (10 000 TOE)

国家或地区	Country or Area	国际运输燃料 International Bunkers		能源库存变化 Stock Changes				
		海 运 Marine	空 运 Aviation	总计 Total	煤和煤制品 Coal and Coal Products	原油，天然气凝析液和给料 Crude, NGL and Feedstocks	天然气 Natural Gas	石油产品 Oil Products
世 界	**World**			**-6689**	**-3257**	**123**	**-1096**	**-2298**
中 国	China	-715	-717	-3537	-2249	-376		-913
中国香港	Hong Kong, China							
孟加拉国	Bangladesh	-10	-34	-13	-4			-9
文 莱	Brunei Darussalam	-7	-8	-7		-8	3	-2
柬 埔 寨	Cambodia		-9					
印 度	India	-133	-427	-134	-201	59		9
印度尼西亚	Indonesia	-22	-84	-1		-9		12
伊 朗	Iran	-355	-133	103		122		-20
以 色 列	Israel	-13	-85	-24	-6	1		-19
日 本	Japan	-384	-640	295	-3	338	-6	-33
哈萨克斯坦	Kazakhstan		-23	-12	-13	42	25	-65
韩 国	Korea, Rep.	-847	-429	-79	140	-58	-117	-42
马来西亚	Malaysia	-21	-253	-102	-2	-50		-28
蒙 古	Mongolia		-3	124	124			
缅 甸	Myanmar		-4	3				3
巴基斯坦	Pakistan	-6	-68	-50			3	-53
菲 律 宾	Philippines	-9	-104	93	166	-54		-18
新 加 坡	Singapore	-4082	-721	-39		-16	-8	-15
斯里兰卡	Sri Lanka	-42	-48	39	-10			49
泰 国	Thailand	-103	-376	54	-215	395		-129
越 南	Viet Nam	-19	-72	-68	-71			3
埃 及	Egypt	-16	-72					
尼日利亚	Nigeria	-37	-32	44		22		22
南 非	South Africa	-341	-83	-72		-72		
加 拿 大	Canada	-36	-82	-434	-35	-141	-181	-78
墨 西 哥	Mexico	-82	-324	-114	-19	-76	-34	15
美 国	United States	-1708	-2162	-1890	-255	-341	-624	-660
阿 根 廷	Argentina	-155	-92	-13	9	18		-40
巴 西	Brazil	-346	-249	-89	-20	3		14
委内瑞拉	Venezuela	-91	-65	83				83
白俄罗斯	Belarus		-11	-21	-2	-22	13	-12
捷 克	Czech Rep.		-29	-30	-26	-2	2	-3
法 国	France	-181	-563	-134	-6	40	-126	-38
德 国	Germany	-228	-804	32	-16	-21	-16	86
意 大 利	Italy	-191	-308	1	11	-21	-62	72
荷 兰	Netherlands	-1264	-358	-65	-80	135	-104	-24
波 兰	Poland	-15	-58	-49	-52	-11	3	11
俄 罗 斯	Russia	-1492	-566	-351	-183	-469	282	
西 班 牙	Spain	-773	-365	-108	111	-34	-86	-92
土 耳 其	Turkey	-99	-261	-1	30	-9	-23	1
乌 克 兰	Ukraine		-13	102	-217	10	267	41
英 国	United Kingdom	-272	-1073	-348	-327	-29	-18	31
澳大利亚	Australia	-72	-391	-83	-126	8		35
新 西 兰	New Zealand	-29	-84	8	7	-2	1	2

7-2 续表 3 continued

单位：万吨标准油 (10 000 TOE)

国家或地区	Country or Area	一次能源供应量 Total Primary Energy Supply					
		总计 Total	煤和煤制品 Coal and Coal Products	原油，天然气凝析液和给料 Crude, NGL and Feedstocks	天然气 Natural Gas	电力 Electricity	石油产品 Oil Products
世　界	**World**	**1362238**	**392749**	**437968**	**291476**	**197**	**-9008**
中　国	China	296359	202455	51564	15369	-98	-1131
中国香港	Hong Kong, China						
孟加拉国	Bangladesh	3499	93	157	1945		376
文　莱	Brunei Darussalam	355		38	296		21
柬埔寨	Cambodia	637	24			16	171
印　度	India	82369	38483	23658	4323	5	-5091
印度尼西亚	Indonesia	22483	3724	5081	3661		2440
伊　朗	Iran	23720	97	10361	14590	-51	-1568
以色列	Israel	2152	652	1497	629	-42	-638
日　本	Japan	43768	11669	17092	10662		1938
哈萨克斯坦	Kazakhstan	7693	3704	1875	2621	-10	-570
韩　国	Korea, Rep.	26843	8170	12849	4314		-3216
马来西亚	Malaysia	8971	1527	2825	3836		481
蒙　古	Mongolia	528	378	7		11	116
缅　甸	Myanmar	1726	41	63	290		241
巴基斯坦	Pakistan	9204	479	1301	2633	4	1135
菲律宾	Philippines	4725	1164	821	306		685
新加坡	Singapore	2632	40	4165	921		-2563
斯里兰卡	Sri Lanka	1074	102	188			251
泰　国	Thailand	13409	1587	6415	3784	92	-1105
越　南	Viet Nam	6873	1991	852	912	12	1054
埃　及	Egypt	7970	39	2837	3491	-6	1299
尼日利亚	Nigeria	14649	3	359	1428		1956
南　非	South Africa	14192	10167	2020	395	-23	25
加拿大	Canada	27964	1927	11199	8841	-394	-1331
墨西哥	Mexico	18818	1265	8035	6052	-5	1623
美　国	United States	221070	43164	91050	62760	458	-13742
阿根廷	Argentina	8352	111	2916	4222	85	162
巴　西	Brazil	30127	1753	11209	3538	290	1232
委内瑞拉	Venezuela	6750	20	5980	2038		-2111
白俄罗斯	Belarus	2768	50	2250	1691	29	-1433
捷　克	Czech Rep.	4196	1602	770	618	-140	110
法　国	France	24464	933	5667	3260	-578	1479
德　国	Germany	30606	7960	9399	6337	-291	700
意大利	Italy	14677	1306	6435	5071	376	-1277
荷　兰	Netherlands	7340	901	5866	2910	127	-2997
波　兰	Poland	9403	4930	2465	1340	19	-265
俄罗斯	Russia	72449	10338	30090	38542	-69	-13469
西班牙	Spain	11458	1143	6181	2367	-29	-1494
土耳其	Turkey	11910	3345	2070	4020	45	1210
乌克兰	Ukraine	10572	3551	304	3345	-73	764
英　国	United Kingdom	17997	3014	6473	5994	176	-642
澳大利亚	Australia	12495	4148	2932	3170		1443
新西兰	New Zealand	2048	140	557	439		95

7-2 续表 4 continued

单位：万吨标准油 (10 000 TOE)

国家或地区	Country or Area	能源最终消费量 Total Final Consumption					
		总计 Total	煤和煤制品 Coal and Coal Products	原油，天然气凝析液和给料 Crude, NGL and Feedstocks	天然气 Natural Gas	电力 Electricity	石油产品 Oil Products
世　界	**World**	**933347**	**109834**	**1726**	**141999**	**171159**	**373620**
中　国	China	192012	76028	387	10521	40548	44739
中国香港	Hong Kong, China						
孟加拉国	Bangladesh	2565	64		820	395	380
文　莱	Brunei Darussalam	144			52	29	62
柬埔寨	Cambodia	550	1			35	162
印　度	India	53823	10262		2931	8343	15681
印度尼西亚	Indonesia	16872	765	107	1703	1708	7000
伊　朗	Iran	18054	42		9394	1904	6663
以色列	Israel	1432	2		133	441	817
日　本	Japan	29988	2210	27	3316	8257	15487
哈萨克斯坦	Kazakhstan	3827	1219	33	293	592	1007
韩　国	Korea, Rep.	16903	962		2222	4186	8653
马来西亚	Malaysia	5293	171		964	1104	2940
蒙　古	Mongolia	326	73			44	107
缅　甸	Myanmar	1522	34		70	97	311
巴基斯坦	Pakistan	7583	452		1791	739	1450
菲律宾	Philippines	2647	234		8	545	1294
新加坡	Singapore	1749	16		128	399	1206
斯里兰卡	Sri Lanka	915	7			95	329
泰　国	Thailand	9754	640	14	744	1539	5165
越　南	Viet Nam	5508	1141		165	1105	1655
埃　及	Egypt	5372	20		902	1261	3014
尼日利亚	Nigeria	12592	3		378	210	1997
南　非	South Africa	7169	1940		170	1681	2482
加拿大	Canada	19613	288		4825	4349	8966
墨西哥	Mexico	11872	261		1419	2169	7307
美　国	United States	151512	2220	251	35191	32579	72243
阿根廷	Argentina	6056	26		2151	1086	2528
巴　西	Brazil	23225	756		1266	4306	10994
委内瑞拉	Venezuela	4404	20		855	668	2788
白俄罗斯	Belarus	2026	50		466	260	650
捷　克	Czech Rep.	2532	236		490	458	852
法　国	France	14809	246		2787	3648	6724
德　国	Germany	21633	679		4996	4410	9210
意大利	Italy	11632	140		3141	2420	4783
荷　兰	Netherlands	5712	70	315	1827	872	2239
波　兰	Poland	6520	1186		1041	1078	2091
俄罗斯	Russia	45879	1103	11	13785	6344	13435
西班牙	Spain	7864	76	1	1478	1951	3848
土耳其	Turkey	8601	1143		1966	1766	3054
乌克兰	Ukraine	6144	913	1	2096	1104	1014
英　国	United Kingdom	12287	317		3680	2605	5201
澳大利亚	Australia	8091	245	2	1349	1789	4259
新西兰	New Zealand	1423	62		301	333	607

7-3 万美元国内生产总值能耗(2011年不变价,PPP)
Energy Use per Ten Thousand USD of GDP (constant 2011 PPP)

资料来源：世界银行WDI数据库。
Source: World Bank WDI Database.
单位：吨标准油/万美元 (ton of oil equivalent per 10 000 USD)

国家或地区	Country or Area	2000	2005	2010	2013	2014	2015
世　界	**World**	**1.54**	**1.47**	**1.38**	**1.30**	**1.27**	
高收入国家	**High Income**	**1.40**	**1.31**	**1.23**	**1.15**	**1.13**	**1.09**
中等收入国家	**Middle Income**	**1.75**	**1.67**	**1.52**	**1.43**	**1.38**	
中　国	China	2.43	2.44	2.05	1.85	1.75	
中国香港	Hong Kong, China	0.60	0.45	0.40	0.38	0.37	
孟加拉国	Bangladesh	0.85	0.82	0.82	0.76	0.75	
文　莱	Brunei Darussalam	0.87	0.73	1.03	0.95	1.13	
柬埔寨	Cambodia	2.03	1.31	1.47	1.34	1.33	
印　度	India	1.68	1.42	1.28	1.20	1.18	
印度尼西亚	Indonesia	1.27	1.16	1.04	0.89	0.88	
伊　朗	Iran	1.42	1.57	1.53	1.74	1.79	
以色列	Israel	1.08	0.99	1.02	0.92	0.87	0.87
日　本	Japan	1.21	1.14	1.09	0.96	0.93	0.91
哈萨克斯坦	Kazakhstan	2.41	2.10	2.11	2.08	1.88	
韩　国	Korea, Rep.	1.93	1.71	1.66	1.61	1.58	1.58
马来西亚	Malaysia	1.29	1.38	1.24	1.27	1.23	
蒙　古	Mongolia	2.15	1.96	1.89	1.71	1.62	
巴基斯坦	Pakistan	1.32	1.24	1.16	1.09	1.06	
菲律宾	Philippines	1.21	0.94	0.77	0.72	0.72	
新加坡	Singapore	0.90	0.82	0.69	0.62	0.63	
斯里兰卡	Sri Lanka	0.80	0.71	0.57	0.48	0.48	
泰　国	Thailand	1.25	1.31	1.30	1.35	1.33	
越　南	Viet Nam	1.40	1.44	1.51	1.30		
埃　及	Egypt	0.79	1.00	0.87	0.85	0.82	
尼日利亚	Nigeria	2.47	1.83	1.47	1.42	1.35	
南　非	South Africa	2.50	2.44	2.31	2.11	2.18	
加拿大	Canada	2.20	2.08	1.91	1.83	1.83	1.76
墨西哥	Mexico	0.94	1.04	0.95	0.96	0.91	0.88
美　国	United States	1.75	1.58	1.45	1.35	1.34	1.28
巴　西	Brazil	0.94	0.94	0.93	0.94	0.97	
委内瑞拉	Venezuela	1.45	1.41	1.51	1.28		
捷　克	Czech Rep.	1.88	1.71	1.49	1.41	1.34	1.26
法　国	France	1.19	1.17	1.09	1.03	0.98	0.98
德　国	Germany	1.11	1.08	0.99	0.92	0.87	0.87
意大利	Italy	0.82	0.85	0.81	0.75	0.71	0.72
荷　兰	Netherlands	1.14	1.15	1.10	1.02	0.95	0.91
波　兰	Poland	1.58	1.40	1.21	1.09	1.02	0.98
俄罗斯	Russia	3.01	2.35	2.09	1.99	1.92	
西班牙	Spain	1.00	0.99	0.84	0.82	0.79	0.80
土耳其	Turkey	0.87	0.76	0.82	0.71	0.70	0.71
乌克兰	Ukraine	5.67	4.19	3.69	3.06	2.98	
英　国	United Kingdom	1.14	0.99	0.89	0.80	0.73	0.71
澳大利亚	Australia	1.60	1.43	1.40	1.27	1.22	1.25
新西兰	New Zealand	1.60	1.31	1.32	1.29	1.32	1.26

7-4 电力装机容量(2015年)
Net Installed Capacity of Electricity Generating Plants(2015)

资料来源：联合国ESD数据库。
Source: UN ESD Database.
单位：万千瓦 (10 000 kilowatts)

国家或地区	Country or Area	总装机容量 Self-producers and Public Utilities				
		总计 Total	热电 Thermal	水电 Hydro	核电 Nuclear	地热 Geothermal
中国	China	165791	112211	33167	2717	3
中国香港	Hong Kong, China	1263	1263			
中国澳门	Macao, China	51	51			
孟加拉国	Bangladesh	1106	1078	25		
文莱	Brunei Darussalam	82	82			
柬埔寨	Cambodia	166	73	93		
印度	India	28713	21043	4033	578	
印度尼西亚	Indonesia	7370	6597	619		134
伊朗	Iran	7418	6163	1135	102	
以色列	Israel	1722	1647	1		
日本	Japan	32392	19436	5003	4205	52
哈萨克斯坦	Kazakhstan	2510	2250	250		
韩国	Korea, Rep.	10302	7011	647	2172	
马来西亚	Malaysia	3044	2352	572		
蒙古	Mongolia	134	126	3		
缅甸	Myanmar	526	208	318		
巴基斯坦	Pakistan	2583	1723	700	75	
菲律宾	Philippines	1882	1246	363		192
新加坡	Singapore	1305	1301			
斯里兰卡	Sri Lanka	395	211	168		
泰国	Thailand	5858	5140	339		
越南	Viet Nam	3855	2278	1564		
埃及	Egypt	3954	3586	280		
尼日利亚	Nigeria	1040	846	194		
南非	South Africa	5210	4109	84	186	
加拿大	Canada	14935	4095	7942	1403	
墨西哥	Mexico	6750	4942	1222	151	91
美国	United States	107247	77173	10224	9867	254
阿根廷	Argentina	3759	2554	1006	176	
巴西	Brazil	14086	3956	9165	199	
捷克	Czech Rep.	2187	1296	226	429	
法国	France	12931	2255	2528	6313	
德国	Germany	20405	9697	1140	1080	3
意大利	Italy	11696	6562	2222		77
荷兰	Netherlands	3387	2840	4	49	
波兰	Poland	3735	2996	237		
俄罗斯	Russia	25708	17915	5100	2630	8
西班牙	Spain	11421	5635	2025	740	
土耳其	Turkey	7315	4183	2587		62
乌克兰	Ukraine	5590	3534	588	1384	
英国	United Kingdom	9521	5774	450	949	
澳大利亚	Australia	6703	4971	872		
新西兰	New Zealand	947	239	534		99

7-4 续表 1 continued

单位：万千瓦　　(10 000 kilowatts)

国家或地区	Country or Area	自备电厂装机容量 Self-producers				
		总计 Total	热电 Thermal	水电 Hydro	风电 Wind	太阳能 Solar
中　　国	China	12870	11657	1213		
中国香港	Hong Kong, China		1263			
中国澳门	Macao, China	4	4			
孟加拉国	Bangladesh	238	238	25		
文　　莱	Brunei Darussalam	11	11			
柬 埔 寨	Cambodia		73	93		
印　　度	India	8202	7996	6	180	20
印度尼西亚	Indonesia	1830	1700	130		
伊　　朗	Iran	558	558	1135		
以 色 列	Israel	124	49			74
日　　本	Japan	9243	5132	425	276	3406
哈萨克斯坦	Kazakhstan		2250	250		
韩　　国	Korea, Rep.	751	640	647	1	108
马来西亚	Malaysia	307	221			
蒙　　古	Mongolia	21	18	3		
缅　　甸	Myanmar	63	46	17		
巴基斯坦	Pakistan	928	928	700		
菲 律 宾	Philippines	3	1	2		
新 加 坡	Singapore	41	41			
斯里兰卡	Sri Lanka	35	2	31		3
泰　　国	Thailand	1797	1597	339		200
越　　南	Viet Nam	313	281	31	1	
埃　　及	Egypt	69	69	280		
尼日利亚	Nigeria	304	300	4		
南　　非	South Africa	675	271	4	200	200
加 拿 大	Canada	977	435	529	13	
墨 西 哥	Mexico	1267	969	20	257	17
美　　国	United States	4097	2932	31	9	1007
阿 根 廷	Argentina	365	362	2		
巴　　西	Brazil	2285	1796	488		1
捷　　克	Czech Rep.	188	169	19		
法　　国	France	720	162	20	68	356
德　　国	Germany	1072	1042	4		
意 大 利	Italy	526	504	12		
荷　　兰	Netherlands	704	500	4	54	147
波　　兰	Poland	214	203			11
俄 罗 斯	Russia	2485	2438	48		
西 班 牙	Spain	730	700	20		1
土 耳 其	Turkey	3	1			
乌 克 兰	Ukraine	276	275	1		
英　　国	United Kingdom	1531	470	28	284	749
澳大利亚	Australia	915	495	872		420
新 西 兰	New Zealand	31	22			4

7-5 发电量(2015年)
Electricity Generation (2015)

资料来源：联合国ESD数据库。
Source: UN ESD Database.
单位：百万千瓦时 (million kilowatt hours)

国家或地区	Country or Area	总计 Total	热电 Thermal	水电 Hydro	核电 Nuclear	风电 Wind	太阳能电 Solar
中　　国	China	5814573	4284188	1130270	170789	185766	38776
中国香港	Hong Kong, China	37924	37924				
中国澳门	Macao, China	962	962				
孟加拉国	Bangladesh	59011	58287	566		4	154
文　　莱	Brunei Darussalam	4200	4198				2
柬 埔 寨	Cambodia	4397	2394	2000			3
印　　度	India	1354382	1158338	121546	37414	30045	7039
印度尼西亚	Indonesia	263088	240698	17595		2	5
伊　　朗	Iran	280633	263393	14090	2914	221	1
以 色 列	Israel	64226	63080	24		7	1115
日　　本	Japan	1041343	897036	91270	9437	5160	35858
哈萨克斯坦	Kazakhstan	106422	97020	9269		132	1
韩　　国	Korea, Rep.	552876	375110	5796	164762	1201	3880
马来西亚	Malaysia	150123	135175	13924			273
蒙　　古	Mongolia	5513	5513	26			
缅　　甸	Myanmar	15970	6463	9507			
巴基斯坦	Pakistan	115073	75009	33913	4602	1549	
菲 律 宾	Philippines	82447	61835	8682		748	139
新 加 坡	Singapore	50272	50272				
斯里兰卡	Sri Lanka	13227	6854	5969		344	60
泰　　国	Thailand	177760	170313	4739		329	2378
越　　南	Viet Nam	157949	100434	57254		261	
埃　　及	Egypt	187479	172449	13432		1345	253
尼日利亚	Nigeria	31426	25708	5718			
南　　非	South Africa	249655	229245	3720	12237	2270	2183
加 拿 大	Canada	670851	154082	380717	101423	26446	2895
墨 西 哥	Mexico	311138	253424	30815	11577	8745	246
美　　国	United States	4317159	2962870	271129	830288	192992	35635
阿 根 廷	Argentina	145447	99165	38529	7139	599	15
巴　　西	Brazil	581228	185066	359743	14734	21626	59
捷　　克	Czech Rep.	83892	51063	3071	26841	573	2264
法　　国	France	568454	42295	59400	437428	21249	7259
德　　国	Germany	646888	410315	24898	91786	79206	38726
意 大 利	Italy	282994	191458	46970		14844	22942
荷　　兰	Netherlands	110070	97078	93	4077	7550	1122
波　　兰	Poland	164944	151478	2435		10858	57
俄 罗 斯	Russia	1067544	701220	169914	195470	148	335
西 班 牙	Spain	281020	128947	31368	57305	49325	13859
土 耳 其	Turkey	261783	178958	67146		11652	194
乌 克 兰	Ukraine	163682	67523	6971	87627	1084	477
英　　国	United Kingdom	339095	211849	9028	70345	40310	7561
澳大利亚	Australia	252360	221479	13445		11467	5968
新 西 兰	New Zealand	44205	9368	24535		2356	34

7-6 能源净进口占能源消费比重
Net Energy Imports as Percentage of Energy Use

资料来源：世界银行WDI数据库。
Source: World Bank WDI Database.

单位：% (%)

国家或地区	Country or Area	2000	2005	2010	2012	2013	2014	2015
世　界	World	-2.8	-3.2	-2.1	-2.7	-3.1	-2.5	21.0
高收入国家	High Income	15.7	16.7	14.8	9.7	8.1	5.1	20.5
经合组织国家	OECD Countries	29.4	32.3	29.4	26.8	25.3		
非经合组织国家	High Income: nonOECD	-108.4	-122.6	-98.6	-101.2	-105.7		
中等收入国家	Middle Income	-27.0	-24.8	-16.9	-12.5	-11.7	-8.5	28.0
中等偏上收入国家	Upper Middle Income	-35.7	-30.3	-19.5	-14.0	-12.9	-9.7	28.0
中等偏下收入国家	Lower Middle Income	-5.8	-9.6	-9.0	-8.2	-8.3	-4.7	
中低收入国家	Low and Middle Income	-26.8	-24.3	-16.6	-12.3	-11.6	-8.3	28.0
东亚和太平洋	East Asia and Pacific	-4.4	0.6	4.8	6.3	6.6	7.7	
欧洲和中亚	Europe and Central Asia	-27.1	-44.0	-48.7	-45.4	-51.0	-51.4	75.2
拉丁美洲和加勒比	Latin America and Caribbean	-49.1	-50.2	-34.5	-31.8	-29.8	-13.5	-4.7
中东和北非国家	Middle East and North Africa	-157.6	-116.4	-93.7	-71.6	-62.1	-54.8	
南　亚	South Asia	21.3	21.8	27.3	30.2	30.9	32.7	
撒哈拉以南非洲	Sub-Saharan Africa	-61.2	-60.9	-58.2	-51.6	-48.1	-48.8	
低收入国家	Low Income	-19.5	-8.2	-6.0	-4.0	-5.8	-1.6	
中　国	China	0.5	6.1	11.4	14.4	14.8	15.0	
中国香港	Hong Kong, China	99.6	99.6	99.3	99.3	99.2	98.7	
孟加拉国	Bangladesh	17.0	15.0	14.5	17.8	15.0	16.8	
文　莱	Brunei Darussalam	-725.5	-849.6	-473.2	-383.5	-458.4	-357.4	
柬埔寨	Cambodia	20.3	27.4	31.7	31.9	31.6	33.1	
印　度	India	20.4	22.1	28.3	31.5	32.5	34.3	
印度尼西亚	Indonesia	-52.6	-55.9	-79.0	-107.2	-112.3	-103.1	
伊　朗	Iran	-106.2	-79.9	-67.5	-37.2	-34.8	-33.4	
以色列	Israel	96.5	88.7	83.4	86.6	71.8	67.0	65.0
日　本	Japan	79.8	80.9	80.1	93.8	93.9	94.0	93.0
哈萨克斯坦	Kazakhstan	-120.2	-133.2	-127.0	-122.9	-107.3	-116.9	
韩　国	Korea, Rep.	81.7	79.6	82.0	82.4	83.5	81.7	81.4
马来西亚	Malaysia	-58.6	-45.4	-21.7	-11.9	-5.8	-5.5	
蒙　古	Mongolia	18.7	-28.5	-297.6	-248.4	-211.4	-168.1	
缅　甸	Myanmar	-20.1	-49.6	-60.9	-46.3	-39.8	-33.0	
巴基斯坦	Pakistan	26.8	20.3	23.6	22.8	23.4	24.1	
菲律宾	Philippines	51.1	44.9	41.7	41.8	45.3	45.8	
新加坡	Singapore	98.9	98.2	97.7	97.6	97.6	97.7	
斯里兰卡	Sri Lanka	43.0	45.3	43.1	47.3	45.9	50.3	
泰　国	Thailand	39.2	44.3	40.1	40.2	42.5	41.6	
越　南	Viet Nam	-38.9	-47.3	-12.7	-15.7	-15.1		
埃　及	Egypt	-30.8	-26.8	-16.5	-5.0	-6.9	-7.4	
尼日利亚	Nigeria	-130.0	-121.8	-111.9	-99.1	-90.6	-93.0	
南　非	South Africa	-33.5	-23.1	-15.6	-19.0	-18.6	-14.5	
加拿大	Canada	-47.8	-49.0	-51.4	-59.1	-64.4	-67.9	-72.5
墨西哥	Mexico	-51.5	-45.0	-22.7	-14.0	-12.7	-10.8	-4.7
美　国	United States	26.7	29.7	22.2	15.7	13.9	9.2	7.3
阿根廷	Argentina	-34.7	-26.5	-1.1	6.1	12.7	13.0	
巴　西	Brazil	21.2	9.6	7.2	10.6	13.9	11.9	
委内瑞拉	Venezuela	-321.1	-296.3	-173.4	-166.1	-178.8		
捷　克	Czech Rep.	25.3	26.7	28.7	23.4	28.1	29.0	31.6
德　国	Germany	59.8	59.5	60.7	60.7	62.1	60.9	61.4
意大利	Italy	83.6	83.8	81.0	78.3	76.3	75.0	76.4
荷　兰	Netherlands	23.3	23.2	16.3	16.9	10.4	19.8	35.0
波　兰	Poland	10.7	15.0	33.2	27.0	27.3	28.4	28.5
俄罗斯	Russia	-57.9	-84.6	-85.8	-77.9	-83.8	-83.7	
西班牙	Spain	74.1	78.8	73.1	73.3	70.3	69.4	71.4
土耳其	Turkey	66.0	71.6	69.6	74.0	73.1	74.2	75.2
乌克兰	Ukraine	42.9	43.3	40.4	30.3	25.7	27.2	
英　国	United Kingdom	-22.2	7.9	26.6	39.2	42.3	39.7	34.6
澳大利亚	Australia	-116.1	-133.7	-153.6	-153.2	-172.4	-192.0	-190.2
新西兰	New Zealand	16.4	24.0	8.1	16.5	16.4	17.1	19.5

7—7　世界能源价格
World Energy Price

资料来源：世界银行全球经济监测数据库。
Source: World Bank GEM Database.

年　份 year	三大市场平均原油价格(美元/桶) Crude Oil, Avg,Spot ($/bbl)	北海布伦特原油价格(美元/桶) Crude Oil, Brendt ($/bbl)	迪拜原油价格(美元/桶) Crude Oil, Dubai ($/bbl)	西德克萨斯原油价格(美元/桶) Crude Oil, WTI ($/bbl)	澳大利亚煤炭价格(美元/吨) Coal, Australia ($/mt)	日本液化天然气价格(美元/百万英制热量单位) Natural Gas LNG,Japan ($/mmbtu)	欧洲天然气价格(美元/百万英制热量单位) Natural Gas,Europe ($/mmbtu)	美国天然气价格(美元/百万英制热量单位) Natural Gas,US ($/mmbtu)
1970	1.21		1.21		7.80		0.45	0.17
1971	1.69		1.69		8.68		0.50	0.18
1972	1.82		1.82		9.60		0.54	0.19
1973	2.81		2.81		11.48		0.69	0.21
1974	10.97		10.97		16.89		1.73	0.29
1975	10.43		10.43		26.84		1.68	0.43
1976	11.63		11.63		27.16		1.74	0.58
1977	12.57		12.57		28.68	2.77	1.79	0.79
1978	12.92		12.92		29.06	3.04	2.30	0.91
1979	30.96	32.11	29.82		30.89	3.69	3.26	1.18
1980	36.87	37.89	35.85		40.14	5.70	4.22	1.59
1981	35.48	36.68	34.29		53.62	6.03	4.60	1.98
1982	32.65	33.42	31.76	32.77	54.77	6.05	4.45	2.47
1983	29.66	29.83	28.73	30.41	38.19	5.55	4.05	2.59
1984	28.56	28.80	27.49	29.38	30.96	5.24	3.76	2.66
1985	27.18	27.33	26.46	27.76	33.75	5.23	3.65	2.51
1986	14.35	14.77	13.20	15.08	31.13	4.10	3.65	1.94
1987	18.15	18.34	16.94	19.16	27.50	3.35	2.59	1.66
1988	14.72	14.97	13.22	15.97	34.88	3.34	2.36	1.68
1989	17.84	18.22	15.70	19.60	38.00	3.28	2.09	1.70
1990	22.88	23.68	20.46	24.49	39.67	3.64	2.82	1.70
1991	19.37	20.07	16.56	21.48	39.67	3.99	3.11	1.49
1992	19.02	19.31	17.19	20.56	38.56	3.60	2.56	1.77
1993	16.84	17.02	14.94	18.56	31.33	3.51	2.67	2.12
1994	15.89	15.83	14.67	17.16	32.30	3.18	2.44	1.92
1995	17.18	17.07	16.12	18.37	39.37	3.45	2.73	1.72
1996	20.42	20.65	18.54	22.07	38.07	3.67	2.84	2.73
1997	19.17	19.09	18.10	20.33	35.10	3.91	2.74	2.48
1998	13.06	12.72	12.13	14.35	29.23	3.02	2.42	2.09
1999	18.07	17.81	17.17	19.24	25.89	3.14	2.13	2.27
2000	28.23	28.27	26.08	30.33	26.25	4.71	3.86	4.31
2001	24.35	24.42	22.71	25.92	32.31	4.63	4.06	3.96
2002	24.93	24.97	23.72	26.09	25.31	4.28	3.05	3.36
2003	28.90	28.85	26.74	31.11	26.09	4.73	3.91	5.49
2004	37.73	38.30	33.46	41.44	52.95	5.13	4.28	5.89
2005	53.39	54.43	49.29	56.44	47.62	5.99	6.33	8.92
2006	64.29	65.39	61.43	66.04	49.09	7.08	8.47	6.72
2007	71.12	72.70	68.37	72.28	65.73	7.68	8.56	6.98
2008	96.99	97.64	93.78	99.56	127.10	12.53	13.41	8.86
2009	61.76	61.86	61.75	61.65	71.84	8.94	8.71	3.95
2010	79.04	79.64	78.06	79.43	98.97	10.85	8.29	4.39
2011	104.01	110.94	106.03	95.05	121.45	14.66	10.52	4.00
2012	105.01	111.97	108.90	94.16	96.36	16.55	11.47	2.75
2013	104.08	108.86	105.43	97.94	84.56	15.96	11.79	3.72
2014	96.24	98.94	96.66	93.11	70.13	16.04	10.05	4.37
2015	50.75	52.37	51.18	48.71	58.94	10.93	7.26	2.61
2016	42.81	44.05	41.20	43.19	66.12	7.37	4.86	2.49
2017	52.81	54.39	53.12	50.91	88.52	8.61		2.96

7-8 核能及其他清洁能源消费占能源总消费比重
Alternative and Nuclear Energy as Percentage of Total Energy Use

资料来源：世界银行WDI数据库。
Source: World Bank WDI Database.

单位：% (%)

国家或地区	Country or Area	2000	2005	2010	2012	2013	2014	2015
中　国	China	2.3	2.9	3.7	4.3	4.8	5.4	
孟加拉国	Bangladesh	0.4	0.3	0.2	0.2	0.3	0.2	
柬埔寨	Cambodia		0.1		0.8	1.5	2.5	
印　度	India	2.5	2.8	2.8	3.0	3.2	3.0	
印度尼西亚	Indonesia	5.9	6.8	8.3	8.2	8.1	8.2	
伊　朗	Iran	0.3	0.8	0.4	0.7	1.1	1.0	
以色列	Israel	3.3	3.9	4.9	4.7	5.0	5.2	5.2
日　本	Japan	18.4	17.3	17.2	3.2	3.0	2.8	3.7
哈萨克斯坦	Kazakhstan	1.8	1.3	1.0	0.9	0.8	0.9	
韩　国	Korea, Rep.	15.3	18.4	15.7	15.1	14.0	15.5	15.8
马来西亚	Malaysia	1.2	0.7	0.8	1.0	1.1	1.3	
缅　甸	Myanmar	1.3	1.7	3.1	4.3	4.6	3.9	
巴基斯坦	Pakistan	3.1	4.3	4.3	4.3	4.6	4.5	
菲律宾	Philippines	26.7	23.8	22.8	22.4	20.4	20.3	
斯里兰卡	Sri Lanka	3.3	3.3	5.0	2.6	6.1	3.9	
泰　国	Thailand	0.7	0.5	0.4	0.6	0.5	0.5	
越　南	Viet Nam	4.4	3.5	4.0	7.6	7.5		
埃　及	Egypt	2.9	1.8	1.7	1.7	1.7	1.8	
尼日利亚	Nigeria	0.6	0.6	0.5	0.4	0.3	0.3	
南　非	South Africa	3.2	2.4	2.4	2.4	2.8	2.7	
加拿大	Canada	19.6	20.3	20.6	21.8	23.0	22.5	22.9
墨西哥	Mexico	6.7	6.5	4.9	4.5	4.8	5.2	5.2
美　国	United States	10.8	10.6	11.7	11.9	12.1	12.1	12.3
阿根廷	Argentina	6.6	7.1	6.1	6.0	6.2	5.9	
巴　西	Brazil	14.8	14.7	14.7	14.5	13.2	12.5	
委内瑞拉	Venezuela	10.5	11.8	9.1	9.7	10.4		
捷　克	Czech Rep.	9.0	14.9	17.2	19.6	20.3	20.2	18.0
法　国	France	45.3	45.2	45.3	46.8	46.9	50.1	49.5
德　国	Germany	14.0	13.9	13.2	11.3	11.1	11.7	12.0
意大利	Italy	4.7	4.4	5.9	7.1	8.3	9.3	8.5
荷　兰	Netherlands	1.5	1.6	1.7	2.0	1.7	2.4	2.6
波　兰	Poland	0.2	0.2	0.4	0.6	0.8	0.9	1.2
俄罗斯	Russia	7.8	8.4	8.6	8.3	8.4	8.8	
西班牙	Spain	15.7	13.0	19.3	19.5	21.8	22.6	20.7
土耳其	Turkey	4.7	5.7	6.7	7.2	8.0	7.1	9.6
乌克兰	Ukraine	15.8	16.9	18.5	20.1	19.9	22.8	
英　国	United Kingdom	10.2	9.9	8.6	10.7	11.2	11.3	12.8
澳大利亚	Australia	1.4	1.3	1.5	1.8	2.3	2.6	2.3
新西兰	New Zealand	24.0	24.2	32.4	31.5	33.2	34.5	35.0

7–9 易燃的可再生能源及废弃物消费占能源总消费比重

Combustible Renewables and Waste as Percentage of Total Energy Use

资料来源：世界银行WDI数据库。
Source: World Bank WDI Database.
单位：% (%)

国家或地区	Country or Area	2000	2005	2010	2012	2013	2014	2015
中　国	China	17.9	11.2	8.2	7.4	7.2	7.1	
中国香港	Hong Kong, China	0.4	0.4	0.7	0.7	0.8	1.4	
孟加拉国	Bangladesh	41.7	36.4	28.8	27.1	26.9	26.1	
柬埔寨	Cambodia	79.7	72.5	68.3	67.3	66.9	64.4	
印　度	India	33.8	31.2	25.7	24.6	24.5	23.5	
印度尼西亚	Indonesia	32.1	28.2	24.6	26.7	26.6	26.2	
伊　朗	Iran	0.1	0.3	0.3	0.2	0.2	0.2	
以色列	Israel			0.1	0.1	0.1	0.1	0.1
日　本	Japan	0.9	1.1	1.9	2.2	2.4	2.5	2.6
哈萨克斯坦	Kazakhstan	0.2		0.1	0.1	0.1		
韩　国	Korea, Rep.	0.7	1.0	1.4	1.6	1.8	2.1	2.1
马来西亚	Malaysia	3.8	2.8	2.4	2.2	2.2	2.1	
蒙　古	Mongolia	5.5	5.6	4.6	3.9	3.5	3.5	
缅　甸	Myanmar	71.6	68.8	75.6	68.8	65.4	56.7	
巴基斯坦	Pakistan	37.5	34.8	34.7	35.5	35.4	35.7	
菲律宾	Philippines	20.3	18.4	17.1	18.1	18.2	17.7	
新加坡	Singapore	1.1	1.8	2.3	2.4	2.5	2.5	
斯里兰卡	Sri Lanka	53.7	51.4	51.9	50.0	48.0	45.8	
泰　国	Thailand	20.2	17.4	19.2	18.6	18.2	19.1	
越　南	Viet Nam	49.4	35.9	25.0	25.1	25.3		
埃　及	Egypt	3.2	2.3	2.2	2.1	2.2	2.3	
尼日利亚	Nigeria	81.0	77.7	81.5	80.8	81.0	80.6	
南　非	South Africa	11.6	10.6	10.3	10.8	10.9	10.5	
加拿大	Canada	5.5	5.2	4.8	5.3	5.5	5.5	5.4
墨西哥	Mexico	6.0	5.0	4.6	4.4	4.7	4.6	4.6
美　国	United States	3.2	3.3	4.0	4.5	4.7	4.7	4.6
阿根廷	Argentina	4.8	3.4	3.5	4.1	4.0	4.6	
巴　西	Brazil	24.9	29.4	30.7	27.7	27.6	27.4	
委内瑞拉	Venezuela	1.3	1.3	1.1	1.0	1.1		
捷　克	Czech Rep.	3.1	3.9	6.0	7.1	7.9	8.4	8.6
法　国	France	4.3	4.4	5.9	5.9	6.3	6.1	6.1
德　国	Germany	2.3	4.3	7.6	8.7	8.7	9.5	9.6
意大利	Italy	1.3	3.6	7.3	8.4	9.4	9.5	9.7
荷　兰	Netherlands	2.4	3.4	4.3	4.9	4.7	5.0	5.0
波　兰	Poland	4.2	4.8	7.2	8.6	8.5	8.7	8.9
俄罗斯	Russia	1.1	1.1	1.0	1.0	1.0	1.0	
西班牙	Spain	3.4	3.6	5.3	6.3	6.1	6.1	6.3
土耳其	Turkey	8.6	6.4	4.3	3.1	3.4	2.9	2.5
乌克兰	Ukraine	0.2	0.2	1.2	1.4	1.6	1.8	
英　国	United Kingdom	0.9	1.7	3.2	3.7	4.3	5.1	5.5
澳大利亚	Australia	4.7	4.5	4.1	3.8	4.0	4.1	4.3
新西兰	New Zealand	6.5	7.6	6.5	6.3	5.9	5.6	5.7

主要统计指标解释

探明储量 是在现有和预期的本地经济条件和现有可用技术下，已探明的可开采的吨数。

能源最终消费量 指各不同经济部门终端能源消费量。

能源生产量 指一定时期内一次能源生产量的总和。

国际运输燃料 指供给国际运输的飞机或轮船的燃料，空运燃料包括航空汽油和喷气发动机燃料，海运燃料,包括硬煤、柴油等。

一次能源供应量 等于“产量＋进口－出口－国际运输燃料－库存变化”。

清洁能源 是指在发电时不产生二氧化碳的非碳能源。它包括水电、核电、地热和太阳能等。

易燃的可再生能源和废弃物 包括固态和液态的生物遗体、沼气、工业垃圾和城市垃圾。

Explanatory Notes on Main Statistical Indicators

Proved Reserves are the tonnage of the proved amount in place that can be recovered under present and expected local economic conditions with existing available technology.

Total Final Consumption refers to the sum of consumption by the different end-use sectors.

Energy Production is the production of primary energy.

Bunkers Airs bunkers refer to bunkers of aviation gasoline and jet fuel. Sea bunkers refer to bunkers of hard coal, gas-diesel oil and residual fuel oil.

Total Primary Energy Supply refers to Production +imports-Exports-Bunkers-Changes in stocks.

Clean energy refer to noncarbohydrate energy that does not produce carbon dioxide when generated. It includes hydropower and nuclear, geothermal, and solar power, among others.

Combustible renewables and waste comprise solid biomass, liquid biomass, biogas, industrial waste, and municipal waste.

财政和金融

Government Finance and Banking

8-1 中央政府财政收入占国内生产总值比重
Central Government Revenue as Percentage of GDP

资料来源：世界银行WDI数据库。
Source: World Bank WDI Database.

单位：%　(%)

国家或地区	Country or Area	2000	2005	2010	2014	2015	2016
世　界	**World**	**24.2**	**22.6**	**22.2**	**24.1**	**24.0**	**24.7**
高收入国家	**High Income**	**25.4**	**24.3**	**23.6**	**25.2**	**25.1**	**24.9**
中等收入国家	**Middle Income**	**13.8**	**17.3**	**18.6**	**21.0**	**20.9**	
低收入国家	**Low Income**		**11.5**	**13.4**			
中　国	China	7.1	9.6	11.2	15.8	16.0	
中国香港	Hong Kong, China		19.6				
中国澳门	Macao, China	18.1	24.6	36.7	37.0	31.5	30.1
孟加拉国	Bangladesh		9.0	9.7	10.9	9.8	10.2
柬埔寨	Cambodia		9.7	11.5	16.6	15.9	17.4
印　度	India	11.9	12.5	13.3			
印度尼西亚	Indonesia		17.5	14.5	14.6	13.0	12.5
伊　朗	Iran	21.6	30.9				
以色列	Israel	38.0	36.0	32.2	32.4	32.5	32.3
日　本	Japan	11.5	11.4	9.9	12.5	12.6	12.2
哈萨克斯坦	Kazakhstan	11.3	21.3	21.4	19.5	13.7	13.6
韩　国	Korea, Rep.	21.2	20.5	21.0	26.3	26.3	27.3
老　挝	Laos			14.5	16.1	15.8	14.7
马来西亚	Malaysia	17.5	19.6	19.4	19.9	18.9	17.3
蒙　古	Mongolia	24.4		29.0	25.2	22.6	21.1
缅　甸	Myanmar	5.3	6.7		22.0	18.5	17.9
巴基斯坦	Pakistan	13.9	13.0	13.8	14.3		
菲律宾	Philippines	14.4	14.4	13.4	15.1	15.4	15.2
新加坡	Singapore	25.8	18.2	17.0	18.2	18.2	19.0
斯里兰卡	Sri Lanka	16.8	15.5	12.7	11.4	13.3	14.2
泰　国	Thailand	15.5	19.7	19.0	19.6	20.4	20.1
埃　及	Egypt		24.3	24.8	19.9	21.0	
尼日利亚	Nigeria		11.9	5.6			
南　非	South Africa	25.7	28.8	28.1	31.0	31.7	30.9
加拿大	Canada	20.9	18.6	16.9	17.0	17.7	17.4
墨西哥	Mexico	12.1		18.0	18.4	19.1	19.8
美　国	United States	20.5	17.9	16.5	19.1	19.2	18.7
巴　西	Brazil	19.6	22.4	28.8	26.9	29.0	29.5
委内瑞拉	Venezuela	21.2	28.3				
捷　克	Czech Rep.	30.8	31.2	30.4	30.9	31.2	31.6
法　国	France	43.1	42.7	43.3	45.0	44.8	44.7
德　国	Germany	29.7	27.8	27.7	28.4	28.2	28.1
意大利	Italy	35.9	34.4	37.2	38.5	38.3	38.6
荷　兰	Netherlands	38.1	36.6	38.1	39.1	38.1	39.2
波　兰	Poland	22.3	33.3	31.9	32.0	32.5	32.9
俄罗斯	Russia	24.6	30.3	26.1	27.1	24.4	24.2
西班牙	Spain	18.4	17.4	14.7	16.7	16.3	15.8
土耳其	Turkey			31.7	31.0	32.4	33.1
乌克兰	Ukraine	26.8	35.1	34.4	33.7	35.8	31.2
英　国	United Kingdom	34.1	35.0	34.8	34.5	34.9	35.4
澳大利亚	Australia	26.0	27.1	23.3	24.4	24.5	24.9
新西兰	New Zealand		26.4	32.3	32.7	32.8	32.4

8–2 中央政府财政收入
Revenue of Central Government

资料来源：国际货币基金组织GFS数据库。
Source: IMF GFS Database.

		柬埔寨 Cambodia 2013 (亿瑞尔) (100 Million Riel)	印度 India 2013 (亿卢比) (100 Million Rupee)	印度尼西亚 Indonesia 2016 (亿卢比) (100 Million Rupiah)	伊朗 Iran 2009 (亿里亚尔) (100 Million Rial)
财政总收入	**Total Revenue**	**107032**	**141789**	**15557000**	**10423000**
税收	Taxes	74076	123587	12819000	3022000
收入、利润和资本所得税	Taxes on Income, Profits, and Capital Gains	15615	66044	6662000	2017000
个人	Payable by Individuals	3774	24090		340720
公司和其他企业	Payable by Corporations and Other Enterprises	11840	41950		1675260
工资税	Taxes on Payroll and Workforce				
财产税	Taxes on Property		95	194000	11000
货物和服务税	Taxes on Goods and Services	41745	38709	5568000	366000
增加值、销售和交易税	General Value Added, Sales, or Turnover Taxes	26697			310150
货物税	Excises	13392	19720		19420
国际贸易税	Taxes on International Trade and Transactions	16669	18731	346000	626000
其他税	Other Taxes	48		48000	3000
社会缴款	Social Contributions		270		1948000
社会保障缴款	Social Security Contributions				1948000
其它社会缴款	Other Social Contributions		270		
捐赠收入	Grants	22740	146	87000	
来自外国政府捐赠收入	From Foreign Governments	21509	146	32000	
来自国际组织捐赠收入	From International Organizations	18			
来自政府机构捐赠收入	From General Government Units	1213		55000	
其它收入	Other Revenue	10216	17787	2651000	5453000

8-2 续表 1 continued

		以色列 Israel 2016 (亿新谢克尔) (100 Million New Sheqalim)	哈萨克斯坦 Kazakhstan 2016 (亿坚戈) (100 Million Tenge)	韩国 Korea,Rep. 2016 (亿韩元) (100 Million Won)	马来西亚 Malaysia 2013 (亿林吉特) (100 Million Ringgit)
财政总收入	**Total Revenue**	**4134**	**65845**	**4534000**	**2134**
税收	Taxes	2852	46618	2434000	1560
收入、利润和资本所得税	Taxes on Income, Profits, and Capital Gains	1246	19186	1233000	1110
个人	Payable by Individuals				231
公司和其他企业	Payable by Corporations and Other Enterprises				879
工资税	Taxes on Payroll and Workforce	141			
财产税	Taxes on Property			67000	
货物和服务税	Taxes on Goods and Services	1433	16693	994000	310
增加值、销售和交易税	General Value Added, Sales, or Turnover Taxes				101
货物税	Excises				122
国际贸易税	Taxes on International Trade and Transactions	33	10735	82000	45
其他税	Other Taxes		4	58000	95
社会缴款	Social Contributions	710	2642	1177000	
社会保障缴款	Social Security Contributions	635	2642	1054000	
其它社会缴款	Other Social Contributions	75		123000	
捐赠收入	Grants	196	2191	50000	
来自外国政府捐赠收入	From Foreign Governments	135			
来自国际组织捐赠收入	From International Organizations		17		
来自政府机构捐赠收入	From General Government Units	61	2173	50000	
其它收入	Other Revenue	376	14395	872000	574

8-2 续表 2 continued

		蒙古 Mongolia 2016 (亿图格里克) (100 Million togrog)	缅甸 Myanmar 2017 (亿缅元) (100 Million Kyat)	巴基斯坦 Pakistan 2013 (亿卢比) (100 Million Rupee)	新加坡 Singapore 2016 (亿新加坡元) (100 Million Dollar)
财政总收入	**Total Revenue**	**53983**	**149656**	**33459**	**814**
税收	Taxes	27164	54425	25036	587
收入、利润和资本所得税	Taxes on Income, Profits, and Capital Gains	5200	19350	9320	263
个人	Payable by Individuals			9140	110
公司和其他企业	Payable by Corporations and Other Enterprises				160
工资税	Taxes on Payroll and Workforce				
财产税	Taxes on Property		6		44
货物和服务税	Taxes on Goods and Services	18502	29419	12015	186
增加值、销售和交易税	General Value Added, Sales, or Turnover Taxes			10765	
货物税	Excises			1250	30
国际贸易税	Taxes on International Trade and Transactions	3285	4900	2475	
其他税	Other Taxes	178	750	1226	93
社会缴款	Social Contributions	13150	831		
社会保障缴款	Social Security Contributions	13150	831		
其它社会缴款	Other Social Contributions				
捐赠收入	Grants	3379	6511	1120	
来自外国政府捐赠收入	From Foreign Governments	772		1120	
来自国际组织捐赠收入	From International Organizations		6511		
来自政府机构捐赠收入	From General Government Units	2607			
其它收入	Other Revenue	10290	87889	7303	227

8-2 续表 3 continued

		泰 国 Thailand 2016 (亿泰铢) (100 Million Baht)	南 非 South Africa 2016 (亿兰特) (100 Million Rand)	加拿大 Canada 2017 (亿加元) (100 million Dollar)	墨西哥 Mexico 2016 (亿比索) (100 Million Peso)
财政总收入	**Total Revenue**	**29164**	**13482**	**3739**	**39856**
税收	Taxes	22541	11788	2607	27243
收入、利润和资本所得税	Taxes on Income, Profits, and Capital Gains	8941	6645	2026	14231
个人	Payable by Individuals	2830			6820
公司和其他企业	Payable by Corporations and Other Enterprises	6110			7010
工资税	Taxes on Payroll and Workforce		153		
财产税	Taxes on Property		19		
货物和服务税	Taxes on Goods and Services	12442	4518		12115
增加值、销售和交易税	General Value Added, Sales, or Turnover Taxes				
货物税	Excises	5540			4200
国际贸易税	Taxes on International Trade and Transactions	975	452	56	519
其他税	Other Taxes	184			379
社会缴款	Social Contributions	1591	267	836	4350
社会保障缴款	Social Security Contributions	1591	267		4350
其它社会缴款	Other Social Contributions				
捐赠收入	Grants	30	41	10	17
来自外国政府捐赠收入	From Foreign Governments	30	18		
来自国际组织捐赠收入	From International Organizations		6		
来自政府机构捐赠收入	From General Government Units		17		17
其它收入	Other Revenue	5002	1386	286	8246

8-2 续表 4 continued

		美 国 United States 2017 (亿美元) (100 Million US Dollar)	阿 根 廷 Argentina 2016 (亿比索) (100 Million Peso)	委内瑞拉 Venezuela 2005 (亿博利瓦) (100 Million Bolivar)	白俄罗斯 Belarus 2016 (亿卢布) (100 Million Rubel)
财政总收入	**Total Revenue**	**38706**	**17580**	**859**	**304**
税收	Taxes	23482	9954	472	131
收入、利润和资本所得税	Taxes on Income, Profits, and Capital Gains	19440	2176	185	7
个人	Payable by Individuals			9	
公司和其他企业	Payable by Corporations and Other Enterprises			175	
工资税	Taxes on Payroll and Workforce		48		
财产税	Taxes on Property	2719	85	29	
货物和服务税	Taxes on Goods and Services	938	4789	214	88
增加值、销售和交易税	General Value Added, Sales, or Turnover Taxes			195	
货物税	Excises			17	
国际贸易税	Taxes on International Trade and Transactions	385	1250	43	34
其他税	Other Taxes		1605	1	1
社会缴款	Social Contributions	12875	5682	19	101
社会保障缴款	Social Security Contributions	12784		19	101
其它社会缴款	Other Social Contributions	92			
捐赠收入	Grants	8	90		29
来自外国政府捐赠收入	From Foreign Governments	8			2
来自国际组织捐赠收入	From International Organizations		2		
来自政府机构捐赠收入	From General Government Units		88		26
其它收入	Other Revenue	2341	1854	369	43

8-2 续表 5 continued

		捷克 Czech Rep. 2016 (亿克朗) (100 Million koruna)	法国 France 2016 (亿欧元) (100 Million Euro)	德国 Germany 2016 (亿欧元) (100 Million Euro)	意大利 Italy 2016 (亿欧元) (100 Million Euro)
财政总收入	**Total Revenue**	**15377**	**9959**	**8935**	**6602**
税收	Taxes	6997	5158	3535	3977
收入、利润和资本所得税	Taxes on Income, Profits, and Capital Gains	2277	2530	1558	2058
个人	Payable by Individuals				
公司和其他企业	Payable by Corporations and Other Enterprises				
工资税	Taxes on Payroll and Workforce		257		
财产税	Taxes on Property	1	181		111
货物和服务税	Taxes on Goods and Services	4707	2179	1977	1554
增加值、销售和交易税	General Value Added, Sales, or Turnover Taxes				
货物税	Excises				
国际贸易税	Taxes on International Trade and Transactions		-1		
其他税	Other Taxes	12	12		254
社会缴款	Social Contributions	7023	4175	4969	2203
社会保障缴款	Social Security Contributions	7020	3674	4877	2174
其它社会缴款	Other Social Contributions	3	501	93	29
捐赠收入	Grants	291		88	117
来自外国政府捐赠收入	From Foreign Governments	34			1
来自国际组织捐赠收入	From International Organizations	238		29	4
来自政府机构捐赠收入	From General Government Units	19	44	59	112
其它收入	Other Revenue	1066		343	305

8-2 续表 6 continued

		荷兰 Netherlands 2016 (亿欧元) (100 Million Euro)	波兰 Poland 2016 (亿兹罗提) (100 Million Zloty)	俄罗斯 Russia 2016 (亿卢布) (100 Million Ruble)	西班牙 Spain 2014 (亿欧元) (100 Million Euro)
财政总收入	**Total Revenue**	**2771**	**6111**	**260582**	
税收	Taxes	1558	3012	78622	1271
收入、利润和资本所得税	Taxes on Income, Profits, and Capital Gains	744	752	-3514	520
个人	Payable by Individuals			-8310	309
公司和其他企业	Payable by Corporations and Other Enterprises			5040	210
工资税	Taxes on Payroll and Workforce	2	42		
财产税	Taxes on Property	33		13	1
货物和服务税	Taxes on Goods and Services	745	2218	55776	751
增加值、销售和交易税	General Value Added, Sales, or Turnover Taxes				516
货物税	Excises			7520	182
国际贸易税	Taxes on International Trade and Transactions			26346	
其他税	Other Taxes	35		1	
社会缴款	Social Contributions	1060	2532	68870	1312
社会保障缴款	Social Security Contributions	1043	2363	68870	1200
其它社会缴款	Other Social Contributions	17	169		111
捐赠收入	Grants	15		52327	
来自外国政府捐赠收入	From Foreign Governments	3			
来自国际组织捐赠收入	From International Organizations	3			20
来自政府机构捐赠收入	From General Government Units	9	30	52327	
其它收入	Other Revenue	138		60762	

8-2 续表 7 continued

		乌克兰 Ukraine 2016 (亿格里夫尼亚) (100 Million Hrywnia)	英国 United Kingdom 2016 (亿英镑) (100 Million Pound)	澳大利亚 Australia 2016 (亿澳元) (100 Million Dollar)	新西兰 New Zealand 2016 (新西兰元) (100 Million Dollar)
财政总收入	**Total Revenue**	**7527**	**6954**	**4129**	**885**
税收	Taxes	4683	5026	3699	739
收入、利润和资本所得税	Taxes on Income, Profits, and Capital Gains	1142	2342	2651	458
个人	Payable by Individuals			1920	320
公司和其他企业	Payable by Corporations and Other Enterprises			710	140
工资税	Taxes on Payroll and Workforce			7	
财产税	Taxes on Property		340		
货物和服务税	Taxes on Goods and Services	3353	2313	901	256
增加值、销售和交易税	General Value Added, Sales, or Turnover Taxes				
货物税	Excises			220	20
国际贸易税	Taxes on International Trade and Transactions	211		141	25
其他税	Other Taxes	-23	31		
社会缴款	Social Contributions	1364	1484		21
社会保障缴款	Social Security Contributions	1364	1218		21
其它社会缴款	Other Social Contributions		266		
捐赠收入	Grants	84	4	5	4
来自外国政府捐赠收入	From Foreign Governments	1			3
来自国际组织捐赠收入	From International Organizations	41	2		
来自政府机构捐赠收入	From General Government Units	42	2	5	1
其它收入	Other Revenue	1397	440	425	121

8-3 中央政府财政支出
Expense of Central Government

资料来源：国际货币基金组织GFS数据库。
Source: IMF GFS Database.

		柬埔寨 Cambodia 2013 (亿瑞尔) (100 Million Riel)	印 度 India 2013 (亿卢比) (100 Million Rupee)	印度尼西亚 Indonesia 2016 (亿卢比) (100 Million Rupiah)	伊 朗 Iran 2009 亿里亚尔) (billion Rial)
财政总支出	**Total Expense**	**72465**	**186910**	**18445000**	**8065990**
雇员报酬	Compensation of Employees	26363	15190	3021000	3210000
工资和薪金	Wages and Salaries	26363		2057000	2836000
社会缴款	Social Contributions			964000	375000
商品和服务的使用	Use of Goods and Services	20753	16340	2360000	865000
固定资本消耗	Consumption of Fixed Capital			1344000	
利息	Interest	2043	36420	1827000	59000
补贴	Subsidies	1301	42220	1742000	771000
对国有企业补贴	To Public Corporations			1691000	702000
对私人企业补贴	To Private Enterprises			51000	69000
捐赠	Grants	6823	75740	7174000	31000
对外国政府捐赠	To Foreign Governments				2000
对国际组织捐赠	To International Organizations	140	5910		2000
对政府机构捐赠	To General Government Units	6683	69830	7174000	27000
社会福利	Social Benefits	8787		527000	1966000
社会保障福利	Social Security Benefits				1898000
社会救助福利	Social Assistance Benefits			496000	68000
雇主社会福利	Employer Social Benefits			31000	
其它支出	Other Expense	6395	996	450000	1164000
不含利息的财产支出	Property Expense Other Than Interest				
其它杂项支出	Miscellaneous Other Expense				

8-3 续表 1 continued

		以色列 Israel 2016 (亿新谢克尔) (100 Million New Sheqalim)	哈萨克斯坦 Kazakhstan 2016 (亿坚戈) (billion Tenge)	韩国 Korea,Rep. 2016 (亿韩元) (billion Won)	马来西亚 Malaysia 2013 (亿林吉特) (100 Million Ringgit)
财政总支出	**Total Expense**	**4450**	**103462**	**4092000**	**2099**
雇员报酬	Compensation of Employees	1018	4500	430000	610
工资和薪金	Wages and Salaries	834	4364	412000	610
社会缴款	Social Contributions	184	136	18000	
商品和服务的使用	Use of Goods and Services	900	14704	606000	339
固定资本消耗	Consumption of Fixed Capital	110		148000	
利息	Interest	350	4663	196000	208
补贴	Subsidies	87	884	175000	433
对国有企业补贴	To Public Corporations	34		57000	433
对私人企业补贴	To Private Enterprises	53	884	119000	
捐赠	Grants	285	24502	1281000	348
对外国政府捐赠	To Foreign Governments	2		1000	
对国际组织捐赠	To International Organizations	12	134		
对政府机构捐赠	To General Government Units	271	24368	1280000	348
社会福利	Social Benefits	1353	23109	1089000	148
社会保障福利	Social Security Benefits	730	14954	1089000	148
社会救助福利	Social Assistance Benefits	406	8023	1000	
雇主社会福利	Employer Social Benefits	216	131		
其它支出	Other Expense	347	1538	166000	12
不含利息的财产支出	Property Expense Other Than Interest			1000	
其它杂项支出	Miscellaneous Other Expense				

8-3 续表 2 continued

		蒙　古 Mongolia 2016 (亿图格里克) (100 Million Togrog)	泰　国 Thailand 2017 (亿铢) (100 Million Baht)	巴基斯坦 Pakistan 2013 (亿卢比) (100 Million Rupee)	加 拿 大 Canada 2017 (亿加元) (100 Million Dollar)
财政总支出	**Total Expense**	**65568**	**28430**	**39907**	**3714**
雇员报酬	Compensation of Employees	10585	7967	1550	388
工资和薪金	Wages and Salaries	9824	7784	1550	
社会缴款	Social Contributions	761	183		
商品和服务的使用	Use of Goods and Services	9114	7023	8842	282
固定资本消耗	Consumption of Fixed Capital		1862		97
利息	Interest	9861	1425	11417	218
补贴	Subsidies	580	1354	2086	27
对国有企业补贴	To Public Corporations		1058		
对私人企业补贴	To Private Enterprises		297		
捐赠	Grants	14330	3691	3123	976
对外国政府捐赠	To Foreign Governments				
对国际组织捐赠	To International Organizations	45	11		
对政府机构捐赠	To General Government Units	14284	3680		
社会福利	Social Benefits	20970	3882	1441	1648
社会保障福利	Social Security Benefits	16309	791		
社会救助福利	Social Assistance Benefits	4661	107		
雇主社会福利	Employer Social Benefits		2984		
其它支出	Other Expense	129	1227	11447	76
不含利息的财产支出	Property Expense Other Than Interest				
其它杂项支出	Miscellaneous Other Expense				

8-3 续表 3 continued

		美 国 United States 2017 (亿美元) (100 Million Us Dollar)	阿 根 廷 Argentina 2016 (亿比索) (100 Million Peso)	委内瑞拉 Venezuela 2005 (亿博利瓦) (100 Million Bolivar)	白俄罗斯 Belarus 2017 (亿卢布) (100 Million Rubel)
财政总支出	**Total Expense**	**43606**	**25886**	**762**	**310**
雇员报酬	Compensation of Employees	4198	2678	121	40
工资和薪金	Wages and Salaries		2303	116	34
社会缴款	Social Contributions		375	6	6
商品和服务的使用	Use of Goods and Services	3147	840	46	41
固定资本消耗	Consumption of Fixed Capital	2654			
利息	Interest	4814	2454	89	19
补贴	Subsidies	607	3407		16
对国有企业补贴	To Public Corporations		880		2
对私人企业补贴	To Private Enterprises		2528		14
捐赠	Grants	6781	1537	400	47
对外国政府捐赠	To Foreign Governments	528		1	
对国际组织捐赠	To International Organizations		26		1
对政府机构捐赠	To General Government Units	6253	1512	399	46
社会福利	Social Benefits	21136	8792	85	137
社会保障福利	Social Security Benefits	16941	7305		120
社会救助福利	Social Assistance Benefits	4195	1487		9
雇主社会福利	Employer Social Benefits		1		8
其它支出	Other Expense	269	1833	21	11
不含利息的财产支出	Property Expense Other Than Interest				
其它杂项支出	Miscellaneous Other Expense			21	

8-3 续表 4 continued

		捷 克 Czech Rep. 2016 (亿克朗) (100 Million koruna)	法 国 France 2016 (亿欧元) (100 Million Erro)	德 国 Germany 2016 (亿欧元) (100 Million Erro)	意 大 利 Italy 2016 (亿欧元) (100 Million Euro)
财政总支出	**Total Expense**	**15725**	**10754**	**8759**	**7111**
雇员报酬	Compensation of Employees	1954	2040	504	964
工资和薪金	Wages and Salaries	1425			626
社会缴款	Social Contributions	530			339
商品和服务的使用	Use of Goods and Services	1352	611	423	232
固定资本消耗	Consumption of Fixed Capital	1079	353	186	212
利息	Interest	435	402	245	648
补贴	Subsidies	648	436	89	187
对国有企业补贴	To Public Corporations				
对私人企业补贴	To Private Enterprises				
捐赠	Grants			891	
对外国政府捐赠	To Foreign Governments	84		131	29
对国际组织捐赠	To International Organizations			241	
对政府机构捐赠	To General Government Units	1863	620	519	1072
社会福利	Social Benefits	7250	5502	6242	3366
社会保障福利	Social Security Benefits				
社会救助福利	Social Assistance Benefits				
雇主社会福利	Employer Social Benefits				
其它支出	Other Expense			178	
不含利息的财产支出	Property Expense Other Than Interest	3			
其它杂项支出	Miscellaneous Other Expense				

8-3 续表 5 continued

		荷兰 Netherlands 2015 (亿欧元) (100 Million Euro)	波兰 Poland 2016 (亿兹罗提) (100 Million Zloty)	俄罗斯 Russia 2017 (亿卢布) (100 Million Ruble)	西班牙 Spain 2014 (亿欧元) (100 Million Euro)
财政总支出	**Total Expense**	**2772**	**6482**	**282101**	
雇员报酬	Compensation of Employees	231	921	36339	241
工资和薪金	Wages and Salaries	173		32074	179
社会缴款	Social Contributions	59		4265	62
商品和服务的使用	Use of Goods and Services	149	433	21706	91
固定资本消耗	Consumption of Fixed Capital	107	250	8996	95
利息	Interest	83	300	7069	319
补贴	Subsidies	56	95	13207	55
对国有企业补贴	To Public Corporations			2914	9
对私人企业补贴	To Private Enterprises			10293	46
捐赠	Grants	770		91006	
对外国政府捐赠	To Foreign Governments			802	
对国际组织捐赠	To International Organizations	87		1294	108
对政府机构捐赠	To General Government Units	683	1329	88909	
社会福利	Social Benefits	1316	2796	95017	1660
社会保障福利	Social Security Benefits	548		75447	1447
社会救助福利	Social Assistance Benefits	753		11859	78
雇主社会福利	Employer Social Benefits	15		7712	134
其它支出	Other Expense	59		8762	438
不含利息的财产支出	Property Expense Other Than Interest				0.1
其它杂项支出	Miscellaneous Other Expense	59			0.2

8-3 续表 6 continued

		乌克兰 Ukraine 2017 (亿格里夫尼亚) (100 Million Hrywnia)	英国 United Kingdom 2016 (亿英镑) (100 Million Pound)	澳大利亚 Australia 2017 (亿澳元) (100 Million Dollar)	新西兰 New Zealand 2017 (亿新西兰元) (100 Million Dollar)
财政总支出	**Total Expense**	**10019**	**7323**	**4686**	**869**
雇员报酬	Compensation of Employees	1403	1153	503	223
工资和薪金	Wages and Salaries	1173	919	385	
社会缴款	Social Contributions	230	234	118	
商品和服务的使用	Use of Goods and Services	1231	1013	483	107
固定资本消耗	Consumption of Fixed Capital		183	101	29
利息	Interest	1115	474	167	35
补贴	Subsidies	137	112	136	6
对国有企业补贴	To Public Corporations	137	7	5	
对私人企业补贴	To Private Enterprises		105	131	
捐赠	Grants	2755	1448	1198	23
对外国政府捐赠	To Foreign Governments			41	
对国际组织捐赠	To International Organizations	29	193		6
对政府机构捐赠	To General Government Units	2726	1255	1157	17
社会福利	Social Benefits	3231	2632	1829	376
社会保障福利	Social Security Benefits	2468	1332	1359	
社会救助福利	Social Assistance Benefits	764	938	470	
雇主社会福利	Employer Social Benefits		361		
其它支出	Other Expense	147	308	269	70
不含利息的财产支出	Property Expense Other Than Interest			84	
其它杂项支出	Miscellaneous Other Expense				

8-4 中央政府各项支出比重

Central Government Outlays by Function as Percentage of Total

资料来源：国际货币基金组织GFS数据库。
Source: IMF GFS Database.
单位：%　　(%)

国家或地区	Country or Area	年份 Year	社会保障支出 Social Protection	公共服务支出 General Public Services	教育支出 Education	经济事务支出 Economic Affairs	环境保护支出 Environment Protection
中　　国	China	2015	4.10	7.20	0.20	1.40	
中国香港	Hong Kong, China	2009	14.19	19.39	18.19	11.52	3.42
中国澳门	Macao, China	2008	18.16		14.00		2.54
孟加拉国	Bangladesh	2013	6.82	21.72	14.62	26.68	0.36
印　　度	India	2013		9.30	0.60	3.50	
印度尼西亚	Indonesia	2016	1.30	7.20	1.50	1.60	0.10
伊　　朗	Iran	2009	10.50	2.60	4.10	4.70	
以 色 列	Israel	2016	10.30	4.20	6.20	2.10	0.10
哈萨克斯坦	Kazakhstan	2016	4.30	5.70	1.20	1.80	
韩　　国	Korea, Rep.	2010	4.40	4.30	3.00	3.70	0.40
缅　　甸	Myanmar	2017	0.80	4.90	1.90	8.70	
巴基斯坦	Pakistan	2007	0.21		1.64		0.03
新 加 坡	Singapore	2016	1.60	1.10	3.10	2.90	0.30
泰　　国	Thailand	2016	2.90	6.20	3.70	2.40	
埃　　及	Egypt	2015	9.50	9.50	3.90	2.00	0.10
南　　非	South Africa	2016	4.50	18.90	2.90	3.60	0.20
加 拿 大	Canada	2007	46.94		2.09		1.28
墨 西 哥	Mexico	2000	2.70	5.20	3.40	1.10	
美　　国	United States	2016	7.40	3.10	0.60	1.20	
阿 根 廷	Argentina	2016	11.40	5.50	1.60	5.20	0.10
委内瑞拉	Venezuela	2005	7.64		17.16		
捷　　克	Czech Rep.	2015	30.18	9.06	8.60	16.47	2.45
意 大 利	Italy	2012	48.54	25.24	8.17	3.66	0.31
荷　　兰	Netherlands	2012	36.21	17.34	10.83	8.03	0.35
波　　兰	Poland	2013	46.70	14.53	10.77	6.06	0.33
俄 罗 斯	Russia	2016	15.00	6.70	0.20	1.70	0.10
西 班 牙	Spain	2012	15.42		0.17	2.15	0.08
土 耳 其	Turkey	2017	10.00	6.20	3.70	2.90	
乌 克 兰	Ukraine	2016	17.90	7.20	1.50	1.10	0.20
英　　国	United Kingdom	2015	14.00	4.70	4.20	2.50	0.40
澳大利亚	Australia	2016	9.00	6.40	2.90	1.70	0.20
新 西 兰	New Zealand	2016	11.00	3.30	6.00	2.40	0.20

8-4 续表 1 continued

单位：% (%)

国家或地区	Country or Area	年份 Year	卫生保障支出 Health	文化、娱乐和宗教支出 Recreation, Culture and Religion	国防支出 Defense	住户和社区设施建设支出 Housing & Community Amenities	公共秩序与安全支出 Public Order and Safety
中　国	China	2015	1.70		1.30		0.20
中国香港	Hong Kong, China	2009	12.81	3.84		6.85	9.79
中国澳门	Macao, China	2008	8.22				
孟加拉国	Bangladesh	2013	6.01	1.19	8.65	7.42	6.53
印　度	India	2013	0.30		1.80	1.20	
印度尼西亚	Indonesia	2016	0.70	0.10	1.10	0.20	1.20
伊　朗	Iran	2009	2.00	0.70	2.30	0.60	1.20
以色列	Israel	2016	5.00	0.90	5.80	-0.10	1.50
哈萨克斯坦	Kazakhstan	2016	1.70	0.30	0.90	0.50	1.00
韩　国	Korea, Rep.	2010	0.20	0.20	2.20	0.20	1.00
缅　甸	Myanmar	2017	1.20	0.10	3.40	0.10	0.50
巴基斯坦	Pakistan	2007	0.86		15.62		
新加坡	Singapore	2016	2.40	0.60	3.50	1.10	1.10
泰　国	Thailand	2016	1.20	0.30	1.50	0.60	1.30
埃　及	Egypt	2015	1.60	1.30	2.00	1.00	2.00
南　非	South Africa	2016	1.20	0.30	1.30	1.80	2.90
加拿大	Canada	2007	9.67		6.50		
墨西哥	Mexico	2000	0.70	0.10	0.40	0.90	0.40
美　国	United States	2016	6.70		3.20	0.40	0.30
阿根廷	Argentina	2016	2.00	0.10	0.50	0.40	1.30
委内瑞拉	Venezuela	2005	7.38		4.99		
捷　克	Czech Rep.	2015	16.97	1.05	2.48	2.39	4.93
意大利	Italy	2012	4.89	0.95	3.31	0.73	4.21
荷　兰	Netherlands	2012	19.27	0.78	2.78	0.22	4.21
波　兰	Poland	2013	12.25	0.58	3.82	0.51	4.45
俄罗斯	Russia	2016	4.10	0.20	2.30	0.10	2.10
西班牙	Spain	2012	1.17	0.71	2.87	0.04	3.42
土耳其	Turkey	2017	5.30	0.50	1.50	0.30	1.90
乌克兰	Ukraine	2016	0.50	0.20	2.50		3.00
英　国	United Kingdom	2015	7.60	0.50	2.10	1.70	1.60
澳大利亚	Australia	2016	4.10	0.20	1.70	0.20	0.30
新西兰	New Zealand	2016	6.70	0.40	0.90	0.20	2.00

8-5 社会缴款占财政收入比重
Social Contributions as Percentage of Revenue

资料来源：世界银行WDI数据库。
Source: World Bank WDI Database.
单位：%　(%)

国家或地区	Country or Area	2000	2005	2010	2013	2014	2015	2016
中国香港	Hong Kong, China		0.01					
中国澳门	Macao, China	0.85	0.50	0.19	0.12	0.11	0.17	0.18
印　度	India	0.05	0.18	0.26	0.19			
伊　朗	Iran	11.48	10.44					
以色列	Israel	14.72	16.52	17.64	17.22	17.03	16.99	17.16
日　本	Japan	0.95	0.97	0.90	0.89	0.77	0.76	0.75
韩　国	Korea, Rep.	13.31	16.17	16.11	24.39	25.79	26.31	25.97
蒙　古	Mongolia	17.79		13.14	18.83	19.77	21.89	24.36
斯里兰卡	Sri Lanka	1.67	1.19	1.33	1.31	1.26	1.04	1.07
泰　国	Thailand	3.43	4.89	6.44	4.06	5.40	5.61	5.46
南　非	South Africa	2.07	2.04	2.10	2.11	2.04	1.88	1.98
加拿大	Canada	18.87	21.43	23.02	23.75	23.45	23.22	23.64
墨西哥	Mexico	10.48		11.48	11.50	11.79	11.56	10.91
美　国	United States	31.26	36.50	39.32	34.45	34.36	34.38	35.32
巴　西	Brazil	24.76	23.25	31.36	32.28	33.87	32.03	31.82
委内瑞拉	Venezuela	3.50	2.20					
捷　克	Czech Rep.	46.60	46.72	46.44	45.07	45.89	44.35	45.67
法　国	France	40.38	41.32	41.80	41.93	42.16	41.84	41.92
德　国	Germany	57.18	58.61	55.74	54.66	54.53	55.02	55.62
意大利	Italy	32.32	34.98	35.12	34.05	33.78	33.88	33.37
荷　兰	Netherlands	38.73	34.28	34.92	38.73	38.51	37.36	38.25
波　兰	Poland	61.80	39.24	36.65	41.05	40.72	41.01	41.43
俄罗斯	Russia	28.80	17.72	20.29	25.19	26.12	21.42	26.43
西班牙	Spain	5.80	5.47	6.83	5.81	5.65	5.54	5.54
土耳其	Turkey			27.63	27.95	28.82	28.87	29.12
乌克兰	Ukraine	30.42	35.41	36.06	36.02	30.01	26.54	18.12
英　国	United Kingdom	19.38	20.98	21.68	20.76	20.85	21.19	21.34
新西兰	New Zealand		0.18	3.83	3.32	3.30	2.86	2.32

8-6 商品和服务税占财政收入比重
Goods and Services Tax as Percentage of Revenue

资料来源：世界银行WDI数据库。
Source: World Bank WDI Database.

单位：% (%)

国家或地区	Country or Area	2000	2005	2010	2013	2014	2015	2016
世　界	**World**	**32.67**	**33.66**	**31.38**	**32.74**	**33.02**	**33.61**	**33.76**
中　国	China	65.10	77.69	63.38	57.98	38.42	35.31	
中国香港	Hong Kong, China		16.55	8.54				
中国澳门	Macao, China	69.39	79.00	89.31	91.29	89.48	83.67	83.32
孟加拉国	Bangladesh		27.50	29.74	28.60	28.22	31.29	32.26
柬埔寨	Cambodia		36.90	35.29	38.05	42.04	45.57	46.23
印　度	India	28.93	30.76	21.68	27.30			
印度尼西亚	Indonesia		14.99	30.63	34.28	34.06	37.77	35.79
伊　朗	Iran	7.50	3.02					
以色列	Israel	27.52	30.67	34.90	34.81	35.44	34.72	34.66
日　本	Japan	32.30	33.26	36.90	32.73	37.09	37.63	38.03
哈萨克斯坦	Kazakhstan	40.10	21.00	14.74	18.48	16.25	18.10	25.35
韩　国	Korea, Rep.	30.27	29.58	28.11	21.67	21.81	21.25	21.92
老　挝	Laos			41.98	42.56	45.69	45.63	54.91
马来西亚	Malaysia	24.80	20.30	16.74	14.52	14.91	22.78	28.97
蒙　古	Mongolia	36.02		28.54	36.20	32.59	31.47	34.27
缅　甸	Myanmar	32.84	30.73		13.46	12.17	15.28	18.41
巴基斯坦	Pakistan	30.30	34.07	30.95	35.91	31.44		
菲律宾	Philippines	27.60	23.21	24.36	25.73	25.30	25.77	26.04
新加坡	Singapore	18.04	23.41	26.20	23.72	23.57	23.17	22.90
斯里兰卡	Sri Lanka	56.75	55.28	42.60	43.95	45.41	49.58	49.65
泰　国	Thailand	42.05	40.13	40.22	42.00	40.97	42.42	42.66
埃　及	Egypt		23.88	24.23	26.47	20.55	26.11	
尼日利亚	Nigeria		1.52	2.63	2.84			
南　非	South Africa	34.53	35.19	35.15	33.15	33.09	33.95	33.51
加拿大	Canada	15.51	17.09	14.86	14.06			
墨西哥	Mexico	62.13		25.53	21.41	25.41	30.17	30.40
美　国	United States	3.18	3.17	2.76	2.82	2.95	2.94	2.86
巴　西	Brazil	39.80	41.52	23.13	22.15	21.68	20.28	18.78
委内瑞拉	Venezuela	24.92	24.94					
捷　克	Czech Rep.	31.89	27.62	28.80	31.73	30.04	30.65	30.61
法　国	France	25.35	23.99	21.67	21.41	21.49	21.79	21.88
德　国	Germany	21.67	22.92	24.74	24.00	23.66	23.17	22.12
意大利	Italy	23.99	23.26	22.27	22.81	23.72	23.71	23.53
荷　兰	Netherlands	27.54	29.84	27.16	25.28	25.72	26.35	26.87
波　兰	Poland	48.25	36.51	38.55	35.60	35.53	35.10	36.29
俄罗斯	Russia	30.94	23.62	21.12	21.09	21.64	19.42	21.40
西班牙	Spain	41.61	43.60	44.77	44.50	45.06	47.09	48.29
土耳其	Turkey			38.77	40.53	37.67	37.33	36.11
乌克兰	Ukraine	32.67	27.96	31.38	34.15	33.82	40.01	44.54
英　国	United Kingdom	33.28	30.63	31.38	32.75	33.83	33.49	33.26
澳大利亚	Australia	17.91	24.11	24.32	23.35	23.80	21.91	21.82
新西兰	New Zealand		27.26	26.45	28.72	28.64	28.81	28.98

8-7 所得税占财政收入比重
Income Tax as Percentage of Revenue

资料来源：世界银行WDI数据库。
Source: World Bank WDI Database.
单位：%　　(%)

国家或地区	Country or Area	2000	2005	2010	2013	2014	2015	2016
世　界	**World**	**21.96**	**20.49**	**21.73**	**22.08**	**22.67**	**22.85**	**22.80**
中　国	China	8.08	23.80	23.11	28.27	19.88	20.64	
中国香港	Hong Kong, China		39.87	35.77				
中国澳门	Macao, China	8.58	4.42	3.89	3.15	3.86	6.97	7.08
孟加拉国	Bangladesh		12.34	20.06	24.45	24.91	26.86	25.17
柬埔寨	Cambodia		7.10	10.30	14.23	15.22	18.68	18.32
印　度	India	27.01	35.93	43.39	46.58			
印度尼西亚	Indonesia		48.84	35.88	35.20	35.25	39.99	42.82
伊　朗	Iran	13.45	12.72					
以色列	Israel	34.25	30.67	27.34	29.48	28.75	29.66	30.13
日　本	Japan	50.89	49.54	46.44	50.96	48.67	46.93	46.54
哈萨克斯坦	Kazakhstan	23.59	51.27	35.83	32.34	32.60	32.47	29.14
韩　国	Korea, Rep.	26.28	28.88	28.12	24.04	24.92	26.20	27.21
老　挝	Laos			13.39	15.74	12.45	13.55	15.99
马来西亚	Malaysia	43.37	46.66	45.59	52.01	52.86	46.36	46.89
蒙　古	Mongolia	11.82		27.12	12.20	10.76	12.69	9.63
缅　甸	Myanmar	19.47	25.22		10.38	10.02	12.02	12.94
巴基斯坦	Pakistan	19.03	20.49	24.59	27.86	24.51		
菲律宾	Philippines	39.09	39.64	40.50	41.93	41.16	41.34	41.96
新加坡	Singapore	29.03	30.17	33.99	33.13	33.26	32.65	32.36
斯里兰卡	Sri Lanka	12.69	12.74	16.26	17.83	16.69	17.98	15.29
泰　国	Thailand	29.85	32.82	33.22	35.55	33.94	31.91	30.66
埃　及	Egypt		23.75	25.26	29.18	23.29	24.11	
尼日利亚	Nigeria		22.57	38.11	26.95			
南　非	South Africa	51.71	48.76	49.09	48.44	47.40	47.09	49.29
加拿大	Canada	54.44	53.11	52.77	53.14	54.07	54.18	54.11
墨西哥	Mexico	34.12		28.28	31.27	30.52	34.72	35.71
美　国	United States	57.46	54.25	47.66	51.13	53.10	54.05	53.74
巴　西	Brazil	25.15	28.36	21.15	21.71	22.01	20.44	21.76
委内瑞拉	Venezuela	26.67	21.46					
捷　克	Czech Rep.	12.79	17.67	13.94	13.75	14.57	14.08	14.81
法　国	France	25.31	24.24	23.21	25.93	25.47	25.38	25.40
德　国	Germany	17.15	14.84	15.02	16.53	16.55	16.91	17.44
意大利	Italy	34.26	32.20	32.03	32.55	31.89	31.85	31.17
荷　兰	Netherlands	25.24	26.26	26.25	23.07	24.42	26.98	26.86
波　兰	Poland	24.01	12.25	12.51	12.13	12.13	12.19	12.31
俄罗斯	Russia	11.52	5.73	2.16	1.72	1.90	1.90	-1.35
西班牙	Spain	42.19	43.77	38.46	34.47	34.22	33.93	33.58
土耳其	Turkey			17.41	16.33	17.38	15.87	16.25
乌克兰	Ukraine	12.34	15.39	10.56	11.62	8.51	11.15	15.17
英　国	United Kingdom	38.70	37.48	36.07	32.85	32.92	32.99	33.68
澳大利亚	Australia	66.72	65.16	61.55	64.29	63.61	65.00	64.21
新西兰	New Zealand		54.93	51.09	50.42	50.46	51.60	51.77

8-8 中央政府财政盈余占GDP比重
Surplus of Central Government Revenue as Percentage of GDP

资料来源：世界银行WDI数据库。
Source: World Bank WDI Database.
单位：%　　(%)

国家或地区	Country or Area	2000	2005	2010	2011	2012	2013	2014
世　界	**World**	**0.52**	**-2.46**	**-5.75**	**-4.80**	**-4.47**	**-3.39**	
中　国	China		-1.39					
中国香港	Hong Kong, China		0.66	4.14	3.78			
中国澳门	Macao, China	1.64	8.36	19.49	24.76	24.07		
孟加拉国	Bangladesh		-0.97	-0.81	-0.81			
柬埔寨	Cambodia		0.04	-3.53	-4.56	-1.16	-2.69	-1.38
印　度	India	-3.74	-3.18	-3.41	-3.04	-3.82		
印度尼西亚	Indonesia		-0.13	-0.68	-1.07	-1.76		
伊　朗	Iran	1.66	5.23					
以色列	Israel	-3.89	-4.73	-4.43	-3.84	-5.18	-4.21	-3.45
日　本	Japan		-3.88	-6.74	-8.20	-7.77	-7.19	
哈萨克斯坦	Kazakhstan	0.09	2.58	4.44	7.81			
韩　国	Korea, Rep.	4.15	0.86	1.53	1.69			
老　挝	Laos			-0.84	-0.95	-0.81		
马来西亚	Malaysia	-4.12	-3.76	-5.00	-4.62	-4.39		
蒙　古	Mongolia	0.18		2.63	-2.65	-7.09		
缅　甸	Myanmar		-1.49					
巴基斯坦	Pakistan	-4.09	-3.20	-4.99	-6.40	-8.01	-5.23	
菲律宾	Philippines	-3.66	-2.84	-3.46	-1.76	-1.95		
新加坡	Singapore	11.06	6.39	7.57	9.21	8.63		
斯里兰卡	Sri Lanka	-8.40	-6.98	-6.31	-5.81	-5.31		
泰　国	Thailand	-1.81	1.87	-0.58	-1.06	-1.17	0.08	0.33
埃　及	Egypt		-6.45	-7.73	-10.08	-10.11		
尼日利亚	Nigeria		-1.10	-1.99	-1.82	-1.34		
南　非	South Africa	-1.91	-0.45	-3.96	-4.56	-5.11	-5.79	-3.31
加拿大	Canada	2.21	0.84	-1.77	-1.12	-0.21	0.15	0.55
墨西哥	Mexico	-0.99						
美　国	United States	2.23	-4.42	-10.08	-9.00	-7.39	-4.19	-5.37
巴　西	Brazil	-1.80	-3.55	-1.62	-2.45	-1.80		
委内瑞拉	Venezuela	-1.24	2.18					
捷　克	Czech Rep.	-3.31	-3.41	-4.55	-4.23	-2.33		
法　国	France	-3.03	-4.55	-6.64	-4.93	-4.48	-3.63	-3.78
德　国	Germany	0.61	-2.85	-3.06	-0.47	0.08	-0.05	0.41
意大利	Italy	-2.36	-4.64	-3.82	-3.31	-3.17	-2.91	-3.49
荷　兰	Netherlands	0.48	-1.46	-3.95	-3.64	-3.45	-2.04	-1.99
波　兰	Poland	-3.01	-5.07	-6.57	-4.08	-3.48	-3.80	-1.62
俄罗斯	Russia	2.47	9.88	-1.86	3.09	2.35	0.89	0.80
西班牙	Spain	-2.03	-0.34	-4.79	-3.44	-7.92	-4.77	-3.86
土耳其	Turkey			-3.14	-1.06	-0.49	0.29	1.51
乌克兰	Ukraine	-0.59	-1.36	-6.52	-2.32	-4.07		
英　国	United Kingdom	0.61	-3.99	-9.54	-7.42	-7.87	-5.49	-4.96
澳大利亚	Australia	1.70	0.76	-4.03	-3.67	-3.03	-1.47	-1.85
新西兰	New Zealand		3.11	-2.03	-7.70	-0.44	-0.55	0.04

8-9 中央政府公共债务占GDP比重
Central Government Debt as Percentage of GDP

资料来源：世界银行WDI数据库。
Source: World Bank WDI Database.
单位：% (%)

国家或地区	Country or Area	2000	2005	2010	2013	2014	2015	2016
中国香港	Hong Kong, China		31.58	35.56				
印　度	India	55.75	63.11	52.18	50.31			
印度尼西亚	Indonesia		47.34	26.17	27.78	27.42	30.31	31.35
日　本	Japan	100.46	130.46	162.30	188.88	194.43	197.04	195.52
哈萨克斯坦	Kazakhstan	21.62	7.05	9.52	10.84	12.65	19.31	16.77
韩　国	Korea, Rep.				36.67	38.39	39.74	40.36
马来西亚	Malaysia		42.07	49.56	53.00	52.68	54.46	52.72
蒙　古	Mongolia	78.42		44.98	45.89			
菲律宾	Philippines	60.51	68.48	52.40	49.24	45.40		
新加坡	Singapore	84.05	95.26	102.90	100.47	100.67	104.65	112.33
斯里兰卡	Sri Lanka	96.90	90.61	71.58	70.82	71.33	77.65	
泰　国	Thailand	21.97	25.46	26.90	34.78	39.57	35.27	
尼日利亚	Nigeria		28.65	9.45	10.50			
南　非	South Africa	44.11						
加拿大	Canada	58.50	45.68	52.27	51.72	50.34	54.71	53.25
墨西哥	Mexico	19.07						
美　国	United States	33.16	56.30	85.62	96.61	96.89	97.38	99.46
巴　西	Brazil			61.32	57.23	58.46	67.54	73.54
捷　克	Czech Rep.	12.65	21.07	33.56	40.61	38.21	36.74	
法　国	France	58.04	65.39	76.49	89.79	97.67	98.04	
德　国	Germany	38.31	43.31	54.33	52.68	53.53	50.47	
意大利	Italy	113.42	109.83	114.79	135.16	148.98	150.39	
荷　兰	Netherlands	49.30	48.29	58.77	68.31	73.43	70.57	
波　兰	Poland	40.62	50.09	55.45	57.85	53.02	53.33	
俄罗斯	Russia	62.15	16.66	9.10	9.05	11.18	13.49	14.15
西班牙	Spain	52.87	40.47	53.61	99.40	111.60	104.51	104.14
土耳其	Turkey			47.43	32.92	31.56	29.21	31.87
乌克兰	Ukraine	45.29	17.70	29.97	37.03	63.67	70.26	71.88
英　国	United Kingdom	42.86	44.47	82.84	96.74	107.65	106.73	116.86
澳大利亚	Australia	29.60	22.53	29.31	38.10	42.28	47.04	54.69
新西兰	New Zealand		44.17	34.90	46.56	44.22	43.40	42.10

8-10 广义货币
Broad Money

资料来源：世界银行WDI数据库。
Source: World Bank WDI Database.
单位：亿本币 (100 million local currency units)

国家或地区	Country or Area	2000	2005	2014	2015	2016	2017
中　国	China	135960	283012	1228375	1392278	1550067	1675774
中国香港	Hong Kong, China	30012	35545	81663	87029	93784	
孟加拉国	Bangladesh	8204	20252	85105	97779	114106	129784
文　莱	Brunei Darussalam	89	92	146	144	146	145
柬埔寨	Cambodia	18305	49625	454367	531596	643231	792094
印　度	India	116934	238079	971246	1074370	1147438	
印度尼西亚	Indonesia	7488453	12000000	41700000	45500000	50000000	54200000
伊　朗	Iran	2333600	8430385	74700000	92900000	119000000	
以色列	Israel	4389	6241	9383	9778	10345	10912
日　本	Japan	12300000	10400000	12200000	12600000	13100000	
哈萨克斯坦	Kazakhstan	3970	20653	128015	171259	197986	194560
韩　国	Korea, Rep.	4130489	10200000	20800000	22500000	24100000	25300000
老　挝	Laos	22556	55603				
马来西亚	Malaysia	4373	6793	15170	15631	16047	
蒙　古	Mongolia	2588	11402	106343	100490	121585	158612
缅　甸	Myanmar	8034	26504	258044	337193	396030	477384
巴基斯坦	Pakistan	14767	32409	130443	146333	166257	182769
菲律宾	Philippines	20652	30816	90559	98887	112065	124878
新加坡	Singapore	1709	2198	5124	5202	5621	5801
斯里兰卡	Sri Lanka	4834	10223	49106	57471	66773	
泰　国	Thailand	56381	79280	168104	175528	182906	
越　南	Viet Nam	1969944	6485737	50200000	57700000	68000000	77700000
埃　及	Egypt	2610	5231	16069	19059	26589	32027
尼日利亚	Nigeria	10361	26129	181969	187435	209088	
南　非	South Africa	4988	10978	26969	29753	31562	33590
加拿大	Canada	7865	21117				
墨西哥	Mexico	14986	25436	60210	67622	76070	84515
美　国	United States	70234	94471	156712	162052	168146	
阿根廷	Argentina	905	1670	11792	16459	23297	30306
巴　西	Brazil	5574	13114	50704	56182	62818	65063
委内瑞拉	Venezuela	158	720				
白俄罗斯	Belarus	2	13	239	327	339	398
捷　克	Czech Rep.	14456	18147	33307	35955	38302	42269
波　兰	Poland	3022	4271	10590	11550	12655	13244
俄罗斯	Russia	15686	72211	429096	513701	509033	546674
土耳其	Turkey	575	2631	10581	12329	14505	16876
乌克兰	Ukraine	316	1941	9567	9941	11027	12089
澳大利亚	Australia	4474	7242	17351	18390	19616	20503
新西兰	New Zealand	945	1283				

8-11 广义货币占国内生产总值比重
Broad Money (M2) as Percentage of GDP

资料来源：世界银行WDI数据库。
Source: World Bank WDI Database.
单位：% (%)

国家或地区	Country or Area	2000	2005	2010	2014	2015	2016	2017
中　　国	China	135.6	151.1	175.7	190.7	202.1	208.5	202.6
中国香港	Hong Kong, China	224.4	251.7	325.4	361.3	362.9	376.5	
中国澳门	Macao, China	157.4	140.0	108.0	110.3	130.5	147.0	
孟加拉国	Bangladesh	30.6	47.4	58.7	63.3	64.5	65.8	65.7
文　　莱	Brunei Darussalam	85.7	57.8	67.3	67.5	80.8	92.6	86.7
柬 埔 寨	Cambodia	12.9	19.3	41.6	67.4	72.4	79.2	88.3
印　　度	India	55.4	66.5	78.6	77.9	78.1	75.2	
印度尼西亚	Indonesia	53.9	43.4	36.0	39.5	39.5	40.3	39.9
伊　　朗	Iran	37.2	41.5	54.1	64.9	81.4	90.4	
以 色 列	Israel	81.3	97.6	74.6	85.0	84.1	84.8	86.4
日　　本	Japan	232.9	198.7	217.5	237.4	236.1	242.4	
哈萨克斯坦	Kazakhstan	15.3	27.2	38.9	32.3	41.9	42.2	37.4
韩　　国	Korea, Rep.	65.0	111.1	131.2	139.8	143.7	146.6	146.2
老　　挝	Laos	16.5	19.1	36.2				
马来西亚	Malaysia	122.7	125.0	129.6	137.1	135.0	130.4	
蒙　　古	Mongolia	21.1	37.5	48.0	47.8	43.4	50.8	56.6
缅　　甸	Myanmar	31.5	21.6	23.6	39.5	46.4	49.7	51.1
巴基斯坦	Pakistan	38.6	49.9	52.5	51.8	53.3	57.2	57.2
菲 律 宾	Philippines	57.7	54.3	61.4	71.7	74.2	77.4	79.0
新 加 坡	Singapore	103.4	103.6	125.0	129.8	124.4	131.3	129.7
斯里兰卡	Sri Lanka	38.4	41.7	32.6	47.4	52.5	56.1	
泰　　国	Thailand	111.2	104.1	109.0	127.1	127.7	125.9	
越　　南	Viet Nam	44.6	71.0	114.9	127.5	137.6	151.1	155.2
埃　　及	Egypt	76.7	97.1	80.7	75.4	78.0	98.1	92.3
尼日利亚	Nigeria	22.0	17.7	21.0	20.2	19.7	20.4	
南　　非	South Africa	52.7	67.0	75.8	70.9	73.4	72.6	72.2
加 拿 大	Canada	71.3	149.0					
墨 西 哥	Mexico	22.4	26.6	30.6	34.5	36.5	37.8	38.8
美　　国	United States	68.3	72.2	85.3	89.9	89.4	90.3	
阿 根 廷	Argentina	31.8	28.7	25.3	25.8	27.6	28.5	28.7
巴　　西	Brazil	46.5	60.4	79.2	87.7	93.7	100.4	99.2
委内瑞拉	Venezuela	19.8	23.7	32.2				
捷　　克	Czech Rep.	60.9	55.6	69.7	77.2	78.2	80.2	83.8
法　　国	France	101.0	76.1	89.9	89.8			
德　　国	Germany	169.6	73.8	84.0	90.0			
意 大 利	Italy	81.5	64.6	84.2	89.6			
荷　　兰	Netherlands	138.2	100.6	108.4	117.4			
波　　兰	Poland	40.5	43.1	54.2	61.6	64.2	68.1	66.8
俄 罗 斯	Russia	21.5	33.4	51.4	54.2	61.6	59.1	59.4
西 班 牙	Spain	97.8	94.0	107.2	108.4			
土 耳 其	Turkey	33.7	39.1	53.2	51.8	52.7	55.6	54.4
乌 克 兰	Ukraine	18.6	44.0	55.4	60.3	50.0	46.3	40.5
英　　国	United Kingdom	95.1	117.2	166.4	137.2	136.1	142.3	148.5
澳大利亚	Australia	67.7	78.6	100.9	108.7	113.4	118.2	116.8
新 西 兰	New Zealand	78.9	78.7	92.7				

8-12 广义货币增长率
Growth Rate of Broad Money

资料来源：世界银行WDI数据库。
Source: World Bank WDI Database.
单位：%

(%)

国家或地区	Country or Area	2000	2005	2010	2014	2015	2016	2017
中　　国	China	12.3	16.7	18.9	11.0	13.3	11.3	8.1
中国香港	Hong Kong, China	9.3	3.5	7.4	8.9	6.6	7.8	
中国澳门	Macao, China	-1.4	12.2	14.5	10.4	-3.0	12.6	
孟加拉国	Bangladesh	19.3	15.8	21.1	15.6	14.9	16.7	13.7
文　　莱	Brunei Darussalam	47.7	-4.5	4.8	3.2	-1.8	1.5	-0.4
柬 埔 寨	Cambodia	26.9	15.8	21.3	31.5	17.0	21.0	23.1
印　　度	India	15.2	15.6	17.8	10.6	10.6	6.8	
印度尼西亚	Indonesia	16.6	16.3	15.4	11.9	9.0	10.0	8.3
伊　　朗	Iran	35.4	32.8	24.6	35.1	24.4	28.0	
以 色 列	Israel	8.0	10.0	3.1	11.8	4.2	5.8	5.5
日　　本	Japan	1.3	0.5	1.7	3.0	3.0	3.9	
哈萨克斯坦	Kazakhstan	45.0	25.2	13.3	10.4	33.8	15.6	-1.7
韩　　国	Korea, Rep.	25.4	7.0	6.0	8.1	8.2	7.1	5.1
老　　挝	Laos	46.0	7.9	39.1				
马来西亚	Malaysia	10.0	8.8	7.3	6.3	3.0	2.7	
蒙　　古	Mongolia	17.6	34.6	62.5	12.5	-5.5	21.0	30.5
缅　　甸	Myanmar	42.4	27.3	42.5	21.0	30.7	17.4	20.5
巴基斯坦	Pakistan	12.1	16.4	14.6	11.5	12.2	13.6	9.9
菲 律 宾	Philippines	8.1	6.8	10.9	12.4	9.2	13.3	11.4
新 加 坡	Singapore	-2.0	6.2	8.6	3.3	1.5	8.0	3.2
斯里兰卡	Sri Lanka	12.9	19.1	15.8	14.5	17.0	16.2	
泰　　国	Thailand	4.9	6.1	10.9	4.7	4.4	4.2	
越　　南	Viet Nam	35.4	30.9	29.7	19.7	14.9	17.9	14.3
埃　　及	Egypt	11.6	11.5	12.4	15.8	18.6	39.5	20.5
尼日利亚	Nigeria	48.1	22.6	6.8	4.4	3.0	11.6	
南　　非	South Africa	7.2	20.7	6.9	7.3	10.3	6.1	6.4
加 拿 大	Canada	6.6	9.6					
墨 西 哥	Mexico	-4.5	10.0	12.8	12.2	12.3	12.5	11.1
美　　国	United States	8.1	8.1	-2.7	5.1	3.4	3.8	
阿 根 廷	Argentina	1.5	21.5	33.1	29.8	39.6	41.5	30.1
巴　　西	Brazil	19.7	18.7	16.9	13.9	10.8	11.8	3.6
委内瑞拉	Venezuela	33.7	47.4	23.5				
捷　　克	Czech Rep.	16.0	11.0	1.9	5.9	8.0	6.5	10.4
法　　国	France	3.4	8.5	4.9	3.2			
德　　国	Germany	3.6	6.3	3.7	4.3			
意 大 利	Italy	6.3	5.3	-2.8	2.7			
荷　　兰	Netherlands	11.5	13.9	2.3	11.5			
波　　兰	Poland	11.6	15.0	8.8	8.2	9.1	9.6	4.7
俄 罗 斯	Russia	57.9	36.3	24.6	14.8	19.7	-0.9	7.4
西 班 牙	Spain	10.0	13.6	-4.4	4.6			
土 耳 其	Turkey	40.7	36.0	18.5	11.2	16.5	17.6	16.4
乌 克 兰	Ukraine	44.5	54.4	22.7	5.3	3.9	10.9	9.6
英　　国	United Kingdom	11.1	13.9	4.0	-2.5	2.0	8.7	8.3
澳大利亚	Australia	3.7	8.5	10.1	7.0	6.0	6.7	4.5
新 西 兰	New Zealand	1.5	9.5	8.4				

8-13 年平均存款利率和贷款利率
Annual Average Deposit Rate and Lending Rate

资料来源：世界银行WDI数据库。
Source: World Bank WDI Database.

单位：% (%)

国家或地区	Country or Area	存款利率 Deposit Interest Rate				贷款利率 Lending Interest Rate			
		2000	2005	2016	2017	2000	2005	2016	2017
中　国	China	2.25	2.25	1.50	1.50	5.85	5.58	4.35	4.35
中国香港	Hong Kong, China	4.80	1.30	0.01		9.50	7.80	5.00	
中国澳门	Macao, China	5.30	1.60	0.04		9.90	7.00	5.30	
孟加拉国	Bangladesh	8.69	5.53	6.20	5.61	12.76	10.62	10.41	9.54
文　莱	Brunei Darussalam		1.01	0.33	0.32	5.50	5.50	5.50	5.50
柬埔寨	Cambodia	6.83	1.92	1.44	1.53	17.34	17.33		
印　度	India					12.29	10.75	9.67	9.51
印度尼西亚	Indonesia	12.50	8.08	7.17	6.52	18.45	14.05	11.89	11.07
伊　朗	Iran		11.78	12.80			16.00	18.00	
以色列	Israel	8.63	3.24	0.48	0.52	12.85	6.77	3.42	3.50
日　本	Japan	0.07	0.27	0.30		2.07	1.68	1.05	
韩　国	Korea, Rep.	7.94	3.72	1.56	1.67	8.55	5.59	3.37	3.48
老　挝	Laos	12.00	4.75			32.00	26.83		
马来西亚	Malaysia	3.36	3.00	3.03		7.67	5.95	4.54	
蒙　古	Mongolia	16.80	13.00	13.27	12.96	36.95	30.57	19.74	20.01
缅　甸	Myanmar	9.75	9.50	8.00	8.00	15.25	15.00	13.00	13.00
巴基斯坦	Pakistan		2.60	4.83	4.48		9.07	8.76	8.21
菲律宾	Philippines	8.31	5.56	1.60	1.88	10.91	10.19	5.64	5.63
新加坡	Singapore	1.71	0.44	0.19	0.14	5.83	5.30	5.35	5.28
斯里兰卡	Sri Lanka	9.17	5.64	7.10		16.16	10.76	10.49	
泰　国	Thailand	3.29	1.65	1.30	1.29	7.83	4.72	4.47	4.42
越　南	Viet Nam	3.65	7.15	4.80	4.78	10.55	11.03	6.96	7.40
埃　及	Egypt	9.46	7.23	7.86	12.09	13.22	13.14	13.60	18.18
尼日利亚	Nigeria	11.69	10.53	7.50	9.55	21.27	17.95	16.87	17.58
南　非	South Africa	9.20	6.04	7.17	7.25	14.50	10.63	10.46	10.38
加拿大	Canada	3.48	0.79	0.10		7.27	4.42	2.70	
墨西哥	Mexico	8.26	3.46	1.29	2.70	16.93	9.70	4.72	7.34
美　国	United States					9.23	6.19	3.51	
阿根廷	Argentina	8.34	3.76	18.95	21.55	11.09	6.16	25.92	31.24
巴　西	Brazil	17.20	17.63	12.45	8.51	56.83	55.38	52.10	46.92
委内瑞拉	Venezuela	16.30	11.63	15.09	14.73	25.20	16.81	20.78	21.06
捷　克	Czech Rep.	3.42	1.17	0.37	0.28	7.16	5.78	3.91	3.59
法　国	France	2.63	2.15	0.76		6.70	4.84	5.51	
德　国	Germany	3.40	1.91	0.31		9.63	5.16	5.85	
意大利	Italy	1.84	1.51	1.10		7.02	5.31	3.50	3.00
荷　兰	Netherlands	2.89	2.34	1.59		4.79	2.77		
波　兰	Poland	14.17	2.79	1.77		20.01	6.83	3.52	
俄罗斯	Russia	6.51	3.99	6.97		24.43	10.68	12.60	
西班牙	Spain	2.95	2.07	0.20		5.18	7.97	4.20	
土耳其	Turkey	47.16	20.40	14.61	15.29				
乌克兰	Ukraine	13.72	8.57	11.49	9.13	41.53	16.17	19.24	16.38
英　国	United Kingdom					5.96	4.65		
澳大利亚	Australia	4.20	3.89	2.14	2.00	7.72	7.26	5.42	5.24
新西兰	New Zealand	6.36	6.68	3.23		7.82	7.76	5.02	

8-14 银行不良贷款占全部贷款比重
Bank Non-performing Loans as Percentage of Total

资料来源：世界银行WDI数据库。
Source: World Bank WDI Database.
单位：% (%)

国家或地区	Country or Area	2000	2005	2010	2014	2015	2016	2017
世　界	**World**	**9.7**	**3.9**	**3.9**	**4.1**	**4.2**	**3.9**	**3.7**
中　国	China	22.4	8.6	1.1	1.3	1.7	1.7	1.7
中国香港	Hong Kong, China	7.3	1.4	0.8	0.5	0.7	0.9	0.7
中国澳门	Macao, China			0.4	0.1	0.1	0.2	0.2
孟加拉国	Bangladesh	34.9	13.2		9.4	8.4		
文　莱	Brunei Darussalam			6.9	3.9	0.4	4.8	3.5
柬埔寨	Cambodia			3.1	1.6	1.6	2.1	2.1
印　度	India	12.8	5.2	2.4	4.4	5.9	9.2	10.0
印度尼西亚	Indonesia	34.4	7.3	2.5	2.1	2.4	2.9	2.6
以色列	Israel	6.9	2.3	3.1	2.2	1.9	1.6	1.3
日　本	Japan	5.3	1.8	2.5	1.8	1.5	1.4	1.2
哈萨克斯坦	Kazakhstan		3.3	20.9	12.4	8.0	6.7	12.8
韩　国	Korea, Rep.	8.9	1.2	0.6	0.5			
马来西亚	Malaysia	15.4	9.4	3.4	1.7	1.6	1.6	1.6
巴基斯坦	Pakistan	19.5	9.0	14.8	12.3	11.4	10.1	8.4
菲律宾	Philippines	24.0	10.0	3.4	2.0	1.9	1.7	1.6
新加坡	Singapore	3.4	3.8	1.4	0.8	0.9	1.2	1.4
斯里兰卡	Sri Lanka	15.0	9.6		4.2	3.2	2.6	2.5
泰　国	Thailand	17.7	9.1	3.9	2.3	2.7	3.0	3.1
越　南	Viet Nam			2.1	2.9	2.3	2.3	2.3
埃　及	Egypt	13.6	26.5	13.6	8.5	7.2		
尼日利亚	Nigeria	22.6	18.1	20.1	3.0	4.9	12.8	15.1
南　非	South Africa	4.3	1.8	5.8	3.3	3.1	2.9	2.8
加拿大	Canada	1.3	0.5	1.2	0.5	0.5	0.6	0.5
墨西哥	Mexico	5.8	1.5	2.0	3.0	2.5	2.1	2.1
美　国	United States	1.1	0.7	4.4	1.9	1.5	1.3	1.1
阿根廷	Argentina	16.0	7.6	2.1	2.0	1.7	1.8	1.8
巴　西	Brazil	8.3	3.5	3.1	2.9	3.3	3.9	3.6
委内瑞拉	Venezuela	6.6	1.1	3.4	0.8			
捷　克	Czech Rep.	29.3	3.9	5.4	5.6	5.5	4.6	3.7
法　国	France	5.0	3.5	3.8	4.2	4.0	3.6	3.1
德　国	Germany	4.7	4.1	3.2	2.3	2.0	1.7	
意大利	Italy	7.8	7.0	10.0	18.0	18.1	17.1	14.4
荷　兰	Netherlands	1.8	1.2	2.8	3.0	2.7	2.5	2.3
波　兰	Poland	15.5	11.0	4.9	4.8	4.3	4.1	3.9
俄罗斯	Russia	7.7	2.6	8.2	6.7	8.4	9.5	10.0
西班牙	Spain	1.2	0.8	4.7	8.5	6.2	5.6	4.5
土耳其	Turkey	9.2	4.3	3.5	2.7	3.0	3.1	2.8
乌克兰	Ukraine	29.6	58.0	15.3	19.0	28.0	30.5	54.5
英　国	United Kingdom	2.5	1.0	4.0	1.7	1.0	0.9	0.8
澳大利亚	Australia	0.5	0.6	2.2	1.1	0.9	1.0	0.9
新西兰	New Zealand			2.1	0.8	0.6		

8-15 标准普尔全球股票指数(年变化率)
S&P Global Equity Indices (Annual Change)

资料来源：世界银行WDI数据库。
Source: World Bank WDI Database.

单位：% (%)

国家或地区	Country or Area	2000	2005	2010	2013	2014	2015	2016	2017
中　国	China	-9.8	13.3	6.9	7.3	3.0	-6.0	-2.0	46.0
中国香港	Hong Kong, China	-12.6	8.1	21.3	7.6	0.1	-5.4	-3.1	27.8
孟加拉国	Bangladesh	28.5	-27.8	37.6	-1.4	18.5	-5.4	7.4	22.5
印　度	India	-31.1	33.6	18.7	-6.3	31.6	-3.9	-0.2	44.4
印度尼西亚	Indonesia	-61.0	9.1	37.9	-24.2	20.5	-23.1	16.4	16.6
以色列	Israel	8.6	23.3	7.4	13.6	8.8	4.8	-17.0	9.5
日　本	Japan	-34.9	22.5	9.6	56.7	7.1	9.1	0.4	19.1
哈萨克斯坦	Kazakhstan			-1.0	-22.5	-16.0	-47.6	29.6	80.3
韩　国	Korea, Rep.	-57.1	58.8	25.3	3.2	-10.0	-5.0	2.3	43.4
马来西亚	Malaysia	-23.3	-2.9	35.1	4.4	-11.7	-20.6	-6.8	25.3
巴基斯坦	Pakistan	-16.7	58.5	15.3	30.9	18.1	-11.5	33.3	-26.5
菲律宾	Philippines	-43.6	21.3	56.7	-7.9	21.7	-10.6	-3.3	22.2
新加坡	Singapore	-25.9	10.0	18.4	-3.0	-1.1	-18.9	-0.5	29.8
斯里兰卡	Sri Lanka	-41.7	29.3	84.6	3.9	24.2	-19.4	-10.2	2.1
泰　国	Thailand	-54.1	3.8	52.1	-12.9	15.6	-22.8	21.6	25.8
越　南	Viet Nam			0.5	5.1	7.5	-7.2	-0.6	56.8
埃　及	Egypt	-45.7	158.1	11.5	12.1	26.3	-27.5	-22.9	21.0
尼日利亚	Nigeria		20.7	20.3	30.2	-31.9	-26.8	-42.2	37.4
南　非	South Africa	-17.3	24.8	32.1	-7.5	3.9	-26.6	17.6	30.6
加拿大	Canada	4.0	26.0	22.0	3.0	-2.1	-26.2	22.6	13.8
墨西哥	Mexico	-21.5	43.9	26.6	0.2	-9.7	-14.9	-12.1	12.9
美　国	United States	-10.1	3.0	12.8	29.6	11.4	-0.7	9.5	19.4
阿根廷	Argentina	-25.1	45.4	55.3	29.6	12.7	-10.2	14.0	71.7
巴　西	Brazil	-10.3	47.6	6.5	-19.1	-18.4	-44.3	62.6	22.6
委内瑞拉	Venezuela	18.7	-22.0						
捷　克	Czech Rep.	-0.6	43.5	0.2	-15.7	-10.5	-13.1	-6.6	37.8
法　国	France	-6.9	7.7	-9.9	18.0	-0.5	8.5	4.9	9.3
德　国	Germany	-13.5	10.3	7.4	25.5	2.7	9.6	6.9	12.5
意大利	Italy	-2.0	-0.3	-17.4	23.1	-12.0	3.2	-13.0	29.8
荷　兰	Netherlands	-6.7	10.8	1.2	28.3	-3.3	0.5	2.9	31.7
波　兰	Poland	-3.5	20.8	11.3	3.0	-16.4	-23.4	2.4	50.2
俄罗斯	Russia	-32.2	64.9	21.7	-1.7	-49.0	0.8	48.7	4.4
西班牙	Spain	-17.6	3.4	-24.5	31.6	-6.7	-17.4	-4.6	22.8
土耳其	Turkey	-51.2	49.5	21.4	-26.3	14.4	-32.1	-9.2	33.8
乌克兰	Ukraine	75.2	52.8	53.8	-21.3	-51.5	1.5	27.8	31.2
英　国	United Kingdom	-16.9	4.7	5.2	14.4	-2.7	-4.9	14.4	7.6
澳大利亚	Australia	-8.8	11.7	12.5	-1.7	-8.3	-13.0	7.0	16.5
新西兰	New Zealand	-26.6	-2.7	5.2	12.3	6.6	-4.6	6.7	20.0

8-16 上市公司数和上市公司总市值占国内生产总值比重
Listed Domestic Companies and Market Capitalization of Listed Companies as Percentage of GDP

资料来源：世界银行WDI数据库。
Source: World Bank WDI Database.

国家或地区	Country or Area	上市公司数(个) Listed Domestic Companies(number)			上市公司总市值占国内生产总值的比重(%) Market Capitalization of Listed Companies as Percentage of GDP(%)		
		2000	2005	2017	2000	2005	2017
世　界	**World**	**39994**	**39089**	**43039**	**103.1**	**92.8**	**112.6**
高收入国家	**High Income**	**26045**	**25592**	**27071**	**110.6**	**103.5**	**138.4**
中等收入国家	**Middle Income**	**13945**	**13497**	**15968**	**35.0**	**41.0**	**67.2**
中低收入国家	**Low and Middle Income**	**13949**	**13497**	**15968**	**34.9**	**41.0**	**67.2**
中　国	China	1086	1377	3485	48.2	17.6	71.2
中国香港	Hong Kong, China	779	1126	1987	363.1	581.0	1274.1
孟加拉国	Bangladesh	364	195	572	4.1	4.8	34.5
印　度	India	5853	4763	5615	31.1	68.4	89.8
印度尼西亚	Indonesia	286	336	566	16.3	28.5	51.3
伊　朗	Iran	285	408	326	24.4	16.1	24.2
以色列	Israel	664	579	431	50.4	86.0	65.9
日　本	Japan	2055	2323	3598	64.6	96.2	127.7
哈萨克斯坦	Kazakhstan	23	62	90	4.4	18.4	28.6
韩　国	Korea, Rep.	1242	1616	2114	30.5	79.9	115.8
马来西亚	Malaysia	787	1015	894	120.7	125.8	144.9
蒙　古	Mongolia	410	392		3.3	1.8	
巴基斯坦	Pakistan	762	661		9.0	41.4	
菲律宾	Philippines	228	235	264	32.1	38.6	92.6
新加坡	Singapore	328	564	483	159.5	202.0	243.1
斯里兰卡	Sri Lanka	239	239	296	6.6	23.4	21.8
泰　国	Thailand	381	504	688	23.1	65.4	120.6
越　南	Viet Nam		33	344		0.8	52.1
埃　及	Egypt	1075	744	252	28.8	88.8	19.8
尼日利亚	Nigeria	195	215	166	9.1	19.8	9.9
南　非	South Africa	604	348	294	149.8	213.2	352.3
加拿大	Canada	1507	3719	3278	103.9	126.8	143.2
墨西哥	Mexico	175	150	141	17.7	27.3	36.3
美　国	United States	6917	5145	4336	146.9	129.8	165.7
阿根廷	Argentina	122	100	96	16.1	24.0	17.1
巴　西	Brazil	457	342	335	34.5	53.2	46.5
委内瑞拉	Venezuela	66	51		6.9	3.5	
捷　克	Czech Rep.	57	23		15.8	25.6	
法　国	France	1185	749	465	106.2	80.1	106.5
德　国	Germany	744	648	450	65.1	42.0	61.5
意大利	Italy	297	275		67.3	43.1	
荷　兰	Netherlands	392	237	102	155.2	87.4	133.2
波　兰	Poland	225	234	861	18.2	30.7	38.4
俄罗斯	Russia	21	414	230	15.0	71.8	39.5
西班牙	Spain	1720	3300	3110	84.7	83.0	67.8
土耳其	Turkey	315	257	374	25.5	31.9	26.7
乌克兰	Ukraine	139	221	94	6.0	29.0	
英　国	United Kingdom	2428	2757		156.4	121.3	
澳大利亚	Australia	1333	1643	2013	89.8	116.1	114.0
新西兰	New Zealand	131	153	164	35.4	35.4	46.0

8-17 股票交易额占国内生产总值的比重及股票交易周转率
Stocks Traded Value as Percentage of GDP and Turnover Ratio of Stocks Traded

资料来源：世界银行WDI数据库。
Source: World Bank WDI Database.

单位：% (%)

国家或地区	Country or Area	股票交易额占国内生产总值的比重 Stocks Traded Value as Percentage of GDP			股票交易周转率 Stocks Traded Turnover Ratio		
		2000	2005	2017	2000	2005	2017
世　界	**World**	**145.7**	**99.9**	**118.0**	**144.0**	**108.5**	**100.4**
高收入国家	**High Income**	**163.2**	**117.4**	**139.9**	**146.0**	**112.3**	**93.9**
中低收入国家	**Low and Middle Income**	**30.4**	**23.1**	**82.6**	**65.6**	**58.1**	**122.7**
低收入国家	**Low Income**				**2.1**	**3.7**	
中　国	China	62.1	17.2	140.7	158.3	97.6	197.7
中国香港	Hong Kong, China	217.3	232.0	572.0	59.8	39.9	43.4
孟加拉国	Bangladesh	1.8	0.3		42.7	6.2	
印　度	India	4.8	57.3	45.7	306.5	83.9	50.9
印度尼西亚	Indonesia	7.8	9.7	9.1	48.1	34.2	17.8
伊　朗	Iran	4.1	3.2	2.7	16.7	19.8	11.0
以色列	Israel	21.7	29.8	19.7	43.0	34.6	29.9
日　本	Japan	50.8	91.2	118.6	78.6	94.9	92.8
哈萨克斯坦	Kazakhstan	0.5	1.8	0.5	4.9	9.9	1.6
韩　国	Korea, Rep.	88.2	133.6	131.4	289.2	167.1	112.4
马来西亚	Malaysia	56.0	31.1	43.7	46.4	24.7	30.1
蒙　古	Mongolia	0.7	0.1		23.2	6.1	
巴基斯坦	Pakistan	41.9	127.3		468.0	307.7	
菲律宾	Philippines	9.1	5.2	10.8	28.4	13.5	11.6
新加坡	Singapore	99.3	91.5	67.8	62.3	45.3	27.9
斯里兰卡	Sri Lanka	0.8	4.4	2.8	12.4	18.9	7.6
泰　国	Thailand	15.3	47.4	74.6	66.2	72.5	61.9
越　南	Viet Nam		0.2	17.0		24.8	32.6
埃　及	Egypt	11.1	28.3	6.1	36.1	43.0	30.7
尼日利亚	Nigeria	0.6	1.7	0.6	7.3	8.8	5.9
南　非	South Africa	51.7	43.2	117.3	34.5	20.3	25.7
加拿大	Canada	84.7	79.7	77.9	81.5	62.9	54.1
墨西哥	Mexico	6.3	6.2	9.5	35.7	22.8	23.1
美　国	United States	289.6	197.0	205.2	197.1	151.7	116.1
阿根廷	Argentina	3.2	2.7	1.0	20.0	11.1	5.4
巴　西	Brazil	14.4	19.2	31.3	41.6	36.0	67.0
委内瑞拉	Venezuela	1.9	0.2		26.9	4.5	
捷　克	Czech Rep.	10.8	25.2		68.2	98.4	
法　国	France	79.3	57.9		74.7	72.3	
德　国	Germany	93.7	45.0	42.4	143.9	107.2	63.6
意大利	Italy	86.7	56.9		128.8	132.2	
荷　兰	Netherlands	157.6	87.7		101.6	100.3	
波　兰	Poland	11.9	8.6	13.0	65.4	27.9	33.7
俄罗斯	Russia	7.8	19.4	9.2	36.6	39.0	23.2
西班牙	Spain	266.0	84.8	56.6	314.1	102.2	82.6
土耳其	Turkey	60.8	39.8	44.3	238.1	124.8	165.8
乌克兰	Ukraine	0.9	0.8		19.2	3.6	
英　国	United Kingdom	111.3	68.6		71.1	56.6	
澳大利亚	Australia	51.4	88.5	63.7	57.2	76.2	53.6
新西兰	New Zealand	19.0	4.8	5.8	53.6	13.4	12.4

8–18 银行资本充足率
Bank Capital to Assets Ratio

资料来源：世界银行WDI数据库。
Source: World Bank WDI Database.
单位：%　(%)

国家或地区	Country or Area	2000	2005	2010	2014	2015	2016	2017
中　国	China		4.4	6.1	7.2	8.4	8.1	8.6
中国香港	Hong Kong, China	9.0	13.3	12.3	9.0	9.5	9.8	9.8
中国澳门	Macao, China			4.2	3.6	4.3	4.6	4.8
孟加拉国	Bangladesh	3.5	4.7		5.9	5.4		
文　莱	Brunei Darussalam			10.3	11.8	13.2	13.1	10.9
柬埔寨	Cambodia			20.1	14.4	14.2	14.3	14.0
印　度	India	5.7	6.4	7.1	7.1	7.2	7.2	7.4
印度尼西亚	Indonesia	6.0	8.7	10.7	12.8	13.6	14.4	15.2
以色列	Israel	7.3	5.5	6.7	7.1	7.1	7.2	7.2
日　本	Japan	4.6	4.9	5.3	5.5	5.6	5.5	5.4
哈萨克斯坦	Kazakhstan	13.6	13.0	11.3	13.7	10.5	11.1	11.8
韩　国	Korea, Rep.	4.6	9.3	7.6	8.1			
马来西亚	Malaysia	8.5	7.7	9.4	10.0	10.5	11.0	11.2
巴基斯坦	Pakistan	4.9	7.6	9.8	10.0	8.4	7.8	7.1
菲律宾	Philippines	13.6	12.0	10.2	9.9	10.0	9.7	10.0
新加坡	Singapore	10.0	9.6	9.0	8.4	9.0	9.2	9.2
斯里兰卡	Sri Lanka				8.2	7.9	7.8	8.4
泰　国	Thailand	7.5	9.0	8.5	9.2	10.0	10.5	10.7
越　南	Viet Nam			8.9	8.8	8.3	7.8	7.8
埃　及	Egypt	5.6	5.0	6.2	6.5			
尼日利亚	Nigeria	7.4	12.4	1.5	10.4	12.4	11.4	7.4
南　非	South Africa	8.7	7.9	7.0	7.6	7.0	8.2	8.8
加拿大	Canada	4.7	3.8	4.7	4.9	5.1	5.2	5.3
墨西哥	Mexico	9.6	8.8	10.4	10.8	10.4	9.9	10.4
美　国	United States	8.5	10.3	12.7	11.7	11.7	11.6	11.7
阿根廷	Argentina		12.1	11.3	12.5	12.3	11.2	12.3
巴　西	Brazil	12.1	10.2	10.3	9.0	8.5	9.3	10.0
委内瑞拉	Venezuela	13.0	11.1	9.8	10.5			
捷　克	Czech Rep.	5.4	5.4	6.5	7.3	7.5	7.3	6.5
法　国	France	6.7	4.4	4.9	5.3	5.8	5.9	6.6
德　国	Germany	4.2	4.1	4.3	5.6	5.9	6.0	6.3
意大利	Italy	7.0	4.6	5.0	5.9	6.2	5.5	6.6
荷　兰	Netherlands	5.1	3.1	4.4	5.4	5.6	5.7	6.1
波　兰	Poland	7.1	7.9	8.2	8.9	9.4	9.5	10.0
俄罗斯	Russia	12.1	12.8	12.9	8.5	8.9	10.4	10.5
西班牙	Spain	8.5	6.3	6.1	7.2	7.4	7.8	7.6
土耳其	Turkey	6.1	12.3	12.3	11.6	11.0	10.7	10.7
乌克兰	Ukraine	16.2	11.9	14.6	11.2	8.0	9.8	11.9
英　国	United Kingdom	6.5	6.1	5.4	5.6	6.8	7.0	6.8
澳大利亚	Australia	6.9	6.7	5.4	5.2	6.0	6.6	6.9
新西兰	New Zealand			5.9	7.4	7.2		

8-19 金融部门国内信贷占国内生产总值比重
Domestic Credit Provided by Financial Sector (% of GDP)

资料来源：世界银行WDI数据库。
Source: World Bank WDI Database.

单位：% (%)

国家或地区	Country or Area	2000	2005	2010	2014	2015	2016	2017
中　国	China	118.40	132.59	142.20	167.24	193.41	215.18	215.24
中国香港	Hong Kong, China	133.99	139.77	195.36	235.99	211.87	210.62	
中国澳门	Macao, China	38.10	2.37	-21.34	-4.12	15.13	28.17	
孟加拉国	Bangladesh	30.18	47.66	57.41	60.02	60.16	61.44	63.67
文　莱	Brunei Darussalam	38.59	10.38	22.67	25.52	39.95	35.48	28.61
柬埔寨	Cambodia	6.38	7.22	22.74	55.67	65.12	71.06	74.44
印　度	India	52.79	60.19	74.26	75.91	75.65	75.03	
印度尼西亚	Indonesia	60.68	46.21	34.18	43.42	46.77	47.94	46.97
伊　朗	Iran	40.65	42.44	54.25	56.49	68.54	77.65	
以色列	Israel	72.18	86.57	88.91	84.86	82.34	81.11	
日　本	Japan	295.00	296.75	313.83	345.72	341.81	345.15	
哈萨克斯坦	Kazakhstan	12.35	38.97	45.41	36.06	45.69	43.30	41.92
韩　国	Korea, Rep.	70.94	125.45	151.04	162.29	165.96	169.63	170.06
老　挝	Laos	9.02	8.06	26.69				
马来西亚	Malaysia	138.37	117.66	123.29	140.51	144.73	145.26	
蒙　古	Mongolia	8.95	26.65	25.75	66.44	69.28	76.05	65.31
缅　甸	Myanmar	31.17	23.06	25.22	28.94	33.27	39.30	41.15
巴基斯坦	Pakistan	41.60	46.48	46.19	47.48	48.76	52.36	53.86
菲律宾	Philippines	58.34	47.25	49.23	55.86	59.01	63.49	66.27
新加坡	Singapore	76.65	61.16	80.75	124.79	116.53	129.55	140.82
斯里兰卡	Sri Lanka	43.75	43.52	35.53	60.92	68.30	71.86	
泰　国	Thailand	134.26	111.02	133.42	167.17	170.73	167.35	164.73
越　南	Viet Nam	35.15	65.40	124.66	113.77	128.35	140.06	141.80
埃　及	Egypt	89.01	98.02	69.42	87.06	95.27	119.60	99.05
尼日利亚	Nigeria	10.01	8.60	18.80	21.89	23.14	26.56	23.28
南　非	South Africa	148.57	178.16	185.48	185.21	176.56	176.58	78.73
加拿大	Canada	111.06	196.52					
墨西哥	Mexico	28.01	31.01	43.65	49.06	52.58	54.79	55.22
美　国	United States	190.96	216.35	231.43	250.60	235.96	241.89	
阿根廷	Argentina	34.45	34.94	25.33	34.43	40.43	38.12	39.24
巴　西	Brazil	70.68	76.24	93.39	103.44	107.06	111.33	111.26
委内瑞拉	Venezuela	14.91	12.64	22.51				
捷　克	Czech Rep.	45.58	41.57	62.72	72.55	68.85	66.74	62.08
法　国	France	103.51	106.06	143.85	146.77	147.41	155.20	157.67
德　国	Germany	146.49	132.60	164.80	139.75	134.34	133.76	127.27
意大利	Italy	95.84	104.72	160.46	172.11	169.68	170.64	166.16
荷　兰	Netherlands	147.83	166.21	218.27	218.35	206.39	208.90	191.91
波　兰	Poland	34.31	38.42	63.23	71.07	73.15	75.69	73.70
俄罗斯	Russia	24.93	20.81	37.72	47.22	52.78		
西班牙	Spain	115.25	155.57	240.99	211.25	193.84	187.45	178.55
土耳其	Turkey	37.02	43.95	68.05	75.32	77.54	80.60	77.86
乌克兰	Ukraine	23.82	33.24	94.17	108.46	85.19	78.78	58.65
英　国	United Kingdom	116.67	146.46	206.24	166.88	161.13	165.79	167.51
澳大利亚	Australia	93.40	113.45	154.04	164.71	175.98	182.77	177.14
新西兰	New Zealand	107.98	126.35	150.68				

主要统计指标解释

中央政府 是全国范围内代表中央政府行使领土管辖权的所有单位。

收入 指由于交易导致的净值增加。政府部门有以下四个收入来源：(1) 税收和其他由政府强制实施的转让；(2) 来自所有权资产的财产收入；(3) 商品和服务的销售收入；(4) 来自其他部门的自愿转让。

捐赠 从其他政府和国际组织得到的无报酬的、无须偿还的非强制性的收入。

支出 指由于交易导致的净值减少。政府承担以下两方面的经济责任：(1)以非市场方式把部分商品和服务提供给公众；(2) 通过转移支付手段重新分配收入和财富。

货币供应量 货币(Money)由流通中现金和除中央政府以外的常住机构活期存款构成；准货币(Quasi-Money)指除中央政府以外的外汇现汇与期汇存款和外汇现汇储蓄与期汇存款之和，即由常住居民的现汇、储蓄、与外汇存款构成。货币(Money)通称为 M_1，而货币和准货币之和通称为广义货币，相当于 M_2。

上市公司总市值 所有上市股价×总股数。

上市公司 是指年末在股票交易所的国内上市公司。不包括投资公司、共同 基金或其它集体投资工具。

股票交易额 是指在一定时期内股票交易总额。

股票交易周转率 是指一定时期内股票交易总额除以该时期上市公司平均市值。

资本充足率 是指银行资本和储备占总资产的比率。资本和储备包括股东投放的资金、未分配利润、一般和特殊储备、准备金、价值调整。资本包括缴款股票和一般股票等一级资本，以及监管资本。总资产包括所有金融资产和非金融资产。

银行部门国内信贷 是指除发放给中央政府外的其他部门的净贷款之和。银行机构包括货币当局、存款货币银行和其他银行业机构。其他银行业机构包括存款和抵押贷款机构、建房信用协会等。

标准普尔全球股票指数 标准普尔全球股票指数是由美国标准普尔公司编制的衡量股市中美元价格变化的股票指数。

Explanatory Notes on Main Statistical Indicators

Central Government includes all units representing the territorial jurisdiction of the central authority throughout a country.

Revenue is an increase in net worth resulting from a transaction. For general government units, there are four main sources of revenue: taxes and other compulsory transfers imposed by government units, property income derived from the ownership of assets, sales of goods and services, and voluntary transfers received from other units.

Grants are defined as unrequited, nonrepayable, noncompulsory receipts from other governments or international organizations.

Expenditure is a decrease in net worth resulting from a transaction. Governments have two broad economic responsibilities: to assume responsibility for the provision of selected goods and services to the community on a nonmarket basis and to redistribute income and wealth by means of transfer payments.

Money Supply equals the sum of currency outside deposit money banks and demand deposits other than those of the central government. Quasi-Money equals the sum of time & foreign currency outside banks and time, savings & foreign currency deposit, comprising time, savings, and foreign currency deposits of resident sectors other than central government. The data of Money is commonly called M_1,while the sum of Money and Quasi-Money gives a broader measure of money which is commonly called M_2.

Market Capitalization is the share price times the number of shares outstanding.

Listed Domestic Companies are the domestically incorporated companies listed on the country's stock exchanges at the end of the year. This indicator does not include investment companies, mutual funds, or other collective investment vehicles.

Stocks Traded refers to the total value of shares traded during the period.

Turnover Ratio is the total value of shares traded during the period divided by the average market capitalization for the period.

Bank capital to assets is the ratio of bank capital and reserves to total assets. Capital and reserves include funds contributed by owners, retained earnings, general and special reserves, provisions, and valuation adjustments. Capital includes tier 1 capital (paid-up shares and common stock), and total regulatory capital. Total assets include all nonfinancial and financial assets.

Domestic credit provided by the banking sector includes all credit to various sectors on a gross basis, with the exception of credit to the central government, which is net. The banking sector includes monetary authorities and deposit money banks, as well as other banking institutions where data are available. Other banking institutions include savings and mortgage loan institutions and building and loan associations.

S&P Global Equity Indices measure the U.S. dollar price change in the stock markets.

价格指数

Price Indices

9-1 国内生产总值缩减指数
Gross Domestic Product Deflator

资料来源：国际货币基金组织IFS数据库。
Source: IMF IFS Database.

2010年=100 (2010=100)

国家或地区	Country or Area	2000	2013	2014	2015	2016	2017
中　　国	China	66.5	114.1	115.3	116.5	116.6	
中国香港	Hong Kong, China	112.2	109.5	112.7	116.8	118.7	122.2
中国澳门	Macao, China	76.5	123.8	134.5	140.6	141.8	145.0
孟加拉国	Bangladesh	58.4	123.7	130.8	139.2	147.4	
文　　莱	Brunei Darussalam	70.3	118.2	116.0	95.6	86.8	
柬 埔 寨	Cambodia	64.6	105.7	108.5	110.5	114.4	
印　　度	India	56.0	121.9	126.1	128.3	133.0	
印度尼西亚	Indonesia	37.3	117.0	123.4	128.4	131.5	
伊　　朗	Iran	20.7	216.2	239.6	240.6	244.5	
以 色 列	Israel	84.4	107.9	109.0	111.9	112.9	113.1
日　　本	Japan	112.2	97.3	99.0	101.0	101.3	
哈萨克斯坦	Kazakhstan	26.4	137.9	145.7	148.4	164.2	
韩　　国	Korea, Rep.	77.4	103.5	104.1	106.6	108.6	
老　　挝	Laos	45.6	120.4	127.3	130.3	133.8	
马来西亚	Malaysia	72.9	106.7	109.3	108.9	111.0	
蒙　　古	Mongolia	26.9	133.6	143.6	146.0	149.3	
缅　　甸	Myanmar	19.7	118.7	123.6	128.8	135.4	
巴基斯坦	Pakistan	43.2	135.0	145.8	152.8	155.1	
菲 律 宾	Philippines	63.3	108.2	111.7	111.0	112.8	
新 加 坡	Singapore	90.1	101.4	100.9	103.5	102.0	
斯里兰卡	Sri Lanka	38.2	122.3	125.8	126.9	131.4	
泰　　国	Thailand	73.5	107.6	109.0	109.6	111.6	
越　　南	Viet Nam	39.6	140.9	146.1	145.8	147.4	
埃　　及	Egypt	45.6	136.5	151.8	166.9	177.3	
尼日利亚	Nigeria	29.1	126.7	132.6	136.4	149.4	
南　　非	South Africa	48.4	119.1	125.9	132.2	141.3	
加 拿 大	Canada	79.7	106.2	108.6	107.8	108.4	
墨 西 哥	Mexico	55.9	112.5	117.5	120.7	127.2	135.1
美　　国	United States	80.9	105.6	107.5	108.7	110.1	
阿 根 廷	Argentina	25.9	187.5	263.1	327.7	461.0	
巴　　西	Brazil	44.3	125.7	135.6	145.8	157.7	
委内瑞拉	Venezuela	10.7	198.1	278.2	589.6	2781.9	
捷　　克	Czech Rep.	82.1	102.9	105.5	106.7	108.1	109.7
法　　国	France	83.7	102.9	103.5	104.7	104.9	105.6
德　　国	Germany	89.7	104.6	106.5	108.7	110.1	111.8
意 大 利	Italy	79.7	104.1	105.1	106.1	107.0	107.7
荷　　兰	Netherlands	81.0	102.9	103.2	104.0	104.5	105.7
波　　兰	Poland	76.0	106.0	106.5	107.3	107.6	109.7
俄 罗 斯	Russia	25.3	132.6	142.5	154.2	159.7	169.7
西 班 牙	Spain	74.5	100.5	100.3	100.9	101.2	102.1
土 耳 其	Turkey	21.8	123.5	132.7	143.1	154.6	171.4
乌 克 兰	Ukraine	24.8	128.2	148.9	206.8	242.4	295.3
英　　国	United Kingdom	80.3	105.9	107.6	108.2	110.4	
澳大利亚	Australia	68.1	105.6	105.8	105.1	106.4	110.5
新 西 兰	New Zealand	77.5	105.3	110.5	111.1	111.9	114.6

9-2 生产者价格指数
Producer Price Indices

资料来源：联合国统计月报数据库。
Source: UN Monthly Bulletin of Statistics Database.

2010年=100 (2010=100)

国家或地区	Country or Area	2010	2013	2014	2015	2016	2017
中国香港	**Hong Kong, China**						
工业产品	Industrial Products	100.0	105.0	103.3	100.4	101.6	105.6
孟加拉国①	**Bangladesh①**						
按生产阶段分	by Stage of Processing						
中间产品	Intermediate Products		291.1	328.1			
按最终用途分	by End-Use						
消费品	Consumers' Goods		350.5	351.4			
投资用品	Capital Goods		293.2	292.6			
印　　度②	**India②**						
按供给组成分	by Components of Supply						
国内供应	Domestic Supply		108.0	113.6	110.8	108.0	114.1
农业产品	Agricultural Products		113.2	122.7	130.1	136.1	142.7
工业产品	Industrial Products		105.8	109.5	110.6	108.0	112.9
按生产阶段分	by Stage of Processing						
原材料	Raw Materials		113.8	121.2	120.8	124.3	130.2
印度尼西亚	**Indonesia**						
按供给组成分	by Components of Supply						
农业产品	Agricultural Products	100.0	120.0	128.8	129.8	132.9	136.4
工业产品	Industrial Products	100.0	115.7	123.3	134.6	137.7	141.1
伊　　朗③	**Iran③**						
按供给组成分	by Components of Supply						
国内供应	Domestic Supply		132.4	178.1	204.5	214.5	241.8
农业产品	Agricultural Products		139.3	199.9	227.3	240.3	266.2
工业产品	Industrial Products		137.4	185.4	203.8	203.0	226.8
以 色 列	**Israel**						
按供给组成分	by Components of Supply						
工业产品	Industrial Products		112.9	111.4	104.8	101.0	102.5
日　　本④	**Japan④**						
按供给组成分	by Components of Supply						
国内供应	Domestic Supply	97.4	103.4	105.3	100.0	93.2	97.2
国内生产	Domestic Production	100.2	102.1	103.1	100.0	96.5	98.7
农业产品	Agricultural Products		100.1	100.1	100.0	102.5	107.6
工业产品	Industrial Products	99.1	99.4	102.3	100.0	97.0	98.9
进口产品	Import Products	88.1	108.1	112.7	100.0	83.6	92.7
按生产阶段分	by Stage of Processing						
原材料	Raw Materials	97.2	132.1	134.5	100.0	78.6	95.9
中间产品	Intermediate Products	96.3	101.3	103.9	100.0	93.4	97.4
按最终用途分	by End-Use						
消费品	Consumers' Goods	98.7	99.3	100.0	100.0	96.4	97.1
投资用品	Capital Goods	99.5	97.9	98.8	100.0	97.9	97.9

9-2 续表 1 continued

2010年=100 (2010=100)

国家或地区	Country or Area	2010	2013	2014	2015	2016	2017
韩 国	**Korea, Rep.**						
按供给组成分	by Components of Supply						
国内生产	Domestic Production	100.0	106.2	104.8	98.0	94.6	99.0
农业产品	Agricultural Products	100.0	101.9	102.5	104.9	111.0	118.2
工业产品	Industrial Products	100.0	105.3	103.1	96.2	92.8	97.2
按生产阶段分	by Stage of Processing						
原材料	Raw Materials	100.0	119.8	111.7	79.1	67.0	82.3
中间产品	Intermediate Products	100.0	103.7	101.0	94.5	91.4	95.3
按最终用途分	by End-Use						
消费品	Consumers' Goods	100.0	103.7	104.3	102.1	101.3	102.2
投资用品	Capital Goods	100.0	100.6	99.0	99.8	101.3	100.3
马来西亚	**Malaysia**						
按供给组成分	by Components of Supply						
国内供应	Domestic Supply	100.0	107.8	109.3	104.0		
国内生产	Domestic Production	100.0	108.8	110.4	102.2	101.1	108.0
进口产品	Import Products	100.0	105.8	106.9	107.7		
巴基斯坦	**Pakistan**						
按供给组成分	by Components of Supply						
国内供应	Domestic Supply	100.0	137.2	143.7	140.1	142.5	147.4
农业产品	Agricultural Products	100.0	131.1	138.4	138.6	148.3	156.6
菲 律 宾	**Philippines**						
按供给组成分	by Components of Supply						
国内供应	Domestic Supply	100.0	111.6	114.7	110.3	111.5	116.4
工业产品	Industrial Products	100.0	92.8	91.8	85.8		
新 加 坡	**Singapore**						
按供给组成分	by Components of Supply						
国内供应	Domestic Supply	100.0	106.0	102.4	86.8	80.7	86.4
国内生产	Domestic Production	100.0	102.5	99.0	89.9	85.0	88.2
进口产品	Import Products	100.0	101.6	98.7	86.3	81.7	86.4
泰 国	**Thailand**						
按供给组成分	by Components of Supply						
国内供应	Domestic Supply	100.0	106.9	107.0	102.6	101.4	102.7
按生产阶段分	by Stage of Processing						
原材料	Raw Materials	100.0	102.9	99.5	97.5	94.4	95.9
按最终用途分	by End-Use						
消费品	Consumers' Goods	100.0	107.1	109.9	109.5	109.7	106.2
投资用品	Capital Goods	100.0	103.2	103.3	101.1	100.5	99.6

9-2 续表 2 continued

2010年=100 (2010=100)

国家或地区	Country or Area	2010	2013	2014	2015	2016	2017
埃　及⑤	**Egypt⑤**						
按供给组成分	by Components of Supply						
国内生产	Domestic Production		201.8	208.1	207.6	220.5	
农业产品	Agricultural Products		274.6	292.0	299.5	339.8	
按生产阶段分	by Stage of Processing						
原材料	Raw Materials		235.8	237.4	180.4	140.6	
中间产品	Intermediate Products		155.3	157.9	161.5	178.4	
按最终用途分	by End-Use						
消费品	Consumers' Goods		122.9	123.7	124.7	142.8	
投资用品	Capital Goods		169.0	170.1	171.9	178.5	
南　非⑥	**South Africa⑥**						
按供给组成分	by Components of Supply						
农业产品	Agricultural Products		102.6	108.0	113.1	131.6	132.2
工业产品	Industrial Products		106.0	113.9	118.0	126.3	132.5
按生产阶段分	by Stage of Processing						
中间产品	Intermediate Products		107.9	116.7	117.6	125.6	130.6
加 拿 大	**Canada**						
按供给组成分	by Components of Supply						
农业产品	Agricultural Products	100.0	122.8	124.0	129.8	124.1	125.0
工业产品	Industrial Products	100.0	108.6	111.3	110.3	110.1	113.5
按生产阶段分	by Stage of Processing						
原材料	Raw Materials	100.0	115.7	117.6	94.2	89.8	99.7
墨 西 哥	**Mexico**						
按供给组成分	by Components of Supply						
国内供应	Domestic Supply	100.0	111.9	114.9	119.2	125.9	136.1
国内生产	Domestic Production	100.0	111.6	114.6	117.9	124.6	133.2
农业产品	Agricultural Products	100.0	114.8	115.2	119.6	130.6	140.3
工业产品	Industrial Products	100.0	109.4	111.9	118.6	128.1	136.6
进口产品	Import Products	100.0	108.2	108.9	105.3	104.2	106.8
按生产阶段分	by Stage of Processing						
中间产品	Intermediate Products	100.0	114.7	118.2	118.1	123.9	135.0
按最终用途分	by End-Use						
消费品	Consumers' Goods	100.0	113.4	116.5	120.2	126.4	135.4
投资用品	Capital Goods	100.0	110.0	113.0	118.0	125.4	137.4

9-2 续表 3 continued

2010年=100 (2010=100)

国家或地区	Country or Area	2010	2013	2014	2015	2016	2017
美　国	**United States**						
按供给组成分	by Components of Supply						
国内生产	Domestic Production	100.0	110.1	111.2	103.1	100.4	104.8
农业产品	Agricultural Products	100.0	129.3	130.8	114.8	104.0	107.0
工业产品	Industrial Products	100.0	108.6	109.3	101.0	98.7	103.5
按生产阶段分	by Stage of Processing						
原材料	Raw Materials	100.0	116.2	117.5	89.1	81.7	89.8
中间产品	Intermediate Products	100.0	109.5	110.2	102.6	99.4	104.0
按最终用途分	by End-Use						
消费品	Consumers' Goods	100.0	111.2	113.5	108.1	106.5	110.6
投资用品	Capital Goods	100.0	104.4	105.8	107.1	107.6	108.6
阿根廷	**Argentina**						
按供给组成分	by Components of Supply						
国内供应	Domestic Supply	100.0	146.8	186.3			
国内生产	Domestic Production	100.0	147.6	186.6			
农业产品	Agricultural Products	100.0	150.1	200.6			
工业产品	Industrial Products	100.0	144.0	180.3			
进口产品	Import Products	100.0	135.9	181.1			
白俄罗斯	**Belarus**						
按供给组成分	by Components of Supply						
工业产品	Industrial Products	100.0	337.2	379.1	444.4	498.0	546.6
按生产阶段分	by Stage of Processing						
中间产品	Intermediate Products	100.0	353.1	395.3	478.1	533.8	593.2
按最终用途分	by End-Use						
消费品	Consumers' Goods	100.0	314.7	362.5	399.5	445.3	474.2
投资用品	Capital Goods	100.0	334.0	356.9	420.6	486.9	532.5
捷　克	**Czech Rep.**						
按供给组成分	by Components of Supply						
农业产品	Agricultural Products	100.0	131.9	127.0	118.9	113.1	122.0
工业产品	Industrial Products	100.0	108.5	107.8	104.4	101.0	102.8
进口产品	Import Products	100.0	108.5	110.5	108.3	103.9	105.0
按生产阶段分	by Stage of Processing						
中间产品	Intermediate Products	100.0	108.1	109.6	106.8	103.9	106.3
按最终用途分	by End-Use						
消费品	Consumers' Goods	100.0	109.6	110.4	108.3	106.6	109.2
投资用品	Capital Goods	100.0	101.4	103.4	103.7	102.8	102.5

9-2 续表 4 continued

2010年=100 (2010=100)

国家或地区	Country or Area	2010	2013	2014	2015	2016	2017
法 国	**France**						
按供给组成分	by Components of Supply						
国内供应	Domestic Supply	100.0		105.6	102.1	99.2	101.8
农业产品	Agricultural Products	100.0	122.5	117.0	113.3	113.5	117.6
工业产品	Industrial Products	100.0	108.6	107.1	104.8	102.4	104.8
进口产品	Import Products	100.0	106.5	103.4	98.4	94.7	97.6
按生产阶段分	by Stage of Processing						
原材料	Raw Materials	100.0		115.0	98.6	88.2	96.6
中间产品	Intermediate Products	100.0		102.8	101.1	98.3	101.5
按最终用途分	by End-Use						
消费品	Consumers' Goods	100.0		105.9	105.5	104.9	105.5
投资用品	Capital Goods	100.0		101.0	101.4	100.8	101.2
德 国	**Germany**						
按供给组成分	by Components of Supply						
农业产品	Agricultural Products	100.0	120.7	111.1	106.9	106.7	115.5
工业产品	Industrial Products	100.0	106.9	105.9	103.9	102.1	104.8
进口产品	Import Products	100.0	106.9	103.6	100.7	97.5	101.2
按生产阶段分	by Stage of Processing						
中间产品	Intermediate Products	100.0	104.7	103.6	102.3	100.8	104.3
按最终用途分	by End-Use						
消费品	Consumers' Goods	100.0	108.4	109.0	108.1	108.8	111.8
投资用品	Capital Goods	100.0	103.0	103.5	104.2	104.8	105.9
意 大 利	**Italy**						
按供给组成分	by Components of Supply						
工业产品	Industrial Products	100.0	108.1	106.2	102.6	100.3	102.9
按生产阶段分	by Stage of Processing						
中间产品	Intermediate Products	100.0	104.8	104.3	103.8	102.6	105.5
按最终用途分	by End-Use						
消费品	Consumers' Goods	100.0	106.6	107.1	107.1	106.9	108.2
投资用品	Capital Goods	100.0	102.8	103.4	104.0	104.4	105.3
荷 兰	**Netherlands**						
按供给组成分	by Components of Supply						
工业产品	Industrial Products	100.0	107.5	105.6	100.9	98.4	102.7
按生产阶段分	by Stage of Processing						
中间产品	Intermediate Products	100.0	110.3	108.2	103.5	100.8	106.3
按最终用途分	by End-Use						
消费品	Consumers' Goods	100.0	111.8	111.5	109.1	110.1	113.6
投资用品	Capital Goods	100.0	101.6	103.1	105.2	106.2	108.0
波 兰	**Poland**						
按供给组成分	by Components of Supply						
工业产品	Industrial Products	100.0	110.2	108.7	106.1	106.0	111.1
按生产阶段分	by Stage of Processing						
原材料	Raw Materials	100.0	116.9	114.4	106.4	103.4	111.6
中间产品	Intermediate Products	100.0	110.0	108.6	108.6	108.9	113.3
按最终用途分	by End-Use						
消费品	Consumers' Goods	100.0	109.7	108.7	106.5	107.7	111.7
投资用品	Capital Goods	100.0	100.3	99.7	101.0	104.3	105.9
俄 罗 斯	**Russia**						
按供给组成分	by Components of Supply						
农业产品	Agricultural Products	100.0	120.8	131.5	148.5	142.3	150.3
工业产品	Industrial Products	100.0	127.2	135.1	153.8	160.5	172.7

9-2 续表 5 continued

2010年=100 (2010=100)

国家或地区	Country or Area	2010	2013	2014	2015	2016	2017
西 班 牙	**Spain**						
按供给组成分	by Components of Supply						
工业产品	Industrial Products	100.0	111.6	110.1	107.9	104.5	109.1
按生产阶段分	by Stage of Processing						
中间产品	Intermediate Products	100.0	108.2	106.6	105.8	104.3	107.8
按最终用途分	by End-Use						
消费品	Consumers' Goods	100.0	107.5	107.0	108.2	108.5	110.5
投资用品	Capital Goods	100.0	101.4	101.7	102.5	103.1	104.0
土 耳 其	**Turkey**						
按供给组成分	by Components of Supply						
农业产品	Agricultural Products	100.0	106.1	117.6	100③	103.0	115.5
工业产品	Industrial Products	100.0	123.1	135.8	142.9	149.1	172.7
乌 克 兰⑦	**Ukraine⑦**						
按供给组成分	by Components of Supply						
农业产品	Agricultural Products		269.3	317.0	234.6	264.2	
工业产品	Industrial Products		281.3	329.3	196.4	237.0	299.7
英 国	**United Kingdom**						
按供给组成分	by Components of Supply						
农业产品	Agricultural Products	100.0	127.0	114.5	104.1	108.7	124.7
工业产品	Industrial Products	100.0	108.4	108.4	106.6	107.1	110.7
进口产品	Import Products	100.0	109.5	105.0	98.6	103.4	111.0
按生产阶段分	by Stage of Processing						
原材料	Raw Materials	100.0	117.4	109.8	95.7	97.6	108.3
中间产品	Intermediate Products	100.0	108.3	107.8	106.3	106.5	110.6
按最终用途分	by End-Use						
消费品	Consumers' Goods	100.0	109.5	109.9	108.8	108.6	112.2
投资用品	Capital Goods	100.0	106.1	107.4	108.7	111.5	115.0
澳大利亚	**Australia**						
按供给组成分	by Components of Supply						
国内供应	Domestic Supply	100.0	105.9	107.8	109.2	110.2	111.8
国内生产	Domestic Production	100.0	106.9	108.5	109.3	110.4	112.6
农业产品	Agricultural Products	100.0	106.3	114.3	127.1	131.4	133.3
工业产品	Industrial Products	100.0	103.9	107.2	107.4	106.8	110.2
进口产品	Import Products	100.0	98.5	103.1	110.5	110.6	108.5
按生产阶段分	by Stage of Processing						
原材料	Raw Materials	100.0	109.6	111.5	110.6	111.0	113.8
中间产品	Intermediate Products	100.0	108.6	110.5	110.7	111.3	114.2
按最终用途分	by End-Use						
消费品	Consumers' Goods	100.0	108.4	110.1	110.9	111.9	113.9
投资用品	Capital Goods	100.0	103.9	106.0	109.2	110.0	111.1
新 西 兰	**New Zealand**						
按供给组成分	by Components of Supply						
农业产品	Agricultural Products	100.0	112.7	114.5	99.2	102.1	121.5
工业产品	Industrial Products	100.0	106.7	107.4	103.1	100.5	108.8
按生产阶段分	by Stage of Processing						
中间产品	Intermediate Products	100.0	107.4	107.5	105.1	105.6	110.4

注：①1988年7月1日至1989年6月30日为基期。②以2011—2012年为基期。③以2011财政年度(2011年3月21日—2012年3月20日)为基期。④以2015年为基期。⑤2004年7月1日至2005年6月30日为基期。⑥以2012年为基期。⑦以2005年为基期。

Note: ①The base year is from 1 July 1988 to 30 June 1989.②The base year is 2011-2012.③The base year is fiscal year 2011(from 21 March 2011 to 20 March 2012).④The base year is 2015.⑤The base year is from 1 July 2004 to 30 June 2005.⑥The base year is 2012. ⑦The base year is 2005.

9-3 居民消费价格指数
Consumer Price Indices

资料来源：世界银行WDI数据库。
Source: World Bank WDI Database.

2010年=100 (2010=100)

国家和地区	Country or Area	2011	2012	2013	2014	2015	2016	2017
中　国	China	105.6	108.3	111.2	113.3	114.9	117.2	119.1
中国香港	Hong Kong, China	105.3	109.5	114.3	119.4	123.0	125.9	
中国澳门	Macao, China	105.8	112.3	118.5	125.6	131.3	134.5	
孟加拉国	Bangladesh	111.3	118.3	127.2	136.1	144.5	152.3	161.1
文　莱	Brunei Darussalam	100.1	100.3	100.6	100.4	100.0	99.3	99.1
柬埔寨	Cambodia	105.5	108.6	111.8	116.1	117.5	121.1	124.6
印　度	India	108.9	119.0	132.0	140.8	147.7	155.0	160.1
印度尼西亚	Indonesia	105.4	109.9	116.9	124.4	132.3	137.0	142.2
伊　朗	Iran	120.6	152.5	212.4	249.1	283.2	307.5	339.7
以色列	Israel	103.5	105.2	106.9	107.4	106.7	106.1	106.4
日　本	Japan	99.7	99.7	100.0	102.8	103.6	103.5	104.0
哈萨克斯坦	Kazakhstan	108.5	114.1	120.9	129.2	137.8	157.6	169.3
韩　国	Korea, Rep.	104.0	106.3	107.7	109.1	109.8	110.9	113.1
老　挝	Laos	107.6	112.2	119.3	124.2	125.8	127.8	128.9
马来西亚	Malaysia	103.2	104.9	107.1	110.5	112.8	115.2	119.6
蒙　古	Mongolia	108.4	123.9	136.9	153.7	163.8	165.5	172.2
缅　甸	Myanmar	105.0	106.6	112.4	118.1	129.3	138.3	144.6
巴基斯坦	Pakistan	111.9	122.8	132.2	141.7	145.3	150.8	156.9
菲律宾	Philippines	104.7	107.9	110.7	114.7	115.4	116.9	120.2
新加坡	Singapore	105.3	110.1	112.7	113.8	113.2	112.6	113.3
斯里兰卡	Sri Lanka	106.7	114.8	122.7	126.6	131.4	136.6	147.1
泰　国	Thailand	103.8	106.9	109.3	111.4	110.3	110.6	111.3
越　南	Viet Nam	118.7	129.5	138.0	144.5	145.8	150.5	155.8
埃　及	Egypt	110.1	117.9	129.0	142.1	156.8	178.5	231.1
尼日利亚	Nigeria	110.8	124.4	134.9	145.8	158.9	183.9	214.2
南　非	South Africa	105.0	111.0	117.4	124.7	130.3	138.9	146.1
加拿大	Canada	102.9	104.5	105.5	107.5	108.7	110.2	112.0
墨西哥	Mexico	103.4	107.7	111.8	116.3	119.4	122.8	130.2
美　国	United States	103.2	105.3	106.8	108.6	108.7	110.1	112.4
阿根廷	Argentina				105.5			
巴　西	Brazil	106.6	112.4	119.4	126.9	138.4	150.5	155.7
委内瑞拉	Venezuela	126.1	152.7	214.7	348.2	772.0	2740.3	
捷　克	Czech Rep.	101.9	105.3	106.8	107.2	107.5	108.2	110.9
法　国	France	102.1	104.1	105.0	105.5	105.6	105.8	106.9
德　国	Germany	102.1	104.1	105.7	106.7	106.9	107.4	109.3
意大利	Italy	102.8	105.9	107.2	107.5	107.5	107.4	108.7
荷　兰	Netherlands	102.3	104.9	107.5	108.5	109.2	109.5	111.0
波　兰	Poland	104.2	108.0	109.0	109.1	108.1	107.4	109.6
俄罗斯	Russia	108.4	113.9	121.6	131.2	151.5	162.2	168.2
西班牙	Spain	103.2	105.7	107.2	107.1	106.5	106.3	108.4
土耳其	Turkey	106.5	115.9	124.6	135.7	146.1	157.4	175.0
乌克兰	Ukraine	108.0	108.6	108.3	121.4	180.5	205.6	235.3
英　国	United Kingdom	104.5	107.4	110.2	111.8	111.8	112.5	115.6
澳大利亚	Australia	103.3	105.1	107.7	110.4	112.1	113.5	115.7
新西兰	New Zealand	104.0	105.1	106.3	107.6	107.9	108.6	110.7

9-4 初级产品市场价格指数和单位价值指数
Indices of Primary Commodities Market Prices and Unit Values

资料来源：国际货币基金组织国际金融统计数据库。
Source: International Monetary Fund IFS Database.

2005年=100 (2005=100)

商品	Commodities	2014	2015	2016
非燃料商品	**Non-Fuel Commodities**	**162.3**	**134.0**	**131.5**
农业	**Agriculture**	**161.5**	**136.9**	**136.3**
食品	**Food**	**170.1**	**140.8**	**143.8**
谷物	Cereals	180.2	149.0	131.4
小麦	Wheat	186.7	142.9	110.2
玉米	Maize	196.0	172.5	161.7
大米	Rice	148.2	132.0	134.9
大麦	Barley	153.7	134.5	136.1
植物油和蛋白质粉	Vegetable Oils and Protein Meals	190.5	152.8	155.9
大豆	Soybeans	205.2	155.7	162.6
大豆粉	Soybean Meal	226.9	171.4	170.2
大豆油	Soybean Oil	163.9	135.6	145.5
棕榈油	Palm Oil	201.1	153.7	174.0
鱼粉	Fish Meal	258.2	236.4	190.6
葵花籽油	Sunflower Oil	94.4	89.3	88.2
橄榄油	Olive Oil	68.5	77.8	72.1
花生	Groundnuts	279.3	253.0	233.8
菜籽油	Rapeseed Oil	125.4	107.4	114.0
肉	Meat	160.5	137.4	126.6
牛肉	Beef	188.7	168.9	150.1
羊肉	Lamb	81.2	67.0	66.4
猪肉	Swine Meat	151.9	100.3	92.2
家禽	Poultry	149.0	155.2	150.8
海鲜	Seafood	162.0	131.7	161.6
鱼	Fish	162.5	130.6	175.7
虾	Shrimp	160.3	136.2	106.7
糖	Sugar	146.3	118.2	152.1
自由市场	Free Market	170.1	131.2	183.9
美国	United States	118.0	117.8	128.2
欧盟	EU	90.5	84.0	74.5
香蕉	Bananas	161.6	166.2	173.8
橘子	Oranges	89.5	77.2	101.7

9–4 续表 continued

2005年=100 (2005=100)

商品	Commodities	2014	2015	2016
饮料	Beverages	178.0	172.6	163.9
咖啡	Coffee	185.0	153.7	156.0
可可豆	Cocoa Beans	198.3	203.0	187.2
茶	Tea	109.9	157.3	132.8
农业原材料	Agricultural Raw Materials	138.8	120.1	113.3
木材	Timber	109.3	104.5	100.2
硬木	Hardwood	137.0	124.8	119.0
软木	Softwood	94.0	93.2	89.8
棉	Cotton	150.6	127.6	134.5
羊毛	Wool	178.4	162.8	179.1
精	Fine	158.5	148.4	164.1
粗	Coarse	195.0	174.9	191.5
橡胶	Rubber	130.3	103.8	109.3
兽皮	Hides	167.9	133.6	112.9
金属	Metals	164.4	126.6	119.7
铜	Copper	186.7	149.9	132.4
铝	Aluminum	98.3	87.6	84.4
铁矿	Iron Ore	346.5	199.7	208.3
锡	Tin	296.5	217.6	242.8
镍	Nickel	114.3	80.3	64.9
锌	Zinc	156.5	139.9	151.4
铅	Lead	215.1	183.5	191.6
铀	Uranium	119.9	131.6	94.2
能源	**Energy**	**177.5**	**98.0**	**81.7**
现货原油	Spot Crude	181.1	95.6	80.4
天然气	Natural Gas	159.9	106.8	70.0
俄罗斯出售给德国	Russian in Germany	176.9	123.5	73.6
印尼出售给日本	Indonesian in Japan	241.7	155.8	105.8
美国	US, Domestic Market	49.3	29.5	28.1
煤炭	Coal	150.7	123.5	138.4
澳大利亚出口市场	Australian, Export Markets	149.0	123.4	137.9
南非出口市场	South African, Export Markets	157.3	124.3	140.2

主要统计指标解释

国内生产总值缩减指数 衡量在一定时期内整体经济中价格年度变化情况的指标。

生产者价格指数 生产者价格指生产者从购买者那里得到的某一单位货物和服务的价值，具体为总产出减去由购买者支付的增加税等可扣减税。它包括生产者发票上单独列支的运费。

消费者价格指数 是反映报告期经济体为消费目的而获取、使用和支付的货物和服务的价格总体水平随时间变化的指标。每个总指数是通过蒋大量要素加总指数加权平均而得到，每个要素加总指数是基于某一地区或其居民从某一指定出处或其他消费源获取指定货物和服务的价格的抽样调查数而进行的估算。

Explanatory Notes on Main Statistical Indicators

Gross Domestic Product Deflator measures the average annual rate of price change in the economy as whole for the periods shown.

Producer Price Indices The Amount receivable by the producer from the purchaser for a unit of a good or service produced as output minus any value-added tax, or similar deductible tax, invoiced to the purchaser. It includes any transport charges invoiced separately by the producer.

Consumer Price Indices measures the period-to-period proportional change in the prices of a fixed set of consumer goods and services of constant quantity and characteristics, acquired, used or paid for by the reference population. Each summary measure is constructed as a weighted average of a large number of elementary aggregate indices. Each of the elementary aggregate indices is estimated using a sample of prices for a defined set of goods and services obtained in, or by residents of, a specific region from a given set of outlets or other sources of consumption goods and services.

居民收支和贫困

Household Income and Expenditure and Poverty

10-1 居民消费支出
Household Consumption Expenditure

资料来源：世界银行WDI数据库。
Source: World Bank WDI Database.

国家或地区	Country or Area	居民最终消费支出(现价，亿美元) Household Final Consumption Expenditure (current 100 million USD)			人均居民最终消费支出(2010年价格，美元) Household Final Consumption Expenditure per capita(constant 2010 US$)		
		2010	2015	2016	2010	2015	2016
世　界	**World**	**378297**	**429183**	**437991**	**5466**	**5828**	**5914**
高收入国家	**High Income**	**273391**	**289155**	**296318**	**23550**	**24712**	**25127**
中等收入国家	**Middle Income**	**102151**	**136362**	**138135**	**2031**	**2425**	**2485**
低收入国家	**Low Income**	**3005**	**4009**	**3802**	**401**	**437**	**440**
中　国	China	21573	42711	44163	1613	2338	2506
中国香港	Hong Kong, China	1403	2055	2125	19978	24599	24890
中国澳门	Macao, China	66	118	119	12245	15123	14682
孟加拉国	Bangladesh	854	1413	1531	562	680	693
文　莱	Brunei Darussalam	20	26	24	5189	5940	5786
柬 埔 寨	Cambodia	91	139	152	639	797	837
印　度	India	9140	12359	13426	742	973	1046
印度尼西亚	Indonesia	4245	4946	5387	1750	2122	2204
伊　朗	Iran	2091	1941	2069	2804	2599	2667
以 色 列	Israel	1326	1636	1750	17392	19039	19809
日　本	Japan	32918	24884	27562	25703	26698	26745
哈萨克斯坦	Kazakhstan	672	990	749	4116	5388	
韩　国	Korea, Rep.	5508	6818	6883	11114	11996	12238
老　挝	Laos	53	103	104	851	1085	1119
马来西亚	Malaysia	1227	1604	1627	4365	5624	5870
蒙　古	Mongolia	40	69	59	1463	2316	2072
缅　甸	Myanmar	280	284	323	558		
巴基斯坦	Pakistan	1414	2158	2230	829	910	954
菲 律 宾	Philippines	1428	2159	2243	1524	1874	1973
新 加 坡	Singapore	840	1114	1115	16544	18148	18016
斯里兰卡	Sri Lanka	388	543	522	1922	2526	2516
泰　国	Thailand	1780	2051	2063	2648	2931	3012
越　南	Viet Nam	772	1313	1407	872	1099	1166
埃　及	Egypt	1632	2742	2755	1941	2175	2230
尼日利亚	Nigeria	2440	3780	3300	1539	1613	
南　非	South Africa	2215	1896	1758	4294	4561	4540
加 拿 大	Canada	9186	8961	8936	27015	28743	29051
墨 西 哥	Mexico	6913	7666	7053	6004	6548	6640
美　国	United States	102022	123323	128207	32980	35683	36405
阿 根 廷	Argentina	2721	3920	3656	6601	7113	6941
巴　西	Brazil	13302	11528	11486	6760	7121	6763
委内瑞拉	Venezuela	2198			7571		
捷　克	Czech Rep.	1016	875	917	9697	10121	10465
法　国	France	14628	13178	13404	22852	22969	23381
德　国	Germany	19155	18083	18521	23423	24884	25151
意 大 利	Italy	12965	11163	11309	21872	20426	20753
荷　兰	Netherlands	3742	3366	3437	22519	22148	22373
波　兰	Poland	2951	2789	2758	7756	8540	8874
俄 罗 斯	Russia	7851	7163	6757	5496	5971	5692
西 班 牙	Spain	8195	6946	7132	17594	16845	17339
土 耳 其	Turkey	4867	5190	5167	6729	8433	8606
乌 克 兰	Ukraine	857	603	602	1869	1976	2020
英　国	United Kingdom	16006	18921	17450	25501	26415	27000
澳大利亚	Australia	6439	7733	7047	28746	30248	30656
新 西 兰	New Zealand	851	1021	1083	19567	21461	22032

10-2 居民收入分配
Personal Income Distribution

资料来源：世界银行WDI数据库。
Source: World Bank WDI Database.

国家或地区	Country or Area	年份 Year	基尼系数 GINI Index	各组占全部收入或消费的比重(%) As Percentage of Total Income or Consumption(%)				
				最低的20% Lowest 20% (%)	第二个20% Second 20% (%)	第三个20% Third 20% (%)	第四个20% Fourth 20% (%)	最高的20% Highest 20% (%)
中　　国	China	2012	0.42	5.2	9.8	14.8	22.3	47.9
中国香港	Hong Kong, China	1996	0.43	5.3	9.4	13.9	20.8	50.8
孟加拉国	Bangladesh	2016	0.32	8.6	12.4	16.1	21.4	41.4
柬 埔 寨	Cambodia	2012	0.31	9.1	12.7	16.3	21.8	40.2
印　　度	India	2011	0.35	8.3	11.9	15.3	20.6	44.0
印度尼西亚	Indonesia	2013	0.40	7.2	10.4	14.3	20.7	47.4
伊　　朗	Iran	2014	0.39	6.3	10.9	15.3	21.9	45.6
以 色 列	Israel	2012	0.41	4.7	10.0	15.7	23.5	46.0
日　　本	Japan	2008	0.32	7.4	12.9	17.3	22.7	39.7
哈萨克斯坦	Kazakhstan	2015	0.27	10.0	13.7	17.2	22.2	36.9
韩　　国	Korea, Rep.	2012	0.32	7.3	13.0	17.5	23.2	39.0
老　　挝	Laos	2012	0.36	7.6	11.5	15.3	21.0	44.6
马来西亚	Malaysia	2009	0.46	4.6	8.6	13.7	21.8	51.4
蒙　　古	Mongolia	2016	0.32	8.0	12.4	16.6	22.3	40.6
缅　　甸	Myanmar	2015	0.38	7.3	11.3	15.0	20.6	45.7
巴基斯坦	Pakistan	2013	0.31	9.2	12.9	16.4	21.3	40.3
菲 律 宾	Philippines	2015	0.40	6.6	10.2	14.5	21.4	47.3
新 加 坡	Singapore	1998	0.42	5.0	9.4	14.6	22.0	49.0
斯里兰卡	Sri Lanka	2016	0.40	7.0	10.7	14.5	20.3	47.6
泰　　国	Thailand	2013	0.38	6.9	10.8	15.1	22.1	45.1
越　　南	Viet Nam	2014	0.35	7.1	12.0	16.4	22.4	42.2
埃　　及	Egypt	2015	0.32	9.1	12.8	16.0	20.6	41.5
尼日利亚	Nigeria	2011	0.40	5.9	10.5	15.3	22.2	46.1
南　　非	South Africa	2014	0.63	2.4	4.8	8.2	16.5	68.2
加 拿 大	Canada	2013	0.34	6.6	12.3	17.0	23.3	40.8
墨 西 哥	Mexico	2016	0.43	5.7	9.8	14.0	20.4	50.1
美　　国	United States	2016	0.42	5.0	10.2	15.3	22.5	46.9
阿 根 廷	Argentina	2016	0.42	5.0	9.6	15.0	22.7	47.6
巴　　西	Brazil	2015	0.51	3.6	7.9	12.7	19.7	56.1
委内瑞拉	Venezuela	2006	0.47	3.2	9.2	14.5	22.3	50.7
捷　　克	Czech Rep.	2015	0.26	9.7	14.7	17.8	21.9	35.9
法　　国	France	2015	0.33	7.9	12.8	16.7	21.7	40.9
德　　国	Germany	2015	0.32	7.8	12.9	17.0	22.6	39.7
意 大 利	Italy	2014	0.35	6.2	12.3	17.2	23.3	41.0
荷　　兰	Netherlands	2015	0.29	8.7	13.6	17.3	22.2	38.2
波　　兰	Poland	2015	0.32	8.1	12.5	16.8	22.5	40.1
俄 罗 斯	Russia	2015	0.38	6.9	11.1	15.2	21.5	45.3
西 班 牙	Spain	2015	0.36	5.8	11.7	17.0	23.5	42.1
土 耳 其	Turkey	2016	0.42	5.7	9.9	14.5	21.6	48.3
乌 克 兰	Ukraine	2016	0.25	10.1	14.4	17.9	22.4	35.1
英　　国	United Kingdom	2015	0.33	7.5	12.2	16.8	23.0	40.6
澳大利亚	Australia	2010	0.35	7.3	11.8	16.1	22.7	42.0
新 西 兰	New Zealand	1997	0.36	6.5	11.4	15.8	22.6	43.8

10-3 国内贫困率
Domestic Poverty Rate

资料来源：世界银行WDI数据库。
Source: World Bank WDI Database.

单位：% (%)

国家或地区	Country or Area	年份 Year	全国 National	农村 Rural	城市 Urban
中　国	China	2017	3.1		
阿富汗	Afghanistan	2011	35.8	38.3	
阿尔巴尼亚	Albania	2012	14.3	15.3	
阿尔及利亚	Algeria	2011	5.5	4.8	
安哥拉	Angola	2008	36.6	58.3	
阿根廷	Argentina	2016	30.3		
亚美尼亚	Armenia	2016	29.4		
阿塞拜疆	Azerbaijan	2012	6.0		
孟加拉国	Bangladesh	2016	24.3		
白俄罗斯	Belarus	2016	5.7		
伯利兹	Belize	2002	33.5	44.2	23.7
贝　宁	Benin	2015	40.1		
不　丹	Bhutan	2012	12.0	16.7	
玻利维亚	Bolivia	2016	39.5		
波　黑	Bosnia and Herzegovinian	2015	16.9		
博茨瓦纳	Botswana	2009	19.3	24.3	
巴　西	Brazil	2015	8.7		
保加利亚	Bulgaria	2016	22.9		
布基纳法索	Burkina Faso	2014	40.1	47.5	
布隆迪	Burundi	2014	64.9	68.8	
柬埔寨	Cambodia	2012	17.7	20.8	
喀麦隆	Cameroon	2014	37.5	56.8	
佛得角	Cape Verde	2007	26.6	44.3	13.2
中　非	Central African Rep.	2008	62.0	69.4	49.6
乍　得	Chad	2011	46.7	52.5	
智　利	Chile	2015	11.7		
哥伦比亚	Colombia	2016	28.0		
科摩罗	Comoros	2014	42.0		
刚果(金)	Congo, Dem. Rep.	2012	63.9	64.9	
刚果(布)	Congo, Rep.	2011	46.5	74.8	
哥斯达黎加	Costa Rica	2017	20.0		
科特迪瓦	Cote D'Ivoire	2015	46.3	56.8	
克罗地亚	Croatia	2015	19.5		
捷　克	Czech Rep.	2013	9.7		
吉布提	Djibouti	2013	23.0		
多米尼加	Dominican Rep.	2016	30.5		
厄瓜多尔	Ecuador	2017	21.5		
埃　及	Egypt	2015	27.8		
萨尔瓦多	El Salvador	2016	38.2		
赤道几内亚	Equatorial Guinea	2006	76.8	79.9	
厄立特里亚	Eritrea	1994	53.0		
爱沙尼亚	Estonia	2013	21.8		
埃塞俄比亚	Ethiopia	2011	29.6	30.4	
斐　济	Fiji	2013	34.0		

10-3 续表1 continued

单位：% (%)

国家或地区	Country or Area	年份 Year	全国 National	农村 Rural	城市 Urban
加　蓬	Gabon	2005	32.7	44.6	29.8
冈比亚	Gambia	2010	48.4	73.9	
格鲁吉亚	Georgia	2016	21.3		
加　纳	Ghana	2012	24.2	37.9	
危地马拉	Guatemala	2014	59.3	76.1	
几内亚	Guinea	2012	55.2	64.7	
几内亚比绍	Guinea-Bissau	2010	69.3	75.6	
圭亚那	Guyana	1998	35.0		
海　地	Haiti	2012	58.5	74.9	
洪都拉斯	Honduras	2016	60.9		
匈牙利	Hungary	2014	14.9		
印　度	India	2012	21.9	25.7	
印度尼西亚	Indonesia	2017	10.6		
伊拉克	Iraq	2012	18.9	30.6	
牙买加	Jamaica	2012	19.9		
约　旦	Jordan	2010	14.4	16.8	
哈萨克斯坦	Kazakhstan	2015	2.7	4.4	
肯尼亚	Kenya	2015	36.1		
基里巴斯	Kiribati	2006	21.8		
吉尔吉斯斯坦	Kyrgyzstan	2016	25.4		
老　挝	Laos	2012	23.4	28.6	
拉脱维亚	Latvia	2014	22.5		
黎巴嫩	Lebanon	2012	27.4		
莱索托	Lesotho	2010	57.1	61.2	
利比里亚	Liberia	2014	54.1		
立陶宛	Lithuania	2014	22.2		
前南马其顿	Macedonia, FYR	2015	21.5		
马达加斯加	Madagascar	2012	70.7		
马拉维	Malawi	2010	50.7	56.6	
马来西亚	Malaysia	2014	0.6	1.6	
马尔代夫	Maldives	2009	15.7	14.3	
马　里	Mali	2010	43.6	50.6	
毛里塔尼亚	Mauritania	2014	31.0		
毛里求斯	Mauritius	2012	7.9		
墨西哥	Mexico	2016	43.6		
密克罗尼西亚	Micronesia, Fed.	2013	41.2		
摩尔多瓦	Moldova	2015	9.6		
蒙　古	Mongolia	2014	21.6	26.4	
黑　山	Montenegro	2013	8.6	9.7	
摩洛哥	Morocco	2007	8.9	14.4	4.8
莫桑比克	Mozambique	2014	46.1		
缅　甸	Myanmar	2015	32.1		
纳米比亚	Namibia	2009	28.7	37.4	
尼泊尔	Nepal	2011	25.2	27.4	
尼加拉瓜	Nicaragua	2016	24.9		
尼日尔	Niger	2014	44.5		

10-3 续表2 continued

单位：% (%)

国家或地区	Country or Area	年份 Year	全国 National	农村 Rural	城市 Urban
尼日利亚	Nigeria	2010	46.0	52.8	
巴基斯坦	Pakistan	2013	29.5	35.6	
帕　劳	Palau	2006	24.9		
巴拿马	Panama	2016	22.1		
巴布亚新几内亚	Papua New Guinea	2009	39.9	41.6	
巴拉圭	Paraguay	2016	28.9		
秘　鲁	Peru	2016	20.7		
菲律宾	Philippines	2015	21.6		
波　兰	Poland	2015	17.3		
罗马尼亚	Romania	2015	25.3		
俄罗斯	Russia	2016	13.4		
卢旺达	Rwanda	2013	39.1		
萨摩亚	Samoa	2008	26.9		
圣多美和普林西比	Sao Tome and Principe	2010	66.2		
塞内加尔	Senegal	2011	46.7	57.1	
塞尔维亚	Serbia	2015	25.5		
塞舌尔	Seychelles	2013	39.3		
塞拉利昂	Sierra Leone	2011	52.9	66.1	
斯洛伐克	Slovakia	2013	12.6		
斯洛文尼亚	Slovenia	2014	14.3		
所罗门群岛	Solomon Islands	2013	12.7		
南　非	South Africa	2014	55.5		
斯里兰卡	Sri Lanka	2016	4.1		
苏　丹	Sudan	2009	46.5	57.6	
斯威士兰	Swaziland	2009	63.0	73.1	
叙利亚	Syrian Arab Republic	2007	35.2	36.9	
塔吉克斯坦	Tajikistan	2015	31.3	35.2	
坦桑尼亚	Tanzania	2012	28.2	33.3	
泰　国	Thailand	2014	10.5		
东帝汶	Timor-Leste	2014	41.8	47.1	
多　哥	Togo	2015	55.1	68.7	
汤　加	Tonga	2009	22.5		
特立尼达和多巴哥	Trinidad and Tobago	1992	21.0	20.0	24.0
突尼斯	Tunisia	2015	15.2		
土耳其	Turkey	2015	1.6		
图瓦卢	Tuvalu	2010	26.3	27.5	
乌干达	Uganda	2012	19.7	22.4	
乌克兰	Ukraine	2016	3.8		
乌拉圭	Uruguay	2016	9.4		
乌兹别克斯坦	Uzbekistan	2013	14.1		
瓦努阿图	Vanuatu	2010	12.7		
委内瑞拉	Venezuela	2015	33.1		
越　南	Viet Nam	2016	9.8		
约旦河西岸和加沙	West Bank and Gaza	2011	25.8	19.4	
也　门	Yemen	2014	48.6		
赞比亚	Zambia	2015	54.4		
津巴布韦	Zimbabwe	2011	72.3	84.3	
科索沃	Kosovo	2015	17.6		

10-4 国际贫困率
International Poverty Ratio

资料来源：世界银行WDI数据库。
Source: World Bank WDI Database.
单位：% (%)

国家或地区	Country or Area	日均收入不足1.9美元的贫困人口占总人口比重 Poverty headcount ratio at $1.9 a day (PPP) (% of population)		日均收入不足3.2美元的贫困人口占总人口比重 Poverty headcount ratio at $3.2 a day (PPP) (% of population)	
		2010	2016	2010	2016
中　国	China	11.2	1.4①	28.5	9.5①
阿根廷	Argentina	1.1	0.6	3.7	2.4
荷　兰	Netherlands				0.2②
亚美尼亚	Armenia	1.9	1.8	20.5	14.1
澳大利亚	Australia	0.3		0.7	
奥地利	Austria	0.5	0.7②	0.5	0.7②
孟加拉国	Bangladesh	19.6	14.8	60.4	52.9
白俄罗斯	Belarus			0.2	
比利时	Belgium	0.2		0.2	0.2②
贝　宁	Benin		49.6②		76.2②
玻利维亚	Bolivia		7.1		12.6
波　黑	Bosnia and Herzegovinian		0.2②		0.8②
巴　西	Brazil		3.4②		8.0②
保加利亚	Bulgaria	2.0	1.5①	4.2	3.7①
布基纳法索	Burkina Faso		43.7①		76.4①
布隆迪	Burundi		71.7③		89.2③
柬埔寨	Cambodia	4.6			
喀麦隆	Cameroon		23.8①		44.8①
加拿大	Canada	0.4	0.3③	0.4	0.7③
智　利	Chile		1.3②		3.1②
哥伦比亚	Colombia	7.8	4.5	18.4	11.8
科摩罗	Comoros		18.1③		38.1③
哥斯达黎加	Costa Rica	1.5	1.3	4.0	3.8
科特迪瓦	Cote D'Ivoire		28.2②		57.4②
克罗地亚	Croatia	1.2	0.7②	2.2	1.5②
捷　克	Czech Rep.			0.2	
丹　麦	Denmark		0.2②		0.2②
吉布提	Djibouti		22.5③		44.6③
多米尼加	Dominican Rep.	2.6	1.6	12.4	6.2
厄瓜多尔	Ecuador	5.6	3.6	14.7	9.4
埃　及	Egypt	3.0	1.3②	26.6	16.1②
萨尔瓦多	El Salvador	5.5	2.2	17.9	10.3
爱沙尼亚	Estonia	0.7	0.5②	1.7	1.0②
埃塞俄比亚	Ethiopia	33.6	26.7②	73.1	61.4②
斐　济	Fiji		1.4③		14.3③
法　国	France		0.0②	0.2	0.2②
冈比亚	Gambia	25.1	10.1②	53.0	37.8②
格鲁吉亚	Georgia	13.3	4.2	32.6	17.1
希　腊	Greece	1.0	1.5②	1.2	2.7②
危地马拉	Guatemala		8.7①		24.2①
几内亚比绍	Guinea-Bissau	67.1		84.5	
洪都拉斯	Honduras	15.0	16	29.4	30.0
匈牙利	Hungary		0.5②	0.2	1.0②
冰　岛	Iceland	0.2		0.2	
印　度	India	32.7			
印度尼西亚	Indonesia	15.7	6.5	48.1	30.9
伊　朗	Iran		0.2①		2.5①
爱尔兰	Ireland	0.5	0.5①	0.7	0.5①
以色列	Israel	0.4		1.1	
意大利	Italy	1.2	1.2①	1.7	1.7①
约　旦	Jordan	0.1		2.1	
哈萨克斯坦	Kazakhstan	0.1	0.0②	1.9	0.3②
韩　国	Korea, Rep.	0.3		0.7	
吉尔吉斯斯坦	Kyrgyzstan	4.1	1.4	23.3	19.1
拉脱维亚	Latvia	1.7	0.7②	3.7	1.5②
莱索托	Lesotho	59.6		78.1	
利比里亚	Liberia		38.6①		73.8①
立陶宛	Lithuania	1.5	0.7②	3.2	1.5②

10–4 续表 continued

单位：% (%)

国家或地区	Country or Area	日均收入不足1.9美元的贫困人口占总人口比重 Poverty headcount ratio at $1.9 a day (PPP) (% of population)		日均收入不足3.2美元的贫困人口占总人口比重 Poverty headcount ratio at $3.2 a day (PPP) (% of population)	
		2010	2016	2010	2016
前南马其顿	Macedonia, FYR	10.0	5.0②	17.4	10.0①
马达加斯加	Madagascar	78.5		91.3	
马拉维	Malawi	71.4		88.8	
马里	Mali	50.6			
马耳他	Malta	0.2	0.0①	0.2	0.0①
毛里塔尼亚	Mauritania		6.0		24.1
墨西哥	Mexico	4.2	2.5	14.0	11.2
密克罗尼西亚	Micronesia, Fed.		16.0		39.5
摩尔多瓦	Moldova	0.5	0.2	6.1	1.3
蒙古	Mongolia	0.8	0.5	9.8	6.5
黑山	Montenegro			0.8	0.8①
莫桑比克	Mozambique		62.9①		81.9①
缅甸	Myanmar		6.4②		29.8②
尼泊尔	Nepal	15.0		50.8	
尼加拉瓜	Nicaragua		3.2		12.8
尼日尔	Niger		44.5①		76.9①
尼日利亚	Nigeria	62.0			
挪威	Norway		0.2②	0.2	0.2②
巴基斯坦	Pakistan	8.3	6.1③	47.8	39.7③
巴拿马	Panama	4.5	2.2	10.8	7.0
巴拉圭	Paraguay	5.5	1.7	13.3	7.0
秘鲁	Peru	5.5	3.5	14.8	10.0
菲律宾	Philippines		8.3②		33.7②
波兰	Poland			0.4	0.2②
葡萄牙	Portugal	0.2	0.5②	0.5	1.2②
罗马尼亚	Romania			5.3	3.3
俄罗斯	Russia	0.1		0.5	0.3②
卢旺达	Rwanda	60.4	59.5③	81.6	81.1③
圣多美和普林西比	Sao Tome and Principe	32.3		70.1	
塞尔维亚	Serbia	0.2	0.1②	2.1	1.1②
塞舌尔	Seychelles		1.1③		2.5③
斯洛伐克	Slovakia	0.5	0.7②	1.0	1.0②
所罗门群岛	Solomon Islands		25.1③		58.8③
南非	South Africa	16.5	18.9①	35.8	37.6①
西班牙	Spain	0.7	1.0②	1.0	1.5②
斯里兰卡	Sri Lanka	4.1	0.7		9.5
斯威士兰	Swaziland	40.6			
瑞典	Sweden	0.2	0.5②	0.5	0.7②
瑞士	Switzerland			0.2	
塔吉克斯坦	Tajikistan		4.8②		20.3②
泰国	Thailand	0.1		2.5	1.1③
东帝汶	Timor-Leste		30.3①		73.2①
多哥	Togo		49.2②		73.2②
突尼斯	Tunisia	2.0		9.1	
土耳其	Turkey	0.8	0.2	4.5	1.8
图瓦卢	Tuvalu	3.3		17.6	
乌克兰	Ukraine		0.1	0.3	0.5
英国	United Kingdom	0.2	0.2②	0.2	0.2②
美国	United States	1.0	1.3	1.3	1.3
乌拉圭	Uruguay	0.1	0.1	1.3	0.5
瓦努阿图	Vanuatu	13.2		39.5	
越南	Viet Nam	4.2	2.6①	17.3	11.2①
约旦河西岸和加沙	West Bank and Gaza	0.2		3.7	
也门	Yemen		18.8①		52.2①
赞比亚	Zambia	64.4	57.5②	79.7	74.3②
科索沃	Kosovo	2.2	0.4②	13.5	2.9②

注：①2014年数据。②2015年数据。③2013年数据。
Note:①Data refer to 2014.②Data refer to 2015.③Data refer to 2013.

10-5 贫困人口社会指标
Social Indicators of Poverty

资料来源：世界银行WDI数据库。
Source: World Bank WDI Database.

国家或地区	Country or Area	全部人口营养不良发生率(%) Prevalence of Undernourishment (% of population)	5岁以内儿童死亡率(‰) Mortality Rate, Under-5 (‰)	12-23个月儿童麻疹疫苗免疫接种率(%) Immunization,Measles (% of children ages 12-23 months)	在熟练医护人员护理下的分娩率(%) Births Attended by Skilled Health Staff (% of total)
		2015	2016	2015	2015
世　　界	**World**	**10.7**	**40.8**	**84.8**	
中　　国	China	9.6	9.9	99.0	99.9①
阿 富 汗	Afghanistan	23.0	70.4	68.0	50.5
阿 根 廷	Argentina	3.6	11.1	89.0	99.6①
孟加拉国	Bangladesh	15.1	34.2	88.0	42.1①
玻利维亚	Bolivia	20.2	36.9	99.0	
巴　　西	Brazil	2.5	15.1	99.0	
保加利亚	Bulgaria	3.4	7.6	92.0	99.7①
柬 埔 寨	Cambodia	15.3	30.6	81.0	89.0①
古　　巴	Cuba	2.5	5.5	99.0	99.9
塞浦路斯	Cyprus	4.7	2.6	90.0	97.4①
埃　　及	Egypt	4.5	22.8	92.0	91.5①
萨尔瓦多	El Salvador	12.3	15.0	95.0	98.0①
加　　纳	Ghana	7.6	58.8	89.0	70.8①
几 内 亚	Guinea	17.5	89.0	52.0	
印　　度	India	14.5	43.0	87.0	81.4①
印度尼西亚	Indonesia	7.9	26.4	69.0	
伊　　朗	Iran	5.5	15.1	99.0	
伊 拉 克	Iraq	27.8	31.2	57.0	
哈萨克斯坦	Kazakhstan	2.5	11.4	99.0	99.9①
吉尔吉斯斯坦	Kyrgyzstan	6.4	21.1	99.0	98.4①
老　　挝	Laos	17.1	63.9	88.0	
利 比 亚	Libya		12.9	93.0	
马来西亚	Malaysia	2.5	8.3	93.0	98.9①
墨 西 哥	Mexico	4.2	14.6	97.0	95.6①
蒙　　古	Mongolia	19.6	17.9	98.0	98.9①
缅　　甸	Myanmar	16.9	50.8	86.0	60.2
尼 泊 尔	Nepal	8.1	34.5	85.0	55.6①
尼日利亚	Nigeria	7.9	104.3	54.0	
巴基斯坦	Pakistan	19.9	78.8	61.0	
巴 拿 马	Panama	9.3	16.4	90.0	93.9①
巴 拉 圭	Paraguay	12.0	19.9	83.0	
秘　　鲁	Peru	7.9	15.3	92.0	90.0①
菲 律 宾	Philippines	13.8	27.1	82.0	
卢 旺 达	Rwanda	41.1	38.5	97.0	90.7
塞拉利昂	Sierra Leone	30.9	113.5	76.0	
南　　非	South Africa	4.6	43.3	76.0	
泰　　国	Thailand	9.5	12.2	99.0	
土 耳 其	Turkey	2.5	12.7	94.0	97.4①
乌 克 兰	Ukraine	2.5	9.1	56.0	99.9①
乌兹别克斯坦	Uzbekistan	6.3	24.1	99.0	100.0①
越　　南	Viet Nam	10.7	21.6	97.0	93.8①

注：①2014年数据。
Note:①Data refer to 2014.

10-6 居民消费支出构成
Composition of Household Final Consumption Expenditure

资料来源：经合组织OLIS数据库。
Source:OECD OLIS Database.
单位：% (%)

国家或地区	Country or Area	年 份 Year	食品、非酒精饮料 Food and Non-alcoholic Beverages	酒精饮料、烟草和麻醉品 Alcoholic Beverages,Tobacco and Narcotics	服装和鞋类 Clothing and Footwear	住房、水、电、天然气和其他燃料 Housing, Water, Electricity, Gas and other Fuels	家具、家用设备及住房日常维护 Furnishings, Households Equipment and Routine Maintenance of the House
澳大利亚	Australia	2016	9.40	3.58	3.56	22.89	4.60
奥地利	Austria	2016	9.67	3.25	6.10	22.44	6.59
比利时	Belgium	2016	13.43	4.28	4.33	24.51	6.23
加拿大	Canada	2017	9.10	3.35	4.10	24.13	5.45
捷克	Czech Rep.	2017	16.27	8.04	3.73	25.41	5.30
丹麦	Denmark	2017	11.47	3.42	4.04	28.96	5.03
芬兰	Finland	2017	11.63	4.34	4.17	28.83	4.74
法国	France	2017	13.22	3.72	3.75	26.21	4.86
德国	Germany	2016	10.60	3.24	4.48	23.87	6.81
希腊	Greece	2016	17.19	5.03	3.80	20.47	2.80
匈牙利	Hungary	2016	17.67	7.61	3.57	19.21	4.44
冰岛	Iceland	2017	12.91	4.11	3.13	20.67	5.52
爱尔兰	Ireland	2017	9.22	5.84	3.91	23.92	4.25
意大利	Italy	2016	14.24	4.12	6.24	23.59	6.21
日本	Japan	2016	15.69	2.33	3.50	25.19	4.30
韩国	Korea, Rep.	2017	13.80	2.73	5.90	18.41	3.27
卢森堡	Luxemburg	2016	9.41	8.48	5.57	24.32	5.72
墨西哥	Mexico	2016	23.57	2.81	3.02	17.83	5.88
荷兰	Netherlands	2016	11.71	3.16	5.09	23.48	5.36
挪威	Norway	2016	12.16	4.03	4.97	22.57	6.28
波兰	Poland	2016	17.07	6.07	5.18	21.22	5.33
葡萄牙	Portugal	2016	16.89	3.11	6.31	18.82	5.10
斯洛伐克	Slovakia	2016	17.76	5.10	3.98	24.44	5.99
西班牙	Spain	2016	12.77	3.80	4.39	22.34	4.24
瑞典	Sweden	2017	12.39	3.47	4.78	26.06	5.36
瑞士	Switzerland	2013	8.93	3.59	3.29	24.90	3.99
英国	United Kingdom	2017	8.15	3.34	5.53	26.78	5.22
美国	United States	2016	6.21	1.96	3.28	18.78	4.27
智利	Chile	2016	17.52	3.39	5.85	14.34	6.74
爱沙尼亚	Estonia	2017	20.31	8.08	7.02	17.63	4.31
以色列	Israel	2016	16.11	2.86	2.80	25.29	5.75
斯洛文尼亚	Slovenia	2015	15.38	5.66	5.04	18.80	4.84

10-6 续表 continued

单位：%　　(%)

国家或地区	Country or Area	年份 Year	医疗保健 Health	交通 Transport	通讯 Communic-ations	休闲与文化 Recreation and Culture	教育 Education	饭店和旅馆 Restaurants and Hotels	其他 Others
澳大利亚	Australia	2016	6.42	10.42	2.09	10.07	4.76	6.75	15.47
奥地利	Austria	2016	3.87	11.87	1.84	10.07	0.85	13.30	10.13
比利时	Belgium	2016	6.27	10.97	2.23	8.38	0.42	6.39	12.57
加拿大	Canada	2017	4.37	15.72	2.62	8.12	1.69	7.19	14.16
捷克	Czech Rep.	2017	2.39	10.06	2.71	8.97	0.48	9.00	7.64
丹麦	Denmark	2017	2.87	12.22	2.07	10.88	0.81	6.41	11.81
芬兰	Finland	2017	4.70	11.94	2.33	10.54	0.40	6.63	9.75
法国	France	2017	4.17	13.58	2.49	7.99	0.46	7.29	12.25
德国	Germany	2016	5.33	14.42	2.88	9.11	0.86	5.36	13.05
希腊	Greece	2016	4.37	13.51	4.37	4.47	2.06	14.35	7.58
匈牙利	Hungary	2016	4.86	12.41	3.79	7.09	1.72	9.30	8.34
冰岛	Iceland	2017	2.61	14.92	2.17	11.25	1.14	14.51	7.06
爱尔兰	Ireland	2017	5.02	13.03	2.50	5.88	2.50	14.81	9.12
意大利	Italy	2016	3.46	12.18	2.27	6.64	1.00	10.18	9.88
日本	Japan	2016	3.76	9.95	3.69	7.83	2.10	8.00	13.67
韩国	Korea, Rep.	2017	5.58	12.00	3.16	8.32	5.30	8.05	13.50
卢森堡	Luxemburg	2016	2.09	15.37	1.55	6.29	0.93	7.50	12.75
墨西哥	Mexico	2016	3.50	18.47	2.27	5.71	1.45	4.86	10.62
荷兰	Netherlands	2016	3.63	12.50	3.15	10.80	0.78	8.19	12.14
挪威	Norway	2016	3.07	15.34	2.16	11.41	0.43	6.79	10.80
波兰	Poland	2016	5.58	12.14	2.36	7.92	0.98	3.20	12.95
葡萄牙	Portugal	2016	5.05	12.65	2.43	6.10	1.19	11.79	10.55
斯洛伐克	Slovakia	2016	2.58	7.52	3.40	10.20	1.63	6.05	11.35
西班牙	Spain	2016	4.05	10.98	2.59	7.29	1.85	16.27	9.44
瑞典	Sweden	2017	3.48	12.80	3.05	11.02	0.28	6.53	10.77
瑞士	Switzerland	2013	14.71	9.45	2.56	8.62	0.62	7.05	11.83
英国	United Kingdom	2017	1.85	13.19	1.95	9.83	1.79	9.64	12.73
美国	United States	2016	21.78	9.02	2.47	9.18	2.27	6.79	13.98
智利	Chile	2016	7.48	12.43	3.74	6.89	4.14	5.76	11.72
爱沙尼亚	Estonia	2017	3.18	11.56	2.57	8.16	0.44	8.57	8.18
以色列	Israel	2016	2.97	15.33	2.65	5.56	2.49	6.77	11.42
斯洛文尼亚	Slovenia	2015	3.95	16.00	3.12	8.59	1.36	6.97	10.28

主要统计指标解释

居民最终消费支出（私人消费） 是指由家庭购买的包括耐用消费品(比如小汽车、洗衣机和家用电脑)在内的各种产品和服务的市场价值。

基尼系数 反映个人或家庭收入分配（或消费）与完全平均收入分配之间差异程度的指标，介于“0”和“1”之间。“0”表示收入分配绝对平均，即每个家庭或每个人都得到同样份额的收入；“1”表示收入分配极端不平等，一个家庭或个人拥有全社会的收入。

国家贫困线 国家贫困线反映了当地消费或收入水平，它是衡量国民是否处于贫困的数量界限。贫困和非贫困线的界定是随着一个国家平均收入水平而变化的，到目前为止国家间贫困率的比较还没有一个统一的标准来衡量。然而国家贫困线的变化可以在一定程度上反映国家减贫政策及成效。几乎所有国家的贫困线的界定是基于大众化食品消费和非食品支出补助。但平均收入贫困线的提高主要取决于非食品构成，而不是来自于食品构成。

国家贫困率 是指生活在国家贫困线以下的人口的百分比。

城市贫困率 是指生活在国家城市贫困线以下的城市人口的百分比。

农村贫困率 是指生活在农村贫困线以下的农村人口的百分比。

Explanatory Notes on Main Statistical Indicators

Household Final Consumption Expenditure (Private Consumption) is the market value of all goods and services, including durable products (such as cars, washing machines, and home computers), purchased by households.

GINI Index measures the extent to which the distribution of income (or, in some cases, consumption expenditure) among individuals or households within an economy deviates from a perfectly equal distribution. Thus a GINI index of zero represents perfect equality, while an index of 1 implies perfect inequality.

National Poverty Lines The setting of national poverty lines reflects local perceptions of the level of consumption or income needed not to be poor. The perceived boundary between poor and not poor rises with the average income of a country and so does not provide a uniform measure for comparing poverty rates across countries. Nevertheless, national poverty estimates are clearly the appropriate measure for setting national policies for poverty reduction and for monitoring their results. Almost all the national poverty lines use a food bundle based on prevailing diets that attains predetermined nutritional requirements for good health and normal activity levels, plus an allowance for nonfood spending. The rise in poverty lines with average income is driven more by the gradient in the nonfood component of the poverty lines than in the food component, although there is still an appreciable share attributable to the gradient in food poverty lines.

National Poverty Rate is the percentage of the country's population living below the national poverty line.

Urban Poverty Rate is the percentage of the urban population living below the national urban poverty line.

Rural Poverty Rate is the percentage of the rural population living below the national rural poverty line.

农　业

Agriculture

11-1 农业生产指数
Agriculture Production Indices

资料来源：联合国FAO数据库。
Source: FAO Database.

2004-2006年=100 (2004-2006=100)

国家或地区	Country or Area	农业 Agriculture			食品 Food		
		2010	2015	2016	2010	2015	2016
世 界	**World**	**112.9**	**125.9**	**127.3**	**113.4**	**126.4**	**127.8**
中 国	China	119.9	136.5	139.2	120.5	137.5	140.3
中国香港	Hong Kong, China	54.8	59.0	59.2	54.8	59.0	59.2
中国澳门	Macao, China	95.3	89.4	90.0	95.3	89.4	90.0
孟加拉国	Bangladesh	128.1	141.2	144.4	128.5	140.6	144.0
文 莱	Brunei Darussalam	139.1	169.6	169.1	139.5	170.2	169.6
柬埔寨	Cambodia	147.9	177.1	185.5	147.6	178.5	187.2
印 度	India	124.3	141.8	144.9	123.2	140.9	144.2
印度尼西亚	Indonesia	123.0	142.4	143.1	123.9	143.8	144.5
伊 朗	Iran	101.7	109.6	110.1	102.2	110.4	111.0
以色列	Israel	104.1	106.0	108.8	105.0	106.5	109.4
日 本	Japan	97.1	95.6	92.1	97.3	95.9	92.4
哈萨克斯坦	Kazakhstan	106.5	130.9	139.2	107.5	131.3	139.7
韩 国	Korea, Rep.	101.3	104.3	102.8	101.3	104.4	103.0
老 挝	Laos	131.9	211.5	219.3	130.0	204.4	211.9
马来西亚	Malaysia	110.6	121.9	122.7	114.6	129.9	131.2
蒙 古	Mongolia	114.3	153.3	161.4	115.1	155.5	163.9
缅 甸	Myanmar	135.5	136.5	137.0	134.7	135.1	135.5
巴基斯坦	Pakistan	110.6	128.2	127.6	113.4	130.7	130.0
菲律宾	Philippines	111.9	115.8	113.4	112.0	116.0	113.8
新加坡	Singapore	92.3	109.4	114.8	92.3	109.4	114.8
斯里兰卡	Sri Lanka	123.2	127.4	128.1	124.8	130.5	131.2
泰 国	Thailand	113.6	121.6	118.3	115.6	118.2	114.4
越 南	Viet Nam	119.6	140.4	138.4	118.5	137.9	135.5
埃 及	Egypt	108.9	120.9	124.4	109.7	122.1	125.7
尼日利亚	Nigeria	105.3	119.9	118.9	105.3	120.6	119.5
南 非	South Africa	116.7	121.6	116.6	117.3	122.3	117.2
加拿大	Canada	102.7	110.4	113.1	103.3	110.6	113.8
墨西哥	Mexico	108.0	119.6	125.7	108.3	119.5	125.9
美 国	United States	105.9	111.7	116.5	106.8	113.0	118.0
阿根廷	Argentina	112.3	130.8	130.9	112.2	130.9	131.0
巴 西	Brazil	122.2	139.4	135.8	123.3	141.1	137.1
委内瑞拉	Venezuela	111.4	119.7	108.5	111.6	120.6	109.5
捷 克	Czech Rep.	91.4	96.1	100.1	91.5	96.3	100.3
法 国	France	98.8	103.5	95.8	99.0	103.6	95.8
德 国	Germany	102.7	107.8	106.8	102.8	107.8	106.8
意大利	Italy	97.0	92.4	91.6	97.1	92.6	91.8
荷 兰	Netherlands	111.6	116.1	117.8	111.6	116.1	117.9
波 兰	Poland	101.1	106.7	113.1	101.1	106.8	113.1
俄罗斯	Russia	98.6	131.0	138.8	98.5	130.7	138.5
西班牙	Spain	103.3	105.0	103.6	103.6	105.2	103.9
土耳其	Turkey	109.8	128.4	129.0	111.3	130.5	131.2
乌克兰	Ukraine	106.8	134.7	153.0	106.8	134.7	153.0
英 国	United Kingdom	102.1	108.2	103.1	102.0	108.2	103.1
澳大利亚	Australia	94.9	107.9	104.4	96.3	107.2	103.4
新西兰	New Zealand	103.9	118.2	117.3	105.0	120.1	119.2

11-2 主要农作物收获面积(2017年)
Harvest Areas of Major Farm Crops(2017)

资料来源：联合国FAO数据库。
Source: FAO Database.

单位：千公顷 (1 000 hectares)

国家或地区	Country or Area	谷物 Cereals,Total	稻谷 Rice,paddy	小麦 Wheat	玉米 Maize
世　界	**World**	**731541.3**	**167249.1**	**218543.1**	**197185.9**
中　国	China	102493.1	30747.0	24508.0	42399.0
孟加拉国	Bangladesh	12090.1	11272.0	415.3	389.9
文　莱	Brunei Darussalam	0.9	0.9		
柬埔寨	Cambodia	3110.3	2950.9		159.4
印　度	India	99220.0	43789.0	30600.0	9219.0
印度尼西亚	Indonesia	21163.0	15788.0		5375.0
伊　朗	Iran	9055.0	571.6	6700.0	174.0
以色列	Israel	61.8		44.8	3.4
日　本	Japan	1803.0	1466.0	212.3	0.1
哈萨克斯坦	Kazakhstan	14855.0	104.5	11912.0	136.7
朝　鲜	Korea, Dem.	1196.0	475.2	35.0	510.2
韩　国	Korea, Rep.	819.6	754.7	9.3	15.1
老　挝	Laos	1163.3	956.1		207.2
马来西亚	Malaysia	699.7	689.3		10.5
蒙　古	Mongolia	390.9		365.7	
缅　甸	Myanmar	7781.4	6745.4	65.4	500.6
巴基斯坦	Pakistan	13907.3	2900.6	8972.0	1229.7
菲律宾	Philippines	7364.5	4811.8		2552.6
斯里兰卡	Sri Lanka	849.3	791.7		52.5
泰　国	Thailand	11950.8	10614.8	1.2	1106.3
越　南	Viet Nam	8810.0	7708.5		1099.3
埃　及	Egypt	3175.7	685.9	1342.8	920.6
尼日利亚	Nigeria	19747.8	4912.7	70.9	6540.0
南　非	South Africa	3347.2	1.1	491.6	2628.6
加拿大	Canada	13929.5		9036.0	1339.3
墨西哥	Mexico	9865.8	41.6	661.5	7327.5
美　国	United States	53149.2	960.7	15210.7	33469.1
阿根廷	Argentina	14135.5	204.1	5566.4	6530.7
巴　西	Brazil	22613.7	2008.1	1895.9	17393.6
委内瑞拉	Venezuela	470.0	110.0		350.0
白俄罗斯	Belarus	2241.8		717.1	130.4
捷　克	Czech Rep.	1357.0		832.1	86.0
法　国	France	9380.9	17.5	5464.7	1614.1
德　国	Germany	6266.5		3202.6	432.0
意大利	Italy	3140.6	234.1	1806.6	645.7
荷　兰	Netherlands	158.5		116.0	8.7
波　兰	Poland	7602.0		2391.9	562.1
俄罗斯	Russia	44241.0	185.6	27517.4	2702.4
西班牙	Spain	6015.9	107.6	2062.7	333.6
土耳其	Turkey	11090.4	109.5	7662.3	637.7
乌克兰	Ukraine	14061.3	12.7	6377.4	4480.7
英　国	United Kingdom	3181.6		1792.0	
澳大利亚	Australia	18715.5	82.2	12191.2	67.8
新西兰	New Zealand	110.7		41.1	17.5

11-2 续表 1 continued

单位：千公顷 (1 000 hectares)

国家或地区	Country or Area	大豆 Soybeans	根茎类作物 Roots and Tubers,Total	花生 Groundnuts, with shell	油菜籽 Rapeseed	籽棉 Seed Cotton
世 界	**World**	**123551.1**	**66966.2**	**27940.3**	**34740.4**	**32979.1**
中 国	China	7342.0	9520.4	4608.0	6653.0	3625.4
孟加拉国	Bangladesh	62.9	525.5	36.9	336.4	17.8
文 莱	Brunei Darussalam		0.7			
柬埔寨	Cambodia	104.0	403.1	18.0		0.2
印 度	India	10600.0	2506.0	5300.0	6000.0	12200.0
印度尼西亚	Indonesia	357.0	1036.9	364.0		5.8
伊 朗	Iran	83.0	160.9	3.3	70.4	68.5
以色列	Israel		18.2	3.0		6.9
日 本	Japan	150.2	131.4	6.4	2.0	
哈萨克斯坦	Kazakhstan	125.5	182.9		251.1	135.5
朝 鲜	Korea, Dem.	149.8	192.3			19.7
韩 国	Korea, Rep.	40.8	48.3	5.2	1.0	
老 挝	Laos	4.3	76.9	18.9		1.8
马来西亚	Malaysia		5.2	0.1		
蒙 古	Mongolia		15.1		3.8	
缅 甸	Myanmar	139.7	74.1	1033.9		183.9
巴基斯坦	Pakistan	0.3	218.6	90.4	227.8	2699.0
菲律宾	Philippines	0.5	350.7	23.8		
斯里兰卡	Sri Lanka	8.3	30.3	12.6		
泰 国	Thailand	31.0	1378.9	30.0		14.0
越 南	Viet Nam	68.0	674.6	195.4		0.6
埃 及	Egypt	15.0	180.4	62.0		91.0
尼日利亚	Nigeria	750.0	15513.7	2820.0		321.3
南 非	South Africa	574.0	94.1	56.0	84.0	17.8
加拿大	Canada	2632.8	342.2		8443.1	
墨西哥	Mexico	262.6	72.4	58.6	7.0	211.9
美 国	United States	36228.7	479.6	718.6	814.1	4492.2
阿根廷	Argentina	17335.1	118.8	334.1	24.9	253.3
巴 西	Brazil	33936.2	1512.2	154.3	45.0	928.0
委内瑞拉	Venezuela	8.0	49.8	1.0		2.4
白俄罗斯	Belarus		276.0		332.3	
捷 克	Czech Rep.	15.3	23.4		394.3	
法 国	France	141.0	179.5		1408.0	
德 国	Germany	19.0	250.5		1308.9	
意大利	Italy	322.4	49.0		15.6	
荷 兰	Netherlands		160.8		1.9	
波 兰	Poland	9.3	329.3		914.3	
俄罗斯	Russia	2573.3	1889.2		955.9	
西班牙	Spain	1.7	73.3	0.2	95.9	69.5
土耳其	Turkey	31.7	142.9	42.0	16.5	501.5
乌克兰	Ukraine	1981.9	1323.2		785.7	
英 国	United Kingdom		146.0		562.0	
澳大利亚	Australia	30.0	30.4	5.5	2681.2	518.6
新西兰	New Zealand		10.6		1.2	

11-2 续表 2 continued

单位：千公顷 (1 000 hectares)

国家或地区	Country or Area	甘蔗 Sugar Cane	甜菜 Sugar Beet	茶叶 Tea	水果 Fruit Primary
世　界	**World**	**25976.9**	**4894.0**	**4076.1**	**65220.3**
中　国	China	1371.0	174.0	2212.8	15971.7
孟加拉国	Bangladesh	92.1		53.9	488.8
文　莱	Brunei Darussalam				1.7
柬埔寨	Cambodia	30.6			61.6
印　度	India	4389.0		621.6	7107.8
印度尼西亚	Indonesia	430.1		113.7	780.4
伊　朗	Iran	93.7	106.4	15.8	1239.8
以色列	Israel				81.3
日　本	Japan	22.4	58.2	43.2	189.1
哈萨克斯坦	Kazakhstan		16.9		153.5
朝　鲜	Korea, Dem.				259.6
韩　国	Korea, Rep.			2.3	195.3
老　挝	Laos	29.1		4.0	55.9
马来西亚	Malaysia	1.7		1.8	90.5
蒙　古	Mongolia				2.7
缅　甸	Myanmar	163.2		88.8	470.4
巴基斯坦	Pakistan	1216.9	2.1		797.0
菲律宾	Philippines	437.5			1582.8
斯里兰卡	Sri Lanka	17.9		233.9	171.4
泰　国	Thailand	1368.3		8.8	1264.5
越　南	Viet Nam	281.1		123.2	660.2
埃　及	Egypt	135.4	236.7		684.8
尼日利亚	Nigeria	89.0			1944.0
南　非	South Africa	264.5		0.8	297.6
加拿大	Canada		7.6		94.7
墨西哥	Mexico	772.0			1428.5
美　国	United States	365.9	450.9		1162.4
阿根廷	Argentina	378.8		39.6	475.2
巴　西	Brazil	10184.3		0.2	2181.7
委内瑞拉	Venezuela	58.0	1.1		207.5
白俄罗斯	Belarus		99.9		85.1
捷　克	Czech Rep.		66.1		35.4
法　国	France		387.9		875.6
德　国	Germany		406.7		184.0
意大利	Italy		38.0		1133.8
荷　兰	Netherlands		85.3		21.4
波　兰	Poland		231.7		404.7
俄罗斯	Russia		1174.7	0.5	600.3
西班牙	Spain		36.7		1573.9
土耳其	Turkey		338.8	82.1	1384.3
乌克兰	Ukraine		313.6		296.5
英　国	United Kingdom		111.0		30.5
澳大利亚	Australia	453.5			266.0
新西兰	New Zealand				68.1

11-3 主要农产品产量
Production of Major Farm Crops

资料来源：联合国FAO数据库。
Source:FAO Database.

单位：万吨 (10 000 tons)

国家或地区	Country or Area	谷物 Cereals,Total 2010	2017	国家或地区	Country or Area	稻谷 Rice,Paddy 2010	2017
世　界	**World**	**246684.5**	**298017.5**	**世　界**	**World**	**70113.9**	**76965.8**
中　国	China	49634.3	61793.0	中　国	China	19576.1	21267.6
美　国	United States	40112.6	44011.7	印　度	India	14396.3	16850.0
印　度	India	26783.8	31361.0	印度尼西亚	Indonesia	6646.9	8138.2
俄罗斯	Russia	5961.9	13114.4	孟加拉国	Bangladesh	5006.1	4898.0
巴　西	Brazil	7516.0	11778.4	越　南	Viet Nam	4000.6	4276.4
印度尼西亚	Indonesia	8479.7	10933.4	泰　国	Thailand	3570.3	3338.3
阿根廷	Argentina	4026.7	7639.7	缅　甸	Myanmar	3206.5	2562.5
法　国	France	6583.9	6449.6	菲律宾	Philippines	1577.2	1927.6
乌克兰	Ukraine	3868.6	6068.6	巴　西	Brazil	1123.6	1247.0
加拿大	Canada	4612.2	5631.1	巴基斯坦	Pakistan	723.5	1117.5
孟加拉国	Bangladesh	5186.3	5333.2	柬埔寨	Cambodia	824.5	1035.0
澳大利亚	Australia	3346.5	5004.9	尼日利亚	Nigeria	447.3	986.4
越　南	Viet Nam	4461.4	4787.7	日　本	Japan	1060.4	978.0
德　国	Germany	4403.9	4555.7	美　国	United States	1102.7	808.4
巴基斯坦	Pakistan	3481.1	4409.7	埃　及	Egypt	433.0	638.0
泰　国	Thailand	4088.9	3871.7	韩　国	Korea, Rep.	581.1	528.4
墨西哥	Mexico	3492.5	3748.7	尼泊尔	Nepal	402.4	523.0
土耳其	Turkey	3276.5	3612.6	老　挝	Laos	307.1	404.0
波　兰	Poland	2722.8	3192.5	马达加斯加	Madagascar	473.8	310.0
尼日利亚	Nigeria	2465.0	2887.3	秘　鲁	Peru	283.1	303.9
缅　甸	Myanmar	3404.3	2811.9	哥伦比亚	Colombia	198.8	298.9
菲律宾	Philippines	2214.9	2719.2	马来西亚	Malaysia	246.5	290.2
罗马尼亚	Romania	1671.3	2713.9	坦桑尼亚	Tanzania	265.0	287.2
埃塞俄比亚	Ethiopia	1776.1	2627.7	马　里	Mali	129.6	278.1
埃　及	Egypt	1946.5	2321.7	伊　朗	Iran	249.0	263.9
英　国	United Kingdom	2094.6	2300.0	朝　鲜	Korea, Dem.	242.6	238.3
伊　朗	Iran	1959.7	2098.1	几内亚	Guinea	161.4	223.0
哈萨克斯坦	Kazakhstan	1211.6	2012.9	科特迪瓦	Cote D'Ivoire	120.6	212.0
南　非	South Africa	1470.1	1890.6	中国台湾	Taiwan, China	145.1	175.4
西班牙	Spain	1988.0	1666.0	斯里兰卡	Sri Lanka	430.1	162.1
意大利	Italy	1850.3	1624.1	意大利	Italy	151.6	158.7
匈牙利	Hungary	1226.9	1402.9	塞拉利昂	Sierra Leone	102.7	140.0
柬埔寨	Cambodia	901.9	1110.0	乌拉圭	Uruguay	114.9	136.0
日　本	Japan	1136.7	1090.6	阿根廷	Argentina	124.3	132.8
坦桑尼亚	Tanzania	864.3	1009.3	厄瓜多尔	Ecuador	170.6	106.7
丹　麦	Denmark	886.3	1002.7	俄罗斯	Russia	106.1	98.7
摩洛哥	Morocco	783.5	978.7	巴拉圭	Paraguay	31.5	92.4
尼泊尔	Nepal	777.1	975.9	刚果(金)	Congo, Dem. Rep.	31.8	91.8
保加利亚	Bulgaria	713.6	947.6	土耳其	Turkey	86.0	90.0
马　里	Mali	533.9	886.7	西班牙	Spain	92.8	83.5
白俄罗斯	Belarus	674.2	752.9	澳大利亚	Australia	19.7	80.7
捷　克	Czech Rep.	688.2	746.1	加　纳	Ghana	49.2	72.2
巴拉圭	Paraguay	497.6	720.8	塞内加尔	Senegal	60.4	71.4
乌兹别克斯坦	Uzbekistan	747.4	704.3	圭亚那	Guyana	55.6	63.0
塞尔维亚	Serbia	929.5	681.5	多米尼加	Dominican Rep.	85.0	58.8

11-3 续表 1 continued

单位：万吨 (10 000 tons)

国家或地区	Country or Area	小麦 Wheat 2010	小麦 Wheat 2017	国家或地区	Country or Area	玉米 Maize 2010	玉米 Maize 2017
世　界	**World**	**64025.9**	**77171.9**	**世　界**	**World**	**85168.0**	**113474.7**
中　国	China	11518.1	13433.4	美　国	United States	31561.8	37096.0
印　度	India	8080.4	9851.0	中　国	China	17742.5	25907.1
俄罗斯	Russia	4150.8	8586.3	巴　西	Brazil	5536.4	9772.2
美　国	United States	6006.2	4737.1	阿根廷	Argentina	2266.3	4947.6
法　国	France	3820.7	3692.5	印　度	India	2172.6	2872.0
澳大利亚	Australia	2183.4	3181.9	印度尼西亚	Indonesia	1832.8	2795.2
加拿大	Canada	2330.0	2998.4	墨西哥	Mexico	2330.2	2776.3
巴基斯坦	Pakistan	2331.1	2667.4	乌克兰	Ukraine	1195.3	2466.9
乌克兰	Ukraine	1685.1	2620.9	南　非	South Africa	1281.5	1682.0
德　国	Germany	2378.3	2448.2	罗马尼亚	Romania	904.2	1432.6
土耳其	Turkey	1967.4	2150.0	法　国	France	1397.5	1412.2
阿根廷	Argentina	901.6	1839.5	加拿大	Canada	1204.3	1409.5
英　国	United Kingdom	1487.8	1483.7	俄罗斯	Russia	308.4	1323.6
哈萨克斯坦	Kazakhstan	963.8	1480.3	尼日利亚	Nigeria	767.7	1042.0
伊　朗	Iran	1214.3	1400.0	埃塞俄比亚	Ethiopia	498.6	811.7
波　兰	Poland	940.8	1166.6	菲律宾	Philippines	637.7	791.5
罗马尼亚	Romania	581.2	1003.5	埃　及	Egypt	704.1	710.0
埃　及	Egypt	717.7	880.0	匈牙利	Hungary	698.5	681.1
摩洛哥	Morocco	487.6	709.1	意大利	Italy	849.6	604.9
意大利	Italy	685.0	696.7	坦桑尼亚	Tanzania	473.3	594.0
保加利亚	Bulgaria	409.5	613.3	土耳其	Turkey	431.0	590.0
乌兹别克斯坦	Uzbekistan	674.5	607.9	巴基斯坦	Pakistan	370.7	570.1
匈牙利	Hungary	374.5	523.7	巴拉圭	Paraguay	310.9	515.6
丹　麦	Denmark	506.0	483.4	越　南	Viet Nam	460.7	511.0
埃塞俄比亚	Ethiopia	285.6	483.1	泰　国	Thailand	486.1	496.2
西班牙	Spain	594.1	483.0	德　国	Germany	421.2	454.8
捷　克	Czech Rep.	416.2	471.8	波　兰	Poland	199.4	402.2
巴　西	Brazil	617.1	432.4	塞尔维亚	Serbia	720.7	401.8
阿富汗	Afghanistan	453.2	428.1	西班牙	Spain	332.5	377.6
立陶宛	Lithuania	171.0	391.7	赞比亚	Zambia	279.6	360.7
墨西哥	Mexico	367.7	350.4	马拉维	Malawi	341.9	346.4
瑞　典	Sweden	214.3	329.9	肯尼亚	Kenya	346.5	318.6
伊拉克	Iraq	274.9	297.4	孟加拉国	Bangladesh	88.7	302.5
白俄罗斯	Belarus	173.9	262.0	乌干达	Uganda	237.4	301.5
阿尔及利亚	Algeria	260.5	243.7	马　里	Mali	135.6	281.1
塞尔维亚	Serbia	163.0	227.6	安哥拉	Angola	107.3	268.0
叙利亚	Syrian Arab Republic	308.3	220.0	保加利亚	Bulgaria	204.7	256.3
拉脱维亚	Latvia	98.9	213.9	尼泊尔	Nepal	185.5	230.0
尼泊尔	Nepal	155.7	187.9	喀麦隆	Cameroon	167.0	224.6
斯洛伐克	Slovakia	118.5	177.1	朝　鲜	Korea, Dem.	168.3	220.0
阿塞拜疆	Azerbaijan	127.2	177.0	奥地利	Austria	195.6	207.6
比利时	Belgium	185.0	170.3	刚果(金)	Congo, Dem. Rep.	115.6	201.8
南　非	South Africa	143.0	153.5	加　纳	Ghana	187.2	196.5
奥地利	Austria	151.8	143.7	危地马拉	Guatemala	163.8	191.7
智　利	Chile	152.4	135.0	缅　甸	Myanmar	135.4	190.9
孟加拉国	Bangladesh	90.2	131.2	摩尔多瓦	Moldova	142.0	177.3
摩尔多瓦	Moldova	74.4	125.1	莫桑比克	Mozambique	209.0	170.4
突尼斯	Tunisia	82.2	110.0	克罗地亚	Croatia	206.8	156.0

11-3 续表 2 continued

单位：万吨 (10 000 tons)

国家或地区	Country or Area	大豆 Soybeans 2010	大豆 Soybeans 2017	国家或地区	Country or Area	根茎类作物 Roots and Tubers 2010	根茎类作物 Roots and Tubers 2017
世　界	**World**	**26494.2**	**35264.4**	**世　界**	**World**	**75369.1**	**88734.9**
美　国	United States	9066.3	11951.9	中　国	China	16193.0	17770.6
巴　西	Brazil	6875.6	11459.9	尼日利亚	Nigeria	8731.2	11597.8
阿根廷	Argentina	5267.6	5497.2	印　度	India	4573.2	5423.6
中　国	China	1508.3	1315.0	刚果(金)	Congo, Dem. Rep.	1631.2	3329.7
印　度	India	1273.6	1098.1	泰　国	Thailand	2245.7	3149.7
巴拉圭	Paraguay	746.0	1047.8	俄罗斯	Russia	2114.1	2959.0
加拿大	Canada	444.5	771.7	加　纳	Ghana	2094.0	2777.0
乌克兰	Ukraine	168.0	389.9	巴　西	Brazil	2925.7	2356.0
俄罗斯	Russia	122.2	362.1	印度尼西亚	Indonesia	2739.5	2264.9
玻利维亚	Bolivia	169.3	301.9	乌克兰	Ukraine	1870.5	2220.8
南　非	South Africa	56.6	131.6	美　国	United States	1943.3	2163.6
乌拉圭	Uruguay	179.3	131.6	安哥拉	Angola	1568.7	1441.3
意大利	Italy	55.3	102.0	科特迪瓦	Cote D'Ivoire	784.1	1268.9
尼日利亚	Nigeria	36.5	73.0	越　南	Viet Nam	1026.7	1192.4
印度尼西亚	Indonesia	90.7	54.2	德　国	Germany	1014.3	1172.0
塞尔维亚	Serbia	54.1	46.1	马拉维	Malawi	1149.5	1166.0
墨西哥	Mexico	16.8	43.3	坦桑尼亚	Tanzania	845.6	1102.2
罗马尼亚	Romania	15.0	41.6	柬埔寨	Cambodia	436.1	1065.9
法　国	France	14.0	41.2	孟加拉国	Bangladesh	823.7	1047.9
赞比亚	Zambia	11.2	35.1	埃塞俄比亚	Ethiopia	622.3	998.9
日　本	Japan	22.3	25.3	莫桑比克	Mozambique	1079.9	973.9
哈萨克斯坦	Kazakhstan	11.4	25.2	波　兰	Poland	844.8	917.2
朝　鲜	Korea, Dem.	35.0	22.3	喀麦隆	Cameroon	629.5	912.0
缅　甸	Myanmar	25.5	21.0	贝　宁	Benin	614.8	754.0
马拉维	Malawi	7.3	20.9	荷　兰	Netherlands	684.4	739.2
克罗地亚	Croatia	15.4	20.8	法　国	France	665.8	737.8
伊　朗	Iran	15.7	20.0	秘　鲁	Peru	560.2	650.5
奥地利	Austria	9.5	19.3	白俄罗斯	Belarus	783.1	641.5
柬埔寨	Cambodia	15.7	16.8	英　国	United Kingdom	605.6	621.8
匈牙利	Hungary	8.5	16.2	哥伦比亚	Colombia	439.8	556.3
贝　宁	Benin	6.3	16.0	伊　朗	Iran	427.5	510.2
土耳其	Turkey	8.7	14.0	塞拉利昂	Sierra Leone	345.9	501.2
斯洛伐克	Slovakia	2.4	10.2	埃　及	Egypt	413.8	484.0
越　南	Viet Nam	29.9	10.2	土耳其	Turkey	454.9	480.1
孟加拉国	Bangladesh	7.0	9.7	巴基斯坦	Pakistan	361.3	467.9
埃塞俄比亚	Ethiopia	1.6	8.4	阿尔及利亚	Algeria	330.0	460.6
哥伦比亚	Colombia	5.4	7.6	比利时	Belgium	345.6	441.7
韩　国	Korea, Rep.	10.5	6.9	加拿大	Canada	441.6	441.1
澳大利亚	Australia	6.0	6.5	乌干达	Uganda	517.1	425.9
德　国	Germany	0.2	6.1	马达加斯加	Madagascar	438.8	412.0
津巴布韦	Zimbabwe	5.7	6.0	菲律宾	Philippines	291.6	360.1
泰　国	Thailand	15.9	5.4	哈萨克斯坦	Kazakhstan	255.5	355.1
摩尔多瓦	Moldova	11.1	4.7	肯尼亚	Kenya	389.7	332.8
埃　及	Egypt	4.3	4.5	日　本	Japan	355.5	331.0
危地马拉	Guatemala	4.4	3.8	卢旺达	Rwanda	381.3	323.2
捷　克	Czech Rep.	1.6	3.7	巴拉圭	Paraguay	266.8	322.0
厄瓜多尔	Ecuador	7.0	3.5	布隆迪	Burundi	166.3	320.6
乌干达	Uganda	2.7	3.1	罗马尼亚	Romania	328.4	311.7

11-3 续表 3 continued

单位：万吨 (10 000 tons)

国家或地区	Country or Area	花生 Groundnuts,with Shell 2010	2017	国家或地区	Country or Area	油菜籽 Rapeseed 2010	2017
世　界	**World**	**4348.2**	**4709.8**	**世　界**	**World**	**5985.0**	**7623.8**
中　国	China	1564.4	1709.2	加拿大	Canada	1278.9	2132.8
印　度	India	826.5	917.9	中　国	China	1308.2	1327.4
美　国	United States	188.6	328.1	印　度	India	660.8	791.7
尼日利亚	Nigeria	379.9	242.0	法　国	France	481.5	520.0
苏　丹	Sudan	76.3	164.1	澳大利亚	Australia	190.7	431.3
缅　甸	Myanmar	137.0	158.3	德　国	Germany	569.8	427.6
阿根廷	Argentina	61.1	103.1	波　兰	Poland	222.9	269.7
坦桑尼亚	Tanzania	46.5	97.9	乌克兰	Ukraine	147.0	219.5
塞内加尔	Senegal	128.7	91.5	英　国	United Kingdom	223.0	216.7
乍　得	Chad	110.3	87.0	罗马尼亚	Romania	94.3	167.3
巴　西	Brazil	26.2	54.7	俄罗斯	Russia	67.0	150.9
几内亚	Guinea	33.2	54.0	美　国	United States	111.2	142.4
喀麦隆	Cameroon	53.6	48.0	捷　克	Czech Rep.	104.2	114.6
印度尼西亚	Indonesia	130.2	48.0	匈牙利	Hungary	53.1	88.2
尼日尔	Niger	40.6	46.2	丹　麦	Denmark	58.0	74.2
越　南	Viet Nam	48.7	46.0	白俄罗斯	Belarus	37.5	60.3
加　纳	Ghana	53.1	42.0	立陶宛	Lithuania	41.7	54.4
马拉维	Malawi	29.8	38.6	保加利亚	Bulgaria	54.5	47.9
布基纳法索	Burkina Faso	34.0	33.4	斯洛伐克	Slovakia	32.3	44.9
马　里	Mali	31.5	30.1	孟加拉国	Bangladesh	22.2	36.3
刚果(金)	Congo, Dem. Rep.	38.8	30.0	瑞　典	Sweden	27.6	36.3
安哥拉	Angola	11.5	24.5	拉脱维亚	Latvia	22.6	32.6
乌干达	Uganda	27.6	21.5	哈萨克斯坦	Kazakhstan	10.9	27.9
尼加拉瓜	Nicaragua	18.0	20.3	巴基斯坦	Pakistan	16.2	20.9
科特迪瓦	Cote D'Ivoire	9.0	20.2	智　利	Chile	4.4	18.3
埃　及	Egypt	20.3	19.9	爱沙尼亚	Estonia	13.1	16.5
赞比亚	Zambia	16.4	16.9	西班牙	Spain	3.6	15.4
土耳其	Turkey	9.7	16.5	克罗地亚	Croatia	3.3	13.6
中　非	Central African Rep.	14.0	15.0	伊　朗	Iran	14.6	12.9
埃塞俄比亚	Ethiopia	7.2	14.1	奥地利	Austria	17.1	11.7
贝　宁	Benin	15.4	14.0	巴拉圭	Paraguay	10.2	10.0
冈比亚	Gambia	13.8	11.0	南　非	South Africa	3.7	9.4
墨西哥	Mexico	8.2	10.0	芬　兰	Finland	17.9	9.1
南　非	South Africa	8.8	9.2	瑞　士	Switzerland	6.8	7.8
莫桑比克	Mozambique	15.8	9.0	摩尔多瓦	Moldova	3.7	7.1
巴基斯坦	Pakistan	6.8	8.7	土耳其	Turkey	10.7	6.0
孟加拉国	Bangladesh	5.4	6.6	巴　西	Brazil	7.0	5.7
塞拉利昂	Sierra Leone	8.2	6.6	乌拉圭	Uruguay	0.9	5.2
中国台湾	Taiwan, China	6.5	5.8	埃塞俄比亚	Ethiopia	1.8	5.1
马达加斯加	Madagascar	3.0	5.6	阿根廷	Argentina	2.3	5.0
老　挝	Laos	5.1	4.9	塞尔维亚	Serbia	2.4	4.9
几内亚比绍	Guinea-Bissau	3.6	4.7	比利时	Belgium	4.6	4.6
多　哥	Togo	4.7	4.4	爱尔兰	Ireland	2.8	4.2
津巴布韦	Zimbabwe	13.7	4.0	意大利	Italy	5.0	4.1
海　地	Haiti	2.7	3.9	阿尔及利亚	Algeria	2.5	2.2
摩洛哥	Morocco	5.0	3.6	卢森堡	Luxemburg	1.6	1.1
泰　国	Thailand	4.9	3.2	希　腊	Greece	2.5	1.1
菲律宾	Philippines	3.0	2.9	蒙　古	Mongolia	0.3	1.1

11-3 续表 4 continued

单位：万吨 (10 000 tons)

国家或地区	Country or Area	芝麻 Sesame Seed 2010	芝麻 Sesame Seed 2017	国家或地区	Country or Area	籽棉 Seed Cotton 2010	籽棉 Seed Cotton 2017
世　界	**World**	**432.2**	**553.2**	**世　界**	**World**	**6922.0**	**7435.3**
坦桑尼亚	Tanzania	14.4	80.6	印　度	India	1776.0	1853.0
缅　甸	Myanmar	78.7	76.4	中　国	China	1791.0	1714.9
印　度	India	89.3	75.1	美　国	United States	947.4	1200.0
苏　丹	Sudan	24.8	55.0	巴基斯坦	Pakistan	561.4	570.0
尼日利亚	Nigeria	14.9	55.0	巴　西	Brazil	295.0	384.3
中　国	China	58.7	36.6	乌兹别克斯坦	Uzbekistan	344.3	290.0
埃塞俄比亚	Ethiopia	32.8	23.1	土耳其	Turkey	215.0	245.0
布基纳法索	Burkina Faso	9.1	16.4	澳大利亚	Australia	93.9	215.1
乍　得	Chad	12.6	15.9	墨西哥	Mexico	44.1	100.9
乌干达	Uganda	11.9	13.5	布基纳法索	Burkina Faso	53.0	84.4
喀麦隆	Cameroon	1.3	6.5	希　腊	Greece	71.1	79.2
莫桑比克	Mozambique	6.3	6.0	阿根廷	Argentina	75.4	61.6
危地马拉	Guatemala	5.0	5.5	马　里	Mali	24.4	59.2
墨西哥	Mexico	3.7	5.5	土库曼斯坦	Turkmenistan	128.6	48.3
尼日尔	Niger	8.6	4.9	叙利亚	Syrian Arab Republic	47.3	44.1
埃　及	Egypt	4.6	4.4	塔吉克斯坦	Tajikistan	31.1	38.7
孟加拉国	Bangladesh	3.2	3.4	缅　甸	Myanmar	50.5	37.0
巴基斯坦	Pakistan	3.1	3.4	贝　宁	Benin	13.7	34.0
阿富汗	Afghanistan	3.2	3.2	哈萨克斯坦	Kazakhstan	24.0	33.1
巴拉圭	Paraguay	4.0	3.0	科特迪瓦	Cote D'Ivoire	17.5	32.8
泰　国	Thailand	4.8	3.0	埃　及	Egypt	37.8	30.0
柬埔寨	Cambodia	3.0	3.0	尼日利亚	Nigeria	60.2	29.1
越　南	Viet Nam	1.7	3.0	喀麦隆	Cameroon	19.0	24.3
伊　朗	Iran	4.6	2.9	坦桑尼亚	Tanzania	26.7	21.7
马　里	Mali	1.3	2.8	阿塞拜疆	Azerbaijan	3.8	20.8
索马里	Somalia	2.6	2.6	伊　朗	Iran	16.7	15.6
也　门	Yemen	2.6	2.3	西班牙	Spain	11.5	15.4
土耳其	Turkey	2.4	1.8	多　哥	Togo	4.3	12.5
老　挝	Laos	1.0	1.6	津巴布韦	Zimbabwe	15.0	12.5
韩　国	Korea, Rep.	1.3	1.4	玻利维亚	Bolivia	10.7	12.5
巴　西	Brazil	0.5	1.3	乍　得	Chad	5.2	12.0
塞内加尔	Senegal	0.5	1.3	苏　丹	Sudan	13.6	11.5
委内瑞拉	Venezuela	1.5	1.2	赞比亚	Zambia	10.7	8.9
玻利维亚	Bolivia	1.0	1.2	乌干达	Uganda	8.4	7.9
中　非	Central African Rep.	2.9	1.2	哥伦比亚	Colombia	9.0	7.2
肯尼亚	Kenya	1.1	1.1	吉尔吉斯斯坦	Kyrgyzstan	7.4	6.5
贝　宁	Benin	1.0	1.0	孟加拉国	Bangladesh	4.3	6.3
斯里兰卡	Sri Lanka	1.7	0.8	阿富汗	Afghanistan	3.3	5.5
乌兹别克斯坦	Uzbekistan	0.4	0.6	莫桑比克	Mozambique	6.2	5.2
厄立特里亚	Eritrea	0.4	0.5	几内亚	Guinea	3.7	4.3
刚果(金)	Congo, Dem. Rep.	0.5	0.5	南　非	South Africa	2.1	4.2
海　地	Haiti	0.4	0.4	朝　鲜	Korea, Dem.	3.5	3.9
尼加拉瓜	Nicaragua	0.4	0.4	埃塞俄比亚	Ethiopia	5.8	3.2
伊拉克	Iraq	1.3	0.3	以色列	Israel	1.8	3.1
安哥拉	Angola	0.3	0.3	马拉维	Malawi	2.9	3.0
沙特阿拉伯	Saudi Arabia	0.5	0.3	刚果(金)	Congo, Dem. Rep.	2.6	2.8
塞拉利昂	Sierra Leone	0.3	0.3	秘　鲁	Peru	6.4	2.3
几内亚	Guinea	0.1	0.3	中　非	Central African Rep.	1.1	2.2

11—3 续表 5 continued

单位：万吨 (10 000 tons)

国家或地区	Country or Area	甘蔗 Sugar Cane 2010	甘蔗 Sugar Cane 2017	国家或地区	Country or Area	甜菜 Sugar Beets 2010	甜菜 Sugar Beets 2017
世　界	**World**	**168281.2**	**184152.8**	**世　界**	**World**	**22840.9**	**30101.6**
巴　西	Brazil	71746.4	75854.8	俄罗斯	Russia	2225.6	5193.4
印　度	India	29230.2	30606.9	法　国	France	3187.5	3438.1
中　国	China	11078.9	10440.4	德　国	Germany	2343.2	3406.0
泰　国	Thailand	6880.8	10294.6	美　国	United States	2906.1	3204.6
巴基斯坦	Pakistan	4937.3	7340.1	土耳其	Turkey	1794.2	2082.8
墨西哥	Mexico	5042.2	5695.5	波　兰	Poland	997.3	1573.3
澳大利亚	Australia	3123.5	3656.2	乌克兰	Ukraine	1374.9	1488.2
哥伦比亚	Colombia	3253.9	3463.8	埃　及	Egypt	784.0	1210.7
危地马拉	Guatemala	2231.4	3375.8	中　国	China	929.6	938.4
美　国	United States	2482.1	3015.3	英　国	United Kingdom	652.8	891.8
菲律宾	Philippines	1792.9	2928.7	荷　兰	Netherlands	528.0	792.4
印度尼西亚	Indonesia	2660.0	2121.3	比利时	Belgium	446.5	594.2
阿根廷	Argentina	1889.0	1916.5	伊　朗	Iran	386.7	584.0
越　南	Viet Nam	1616.2	1835.6	白俄罗斯	Belarus	377.3	498.9
南　非	South Africa	1601.6	1738.8	捷　克	Czech Rep.	306.5	440.0
古　巴	Cuba	1160.0	1607.1	日　本	Japan	309.0	390.1
埃　及	Egypt	1570.9	1526.1	摩洛哥	Morocco	243.6	374.1
缅　甸	Myanmar	925.0	1037.0	西班牙	Spain	353.5	329.3
秘　鲁	Peru	985.5	940.0	奥地利	Austria	313.2	299.4
厄瓜多尔	Ecuador	834.7	903.0	塞尔维亚	Serbia	332.5	251.4
玻利维亚	Bolivia	640.3	804.9	丹　麦	Denmark	240.9	245.5
伊　朗	Iran	564.8	756.2	意大利	Italy	355.0	245.4
萨尔瓦多	El Salvador	512.7	715.6	瑞　典	Sweden	197.4	196.4
尼加拉瓜	Nicaragua	489.4	709.6	智　利	Chile	142.0	177.1
巴拉圭	Paraguay	513.1	660.8	瑞　士	Switzerland	130.2	154.5
苏　丹	Sudan	752.7	582.9	克罗地亚	Croatia	124.9	129.6
多米尼加	Dominican Rep.	457.7	546.1	斯洛伐克	Slovakia	97.8	123.1
洪都拉斯	Honduras	649.1	538.0	罗马尼亚	Romania	83.8	117.5
肯尼亚	Kenya	571.0	475.2	匈牙利	Hungary	81.9	107.6
赞比亚	Zambia	350.0	445.1	立陶宛	Lithuania	70.7	95.7
哥斯达黎加	Costa Rica	373.5	414.2	摩尔多瓦	Moldova	83.8	87.6
孟加拉国	Bangladesh	449.1	386.3	叙利亚	Syrian Arab Republic	142.8	77.6
乌干达	Uganda	355.0	385.9	吉尔吉斯斯坦	Kyrgyzstan	13.9	71.2
毛里求斯	Mauritius	436.6	371.3	加拿大	Canada	50.8	51.0
委内瑞拉	Venezuela	684.2	360.0	哈萨克斯坦	Kazakhstan	15.2	46.3
津巴布韦	Zimbabwe	269.2	358.4	芬　兰	Finland	54.2	43.0
尼泊尔	Nepal	259.3	323.5	阿塞拜疆	Azerbaijan	25.2	41.0
马达加斯加	Madagascar	290.6	304.2	希　腊	Greece	88.9	38.4
坦桑尼亚	Tanzania	280.1	300.1	土库曼斯坦	Turkmenistan	23.4	24.2
马拉维	Malawi	250.0	296.4	巴基斯坦	Pakistan	5.3	10.6
莫桑比克	Mozambique	272.0	290.0	爱尔兰	Ireland	5.0	7.5
巴拿马	Panama	222.9	244.5	突尼斯	Tunisia		7.2
刚果(金)	Congo, Dem. Rep.	207.9	222.5	亚美尼亚	Armenia	2.6	6.2
圭亚那	Guyana	276.2	185.9	伊拉克	Iraq	2.0	4.1
科特迪瓦	Cote D'Ivoire	180.1	179.5	阿尔巴尼亚	Albania	4.0	3.4
老　挝	Laos	81.9	176.4	哥伦比亚	Colombia	1.5	2.6
伯利兹	Belize	112.3	167.0	委内瑞拉	Venezuela	2.0	2.3
海　地	Haiti	122.0	150.2	葡萄牙	Portugal	0.4	1.6

11-3 续表 6 continued

单位：万吨 (10 000 tons)

国家或地区	Country or Area	茶叶 Tea 2010	茶叶 Tea 2017	国家或地区	Country or Area	水果 Fruit Primary 2010	水果 Fruit Primary 2017
世 界	**World**	**462.2**	**610.1**	**世 界**	**World**	**75577.7**	**86559.0**
中 国	China	145.0	246.0	中 国	China	21120.7	26204.1
印 度	India	99.1	132.5	印 度	India	7640.9	9230.3
肯尼亚	Kenya	39.9	44.0	巴 西	Brazil	4142.6	3988.2
斯里兰卡	Sri Lanka	33.1	35.0	美 国	United States	2915.7	2650.6
越 南	Viet Nam	19.9	26.0	土耳其	Turkey	1922.9	2315.4
土耳其	Turkey	23.5	23.4	墨西哥	Mexico	1705.9	2185.7
印度尼西亚	Indonesia	15.0	13.9	印度尼西亚	Indonesia	1563.5	1951.9
缅 甸	Myanmar	9.5	10.5	西班牙	Spain	1791.5	1839.2
伊 朗	Iran	12.1	10.1	伊 朗	Iran	1783.0	1738.6
孟加拉国	Bangladesh	6.0	8.2	菲律宾	Philippines	1937.9	1658.0
日 本	Japan	8.5	8.1	意大利	Italy	1861.3	1633.5
阿根廷	Argentina	9.2	8.1	埃 及	Egypt	1231.3	1548.0
乌干达	Uganda	4.9	6.4	哥伦比亚	Colombia	856.5	1230.9
泰 国	Thailand	6.7	5.8	尼日利亚	Nigeria	1076.3	1190.8
布隆迪	Burundi	3.8	5.4	泰 国	Thailand	1039.5	1145.2
马拉维	Malawi	5.2	4.8	越 南	Viet Nam	732.7	899.7
坦桑尼亚	Tanzania	3.3	3.7	法 国	France	904.4	887.0
莫桑比克	Mozambique	2.9	3.2	厄瓜多尔	Ecuador	936.5	799.1
卢旺达	Rwanda	2.2	2.6	阿根廷	Argentina	748.3	776.3
津巴布韦	Zimbabwe	2.4	2.5	南 非	South Africa	613.0	687.3
尼泊尔	Nepal	1.7	2.5	巴基斯坦	Pakistan	707.9	682.3
中国台湾	Taiwan, China	1.8	1.3	哥斯达黎加	Costa Rica	530.4	666.6
埃塞俄比亚	Ethiopia	0.8	1.1	喀麦隆	Cameroon	495.1	648.2
马来西亚	Malaysia	2.0	1.0	阿尔及利亚	Algeria	575.1	646.8
老 挝	Laos	0.1	0.8	乌兹别克斯坦	Uzbekistan	388.0	632.9
巴布亚新几内亚	Papua New Guinea	0.6	0.6	秘 鲁	Peru	501.9	629.9
喀麦隆	Cameroon	0.6	0.6	危地马拉	Guatemala	432.9	629.6
刚果(金)	Congo, Dem. Rep.	0.3	0.4	摩洛哥	Morocco	429.7	621.8
韩 国	Korea, Rep.	0.2	0.3	刚果(金)	Congo, Dem. Rep.	406.9	606.4
格鲁吉亚	Georgia	0.4	0.2	智 利	Chile	613.9	582.7
秘 鲁	Peru	0.3	0.2	加 纳	Ghana	488.7	575.5
南 非	South Africa	0.2	0.2	坦桑尼亚	Tanzania	497.3	574.1
厄瓜多尔	Ecuador	0.2	0.1	安哥拉	Angola	264.1	535.3
毛里求斯	Mauritius	0.2	0.1	俄罗斯	Russia	361.5	516.2
玻利维亚	Bolivia	0.1	0.1	希 腊	Greece	404.3	493.8
赞比亚	Zambia	0.1	0.1	孟加拉国	Bangladesh	391.8	475.2
阿塞拜疆	Azerbaijan	0.1	0.1	多米尼加	Dominican Rep.	256.5	437.6
萨尔瓦多	El Salvador	0.1	0.1	澳大利亚	Australia	348.3	398.1
俄罗斯	Russia		0.1	乌干达	Uganda	534.9	392.4
巴 西	Brazil	0.4	0.1	韩 国	Korea, Rep.	362.0	364.3
危地马拉	Guatemala	0.1	0.1	苏 丹	Sudan		349.1
马达加斯加	Madagascar			波 兰	Poland	278.9	324.6
哥伦比亚	Colombia			日 本	Japan	345.5	313.8
葡萄牙	Portugal			马拉维	Malawi	168.1	313.6
马 里	Mali			委内瑞拉	Venezuela	283.3	305.7
黑 山	Montenegro			乌克兰	Ukraine	281.9	278.6
塞舌尔	Seychelles			中国台湾	Taiwan, China	283.0	269.1
美属维尔京群岛	Virgin Islands(US)			肯尼亚	Kenya	320.9	264.3

11-4 主要林产品产量
Output of Major Forest Products

资料来源：联合国FAO数据库。
Source: FAO Database.
单位：吨 (ton)

国家或地区	Country or Area	栗子 Chestnuts		榛子 Hazelnuts, with Shell		天然橡胶 Natural Rubber		核桃 Walnuts, with Shell	
		2010	2017	2010	2017	2010	2017	2010	2017
世　界	**World**	**1999712**	**2327495**	**854742**	**1006178**	**10839418**	**14252753**	**2767426**	**3829626**
中　国	China	1644717	1939719	19500	27044	690812	817366	1284351	1925403
孟加拉国	Bangladesh					5814	6775		
文　莱	Brunei Darussalam					240	259		
柬埔寨	Cambodia					42319	15844		
印　度	India					862000	964733	38000	32000
印度尼西亚	Indonesia					2734900	3629544		
伊　朗	Iran			18443	15645			268135	349192
日　本	Japan	23500	18700						
哈萨克斯坦	Kazakhstan							1180	1396
朝　鲜	Korea, Dem.	10751	12540						
韩　国	Korea, Rep.	68630	52764					1061	1116
马来西亚	Malaysia					939244	740138		
蒙　古	Mongolia			314	315				
缅　甸	Myanmar					126200	236748		
巴基斯坦	Pakistan							10838	11520
菲律宾	Philippines					395237	406984		
斯里兰卡	Sri Lanka					152990	166798		
泰　国	Thailand					3051781	4600000		
越　南	Viet Nam					751700	1094519		
埃　及	Egypt							20865	24355
尼日利亚	Nigeria					144912	159264		
墨西哥	Mexico					32097	68765	76627	147198
美　国	United States			25401	29030			457221	571526
阿根廷	Argentina							10000	12050
巴　西	Brazil					133981	191368	5319	7892
白俄罗斯	Belarus			1200	1360			13500	16493
捷　克	Czech Rep.							69	71
法　国	France	9464	8406	10073	10833			31594	40683
德　国	Germany							16997	18415
意大利	Italy	55240	52356	90270	131281			14000	12332
波　兰	Poland	363	400	2649	4635			9175	3718
西班牙	Spain	17900	15623	15086	10487			13525	15744
土耳其	Turkey	59171	62904	600000	675000			178142	210000
乌克兰	Ukraine	200	228	20	10			87400	108660
澳大利亚	Australia							1900	2650

11-5 牲畜饲养量(2016年)
Number of Livestock(2016)

资料来源：联合国FAO数据库。
Source: FAO Database.

单位：万头(只) (10 000 heads)

国家或地区	Country or Area	牛 Cattle	马 Horses	山羊 Goats	绵羊 Sheep	猪 Pigs
世　界	**World**	**147488.8**	**5904.8**	**100281.0**	**117335.4**	**98179.7**
中　国	China	8437.5	590.8	14893.4	16206.3	45112.5
孟加拉国	Bangladesh	2378.5		5608.3	217.4	
文　莱	Brunei Darussalam	0.1		0.7	0.4	0.1
柬埔寨	Cambodia	288.3	3.0			218.2
印　度	India	18598.7	62.3	13387.5	6301.6	908.5
印度尼西亚	Indonesia	1609.3	43.8	1960.8	1806.6	811.4
伊　朗	Iran	565.9	13.1	1910.1	4250.2	
以色列	Israel	50.7	0.4	11.8	48.9	19.0
日　本	Japan	382.4	1.5	1.6	1.4	931.3
哈萨克斯坦	Kazakhstan	618.4	207.0	232.7	1568.8	88.8
朝　鲜	Korea, Dem.	56.8	4.8	394.6	16.0	203.4
韩　国	Korea, Rep.	312.1	3.0	27.6	0.3	1036.7
老　挝	Laos	192.3	2.1	56.0		370.0
马来西亚	Malaysia	74.8	0.4	44.7	14.6	230.4
蒙　古	Mongolia	408.1	363.5	2557.5	2785.7	3.1
缅　甸	Myanmar	1657.1	10.3	728.9	149.6	1652.4
巴基斯坦	Pakistan	4280.0	36.5	7030.0	2980.0	
菲律宾	Philippines	255.3	24.6	360.9	3.0	1219.9
斯里兰卡	Sri Lanka	106.8	0.1	31.2	0.7	8.1
泰　国	Thailand	546.7	0.6	47.1	4.0	794.1
越　南	Viet Nam	549.7	5.4	216.3		2907.5
埃　及	Egypt	495.5	7.6	411.9	564.0	1.0
尼日利亚	Nigeria	2056.1	10.2	7388.0	4209.1	748.9
南　非	South Africa	1340.0	32.1	561.8	2328.7	151.2
加拿大	Canada	1203.5	39.9	3.0	82.6	1277.0
墨西哥	Mexico	3391.9	637.8	875.5	883.4	1675.3
美　国	United States	9191.8	1052.6	262.0	530.0	7150.0
阿根廷	Argentina	5263.7	244.8	471.2	1486.4	511.9
巴　西	Brazil	21822.5	557.8	978.1	1843.4	3995.0
委内瑞拉	Venezuela	1657.4	52.7	143.3	60.2	354.7
白俄罗斯	Belarus	430.2	5.6	6.8	9.0	315.2
捷　克	Czech Rep.	141.6	3.2	2.7	21.8	161.0
法　国	France	1932.6	38.0	123.4	700.4	1270.9
德　国	Germany	1246.7	44.2	13.9	157.4	2737.6
意大利	Italy	593.0	38.8	102.6	728.5	847.8
荷　兰	Netherlands	429.4	14.0	50.4	104.0	1247.9
波　兰	Poland	593.9	18.9	4.2	23.9	1086.5
俄罗斯	Russia	1899.2	137.4	216.8	2271.3	2150.6
西班牙	Spain	625.7	29.3	308.8	1596.3	2923.2
土耳其	Turkey	1399.4	12.3	1041.6	3150.8	0.2
乌克兰	Ukraine	375.0	30.6	58.1	74.4	707.9
英　国	United Kingdom	1003.3	41.8	10.4	3394.3	488.1
澳大利亚	Australia	2497.1	26.9	384.0	6754.3	229.4
新西兰	New Zealand	1015.2	4.9	11.2	2758.4	25.5

11-6 畜产品产量(2016年)
Output of Livestock Products(2016)

资料来源：联合国FAO数据库。
Source: FAO Database.
单位：万吨 (10 000 tons)

国家或地区	Country or Area	肉类总产量 Meat Total	牛肉 Beef and Buffalo Meat	羊肉 Sheep and Goat Meat	猪肉 Pig Meat	禽肉 Poultry Meat
世　界	**World**	**32989.0**	**6980.0**	**1493.2**	**11816.9**	**12030.2**
中　国	China	8598.7	735.1	461.5	5413.0	1808.0
孟加拉国	Bangladesh	67.3	20.0	21.4		24.3
文　莱	Brunei Darussalam	2.8				2.7
柬埔寨	Cambodia	20.3	6.5		11.1	2.7
印　度	India	719.2	252.2	74.0	31.6	342.6
印度尼西亚	Indonesia	316.8	56.1	11.5	34.2	214.7
伊　朗	Iran	311.6	57.2	39.4		213.8
以色列	Israel	79.6	12.6	1.2	1.6	64.1
日　本	Japan	409.5	46.4		127.9	234.5
哈萨克斯坦	Kazakhstan	95.1	43.1	16.9	9.4	14.3
朝　鲜	Korea, Dem.	33.7	2.1	1.6	9.7	3.0
韩　国	Korea, Rep.	239.4	27.7	0.2	121.6	89.5
老　挝	Laos	17.0	5.4	0.2	8.3	3.2
马来西亚	Malaysia	194.5	5.0	0.4	21.8	167.1
蒙　古	Mongolia	33.6	9.2	19.3	0.1	
缅　甸	Myanmar	307.9	44.9	9.3	87.4	166.3
巴基斯坦	Pakistan	344.8	181.5	46.6		114.3
菲律宾	Philippines	340.8	30.5	5.8	179.0	123.8
新加坡	Singapore	11.9			1.9	10.0
斯里兰卡	Sri Lanka	18.3	2.7	0.1	0.2	15.3
泰　国	Thailand	276.2	14.5	0.2	94.5	167.0
越　南	Viet Nam	496.8	39.5	1.3	366.5	86.8
埃　及	Egypt	227.2	84.9	12.3		118.0
尼日利亚	Nigeria	141.6	37.0	38.6	27.6	21.2
南　非	South Africa	342.5	110.9	19.2	24.2	184.0
加拿大	Canada	457.9	113.3	1.5	204.8	135.7
墨西哥	Mexico	655.4	187.9	10.0	137.6	311.6
美　国	United States	4462.4	1147.0	7.0	1132.0	2148.3
阿根廷	Argentina	522.0	264.4	6.3	52.2	197.3
巴　西	Brazil	2744.1	928.4	12.3	351.4	1449.8
委内瑞拉	Venezuela	120.0	43.2	0.7	16.2	59.9
白俄罗斯	Belarus	117.3	32.7	0.2	38.4	45.8
捷　克	Czech Rep.	50.7	7.3	0.4	22.9	16.1
法　国	France	565.6	145.8	11.6	218.5	177.0
德　国	Germany	842.5	115.5	3.2	559.0	155.0
意大利	Italy	383.6	81.0	3.3	154.4	135.4
荷　兰	Netherlands	299.8	41.6	1.4	145.3	111.4
波　兰	Poland	479.8	51.2	0.1	200.9	225.3
俄罗斯	Russia	989.9	161.9	21.3	336.8	414.1
西班牙	Spain	619.6	63.5	11.5	394.7	142.7
土耳其	Turkey	334.8	98.9	42.4		193.3
乌克兰	Ukraine	235.1	37.6	1.3	74.8	119.3
英　国	United Kingdom	392.4	91.2	29.0	91.9	179.2
澳大利亚	Australia	469.4	236.1	71.5	37.7	121.3
新西兰	New Zealand	143.5	67.3	48.2	4.4	20.7

11-6 续表 contunued

单位：万吨 (10 000 tons)

国家或地区	Country or Area	蛋类 Eggs Total	鸡蛋 Hen eggs	奶类总产量 Milk Total	牛奶 Cow milk	羊毛① Wool Greasy①	蜂蜜 Natural Honey
世 界	**World**	**8075.4**	**7389.0**	**79847.6**	**65915.0**	**217.6**	**178.7**
中 国	China	3200.0	2650.0	4155.9	3677.5	47.1	49.1
孟加拉国	Bangladesh	55.3	39.2	193.9	82.4	0.2	
文 莱	Brunei Darussalam	0.8	0.8				
柬 埔 寨	Cambodia	1.7	1.3	17.0	17.0		
印 度	India	456.1	456.1	15939.6	7741.6	4.7	6.1
印度尼西亚	Indonesia	177.5	142.8	149.1	85.3	3.1	
伊 朗	Iran	118.6	118.6	677.4	600.0	6.2	8.1
以 色 列	Israel	14.0	14.0	153.1	149.2	0.1	0.3
日 本	Japan	256.2	256.2	739.6	739.4		0.3
哈萨克斯坦	Kazakhstan	22.2	22.1	533.5	530.0	3.8	0.3
朝 鲜	Korea, Dem.	12.5	12.5	8.2	8.2		
韩 国	Korea, Rep.	74.5	71.3	170.5	169.7		2.4
老 挝	Laos	1.5	1.5	5.9	5.9		
马来西亚	Malaysia	84.6	83.1	5.2	4.4		
蒙 古	Mongolia	0.7	0.7	80.5	52.2	1.7	
缅 甸	Myanmar	59.8	54.2	241.5	220.3	0.1	0.4
巴基斯坦	Pakistan	77.3	76.1	3965.2	1314.3	4.4	0.5
菲 律 宾	Philippines	49.2	45.0	1.4	1.4		
新 加 坡	Singapore	2.8	2.7				
斯里兰卡	Sri Lanka	7.8	7.8	19.1	14.4		
泰 国	Thailand	107.5	68.0	110.0	110.0		0.9
越 南	Viet Nam	47.6	47.6	82.3	79.5		1.7
埃 及	Egypt	50.8	50.8	468.4	238.0	1.3	0.5
尼日利亚	Nigeria	50.5	50.5	52.2	52.2		
南 非	South Africa	47.8	47.8	351.5	351.5	4.0	0.1
加 拿 大	Canada	43.1	43.1	751.7	751.7	0.1	3.9
墨 西 哥	Mexico	272.0	272.0	1182.6	1160.8	0.5	5.5
美 国	United States	603.8	603.8	9638.5	9635.9	1.4	7.3
阿 根 廷	Argentina	71.0	71.0	989.5	989.5	4.5	5.1
巴 西	Brazil	245.3	228.9	3387.8	3362.5	1.2	4.0
委内瑞拉	Venezuela	16.8	16.8	184.2	184.2		0.1
白俄罗斯	Belarus	20.8	20.5	714.1	712.3		0.3
捷 克	Czech Rep.	7.5	7.5	306.8	306.5		1.0
法 国	France	108.0	108.0	2537.8	2448.2	1.4	1.1
德 国	Germany	81.2	81.2	3270.0	3267.2	1.4	2.2
意 大 利	Italy	74.5	74.5	1142.9	1077.3	0.8	1.0
荷 兰	Netherlands	71.6	71.6	1455.3	1432.4	0.3	
波 兰	Poland	58.9	58.9	1325.2	1324.4	0.1	1.9
俄 罗 斯	Russia	244.4	241.3	3075.2	3049.5	5.5	7.0
西 班 牙	Spain	77.6	77.5	551.9	456.9	2.3	3.4
土 耳 其	Turkey	112.2	112.2	1811.6	1678.6	5.1	10.6
乌 克 兰	Ukraine	88.2	85.5	1038.2	1013.7	0.4	5.9
英 国	United Kingdom	73.6	72.2	1494.6	1494.6	6.8	1.0
澳大利亚	Australia	23.7	23.7	771.9	771.9	36.1	1.3
新 西 兰	New Zealand	6.1	5.9	2167.2	2167.2	16.5	2.0

注：①2013年数据。
Note:①Data refer to 2013.

11-7 鱼类产量
Output of Total Fishes

资料来源：联合国FAO数据库。
Source: FAO Database.

单位：万吨 (10 000 tons)

国家或地区	Country or Area	鱼类产量 Output of Total Fishes		海域鱼类产量 Ocean Area		内陆水域鱼类产量 Inland Area	
		2010	2016	2010	2016	2010	2016
中　国	China	3240.3	4217.2	1014.6	1230.6	2225.6	2986.7
印度尼西亚	Indonesia	681.0	997.9	512.1	614.1	168.8	383.8
印　度	India	778.9	939.9	278.4	292.7	500.6	647.2
越　南	Viet Nam	405.7	486.2	185.1	238.5	220.6	247.7
俄罗斯	Russia	403.8	470.3	366.4	426.4	37.4	43.9
美　国	United States	362.6	422.2	336.2	402.2	26.4	20.0
孟加拉国	Bangladesh	283.4	363.2	62.9	69.2	220.5	293.9
秘　鲁	Peru	383.7	346.3	377.6	338.2	6.2	8.1
挪　威	Norway	354.7	316.3	354.7	316.3	0.1	0.1
缅　甸	Myanmar	270.4	298.9	114.9	115.6	155.5	183.3
日　本	Japan	348.4	296.8	342.0	291.8	6.4	5.0
菲律宾	Philippines	292.3	252.1	249.8	212.2	42.5	39.9
智　利	Chile	282.5	192.9	278.8	192.8	3.7	0.1
埃　及	Egypt	127.5	167.7	9.9	8.5	117.6	159.2
泰　国	Thailand	195.3	167.2	134.1	108.7	61.2	58.5
马来西亚	Malaysia	141.7	150.6	125.8	139.8	15.9	10.8
摩洛哥	Morocco	107.4	133.7	106.6	132.1	0.8	1.6
墨西哥	Mexico	128.6	128.1	116.0	101.1	12.6	27.0
巴　西	Brazil	103.4	114.5	46.6	41.8	56.8	72.7
韩　国	Korea, Rep.	131.9	114.2	129.2	111.4	2.6	2.8
冰　岛	Iceland	105.3	107.1	105.2	106.8	…	0.2
伊　朗	Iran	63.9	105.4	35.1	59.3	28.9	46.1
尼日利亚	Nigeria	78.5	100.2	29.1	31.8	49.4	68.4
西班牙	Spain	96.3	92.2	94.0	89.9	2.2	2.2
中国台湾	Taiwan, China	94.8	87.1	82.3	77.1	12.4	10.0
柬埔寨	Cambodia	52.7	76.7	6.4	8.9	46.2	67.8
厄瓜多尔	Ecuador	44.1	73.9	39.1	71.0	4.9	2.9
英　国	United Kingdom	62.9	72.9	61.4	71.7	1.6	1.1
法罗群岛	Faeroe Islands	43.1	64.4	43.1	64.4		
丹　麦	Denmark	81.9	64.2	79.5	61.9	2.3	2.3
巴基斯坦	Pakistan	55.7	63.4	30.2	34.1	25.5	29.3
加拿大	Canada	61.7	61.1	58.0	57.0	3.7	4.1
南　非	South Africa	61.5	60.2	61.3	59.9	0.2	0.3
毛里塔尼亚	Mauritania	25.6	56.9	24.1	55.4	1.5	1.5
土耳其	Turkey	60.4	54.5	48.9	41.2	11.5	13.3
乌干达	Uganda	50.9	50.7			50.9	50.7
斯里兰卡	Sri Lanka	37.1	50.1	31.4	40.3	5.7	9.8
纳米比亚	Namibia	38.1	50.0	37.8	49.7	0.3	0.3
安哥拉	Angola	30.6	48.4	29.6	46.5	1.0	1.9
阿根廷	Argentina	60.3	48.2	58.5	46.0	1.8	2.3
法　国	France	38.7	46.3	34.1	42.7	4.6	3.7
塞内加尔	Senegal	38.7	44.7	35.3	41.7	3.4	3.0
新西兰	New Zealand	40.8	38.3	40.6	38.1	0.2	0.2

11-8 化肥施用量(2016年)
Consumption of Fertilizers(2016)

资料来源：联合国FAO数据库。
Source: FAO Database.
单位：万吨 (10 000 tons)

国家或地区	Country or Area	化肥 Fertilizers	氮肥 Nitrogenous Fertilizers	磷肥 Phosphate Fertilizers	钾肥 Potash Fertilizers
世　界	**World**	**19750.4**	**11018.2**	**4857.8**	**3874.4**
中　国	China	5984.5	3046.2	1565.7	1372.6
孟加拉国	Bangladesh	224.6	117.2	63.8	43.6
柬埔寨①	Cambodia①	9.8	8.3	1.1	0.4
印　度	India	2594.8	1673.5	670.5	250.8
印度尼西亚	Indonesia	543.7	296.4	83.8	163.5
伊　朗	Iran	112.1	96.3	8.3	7.5
以色列①	Israel①	7.2	4.5	0.5	2.2
日　本①	Japan①	93.6	35.9	34.5	23.2
哈萨克斯坦①	Kazakhstan①	12.8	9.2	3.3	0.3
韩　国①	Korea, Rep.①	54.0	23.8	15.1	5.1
马来西亚	Malaysia	152.0	28.1	28.8	95.1
蒙　古①	Mongolia①	2.2	2.0	0.1	0.1
缅　甸	Myanmar	19.5	13.9	3.1	2.5
巴基斯坦	Pakistan	448.0	324.2	120.9	2.9
菲律宾	Philippines	88.0	61.7	12.4	13.9
新加坡①	Singapore①	1.8	1.8		
斯里兰卡①	Sri Lanka①	39.2	22.5	6.1	10.6
泰　国	Thailand	271.9	182.7	32.3	56.9
越　南	Viet Nam	300.8	176.8	78.3	45.7
埃　及	Egypt	187.0	137.0	37.1	12.9
尼日利亚①	Nigeria①	28.2	21.1	4.1	3.0
南　非	South Africa	73.1	40.3	20.8	12.0
加拿大	Canada	383.5	247.2	97.0	39.3
墨西哥	Mexico	257.2	200.4	37.1	19.7
美　国	United States	2110.3	1203.9	427.5	478.9
阿根廷	Argentina	197.4	90.6	102.5	4.3
巴　西	Brazil	1506.9	436.6	497.5	572.8
委内瑞拉①	Venezuela①	49.5	23.4	12.6	13.5
白俄罗斯	Belarus	83.4	34.9	7.6	40.9
捷　克①	Czech Rep.①	47.9	39.7	4.9	3.3
法　国①	France①	311.7	220.8	42.8	48.1
德　国①	Germany①	239.7	171.1	28.8	39.8
意大利①	Italy①	85.0	57.1	17.2	10.7
荷　兰①	Netherlands①	26.7	21.8	1.3	3.6
波　兰①	Poland①	191.0	105.1	32.8	53.1
俄罗斯	Russia	227.3	144.5	51.0	31.8
西班牙①	Spain①	185.7	106.5	41.2	38.0
土耳其	Turkey	280.6	189.6	79.2	11.8
乌克兰	Ukraine	172.8	119.7	28.7	24.4
英　国①	United Kingdom①	148.4	102.6	18.8	27.0
澳大利亚	Australia	313.7	180.8	114.4	18.5
新西兰	New Zealand	101.3	43.3	54.0	4.0

注：①2015年数据。
Note:①Data refer to 2015.

主要统计指标解释

农业生产指数 表明每年的农业生产总量与基期2004–2006年相比的相对水平。它根据不同农产品扣除种子和饲料用量后的价格加权数量之和计算得出，其中各种种子和饲料也采用同样方法加权汇总。因此，最后汇总结果代表除种子和饲料外各种用途的可支配产量。国家、地区和世界水平的指数用拉氏公式计算。各年份每种商品的生产量均以2004–2006年的国际平均商品价格作为权数进行加总，然后将某年得到的加总量除以基期2004–2006年三年总量的算术平均数，从而求得指数。

谷物 指收获用做干粒粮食的作物，不包括收获后用作干草或未成熟时收割用作食物、饲料或青贮饲料或作牧草用的农作物。

根茎类作物 包括其他的块根作物，如箭叶黄体芋和竹芋。主要用作饲料的根用作物，不包括芜菁、甜菜和甘蓝在内。

水果总计 指新鲜水果的总产量，无论它们最终是被当作食物或饲料直接消费，还是被加工成干果、果汁、果酱、酒精等各种产品。

茶 指成品茶。

牲畜 包括所有的家养动物，不管年龄、饲养地点和饲养目的。

肉 指不考虑动物的原产地，在一国境内屠宰的动物肉类产量。

牛奶 指全部鲜奶的总产量，不包括被幼畜吸吮的奶，但包括用来饲喂家畜的奶。

蛋 指农业和非农业方面的总产量，包括用于孵化的蛋。

羊毛 羊毛产量统计数字一般以带脂羊毛给出，它包含了30–65%的杂质。为了便于数字比较，数据也按脱脂羊毛表示。

肥料 包含有机物肥，无机物肥或矿物肥。有机肥在农作物生产中发挥着重要作用，它来源于动物、植物和混合肥。矿物肥是以固体或液体形式提供给农民，并以散装、袋子或压缩容器等方式运送到农场。所有肥料应包含氮、磷、钾三种植物营养素中的至少一种营养物质。

Explanatory Notes on Main Statistical Indicators

Indices of Agricultural Production The indices of agricultural production show the relative level of the aggregate volume of agricultural production for each year in comparison with the base period 2004-2006. They are based on the sum of price-weighted quantities of different agricultural commodities produced after deductions of quantities used as seed and feed weighted in a similar manner. The resulting aggregate represents, therefore, disposable production for any use except as seed and feed. All the indices at the country, regional and world levels are calculated by the Laspeyres formula. Production quantities of each commodity are weighted by 2004-2006 average international commodity prices and summed for each year. To obtain the index, the aggregate for a given year is divided by the average aggregate for the base period 2004-2006.

Cereals Area and production data on cereals relate to crops harvested for dry grain only. Cereal crops harvested for hay or harvested green for food, feed or silage or used for grazing are therefore excluded.

Roots and Tubers, Total Includes other root crops such as yautia and arrowroot. Root crops grown principally for feed such as turnips, mangels and swedes are not included.

Fruit Total Data refer to total production of fresh fruit, whether finally used for direct consumption for food or feed, or processed into different products: dry fruit, juice, jam, alcohol, etc.

Tea Production figures relate to made tea.

Livestock Numbers The data on livestock numbers are intended to cover all domestic animals irrespective of their age and the place or purpose of their breeding.

Meat Data relate to animals slaughtered within national boundaries, irrespective of their origin.

Cow Milk Data on cow milk production relate to total production of whole fresh milk, excluding the milk sucked by young animals but including amounts fed to livestock.

Eggs Data generally refer to total production, including eggs for hatching, in both agricultural and nonagricultural sectors.

Wool Wool production statistics are generally given for greasy wool, which contains from 30 to 65 percent impurities. In order to make figures comparable, data are given also on a degreased (scoured) basis.

Fertilizers may be organic, inorganic or mineral. Organic fertilizers play an important role in crop production and are derived from animal, plant and compost. Mineral fertilizers are available to the farmer in solid or liquid form, and are delivered to the farm either in bulk, in bags or in pressurized containers. All fertilizers contain at least one of the major plant nutrients: nitrogen (N), phosphorus (P) and potassium (K).

工业和建筑业

Industry and Construction

12-1 工业生产指数
Indices of Industrial Production

资料来源：联合国统计月报数据库。
Source:UN Monthly Bulletin of Statistics Database.

2010年=100 (2010=100)

国家或地区	Country or Area	2010	2012	2013	2014	2015
孟加拉国	Bangladesh	100.0	127.8	142.3	153.9	171.5
印　度	India	100.0	104.1	104.0	106.9	109.5
以色列	Israel	100.0	106.2	106.7	108.0	110.4
日　本	Japan	100.0	97.7	96.9	98.7	97.4
韩　国	Korea, Rep.	100.0	107.4	108.2	108.4	107.7
马来西亚	Malaysia	100.0	106.7	110.3	116.0	121.2
蒙　古	Mongolia	100.0	96.6	108.0	118.2	
加拿大	Canada	100.0	105.0	106.7	110.8	110.1
墨西哥	Mexico	100.0	106.4	107.2	110.3	110.8
美　国	United States	100.0	106.3	108.5	111.8	112.3
巴　西	Brazil	100.0	98.1	100.1	97.1	89.1
俄罗斯	Russia	100.0	108.6	109.0	110.9	107.1
捷　克	Czech Rep.	100.0	105.0	104.9	110.1	115.2
法　国	France	100.0	100.3	99.6	98.8	100.6
德　国	Germany	100.0	106.2	106.1	107.5	109.1
意大利	Italy	100.0	94.4	91.5	90.5	92.1
荷　兰	Netherlands	100.0	99.0	99.5	96.7	93.5
波　兰	Poland	100.0	108.6	111.0	114.7	120.3
西班牙	Spain	100.0	91.8	90.2	91.6	94.6
土耳其	Turkey	100.0	112.9	116.3	120.5	124.3
乌克兰	Ukraine	100.0	107.2	102.6	92.2	80.2
英　国	United Kingdom	100.0	96.6	96.0	97.4	98.8
澳大利亚	Australia	100.0	104.8	107.3	111.0	114.0
新西兰	New Zealand	100.0	98.9	100.3	102.4	104.7

12-2 制造业生产指数
Indices of Manufacturing Production

资料来源：联合国统计月报数据库。
Source: UN Monthly Bulletin of Statistics Database.

2010年=100 (2010=100)

国家或地区	Country or Area	2010	2012	2013	2014	2015
中国香港	Hong Kong, China	100.0	99.9	100.1	99.6	98.1
中国澳门	Macao, China	100.0	161.0	188.3	214.6	205.3
孟加拉国	Bangladesh	100.0	129.5	144.6	156.5	174.9
文　　莱	Brunei Darussalam	100.0	104.2	106.1	98.9	101.3
印　　度	India	100.0	104.3	103.5	105.9	108.0
以 色 列	Israel	100.0	107.1	106.0	106.6	109.1
日　　本	Japan	100.0	97.8	97.0	99.0	97.8
韩　　国	Korea, Rep.	100.0	107.5	108.2	108.5	107.8
马来西亚	Malaysia	100.0	111.3	116.0	123.0	128.9
蒙　　古	Mongolia	100.0	124.7	129.3	133.3	
巴基斯坦	Pakistan	100.0	105.6	111.3	115.1	
菲 律 宾	Philippines	100.0	108.9	124.1	133.1	136.4
新 加 坡	Singapore	100.0	108.1	109.9	112.9	107.1
斯里兰卡	Sri Lanka	100.0	108.8	108.3	114.9	125.4
泰　　国	Thailand	100.0	101.2	103.6	98.2	98.6
越　　南	Viet Nam	100.0	110.9	121.1	132.4	155.0
埃　　及	Egypt	100.0	96.9	96.8	100.2	100.4
尼日利亚	Nigeria	100.0	133.7	162.8	186.8	184.1
南　　非	South Africa	100.0	105.1	106.5	106.6	106.5
加 拿 大	Canada	100.0	105.5	105.3	108.5	109.0
墨 西 哥	Mexico	100.0	108.5	110.1	114.5	117.7
美　　国	United States	100.0	106.2	107.4	108.8	110.0
阿 根 廷	Argentina	100.0	115.6	119.7	118.6	
巴　　西	Brazil	100.0	97.9	100.6	96.4	87.0
委内瑞拉	Venezuela	100.0	103.7			
捷　　克	Czech Rep.	100.0	106.8	107.6	114.8	121.7
法　　国	France	100.0	100.8	99.8	99.7	101.5
德　　国	Germany	100.0	107.3	107.2	109.3	110.5
意 大 利	Italy	100.0	94.2	91.5	91.0	92.7
荷　　兰	Netherlands	100.0	102.6	101.5	102.6	103.2
波　　兰	Poland	100.0	110.0	112.5	117.7	124.5
俄 罗 斯	Russia	100.0	113.5	114.1	116.5	110.2
西 班 牙	Spain	100.0	91.0	89.7	91.7	95.4
土 耳 其	Turkey	100.0	113.0	117.5	121.3	125.7
乌 克 兰	Ukraine	100.0	107.5	99.6	90.4	79.0
英　　国	United Kingdom	100.0	100.7	99.7	102.6	102.6
澳大利亚	Australia	100.0	100.5	97.1	96.0	94.6
新 西 兰	New Zealand	100.0	101.8	103.3	105.0	107.0

12-3 采矿业生产指数
Indices of Mining Production

资料来源：联合国统计月报数据库。
Source: UN Monthly Bulletin of Statistics Database.

2010年=100 (2010=100)

国家或地区	Country or Area	2010	2012	2013	2014	2015
孟加拉国	Bangladesh	100.0	104.5	112.3	119.2	126.8
文　莱	Brunei Darussalam	100.0	99.3	89.0	86.6	85.7
印　度	India	100.0	95.7	95.1	96.5	98.7
印度尼西亚	Indonesia	100.0	108.4	114.5	120.4	126.1
以色列	Israel	100.0	88.9	117.5	129.8	129.6
日　本	Japan	100.0	101.0	96.6	94.4	90.4
韩　国	Korea, Rep.	100.0	99.8	103.8	95.6	96.1
马来西亚	Malaysia	100.0	96.2	97.0	99.5	103.6
蒙　古	Mongolia	100.0	88.1	102.0	114.1	
巴基斯坦	Pakistan	100.0	106.4	109.3	110.3	
越　南	Viet Nam	100.0	108.0	107.1	104.1	112.1
尼日利亚	Nigeria	100.0	97.5	85.0	84.1	79.6
南　非	South Africa	100.0	96.0	99.5	98.1	101.2
加拿大	Canada	100.0	104.9	108.4	114.9	112.2
墨西哥	Mexico	100.0	100.5	100.4	98.8	93.1
美　国	United States	100.0	113.4	120.7	134.0	131.7
巴　西	Brazil	100.0	101.6	98.0	104.6	108.4
捷　克	Czech Rep.	100.0	96.8	85.9	83.3	81.3
法　国	France	100.0	95.5	94.2	90.3	92.7
德　国	Germany	100.0	94.3	83.4	82.1	78.1
意大利	Italy	100.0	103.2	94.4	92.0	88.4
荷　兰	Netherlands	100.0	91.3	97.6	81.5	65.6
波　兰	Poland	100.0	97.5	101.1	95.0	96.7
俄罗斯	Russia	100.0	102.8	103.9	105.4	105.7
西班牙	Spain	100.0	62.1	53.3	53.3	48.8
土耳其	Turkey	100.0	108.8	104.9	112.7	107.3
乌克兰	Ukraine	100.0	108.3	109.2	94.3	80.9
英　国	United Kingdom	100.0	76.4	74.3	74.8	81.4
澳大利亚	Australia	100.0	109.9	119.5	130.9	139.4
新西兰	New Zealand	100.0	81.6	81.1	88.5	91.2

12−4 制造业主要指标
Main Indicators of Manufacturing

资料来源：联合国工发组织数据库。
Source: United Nations Industrial Development Organization Database .

国家或地区	Country or Area	年份 Year	机构数（个） Number of Establishments (number)	雇员数（万人） Number of Employees (10 000 persons)	雇员工资和薪金（亿本币） Wages and Salaries Paid to Employees (100 million LCU)	产出（亿本币） Output (100 million LCU)	增加值（亿本币） Value added (100 million LCU)
中　国	China	2011	301329			728536	
中国香港	Hong Kong, China	2009	10752	11	197	1467	321
中国澳门	Macao, China	2011	894	1	11	64	15
文　莱	Brunei Darussalam	2010	671	1	1	65	
印　度	India	2008	145332	1085	11878	313252	58766
印度尼西亚	Indonesia	2009	24468	435	833967	20009437	7638403
伊　朗	Iran	2010	15310	124	1191433	20409415	4946300
以色列	Israel	2010	21306	37	608	3311	1043
日　本	Japan	2007	258157	770	265030	3200740	1086290
哈萨克斯坦	Kazakhstan	2007	11209	42	2761	29559	
韩　国	Korea, Rep.	2008		239	750040	11229880	3676300
马来西亚	Malaysia	2008	32535	257	590	8177	1572
蒙　古	Mongolia	2011	4167	5	1322	17953	4595
巴基斯坦	Pakistan	2006	6221	93	1311	28708	9121
菲律宾	Philippines	2006	5160	99	1647	30397	6729
新加坡	Singapore	2009	9296	42	170	2268	485
斯里兰卡	Sri Lanka	2010	2730	55	959	14174	6052
泰　国	Thailand	2006	457968	382	3230	73045	17588
越　南	Viet Nam	2010	46984	440	1647257		5132799
埃　及	Egypt	2006	9196	100	146	2036	609
南　非	South Africa	2011	72316	116			
加拿大	Canada	2008	84048	163	804	5884	1990
墨西哥	Mexico	2010	205834	304	3273	48249	15723
美　国	United States	2008		1278	6071	54803	21940
巴　西	Brazil	2007	177153	701	1257	13461	5581
捷　克	Czech Rep.	2007	152645	125	3057	35042	8250
法　国	France	2009	207040	305	1031	6785	1805
德　国	Germany	2009	179834	656	2499	13782	3815
意大利	Italy	2009	439112	358	907	7427	1803
荷　兰	Netherlands	2008	47600	74	290	2887	626
波　兰	Poland	2009	175758	223	754	7726	1979
俄罗斯	Russia	2011		777	20320	256314	73855
西班牙	Spain	2009	191973	199	544	3941	1008
土耳其	Turkey	2008	321652	254	372	4771	938
乌克兰	Ukraine	2011	42349	200	632	8811	
英　国	United Kingdom	2009	128468	250	650	4396	1348
澳大利亚	Australia	2011		94	531	3887	1014
新西兰	New Zealand	2008	27640	26	120	862	254

12-5 制造业增加值及构成
Composition of Value Added in Manufacturing

资料来源：世界银行WDI数据库。
Source: World Bank WDI Database.

国家或地区	Country or Area	制造业增加值(亿美元) Value Added in Manufacturing (100 million USD)		主要行业所占比重(%) Major Industry of Value Added in Manufacturing(%)			
				食品、饮料和烟草 Food,Beverages and Tobacco		纺织和服装 Textiles and Clothing	
		2000	2017	2000	2014	2000	2014
中　国	China	3849.4	35909.8	14.4		11.2	
中国香港	Hong Kong, China	78.8	34.6①	7.2	30.1	19.9	15.8
中国澳门	Macao, China	5.0	2.7①	3.1	32.5②	79.1	16.6②
孟加拉国	Bangladesh	74.9	432.0		13.5③		51.0③
文　莱	Brunei Darussalam	9.2	15.4				
柬埔寨	Cambodia	5.9	35.9	6.6		86.5	
印　度	India	764.7	3895.1	13.2	10.3	12.6	9.2
印度尼西亚	Indonesia	373.9	2047.3	18.0	29.6②	16.7	11.1②
伊　朗	Iran	182.4	498.4①	10.4	10.7	5.9	2.7
以色列	Israel	212.1	371.2①	11.6	11.2	5.0	1.9
日　本	Japan	11025.4	10417.7①	11.4	12.9⑤	3.0	1.8⑤
哈萨克斯坦	Kazakhstan	30.2	178.3		23.4②		0.9②
韩　国	Korea, Rep.	1461.0	4220.6	8.3	6.0	8.0	3.6
老　挝	Laos	1.5	12.6				
马来西亚	Malaysia	289.5	701.6	8.0	12.7⑤	4.1	1.6⑤
蒙　古	Mongolia	0.8	9.6	49.4	45.9③	39.6	13.7③
缅　甸	Myanmar	6.4	164.0				
巴基斯坦	Pakistan	101.0	365.4				
菲律宾	Philippines	198.3	610.1	28.5	27.2⑤	7.5	2.7⑤
新加坡	Singapore	247.8	582.1	2.5	4.6	1.0	0.3
斯里兰卡	Sri Lanka	24.6	161.4	38.6	38.3⑤	31.3	32.5⑤
泰　国	Thailand	361.4	1232.2	17.7	20.0③	12.4	6.8③
越　南	Viet Nam	57.5	342.0	30.2	22.8②	21.0	13.2②
埃　及	Egypt	179.7	387.0		11.2⑤		3.7⑤
尼日利亚	Nigeria	81.2	328.5				
南　非	South Africa	238.3	414.4	15.5	21.9④	4.9	1.8④
加拿大	Canada	1294.7	1759.6⑥	11.9	15.9	3.7	3.7
墨西哥	Mexico	1344.2	1968.2	25.4	24.0②	3.9	3.0②
美　国	United States	15436.8	21605.6①	13.0	15.2③	3.4	1.4③
阿根廷	Argentina	468.8	825.7	28.9		8.0	
巴　西	Brazil	860.9	2087.3	16.7	21.5②	6.9	6.2②
委内瑞拉	Venezuela	217.1	582.4⑥				
捷　克	Czech Rep.	145.6	523.8	11.8	8.3②	6.2	2.5②
法　国	France	1972.2	2618.3	12.9	16.8	4.3	1.9
德　国	Germany	4042.0	7599.0	8.2	7.1	2.3	1.3
意大利	Italy	1999.4	2843.0	8.5	11.5	12.5	9.6
荷　兰	Netherlands	564.8	888.2	17.1	19.7	2.3	1.8
波　兰	Poland	277.0	852.1①	5.4	17.4②	6.5	3.1②
俄罗斯	Russia		1880.1	19.4	17.8	2.3	1.6
西班牙	Spain	963.8	1713.2	14.1	20.3	6.7	3.9
土耳其	Turkey	512.0	1490.4	17.8	12.7	15.7	16.0
乌克兰	Ukraine	51.0	138.9		14.3		1.2
英　国	United Kingdom	2151.6	2413.5	13.7	18.3②	4.0	2.3②
澳大利亚	Australia	481.4	760.5		26.5②		2.8②
新西兰	New Zealand	81.6	203.1⑦	33.3	35.9⑤		2.3⑤

12-5 续表 1 continued

单位：% (%)

国家或地区	Country or Area	机器和运输设备 Machinery and Transport Equipment		化工 Chemicals		其他 Other	
		2000	2014	2000	2014	2000	2014
中　　国	China	14.1		12.0		48.3	
中国香港	Hong Kong, China	11.7	27.1	3.7	9.2	57.5	17.8
中国澳门	Macao, China	3.5		2.4		17.8	50.9②
孟加拉国	Bangladesh		2.3③		4.6③		28.6③
文　　莱	Brunei Darussalam						
柬 埔 寨	Cambodia	0.1		0.1		6.6	
印　　度	India	15.6	20.5	21.1	16.7	37.5	43.3
印度尼西亚	Indonesia	20.2	16.7②	10.5	13.2②	34.5	29.4②
伊　　朗	Iran	19.7	9.1	18.6	27.3	45.5	50.1
以 色 列	Israel	31.9	41.1	10.3	22.4④	41.3	45.8
日　　本	Japan	33.9	38.1⑤	10.4	11.4⑤	41.2	35.8⑤
哈萨克斯坦	Kazakhstan		9.0②		6.3②		60.4②
韩　　国	Korea, Rep.	41.3	49.3	9.5	10.9	32.9	30.2
老　　挝	Laos						
马来西亚	Malaysia	37.8	29.4⑤	7.9	10.4⑤	42.2	46.0⑤
蒙　　古	Mongolia	0.3	1.3③	2.0	4.6③	8.6	34.5③
缅　　甸	Myanmar						
巴基斯坦	Pakistan						
菲 律 宾	Philippines	30.4	48.2⑤	9.4	5.1⑤	24.2	16.8⑤
新 加 坡	Singapore	56.9	54.2	14.2	23.2	25.5	17.6
斯里兰卡	Sri Lanka	4.0	2.1⑤	3.8	3.5⑤	22.4	23.6⑤
泰　　国	Thailand	25.9	30.5③	6.2	5.7③	37.8	37.1③
越　　南	Viet Nam	11.8	21.7②	6.3	6.0②	30.8	36.2②
埃　　及	Egypt		3.9⑤		13.8⑤		67.3⑤
尼日利亚	Nigeria						
南　　非	South Africa	13.7	14.4④	6.5	6.9④	59.4	55.1④
加 拿 大	Canada	31.7	19.5	7.6	8.9	45.1	52.0
墨 西 哥	Mexico	24.2	24.5②	15.4	11.6②	31.2	37.0②
美　　国	United States	29.7	28.3③	11.8	16.3③	42.0	38.8③
阿 根 廷	Argentina	10.8		15.2		37.1	
巴　　西	Brazil	19.1	22.0②	12.4	11.2②	45.0	39.1②
委内瑞拉	Venezuela						
捷　　克	Czech Rep.	23.9	34.8②	6.7	4.8②	51.4	49.7②
法　　国	France	26.3	29.5	11.8	11.5	44.7	40.2
德　　国	Germany	32.7	39.2	9.8	9.7	47.1	42.7
意 大 利	Italy	22.7	29.4	7.9	8.9	48.5	40.6
荷　　兰	Netherlands	21.0	28.6	13.7	15.9	45.9	34.0
波　　兰	Poland	14.9	24.0②	7.5	7.9②	65.7	47.6②
俄 罗 斯	Russia	23.4	11.0	8.4	10.4	46.6	59.2
西 班 牙	Spain	19.0	22.9	9.5	11.4	50.7	41.4
土 耳 其	Turkey	14.6	16.2	10.1	5.8	41.8	49.3
乌 克 兰	Ukraine		13.3		4.9		66.4
英　　国	United Kingdom	25.3	34.7②	9.9	9.8②	47.2	34.9②
澳大利亚	Australia		21.4②		8.7②		40.6②
新 西 兰	New Zealand		11.6⑤		4.5⑤	66.7	45.6⑤

注：①2016年数据。②2013年数据。③2011年数据。④2010年数据。⑤2012年数据。⑥2014年数据。⑦2015年数据。

Note：①Data refer to 2016.②Data refer to 2013.③Data refer to 2011.④Data refer to 2010.⑤Data refer to 2012.⑥Data refer to 2014.⑦Data refer to 2015.

12-6 主要工业产品产量
Output of Major Industrial Products

资料来源：联合国FAO数据库。
Source: FAO Database.

国家或地区	Country or Area	粗钢(万吨) Crude Steel(10 000 tons)		国家或地区	Country or Area	煤(万吨) Coal(10 000 tons)	
		2010	2017			2010	2017
中　　国	China	62665	80761①	中　　国	China	342800	352400
日　　本	Japan	10960	10466	美　　国	United States	98372	70226
印　　度	India	3886	10138	印　　度	India	45632	67624③
美　　国	United States	8059	8161	澳大利亚	Australia	44900	55757
韩　　国	Korea, Rep.	5897	6857①	俄 罗 斯	Russia	32171	33446
俄 罗 斯	Russia	6684	5446	南　　非	South Africa	25416	27000②
德　　国	Germany	4384	4326	加 拿 大	Canada	6790	6775②
巴　　西	Brazil	3282	3437	波　　兰	Poland	13300	6581
土 耳 其	Turkey	2887	3341①	希　　腊	Greece	5363	4510③
意 大 利	Italy	2592	2407	越　　南	Viet Nam	4468	4038
墨 西 哥	Mexico	1698	1992	保加利亚	Bulgaria	2933	3586③
法　　国	France	1014	1550	乌 克 兰	Ukraine	5444	2479
西 班 牙	Spain	1631	1446	爱沙尼亚	Estonia	1789	1972③
加 拿 大	Canada	1301	1361	泰　　国	Thailand		1799②
乌 克 兰	Ukraine	1744	1087	墨 西 哥	Mexico	1124	714
波　　兰	Poland	799	1052	捷　　克	Czech Rep.	5509	547
比 利 时	Belgium	809	770	德　　国	Germany	18222	367
英　　国	United Kingdom	978	755	斯洛文尼亚	Slovenia	443	317③
埃　　及	Egypt	649	686	巴基斯坦	Pakistan	337	316②
荷　　兰	Netherlands	667	678	英　　国	United Kingdom	1842	304
南　　非	South Africa	848	630	智　　利	Chile	58	250
澳大利亚	Australia	730	533	斯洛伐克	Slovakia	238	218②
斯洛伐克	Slovakia	458	498	土 耳 其	Turkey	7842	191①
沙特阿拉伯	Saudi Arabia	502	484	吉尔吉斯斯坦	Kyrgyzstan		187③
瑞　　典	Sweden	485	472	塔吉克斯坦	Tajikistan	29	180
哈萨克斯坦	Kazakhstan	426	467	罗马尼亚	Romania	3077	76
捷　　克	Czech Rep.	518	456	西 班 牙	Spain	799	53
芬　　兰	Finland	401	401	法　　国	France	26	30②
罗马尼亚	Romania	372	343	塞尔维亚	Serbia	3791	7
白俄罗斯	Belarus	268	242	赞 比 亚	Zambia		
卢 森 堡	Luxemburg	257	217	瑞　　典	Sweden		
匈 牙 利	Hungary	168	190	白俄罗斯	Belarus		
希　　腊	Greece	180	136	卢 森 堡	Luxemburg		
委内瑞拉	Venezuela	260	134③	匈 牙 利	Hungary		
哥伦比亚	Colombia	110	125	巴　　西	Brazil		
智　　利	Chile		116	委内瑞拉	Venezuela		
保加利亚	Bulgaria	74	65	哥伦比亚	Colombia		
斯洛文尼亚	Slovenia	62	65	荷　　兰	Netherlands		
挪　　威	Norway	55	60	意 大 利	Italy		
摩尔多瓦③	Moldova③		44	比 利 时	Belgium		
危地马拉	Guatemala	28	29	挪　　威	Norway		

12-6 续表 1 continued

国家或地区	Country or Area	原油(万吨) Crude Petroleum(10 000 tons) 2010	2017	国家或地区	Country or Area	发电量(亿千瓦小时) Electricity(100 million kwh) 2010	2017
俄罗斯	Russia	50533	51460	中国	China	42072	64951
沙特阿拉伯	Saudi Arabia	40700	49597	美国	United States	41251	40148
美国	United States	37658	47181	俄罗斯	Russia	10380	10912
伊拉克	Iraq	11697	21952	日本	Japan	9290	9092
中国	China	20383	19191	加拿大	Canada	5668	6504
加拿大	Canada	13388	19105	法国	France	5189	5358
伊朗	Iran	17598	15651③	德国	Germany	4995	4073
阿联酋	United Arab Emirates	11165	15303	意大利	Italy	2982	2846
委内瑞拉	Venezuela	14475	13889③	土耳其	Turkey	2103	2712①
科威特	Kuwait	11640	13614	西班牙	Spain	2822	2626
巴西	Brazil	10480	13368	墨西哥	Mexico	2415	2583②
墨西哥	Mexico	13392	10130	澳大利亚	Australia	2328	2527
尼日利亚	Nigeria	12008	9053	埃及	Egypt		1702②
安哥拉	Angola	8459	8037	波兰	Poland	1574	1699
挪威	Norway	9132	7857	乌克兰	Ukraine	1877	1571
哈萨克斯坦	Kazakhstan		7275	瑞典	Sweden	1443	1515①
阿尔及利亚	Algeria	5405	5219①	挪威	Norway	1240	1493
阿曼	Oman	4305	4885③	荷兰	Netherlands	1182	1147①
英国	United Kingdom	5805	4314	捷克	Czech Rep.	859	870
印度尼西亚	Indonesia	4600	3971	比利时	Belgium	931	803
阿塞拜疆	Azerbaijan	5103	3875	智利	Chile	583	741
印度	India	3670	3590	奥地利	Austria	708	701
埃及	Egypt	3593	3413①	芬兰	Finland	766	649
卡塔尔	Qatar	3568	2920	罗马尼亚	Romania	598	637
厄瓜多尔	Ecuador	2489	2770	瑞士	Switzerland	663	610
阿根廷	Argentina	3069	2478	葡萄牙	Portugal	422	576
澳大利亚	Australia	2373	1440	秘鲁	Peru		526
泰国	Thailand	1207	1196	新加坡	Singapore	454	516①
巴林	Bahrain	159	990	希腊	Greece	538	515
丹麦	Denmark	1212	674	保加利亚	Bulgaria	460	454
德国	Germany	480	533	新西兰	New Zealand	425	427
文莱	Brunei Darussalam	762	494	中国香港	Hong Kong, China	383	369
巴基斯坦	Pakistan	318	457②	塞尔维亚	Serbia	381	365
意大利	Italy	513	414	白俄罗斯	Belarus	345	331①
特立尼达和多巴哥	Trinidad and Tobago	71	368①	丹麦	Denmark	368	294
罗马尼亚	Romania	417	353	斯洛伐克	Slovakia	275	257
土耳其	Turkey	260	269①	匈牙利	Hungary	297	251
玻利维亚	Bolivia	160	237②	阿塞拜疆	Azerbaijan	184	225
秘鲁	Peru	841	233	塔吉克斯坦	Tajikistan	164	199
乌克兰	Ukraine	349	216	冰岛	Iceland	167	190
突尼斯	Tunisia	373	189	突尼斯	Tunisia	148	176②
白俄罗斯	Belarus	170	165	斯洛文尼亚	Slovenia	162	162
新西兰	New Zealand	246	141	吉尔吉斯斯坦	Kyrgyzstan		130③
波兰	Poland	65	100	克罗地亚	Croatia	147	118
荷兰	Netherlands	102	93	拉脱维亚	Latvia	66	75

12-6 续表 2 continued

国家或地区	Country or Area	水泥(万吨) Cement(10 000 tons) 2010	2017	国家或地区	Country or Area	化肥(万吨) Fertilizer(10 000 tons) 2010	2014
中　国	China	186796	231625	中　国	China	5742	6772
越　南	Viet Nam	5640	9120	美　国	United States	2215	2220
美　国	United States	6436	8418	俄罗斯	Russia	1682	1768
土耳其	Turkey	6035	7195①	印　度	India	1639	1643
韩　国	Korea, Rep.	5070	6155①	加拿大	Canada	1393	1343
日　本	Japan	5153	5520	白俄罗斯	Belarus	618	738
俄罗斯	Russia	5039	5467	印度尼西亚	Indonesia	404	427
墨西哥	Mexico	3920	4612	沙特阿拉伯	Saudi Arabia	182	371
泰　国	Thailand	3808	4056	巴　西	Brazil	338	317
巴基斯坦	Pakistan	2956	3890	巴基斯坦	Pakistan	312	306
波　兰	Poland	1538	1723	德　国	Germany	379	300
摩洛哥	Morocco	1489	1415①	以色列	Israel	243	294
孟加拉国	Bangladesh	293	1402	摩洛哥	Morocco	234	283
加拿大	Canada	1243	1187①	埃　及	Egypt	315	250
秘　鲁	Peru	833	1057	卡塔尔	Qatar	138	250
哈萨克斯坦	Kazakhstan	668	943	波　兰	Poland	175	218
乌克兰	Ukraine	946	931	荷　兰	Netherlands	161	183
罗马尼亚	Romania	701	844	约　旦	Jordan	170	178
塞内加尔	Senegal	408	520	比利时	Belgium	140	159
克罗地亚	Croatia	270	503	西班牙	Spain	146	158
白俄罗斯	Belarus	454	450	乌克兰	Ukraine	210	158
智　利	Chile	366	400	法　国	France	139	135
斯洛伐克	Slovakia	302	384	越　南	Viet Nam	66	129
玻利维亚	Bolivia	241	334②	乌兹别克斯坦	Uzbekistan	105	125
塔吉克斯坦	Tajikistan	29	322	智　利	Chile	99	120
阿塞拜疆	Azerbaijan	128	293	土耳其	Turkey	130	118
保加利亚	Bulgaria	196	211	立陶宛	Lithuania	107	117
中国香港	Hong Kong, China	146	194②	墨西哥	Mexico	99	99
塞尔维亚	Serbia	214	191	意大利	Italy	121	96
芬　兰	Finland	118	126②	阿联酋	United Arab Emirates	32	90
塞浦路斯	Cyprus	133	102①	挪　威	Norway	72	81
立陶宛	Lithuania	84	102	日　本	Japan	91	76
蒙　古	Mongolia	32	67	韩　国	Korea, Rep.	84	73
爱沙尼亚	Estonia	37	50	突尼斯	Tunisia	122	67
亚美尼亚	Armenia	49	36	阿　曼	Oman	96	67
卢旺达	Rwanda	10	23③	澳大利亚	Australia	70	67
斐　济	Fiji	17	20③	马来西亚	Malaysia	78	66
也　门	Yemen			阿尔及利亚	Algeria	3	64
葡萄牙	Portugal			英　国	United Kingdom	66	62
冰　岛	Iceland			伊　朗	Iran	80	59
突尼斯	Tunisia	805		罗马尼亚	Romania	79	56
斯洛文尼亚	Slovenia			阿根廷	Argentina	43	53
吉尔吉斯斯坦	Kyrgyzstan	76		委内瑞拉	Venezuela	70	50
新西兰	New Zealand			孟加拉国	Bangladesh	54	46
拉脱维亚	Latvia			克罗地亚	Croatia	43	40

12-6 续表 3 continued

国家或地区	Country or Area	汽车(万辆) Motor Vehicles (10 000 vehicles) 2010	2017	国家或地区	Country or Area	天然气(万亿焦耳) Natural Gas(terajoule) 2010	2017
中国	China	1826	2902	美国	United States	23155032	29171820
美国	United States	774	1119	俄罗斯	Russia	21952212	23273184
日本	Japan	963	969	加拿大	Canada	5565756	6410208
德国	Germany	591	565	中国	China	3642768	5760228
印度	India	356	478	挪威	Norway	4274952	5061192
韩国	Korea, Rep.	427	411	澳大利亚	Australia	1604112	4080984
墨西哥	Mexico	234	407	印度尼西亚	Indonesia	2994708	2994864
西班牙	Spain	239	285	墨西哥	Mexico	3228876	2318244
巴西	Brazil	338	270	英国	United Kingdom	2391672	1673724
法国	France	223	223	荷兰	Netherlands	2632680	1477356①
加拿大	Canada	207	220	巴基斯坦	Pakistan	1490580	1468704②
泰国	Thailand	164	199	特立尼达和多巴哥	Trinidad and Tobago		1420272③
英国	United Kingdom	139	175	印度	India		1259568
土耳其	Turkey	109	170	埃及	Egypt		1228224①
俄罗斯	Russia	140	155	泰国	Thailand		1193400①
伊朗	Iran	160	152	孟加拉国	Bangladesh	701352	968712
捷克	Czech Rep.	108	142	玻利维亚	Bolivia	556068	826788②
印度尼西亚	Indonesia	70	122	阿塞拜疆	Azerbaijan	650808	707592
意大利	Italy	84	114	乌克兰	Ukraine	672240	681372
斯洛伐克	Slovakia	56	100	文莱	Brunei Darussalam	521220	514200
波兰	Poland	87	69	秘鲁	Peru	279744	505020
南非	South Africa	47	59	越南	Viet Nam	364932	377328
匈牙利	Hungary	21	51	罗马尼亚	Romania	371892	364356
阿根廷	Argentina	72	47	德国	Germany	500448	249456
马来西亚	Malaysia	57	46	意大利	Italy	316152	211080
摩洛哥	Morocco		38	新西兰	New Zealand	179340	194760
比利时	Belgium	56	38	波兰	Poland	171552	161616
罗马尼亚	Romania	35	36	菲律宾	Philippines	141828	149928
中国台湾	Taiwan, China	30	29	爱尔兰	Ireland	15120	132504
瑞典	Sweden	22	23	日本	Japan	139296	123396
斯洛文尼亚	Slovenia	21	19	丹麦	Denmark	177840	100164
葡萄牙	Portugal	16	18	突尼斯	Tunisia	121884	86556
荷兰	Netherlands	9	16	匈牙利	Hungary	90192	65544
乌兹别克斯坦	Uzbekistan	16	14	克罗地亚	Croatia	94836	60864
澳大利亚	Australia	24	10	智利	Chile	46188	48876
奥地利	Austria	10	10	南非	South Africa	43860	25836
芬兰	Finland	1	9	塞尔维亚	Serbia	16368	21360
塞尔维亚	Serbia	2	8	捷克	Czech Rep.	7500	7968
埃及	Egypt	12	4	白俄罗斯	Belarus	8328	7956
乌克兰	Ukraine	8	1	韩国	Korea, Rep.	22584	7860③

注：①2016年数据。②2014年数据。③2015年数据。
Note:①Data refer to 2016.②Data refer to 2014.③Data refer to 2015.

12-7 竣工房屋建筑
Construction of New Buildings

资料来源：联合国统计月报数据库。
Source: UN Monthly Bulletin of Statistics Database.

国家或地区	Country or Area	2010	2013	2014	2015	2016	2017
竣工房屋建筑面积	**Constrction Area of New Buildings**						
（万平方米）	**(10 000 sq.m.)**						
中　国	China	61216	78740	80868			
以色列	Israel	617	796	854	808	853	869
日　本	Japan	7690	9173	8021	7892	8221	8171
哈萨克斯坦	Kazakhstan	641	684	752	894	1051	1117
韩　国	Korea, Rep.	5147	5024	5710	8552	7842	7026
菲律宾	Philippines	1141	1259	1494	1448	1651	1513
南　非	South Africa	494	514	484	512		
法　国	France	3667	3304	2866	2780	3025	3504
德　国	Germany	1904	2906	2978	3218	3626	3440
波　兰	Poland	1386	1469	1397	1434	1499	1613
俄罗斯	Russia	5812	6940	8419	8536	8024	7859
土耳其	Turkey	9052	9416	11372	10788		
乌克兰	Ukraine	934	1122	974	1104	937	1021
新西兰	New Zealand	311	408	462	486	547	550
竣工房屋建筑（套）	**Number of New Buildings(unit)**						
以色列	Israel	33156	42564	44652	43560	45912	45600
日　本	Japan	815640	980028	892260	908304	967236	964644
韩　国	Korea, Rep.	81792	93048	101892	124788	130488	116364
菲律宾	Philippines	105228	107832	126876	124428	140388	140604
南　非	South Africa	39552	33864	38568	39672		
美　国	United States	648000	768000	885996	969000	1061004	
捷　克	Czech Rep.	36444	25248	23880	25092		
法　国	France	414900	376104	341604	335004	375000	430200
德　国	Germany	167784	270360	283128	305580	375588	348132
波　兰	Poland	135720	145140	143172	147708	163320	178344
俄罗斯	Russia	714120	912108	1117920	1195044	1167144	1131444
西班牙	Spain	257448	64632	46836	45636		
土耳其	Turkey	584280	688044	757176	714144		
乌克兰	Ukraine	76776	102288	105240	117444	112572	125520
英　国	United Kingdom	135948	135324	144984	170676	170988	194712
澳大利亚	Australia	156948	152304	175896	195912	212868	213084
新西兰	New Zealand	15600	21288	24684	27132	30072	31092

主要统计指标解释

工业生产指数 按国际标准产业分类的大类，包括矿业，制造业，电力、煤气、水，不包括建筑业。工业生产指数反映按美元不变价计算的增加值的变化趋势，采用拉氏公式计算，基期为2005年。

机构数 这里所用的机构的概念大部分情况下指的是经济活动单位，即能够单独核算的、在一个地点经营的、主要从事一种经济活动的单位。

从业人员数 指所有在企业中工作的人，包括企业主本人、合伙人、不领工资的家庭成员和所有雇员，但不包括家务劳动者。

工资和薪金 指报告期内用现金或以货代款方式支付给企业雇员的所有款项。款项包括（1）直接工资和薪金；（2）非工作时间的报酬；（3）奖金和小费；（4）雇主直接支付的住房补贴和家庭补贴；（5）以货代款方式的支付。雇员的补偿相当于工资和薪金加雇主为雇员支付的社会保障、养老金缴款雇员因此而得到的收益、解雇和辞职时加发的工资。

产值 指企业的工业活动所产出的价值。它包括(1)企业创造的全部产品总值;(2)收到或发出的在产品期初期末差额价值或库存品价值;(3)为其他部门提供工业生产或服务价值;(4)收到或发出的商品价值减去支付这些商品的数额;(5)报告期内生产单位自己使用而生产的固定资产价值。发出的制成品库存的期初期末差额价值。

固定资本形成 指报告期内所购买或自建的固定资产减去相应的卖出的固定资产的价值。固定资产包括使用期限在一年或一年以上,企业自产自用的固定资产也包括为延长使用寿命提高生产率而对现有资产进行的更新改造。

Explanatory Notes on Main Statistical Indicators

Industrial Production Indices are classified according to tabulation categories, division and combination of division of the revised version of the International Standard Industrial Classification of All Economic Activities (ISIC) for mining, manufacturing and electricity, gas and water, excluding construction. The indices indicate trends in value added in constant US dollars. Each series is compiled by use of the Laspcyrcs. The base year is 2005.

Establishment is ideally a unit that engages, under a single ownership or control, in one, or predominantly one, kind of activity at a single location.

Number of Employees is defined as the total number of persons who worked in or for the establishment during the reference year. However, home workers are excluded.

Wages and Salaries Estimates of wages and salaries include all payments in cash or in kind made to “employees” during the reference year in relation to work done for the establishment. Payment include: (a)direct wages and salaries;(b)remuneration for time not worked; (c)bonuses and gratuities;(d)housing allowances and family allowances paid directly by the employer, and (e)payments in kind.

Output The measure of output normally used in the tables is the census concept that covers only activities of an industrial nature. it include:(a)the value of all products of the establishment; (b)the net change between the beginning and the end of the reference period in the value of work in progress and stocks of goods to be shipped in the same condition as received;(c)the value of industrial work done or industrial services rendered to others; (d)the value of goods shipped in the same condition as received less the amount paid for these goods; and(e)the value of fixed assets produced during the period by the unit for its own use. In the case of estimates compiled on a shipment basis, the net change in the value of stocks of finished goods between the beginning and the end of the reference period is also included.

Gross Fixed Capital Formation Estimates refer to the value of purchases and own account construction of fixed assets during the reference year less the value of corresponding sales. The fixed assets covered are those (whether new or used) with a productive life of one year or more. These assets, which are intended for the use of the establishment, including fixed assets made by the establishment, including fixed assets made by the establishment’s own labour force for its own use. Major additions, alterations and improvements to existing assets that extend their normal economic life or raise their productivity are also included.

运输和通讯

Transportation and Communication

13−1 公路货运客运周转量
Freight Ton-km and Passenger-km of Road

资料来源：国际公路协会《世界公路统计2017年》。
Source: International Road Federation World Road Statistics 2017.

国家或地区	Country or Area	公路货运周转量(亿吨公里) Roads,Goods Transported (100 million ton-km)			公路客运周转量(亿人公里) Roads,Passengers Carried (100 million passenger-km)		
		2010	2014	2015	2010	2014	2015
中　　国	China	43389.7	56846.9	57955.7	15020.8	10996.8	10742.7
柬 埔 寨	Cambodia						
印　　度	India	11445.0	16536.0	18223.0	71920.0	117560.0	133830.0
日　　本	Japan	2310.6	2100.1	2043.2	55559.0		
哈萨克斯坦	Kazakhstan	802.6			1261.5		
韩　　国	Korea, Rep.		1246.5		1046.7	3609.4	3609.4
老　　挝	Laos	5.1	3.9		25.6	23.9	
蒙　　古	Mongolia	18.3	49.4	31.4	14.8	27.9	19.4
巴基斯坦	Pakistan	1634.2			2976.9		
新 加 坡	Singapore				56.8	57.2②	
斯里兰卡	Sri Lanka						
越　　南	Viet Nam	361.8	481.9	514.2	692.0	968.9	1049.9
埃　　及	Egypt				127.9		
南　　非	South Africa						
加 拿 大	Canada	1352.9	1665.8		4930.0①		
墨 西 哥	Mexico	2202.9	2397.1	2451.0	4520.3	4941.3	5085.0
美　　国	United States	40433.6	42003.8②		68303.1	70355.6	
阿 根 廷	Argentina				362.7	321.5	
捷　　克	Czech Rep.	518.3	540.9	587.1	799.4	925.4	958.0
法　　国	France	3009.7	2884.3	2813.2	7767.5	7908.6	8091.9
德　　国	Germany	4419.0	4590.0	4718.0	9804.9		
意 大 利	Italy	1757.8	1239.2		8006.1	7457.0	
荷　　兰	Netherlands	301.1	320.3	320.8	1533.0		
波　　兰	Poland	2142.0	2628.6	2731.1	2336.1	2400.7	2418.5
俄 罗 斯	Russia	1993.4	2467.8	2325.5	1406.1	1270.9	1262.7
西 班 牙	Spain	2727.3	2439.2	2548.8	3953.3	3503.9	3660.9
土 耳 其	Turkey	1903.7	2344.9	2443.3	2269.1	2760.7	2907.3
乌 克 兰	Ukraine	343.9	386.1	366.8	514.6	421.3	339.2
英　　国	United Kingdom	1538.3	1525.9	1697.7	6988.9	7042.1	7070.1
澳大利亚	Australia	1843.3	2057.3	2120.1	3202.3	3353.5	3399.9

注：①2009年数据。②2013年数据。
Note:①Data refer to 2009.②Data refer to 2013.

13-2 铁路运输
Railway Traffic

资料来源：世界银行WDI数据库。
Source: World Bank WDI Database.

国家或地区	Country or Area	铁路总长度(公里) Rail Lines Total (km)		铁路货运周转量(亿吨公里) Rail,Goods Transported (100 million ton-km)		铁路客运周转量(亿人公里) Rail,Passengers Carried (100 million passenger-km)	
		2010	2016	2010	2016	2010	2016
世　界	**World**	**1076590**	**1051768**	**46.73③**	**48.07⑤**	**21.34③**	**29.46⑤**
中　国	China	66239	67092	24511.85	19202.85	7911.58	6959.55
孟加拉国	Bangladesh	2835	2835①	7.10	7.10①	73.05	73.05①
印　度	India	63974	66030②	6005.48	6816.96②	9034.65	11471.90②
印度尼西亚	Indonesia	3370.00③	4684①	43.90③	71.66①	143.44③	202.83①
伊　朗	Iran	6073	8576	202.47	272.43	168.14	129.82
以色列	Israel	1034	1340	10.62	11.55②	19.86	26.08②
日　本	Japan	20035	15108	204.32	202.55①	2442.35	2067.22②
哈萨克斯坦	Kazakhstan	14202	15530	2131.74	1881.59	154.48	181.65
韩　国	Korea, Rep.	3379	4071	94.52	94.79②	330.27	237.47
马来西亚	Malaysia	1665	2250①	13.84	30.71①	15.27	32.93①
蒙　古	Mongolia	1814	1810	102.87	123.71	12.20	9.56
巴基斯坦	Pakistan	7791	9255②	61.87	33.01②	247.31	202.88②
菲律宾③	Philippines③	479					
斯里兰卡③	Sri Lanka③	1463		1.35		47.67	
泰　国	Thailand	4429	5327①	31.61	24.55①	80.37	75.04①
越　南	Viet Nam	2347	2347	39.01	31.90	43.78	34.16
埃　及	Egypt	5195	5153	38.40	15.92①	408.37	408.37①
尼日利亚④	Nigeria④	3528		0.77		1.74	
南　非	South Africa	22051	20500①	1133.42	1346.00①	188.65	146.89①
加拿大	Canada	58345	52131①	3227.41	5401.41②	28.75	13.22②
墨西哥	Mexico	26704	26704①	711.36③	738.79②	1.78	4.79①
美　国	United States	228513	228218①	24687.38	25472.53②	95.18	104.92
阿根廷	Argentina	25023	28527	120.25	121.11①		76.32
巴　西	Brazil	29817	29817①	2677.00	2677.00①		156.48
委内瑞拉	Venezuela	336③		0.81④			
捷　克	Czech Rep.	9569	9463	135.92	109.49	65.53	73.80
法　国	France	33608	30013①	228.40	331.16②	868.53	846.82②
德　国	Germany	33708	33380	1057.94	729.13②	785.82	792.57②
意大利	Italy	18011	16788	120.37	102.67②	445.35	392.90
荷　兰	Netherlands	3016	3016①			154.00	177.70②
波　兰	Poland	19702	18429	342.66	287.20②	157.15	94.66
俄罗斯	Russia	85292	85375	20113.08	23425.90	1390.28	2065.13②
西班牙	Spain	15317	15650	78.44	65.99	223.04	261.69
土耳其	Turkey	9594	10131	110.30	107.73	54.91	43.25
乌克兰	Ukraine	21705	21603	2180.91	1875.57	502.40	373.60
英　国	United Kingdom	31471	16241②	125.12③		550.19	622.97①
澳大利亚	Australia	8615		641.72	596.49①	15.00	

注：①2014年数据。②2015年数据。③2008年数据。④2007年数据。⑤2013年数据。
Note:①Data refer to 2014.②Data refer to 2015.③Data refer to 2008.④Data refer to 2007.⑤Data refer to 2013.

13-3 国际海运装货量和卸货量
International Maritime Freight Loaded and Unloaded

资料来源：联合国统计月报数据库。
Source: UN Monthly Bulletin of Statistics Database.
单位：万吨 (10 000 tons)

国家或地区	Country or Area	国际海运装货量 International Maritime Freight Loaded			国际海运卸货量 International Maritime Freight Unloaded		
		2000	2010	2017	2000	2010	2017
中国香港	Hong Kong, China	6770	11346	10697	10693	15428	17454
孟加拉国	Bangladesh	89	466	697	1408	3860	7951
文　莱	Brunei Darussalam	10			102		
印度尼西亚	Indonesia	14153	50118		4504	11254	
伊　朗	Iran	3065			4486		
以色列	Israel	1387	1927	2051	2920	2414	3743
日　本	Japan	13010			80654		
韩　国	Korea, Rep.	15078			41882		
马来西亚	Malaysia	5483	11240		6922	13682	
巴基斯坦	Pakistan	617	1950		3080	4870	
新加坡	Singapore	32618					
斯里兰卡	Sri Lanka	919					
南　非	South Africa	2598					
美　国	United States	34334			83352		
阿根廷	Argentina	1550				2374	
法　国	France	6810	10421	11116	20273	20746	20764
德　国	Germany	8602	10230	11566	14725	17070	17525
荷　兰	Netherlands	9940			32507		
波　兰	Poland	3152	3017	2831	1582	2838	4756
俄罗斯	Russia	828	20152		84	2353	
西班牙	Spain	5627			19343		
乌克兰	Ukraine	4271	8371		684	1744	
澳大利亚	Australia	48750	88736	146300	5418	8896	10106
新西兰	New Zealand	2214	3040	4061	1379	1798	2375

13-4 空运货物周转量和客运量
Freight and Passengers Carried by Air

资料来源：世界银行WDI数据库。
Source: World Bank WDI Database.

国家或地区	Country or Area	空运货物周转量(万吨公里) Air Transport, Freight(10 000 ton-km)			航空客运量(万人) Air Transport,Passengers Carried(10 000 persons)		
		2000	2010	2017	2000	2010	2017
世　界	**World**	**11825721**	**182025621**	**21359025**	**167406**	**262826**	**397885**
高收入国家	**High Income**	**10137076**	**143654881**	**15956782**	**137146**	**176791**	**236276**
中等收入国家	**Middle Income**	**1642180**	**3771939**	**5188218**	**29646**	**84657**	**159843**
低收入国家	**Low Income**	**46465**	**65135**		**615**	**1378**	**1766**
中　国	China	390008	1719388	2332362	6189	26629	55123
中国香港	Hong Kong, China	511151	1037344	1241520	1438	2835	4558
中国澳门	Macao, China	2190	3671	3343	153	133	277
孟加拉国	Bangladesh	19387	16443	6175	133	182	379
文　莱	Brunei Darussalam	14023	14852	13261	86	126	117
柬埔寨	Cambodia		2	88		28	131
印　度	India	54765	163096	240732	1730	6437	13982
印度尼西亚	Indonesia	40854	66566	105605	992	5938	11025
伊　朗	Iran	7372	9654	17582	872	1876	1928
以色列	Israel	88570	85643	91290	444	508	707
日　本	Japan	867205	769880	1068457	10912	10962	12390
哈萨克斯坦	Kazakhstan	1175	4238	4931	46	310	565
韩　国	Korea, Rep.	765134	1294273	1100220	3433	3699	8405
老　挝	Laos	167	12	147	21	44	120
马来西亚	Malaysia	186384	256466	126164	1656	3424	5819
蒙　古	Mongolia	844	390	837	25	39	60
缅　甸	Myanmar	77	206	549	44	92	285
巴基斯坦	Pakistan	34031	33296	24987	529	659	992
菲律宾	Philippines	28995	46019	75694	576	2258	4409
新加坡	Singapore	600489	712142	700690	1670	2486	3768
斯里兰卡	Sri Lanka	25571	33905	39861	176	301	534
泰　国	Thailand	171288	293867	239332	1739	2878	7119
越　南	Viet Nam	11733	42692	45335	288	1438	4259
埃　及	Egypt	27806	41699	43015	452	952	1202
尼日利亚	Nigeria	882		2200	51	420	345
南　非	South Africa	68757	102556	83393	800	1578	2082
加拿大	Canada	189611	195733	284099	4177	6328	9140
墨西哥	Mexico	30986	90895	92884	2089	3127	5854
美　国	United States	3017198	3935326	4159155	66533	72050	84940
阿根廷	Argentina	29665	19330	30626	892	903	1831
巴　西	Brazil	172790	130248	173655	3129	7463	9640
委内瑞拉	Venezuela	3310	122	191	430	643	416
捷　克	Czech Rep.	3222	1799	2782	223	515	545
法　国	France	522434	507972	426060	5258	6086	6832
德　国	Germany	712771	748748	739123	5796	9733	11685
意大利	Italy	174841	78497	140560	3042	3265	2784
荷　兰	Netherlands	436734	644438	569773	2090	2698	4277
波　兰	Poland	7783	7661	22181	234	410	738
俄罗斯	Russia	104141	353158	684523	1769	4386	8937
西班牙	Spain	87950	123587	106572	3971	5285	7191
土耳其	Turkey	38504	114928	480024	1219	4567	10792
乌克兰	Ukraine	1220	6932	5968	95	396	682
英　国	United Kingdom	516087	608274	591724	7044	10152	15187
澳大利亚	Australia	173074	293831	198259	3258	6064	7426
新西兰	New Zealand	81714	46864	133595	1078	1330	1627

13-5 机动车使用量
Vehicles in Use

资料来源：国际公路协会《世界公路统计2017年》。
Source: International Road Federation World Road Statistics 2017.

国家或地区	Country or Area	年份 Year	总计（万辆） Total (10 000 units)	乘用车（万辆） Passenger Cars (10 000 units)	公共汽车（万辆） Buses (10 000 units)	卡车和货车（万辆） Lorries and Vans (10 000 units)
中国	China	2015		13866.1		
中国香港	Hong Kong,China	2015	67.3	54.0	2.1	11.2
孟加拉国	Bangladesh	2015	68.4	33.3	14.8	20.2
文莱	Brunei Darussalam	2015	30.1	29.5	0.1	0.5
印度	India	2015	3990.0	2856.0	210.0	924.0
以色列	Israel	2015	296.4	260.7	3.0	32.7
日本	Japan	2015	7708.1	6051.7	22.8	1633.6
哈萨克斯坦	Kazakhstan	2011	406.6	355.4	9.8	41.4
韩国	Korea,Rep.	2015	2091.5	1656.2	92.0	343.3
马来西亚	Malaysia	2015	120.1	67.2	0.9	
蒙古	Mongolia	2015	47.4	34.3	2.1	11.0
缅甸	Myanmar	2015	76.3	44.8	2.5	28.9
巴基斯坦	Pakistan	2015	323.0	274.2	22.9	25.9
菲律宾	Philippines	2013	339.9	86.8	3.2	249.9
新加坡	Singapore	2015	79.2	63.1	1.8	14.4
斯里兰卡	Sri Lanka	2015	147.8	67.3	10.1	70.4
南非	South Africa	2014	963.4	662.1	35.1	266.3
加拿大	Canada	2015	2321.5		9.1	
墨西哥	Mexico	2015	2698.8	1774.4	30.3	894.0
美国	United States	2015	25500.9	11286.4	88.9	14125.6
巴西	Brazil	2015	6383.1	4982.3	96.6	1304.2
白俄罗斯	Belarus	2015	350.2	303.7	4.7	41.8
捷克	Czech Republic	2015	578.7	511.5	2.0	65.2
法国	France	2015	3865.2	3200.0	9.0	665.2
德国	Germany	2015	5009.2	4507.1	7.8	494.2
意大利	Italy	2015	4249.6	3780.3	9.7	459.6
荷兰	Netherlands	2015	907.3	810.1	0.9	96.3
挪威	Norway	2015	318.1	261.0	1.7	55.3
波兰	Poland	2015	2426.1	2072.3	11.0	342.8
俄罗斯	Russia	2015	5135.5	4425.3	87.3	623.0
西班牙	Spain	2015	2831.0	2235.6	6.0	589.4
土耳其	Turkey	2015	1531.5	1058.9	66.6	406.0
乌克兰	Ukraine	2011	848.8	690.1	25.0	133.8
英国	United Kingdom	2015	3576.0	3025.0	16.3	411.7
澳大利亚	Australia	2015	1800.8	1354.9	9.5	355.6
新西兰	New Zealand	2015	339.5	283.4	2.3	53.7

13-5 续表 continued

国家或地区	Country or Area	年份 Year	摩托车(万辆) Motorcycles (10 000 units)	每千人拥有乘用车数量(辆) Passenger Cars per 1000 Persons (unit)	每千人拥有汽车数量(辆) Total Vehicles per 1000 Persons (unit)	每公里道路汽车数量(辆) Total Vehicles per km of Road (unit)
中国	China	2015	8872.5	101.0		
中国香港	Hong Kong,China	2015	4.8	74.0	92.0	320.0
孟加拉国	Bangladesh	2015	163.6	2.0	4.0	
文莱	Brunei Darussalam	2015	0.5	706.0	721.0	93.0
印度	India	2015	15435.0	22.0	30.0	7.0
以色列	Israel	2015	12.7	311.0	354.0	154.0
日本	Japan	2015	1148.2	476.0	606.0	221.0
哈萨克斯坦	Kazakhstan	2011	5.0	215.0	246.0	42.0
韩国	Korea,Rep.	2015	216.2	325.0	410.0	211.0
马来西亚	Malaysia	2015	46.6	22.0	39.0	6.0
蒙古	Mongolia	2015		115.0	159.0	
缅甸	Myanmar	2015	457.8	9.0	15.0	19.0
巴基斯坦	Pakistan	2015	1302.2	14.0	17.0	12.0
菲律宾	Philippines	2013	425.1	9.0	35.0	
新加坡	Singapore	2015	14.3	114.0	143.0	
斯里兰卡	Sri Lanka	2015	441.9	32.0	70.0	
南非	South Africa	2014	36.8	122.0	178.0	
加拿大	Canada	2015	70.9		648.0	
墨西哥	Mexico	2015	205.3	141.0	214.0	69.0
美国	United States	2015	860.1	352.0	795.0	38.0
巴西	Brazil	2015	2404.9	242.0	310.0	41.0
白俄罗斯	Belarus	2015	41.3	320.0	369.0	34.0
捷克	Czech Republic	2015	104.6	485.0	549.0	44.0
法国	France	2015		480.0	580.0	36.0
德国	Germany	2015	422.8	552.0	613.0	78.0
意大利	Italy	2015	955.8	622.0	700.0	
荷兰	Netherlands	2015	180.3	478.0	536.0	49.0
挪威	Norway	2015	43.6	503.0	613.0	34.0
波兰	Poland	2015	253.2	546.0	639.0	58.0
俄罗斯	Russia	2015	226.6	307.0	356.0	35.0
西班牙	Spain	2015	510.3	481.0	610.0	42.0
土耳其	Turkey	2015	293.8	135.0	196.0	64.0
乌克兰	Ukraine	2011	120.6	151.0	186.0	50.0
英国	United Kingdom	2015	123.1	464.0	549.0	85.0
澳大利亚	Australia	2015	80.7	570.0	757.0	21.0
新西兰	New Zealand	2015	9.3	617.0	739.0	36.0

13-6 汽车燃料价格
Motor Fuel Prices

资料来源：国际公路协会《世界公路统计2017年》.
Source: International Road Federation World Road Statistics 2017.

单位：美分/升 (USD cent/liter)

国家或地区	Country or Area	高级汽油价格 Super Gasoline Price				
		2000	2006	2010	2012	2014
中　国	China	40	69	111	137	117
中国香港	Hong Kong,China	146	169	192	216	206
孟加拉国	Bangladesh	46	79	109	115	130
印　度	India	60	101	115	125	110
印度尼西亚	Indonesia	17	57	79	47	93
伊　朗	Iran	5	9	10	33	37
以色列	Israel	114	147	185	201	188
日　本	Japan	106	109	160	200	138
哈萨克斯坦	Kazakhstan	36	70	71	101	81
韩　国	Korea,Rep.	92	165	152	180	155
马来西亚	Malaysia	28	53	59	62	68
蒙　古	Mongolia	38	88	111	129	101
缅　甸	Myanmar	33	66	80	104	114
巴基斯坦	Pakistan	53	101	86	114	94
菲律宾	Philippines	37	76	105	125	105
新加坡	Singapore	84	92	142	168	158
斯里兰卡	Sri Lanka	66	88	119	129	127
泰　国	Thailand	39	70	141	156	129
越　南	Vietnam	38	67	88	115	104
埃　及	Egypt	26	30	48	45	88
尼日利亚	Nigeria	27	51	44	62	56
南　非	South Africa	50	85	119	138	119
加拿大	Canada	58	84	121	132	117
墨西哥	Mexico	61	74	81	86	103
美　国	United States	47	63	76	97	76
阿根廷	Argentina	107	62	96	146	152
巴　西	Brazil	92	126	158	139	127
委内瑞拉	Venezuela	12	3	2	2	2
白俄罗斯	Belarus	55	79	108	88	106
捷　克	Czech Republic	77	130	175	193	167
法　国	France	99	148	198	191	179
意大利	Italy	97	156	187	228	214
荷　兰	Netherlands	103	170	213	233	215
波　兰	Poland	76	130	157	174	142
俄罗斯	Russia	33	77	84	99	81
西班牙	Spain	73	115	156	175	163
土耳其	Turkey	88	188	252	254	206
乌克兰	Ukraine	37	81	101	135	117
英　国	United Kingdom	117	163	192	217	192
澳大利亚	Australia	57	93	127	139	123
新西兰	New Zealand	48	98	147	177	171

13-6 续表 continued

单位：美分/升 (USD cent/liter)

国家或地区	Country or Area	柴油价格 Diesel Price 2000	2006	2010	2012	2014
中　　国	China	45	61	104	128	109
中国香港	Hong Kong,China	80	106	132	157	156
孟加拉国	Bangladesh	29	45	63	76	90
印　　度	India	39	75	82	86	91
印度尼西亚	Indonesia	6	44	51	47	62
伊　　朗	Iran	2	3	2	12	19
以 色 列	Israel	64	127	187	212	208
日　　本	Japan	76	90	137	161	110
哈萨克斯坦	Kazakhstan	29	45	51	67	64
韩　　国	Korea,Rep.	66	133	135	163	137
马来西亚	Malaysia	16	40	56	59	65
蒙　　古	Mongolia	38	87	104	122	96
缅　　甸	Myanmar	12	75	80		93
巴基斯坦	Pakistan	27	64	92	120	101
菲 律 宾	Philippines	28	67	84	101	82
新 加 坡	Singapore	38	63	104	126	116
斯里兰卡	Sri Lanka	27	55	66	93	90
泰　　国	Thailand	35	65	95	97	90
越　　南	Vietnam	27	53	77	106	91
埃　　及	Egypt	10	12	19	18	25
尼日利亚	Nigeria	27	66	77	109	84
南　　非	South Africa	50	84	114	142	117
加 拿 大	Canada	47	78	108	123	116
墨 西 哥	Mexico	45	52	72	85	102
美　　国	United States	48	69	84	105	97
阿 根 廷	Argentina	52	48	105	133	133
巴　　西	Brazil	34	84	114	102	102
委内瑞拉	Venezuela	6	2	1	1	1
白俄罗斯	Belarus	36	55	86	90	106
捷　　克	Czech Republic	68	129	169	187	160
法　　国	France	82	133	172	178	163
意 大 利	Italy	83	149	169	218	201
荷　　兰	Netherlands	78	132	171	195	180
波　　兰	Poland	65	130	150	173	139
俄 罗 斯	Russia	29	66	72	100	75
西 班 牙	Spain	65	110	147	175	155
土 耳 其	Turkey	66	162	203	233	190
乌 克 兰	Ukraine	30	87	92	125	116
英　　国	United Kingdom	122	173	198	227	199
澳大利亚	Australia	57	94	123	157	128
新 西 兰	New Zealand	34	70	97	124	111

13-7 港口集装箱吞吐量
Container Port Traffic

资料来源：世界银行WDI数据库。
Source: World Bank WDI Database.
单位：万标准集装箱 (10 000 TEUs)

国家或地区	Country or Area	2000	2010	2012	2013	2014	2015	2016
世　界	**World**	**22477**	**55102**	**61394**	**64001**	**67670**	**68771**	**70142**
高收入国家	**High Income**	**14424**	**27907**	**29849**	**30604**	**32313**	**32276**	**32889**
中等收入国家	**Middle Income**	**8053**	**26966**	**31287**	**33121**	**35083**	**36203**	**36966**
中　国	China	4100	13936	16337	17581	18685	19476	19957
中国香港	Hong Kong, China		2360	2310	2229	2230	2011	1958
孟加拉国	Bangladesh	46	147	147	163	164	204	237
文　莱	Brunei Darussalam		9	11	12	13	13	12
柬埔寨	Cambodia		22	26	29	42	47	48
印　度	India	245	911	958	969	1132	1188	1208
印度尼西亚	Indonesia	380	809	1043	1081	1164	1203	1243
伊　朗	Iran		259	232	191	237	217	245
以色列	Israel		228	254	252	241	249	245
日　本	Japan	1310	1812	1707	1911	2067	2008	2026
韩　国	Korea, Rep.	903	1852	2153	2252	2481	2548	2637
马来西亚	Malaysia	464	1820	2059	2091	2237	2401	2457
缅　甸	Myanmar		34	47	57	72	83	103
巴基斯坦	Pakistan		215	224	245	253	276	265
菲律宾	Philippines	303	509	564	583	618	721	742
新加坡	Singapore	1710	2918	3165	3258	3469	3171	3169
斯里兰卡	Sri Lanka	173	408	419	431	491	519	555
泰　国	Thailand	318	652	732	755	812	836	824
越　南	Viet Nam	119	589	737	825	815	884	850
埃　及	Egypt	163	683	590	589	634	673	678
尼日利亚	Nigeria		123	181	170	189	156	134
南　非	South Africa	185	383	431	469	459	460	436
加拿大	Canada	293	478	522	525	543	579	574
墨西哥	Mexico	132	369	487	487	506	551	568
美　国	United States	2830	4574	4726	4798	4623	4790	4838
阿根廷	Argentina	114	197	194	213	170	170	159
巴　西	Brazil	241	713	799	894	986	967	929
委内瑞拉	Venezuela	67	123	154	141	94	73	84
法　国	France	292	458	480	499	521	563	577
德　国	Germany	770	1280	1510	1509	1987	1924	1942
意大利	Italy	692	974	956	999	1026	1022	1057
荷　兰	Netherlands	641	1142	1228	1205	1267	1261	1280
波　兰	Poland		105	166	196	214	186	203
俄罗斯	Russia	32	323	442	449	525	391	392
西班牙	Spain	579	1240	1404	1385	1425	1429	1499
土耳其	Turkey	159	584	728	795	847	830	885
乌克兰	Ukraine		61	68	73	67	48	59
英　国	United Kingdom	643	822	792	819	942	1076	1296
澳大利亚	Australia	354	655	697	708	740	763	764
新西兰	New Zealand	107	211	233	242	294	312	303

13-8 公路长度及密度
Length and Density of Road

资料来源：国际公路协会《世界公路统计2017年》。
Source: International Road Federation World Road Statistics 2017.

国家或地区	Country or Area	公路网长度(公里) Roads,Total Network (km)		有路面公路所占比重(%) Roads,Paved (% of total roads)		公路密度(公里)(每百平方公里土地公路长度) Road Density (km of road per 100 sq.km of land area)	
		2005	2015	2005	2015	2005	2015
中　国	China	3345187	4577296	40.8	72.1	34.8	47.9
中国香港	Hong Kong, China	1955	2101	100.0	100.0	179.0	191.0
中国澳门	Macao, China	368	427	100.0	100.0	1314.3	1428.1
文　莱	Brunei Darussalam	3426	3235	78.4		59.4	56.1
印　度	India	3809156	5472144	47.0	61.1	115.9	166.5
印度尼西亚	Indonesia	391008	523974	55.4	57.5	20.5	27.4
伊　朗	Iran	172028	214560	71.9	87.0	9.9	12.3
以色列	Israel	17589	19224	100.0	100.0	79.7	87.1
日　本	Japan	321346	348086	79.0		85.0	92.1
哈萨克斯坦	Kazakhstan	90845		91.2		3.3	
韩　国	Korea, Rep.	102293	99023	76.8	92.1	102.7	98.9
老　挝	Laos	33861		13.4		14.3	
马来西亚	Malaysia	87025	216837	78.0	75.6	26.3	65.5
缅　甸	Myanmar	29997	39985	48.1	59.1	4.4	5.9
巴基斯坦	Pakistan	258214	263356	63.1	71.3	32.4	33.1
新加坡	Singapore	3234		100.0		462.7	
埃　及	Egypt	98875				9.9	
墨西哥	Mexico	355796	390301	34.5	40.2	18.1	19.9
美　国	United States	6430351	6641440	64.9	66.3	66.8	67.6
阿根廷	Argentina						
巴　西	Brazil	1610076	1563446	12.2	13.5	18.9	18.4
捷　克	Czech Rep.	128437	130657			162.8	165.7
法　国	France	1005750	1072447	100.0	100.0	183.1	195.3
德　国	Germany	644480	642577			180.5	179.9
意大利	Italy	487700				161.8	
荷　兰	Netherlands	134218	184101		75.5	323.1	443.6
波　兰	Poland	381463	419636	66.5	69.3	122.0	134.2
俄罗斯	Russia	858000	1480631	84.4	70.6	5.0	8.7
西班牙	Spain	666699	667056			131.9	131.9
土耳其	Turkey	349238	238899		91.6	44.6	30.5
乌克兰	Ukraine	169323	169644	97.4	97.9	28.1	28.1
英　国	United Kingdom	388008	421261	100.0	100.0	159.3	172.9
澳大利亚	Australia		873561				11.3
新西兰	New Zealand	93148	94822	64.5	66.9	34.8	35.4

13-9 公路交通事故
Road Accidents

资料来源：国际公路协会《世界公路统计2017年》。
Source: International Road Federation World Road Statistics 2017.

国家或地区	Country or Area	年 份 Year	事故发生数(起) Accidents (case)	受伤人数(人) Persons Injured (person)	死亡人数(人) Persons Killed (person)
中 国	China	2015	187781	199880	58022
中国香港	Hong Kong, China	2015	16170	20259	122
孟加拉国	Bangladesh	2015	2394	2376	1958
文 莱	Brunei Darussalam	2015		460	36
柬 埔 寨	Cambodia	2013			2635
印 度	India	2015	501423	500279	146133
印度尼西亚	Indonesia	2015		134651	26495
伊 朗	Iran	2015	277118	341279	16374
以 色 列	Israel	2015	12122	21842	322
日 本	Japan	2015	536789	661164	4859
哈萨克斯坦	Kazakhstan	2013			3983
韩 国	Korea,Rep.	2015	1141925	1809461	4621
马来西亚	Malaysia	2015		11552	6706
蒙 古	Mongolia	2015			597
缅 甸	Myanmar	2015	15677	25612	5039
菲 律 宾	Philippines	2014		9347	1252
新 加 坡	Singapore	2015		10412	151
泰 国	Thailand	2014		20118	6338
越 南	Vietnam	2014			21337
埃 及	Egypt	2015	14548	19325	6203
尼日利亚	Nigeria	2015		10257	5042
南 非	South Africa	2015			13273
加 拿 大	Canada	2015	118404	172182	1858
墨 西 哥	Mexico	2015	10005	15470	3490
美 国	United States	2015	1748000	2443000	35092
巴 西	Brazil	2015		249560	6866
白俄罗斯	Belarus	2015	4151	4424	664
捷 克	Czech Republic	2015	21561	26966	738
芬 兰	Finland	2015	5164	6408	270
法 国	France	2015	56603	70802	3461
德 国	Germany	2015	305659	396891	3459
意 大 利	Italy	2015	174539	246920	3428
荷 兰	Netherlands	2015			621
波 兰	Poland	2015	32967	39778	2938
俄 罗 斯	Russia	2015	184000	231197	23114
西 班 牙	Spain	2015	97756	134455	1689
土 耳 其	Turkey	2015	183011	304421	7530
乌 克 兰	Ukraine	2015	25493	31600	4003
英 国	United Kingdom	2015	140056	184459	1730
澳大利亚	Australia	2015			1205
新 西 兰	New Zealand	2015	9789	12342	319

13-9 续表 continued

国家或地区	Country or Area	年 份 Year	每十万人口交通事故死亡人数(人) Number of Deaths per 100 000 Persons (person)	每十万人口交通事故数(起) Number of Injuries per 100 000 Persons (person)	每亿公里车程交通事故数(起) Number of Accidents per 100 Million Vehicle-km (person)
中　　国	China	2015	4	14	
中国香港	Hong Kong,China	2015	2	221	125
中国澳门	Macao,China	2015	2	81	
孟加拉国	Bangladesh	2015	1	1	
印　　度	India	2015	11	38	
印度尼西亚	Indonesia	2015	10		
伊　　朗	Iran	2015	21	349	
以 色 列	Israel	2015	4	145	24
日　　本	Japan	2015	4	422	74
哈萨克斯坦	Kazakhstan	2013	23		
韩　　国	Korea,Rep.	2015	9	2238	1724
马来西亚	Malaysia	2015	22		
蒙　　古	Mongolia	2015	20		
缅　　甸	Myanmar	2015	10	30	
菲 律 宾	Philippines	2014	1		
新 加 坡	Singapore	2015	3		46
斯里兰卡	SriLanka	2015	13		
泰　　国	Thailand	2014	9		
越　　南	Vietnam	2014	24		
埃　　及	Egypt	2015	7	16	
尼日利亚	Nigeria	2015	3		
南　　非	South Africa	2015	24		
加 拿 大	Canada	2015	5	330	
墨 西 哥	Mexico	2015	3	8	5
美　　国	United States	2015	11	545	35
巴　　西	Brazil	2015	3		
白俄罗斯	Belarus	2015	7	44	339
捷　　克	Czech Republic	2015	7	204	
法　　国	France	2015	5	85	10
德　　国	Germany	2015	4	374	42
意 大 利	Italy	2015	6	287	
荷　　兰	Netherlands	2015	4		
波　　兰	Poland	2015	8	87	15
俄 罗 斯	Russia	2015	16	128	
西 班 牙	Spain	2015	4	210	82
土 耳 其	Turkey	2015	10	234	162
乌 克 兰	Ukraine	2015	9	56	
英　　国	United Kingdom	2015	3	215	28
澳大利亚	Australia	2015	5		
新 西 兰	New Zealand	2015	7	213	23

13-10 公路支出
Road Expenditure

资料来源：国际公路协会《世界公路统计2017年》。
Source: International Road Federation World Road Statistics 2017.

单位：万美元 (10 000 USD)

国家或地区	Country or Area	年 份 Year	支出总计 Total Expenditure	公路支出构成－按行政管理级别分 Road Expenditure by Administration Levels		
				中央政府 Central Government	地方政府 Local Government	私 人 Private
中 国	China	2011	21990164	761194	21228970	
中国香港	Hong Kong,China	2015				
柬 埔 寨	Cambodia	2000	8683	8683		
印 度	India	2012	769774			368072
韩 国	Korea,Rep.	2015		1011806		
老 挝	Laos	2006	16193	16193		
马来西亚	Malaysia	2003	34656	34656		
蒙 古	Mongolia	2009	91			
新 加 坡	Singapore	2010	126475	126475		
斯里兰卡	Sri Lanka	2010	79285			
南 非	South Africa	2015	306354	155614	150740	
墨 西 哥	Mexico	2015	398235	295067		103169
美 国	United States	2014	20462877	88121	15598478	
巴 西	Brazil	2015	280523	152592		
白俄罗斯	Belarus	2015	29608			
捷 克	Czech Republic	2000	207814	207814		
法 国	France	2015	2248498	252041	1401185	595272
荷 兰	Netherlands	2000	146859	125173	21686	
波 兰	Poland	2015				
西 班 牙	Spain	2015	450235	238056	177902	34277
土 耳 其	Turkey	2015	722199	722199		
乌 克 兰	Ukraine	2015	106943	103510	3433	
英 国	United Kingdom	2015	1371940	546119	825821	
澳大利亚	Australia	2015	1842693	347510	1418321	76861
新 西 兰	New Zealand	2015	222689	186712	35952	

13-10 续表 continued

单位：万美元 (10 000 USD)

国家或地区	Country or Area	年份 Year	公路支出构成－按支出性质分 Road Expenditure-by Nature		
			建设 Construction	维护 Maintenance	其它 Others
中　国	China	2011			
中国香港	Hong Kong,China	2015	246142		
柬埔寨	Cambodia	2000	1979	6704	
印　度	India	2012	742269	26419	8
韩　国	Korea,Rep.	2015			
老　挝	Laos	2006	14352	1842	
马来西亚	Malaysia	2003	69	34061	526
蒙　古	Mongolia	2009			
新加坡	Singapore	2010			
斯里兰卡	Sri Lanka	2010	73524	5761	
南　非	South Africa	2015	149608		156746
墨西哥	Mexico	2015	320319	77916	
美　国	United States	2014	10542374	5144224	4776279
巴　西	Brazil	2015	280523		
白俄罗斯	Belarus	2015	36509		
捷　克	Czech Republic	2000	103321	104363	
法　国	France	2015	1116679	1131819	
荷　兰	Netherlands	2000	51469	71782	
波　兰	Poland	2015	591615		
西班牙	Spain	2015			
土耳其	Turkey	2015	697348	24845	
乌克兰	Ukraine	2015	10949	22290	73704
英　国	United Kingdom	2015	958657	413284	
澳大利亚	Australia	2015			
新西兰	New Zealand	2015	119023	103666	

13-11 电话主线和移动电话普及率

Telephone Mainlines and Mobile Phones

资料来源：世界银行WDI数据库。
Source:World Bank WDI Database.

国家或地区	Country or Area	电话主线(条/千人) Telephone Mainlines(lines per 1 000 persons)			移动电话(部/千人) Mobile Phones(sets per 1 000 persons)		
		2000	2010	2017	2000	2010	2017
世　界	**World**	**159.2**	**176.8**	**131.5**	**120.5**	**761.5**	**1044.9**
高收入国家	**High Income**	**534.9**	**465.7**	**402.2**	**480.3**	**1103.0**	**1251.9**
中等收入国家	**Middle Income**	**82.3**	**128.4**	**85.7**	**44.3**	**736.3**	**1043.3**
低收入国家	**Low Income**	**10.1**	**18.1**	**10.6**	**3.1**	**305.3**	**620.8**
中　国	China	112.9	216.5	137.5	66.4	631.7	1045.8
中国香港	Hong Kong, China	589.1	620.9	579.4	817.5	1963.5	2490.2
中国澳门	Macao, China	413.2	313.6		329.6	2090.0	
孟加拉国	Bangladesh	3.7	8.4	4.3	2.1	446.4	881.2
文　莱	Brunei Darussalam	241.6	205.6		285.1	1119.5	1270.7
柬埔寨	Cambodia	2.5	25.1	8.3	10.7	569.6	1160.4
印　度	India	30.8	28.5	17.4	3.4	611.1	872.9
印度尼西亚	Indonesia	31.5	168.8	42.3	17.4	871.2	1738.4
伊　朗	Iran	143.4	346.2	384.2	14.6	724.9	1073.2
以色列	Israel	494.5	458.9	389.4	731.7	1226.9	1266.6
日　本	Japan	485.8	510.5	501.6	523.7	959.1	1334.5
哈萨克斯坦	Kazakhstan	121.8	247.4	203.1	13.1	1183.2	1454.2
韩　国	Korea, Rep.	545.8	576.0	526.5	565.9	1024.5	1248.6
老　挝	Laos	7.7	16.5	164.1	2.4	640.9	541.2
马来西亚	Malaysia	199.6	164.0	208.0	220.9	1204.4	1338.8
蒙　古	Mongolia	49.0	71.2	95.1	64.5	925.5	1263.5
缅　甸	Myanmar	5.9	9.8	10.4	0.3	11.8	898.5
巴基斯坦	Pakistan	22.0	35.6	14.9	2.2	581.5	733.6
菲律宾	Philippines	39.3	35.6	39.7	82.8	887.2	1104.0
新加坡	Singapore	497.2	393.4	347.4	701.9	1455.3	1482.4
斯里兰卡	Sri Lanka	40.9	177.2	124.7	22.9	859.4	1350.7
泰　国	Thailand	88.8	101.7	42.2	48.5	1067.2	1760.4
越　南	Viet Nam	31.7	162.5	47.4	9.8	1261.1	1256.2
埃　及	Egypt	78.4	114.4	67.7	19.5	840.1	1055.4
尼日利亚	Nigeria	4.5	6.6	0.7	0.3	550.5	759.2
南　非	South Africa	108.5	94.2	64.0	182.4	976.5	1619.9
加拿大	Canada	678.0	538.3	401.4	283.9	755.8	859.0
墨西哥	Mexico	121.2	169.8	159.5	138.4	778.9	885.1
美　国	United States	682.7	484.9	369.5	388.2	923.8	1220.1
阿根廷	Argentina	213.0	240.5	215.3	175.1	1384.7	1398.2
巴　西	Brazil	176.4	214.1	195.3	132.3	1000.7	1130.0
委内瑞拉	Venezuela	103.6	244.0	185.4	222.4	960.5	766.0
捷　克	Czech Rep.	376.3	224.7	152.3	422.4	1227.6	1189.9
法　国	France	570.2	644.5	595.4	487.4	916.8	1062.1
德　国	Germany	616.3	653.9	540.7	591.5	1092.8	1290.9
意大利	Italy	473.9	377.3	348.7	737.4	1568.2	1412.9
荷　兰	Netherlands	620.9	433.5	384.5	675.3	1149.6	1205.2
波　兰	Poland	283.9	200.1		175.0	1225.2	1305.4
俄罗斯	Russia	219.1	313.8	216.6	22.3	1660.4	1578.9
西班牙	Spain	418.2	431.3	424.6	593.2	1098.3	1132.3
土耳其	Turkey	290.9	224.0	140.1	255.1	854.0	963.5
乌克兰	Ukraine	213.3	282.6	172.2	16.8	1177.7	1334.9
英　国	United Kingdom	597.6	527.7	500.8	737.1	1212.0	1196.3
澳大利亚	Australia	527.1	480.3	346.0	449.1	1017.2	1126.9
新西兰	New Zealand	474.5	430.2	290.7	399.6	1077.8	1360.0

13-12 互联网网民占总人口比重
Individuals Using the Internet as Percentage of Population

资料来源：世界银行WDI数据库。
Source: World Bank WDI Database.
单位：% (%)

国家或地区	Country or Area	2010	2013	2014	2015	2016	2017
世　界	**World**	**28.7**	**36.7**	**39.8**	**43.0**	**45.8**	
高收入国家	**High Income**	**71.2**	**76.2**	**77.9**	**79.4**	**81.7**	
中等收入国家	**Middle Income**	**21.7**	**31.2**	**34.9**	**38.6**	**41.8**	
低收入国家	**Low Income**	**4.3**	**7.3**	**9.0**	**11.8**	**13.6**	
中　国	China	34.3	45.8	47.9	50.3	53.2	54.3
中国香港	Hong Kong, China	72.0	74.2	79.9	85.0	87.5	89.4
中国澳门	Macao, China	55.2	65.8	69.8	77.6	81.6	83.2
孟加拉国	Bangladesh	3.7	6.6	13.9	14.4	18.3	
文　莱	Brunei Darussalam	53.0	64.5	68.8	71.2	90.0	
柬埔寨	Cambodia	1.3	6.8	14.0	22.3	32.4	34.0
印　度	India	7.5	15.1	21.0	26.0	29.6	
印度尼西亚	Indonesia	10.9	14.9	17.1	22.0	25.5	32.3
伊　朗	Iran	15.9	30.0	39.4	45.3	53.2	60.4
以色列	Israel	67.5	70.3	75.0	77.4	79.7	81.6
日　本	Japan	78.2	88.2	89.1	91.1	93.2	90.9
哈萨克斯坦	Kazakhstan	31.6	63.3	66.0	70.8	74.6	76.4
韩　国	Korea, Rep.	83.7	84.8	87.6	89.9	92.8	95.1
老　挝	Laos	7.0	12.5	14.3	18.2	21.9	
马来西亚	Malaysia	56.3	57.1	63.7	71.1	78.8	80.1
蒙　古	Mongolia	10.2	17.7	19.9	22.5	22.3	
缅　甸	Myanmar	0.3	8.0	11.5	21.7	25.1	
巴基斯坦	Pakistan	8.0	10.9	12.0	14.0	15.5	
菲律宾	Philippines	25.0	48.1	49.6	53.7	55.5	
新加坡	Singapore	71.0	80.9	79.0	79.0	84.5	84.5
斯里兰卡	Sri Lanka	12.0	21.9	25.8	30.0	32.1	
泰　国	Thailand	22.4	28.9	34.9	39.3	47.5	52.9
越　南	Viet Nam	30.7	38.5	41.0	43.5	46.5	
埃　及	Egypt	21.6	29.4	33.9	37.8	41.3	45.0
尼日利亚	Nigeria	11.5	19.1	21.0	24.5	25.7	
南　非	South Africa	24.0	46.5	49.0	51.9	54.0	
加拿大	Canada	80.3	85.8	87.1	88.5	91.2	
墨西哥	Mexico	31.1	43.5	44.4	57.4	59.5	63.9
美　国	United States	71.7	71.4	73.0	74.6	76.2	
阿根廷	Argentina	45.0	59.9	64.7	68.0	71.0	
巴　西	Brazil	40.7	51.0	54.6	58.3	60.9	
委内瑞拉	Venezuela	37.4	54.9	57.0	61.9	60.0	
捷　克	Czech Rep.	68.8	74.1	74.2	75.7	76.5	78.7
法　国	France	77.3	81.9	83.8	78.0	79.3	80.5
德　国	Germany	82.0	84.2	86.2	87.6	89.7	84.4
意大利	Italy	53.7	58.5	55.6	58.1	61.3	61.3
荷　兰	Netherlands	90.7	94.0	91.7	91.7	90.4	93.2
波　兰	Poland	62.3	62.9	66.6	68.0	73.3	76.0
俄罗斯	Russia	43.0	68.0	70.5	70.1	73.1	76.0
西班牙	Spain	65.8	71.6	76.2	78.7	80.6	84.6
土耳其	Turkey	39.8	46.3	51.0	53.8	58.4	64.7
乌克兰	Ukraine	23.3	41.0	46.2	48.9	53.0	
英　国	United Kingdom	85.0	89.8	91.6	92.0	94.8	
澳大利亚	Australia	76.0	83.5	84.0	84.6	88.2	86.6
新西兰	New Zealand	80.5	82.8	85.5	88.2	88.5	

13-13 互联网服务商
Internet Servers

资料来源：世界银行WDI数据库。
Source: World Bank WDI Database.
单位：个/百万人 (number/per 1 000 000 persons)

国家或地区	Country or Area	2010	2013	2014	2015	2016	2017
世　界	**World**	**187.0**	**370.3**	**449.6**	**572.3**	**1264.9**	**3511.4**
高收入国家	**High Income**	**1052.9**	**2082.2**	**2524.9**	**3202.6**	**6795.3**	**18127.0**
中等收入国家	**Middle Income**	**6.0**	**20.7**	**28.0**	**43.7**	**175.9**	**679.2**
低收入国家	**Low Income**	**0.3**	**1.1**	**1.6**	**2.2**	**3.9**	**15.2**
中　国	China	1.2	5.2	9.8	19.7	47.9	209.1
中国香港	Hong Kong, China	447.5	1161.6	1553.6	2331.8	3873.3	10484.9
中国澳门	Macao, China	210.4	416.8	504.4	753.8	1112.4	1779.7
孟加拉国	Bangladesh	0.2	0.9	1.3	2.0	22.9	63.2
文　莱	Brunei Darussalam	41.2	150.4	240.5	570.0	607.3	1604.9
柬埔寨	Cambodia	0.7	4.0	4.7	10.2	20.5	55.2
印　度	India	1.7	6.2	8.5	11.7	38.3	123.1
印度尼西亚	Indonesia	1.6	7.8	11.8	17.7	306.7	1283.9
伊　朗	Iran	1.2	3.1	5.2	12.1	63.6	224.3
以色列	Israel	444.4	960.4	1008.7	1305.0	2119.6	6968.3
日　本	Japan	552.9	1054.7	1376.7	1504.3	2109.5	5980.2
哈萨克斯坦	Kazakhstan	3.5	17.4	26.9	48.2	264.2	1232.3
韩　国	Korea, Rep.	175.3	337.1	406.6	557.7	720.6	1196.5
老　挝	Laos	0.5	2.6	3.4	4.2	8.4	16.6
马来西亚	Malaysia	45.1	121.3	149.3	230.4	930.4	4837.0
蒙　古	Mongolia	9.2	40.8	59.5	75.6	441.6	1546.0
缅　甸	Myanmar	0.0	0.2	0.7	1.1	20.6	9.9
巴基斯坦	Pakistan	0.6	1.8	2.6	3.6	33.4	121.4
菲律宾	Philippines	5.1	12.5	16.2	21.0	40.7	88.1
新加坡	Singapore	531.6	2549.5	2544.0	3585.2	19060.8	58690.3
斯里兰卡	Sri Lanka	3.6	11.6	15.9	20.9	71.1	305.2
泰　国	Thailand	11.2	38.9	52.0	69.5	146.7	579.7
越　南	Viet Nam	2.3	14.1	20.1	32.4	276.0	1335.4
埃　及	Egypt	2.4	6.3	7.9	10.4	14.5	35.8
尼日利亚	Nigeria	0.6	2.2	3.0	3.6	47.4	222.8
南　非	South Africa	51.7	172.9	221.9	273.2	920.7	9477.8
加拿大	Canada	1282.7	2358.2	2690.4	3374.7	10177.7	26447.4
墨西哥	Mexico	13.1	30.7	39.7	56.0	115.7	179.2
美　国	United States	2481.6	4300.8	5125.7	6352.9	11423.3	30282.4
阿根廷	Argentina	24.9	73.3	89.3	122.5	730.7	1620.3
巴　西	Brazil	28.1	86.2	111.5	157.8	407.1	1570.7
委内瑞拉	Venezuela	6.9	14.6	16.0	20.7	140.1	269.8
捷　克	Czech Rep.	305.5	1079.9	1417.6	2048.8	11991.4	25427.4
法　国	France	278.1	821.4	1188.9	1897.2	6674.5	14775.2
德　国	Germany	1049.3	2601.2	3352.8	4297.9	11625.0	34165.6
意大利	Italy	127.1	375.0	493.1	628.0	1305.1	7742.2
荷　兰	Netherlands	2084.8	5668.3	7204.7	9728.9	24130.8	70405.7
波　兰	Poland	155.0	517.7	681.1	955.8	2492.5	6534.8
俄罗斯	Russia	17.1	79.7	120.4	321.4	1164.0	3541.1
西班牙	Spain	207.1	488.3	625.9	889.6	2762.6	7250.3
土耳其	Turkey	86.3	264.5	299.5	364.7	1306.2	3366.7
乌克兰	Ukraine	12.4	54.0	74.7	141.8	1905.5	3948.3
英　国	United Kingdom	1315.4	2832.5	3250.5	4385.4	8698.6	21207.6
澳大利亚	Australia	1402.8	3502.4	3933.8	4567.4	9802.2	21547.4
新西兰	New Zealand	1388.7	3194.0	3490.9	3932.8	6430.2	14980.5

13-14 宽带用户
Broadband Subscribers

资料来源：世界银行WDI数据库。
Source:World Bank WDI Database.

国家或地区	Country or Area	宽带用户(个) Broadband Subscribers(number)			每千人宽带用户(个/千人) Broadband Subscribers(unit per 1 000 persons)		
		2000	2010	2017	2000	2010	2017
世　界	**World**	**15890822**	**531768684**	**998377166**	**3.6**	**78.5**	**137.6**
高收入国家	**High Income**	**15733382**	**307809271**	**398318134**	**16.7**	**257.2**	**323.3**
中等收入国家	**Middle Income**	**160641**	**223493719**	**595771578**	**0.1**	**44.5**	**109.0**
低收入国家	**Low Income**		**465694**	**4287454**		**0.8**	**7.7**
中　国	China	22660	126337000	378540000		92.9	268.6
中国香港	Hong Kong, China	444450	2167714	2645752	66.7	308.6	359.2
中国澳门	Macao, China	3731	132081		8.7	246.0	
孟加拉国	Bangladesh		414569	7296000		2.7	44.3
文　莱	Brunei Darussalam		21699	41209		55.8	96.1
柬埔寨	Cambodia		35666	129650		2.5	8.1
印　度	India		10990000	17856024		8.9	13.3
印度尼西亚	Indonesia	4000	2280316	6044712		9.4	22.9
伊　朗	Iran	176	987549	10057769		13.2	123.9
以色列	Israel		1762000	2342000		237.3	281.4
日　本	Japan	854655	34101778	40390640	6.7	265.3	316.8
哈萨克斯坦	Kazakhstan		869600	2573500		53.0	141.4
韩　国	Korea, Rep.	3870000	17194272	21195918	81.7	347.0	415.8
老　挝	Laos		5885	27217		0.9	4.0
马来西亚	Malaysia		2097800	2687800		74.6	85.0
蒙　古	Mongolia		76754	285093		28.3	92.7
缅　甸	Myanmar		22950	404932		0.5	7.6
巴基斯坦	Pakistan		789487	1829673		4.6	9.3
菲律宾	Philippines		1722400	3399291		18.4	32.4
新加坡	Singapore	69000	1338400	1470400	17.6	263.8	257.6
斯里兰卡	Sri Lanka		228316	1220504		11.3	58.5
泰　国	Thailand		3251851	8208000		48.4	118.9
越　南	Viet Nam		3669321	11269936		41.5	118.0
埃　及	Egypt		1451628	5223311		17.3	53.5
尼日利亚	Nigeria		99108	74004		0.6	0.4
南　非	South Africa		743000	1698360		14.4	29.9
加拿大	Canada	1410932	10817103	13922504	45.9	316.6	380.1
墨西哥	Mexico	15000	10582865	17131820	0.2	90.2	132.6
美　国	United States	7069874	84522000	109838000	25.1	273.9	338.5
阿根廷	Argentina		4028238	7870222		97.7	177.8
巴　西	Brazil	100000	14100890	28670016	0.6	71.7	137.0
委内瑞拉	Venezuela	4473	1673076	2610118	0.2	57.6	81.6
捷　克	Czech Rep.	2500	2261179	3060597	0.2	214.6	288.2
法　国	France	196601	21337000	28429000	3.3	338.5	437.5
德　国	Germany	265000	26161950	33217000	3.3	323.4	404.5
意大利	Italy	115000	13098028	16586376	2.0	219.3	279.4
荷　兰	Netherlands	260000	6329000	7210800	16.3	379.4	423.3
波　兰	Poland		5858498	7053333		152.9	184.8
俄罗斯	Russia		15700000	30872788		109.7	214.4
西班牙	Spain	76358	10652372	14473888	1.9	227.7	312.2
土耳其	Turkey		7098163	11924905		98.1	147.7
乌克兰	Ukraine		2955862	5239743		64.6	125.5
英　国	United Kingdom	52890	19151508	26015818	0.9	302.5	393.1
澳大利亚	Australia		5510000	7923000		249.1	324.0
新西兰	New Zealand	4658	1092000	1582000	1.2	249.9	336.2

主要统计指标解释

空运货物周转量 指承载的每个航班的货物、快递和邮包重量之和乘以飞机从起飞到降落的飞行距离。该指标按航空承运商登记国统计。

航空客运量 指承载的国内或国际飞机乘客人数。该指标按航空承运商登记国统计。

宽带用户 指互联网的使用者以订购或付费方式以高速率接入公共网络。高速接入是至少以一个或二个方向每秒速率在 256kbits.

港口集装箱吞吐量 港口集装箱吞吐量反映的是从陆地到海上或者从海上到陆地流动运输的集装箱数量，一个标准集装箱单位为 20 英尺当量单位。数据包括沿海和国际航运。转运集装箱在中转港作两次计算（一次卸下和再次出境），其中包括空集装箱。

移动电话 指手提式电话用户。利用蜂窝技术，这些用户被接入公共交换电话网的自动公共移动电话服务系统。

电话主线 是指将客户的设备接入公共交换电话网的电话线。

公路货运周转量 指利用公路交通工具进行货物运输。用重量乘以里程，以亿吨公里来衡量。

互联网网民 指过去三个月自任何地址通过计算机、移动电话、PDA、游戏机、数字电视等使用过互联网的个人。

Explanatory Notes on Main Statistical Indicators

Air Freight is the sum of the metric tons of freight, express, and diplomatic bags carried on each flight stage (the operation of an aircraft from takeoff to its next landing) multiplied by the stage distance of air carriers registered in the country.

Air Transport, Passengers Carried Air passengers carried include both domestic and international aircraft passengers of air carriers registered in the country.

Broadband Subscribers are users of the Internet who subscribe to paid high-speed access to the public Internet. High-speed access is at least 256 kilobits per second in one or both directions.

Container Port Traffic Port container traffic measures the flow of containers from land to sea transport modes and vice versa, in twenty-foot equivalent units (TEUs), a standard-size container. Data refer to coastal shipping as well as international journeys. Transshipment traffic is counted as two lifts at the intermediate port (once to off-load and again as an outbound lift) and includes empty units.

Mobile Phones Mobile phones refers to users of portable telephones subscribing to an automatic public mobile telephone service using cellular technology that provides access to the public switched telephone network.

Telephone Mainlines Telephone mainlines are telephone lines connecting a customer's equipment to the public switched telephone network.

Roads, Goods Transported Goods transported by road are the volume of goods transported by road vehicles, measured in 100 millions of metric tons times kilometers traveled.

Individuals using the Internet are individuals who have used the Internet (from any location) in the last 3 months. The Internet can be used via a computer, mobile phone, personal digital assistant, games machine, digital TV etc.

对外贸易和旅游

External Trade and Tourism

14-1 世界货物进出口总额
World Merchandise Imports and Exports

资料来源：世界贸易组织数据库。
Source: WTO Database.

单位：亿美元 (100 million USD)

	世 界 World	北美洲 North America	拉丁美洲和加勒比地区 South and Central America and the Caribbean	欧 洲 Europe	亚 洲 Asia	非 洲 Africa
出口 Exports						
1995	51676	8565	1518	23355	14472	1120
1996	54061	9228	1644	24211	14654	1254
1997	55923	10141	1797	24130	15472	1275
1998	55031	10140	1681	25132	14510	1061
1999	57194	10707	1687	25218	15484	1168
2000	64562	12250	2016	26325	18355	1485
2001	61933	11475	1947	26543	16739	1388
2002	64979	11062	1964	28379	18077	1449
2003	75878	11630	2255	33848	21383	1793
2004	92244	13197	2932	40522	26534	2396
2005	105101	14758	3722	44053	30608	3110
2006	121312	16641	4498	49799	35761	3707
2007	140263	18407	5151	58061	41412	4365
2008	161653	20352	6181	64884	47247	5622
2009	125606	16019	4752	50269	38907	3935
2010	153011	19643	5932	56501	50760	5214
2011	183380	22834	7614	66541	59751	6107
2012	184960	23721	7519	64640	61200	6397
2013	189528	24179	7383	67770	62936	5998
2014	189677	24938	6868	68085	64377	5507
2015	165189	22931	5423	59607	59600	3896
2016	160287	22153	5160	59485	57663	3523
2017	177300	23771	5831	65011	63735	4167
进口 Imports						
1995	52853	10143	1783	23346	14035	1266
1996	55473	10898	1853	24155	14743	1256
1997	57387	12137	2154	24186	14952	1324
1998	56826	12802	2165	25592	12479	1329
1999	59263	14265	1879	25965	13655	1280
2000	67231	16843	2092	27731	16778	1297
2001	64819	15803	2067	27318	15587	1349
2002	67411	16016	1823	28736	16594	1359
2003	78666	17240	1931	34594	19773	1655
2004	95745	20089	2465	41647	24883	2125
2005	108704	22844	3090	45799	28895	2565
2006	124614	25417	3743	52529	33339	3029
2007	143305	27021	4682	61172	38195	3749
2008	165723	29081	6090	68955	45748	4814
2009	127816	21779	4522	52170	36777	4112
2010	155107	26831	5852	59044	48621	4790
2011	185031	30917	7356	69232	59652	5667
2012	187080	31943	7501	66208	62189	6156
2013	190149	31969	7754	67275	63450	6403
2014	191197	32995	7470	68078	63196	6440
2015	167686	31506	6255	59098	54493	5546
2016	162873	30617	5369	59357	52213	4950
2017	180240	32846	5786	65209	59928	5336

14–2 世界主要国家和地区货物进出口总额
Merchandise Imports and Exports by Country or Area

资料来源：世界贸易组织数据库。
Source: WTO Database.
单位：亿美元 (100 million USD)

国家或地区	Country or Area	2000	2005	2010	2015	2016	2017
世　界	**World**	**131793**	**213805**	**308117**	**332875**	**323160**	**357540**
中　国	China	4743	14219	29740	39530	36856	41052
中国香港	Hong Kong, China	4167	5923	8421	10700	10641	11402
中国澳门	Macao, China	52	70	65	119	102	109
孟加拉国	Bangladesh	153	232	470	744	797	888
文　莱	Brunei Darussalam	50	77	114	96	79	84
柬埔寨	Cambodia	33	70	119	204	227	259
印　度	India	939	2425	5766	6603	6254	7456
印度尼西亚	Indonesia	1090	1627	2934	2931	2804	3255
伊　朗	Iran	426	963	1667	1049	1130	1390
以色列	Israel	691	899	1196	1287	1293	1330
日　本	Japan	8588	11108	14638	12728	12525	13701
哈萨克斯坦	Kazakhstan	139	452	911	765	621	776
韩　国	Korea, Rep.	3327	5457	8916	9633	9016	10522
老　挝	Laos	9	14	38	80	81	91
马来西亚	Malaysia	1802	2559	3632	3752	3581	4130
蒙　古	Mongolia	12	22	62	85	83	105
缅　甸	Myanmar	40	57	134	283	275	298
巴基斯坦	Pakistan	199	414	592	659	672	793
菲律宾	Philippines	751	907	1100	1336	1468	1617
新加坡	Singapore	2723	4297	6627	6434	6300	7009
斯里兰卡	Sri Lanka	117	152	221	295	295	322
泰　国	Thailand	1309	2291	3762	4170	4096	4595
越　南	Viet Nam	301	692	1571	3277	3514	4258
埃　及	Egypt	199	354	794	849	813	872
尼日利亚	Nigeria	297	712	1282	994	740	919
南　非	South Africa	597	1139	1882	1861	1668	1904
加拿大	Canada	5214	6829	7902	8389	8033	8626
墨西哥	Mexico	3458	4424	6085	7858	7715	8416
美　国	United States	20412	26338	32477	38179	37012	39562
阿根廷	Argentina	515	690	1250	1170	1138	1253
巴　西	Brazil	1138	1962	3935	3700	3288	3752
委内瑞拉	Venezuela	497	797	1047	706	423	421
捷　克	Czech Rep.	611	1546	2596	2994	3058	3421
法　国	France	6666	9676	11348	10797	10740	11599
德　国	Germany	10490	17480	23137	23782	23901	26153
意大利	Italy	4793	7579	9343	8685	8688	9589
荷　兰	Netherlands	4514	7702	10907	10830	10765	12263
波　兰	Poland	808	1911	3378	3958	3998	4614
俄罗斯	Russia	1499	3692	6493	5344	4734	5909
西班牙	Spain	2714	4814	5814	5945	6012	6712
土耳其	Turkey	823	1903	2994	3511	3411	3908
乌克兰	Ukraine	285	704	1124	742	755	926
英　国	United Kingdom	6335	9101	10071	10865	10459	10890
澳大利亚	Australia	1354	2314	4143	3965	3885	4594
新西兰	New Zealand	272	479	620	709	698	782

14-3 货物出口总额
Merchandise Exports

资料来源：世界贸易组织数据库。
Source: WTO Database.

单位：亿美元 (100 million USD)

国家或地区	Country or Area	2000	2005	2010	2015	2016	2017
世　界	**World**	**64562**	**105101**	**153011**	**165189**	**160287**	**177300**
中　国	China	2492	7620	15778	22735	20976	22633
中国香港	Hong Kong, China	2027	2921	4007	5106	5167	5503
中国澳门	Macao, China	25	25	9	13	13	14
孟加拉国	Bangladesh	64	93	192	324	349	360
文　莱	Brunei Darussalam	39	62	89	64	52	57
柬埔寨	Cambodia	14	31	51	85	101	120
印　度	India	424	996	2264	2674	2641	2984
印度尼西亚	Indonesia	654	870	1578	1504	1447	1686
伊　朗	Iran	287	563	1013	631	730	920
以色列	Israel	314	428	584	637	604	611
日　本	Japan	4792	5949	7698	6248	6449	6981
哈萨克斯坦	Kazakhstan	88	278	600	460	367	483
韩　国	Korea, Rep.	1723	2844	4664	5268	4954	5737
老　挝	Laos	3	6	17	28	34	40
马来西亚	Malaysia	982	1416	1986	1992	1897	2178
蒙　古	Mongolia	5	11	29	47	49	62
缅　甸	Myanmar	16	38	87	114	118	133
巴基斯坦	Pakistan	90	161	214	221	204	216
菲律宾	Philippines	381	413	515	588	574	632
新加坡	Singapore	1378	2296	3519	3466	3381	3732
斯里兰卡	Sri Lanka	54	63	86	105	103	113
泰　国	Thailand	690	1109	1933	2143	2154	2367
越　南	Viet Nam	145	324	722	1621	1766	2143
埃　及	Egypt	53	129	264	213	255	256
尼日利亚	Nigeria	210	505	840	514	350	469
南　非	South Africa	300	516	913	814	752	890
加拿大	Canada	2766	3605	3875	4100	3903	4209
墨西哥	Mexico	1664	2142	2983	3805	3739	4095
美　国	United States	7819	9011	12785	15026	14510	15467
阿根廷	Argentina	263	404	682	568	579	584
巴　西	Brazil	551	1185	2019	1911	1853	2178
委内瑞拉	Venezuela	335	557	657	373	267	316
捷　克	Czech Rep.	291	781	1330	1580	1627	1801
法　国	France	3276	4634	5238	5063	5018	5352
德　国	Germany	5518	9709	12589	13268	13344	14483
意大利	Italy	2405	3731	4473	4574	4619	5062
荷　兰	Netherlands	2331	4064	5743	5706	5714	6520
波　兰	Poland	317	894	1597	1992	2025	2309
俄罗斯	Russia	1050	2438	4006	3414	2819	3531
西班牙	Spain	1153	1926	2544	2825	2901	3205
土耳其	Turkey	278	735	1139	1438	1425	1570
乌克兰	Ukraine	146	342	515	379	364	432
英　国	United Kingdom	2854	3909	4160	4602	4096	4450
澳大利亚	Australia	639	1061	2126	1877	1925	2308
新西兰	New Zealand	133	217	314	344	337	380

14–4 货物进口总额
Merchandise Imports

资料来源：世界贸易组织数据库。
Source: WTO Database.
单位：亿美元 (100 million USD)

国家或地区	Country or Area	2000	2005	2010	2015	2016	2017
世　界	**World**	**67231**	**108704**	**155107**	**167686**	**162873**	**180240**
中　国	China	2251	6600	13962	16796	15879	18419
中国香港	Hong Kong, China	2140	3002	4414	5594	5473	5899
中国澳门	Macao, China	26	45	56	106	89	95
孟加拉国	Bangladesh	89	139	278	420	448	528
文　莱	Brunei Darussalam	11	15	25	32	27	27
柬埔寨	Cambodia	19	39	68	119	126	140
印　度	India	515	1429	3502	3929	3612	4472
印度尼西亚	Indonesia	436	757	1357	1427	1357	1569
伊　朗	Iran	139	400	654	418	400	470
以色列	Israel	377	471	612	650	689	719
日　本	Japan	3795	5159	6941	6480	6076	6719
哈萨克斯坦	Kazakhstan	50	174	311	306	254	293
韩　国	Korea, Rep.	1605	2612	4252	4365	4062	4785
老　挝	Laos	5	9	21	52	47	51
马来西亚	Malaysia	820	1143	1646	1760	1684	1951
蒙　古	Mongolia	6	12	33	38	34	43
缅　甸	Myanmar	24	19	48	169	157	165
巴基斯坦	Pakistan	109	254	378	438	468	577
菲律宾	Philippines	370	495	585	748	894	985
新加坡	Singapore	1345	2000	3108	2967	2919	3277
斯里兰卡	Sri Lanka	63	88	135	189	192	209
泰　国	Thailand	619	1182	1829	2027	1942	2228
越　南	Viet Nam	156	368	848	1656	1748	2115
埃　及	Egypt	146	224	529	636	558	616
尼日利亚	Nigeria	87	208	442	480	390	450
南　非	South Africa	297	623	968	1046	916	1013
加拿大	Canada	2448	3224	4027	4290	4130	4417
墨西哥	Mexico	1795	2282	3102	4053	3975	4322
美　国	United States	12593	17327	19692	23153	22502	24095
阿根廷	Argentina	252	287	568	602	559	669
巴　西	Brazil	586	776	1915	1788	1435	1575
委内瑞拉	Venezuela	162	240	390	333	156	105
捷　克	Czech Rep.	320	765	1267	1414	1431	1620
法　国	France	3389	5041	6111	5734	5722	6247
德　国	Germany	4972	7771	10548	10514	10557	11670
意大利	Italy	2388	3848	4870	4111	4069	4526
荷　兰	Netherlands	2183	3638	5164	5124	5051	5743
波　兰	Poland	490	1016	1780	1966	1973	2304
俄罗斯	Russia	449	1254	2486	1930	1916	2378
西班牙	Spain	1561	2888	3270	3120	3111	3506
土耳其	Turkey	545	1168	1855	2072	1986	2338
乌克兰	Ukraine	140	361	609	363	392	494
英　国	United Kingdom	3481	5193	5911	6264	6364	6441
澳大利亚	Australia	715	1253	2016	2088	1960	2286
新西兰	New Zealand	139	262	306	366	361	401

14-5 世界主要国家和地区服务贸易进出口总额
Total of Service Imports and Exports by Country or Area

资料来源：世界贸易组织数据库。
Source:WTO Database.

单位：亿美元 (100 million USD)

国家或地区	Country or Area	2000	2005	2010	2015	2016	2017
世　界	**World**	**29551**	**51334**	**75647**	**95980**	**96643**	**103539**
中　国	China	660	1613	3696	6505	6575	6905
中国香港	Hong Kong, China	650	1034	1507	1782	1728	1807
中国澳门	Macao, China	41	93	261	369	368	426
孟加拉国	Bangladesh	18	28	54	91	96	113
文　莱	Brunei Darussalam	10	16	15	23	21	19
柬埔寨	Cambodia	7	17	27	57	59	67
印　度	India	349	1120	2308	2784	2941	3367
印度尼西亚	Indonesia	204	346	423	523	530	564
伊　朗	Iran	36	153	268	260	250	257
以色列	Israel	275	314	439	611	657	731
日　本	Japan	1822	2371	2948	3349	3513	3689
哈萨克斯坦	Kazakhstan	27	94	151	176	170	169
韩　国	Korea, Rep.	639	1084	1788	2080	2052	2068
老　挝	Laos	1	2	7	15	14	
马来西亚	Malaysia	304	414	670	748	748	784
蒙　古	Mongolia	2	8	13	21	29	32
缅　甸	Myanmar	8	7	11	62	66	
巴基斯坦	Pakistan	34	93	95	117	121	131
菲律宾	Philippines	86	150	295	524	550	614
新加坡	Singapore	584	1022	2016	3216	3199	3350
斯里兰卡	Sri Lanka	25	44	67	123	132	139
泰　国	Thailand	291	464	752	1036	1105	1209
越　南	Viet Nam	60	87	171	269	284	298
埃　及	Egypt	168	240	366	348	295	348
尼日利亚	Nigeria	50	78	225	214	145	225
南　非	South Africa	105	234	348	298	285	311
加拿大	Canada	829	1233	1725	1804	1798	1909
墨西哥	Mexico	295	380	421	552	578	636
美　国	United States	4874	6360	9209	12021	12167	12777
阿根廷	Argentina	137	136	269	317	334	377
巴　西	Brazil	245	358	871	1019	940	1000
委内瑞拉	Venezuela	53	64	155	148	103	
捷　克	Czech Rep.	121	238	396	424	436	484
法　国	France	1397	2858	3820	4694	4700	4887
德　国	Germany	2163	3611	4821	5600	5796	6216
意大利	Italy	1103	1840	2108	1971	2015	2230
荷　兰	Netherlands	1033	1737	2954	4056	3713	4271
波　兰	Poland	193	336	663	780	839	973
俄罗斯	Russia	258	681	1219	1380	1226	1442
西班牙	Spain	851	1526	1802	1827	1961	2144
土耳其	Turkey	287	383	545	671	579	661
乌克兰	Ukraine	64	170	299	226	230	262
英　国	United Kingdom	2149	4024	4457	5580	5302	5571
澳大利亚	Australia	380	642	1081	1165	1182	1307
新西兰	New Zealand	94	183	215	258	266	288

14–6 服务贸易出口总额
Commercial Service Exports

资料来源：世界贸易组织数据库。
Source: WTO Database.

单位：亿美元 (100 million USD)

国家或地区	Country or Area	2000	2005	2010	2015	2016	2017
世　界	**World**	**14913**	**26026**	**38505**	**48635**	**48933**	**52794**
中　国	China	301	780	1774	2176	2083	2264
中国香港	Hong Kong, China	404	473	805	1043	984	1036
中国澳门	Macao, China	33	78	237	334	329	383
孟加拉国	Bangladesh	3	7	12	17	20	23
文　莱	Brunei Darussalam	2	6	5	6	5	5
柬埔寨	Cambodia	4	11	19	38	38	45
印　度	India	160	519	1166	1557	1612	1834
印度尼西亚	Indonesia	51	126	163	216	226	239
伊　朗	Iran	14	49	87	108	98	99
以色列	Israel	156	173	254	368	400	443
日　本	Japan	683	997	1318	1583	1688	1800
哈萨克斯坦	Kazakhstan	9	20	39	62	61	62
韩　国	Korea, Rep.	308	493	822	967	940	865
老　挝	Laos	1	2	5	8	8	
马来西亚	Malaysia	138	196	346	348	352	367
蒙　古	Mongolia	1	4	5	7	8	10
缅　甸	Myanmar	5	3	3	38	37	
巴基斯坦	Pakistan	13	20	29	35	37	39
菲律宾	Philippines	34	86	178	290	312	356
新加坡	Singapore	284	462	1006	1550	1577	1644
斯里兰卡	Sri Lanka	9	15	25	64	71	74
泰　国	Thailand	138	198	341	614	674	754
越　南	Viet Nam	27	42	74	111	121	130
埃　及	Egypt	97	144	236	181	133	191
尼日利亚	Nigeria	18	14	26	27	32	45
南　非	South Africa	49	116	157	147	140	154
加拿大	Canada	393	589	753	801	810	857
墨西哥	Mexico	133	157	154	227	244	269
美　国	United States	2824	3590	5435	7320	7336	7617
阿根廷	Argentina	48	63	126	130	126	139
巴　西	Brazil	90	142	293	330	326	337
委内瑞拉	Venezuela	11	13	16	15	12	
捷　克	Czech Rep.	67	131	219	228	239	267
法　国	France	800	1524	2011	2393	2346	2482
德　国	Germany	796	1530	2200	2679	2763	2998
意大利	Italy	559	908	998	974	998	1102
荷　兰	Netherlands	514	901	1598	1991	1873	2165
波　兰	Poland	104	181	354	451	498	592
俄罗斯	Russia	96	286	486	509	497	569
西班牙	Spain	522	916	1124	1176	1263	1385
土耳其	Turkey	202	275	360	462	372	434
乌克兰	Ukraine	38	100	177	122	121	138
英　国	United Kingdom	1184	2331	2678	3450	3279	3473
澳大利亚	Australia	194	317	511	539	571	640
新西兰	New Zealand	50	100	114	142	148	160

14-7 服务贸易进口总额
Commercial Service Imports

资料来源：世界贸易组织数据库。
Source: WTO Database.
单位：亿美元 (100 million USD)

国家或地区	Country or Area	2000	2005	2010	2015	2016	2017
世　界	**World**	**14637**	**25309**	**37142**	**47345**	**47710**	**50745**
中　国	China	359	833	1923	4330	4492	4641
中国香港	Hong Kong, China	246	561	702	739	743	771
中国澳门	Macao, China	8	15	24	36	38	44
孟加拉国	Bangladesh	15	21	41	74	76	90
文　莱	Brunei Darussalam	8	9	11	16	16	14
柬埔寨	Cambodia	3	6	8	19	20	22
印　度	India	189	602	1142	1227	1328	1534
印度尼西亚	Indonesia	154	220	260	308	304	324
伊　朗	Iran	22	104	182	151	152	159
以色列	Israel	118	141	185	243	258	288
日　本	Japan	1139	1374	1629	1766	1824	1889
哈萨克斯坦	Kazakhstan	18	74	112	114	109	107
韩　国	Korea, Rep.	332	591	965	1113	1113	1203
老　挝	Laos			3	6	6	
马来西亚	Malaysia	166	218	324	399	396	417
蒙　古	Mongolia	2	4	8	14	21	22
缅　甸	Myanmar	3	5	8	24	29	
巴基斯坦	Pakistan	21	73	66	82	84	92
菲律宾	Philippines	52	64	117	234	238	258
新加坡	Singapore	300	560	1010	1666	1623	1706
斯里兰卡	Sri Lanka	16	28	43	59	61	65
泰　国	Thailand	153	267	411	422	431	456
越　南	Viet Nam	33	44	98	158	163	168
埃　及	Egypt	72	95	130	167	162	157
尼日利亚	Nigeria	31	64	199	187	113	180
南　非	South Africa	57	119	192	151	145	158
加拿大	Canada	436	645	972	1003	988	1052
墨西哥	Mexico	162	223	267	325	334	367
美　国	United States	2050	2770	3774	4701	4831	5160
阿根廷	Argentina	90	72	143	187	208	238
巴　西	Brazil	156	215	578	689	615	663
委内瑞拉	Venezuela	42	52	138	133	91	
捷　克	Czech Rep.	53	107	177	196	197	217
法　国	France	597	1334	1809	2302	2353	2405
德　国	Germany	1367	2081	2621	2920	3033	3217
意大利	Italy	544	932	1110	997	1017	1128
荷　兰	Netherlands	518	836	1357	2066	1840	2106
波　兰	Poland	89	155	309	329	341	381
俄罗斯	Russia	162	395	732	871	729	872
西班牙	Spain	329	610	678	651	699	759
土耳其	Turkey	85	108	185	209	208	227
乌克兰	Ukraine	26	70	122	104	109	124
英　国	United Kingdom	965	1694	1779	2130	2023	2098
澳大利亚	Australia	186	325	569	625	611	666
新西兰	New Zealand	44	83	101	116	118	128

14-8 出口和进口单位价值指数
Indices of Export Unit Value and Import Unit Value

资料来源：国际货币基金组织IFS数据库。
Source: IMF IFS Database.

2010年=100 (2010=100)

国家或地区	Country or Area	进口单位价值指数 Import Unit Values Index			出口单位价值指数 Export Unit Values Index		
		2015	2016	2017	2015	2016	2017
中国香港	Hong Kong, China	114.7	112.6	114.2	115.9	113.7	115.3
中国澳门	Macao, China	108.6	107.0	106.3	106.9	105.8	105.4
荷　兰	Netherlands	84.4	80.5	85.7	85.5	82.4	87.2
奥 地 利	Austria				85.4	84.1	87.8
比 利 时	Belgium	109.8	107.3		110.8	107.3	
哥斯达黎加	Costa Rica	99.9	96.1	93.4	99.4	97.5	93.8
捷　克	Czech Rep.	76.3	74.9	81.1	77.6	77.2	82.3
丹　麦	Denmark	83.0	80.2	84.8	84.4	81.1	83.3
萨尔瓦多	El Salvador	110.0	108.7				
芬　兰	Finland	100.1	96.6		101.1	98.2	
德　国	Germany	91.7	89.1	94.8	91.7	91.4	95.2
希　腊	Greece	94.2	91.6		96.0	89.5	
印　度	India	156.4	145.4	144.0	104.7	111.9	117.6
爱 尔 兰	Ireland	83.0	80.2		88.8	83.0	
意 大 利	Italy	89.1	84.8	91.7	97.7	97.2	103.0
日　本	Japan	90.8	85.4	91.6	90.6	93.1	96.0
约　旦	Jordan	117.2	122.6		108.5	102.9	
拉脱维亚	Latvia	93.4	87.5		98.1	95.1	
挪　威	Norway	89.5	87.4		80.6	69.1	
巴基斯坦	Pakistan	122.3	109.8	108.8	113.9	106.7	107.0
巴布亚新几内	Papua New Guinea				78.1	75.6	
波　兰	Poland	88.3	84.2	89.3	91.1	87.4	92.8
塞内加尔	Senegal	78.2			97.9		
新 加 坡	Singapore	86.2	81.7		89.7	84.8	
西 班 牙	Spain	86.6	84.1	89.7	89.0	87.5	89.8
瑞　士	Switzerland	85.5	82.9		95.5	99.9	
泰　国	Thailand	95.9	93.4	98.5	100.1	99.8	103.4
乌 干 达	Uganda	120.3			105.7		
乌 克 兰	Ukraine	76.0	81.6	96.5	65.3	76.4	92.0
美　国	United States	97.7	94.5		100.6	97.4	
委内瑞拉	Venezuela	457.5	3012.1				

14-9 出口和进口数量指数
Indices of Export Quantum and Import Quantum

资料来源：国际货币基金组织IFS数据库。
Source: IMF IFS Database.

2010年=100 (2010=100)

国家或地区	Country or Area	出口数量指数 Export Quantum Index			进口数量指数 Import Quantum Index		
		2015	2016	2017	2015	2016	2017
中国香港	Hong Kong, China	104.8	106.3	112.8	107.9	108.9	116.3
中国澳门	Macao, China	144.0	136.4	153.2	177.3	151.5	161.5
荷　兰	Netherlands	119.8	126.0	133.5	119.7	126.0	133.1
澳大利亚	Australia	107.9	134.4	157.1	125.8	188.0	188.5
奥地利	Austria				109.7	113.3	
比利时	Belgium	105.6	109.6		104.6	106.5	
玻利维亚	Bolivia	122.4	116.0				
巴　西	Brazil	122.6	124.1	133.0	106.0	101.2	107.1
加拿大	Canada	123.2	124.6	127.4	115.8	115.1	121.0
哥斯达黎加	Costa Rica	124.7	134.5	143.7	126.1	133.2	137.0
捷　克	Czech Rep.	90.4	87.6	88.8	91.3	86.5	90.0
丹　麦	Denmark	117.4	123.0	127.6	124.4	129.7	131.4
厄瓜多尔	Ecuador	119.1	120.1		113.3	99.8	
法　国	France	100.0	102.9		113.7	120.8	
德　国	Germany	115.6			111.8		
洪都拉斯	Honduras	140.4					
匈牙利	Hungary	133.1	139.0	147.1	129.7	136.1	147.3
印　度	India	116.8	109.6	115.2	79.1	76.5	91.7
爱尔兰	Ireland	115.7	125.6		144.1	158.1	
以色列	Israel	102.9	100.2	97.7	112.6	124.0	122.9
意大利	Italy	105.1	106.3	109.8	94.2	98.0	101.3
牙买加	Jamaica	112.4					
日　本	Japan	89.7	90.0	94.6	103.0	102.6	105.9
约　旦	Jordan	105.5	100.8		111.3	104.4	
韩　国	Korea, Rep.	134.8	135.9	143.2	119.7	120.9	131.2
立陶宛	Lithuania	84.7	87.0	93.1	88.3	84.6	94.3
毛里求斯	Mauritius	104.5			117.4		
新西兰	New Zealand	116.0	119.7	120.0	138.4	143.3	154.1
挪　威	Norway	99.1	98.2		109.7	108.2	
巴基斯坦	Pakistan	100.4	112.0	113.8	114.4	124.6	139.7
巴布亚新几内亚	Papua New Guinea	94.9	110.2				
波　兰	Poland	135.7	144.7	154.0	122.3	130.3	141.5
新加坡	Singapore	110.9	115.0		111.8	116.6	
西班牙	Spain	126.7			111.6		
瑞　典	Sweden	108.5	111.5	117.0	115.5	122.3	127.2
瑞　士	Switzerland	109.8	108.9		101.7	103.1	
泰　国	Thailand	110.9	111.4	118.0	113.8	113.0	123.5
土耳其	Turkey	130.7	135.6		123.7	130.5	
乌克兰	Ukraine	83.2	95.7	100.6	66.0	95.2	98.2
英　国	United Kingdom	113.6	112.6	120.6	115.7	120.9	124.9
美　国	United States	116.9	116.8		116.8	120.9	
乌拉圭	Uruguay	108.3	104.8		119.5	115.5	

14-10 货物和服务进出口占国内生产总值比重
Exports and Imports of Goods and Services as Percentage of GDP

资料来源：世界银行WDI数据库。
Source: World Bank WDI Database.
单位：%　　(%)

国家或地区	Country or Area	货物和服务出口占国内生产总值比重 Exports of Goods and Services as percentage of GDP			货物和服务进口占国内生产总值比重 Imports of Goods and Services as percentage of GDP		
		2000	2010	2017	2000	2010	2017
世　界	**World**	**26.1**	**28.8**	**28.5①**	**25.2**	**28.1**	**27.7①**
中　国	China	20.9	26.3	19.8	18.5	22.6	18.0
中国香港	Hong Kong, China	126.0	205.3	188.0	121.6	199.4	187.1
中国澳门	Macao, China	90.0	87.8	79.4	59.0	32.7	32.0
孟加拉国	Bangladesh	12.3	16.0	15.0	17.0	21.8	20.3
文　莱	Brunei Darussalam	67.4	67.4	49.6	35.8	28.0	35.6
柬埔寨	Cambodia	49.5	54.1	60.7	61.4	59.5	64.2
印　度	India	13.1	22.6	18.9	14.1	27.1	21.8
印度尼西亚	Indonesia	41.0	24.3	20.4	30.5	22.4	19.2
伊　朗	Iran	21.5	24.4	23.8	19.8	19.4	22.3
以色列	Israel	35.6	35.0	30.3①	35.7	32.9	28.2①
日　本	Japan	10.6	15.0	16.1①	9.2	13.6	15.1①
哈萨克斯坦	Kazakhstan	56.6	44.2	31.8①	49.1	29.9	28.5①
韩　国	Korea, Rep.	35.0	49.4	43.1	32.9	46.2	37.7
老　挝	Laos	30.7	35.4	34.3	38.2	49.3	41.5
马来西亚	Malaysia	119.8	86.9	71.5	100.6	71.0	64.4
蒙　古	Mongolia	54.0	46.7	59.5	67.9	56.7	57.1
缅　甸	Myanmar	0.5	0.1	17.1①	0.6	0.1	22.0①
巴基斯坦	Pakistan	13.4	13.5	8.2	14.7	19.4	17.6
菲律宾	Philippines	51.4	34.8	30.6	53.4	36.6	40.1
新加坡	Singapore	189.2	199.7	173.3	176.9	173.7	149.1
斯里兰卡	Sri Lanka	39.0	19.6	21.9	49.6	26.8	29.1
泰　国	Thailand	64.8	66.5	68.1①	56.5	60.8	53.5①
越　南	Viet Nam	53.9	72.0	101.6	57.5	80.2	98.8
埃　及	Egypt	16.2	21.3	16.3	22.8	26.6	28.5
尼日利亚	Nigeria	51.7	25.3	9.2①	19.7	17.4	11.5①
南　非	South Africa	27.2	28.6	29.8	24.3	27.4	28.4
加拿大	Canada	44.2	29.1	30.9	38.6	31.0	33.2
墨西哥	Mexico	25.4	29.7	37.9	27.0	31.1	39.7
美　国	United States	10.7	12.4	11.9①	14.3	15.8	14.7①
阿根廷	Argentina	11.0	18.9	11.2	11.6	16.0	13.8
巴　西	Brazil	10.2	10.7	12.6	12.5	11.8	11.6
委内瑞拉	Venezuela	29.7	28.5		18.1	17.6	
捷　克	Czech Rep.	48.2	66.0	79.5	50.0	62.9	72.2
法　国	France	28.6	26.8	30.9	27.3	28.1	32.0
德　国	Germany	30.8	42.3	47.2	30.6	37.1	39.7
意大利	Italy	25.7	25.2	31.3	24.8	27.2	28.2
荷　兰	Netherlands	66.5	72.0	86.5	60.0	63.6	74.8
波　兰	Poland	27.2	40.1	53.4	33.6	42.1	49.4
俄罗斯	Russia	44.1	29.2	26.0	24.0	21.1	20.7
西班牙	Spain	28.6	25.5	34.1	31.6	26.8	31.4
土耳其	Turkey	19.4	20.4	24.8	22.6	25.5	29.3
乌克兰	Ukraine	62.4	47.1	47.9	57.4	51.1	54.3
英　国	United Kingdom	24.8	28.2	30.5	26.7	30.8	31.9
澳大利亚	Australia	19.4	19.8	21.3	21.6	20.9	20.6
新西兰	New Zealand	35.7	30.3	25.8①	32.8	28.0	25.5①

注：①2016年数据。
Note:①Data refer to 2016.

14-11 出口货物构成(2017年)
Exports by Commodity Groups(2017)

资料来源：世界银行WDI数据库。
Source: World Bank WDI Database.

单位：% (%)

国家或地区	Country or Area	农业原材料 Agricultural Raw Materials	食品 Food	燃料 Fuel	矿物和金属 Ores and Metals	制成品 Manufactures	其它 Others
世　界	**World**	**1.7**	**10.1**	**12.0**	**5.2**	**66.8**	**4.2**
高收入国家	**High Income**	**1.6**	**8.9**	**8.5**	**4.7**	**71.7**	**4.6**
中等收入国家①	**Middle Income①**	**1.5**	**10.4**	**14.8**	**4.2**	**67.2**	**1.9**
中　国①	China①	0.4	3.2	1.3	1.2	93.8	0.1
中国香港	Hong Kong, China	3.1	18.4	4.3	16.6	57.0	0.6
中国澳门①	Macao, China①	0.1	0.7		1.0		
孟加拉国②	Bangladesh②	0.7	2.7	0.6	0.2	95.8	
文　莱	Brunei Darussalam		0.2	89.7	0.3	9.6	0.2
柬埔寨①	Cambodia①	2.1	4.6		0.1	93.2	
印　度	India	1.2	12.2	11.6	4.0	71.0	
印度尼西亚	Indonesia	5.4	23.4	21.7	5.8	43.6	0.1
以色列	Israel	0.7	3.2	1.5	1.2	91.9	1.5
日　本	Japan	0.7	0.9	1.5	2.4	88.1	6.4
哈萨克斯坦	Kazakhstan	0.3	4.9	63.4	15.2	16.1	0.1
韩　国	Korea, Rep.	0.9	1.3	6.2	2.0	89.5	0.1
老　挝①	Laos①	3.2	30.6	0.3	38.6	27.3	
马来西亚	Malaysia	1.6	11.1	15.0	4.0	68.0	0.3
蒙　古①	Mongolia①	6.9	1.9	31.7	54.2	5.2	0.1
缅　甸	Myanmar	2.7	32.0	26.9	4.1	34.2	0.1
巴基斯坦	Pakistan	0.9	18.7	1.2	2.0	77.2	
菲律宾	Philippines	0.7	9.5	1.5	5.7	82.6	
新加坡	Singapore	0.6	2.7	13.1	1.1	76.6	5.9
斯里兰卡	Sri Lanka	2.6	26.0	2.6	0.8	67.9	0.1
泰　国①	Thailand①	3.9	13.9	2.7	1.2	78.2	0.1
越　南①	Viet Nam①	1.4	12.9	2.0	0.7	82.8	0.2
埃　及	Egypt	2.0	18.8	21.3	4.2	53.6	0.1
尼日利亚	Nigeria	0.2	1.6	95.8	0.1	2.2	0.1
南　非	South Africa	2.3	11.5	12.6	25.5	47.1	1.0
加拿大	Canada	4.7	12.9	22.7	7.4	50.5	1.8
墨西哥	Mexico	0.3	7.9	5.6	2.8	82.1	1.3
美　国	United States	2.3	10.3	10.6	2.7	61.8	12.3
阿根廷	Argentina	1.1	62.2	2.9	3.3	28.8	1.7
巴　西	Brazil	4.5	36.1	8.7	11.9	37.6	1.2
委内瑞拉③	Venezuela③			97.7	0.4	1.8	0.1
捷　克	Czech Rep.	1.4	4.6	1.8	1.5	90.6	0.1
法　国①	France①	0.9	12.4	2.4	1.9	79.8	2.6
德　国	Germany	0.8	5.6	1.8	2.4	84.9	4.5
意大利	Italy	0.7	9.0	3.3	2.1	83.5	1.4
荷　兰①	Netherlands①	3.3	17.5	9.1	2.5	67.3	0.3
波　兰	Poland	1.2	13.0	2.5	3.2	80.0	0.1
俄罗斯	Russia	2.5	5.7	48.2	6.4	22.3	14.9
西班牙	Spain	1.0	16.2	5.1	3.7	69.4	4.6
土耳其	Turkey	0.5	11.0	2.6	4.3	80.2	1.4
乌克兰	Ukraine	1.7	40.8	1.5	8.4	46.7	0.9
英　国	United Kingdom	0.6	6.9	8.1	3.8	77.2	3.4
澳大利亚	Australia	2.8	14.9	32.0	30.8	15.6	3.9
新西兰	New Zealand	12.1	62.8	1.7	3.1	17.0	3.3

注：①2016年数据。②2015年数据。③2013年数据。
Note:①Data refer to 2016.②Data refer to 2015.③Data refer to 2013.

14-12 进口货物构成(2017年)
Imports by Commodity Groups(2017)

资料来源：世界银行WDI数据库。
Source: World Bank WDI Database.
单位：% (%)

国家或地区	Country or Area	农业原材料 Agricultural Raw Materials	食品 Food	燃料 Fuel	矿物和金属 Ores and Metals	制成品 Manufactures	其它 Others
世　界	**World**	**1.2**	**8.3**	**11.6**	**3.4**	**73.0**	**2.5**
高收入国家	**High Income**	**1.1**	**8.1**	**10.9**	**3.3**	**74.1**	**2.6**
中等收入国家①	**Middle Income①**	**2.3**	**8.7**	**11.8**	**5.5**	**70.0**	**1.9**
低收入国家②	**Low Income②**		**15.2**	**20.4**	**1.9**	**57.0**	**4.3**
中　国①	China①	3.5	6.5	11.1	9.8	68.2	0.8
中国香港	Hong Kong, China	0.2	5.0	2.3	1.2	91.3	0.1
中国澳门①	Macao, China①	0.3	16.8	5.6	0.2	65.5	11.6
孟加拉国②	Bangladesh②	6.4	16.6	10.9	2.7	63.2	0.3
文　莱	Brunei Darussalam	0.2	15.0	8.6	1.6	74.3	0.4
柬埔寨①	Cambodia①	2.1	7.3	8.9	1.5	80.2	…
印　度	India	2.1	5.8	29.3	6.1	56.1	0.5
印度尼西亚	Indonesia	3.3	11.9	17.7	4.5	62.1	0.5
以色列	Israel	1.0	8.7	10.9	1.4	77.0	1.0
日　本	Japan	1.4	10.0	21.1	6.2	59.7	1.7
哈萨克斯坦	Kazakhstan	0.6	11.3	6.1	3.9	77.9	0.2
韩　国	Korea, Rep.	1.4	5.9	22.8	6.7	63.1	0.1
老　挝①	Laos①	0.3	13.5	15.3	1.2	69.8	
马来西亚	Malaysia	2.1	8.1	12.9	4.9	71.6	0.4
蒙　古①	Mongolia①	0.4	15.1	20.2	0.3	64.0	…
缅　甸	Myanmar	0.5	14.7	18.5	0.6	65.0	0.8
巴基斯坦	Pakistan	3.8	11.8	24.0	3.9	56.4	0.1
菲律宾	Philippines	0.5	11.1	11.2	3.5	73.6	0.1
新加坡	Singapore	0.4	4.0	23.1	1.5	70.0	0.9
斯里兰卡	Sri Lanka	2.0	13.4	15.6	1.5	66.7	0.9
泰　国①	Thailand①	1.7	7.0	13.2	3.9	74.2	0.1
越　南①	Viet Nam①	2.9	8.7	4.4	3.8	80.1	0.1
埃　及	Egypt	2.9	19.2	17.5	4.3	56.0	…
尼日利亚	Nigeria	0.9	16.3	28.0	3.3	51.6	…
南　非	South Africa	1.0	7.9	14.8	2.1	65.8	8.4
加拿大	Canada	0.8	8.3	7.0	2.6	79.0	2.3
墨西哥	Mexico	1.0	5.9	8.5	2.4	78.5	3.6
美　国	United States	0.9	6.1	8.5	2.2	78.4	3.9
阿根廷	Argentina	0.8	4.2	8.2	2.0	83.9	0.9
巴　西	Brazil	1.3	6.6	14.3	3.3	74.4	…
捷　克	Czech Rep.	1.2	5.8	5.5	3.2	84.3	0.1
法　国①	France①	1.1	9.8	8.4	2.2	78.3	0.1
德　国	Germany	1.4	8.1	8.0	4.0	73.2	5.4
意大利	Italy	2.0	10.7	12.2	4.8	69.1	1.2
荷　兰①	Netherlands①	1.8	14.0	12.8	2.4	69.0	0.1
波　兰	Poland	1.6	8.8	7.4	3.6	77.1	1.5
俄罗斯	Russia	1.0	12.2	0.9	1.8	83.3	0.8
西班牙	Spain	1.2	11.3	13.0	3.8	67.7	3.0
土耳其	Turkey	2.7	5.7	7.6	7.2	67.0	9.8
乌克兰	Ukraine	1.2	8.4	23.5	2.6	63.7	0.7
英　国	United Kingdom	1.2	10.2	8.6	3.0	74.9	2.2
澳大利亚	Australia	0.6	6.6	10.6	1.4	75.5	5.3
新西兰	New Zealand	0.7	11.5	9.5	1.2	76.1	1.0

注：①2016年数据。②2015年数据。
Note:①Data refer to 2016.②Data refer to 2015.

14-13 农产品进出口额
Imports and Exports of Agriculture Products

资料来源：世界贸易组织数据库。
Source: WTO Database.
单位：亿美元 (100 million USD)

国家或地区	Country or Area	农产品进口额 Imports			农产品出口额 Exports		
		2000	2010	2016	2000	2010	2016
世　界	**World**	**5962.95**	**13954.10**		**5508.68**	**13648.54**	
中　国	China	195.44	1080.00	1550.00	163.84	516.07	754.95
中国香港	Hong Kong, China	117.28	206.22	283.89	56.93	80.28	112.42
中国澳门	Macao, China	2.89	9.60	15.25	0.45	0.75	0.29
孟加拉国	Bangladesh	17.16	59.92	117.72	4.98	10.13	11.84
文　莱	Brunei Darussalam		4.23	4.25		0.09	0.07
柬埔寨	Cambodia	1.89	4.24	11.38	0.53	2.08	6.59
印　度	India	39.93	178.64	290.32	59.51	231.06	338.98
印度尼西亚	Indonesia	57.27	156.44	199.53	77.64	359.57	391.52
伊　朗	Iran	29.43	94.14	97.52	9.32	49.92	64.42
以色列	Israel	22.88	50.56	61.68	11.82	23.06	21.55
日　本	Japan	621.50	775.59	738.88	43.49	101.66	104.96
哈萨克斯坦	Kazakhstan	5.06	24.28	31.07	7.25	20.40	22.14
韩　国	Korea, Rep.	128.37	266.14	324.91	42.98	93.46	111.95
老　挝	Laos		2.26	4.72		2.28	8.78
马来西亚	Malaysia	46.10	160.53	175.24	80.15	288.69	255.44
蒙　古	Mongolia	1.06	3.26	5.19	1.48	1.49	3.69
缅　甸	Myanmar		3.64	30.09		23.06	45.91
巴基斯坦	Pakistan	18.82	67.37	77.39	12.34	39.40	39.94
菲律宾	Philippines	31.04	68.23	105.67	20.26	41.29	51.78
新加坡	Singapore	48.90	108.71	132.12	37.23	78.89	115.89
斯里兰卡	Sri Lanka	9.34	20.63	27.45	10.93	25.61	28.56
泰　国	Thailand	44.84	119.85	163.64	122.20	351.36	369.06
越　南	Viet Nam	12.69	102.72	211.06	39.54	168.35	260.36
埃　及	Egypt	41.95	118.50	125.96	6.10	51.22	48.60
尼日利亚	Nigeria	12.12	48.82	45.21	0.39	43.03	22.25
南　非	South Africa	16.50	62.96	69.81	32.70	99.32	102.78
加拿大	Canada	152.72	319.69	377.27	347.89	521.28	630.82
墨西哥	Mexico	109.89	235.31	276.85	91.00	187.91	295.83
美　国	United States	691.15	1160.00	1600.00	714.08	1430.00	1610.00
阿根廷	Argentina	16.44	21.33	25.59	119.54	346.50	369.44
巴　西	Brazil	47.62	107.59	119.25	154.64	685.87	769.62
委内瑞拉	Venezuela	19.70	53.88	29.73	5.22	1.48	0.22
捷　克	Czech Rep.	22.50	88.01	105.69	19.08	72.71	101.47
法　国	France	301.42	601.64	633.32	369.39	667.85	681.46
德　国	Germany	450.24	991.27	1080.00	292.75	802.75	882.24
意大利	Italy	299.05	564.04	534.58	163.57	386.27	441.86
荷　兰	Netherlands	263.63	611.25	694.15	420.10	940.51	1000.00
波　兰	Poland	39.50	167.42	211.30	30.99	193.05	286.88
俄罗斯	Russia	75.61	364.73	259.47	75.54	214.37	248.67
西班牙	Spain	171.37	386.65	403.11	174.66	420.89	524.49
土耳其	Turkey	41.33	128.78	156.38	38.28	123.70	166.41
乌克兰	Ukraine	10.92	62.45	42.52	15.85	104.75	159.87
英　国	United Kingdom	325.41	611.37	669.01	170.69	289.87	309.81
澳大利亚	Australia	42.34	110.85	147.69	164.46	270.48	338.28
新西兰	New Zealand	12.04	33.76	44.92	76.65	195.65	238.14

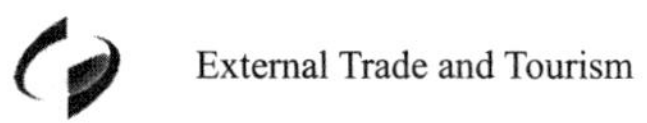

14−14 出口去向构成(2017年)
Exports by Destination(2017)

资料来源：联合国贸发会议统计手册。
Source: UNCTAD Handbook of Statistics.
单位：%　　(%)

国家或地区	Country or Area	发达国家 Developed Countries	欧洲 Europe	美国 United States	日本 Japan	其他 Other
中国	China	45.6	16.7	19.0	6.1	3.8
中国香港	Hong Kong, China	23.2	10.7	7.7	3.0	1.7
中国澳门	Macao, China	6.0	2.0	1.9	1.8	0.4
孟加拉国	Bangladesh	80.0	57.2	14.6	2.8	5.4
文莱	Brunei Darussalam	34.6	1.5	0.5	29.3	3.3
柬埔寨	Cambodia	68.0	36.6	17.8	6.8	6.7
印度	India	37.9	17.7	15.4	1.5	3.3
印度尼西亚	Indonesia	33.9	10.5	10.6	10.6	2.3
伊朗	Iran	14.4	6.4	0.0	7.9	0.1
以色列	Israel	56.0	29.0	23.8	1.2	1.9
日本	Japan	35.6	12.0	19.3		4.3
哈萨克斯坦	Kazakhstan	60.0	56.7	0.8	1.8	0.7
韩国	Korea, Rep.	32.0	10.4	12.0	4.7	4.9
马来西亚	Malaysia	32.4	10.7	9.4	7.9	4.3
蒙古	Mongolia	12.2	11.7	0.1	0.2	0.1
缅甸	Myanmar	21.1	11.5	2.1	6.8	0.7
巴基斯坦	Pakistan	55.0	35.1	16.5	1.0	2.4
菲律宾	Philippines	50.0	15.8	15.3	17.2	1.8
新加坡	Singapore	24.4	9.8	6.9	4.0	3.6
斯里兰卡	Sri Lanka	62.8	30.7	25.8	1.9	4.5
泰国	Thailand	38.4	11.9	11.2	9.3	6.0
越南	Viet Nam	50.8	19.1	20.3	8.0	3.5
埃及	Egypt	43.1	34.0	6.2	0.4	2.5
尼日利亚	Nigeria	47.8	30.6	12.9	1.4	2.9
南非	South Africa	36.8	22.7	7.4	4.7	1.9
加拿大	Canada	86.9	8.4	75.8	2.2	0.6
墨西哥	Mexico	89.9	5.9	79.9	1.0	3.2
美国	United States	45.5	20.2		4.4	20.9
阿根廷	Argentina	29.9	17.1	7.7	1.1	4.0
巴西	Brazil	33.5	16.9	12.5	2.4	1.7
捷克	Czech Rep.	89.1	85.6	2.1	0.4	1.0
法国	France	71.7	61.5	7.2	1.3	1.6
德国	Germany	75.2	63.0	8.7	1.5	2.0
意大利	Italy	73.3	60.4	9.0	1.5	2.4
荷兰	Netherlands	83.5	77.6	3.7	0.6	1.6
波兰	Poland	82.1	78.0	2.7	0.2	1.2
俄罗斯	Russia	44.8	38.3	2.8	3.0	0.7
西班牙	Spain	72.9	65.9	4.4	0.9	1.8
土耳其	Turkey	57.9	48.9	5.5	0.3	3.2
乌克兰	Ukraine	45.2	41.2	1.9	0.5	1.6
英国	United Kingdom	71.1	52.8	13.3	1.7	3.3
澳大利亚	Australia	23.5	5.9	3.6	10.4	3.5
新西兰	New Zealand	42.9	9.2	9.9	6.0	17.8

14-14 续表 continued

单位：% (%)

国家或地区	Country or Area	经济转型国家 Economies in Transition	发展中国家 Developing Countries	非洲 Africa	美洲 America	亚洲 Asia	大洋洲 Oceania
中　国	China	3.2	51.1	4.2	5.7	41.0	0.2
中国香港	Hong Kong, China	0.6	76.2	0.9	1.6	73.7	…
中国澳门	Macao, China		94.0	0.1	0.1	93.7	0.1
孟加拉国	Bangladesh	2.5	15.1	0.9	1.7	12.5	…
文　莱	Brunei Darussalam		63.8	0.1	0.1	63.5	0.1
柬埔寨	Cambodia	0.9	23.3	0.3	1.6	21.4	…
印　度	India	1.1	59.0	8.2	4.0	46.8	…
印度尼西亚	Indonesia	1.0	65.2	2.9	2.1	60.1	0.2
伊　朗	Iran	2.2	81.0	1.3	0.1	79.6	…
以色列	Israel	1.9	23.6	1.2	2.9	19.4	…
日　本	Japan	1.1	63.4	1.1	4.0	58.0	0.3
哈萨克斯坦	Kazakhstan	17.0	23.0	0.3	0.1	22.6	…
韩　国	Korea, Rep.	1.6	66.3	1.9	4.7	58.4	1.3
马来西亚	Malaysia	0.4	66.5	2.2	1.9	61.9	0.4
蒙　古	Mongolia	1.1	86.6			86.6	
缅　甸	Myanmar	0.2	82.9	1.3	0.3	81.2	…
巴基斯坦	Pakistan	1.4	45.1	6.9	1.9	36.2	0.1
菲律宾	Philippines	0.1	58.5	0.3	1.7	56.4	0.1
新加坡	Singapore	0.3	75.3	1.6	2.3	70.2	1.2
斯里兰卡	Sri Lanka	3.1	37.1	2.4	3.3	31.4	0.1
泰　国	Thailand	0.5	60.2	2.9	3.3	53.9	0.1
越　南	Viet Nam	1.3	47.9	1.4	3.6	42.7	0.1
埃　及	Egypt	2.4	54.6	11.7	1.1	41.8	
尼日利亚	Nigeria	0.1	46.9	10.3	3.7	32.8	0.1
南　非	South Africa	0.6	54.5	26.2	1.2	27.1	0.1
加拿大	Canada	0.2	12.8	0.7	2.8	9.3	…
墨西哥	Mexico	0.1	9.9	0.2	5.3	4.5	…
美　国	United States	0.7	53.7	1.4	25.4	26.9	0.1
阿根廷	Argentina	1.2	67.3	8.0	32.1	27.2	…
巴　西	Brazil	1.5	64.0	4.3	20.1	39.6	…
捷　克	Czech Rep.	3.7	7.1	0.9	0.8	5.3	…
法　国	France	1.7	24.1	5.4	2.5	15.9	0.3
德　国	Germany	3.2	20.9	2.0	2.6	16.2	…
意大利	Italy	3.5	21.6	3.8	3.2	14.6	…
荷　兰	Netherlands	1.5	14.2	2.3	1.9	9.9	…
波　兰	Poland	6.8	6.8	1.1	1.0	4.7	…
俄罗斯	Russia	12.7	29.1	2.7	1.8	24.7	…
西班牙	Spain	1.2	21.3	6.2	5.5	9.6	…
土耳其	Turkey	7.9	32.9	7.4	1.6	23.7	0.1
乌克兰	Ukraine	17.6	37.4	9.4	0.7	27.2	0.1
英　国	United Kingdom	1.5	25.0	2.5	1.8	20.7	…
澳大利亚	Australia	0.1	61.2	1.1	0.8	58.3	1.0
新西兰	New Zealand	0.6	54.9	3.3	2.2	46.6	2.7

14-15 进口来源构成(2017年)
Imports by Origin(2017)

资料来源：联合国贸发会议统计手册。
Source: UNCTAD Handbook of Statistics.
单位：%

(%)

国家或地区	Country or Area	发达国家 Developed Countries	欧 洲 Europe	美 国 United States	日 本 Japan	其 他 Other
中　　国	China	39.7	15.3	8.4	9.0	7.0
中国香港	Hong Kong, China	22.7	9.1	5.2	6.1	2.3
中国澳门	Macao, China	46.1	32.6	4.3	7.2	2.0
孟加拉国	Bangladesh	18.8	8.1	3.2	3.8	3.7
文　　莱	Brunei Darussalam	32.7	15.4	10.7	4.4	2.2
柬 埔 寨	Cambodia	10.6	5.5	1.8	2.9	0.4
印　　度	India	27.9	15.4	5.8	2.2	4.4
印度尼西亚	Indonesia	27.1	8.0	4.8	8.9	5.4
伊　　朗	Iran	21.6	20.3	0.3	0.5	0.6
以 色 列	Israel	58.5	39.9	14.9	3.0	0.7
日　　本	Japan	32.0	13.1	11.0		8.0
哈萨克斯坦	Kazakhstan	22.9	18.5	2.8	1.1	0.6
韩　　国	Korea, Rep.	40.5	12.8	10.6	11.5	5.6
马来西亚	Malaysia	30.1	11.2	8.2	7.5	3.1
蒙　　古	Mongolia	26.1	11.1	4.8	8.3	1.8
缅　　甸	Myanmar	17.4	5.3	4.2	6.4	1.5
巴基斯坦	Pakistan	21.8	10.5	4.9	4.0	2.5
菲 律 宾	Philippines	31.4	7.7	8.4	12.0	3.3
新 加 坡	Singapore	33.9	15.0	10.0	6.7	2.1
斯里兰卡	Sri Lanka	22.6	9.8	3.9	5.0	4.0
泰　　国	Thailand	37.4	12.9	6.8	14.7	3.0
越　　南	Viet Nam	20.6	6.5	3.5	8.5	2.1
埃　　及	Egypt	43.6	35.1	5.8	1.3	1.3
尼日利亚	Nigeria	45.2	35.0	7.1	0.9	2.2
南　　非	South Africa	36.0	26.0	5.4	2.8	1.7
加 拿 大	Canada	67.4	12.7	50.3	3.1	1.4
墨 西 哥	Mexico	63.7	11.8	45.1	4.2	2.6
美　　国	United States	40.2	20.2		5.8	14.2
阿 根 廷	Argentina	32.8	18.2	11.4	1.6	1.6
巴　　西	Brazil	42.9	22.0	15.9	2.4	2.6
捷　　克	Czech Rep.	71.7	67.0	2.4	1.8	0.5
法　　国	France	71.1	61.9	6.4	1.8	1.1
德　　国	Germany	70.8	61.5	6.1	2.3	0.9
意 大 利	Italy	68.5	63.0	3.7	1.0	0.8
荷　　兰	Netherlands	63.1	52.2	7.3	2.1	1.5
波　　兰	Poland	62.7	57.6	2.8	1.6	0.7
俄 罗 斯	Russia	49.3	41.5	4.0	2.9	0.9
西 班 牙	Spain	61.5	54.7	4.4	1.3	1.0
土 耳 其	Turkey	49.3	39.8	5.1	1.8	2.5
乌 克 兰	Ukraine	52.6	44.9	5.0	1.4	1.2
英　　国	United Kingdom	73.1	58.5	9.1	2.0	3.5
澳大利亚	Australia	39.9	18.4	10.3	7.2	4.0
新 西 兰	New Zealand	51.3	19.2	10.7	7.4	14.0

14—15 续表 continued

单位：% (%)

国家或地区	Country or Area	经济转型国家 Economies in Transition	发展中国家 Developing Countries	非洲 Africa	美洲 America	亚洲 Asia	大洋洲 Oceania
中国	China	3.3	57.1	4.1	6.9	45.9	0.2
中国香港	Hong Kong, China	0.2	77.1	0.7	0.9	75.5	…
中国澳门	Macao, China	0.1	53.8	0.2	0.8	52.7	…
孟加拉国	Bangladesh	3.4	77.8	2.7	5.2	69.8	…
文莱	Brunei Darussalam		80.5		0.7	79.4	…
柬埔寨	Cambodia	0.1	100.1	0.1	0.1	99.9	…
印度	India	2.6	68.9	7.9	5.3	55.6	0.1
印度尼西亚	Indonesia	1.7	71.6	2.9	2.5	66.0	0.1
伊朗	Iran	4.4	89.3	0.2	1.2	87.9	…
以色列	Israel	3.8	34.6	1.1	2.1	31.4	…
日本	Japan	2.4	65.5	1.2	3.9	60.0	0.4
哈萨克斯坦	Kazakhstan	43.7	33.5	0.4	0.6	32.5	…
韩国	Korea, Rep.	2.9	56.4	1.5	3.5	51.3	0.1
马来西亚	Malaysia	0.5	68.6	1.4	2.3	64.8	0.1
蒙古	Mongolia	30.0	43.4	0.2	0.7	42.4	…
缅甸	Myanmar	0.7	98.6	0.5	2.0	96.1	…
巴基斯坦	Pakistan	1.0	75.4	3.9	1.7	69.7	…
菲律宾	Philippines	0.7	71.3	0.2	1.5	69.2	0.5
新加坡	Singapore	1.3	64.8	0.9	2.0	61.8	0.2
斯里兰卡	Sri Lanka	1.5	78.0	1.7	1.0	75.3	
泰国	Thailand	1.2	61.5	1.3	1.9	58.1	0.2
越南	Viet Nam	0.9	78.6	1.4	2.7	74.4	…
埃及	Egypt	10.0	54.1	3.5	5.9	44.7	…
尼日利亚	Nigeria	2.0	52.7	4.4	2.5	45.8	…
南非	South Africa	0.5	45.0	8.4	3.0	33.6	…
加拿大	Canada	0.6	29.9	0.9	9.1	19.9	…
墨西哥	Mexico	0.4	33.2	0.3	3.1	29.8	…
美国	United States	0.9	58.8	1.4	18.2	39.1	…
阿根廷	Argentina	0.6	65.6	1.6	36.8	27.2	…
巴西	Brazil	2.1	50.8	3.5	15.9	31.4	…
捷克	Czech Rep.	5.1	22.7	0.6	1.0	21.1	…
法国	France	2.4	23.5	4.1	1.7	17.7	…
德国	Germany	3.4	23.7	1.9	2.3	19.5	…
意大利	Italy	6.2	24.7	4.6	2.3	17.7	…
荷兰	Netherlands	6.1	30.9	2.6	3.5	24.7	0.1
波兰	Poland	8.7	22.9	0.7	1.8	20.3	…
俄罗斯	Russia	11.4	35.3	0.8	3.0	31.5	…
西班牙	Spain	2.3	32.8	7.8	5.6	19.3	0.1
土耳其	Turkey	11.6	34.9	3.1	2.9	28.9	…
乌克兰	Ukraine	23.7	22.6	1.5	1.6	19.6	…
英国	United Kingdom	1.4	23.7	2.6	1.6	19.4	…
澳大利亚	Australia	0.2	53.3	1.2	2.0	48.8	1.2
新西兰	New Zealand	0.6	48.2	0.5	2.0	45.5	0.2

14–16 按行业划分的服务出口额(2017年)
Exports of Services by Sector(2017)

资料来源：联合国贸发会议统计手册。
Source: UNCTAD Handbook of Statistics.
单位：亿美元 (100 million USD)

国家或地区	Country or Area	服务总额 Total Services	交通运输 Transport	旅游 Travel	其他服务 Other Services		
						建筑 Construction	保险 Insurance
中国	China	2280.9	371.0	388.0	1281.9	239.3	40.5
中国香港	Hong Kong, China	1037.0	301.6	332.3	399.5	1.7①	14.9
中国澳门	Macao, China	382.8	6.2	357.2	19.1		1.7①
孟加拉国	Bangladesh	38.6	5.0	3.4	29.4	1.3	
柬埔寨	Cambodia	46.9	5.5	37.1	4.3	0.2	
印度	India	1839.8	169.8	273.7	1393.0	22.8	24.6
印度尼西亚	Indonesia	246.7	35.0	125.2	81.2	3.7	0.8
伊朗	Iran	101.1	33.0②	34.8②	28.0②	16.3②	0.4②
以色列	Israel	443.2	40.6	65.9	329.2	4.6	0.4
日本	Japan	1847.7	340.4	339.1	1154.3	104.5	19.4
哈萨克斯坦	Kazakhstan	64.4	35.4	17.8	10.6	1.8	0.8
韩国	Korea, Rep.	875	246.1	134.3	469.0	94.0	9.5
马来西亚	Malaysia	367.5	43.6	183.5	111.5	9.7	3.0
蒙古	Mongolia	10.1	3.4	4.0	2.7	0.2	
缅甸	Myanmar	38.6①	4.4①	21.0①	10.2①	0.8①	2.7②
巴基斯坦	Pakistan	57.2	9.8	3.5	43.8	0.7	0.7
菲律宾	Philippines	356.1	22.8	69.9	234.9	0.6	0.8
新加坡	Singapore	1646.8	458.0	197.1	918.1	9.5	63.5
斯里兰卡	Sri Lanka	74.3	23.6	36.2	14.5	0.6	1.3
泰国	Thailand	756.5	68.7	574.8	113.0	3.6	0.8
越南	Viet Nam	131.5	26.3	88.6	16.6		0.6①
埃及	Egypt	200.3	91.0	77.7	31.6	5.9	1.9
尼日利亚	Nigeria	50.2	13.0	25.4	11.8		0.7
南非	South Africa	157.6	23.2	88.1	45.9	0.2	2.1
加拿大	Canada	868.8	131.0	203.0	519.5	5.4	14.4
墨西哥	Mexico	270.7	19.0	213.3	38.3		33.0
美国	United States	7808.7	865.5	2036.9	4647.2	20.5③	178.2
阿根廷	Argentina	141.8	19.6	50.6	70.7		0.3
巴西	Brazil	344.8	57.9	58.1	224.1	0.1	6.9
捷克	Czech Rep.	266.9	61.1	69.7	107.6	4.3	2.6
法国	France	2494.7	458.3	473.7	1406.3	41.4	66.2
德国	Germany	3040.6	620.2	398.9	1859.2	20.8	97.6
意大利	Italy	1107.9	137.5	441.7	483.5	7.1	18.9
荷兰	Netherlands	2183.1	373.7	148.4	1562.2	30.1	12.8
波兰	Poland	592.1	158.9	127.7	244.0	19.4	4.7
俄罗斯	Russia	578.3	198.2	89.5	257.3	47.7	3.6
西班牙	Spain	1390.7	177.7	682.8	485.2	13.8	23.0
土耳其	Turkey	440	151.1	224.8	60.4	8.0	12.8
乌克兰	Ukraine	140.9	58.8	12.6	53.2	1.0	0.1
英国	UnitedKingdom	3506.9	377.6	437.9	2636.8	22.0	193.1
澳大利亚	Australia	649	58.2	417.4	173.0	4.4	4.0
新西兰	New Zealand	161.6	21.1	102.8	35.5	0.3	1.7

14−16 续表 continued

单位：亿美元 (100 million USD)

国家或地区	Country or Area	金融服务 Financial Services	版税和许可证费用 Royalties and Licence Fees	其他商务服务 Other Business Services	个人、文化和休闲服务 Personal,Cultural and Recreational Services	政府服务及其他 Government Services n.i.e.	通讯、计算机和信息服务 Telecommunications, Computer,and Information Services
中　　国	China	36.9	47.6	615.4	7.6	17.0	277.7
中国香港	Hong Kong, China	198.5	6.2②	132.5②	2.6②	0.9②	28.2②
中国澳门	Macao, China	11.0②		2.3②			0.4
孟加拉国	Bangladesh	1.4	86.0	5.3	0.1	16.0	5.3
柬 埔 寨	Cambodia	0.1		1.2	0.1	2.1	0.6
印　　度	India	44.9	6.6	589.7	14.7	6.2	548.6
印度尼西亚	Indonesia	6.3	0.5	52.1	1.4	7.2	9.2
伊　　朗	Iran	1.1②	0.1②	4.1②	2.0②	2.4②	1.7②
以 色 列	Israel	6.5②	15.3	165.2	3.9②	0.1	116.5
日　　本	Japan	103.6	417.2	404.5	10.4	47.6	47.0
哈萨克斯坦	Kazakhstan	0.2		4.2		2.4	1.2
韩　　国	Korea, Rep.	22.2	71.4	209.5	9.2	10.3	43.0
马来西亚	Malaysia	5.4	2.1	59.5	4.7	0.9	26.2
蒙　　古	Mongolia	0.3		1.8			0.3
缅　　甸	Myanmar			7.9②		0.8②	0.6②
巴基斯坦	Pakistan	1.6	0.1	12.4	0.2	18.2	10.0
菲 律 宾	Philippines	4.9	0.2	168.7	1.9	0.2	57.6
新 加 坡	Singapore	227.8	82.8	410.1	8.6	2.8	113.1
斯里兰卡	Sri Lanka	2.7		0.4		0.4	9.2
泰　　国	Thailand	7.4	1.0	92.1	0.7	3.0	4.5
越　　南	Viet Nam	1.8②				1.6	1.5②
埃　　及	Egypt	1.3		4.3	1.9	9.2	7.1
尼日利亚	Nigeria	2.9		0.5		4.8	2.9
南　　非	South Africa	8.8	1.2	20.7	2.4	3.9	6.6
加 拿 大	Canada	76.8	45.0	266.9	20.9	12.1	78.1
墨 西 哥	Mexico	2.6	0.1	0.2		1.5	0.8
美　　国	United States	1064.2	1279.3	1493.8	25.1③	191.5	389.4
阿 根 廷	Argentina	1.6	2.1	42.5	2.8	2.5	18.9
巴　　西	Brazil	6.8	6.4	170.8	3.1	8.0	21.9
捷　　克	Czech Rep.	4.4	4.2	51.9	1.6	0.3	38.2
法　　国	France	115.6	164.4	783.7	39.5	12.3	183.1
德　　国	Germany	234.8	195.7	867.1	33.0	42.3	367.8
意 大 利	Italy	56.0	45.7	256.5	2.6	6.0	90.7
荷　　兰	Netherlands	50.0	549.2	635.5	15.4	18.4	250.7
波　　兰	Poland	10.4	5.7	132.4	7.3		64.0
俄 罗 斯	Russia	11.3	7.4	125.6	4.9	8.8	47.9
西 班 牙	Spain	36.5	23.8	243.9	11.4①	6.0①	126.3
土 耳 其	Turkey	6.3	0.1	8.8	15.0	6.1	3.3
乌 克 兰	Ukraine	0.7	0.7	19.6	0.4	3.1	27.6
英　　国	United Kingdom	832.1	169.3	1091.0	40.0	33.4	255.9
澳大利亚	Australia	32.7	9.3	78.2	7.8	8.6	28.1
新 西 兰	New Zealand	5.6	3.6	14.3	2.5	1.7	6.0

注：①2015年数据。②2014年数据。③2016年数据。
Note:①Data refer to 2015.②Data refer to 2014.③Data refer to 2016.

14-17 货币汇率(年平均价)
Exchange Rate (Period Average)

资料来源：世界银行WDI数据库。
Source: World Bank WDI Database.
单位：1美元合本币数 (local currency unit per US dollar)

国家或地区	Country or Area	2000	2005	2010	2015	2016	2017
中　国	China	8.28	8.19	6.77	6.23	6.64	6.76
中国香港	Hong Kong, China	7.79	7.78	7.77	7.75	7.76	7.79
中国澳门	Macao, China	8.03	8.01	8.00	7.99	8.00	8.03
孟加拉国	Bangladesh	52.14	64.33	69.65	77.95	78.47	80.44
文　莱	Brunei Darussalam	1.72	1.66	1.36	1.38	1.38	1.38
柬埔寨	Cambodia	3840.75	4092.50	4184.92	4067.75	4058.70	4050.58
印　度	India	44.94	44.10	45.73	64.15	67.19	65.12
印度尼西亚	Indonesia	8421.78	9704.74	9090.43	13389.41	13308.33	13380.87
伊　朗	Iran	1764.77	8963.96	10254.18	29011.49	30914.85	33226.30
以色列	Israel	4.08	4.49	3.74	3.89	3.84	3.60
日　本	Japan	107.77	110.22	87.78	121.04	108.79	112.17
哈萨克斯坦	Kazakhstan	142.13	132.88	147.35	221.73	342.16	326.00
韩　国	Korea, Rep.	1130.96	1024.12	1156.06	1131.16	1160.43	1130.43
老　挝	Laos	7887.64	10655.17	8258.77	8147.91	8179.27	8351.53
马来西亚	Malaysia	3.80	3.79	3.22	3.91	4.15	4.30
蒙　古	Mongolia	1076.67	1205.25	1357.06	1970.31	2140.29	2439.78
缅　甸	Myanmar	6.52	5.82	5.64	1162.62	1234.87	1360.36
巴基斯坦	Pakistan	53.65	59.51	85.19	102.77	104.77	105.46
菲律宾	Philippines	44.19	55.09	45.11	45.50	47.49	50.40
新加坡	Singapore	1.72	1.66	1.36	1.38	1.38	1.38
斯里兰卡	Sri Lanka	77.01	100.50	113.06	135.86	145.58	152.45
泰　国	Thailand	40.11	40.22	31.69	34.25	35.30	33.94
越　南	Viet Nam	14167.75	15858.92	18612.92	21697.57	21935.00	22370.09
埃　及	Egypt	3.47	5.78	5.62	7.69	10.03	17.78
尼日利亚	Nigeria	101.70	131.27	150.30	192.44	253.49	305.79
南　非	South Africa	6.94	6.36	7.32	12.76	14.71	13.33
加拿大	Canada	1.49	1.21	1.03	1.28	1.33	1.30
墨西哥	Mexico	9.46	10.90	12.64	15.85	18.66	18.93
美　国	United States	1.00	1.00	1.00	1.00	1.00	1.00
阿根廷	Argentina	1.00	2.90	3.90	9.23	14.76	16.56
巴　西	Brazil	1.83	2.43	1.76	3.33	3.49	3.19
委内瑞拉	Venezuela	0.68	2.09	2.58	6.28	9.26	9.98
捷　克	Czech Rep.	38.60	23.96	19.10	24.60	24.44	23.38
法　国	France	1.09	0.80	0.76	0.90	0.90	0.89
德　国	Germany	1.09	0.80	0.76	0.90	0.90	0.89
意大利	Italy	1.09	0.80	0.76	0.90	0.90	0.89
荷　兰	Netherlands	1.09	0.80	0.76	0.90	0.90	0.89
波　兰	Poland	4.35	3.24	3.02	3.77	3.94	3.78
俄罗斯	Russia	28.13	28.28	30.37	60.94	67.06	58.34
西班牙	Spain	1.09	0.80	0.76	0.90	0.90	0.89
土耳其	Turkey	0.63	1.34	1.50	2.72	3.02	3.65
乌克兰	Ukraine	5.44	5.13	7.94	21.85	25.55	26.60
英　国	United Kingdom	0.66	0.55	0.65	0.66	0.74	0.78
澳大利亚	Australia	1.73	1.31	1.09	1.33	1.35	1.31
新西兰	New Zealand	2.20	1.42	1.39	1.43	1.44	1.41

14-18 国际旅游收支
Expenditures and Receipts of International Tourism

资料来源：世界银行WDI数据库。
Source: World Bank WDI Database.

单位：亿美元 (100 million USD)

国家或地区	Country or Area	国际旅游支出 International Tourism Expenditures			国际旅游收入 International Tourism Receipts		
		2000	2010	2016	2000	2010	2016
世　界	**World**	**5364.8**	**9967.1**	**13619.2**	**5727.7**	**10998.4**	**13925.2**
中　国	China	141.7	548.8	2611.3	173.2	458.1	444.3
中国香港	Hong Kong, China	125.0	173.6	241.9	82.0	272.1	379.8
中国澳门	Macao, China		8.8	13.1	32.1	226.9	305.7
孟加拉国	Bangladesh	4.7	8.5	8.5	0.5	1.0	1.8
柬埔寨	Cambodia	0.5	1.3	7.4	3.5	16.7	35.2
印　度	India	36.9	104.9	191.9	36.0	144.9	231.1
印度尼西亚	Indonesia	32.0	84.3	100.4	49.8	76.2	126.0
伊　朗	Iran	6.7	105.7		6.8	26.3	
以色列	Israel	37.3	46.8	86.1	46.1	55.1	64.3
日　本	Japan	426.4	393.1	257.8	59.7	153.6	334.3
哈萨克斯坦	Kazakhstan	4.8	14.9	17.7	4.0	12.4	17.2
韩　国	Korea, Rep.	79.5	207.9	291.4	85.3	143.7	210.5
老　挝	Laos	0.1	2.2	5.4	1.1	3.9	7.1
马来西亚	Malaysia	25.4	83.2	104.7	58.7	181.5	180.8
蒙　古	Mongolia	0.5	3.2	5.4	0.4	2.9	3.8
缅　甸	Myanmar	0.3	0.5	5.8	2.0	0.9	22.7
巴基斯坦	Pakistan	5.7	13.7	27.3	5.5	10.0	8.8
菲律宾	Philippines	18.4	59.6	117.1	23.3	34.4	63.3
新加坡	Singapore	45.4	187.0	221.0	51.4	141.8	183.9
斯里兰卡	Sri Lanka	3.8	8.3	23.0	3.9	10.4	45.9
泰　国	Thailand	32.2	71.6	112.7	99.4	238.0	524.7
越　南	Viet Nam		14.7	45.6		44.5	82.5
埃　及	Egypt	12.1	27.0	43.5	46.6	136.3	33.1
尼日利亚	Nigeria	6.1	83.5	45.1	1.9	7.4	10.9
南　非	South Africa	26.8	81.4	53.5	33.4	103.1	88.1
加拿大	Canada	151.3	369.8	290.7	130.4	184.4	182.8
墨西哥	Mexico	63.7	90.0	128.2	91.3	126.3	206.2
美　国	United States	914.7	1100.5	1608.2	1209.1	1680.0	2447.1
阿根廷	Argentina	54.6	64.5	117.3	32.0	56.1	51.9
巴　西	Brazil	45.5	188.8	170.7	19.7	55.2	66.1
委内瑞拉	Venezuela	16.5	29.4	29.2	4.7	8.9	5.5
捷　克	Czech Rep.	12.8	43.5	49.6	29.7	80.7	70.4
法　国	France	267.0	467.0	490.2	385.3	561.9	508.8
德　国	Germany	576.0	908.8	874.2	249.4	491.3	521.3
意大利	Italy	181.7	269.1	249.8	287.1	384.4	403.7
荷　兰	Netherlands	136.5	190.4	203.2	112.9	116.5	183.2
波　兰	Poland	34.2	91.0	86.2	61.3	100.4	120.5
俄罗斯	Russia	88.5	301.7	276.5	34.3	132.4	128.2
西班牙	Spain	77.1	169.3	192.8	326.6	543.1	606.1
土耳其	Turkey	17.1	58.2	50.3	76.4	263.2	267.0
乌克兰	Ukraine	5.6	41.3	53.2	5.6	47.0	17.2
英　国	United Kingdom	470.1	662.5	793.7	299.8	414.7	555.6
澳大利亚	Australia	87.8	278.5	297.7	130.2	310.6	344.8
新西兰	New Zealand	12.4	30.4	40.1	22.7	65.2	94.2

14—19　国际旅游人数
Number of Arrivals and Departures of International Tourism

资料来源：世界银行WDI数据库。
Source: World Bank WDI Database.

单位：万人　　(10 000 persons)

国家或地区	Country or Area	入境(过夜)旅游人数 Number of Arrivals			出境旅游人数 Number of Departures		
		2000	2010	2016	2000	2010	2016
世　界	**World**	**67732**	**95586**	**124496**	**82801**	**113724**	**145878**
高收入国家	**High Income**	**46592**	**56358**	**74955**	**55242**	**65788**	**77003**
中等收入国家	**Middle Income**	**19930**	**37272**	**46989**	**14916**	**30470**	**48250**
低收入国家	**Low Income**	**645**	**1258**	**1610**			
中　国	China	3123	5566	5927	1047	5739	13513
中国香港	Hong Kong, China	881	2009	2655	5890	8444	9176
中国澳门	Macao, China	520	1193	1570	14	75	125
孟加拉国	Bangladesh	20	30		113	191	
文　莱	Brunei Darussalam	98	21	22			
柬埔寨	Cambodia	47	251	501	4	51	143
印　度	India	265	578	1457	442	1299	2187
印度尼西亚	Indonesia	506	700	1152	221	624	834
伊　朗	Iran	134	294	494	229		901
以色列	Israel	242	280	290	353	427	678
日　本	Japan	476	861	2404	1782	1664	1712
哈萨克斯坦	Kazakhstan	168	410	651	125	589	
韩　国	Korea, Rep.	532	880	1724	551	1249	2238
老　挝	Laos	19	167	332		169	306
马来西亚	Malaysia	1022	2458	2676	3053		
蒙　古	Mongolia	14	46	40			
缅　甸	Myanmar	42	79	291			
巴基斯坦	Pakistan	56	91				
菲律宾	Philippines	199	352	597	167		
新加坡	Singapore	606	916	1291	444	734	947
斯里兰卡	Sri Lanka	40	65	205	52	112	145
泰　国	Thailand	958	1594	3253	191	545	820
越　南	Viet Nam	214	505	1001			
埃　及	Egypt	512	1405	526	296	462	
尼日利亚	Nigeria	81	156	189			
南　非	South Africa	587	807	1004	383	517	
加拿大	Canada	1963	1622	1982	1918	2868	3128
墨西哥	Mexico	2064	2329	3508	1108	1433	2022
美　国	United States	5124	6001	7561	6133	6106	
阿根廷	Argentina	291	533	556	495	531	1030
巴　西	Brazil	531	516	658	323	646	853
委内瑞拉	Venezuela	47	53	60	95	148	153
捷　克	Czech Rep.	477	633	932		867	603
法　国	France	7719	7665	8257	1989	2504	2648
德　国	Germany	1898	2688	3556	8051	8587	9097
意大利	Italy	4118	4363	5237	2199	2982	3085
荷　兰	Netherlands	1000	1088	1583	1390	1837	1794
波　兰	Poland	1740	1247	1747	5668	4276	4450
俄罗斯	Russia	2117	2228	2457	1837	3932	3166
西班牙	Spain	4640	5268	7532	410	1238	1541
土耳其	Turkey	959	3136	3029	528	656	789
乌克兰	Ukraine	643	2120	1333	1342	1718	2467
英　国	United Kingdom	2321	2830	3581	5684	5556	7082
澳大利亚	Australia	493	579	826	350	710	993
新西兰	New Zealand	178	244	337	128	203	261

主要统计指标解释

出口 即货物离开一国的统计疆界。在通常的贸易体系中，一国的统计疆界与它的经济领土是一致的。在特殊的贸易体系中，一国的统计疆界只包括一部分经济领土，一般这部分与货物自由贸易区是一致的。自由贸易地区是一国经济疆界的一部分，在此间货物可以无进口税限制地流通。

进口 货物进入一国统计疆界。

数量指数 基于诸如数量或权数这样的货物单位的指数。

服务贸易 服务(原为非要素服务)指无形商品的经济产出。它可以在同一时间产生、转让和消费。商品服务的出口（贷方和收入）和进口（借方和支付）来自于国际收支统计中的国际服务交易统计，其概念、定义和分类与国际货币基金组织 1993 年《国际收支手册》第五版一致。

官方汇率 是指由国家机关或货币金融机构公布的汇率。年平均汇率是以月均价为基础计算的。

国际旅游支出 是指出境游客在他国的旅游消费，包括在国际旅行时，搭乘他国运输工具所支付的交通费（有些国家不包括这项交通费）。除非特别声明外，国际旅游支出包括境外一日游客（不过夜游客）在访问地的消费。

国际旅游收入 是指入境游客（过夜旅客）在本国的旅游消费，包括国际旅行时，入境游客搭乘本国运输工具所付给本国的交通费（有些国家不包括这项交通费）。国际旅游收入包括目的地国接受的所有商品和服务的支付。除特别声明外，国际旅游收入可以包括入境一日游游客（不过夜游客）在本国的消费。

Explanatory Notes on Main Statistical Indicators

Exports Goods leaving the statistical territory of a country. In the general trade system, the definition of the statistical territory of a country coincides with its economic territory. In the special trade system, the definition of the statistical territory comprises only a particular part of the economic territory, mainly that part which coincides with the free circulation area for goods. The free circulation area is a part of the economic territory of a country within which goods may be disposed of without customs restrictions.

Imports Goods entering the statistical territory of a country.

Quantum Index An index based on quantity units of goods such as number or weight.

Commercial Service Exports/Commercial Service Imports Services(previously no factor services) refer to economic output of intangible commodities that may be produced, transferred, and consumed at the same time. Exports (credits or receipts) and imports (debits or payments) of commercial services derived from statistics on international service transactions are included in the balance of payments statistics, in conformity with the concepts, definitions and classification of the fifth (1993) edition of the IMF Balance of Payments Manual.

Official Exchange Rate refers to the exchange rate determined by national authorities or to the rate determined in the legally sanctioned exchange market. It is calculated as an annual average based on monthly averages (local currency units relative to the U.S. dollar).

International Tourism Expenditures are expenditures of international outbound visitors in other countries, including payments to foreign carriers for international transport. These expenditures may include those by residents traveling abroad as same-day visitors, except in cases where these are important enough to justify separate classification. For some countries they do not include expenditures for passenger transport items.

International Tourism Receipts are expenditures by international inbound visitors, including payments to national carriers for international transport. These receipts include any other prepayment made for goods or services received in the destination country. They also may include receipts from same-day visitors, except when these are important enough to justify separate classification. For some countries they do not include receipts for passenger transport items.

国际收支和外债

Balance of Payments and External Debts

15-1 世界国际收支

Summary of International Transactions

资料来源：国际货币基金组织BOP数据库。
Source: IMF BOP Database.

单位：亿美元 (100 million USD)

		2010	2013	2014	2015	2016
经常帐户差额	**Current Account Balances**	**2985.9**	**4191.4**	**4373.4**	**2800.9**	**2945.4**
货物差额	Goods balance	3702.2	5818.8	5250.8	3642.4	3739.9
贷方	Credits	148963.6	185870.5	186247.7	162016.1	157167.2
借方	Debits	145261.4	180051.7	180996.9	158373.7	153427.4
服务差额	Services Balance	785.1	1308.4	1078.8	1475.1	1300.4
贷方	Credits	38152.7	47556.3	50938.0	48331.2	48642.8
借方	Debits	37367.6	46247.8	49859.2	46856.1	47342.4
初次收入差额	Primary Income Balance	-292.1	-1199.1	-373.9	-649.4	-436.9
贷方	Credits	34904.1	38867.0	40474.3	36731.0	36589.9
借方	Debits	35196.2	40066.0	40848.1	37380.3	37026.8
二次收入差额	Secondary Income Balance	-1209.3	-1740.0	-1578.0	-1663.7	-1654.8
贷方	Credits	7958.8	10028.3	10539.0	9677.8	9674.9
借方	Debits	9168.1	11768.4	12116.9	11341.4	11329.6
资本帐户差额	**Capital Account Balances**	**751.9**	**729.6**	**151.8**	**41.0**	**187.5**
金融帐户差额	**Financial Account Balances**	**787.9**	**2859.6**	**3850.4**	**1718.7**	**851.1**
直接投资净值	Direct Investment net	-1193.3	-3105.2	-1812.5	-2478.6	-2529.6
资产	Assets	19034.8	22621.9	17461.7	25947.7	19543.3
负债	Liabilities	20228.1	25727.1	19274.3	28426.2	22072.9
证券投资净值	Portfolio Investment Net	-9814.0	-5183.3	-2498.6	415.6	2622.5
资产	Assets	13666.2	15558.5	25668.2	18314.1	11883.0
负债	Liabilities	23480.3	20741.8	28166.8	17898.4	9260.6
金融衍生工具和股票期权净值	Finan. Deriv.& ESOs Net	-676.7	453.6	-46.2	373.6	670.8
资产	Assets	-6243.6	-7671.0	-5792.8	-3485.4	-8530.1
负债	Liabilities	-5566.9	-8124.6	-5746.5	-3859.0	-9200.9
其它投资净值	Other Investment Net	742.2	3184.2	5806.7	5965.9	3000.3
资产	Assets	22436.7	5130.6	16544.1	-274.4	15734.4
负债	Liabilities	21694.5	1946.4	10737.4	-6240.3	12734.1
储备资产	**Reserve Assets**	**11729.5**	**7510.1**	**2401.0**	**-2557.8**	**-2909.9**
净误差与遗漏	**Net Errors and Omissions**	**-2949.9**	**-2061.6**	**-674.8**	**-1123.2**	**-2278.6**

15-2 分国别(地区)的国际收支(2016年)

资料来源：国际货币基金组织BOP数据库。
Source: IMF BOP Database.
单位：亿美元

国家或地区	Country or Area	经常账户 Current Account	货物 Goods		服务 Services	
			贷方 Credit	借方 Debit	贷方 Credit	借方 Debit
中　国	China	2022.0	19895.2	14954.4	2084.0	4525.7
中国澳门	Macao, China	123.6	15.4	115.5	329.4	40.3
孟加拉国	Bangladesh	9.3	341.4	403.7	35.5	78.7
文　莱	Brunei Darussalam	14.7	51.2	26.6	5.3	16.4
柬埔寨	Cambodia	-17.8	92.3	126.5	40.3	20.6
印　度	India	-121.1	2686.2	3760.9	1618.2	959.2
印度尼西亚	Indonesia	-169.5	1444.5	1290.1	234.8	305.2
以色列	Israel	121.4	561.7	635.4	398.8	259.2
日　本	Japan	1940.0	6347.9	5835.7	1738.2	1847.1
哈萨克斯坦	Kazakhstan	-88.7	373.0	278.7	63.1	110.6
韩　国	Korea, Rep.	992.4	5117.8	3913.3	928.3	1104.4
老　挝	Laos	-12.3	33.5	47.4	8.3	6.2
马来西亚	Malaysia	71.3	1653.2	1409.5	352.9	398.8
蒙　古	Mongolia	-7.0	48.0	34.7	8.0	21.4
缅　甸	Myanmar	-17.6	90.9	128.0	37.8	29.0
巴基斯坦	Pakistan	-70.9	217.1	427.3	51.0	88.7
菲律宾	Philippines	-12.0	434.4	775.2	313.6	242.3
中国香港	Hong Kong, China	127.1	5025.3	5201.0	988.2	744.1
新加坡	Singapore	588.5	3615.8	2787.9	1496.4	1555.8
斯里兰卡	Sri Lanka	-17.4	103.1	194.0	71.4	42.6
泰　国	Thailand	482.4	2142.5	1777.1	663.6	421.7
越　南	Viet Nam	82.4	1766.3	1626.2	122.5	176.5
埃　及	Egypt	-198.9	200.2	496.5	143.1	170.3
尼日利亚	Nigeria	27.1	346.7	352.1	37.4	117.5
南　非	South Africa	-80.8	754.1	743.0	143.6	149.5
加拿大	Canada	-494.2	3934.6	4133.5	811.3	977.0
墨西哥	Mexico	-239.1	3743.0	3873.7	245.0	334.4
美　国	United States	-4328.7	14557.1	22082.1	7523.7	5046.5
阿根廷	Argentina	-146.9	577.8	532.4	127.9	212.3
巴　西	Brazil	-235.5	1844.5	1394.2	333.0	637.5
委内瑞拉	Venezuela	-38.7	274.0	163.4	12.9	94.7
捷　克	Czech Rep.	30.2	1311.1	1208.2	239.1	197.7
法　国	France	-186.9	5070.0	5366.7	2355.4	2354.0
德　国	Germany	2973.2	13223.2	10215.1	2812.1	3061.2
意大利	Italy	476.6	4540.9	3870.5	1014.2	1054.5
荷　兰	Netherlands	629.2	4954.5	4028.6	1453.7	1524.6
波　兰	Poland	-13.7	1955.4	1933.9	489.8	338.1
俄罗斯	Russia	245.2	2818.5	1915.9	505.5	743.8
西班牙	Spain	237.7	2804.7	3002.5	1270.8	709.5
土耳其	Turkey	-331.4	1501.6	1910.2	376.8	221.9
乌克兰	Ukraine	-13.4	335.6	405.7	123.9	111.9
英　国	United Kingdom	-1402.7	4072.2	5883.9	3325.7	2016.1
澳大利亚	Australia	-374.9	1929.1	1986.1	530.0	561.8
新西兰	New Zealand	-43.8	336.3	355.4	150.3	120.0

Balance of Payments by Country or Area(2016)

初次收入 Primary income		资本账户 Capital Account	非生产非金融资产的处置贷方 Gross Disposals of Nonproduced, Nonfinancial Assets,Credit	非生产非金融资产的取得借方 Gross Acquisitions of Nonproduced, Nonfinancial Assets,Debit	资本转移贷方 Capital Transfers, Credit	资本转移借方 Capital Transfers, Debit
贷方 Credit	借方 Debit					
2258.2	2698.3	-3.4				
39.8	77.1	-0.7				0.7
0.9	23.6	4.3			4.3	
10.7	2.5					
1.3	13.7	1.6			1.6	
154.9	428.5	1.4	0.8	0.6	3.3	2.2
40.2	337.1	0.4			0.4	
101.1	137.2	3.0			3.0	
2505.7	840.2	-65.8	3.9	49.2	1.1	21.5
22.3	150.3	2.7			2.8	0.1
228.3	213.7	-0.5	0.7	1.2	0.2	0.1
1.4	3.9					
114.1	197.8	0.3	0.3	0.1		
0.7	9.8	0.9			0.9	
4.2	26.8					
6.7	55.2	2.3			2.3	
95.5	69.5	0.6	0.1	0.1	0.7	
1628.7	1520.3	-0.5				
655.0	749.9					
1.2	23.0	0.3			0.6	0.3
66.2	264.9	0.1				
5.7	89.4					
3.8	46.8	-1.0				1.1
12.5	98.6					
60.0	141.4	0.2			0.3	0.1
719.5	838.1	-0.7				
80.8	349.9	0.4				
8139.7	6407.5	-0.6				
29.3	150.9	3.7	1.1	0.3	2.9	
115.3	526.1	2.7	2.6	0.7	1.6	0.8
6.1	75.3					
78.5	190.2	22.1	1.1	0.5	21.6	0.1
1787.4	1207.0	15.9	0.6		29.5	14.2
2088.6	1516.9	38.0	234.3	196.6	59.9	59.6
625.3	596.2	-34.3	14.9	36.7	6.0	18.5
2288.9	2401.5	-12.9	4.0	5.6	11.3	22.5
122.0	293.0	48.8	1.3	7.9	55.4	
405.2	751.3	-7.6	1.7	1.8	10.2	17.7
600.6	594.2	29.6				
53.1	143.1	0.2	0.6	0.4		
44.8	54.1	0.9	1.0	0.2	0.1	
1928.9	2252.5	-21.7	17.1	19.4	10.2	29.6
458.9	688.6	-6.1	0.5	1.8		4.8
54.6	111.6	7.9				

15-2 续表

单位：亿美元

国家或地区	Country or Area	金融账户 Financial Account	直接投资 Direct Investment		证券投资 Portfolio Investment	
			资产 Assets	负债 Liabilities	资产 Assets	负债 Liabilities
中　国	China	-275.6	2172.0	1705.6	1034.0	412.1
中国澳门	Macao, China	129.9				
孟加拉国	Bangladesh	1.4	0.4	19.1	1.9	2.9
文　莱	Brunei Darussalam	65.6		-1.5	6.3	
柬 埔 寨	Cambodia	-14.8	1.2	22.9		
印　度	India	-136.0	50.5	444.6	5.7	-41.5
印度尼西亚	Indonesia	-172.2	-117.5	42.7	-22.2	167.3
以 色 列	Israel	92.3	130.7	119.0	16.6	32.4
日　本	Japan	2617.1	1696.5	349.1	3060.9	315.8
哈萨克斯坦	Kazakhstan	-87.1	32.1	176.5	-12.5	-19.5
韩　国	Korea, Rep.	1025.7	272.7	108.3	630.4	-33.0
老　挝	Laos	-27.0		10.0		5.2
马来西亚	Malaysia	13.3	100.6	135.2	37.1	0.7
蒙　古	Mongolia	-8.2	0.1	-41.6	0.1	5.0
缅　甸	Myanmar	-38.5		32.8		0.4
巴基斯坦	Pakistan	-61.1	0.5	23.2	0.4	2.0
菲 律 宾	Philippines	-8.6	37.0	79.3	11.2	-2.6
中国香港	Hong Kong, China	129.7	714.2	1171.1	465.9	46.0
新 加 坡	Singapore	588.2	238.9	616.0	244.8	37.6
斯里兰卡	Sri Lanka	-21.8	2.4	9.0		9.9
泰　国	Thailand	338.7	142.8	17.1	43.0	14.7
越　南	Viet Nam	-25.7	10.0	126.0	-1.8	0.5
埃　及	Egypt	-289.4	2.1	81.1	-2.2	5.1
尼日利亚	Nigeria	-29.3				
南　非	South Africa	-87.6	33.5	22.5	-69.1	94.6
加 拿 大	Canada	-514.8	673.5	321.1	110.3	1249.5
墨 西 哥	Mexico	-323.2	36.6	321.1	-25.0	295.9
美　国	United States	-3850.6	3115.8	4794.2	406.4	2373.7
阿 根 廷	Argentina	-144.8	17.9	42.3	8.0	358.0
巴　西	Brazil	-164.2	78.2	781.8	-6.0	-198.2
委内瑞拉	Venezuela	-66.7	15.6	15.9	-6.5	-18.3
捷　克	Czech Rep.	47.4	6.5	65.0	8.8	77.3
法　国	France	-144.4	643.9	354.1	527.4	580.8
德　国	Germany	2843.3	762.6	524.7	1076.5	-1228.0
意 大 利	Italy	725.7	214.9	277.0	876.5	-837.5
荷　兰	Netherlands	632.3	1745.5	942.1	272.3	283.7
波　兰	Poland	-5.5	100.2	144.9	-61.8	-19.3
俄 罗 斯	Russia	187.7	223.1	325.4	6.6	30.2
西 班 牙	Spain	294.4	529.2	294.6	404.8	-117.7
土 耳 其	Turkey	-221.5	31.4	123.1	15.1	78.0
乌 克 兰	Ukraine	-18.0	1.7	34.4	-0.8	2.2
英　国	United Kingdom	-1485.9	412.9	2996.7	-2204.4	431.4
澳大利亚	Australia	-362.4	4.1	432.9	269.1	36.5
新 西 兰	New Zealand	-55.8	-9.3	15.2	72.1	89.9

continued

(100 million USD)

金融衍生工具 Financial Derivatives,n.i.e		其他投资 Other Investment		储备资产 Reserves Assets	净误差和遗漏 Net Errors and Omissions
资产 Assets	负债 Liabilities	资产 Assets	负债 Liabilities		
69.0	22.4	3336.0	301.0	-4436.3	-2294.1
					6.9
		-1.1	24.8	49.5	-12.2
		54.2	-1.8	1.7	50.9
		19.6	22.4	9.0	1.3
142.0	236.4	696.3	548.5	157.4	-16.2
-6.1	-6.2	-28.3	-94.4	120.9	-3.1
-5.5		33.8	27.2	81.3	-32.1
-5025.7	-4867.5	1326.7	2554.1	-53.3	742.9
-0.2		68.3	18.7	-2.6	-1.0
-557.7	-526.0	140.9	10.0	76.9	33.7
			10.1	-1.7	-14.7
				36.0	-58.3
-0.1	-0.5	4.2	49.5	-0.1	-2.1
		-15.8	-5.1	5.0	-20.9
		4.1	64.2	25.3	7.5
-7.0	-6.7	29.5	-8.9	-4.2	2.8
-914.0	-877.1	344.3	124.0	11.4	3.1
54.9	8.5	847.1	130.8	-17.6	-0.2
		3.2	3.1	-4.7	-4.7
-55.5	-52.5	96.2	-17.9	128.4	-143.8
		51.5	42.8	83.9	-108.0
		29.4	297.6	76.1	-89.5
					-56.5
-330.1	-339.4	17.2	1.3	29.1	-6.9
		676.4	424.5	56.1	-19.9
		259.1	-11.8		-84.5
		-64.2	246.1	21.0	478.7
	-2.2	21.6	-53.7	137.4	-1.6
-138.7	-129.1	334.4	69.5	92.3	68.5
		-30.5	-15.9	-63.5	-28.0
-9.7	-14.3	22.9	82.7	229.8	-4.9
47.2	39.7	1711.5	2305.7	23.0	26.6
360.8		2015.3	2332.3	19.0	-167.9
		59.4	1033.8	-12.9	283.4
		524.5	357.0	-35.2	16.0
		22.5	156.1	226.7	-40.6
-131.7	-136.2	-22.9	-263.7	82.4	-49.8
		243.4	751.3	92.5	27.2
		61.4	132.6	8.1	109.7
		-50.3	-21.5	23.7	-5.5
		1732.5	-1627.9	86.5	-61.5
-851.6	-935.8	-114.5	217.6	78.5	18.6
-39.0	-36.7	-26.5	-0.5	31.0	-20.0

15-3 经常项目差额占GDP的比重
Current Account Balance as Percentage of GDP

资料来源：世界银行WDI数据库。
Source: World Bank WDI Database.
单位：%　　(%)

国家或地区	Country or Area	2000	2005	2010	2014	2015	2016	2017
中　国	China	1.7	5.8	3.9	2.3	2.8	1.8	1.4
中国香港	Hong Kong, China	4.4	11.9	7.0	1.4	3.3	4.0	4.3
中国澳门	Macao, China		24.0	39.4	34.2	25.3	27.0	
孟加拉国	Bangladesh	-0.6	0.7	1.8	0.4	1.3	0.4	-2.6
文　莱	Brunei Darussalam		42.3	36.6	30.7	16.7	15.5	
柬埔寨	Cambodia	-3.7	-4.9	-4.8	-9.8	-9.4	-8.9	
印　度	India	-1.0	-1.3	-3.3	-1.3	-1.1	-0.5	-1.5
印度尼西亚	Indonesia	4.8	0.1	0.7	-3.1	-2.0	-1.8	-1.7
以色列	Israel	-1.6	3.2	3.6	3.8	5.1	3.7	3.0
日　本	Japan	2.7	3.6	3.9	0.8	3.1	3.9	4.0
哈萨克斯坦	Kazakhstan	2.0	-1.8	0.9	2.8	-2.8	-6.5	-3.4
韩　国	Korea, Rep.	1.9	1.4	2.6	6.0	7.7	7.0	5.1
老　挝	Laos	-0.5	-6.4	0.4	-8.9	-15.8	-7.8	
马来西亚	Malaysia	9.1	13.9	10.1	4.4	3.1	2.4	3.0
蒙　古	Mongolia	-6.1	3.5	-12.3	-15.8	-8.1	-6.3	-10.1
缅　甸	Myanmar	-2.4	4.9	3.2	-3.3	-4.8	-2.8	-5.7
巴基斯坦	Pakistan	-0.1	-3.3	-0.8	-1.5	-1.0	-2.6	-5.2
菲律宾	Philippines	-2.8	1.9	3.6	3.8	2.5	-0.4	-0.8
新加坡	Singapore	10.8	22.1	23.4	18.7	18.6	19.0	18.8
斯里兰卡	Sri Lanka	-6.4	-2.7	-1.9	-2.5	-2.3	-2.1	-2.7
泰　国	Thailand	7.4	-4.0	3.4	3.7	8.0	11.7	10.6
越　南	Viet Nam	3.6	-1.0	-3.7	5.0	0.5	4.0	2.7
埃　及	Egypt	-1.0	2.4	-2.1	-2.0	-5.2	-6.0	-4.0
尼日利亚	Nigeria	16.0	32.5	3.6	0.2	-3.3	0.7	2.8
南　非	South Africa	-0.1	-3.1	-1.5	-5.1	-4.6	-2.7	-2.5
加拿大	Canada	2.5	1.9	-3.6	-2.4	-3.6	-3.2	-3.0
墨西哥	Mexico	-2.7	-1.0	-0.5	-1.8	-2.6	-2.2	-1.7
美　国	United States	-3.9	-5.7	-2.9	-2.1	-2.4	-2.4	-2.4
阿根廷	Argentina	-3.2	2.7	-0.4	-1.7	-3.0	-2.7	-4.8
巴　西	Brazil	-3.7	1.6	-3.4	-4.2	-3.3	-1.3	-0.5
委内瑞拉	Venezuela	10.1	17.5	1.4	1.0			
捷　克	Czech Rep.	-4.4	-2.1	-3.5	0.2	0.3	1.5	0.9
法　国	France	1.2	…	-0.8	-1.3	-0.4	-0.9	-0.7
德　国	Germany	-1.7	4.6	5.7	7.4	8.9	8.6	8.1
意大利	Italy	0.1	-0.9	-3.4	1.9	1.5	2.6	2.8
荷　兰	Netherlands	1.8	6.1	7.4	8.6	8.7	8.4	10.3
波　兰	Poland	-6.0	-2.6	-5.4	-2.1	-0.6	-0.3	0.3
俄罗斯	Russia	17.5	11.1	4.4	2.8	5.0	1.9	2.2
西班牙	Spain	-4.4	-7.5	-3.9	1.0	1.1	1.9	2.0
土耳其	Turkey	-3.6	-4.2	-5.8	-4.7	-3.7	-3.8	-5.6
乌克兰	Ukraine	4.3	2.9	-2.2	-3.4	1.8	-1.4	-1.9
英　国	UnitedKingdom	-2.4	-2.1	-3.8	-5.3	-5.2	-5.8	-4.1
澳大利亚	Australia	-3.7	-6.3	-3.9	-2.9	-4.3	-3.1	-2.5
新西兰	New Zealand	-3.3	-7.0	-2.3	-3.2	-2.9	-2.3	-2.7

15-4 外商直接投资
Foreign Direct Investment

资料来源：联合国贸发会议FDI数据库。
Source: UNCTAD FDI Database .

单位：亿美元 (100 million USD)

国家或地区	Country or Area	外商直接投资 FDI Inflows			对外直接投资 FDI Outflows		
		2000	2010	2017	2000	2010	2017
世　界	**World**	**13602.5**	**13837.8**	**14298.1**	**11636.7**	**13736.6**	**14299.7**
中　国	China	407.1	1147.3	1363.2	9.2	688.1	1246.3
中国香港	Hong Kong, China	545.8	705.4	1043.3	540.8	862.5	828.4
中国澳门	Macao, China		28.3	20.0		-4.4	-3.3
孟加拉国	Bangladesh	5.8	9.1	21.5		0.2	1.7
文　莱	Brunei Darussalam	5.5	4.8	-0.5	0.3	-0.4	-0.8
柬埔寨	Cambodia	1.5	14.0	27.8	0.1	0.2	2.6
印　度	India	35.9	274.2	399.2	5.1	159.5	113.0
印度尼西亚	Indonesia	-45.5	137.7	230.6		26.6	29.1
伊　朗	Iran	1.9	36.5	50.2	0.1	2.4	
以色列	Israel	69.6	69.8	189.5	33.4	79.4	62.8
日　本	Japan	83.2	-12.5	104.3	315.6	562.6	1604.5
哈萨克斯坦	Kazakhstan	12.8	115.5	46.3		78.9	7.9
韩　国	Korea, Rep.	115.1	95.0	170.5	48.4	282.8	316.8
老　挝	Laos	0.3	2.8	8.1	0.1	0.3	0.3
马来西亚	Malaysia	37.9	90.6	95.4	20.3	134.0	57.9
蒙　古	Mongolia	0.5	16.9	14.9		0.6	0.5
缅　甸	Myanmar	0.9	66.7	43.4			
巴基斯坦	Pakistan	3.1	20.2	28.1	0.1	0.5	0.7
菲律宾	Philippines	22.4	13.0	95.2	1.3	29.4	16.1
新加坡	Singapore	147.5	574.6	620.1	68.5	354.1	246.8
斯里兰卡	Sri Lanka	1.8	4.8	13.7		0.4	0.7
泰　国	Thailand	34.1	145.6	76.4	-0.2	79.4	192.8
越　南	Viet Nam	12.9	80.0	141.0		9.0	5.4
埃　及	Egypt	12.4	63.9	73.9	0.5	11.8	2.0
尼日利亚	Nigeria	13.1	61.0	35.0	1.7	9.2	12.9
南　非	South Africa	8.9	36.4	13.2	2.7	-0.8	73.6
加拿大	Canada	668.0	284.0	242.4	446.8	347.2	769.9
墨西哥	Mexico	182.5	273.2	297.0		143.7	50.8
美　国	United States	3140.1	1980.5	2753.8	1426.3	2777.8	3422.7
阿根廷	Argentina	104.2	113.3	118.6	9.0	9.6	11.7
巴　西	Brazil	327.8	837.5	627.1	22.8	220.6	-13.5
委内瑞拉	Venezuela	47.0	15.7	-0.7	5.2	24.9	22.3
捷　克	Czech Rep.	49.9	61.4	74.1	0.4	11.7	16.2
法　国	France	275.0	138.9	497.9	1619.5	481.5	581.2
德　国	Germany	1982.8	656.4	347.3	570.9	1254.5	823.4
意大利	Italy	133.7	91.8	170.8	66.9	326.9	44.2
荷　兰	Netherlands	638.6	-71.8	579.6	756.3	683.6	233.2
波　兰	Poland	94.5	128.0	64.3	0.2	61.5	35.9
俄罗斯	Russia	26.5	316.7	252.8	31.5	411.2	360.3
西班牙	Spain	395.8	398.7	190.9	582.1	378.4	407.9
土耳其	Turkey	9.8	90.9	108.6	8.7	14.7	26.3
乌克兰	Ukraine	6.0	65.0	22.0		7.4	0.1
英　国	United Kingdom	1153.0	582.0	150.9	2327.4	480.9	996.1
澳大利亚	Australia	141.9	368.0	463.7	28.6	198.0	48.8
新西兰	New Zealand	13.5	-0.6	35.7	6.1	7.2	5.8

15-5 外汇储备与黄金储备
Foreign Exchange and Gold Reserves

资料来源：国际货币基金组织IFS数据库。
Source: IMF IFS Database.

国家或地区	Country or Area	外汇储备(亿美元) Foreign Exchange(100 million USD)			黄金储备(万盎司) Gold Reserves(10000 fine troy ounces)		
		2000	2010	2017	2000	2010	2017
世　　界	**World**	**19360.7**	**92653.6**	**114375.4**	**106644.5**	**99041.7**	**108194.5**
发达国家	**Developed Countries**	**12225.1**	**31291.2**	**45631.4**	**81731.8**	**70449.8**	**70619.8**
发展中国家	**Developing Economies**	**7135.6**	**61362.3**	**68635.5**	**13928.2**	**17934.5**	**26763.1**
中　　国	China	1655.7	28473.4	31399.5	1270.0	3389.0	5924.0
中国香港	Hong Kong, China	1075.4	2686.5	4313.0	6.7	6.7	6.7
中国澳门	Macao, China	33.2	237.3	201.7			
孟加拉国	Bangladesh	14.9	99.0	312.9	10.9	43.4	44.9
文　　莱	Brunei Darussalam	3.6	12.1	29.4			14.5
柬 埔 寨	Cambodia	5.0	31.5	111.0	40.0	40.0	40.0
印　　度	India	372.6	2678.1	3851.0	1150.2	1793.2	1794.3
印度尼西亚	Indonesia	282.8	899.7	1241.4	310.1	235.0	259.0
以 色 列	Israel	231.6	692.7	1114.9			
日　　本	Japan	3472.1	10362.6	12026.1	2454.7	2460.2	2460.2
哈萨克斯坦	Kazakhstan	15.9	246.9	174.7	184.0	216.4	967.6
韩　　国	Korea, Rep.	958.6	2869.3	3794.8	43.9	46.4	335.7
老　　挝	Laos	1.4	6.2	11.6	1.7	28.5	2.8
马来西亚	Malaysia	274.3	1023.2	989.4	117.0	117.0	121.0
蒙　　古	Mongolia	1.8	21.2	27.7	8.5	6.5	13.7
缅　　甸	Myanmar	2.2	57.1	49.1	23.1	23.4	23.4
巴基斯坦	Pakistan	15.0	131.2	152.0	209.1	207.0	207.6
菲 律 宾	Philippines	129.7	539.9	716.0	722.8	495.4	631.3
新 加 坡	Singapore	795.1	2236.8	2778.1	409.6	409.6	409.6
斯里兰卡	Sri Lanka	9.8	66.3	69.6	33.6	34.6	71.6
泰　　国	Thailand	319.3	1656.6	1940.5	236.7	320.0	495.0
越　　南	Viet Nam	34.2	120.5	486.9			
埃　　及	Egypt	129.1	323.5	320.7	243.2	243.1	245.8
尼日利亚	Nigeria	99.1	323.4	372.2	68.7	68.7	68.7
南　　非	South Africa	57.9	354.2	427.4	590.0	401.6	402.9
加 拿 大	Canada	290.2	448.9	766.5	118.4	10.9	
墨 西 哥	Mexico	351.4	1148.8	1648.9	24.9	22.7	386.5
美　　国	United States	312.4	520.8	427.6	26161.1	26149.9	26149.9
阿 根 廷	Argentina	244.1	466.2	501.1	1.9	176.0	176.1
巴　　西	Brazil	324.3	2805.7	3654.5	211.8	108.0	216.3
委内瑞拉	Venezuela	126.3	91.9	17.6	1024.0	1176.0	521.4
捷　　克	Czech Rep.	130.2	403.4	1464.9	44.6	40.8	30.3
法　　国	France	321.1	362.1	377.4	9724.5	7830.1	7832.0
德　　国	Germany	496.7	373.6	374.4	11151.9	10934.4	10846.6
意 大 利	Italy	224.2	356.8	375.5	7882.9	7882.9	7882.9
荷　　兰	Netherlands	70.0	89.0	50.5	2931.5	1969.1	1969.1
波　　兰	Poland	263.2	863.2	1080.2	330.6	330.9	331.1
俄 罗 斯	Russia	242.6	4329.5	3465.1	1235.9	2535.5	5911.8
西 班 牙	Spain	295.2	133.1	517.0	1682.9	905.4	905.3
土 耳 其	Turkey	223.1	790.5	825.8	373.9	373.3	1815.8
乌 克 兰	Ukraine	11.0	333.2	155.8	45.4	88.5	82.0
英　　国	United Kingdom	341.6	493.3	1204.4	1567.3	997.5	997.6
澳大利亚	Australia	167.8	327.9	587.4	256.3	256.7	234.2
新 西 兰	New Zealand	36.2	151.3	193.3			

15-6 外债及其构成(2016年)
External Debts by Type(2016)

资料来源：世界银行WDI数据库。
Source: World Bank WDI Database.
单位：亿美元 (100 million USD)

国家或地区	Country or Area	外债总额 Total External Debt	长期外债 Long-term Debt	私人非担保外债 Private Nonguaranteed Debt	政府及政府担保外债 Public and Publicly Guaranteed Debt	国际货币基金组织贷款 Use of IMF Credit
中等收入国家	**Middle Income**	**67556.87**	**49488.30**	**25171.02**	**24317.28**	**1072.48**
低收入国家	**Low Income**	**1212.91**	**1033.91**	**83.72**	**950.19**	**79.52**
中　国	China	14294.68	6186.75	4600.00	1586.75	93.96
孟加拉国	Bangladesh	411.26	317.43	30.93	286.50	15.46
柬埔寨	Cambodia	102.30	83.90	27.44	56.46	1.13
印　度	India	4561.40	3669.71	2000.88	1668.83	53.48
印度尼西亚	Indonesia	3164.31	2717.17	946.50	1770.67	26.62
伊　朗	Iran	53.78	6.67		6.67	19.17
哈萨克斯坦	Kazakhstan	1637.58	1563.65	1349.39	214.26	4.62
老　挝	Laos	141.60	133.81	60.80	73.01	0.68
马来西亚	Malaysia	2003.64	1163.23	506.02	657.21	18.10
蒙　古	Mongolia	239.12	212.68	167.61	45.06	0.66
缅　甸	Myanmar	64.53	53.61	0.47	53.14	3.30
巴基斯坦	Pakistan	726.97	582.51	66.51	516.00	72.35
菲律宾	Philippines	773.19	616.67	282.72	333.95	11.27
斯里兰卡	Sri Lanka	466.08	381.06	83.82	297.25	10.86
泰　国	Thailand	1214.97	674.03	442.11	231.92	13.04
越　南	Viet Nam	869.52	725.22	244.84	480.38	4.23
埃　及	Egypt	672.14	514.13	1.57	512.56	38.56
尼日利亚	Nigeria	311.51	288.99	174.87	114.12	22.52
南　非	South Africa	1460.40	1138.49	516.54	621.95	24.00
墨西哥	Mexico	4226.57	3648.39	980.75	2667.64	38.33
阿根廷	Argentina	1904.90	1404.33	388.02	1016.31	27.16
巴　西	Brazil	5432.57	4821.74	3078.41	1743.33	38.81
委内瑞拉	Venezuela	1130.24	807.80	401.93	405.86	34.19
俄罗斯	Russia	5246.86	4719.61	2910.56	1809.06	76.25
土耳其	Turkey	4056.56	3062.14	1989.70	1072.44	14.40
乌克兰	Ukraine	1179.83	847.60	486.52	361.08	130.75

15-7 外债风险指标(2016年)
Risk Indicators on Foreign Debts(2016)

资料来源：世界银行WDI数据库。
Source: World Bank WDI Database.
单位：%　(%)

国家或地区	Country or Area	政府及政府担保外债占出口比重 PPG Debt Service as Percentage of Exports	债务率 Present Value of Debt as Percentage of Exports of Goods and Services and Income	短期债务比重 Short-term Debt as Percentage of Total External Debt	偿债率 Total Debt Service as Percentage of Exports of Goods, Services and Income	外债本息占GNI比重 Total Debt Service as Percentage of GNI
中等收入国家	**Middle Income**	**4.15**		**25.16**	**14.27**	**3.52**
低收入国家	**Low Income**	**3.31①**		**8.20**	**8.70**	**1.78**
中　国	China	0.67	5.26	56.06	5.26	1.14
孟加拉国	Bangladesh	3.44①	60.30	19.06	4.70	0.76
柬埔寨	Cambodia		34.91	16.88	5.96	4.25
印　度	India	3.09①	37.17	18.38	17.30	3.45
印度尼西亚	Indonesia	9.42	106.41	13.29	39.56	7.55
伊　朗	Iran		3.15	51.95	2.73	
哈萨克斯坦	Kazakhstan	1.55①	53.80	4.23	44.31	16.76
老　挝	Laos	6.79①	142.33	5.02	12.87	3.65
马来西亚	Malaysia	3.49①	21.48	41.04	4.90	3.61
蒙　古	Mongolia	1.52①	63.64	10.79	28.45	15.66
缅　甸	Myanmar	0.40①	45.01	11.80	0.75	
巴基斯坦	Pakistan	9.59①	179.75	9.92	15.36	1.40
菲律宾	Philippines	7.61	64.79	18.79	12.61	2.87
斯里兰卡	Sri Lanka	14.38①	164.58	15.91	17.93	3.99
泰　国	Thailand	0.50①	6.74	43.45	4.98	3.70
越　南	Viet Nam	1.55①	23.20	16.11	3.88	3.85
埃　及	Egypt	9.44①	121.01	17.77	18.94	1.96
尼日利亚	Nigeria	0.51①	22.86		6.31	0.63
南　非	South Africa	4.59	65.18	20.40	13.17	4.40
墨西哥	Mexico	10.04	73.46	12.77	19.43	7.61
阿根廷	Argentina	15.65①	167.65	24.85	34.93	4.81
巴　西	Brazil	10.52	79.63	10.53	51.25	6.68
委内瑞拉	Venezuela	15.32①	214.09	25.50	59.55	
俄罗斯	Russia	8.13	53.75	8.60	19.16	5.72
土耳其	Turkey	6.68	63.75	24.16	39.32	8.95
乌克兰	Ukraine	26.57①	96.13	17.08	29.26	16.00

注：①2015年数据。
Note:①Data refer to 2015.

主要统计指标解释

经常账户 为货物、服务、收入差额与经常转移的贷方、借方之和。

货物进口 FOB 和货物出口 FOB 是指以出口国离岸价格计算的货物进口值或出口值。货物项目包括：一般货物、用于加工的货物、用于维修的货物、各种运输工具在港口购买的货物和非货币用黄金。

贸易差额 出口 FOB 与进口 FOB 的差额。贸易差额为正表示货物出口大于进口。反之，差额为负表示进口大于出口。

服务 包括运输、旅游、通讯服务、建筑服务、保险服务、金融服务、计算机和信息服务、专有权力使用费和特许费、体育、文化和娱乐服务、别处未提及的政府服务和其它商业服务。

货物和服务差额 为货物差额与服务借方、贷方之和。

收入 包括投资收益 （包括直接投资收益、证券投资收益和其他投资收益）和职工报酬。

货物、服务、收入差额 货物和服务差额与收入借方、贷方之和。

经常转移 经常转移包括政府间的经常转移和其他转移如雇员汇款等。贷方是指报告经济体接受的所有经常转移。借方是指由报告经济体提供的经常转移。

资本账户 资本账户贷方、借方之和。资本账户贷方包括：固定资产的获取，非生产、非金融资产的出让（但不包括债务减免）。资本账户借方包括：固定资产的出让，非生产、非金融资产的购买。

金融账户 为直接投资、证券投资、金融衍生工具和其他投资之和。

证券投资 包括股本证券和债务证券投资。

股本证券 包括股票和可以表明股本所有权的类似文件（如美国的存股证）。

债务证券 包括短期、中期和长期债券以及货币市场工具（一种期限为一年获一年以下的债券），以及各种可兑现的债券工具。

金融衍生工具 是同其他金融工具、指数、商品挂钩的一种金融工具。通过金融衍生工具，可以在金融市场中就具体的金融风险（如利率风险、外汇风险、股票和商品风险、信贷风险等）本身进行交易。

经常项目差额占 GDP 的比重 经常帐户差额是货物和服务的净出口，净收入，净经常转移的总和。

黄金储备（货币黄金） 一国当局拥有的、作为储备资产的黄金。参见国际储备。

外债总额 指欠非本地居民的，可用外币、货物或服务偿还的债务。它是长期公共债务、公共担保债务和私人非担保长期债务、IMF 贷款和短期外债的总和。

长期债务 指初始到期日或宽限期在一年以上的债务。它有三个构成部分：公共债务、公共担保债务和私人非担保债务。用现价美元表示。

短期债务 包括初始到期日为一年及一年期以下的所有债务和长期债务到期未付的利息。用现价美元表示。

Explanatory Notes on Main Statistical Indicators

Current Account is the sum of the balance on goods, services, and income, plus current transfers: credit, plus current transferse: debit.

Goods: Exports f.o.b. and Goods: Imports f.o.b. are both measured on the "free-on-board" (f.o.b.) basis—that is, by the value of the goods at the border of the exporting economy. The goods item covers general merchandise, goods for processing, repairs on goods, goods procured in ports by carriers, and nonmonetary gold.

Trade Balance is the balance of exports f.o.b. and imports f.o.b. A positive trade balance shows that merchandise exports are larger than merchandise imports, whereas a negative trade balance shows that merchandise imports are larger than merchandise exports.

Services comprise services in transportation, travel, communication, construction, insurance, finance, computer and information, royalties and license fees, other business, personal, cultural and recreational, and government, n.i.e.

Balance on Goods and Services is the sum of the balance on goods, plus services: credit, plus services: debit.

Income comprise (1) investment income (consisting of direct investment income, portfolio investment income, and other investment income), and (2) compensation of employees.

Balance on Goods, Services, and Income is the sum of the balance on goods and services, plus income: credit, plus income: debit.

Current Transfers. Credit comprise all current transfers received by the reporting economy. Current transfers comprise (1) general government transfers and (2) other sector' transfers, including workers' remittances.

Current Transfers, Debit comprise all current transfers paid by the reporting economy.

Capital Account, n.i.e is the balance on the capital account (capital account, n.i.e.: credit, plus capital account: debit). Capital account, n.i.e.: credit covers (1) transfers linked to the acquisition of a fixed asset and (2) the disposal of nonproduced, nonfinancial assets. Capital account: debit covers (1) transfers linked to the disposal of fixed assets, and (2) acquisition of nonproduced, nonfinancial assets.

Financial Account, n.i.e. is the net sum of direct investment, portfolio investment, financial derivatives, and other investment.

Portfolio Investment includes Equity Securities and Debt Securities.

Equity Securities include shares, stocks, participation, and similar documents (such as American depository receipts) that usually denote ownership of equity.

Debt Securities covers (1) bonds, debentures, notes, etc., and (2) money market or negotiable debt instruments.

Financial Derivatives cover financial instruments that are linked to other specific financial instruments, indicators, or commodities, and through which specific financial risks (such as interest rate risk, foreign exchange risk, equity and commodity price risks, credit risk, etc.) can, in their own right, be traded in financial markets.

Current Account Blance as percentage of GDP Current account balance is the sum of net exports of goods, services, net income, and net current transfers.

Gold Reserves (Monetary Gold) Gold owned by the authorities and held as a reserve asset. See also international reserves.

External Debt Total Total external debt is debt owed to nonresidents repayable in foreign currency, goods, or services. Total external debt is the sum of public, publicly guaranteed, and private no guaranteed long-term debt, use of IMF credit, and short-term debt.

Long-term Debt Long-term debt is debt that has an original or extended maturity of more than one year. It has three components: public, publicly guaranteed, and private no guaranteed debt. Data are in current U.S. dollars.

Short-term Debt includes all debt having an original maturity of one year or less and interest in arrears on long-term debt. Data are in current U.S. dollars.

教育、科技、文化和卫生

Education, Science and Technology, Culture and Health

16-1 15岁及以上成人识字率
Adult Literacy Rate(As Percentage of People Ages 15 and Above)

资料来源：世界银行WDI数据库。
Source: World Bank WDI Database.
单位：% (%)

国家或地区	Country or Area	总计 Total		男性 Male		女性 Female	
		2000	2016	2000	2016	2000	2016
中　国	China	90.9	96.4①	95.1	98.2①	86.5	94.5①
中国澳门	Macao, China		96.5		98.2		95.0
孟加拉国	Bangladesh		72.8		75.6		69.9
文　莱①	Brunei Darussalam①		96.7		97.8		95.4
柬埔寨	Cambodia	67.3②	78.3①	79.5②	85.0①	57.0②	72.3①
印　度①	India①		72.2		80.9		63.0
印度尼西亚	Indonesia		95.4		97.2		93.6
伊　朗①	Iran①		87.2		91.1		83.2
以色列③	Israel③		97.8		98.7		96.8
哈萨克斯坦	Kazakhstan	99.5④	99.8①	99.8④	99.8①	99.3④	99.8①
老　挝	Laos	69.6	79.9①	81.4	87.2①	58.5	72.8①
马来西亚	Malaysia	88.7	94.6①	92.0	96.2①	85.4	93.1①
蒙　古	Mongolia	97.8	98.4①	98.0	98.2①	97.5	98.6①
缅　甸	Myanmar	89.9	75.6	93.9	80.0	86.4	71.8
巴基斯坦	Pakistan	42.7②	56.4①	55.3②	69.6①	29.0②	42.7①
菲律宾	Philippines	92.6	96.6①	92.5	96.2①	92.7	97.0①
新加坡	Singapore	92.5	97.1	96.6	98.7	88.6	95.4
斯里兰卡①	Sri Lanka①		92.6		93.6		91.7
泰　国	Thailand	92.6	92.9①	94.9	94.7①	90.5	91.2①
越　南	Viet Nam	90.2	94.5①	93.9	96.3①	86.6	92.8①
埃　及①	Egypt①		75.8		83.6		68.1
尼日利亚①	Nigeria①		59.6		69.2		49.7
南　非①	South Africa①		94.4		95.4		93.4
墨西哥	Mexico	90.5	94.5①	92.6	95.5①	88.7	93.5①
阿根廷①	Argentina①		98.1		98.0		98.1
巴　西	Brazil	86.4	92.6①	86.2	92.3①	86.5	92.9①
委内瑞拉	Venezuela		97.1		97.0		97.2
意大利①	Italy①		99.0		99.3		98.8
波　兰①	Poland①		99.8		99.9		99.7
俄罗斯①	Russia①		99.7		99.7		99.7
西班牙	Spain		98.3		98.8		97.7
土耳其①	Turkey①		95.6		98.6		92.6
乌克兰①	Ukraine①		99.8		99.8		99.7

注：①2015年数据。②1998年数据。③2011年数据。④1999年数据。
Note:①Data refer to 2015.②Data refer to 1998.③Data refer to 2011.④Data refer to 1999.

16-2 入学率

School Enrollment Ratio

资料来源：世界银行WDI数据库。
Source: World Bank WDI Database.
单位：%

(%)

国家或地区	Country or Area	高等教育粗入学率 Gross School Enrollment Ratio,Tertiary		中等教育粗入学率 Gross School Enrollment Ratio,Secondary		初等教育粗入学率 Gross School Enrollment Ratio,Primary	
		2005	2016	2005	2016	2005	2016
世　　界	**World**	**24.3**	**36.8**	**63.8**	**76.4**	**102.2**	**104.3**
高收入国家	**High Income**	**65.7**	**75.2**	**100.8**	**107.1**	**102.1**	**102.0**
中等收入国家	**Middle Income**	**19.6**	**34.5**	**62.2**	**77.8**	**103.7**	**105.3**
低收入国家	**Low Income**	**4.5**	**7.5**	**28.5**	**40.0**	**92.6**	**101.0**
中　　国	China	19.3	48.4	62.3①	94.3②	113.5①	100.9
中国香港	Hong Kong, China	32.3	71.8	80.4	102.7	96.1	107.2
中国澳门	Macao, China	63.6	78.2	105.2	99.3	104.6	105.8
孟加拉国	Bangladesh	6.2	17.3	45.5	69.0	98.7	118.6
文　　莱	Brunei Darussalam	14.8	30.9	97.6	93.4	112.1	106.6
柬 埔 寨	Cambodia	3.4	13.1②	31.2③		130.4	110.2
印　　度	India	10.7	26.9	54.2	75.2	103.0①	114.5
印度尼西亚	Indonesia	17.3	27.9	60.1	86.1	107.8	103.5
伊　　朗	Iran	22.9	68.9	75.9	89.0②	100.1	108.6②
以 色 列	Israel	58.1	64.2	104.7	104.1	103.6	103.6
日　　本	Japan	55.0	63.2②	101.0	102.1②	101.9	98.8②
哈萨克斯坦	Kazakhstan	52.9	46.1	96.5	112.4	101.7	109.0
韩　　国	Korea, Rep.	90.3	93.3②	93.2	100.2②	111.6	97.6②
老　　挝	Laos	7.8	17.2	43.6	66.5	111.7	110.5
马来西亚	Malaysia	27.9	44.1	68.7	85.2	101.4	103.5
蒙　　古	Mongolia	44.7	64.6	90.3	100.3	98.0	104.2
缅　　甸	Myanmar			44.3	52.5④	98.3	101.9④
巴基斯坦	Pakistan	4.9	9.7	26.5	46.1	88.1	97.7
菲 律 宾	Philippines	27.5	35.6④	82.9	88.3②	106.0	113.0②
新 加 坡	Singapore				108.1		100.8
斯里兰卡	Sri Lanka		18.9		97.7	99.6	101.9
泰　　国	Thailand	44.2	45.9②	71.6	120.6②	98.3	100.6②
越　　南	Viet Nam	16.1	28.3			97.2	110.0
埃　　及	Egypt	29.7	34.4	80.8③	85.9	100.3	103.6
尼日利亚	Nigeria	10.4		34.7	55.7⑤	100.9	93.7⑤
南　　非	South Africa		19.8④	88.9	102.8②	99.6	102.8②
加 拿 大	Canada			101.1	113.0	97.1	101.4
墨 西 哥	Mexico	23.1	36.9	79.2	97.3	103.0	103.9
美　　国	United States	82.1	85.8②	95.7	97.2②	100.7	99.3②
阿 根 廷	Argentina	63.8	85.7②	94.0	107.1②	117.1	109.9②
巴　　西	Brazil	26.0	50.6②	101.3	99.7②	133.3	115.3②
委内瑞拉	Venezuela	41.6③		73.0	85.7	102.8	96.5
捷　　克	Czech Rep.	48.4	64.5②	95.8	105.1②	99.4	99.5②
法　　国	France	55.4	65.3②	112.3	111.1②	108.9	107.4②
德　　国	Germany		66.3②	102.5	101.1②	104.7	102.4②
意 大 利	Italy	64.1	62.9②	98.3	103.2②	101.5	101.2②
荷　　兰	Netherlands	59.8	80.4	119.3	132.7	106.9	103.3
波　　兰	Poland	63.0	66.6	98.5	107.1	96.3	110.1
俄 罗 斯	Russia	72.6	81.8	82.9	104.8	95.3	102.1
西 班 牙	Spain	67.3	91.2	117.5	128.0	103.2	103.9
土 耳 其	Turkey	32.8	95.4②	83.4	103.1②	103.2	103.3②
乌 克 兰	Ukraine	71.1	83.4④	97.0	96.8④	105.9	99.9④
英　　国	United Kingdom	59.0	57.3②	105.4	125.5②	106.3	101.9②
澳大利亚	Australia	72.3	121.9	148.4	153.9	102.4	101.3
新 西 兰	New Zealand	80.6	81.8	120.1	114.3	99.6	98.8

注：①2003年数据。②2015年数据。③2004年数据。④2014年数据。⑤2013年数据。
Note:①Data refer to 2003.②Data refer to 2015.③Data refer to 2004.④Data refer to 2014.⑤Data refer to 2013.

16-3 每个学生教育支出占人均国内生产总值比重
Expenditure per Student as Percentage of GDP per Capita

资料来源：世界银行WDI数据库。
Source: World Bank WDI Database.
单位：% (%)

国家或地区	Country or Area	大学生 Tertiary School Student		中学生 Secondary School Student		小学生 Primary School Student	
		2000	2015	2000	2015	2000	2015
高收入国家	**High Income**	**27.8**	**25.8①**	**21.2**	**22.9①**	**17.2**	**19.8①**
中国香港	Hong Kong, China		23.4		20.3		14.9
孟加拉国	Bangladesh	38.2	24.2②	9.6	10.7②		
柬 埔 寨	Cambodia	77.4④		10.8④		5.6	5.3①
印 度	India	97.9	49.2⑤	25.6	16.8⑤	15.0	9.8⑤
伊 朗	Iran		13.4		14.5		7.6
以 色 列	Israel	27.5	19.1①	17.8	17.9①	20.1	20.8①
日 本	Japan	17.0	24.6①	20.3	23.9①	20.7	22.5①
哈萨克斯坦	Kazakhstan		11.3	22.0③	19.2	0.0③	0.4①
老 挝	Laos	69.8	20.2①	5.5	12.4①	3.9	9.0①
马来西亚	Malaysia	81.7	50.4	21.9	18.4	12.4	16.3
菲 律 宾	Philippines	14.5		10.3		12.1	
泰 国	Thailand	35.3	18.2⑤	18.8④	18.0⑤	17.5	23.3⑤
南 非	South Africa	55.1	37.9①	17.8	19.0①	13.9	17.7①
加 拿 大	Canada	50.0					
墨 西 哥	Mexico	41.3⑥	41.3①	12.3⑥	16.3①	11.5	14.8①
美 国	United States	25.8⑥	22.0①	21.9	22.5①	18.3	19.9①
阿 根 廷	Argentina	17.4	17.7	15.8	23.4	12.4	16.0
巴 西	Brazil	54.9	29.0①	10.3	21.6①	10.6	19.6①
白俄罗斯	Belarus		16.0				
捷 克	Czech Rep.	28.0	20.1①	19.4	23.4①	10.6	15.3①
法 国	France	29.4	34.6①	28.3	26.9①	17.4	18.0①
德 国	Germany		36.5①	21.6	23.3①	15.3	17.8①
意 大 利	Italy	25.6	26.2①	25.6	22.9①	22.3	21.2①
荷 兰	Netherlands	42.3	33.3②	21.2	23.9①	14.4	17.1①
波 兰	Poland	17.5	25.5①	10.8④	21.8①		26.8①
俄 罗 斯	Russia	11.0	14.6②				
西 班 牙	Spain	20.2	22.6①	22.8	22.2①	17.2	17.7①
土 耳 其	Turkey	32.1	21.8①	9.6	11.2①	9.8	14.4①
乌 克 兰	Ukraine	36.5	37.1①	11.2	25.9①	7.6	27.0①
英 国	United Kingdom	20.7	35.6	21.9	23.4	12.7	25.3
澳大利亚	Australia	26.0	22.3①	14.0	16.7①	16.7	18.3①
新 西 兰	New Zealand	39.2⑥	27.1	22.0	21.7	19.6	18.1

注：①2014年数据。②2012年数据。③1997年数据。④1998年数据。⑤2013年数据。⑥1999年数据。
Note:①Data refer to 2014.②Data refer to 2012.③Data refer to 1997.④Data refer to 1998.⑤Data refer to 2013.⑥Data refer to 1999.

16-4 研究与开发经费支出和公共教育经费支出占国内生产总值比重
Research and Development Expenditure and Public Spending on Education as Percentage of GDP

资料来源：世界银行WDI数据库。
Source: World Bank WDI Database.

单位：% (%)

国家或地区	Country or Area	研究与开发经费支出占国内生产总值比重 Research and Development Expenditure as of GDP			公共教育经费支出占国内生产总值比重 Public Spending on Education, Total as of GDP		
		2000	2010	2015	2000	2010	2015
世　界	**World**	**2.1**	**2.0**	**2.2**	**3.9**	**4.6**	**4.9①**
高收入国家	**High Income**	**2.3**	**2.4**	**2.6**	**4.8**	**5.4**	**5.2①**
中等收入国家	**Middle Income**	**0.7**	**1.1**	**1.5**	**3.8**	**4.5**	**4.1②**
中　国	China	0.9	1.7	2.1	1.9③		
中国香港	Hong Kong, China	0.5	0.7	0.8		3.5	3.3
中国澳门	Macao, China		0.1	0.1	3.3	2.6	3.0
孟加拉国	Bangladesh				2.1	1.9④	2.0②
文　莱	Brunei Darussalam				3.7	2.0	3.4①
柬埔寨	Cambodia			0.1	1.7	1.5	1.9①
印　度	India	0.7	0.8	0.6	4.4	3.4	3.8②
印度尼西亚	Indonesia	0.1	0.1④	0.1②	1.1⑤	2.8	3.6
伊　朗	Iran		0.3	0.3⑥	4.0	3.7	2.8
以色列	Israel	3.9	3.9	4.3	6.1	5.5	5.7①
日　本	Japan	2.9	3.1	3.3	3.5	3.6	3.6①
哈萨克斯坦	Kazakhstan	0.2	0.2	0.2	3.3	3.1④	2.8
韩　国	Korea, Rep.	2.2	3.5	4.2	3.4③	4.7④	5.1
老　挝	Laos				1.5	1.7	2.9①
马来西亚	Malaysia	0.5	1.0	1.3	6.0	5.0	5.0
蒙　古	Mongolia	0.2	0.2	0.2	5.6	4.6	4.2
缅　甸	Myanmar	0.1			0.6		
巴基斯坦	Pakistan	0.1	0.4④	0.2	1.8	2.3	2.7
菲律宾	Philippines		0.1④	0.1②	3.3	2.7④	3.4②
新加坡	Singapore	1.8	2.0	2.2①	3.3	3.1	2.9②
斯里兰卡	Sri Lanka	0.1	0.1	0.1②	3.0⑦	1.7	2.2
泰　国	Thailand	0.2	0.2④	0.6	5.3	3.5	4.1②
越　南	Viet Nam			0.4②		5.1	5.7②
埃　及	Egypt	0.2	0.4	0.7		3.8⑧	
尼日利亚⑨	Nigeria⑨		0.2				
南　非	South Africa	0.6⑤	0.7	0.7②	5.4	5.7	6.0①
加拿大	Canada	1.9	1.8	1.6①	5.4	5.4	
墨西哥	Mexico	0.3	0.5	0.6	4.1	5.2	5.3①
美　国	United States	2.6	2.7	2.8	4.9③	5.4	5.0①
阿根廷	Argentina	0.4	0.6	0.6①	4.6	5.0	5.9
巴　西	Brazil	1.0	1.2	1.2①	3.9	5.6	5.9①
委内瑞拉	Venezuela	0.4				6.9④	
捷　克	Czech Rep.	1.1	1.3	1.9	3.7	4.1	4.0①
法　国	France	2.1	2.2	2.2	5.5	5.7	5.5①
德　国	Germany	2.4	2.7	2.9	4.5⑦	4.9	4.9①
意大利	Italy	1.0	1.2	1.3	4.3	4.4	4.1①
荷　兰	Netherlands	1.8	1.7	2.0	4.6	5.6	5.5①
波　兰	Poland	0.6	0.7	1.0	5.0	5.1	4.9①
俄罗斯	Russia	1.0	1.1	1.1	2.9	4.1⑧	3.9⑥
西班牙	Spain	0.9	1.4	1.2	4.2	4.8	4.3①
土耳其	Turkey	0.5	0.8	1.0①	2.5		4.4①
乌克兰	Ukraine	1.0	0.8	0.6	4.2	7.3④	5.9①
英　国	United Kingdom	1.6	1.7	1.7	4.1	5.8	5.6
澳大利亚	Australia	1.6	2.4	2.2②	4.9	5.6	5.2①
新西兰	New Zealand	1.0③	1.3④	1.2②	6.6③	7.0	6.3

注：①2014年数据。②2013年数据。③1999年数据。④2009年数据。⑤1997年数据。⑥2012年数据。⑦1998年数据。⑧2008年数据。⑨2007年数据。

Note:①Data refer to 2014.②Data refer to 2013.③Data refer to 1999.④Data refer to 2009.⑤Data refer to 1997.⑥Data refer to 2012.⑦Data refer to 1998.⑧Data refer to 2008.⑨Data refer to 2007.

16-5 每百万人中研究人员和技术人员数
Researchers and Technicians in R&D (per Million People)

资料来源：世界银行WDI数据库。
Source: World Bank WDI Database.

单位：人 (person)

国家或地区	Country or Area	每百万人中研究人员数 Researchers in R&D(per million people)			每百万人中技术人员数 Technicians in R&D(per million people)		
		2000	2010	2015	2000	2010	2015
高收入国家	**High Income**	**3018.8**	**3734.2**	**4014.1①**			
中等收入国家	**Middle Income**	**483.1**	**653.6**				
中　　国	China	547.3	903.0	1176.6			
中国香港	Hong Kong, China	1139.2	2943.0	3248.5	202.6	308.7	274.7①
印　　度	India	110.1	156.6	215.9	85.5	100.9	95.5
印度尼西亚	Indonesia	212.7					
日　　本	Japan	5151.1	5152.6	5230.7	628.0	587.9	527.8
哈萨克斯坦	Kazakhstan	602.4	369.2	734.1②	79.1	27.8	176.1②
韩　　国	Korea, Rep.	2345.4	5380.3	7087.4	458.9	968.8	1224.9
马来西亚	Malaysia	274.2	1458.2	2261.4	39.3	129.9	129.7
巴基斯坦	Pakistan			294.4			71.2
新 加 坡	Singapore	4245.0	6306.5	6658.5①	347.1	461.0	452.2①
斯里兰卡	Sri Lanka	135.1	105.9	110.9②		91.6	61.3②
南　　非	South Africa		362.6	404.7③		104.8	129.3②
加 拿 大	Canada	3514.4	4649.2	4518.5②	1236.1	1521.7	1321.0②
墨 西 哥	Mexico	216.2	324.5		91.6	175.0	132.1②
美　　国	United States	3475.7	3868.6	4232.0①			
阿 根 廷	Argentina	712.9	1120.7	1202.1①	157.5	246.1	318.8①
巴　　西	Brazil	420.3	698.1		336.4	644.7	
委内瑞拉	Venezuela	61.1	200.1	290.9③	7.3		
捷　　克	Czech Rep.	1349.7	2781.9	3611.9	713.1	1520.1	1835.3
法　　国	France	2897.4	3868.0	4168.8①		1879.9	1780.9①
德　　国	Germany	3148.8	4077.8	4431.1		1407.5	1902.0①
意 大 利	Italy	1156.8	1735.7	2018.1			
荷　　兰	Netherlands	2654.7	3229.0	4548.1	1517.4	1330.5	
波　　兰	Poland	1433.6	1672.4	2139.1	354.6	283.6	437.0
俄 罗 斯	Russia	3459.1	3088.0	3131.1	570.3	475.3	488.8
西 班 牙	Spain	1881.5	2889.5	2654.7	628.8	1302.5	1176.1①
土 耳 其	Turkey	365.0	889.8	1156.5①	37.3	143.2	207.5①
英　　国	United Kingdom	2897.3	4091.2	4470.8		945.4	1346.0
澳大利亚	Australia	3454.3	4530.7				
新 西 兰②	New Zealand②			4008.7			1012.3

注：①2014年数据。②2013年数据。③2012年数据。
Note:①Data refer to 2014.②Data refer to 2013.③Data refer to 2012.

16–6 高技术产品出口额占制成品出口额的比重
High-technology Exports as Percentage of Manufactured Exports

资料来源：世界银行WDI数据库。
Source: World Bank WDI Database.
单位：%　　(%)

国家或地区	Country or Area	2000	2005	2010	2014	2015	2016
世　界	**World**	**24.4**	**21.8**	**17.5**	**17.1**	**18.5**	**17.9**
高收入国家	**High Income**	**25.5**	**22.7**	**17.7**	**16.8**	**18.6**	**17.8**
中等收入国家	**Middle Income**	**19.9**	**19.1**	**17.2**	**18.0**	**18.6**	**18.2**
低收入国家	**Low Income**	**5.4**	**3.3**	**2.0**	**4.8**	**3.5**	
中　国	China	19.0	30.8	27.5	25.4	25.7	25.2
中国香港	Hong Kong, China	23.4	15.6	16.1	9.9	11.6	12.1
中国澳门	Macao, China	0.9	0.7		0.2		
孟加拉国	Bangladesh	0.2	0.3	0.2		0.3	
文　莱	Brunei Darussalam				7.8	17.9	
柬埔寨	Cambodia	0.1	0.1	0.1	0.5	0.8	0.4
印　度	India	6.3	5.8	7.2	8.6	7.5	7.1
印度尼西亚	Indonesia	16.4	16.6	9.8	7.0	6.6	5.8
伊　朗	Iran	0.6	2.5	4.5			
以色列	Israel	19.4	14.0	14.7	16.0	19.7	18.4
日　本	Japan	28.7	23.0	18.0	16.7	16.8	16.2
哈萨克斯坦	Kazakhstan	0.9	11.3	34.2	37.2	41.2	30.4
韩　国	Korea, Rep.	35.1	32.5	29.5	26.9	26.8	26.6
老　挝	Laos			6.6	25.0	35.2	33.6
马来西亚	Malaysia	59.6	54.7	44.5	43.9	42.8	43.0
蒙　古	Mongolia	0.5	0.1		19.5	4.0	16.3
缅　甸	Myanmar				0.6	0.4	7.6
巴基斯坦	Pakistan	0.4	1.4	1.7	1.4	1.6	1.9
菲律宾	Philippines	72.6	70.8	55.3	49.0	53.1	55.1
新加坡	Singapore	62.8	93.7	49.9	47.2	49.3	48.9
斯里兰卡	Sri Lanka	3.1	2.3	1.0	0.9	0.8	0.8
泰　国	Thailand	33.4	26.7	24.0	20.4	21.4	21.5
越　南	Viet Nam	11.1	5.4	8.6	26.9		
埃　及	Egypt	0.3	0.4	0.9	1.3	0.8	0.5
尼日利亚	Nigeria	0.6		1.1	2.1		2.0
南　非	South Africa	7.0	6.7	4.6	5.9	5.9	5.3
加拿大	Canada	17.7	13.1	14.1	13.6	13.8	12.9
墨西哥	Mexico	22.5	19.6	16.9	16.0	14.7	15.3
美　国	United States	33.7	32.7	20.0	18.2	19.0	20.0
阿根廷	Argentina	9.4	6.8	7.4	6.9	9.0	8.8
巴　西	Brazil	18.7	12.8	11.2	10.6	12.3	13.5
委内瑞拉	Venezuela	2.9	2.3	5.1			
捷　克	Czech Rep.	8.5	13.0	15.3	14.9	14.9	13.9
法　国	France	24.6	20.3	24.9	26.1	26.9	26.7
德　国	Germany	18.6	17.4	15.3	16.0	16.7	16.9
意大利	Italy	9.5	8.0	7.2	7.2	7.3	7.5
荷　兰	Netherlands	35.8	30.9	21.3	19.9	19.3	17.8
波　兰	Poland	3.4	3.8	6.7	8.7	8.8	8.5
俄罗斯	Russia	16.1	8.4	9.1	11.5	13.8	10.7
西班牙	Spain	8.0	7.3	6.4	7.0	7.2	7.0
土耳其	Turkey	4.8	1.5	1.9	1.9	2.2	2.0
乌克兰	Ukraine	5.2	3.7	4.3	6.5	7.3	
英　国	United Kingdom	32.4	28.0	21.0	20.7	20.8	21.8
澳大利亚	Australia	15.4	12.8	11.9	13.6	13.5	14.8
新西兰	New Zealand	9.7	10.2	9.0	9.1	9.6	10.1

16-7 专利申请数量
Patent Applications

资料来源：世界银行WDI数据库。
Source: World Bank WDI Database.

单位：件 (unit)

国家和地区	Country or Area	居民专利申请数量 Residents			非居民专利申请数量 Non-residents		
		2000	2010	2016	2000	2010	2016
世　界	**World**	**824055**	**1161547**	**2129552**	**447515**	**673074**	**816783**
高收入国家	**High Income**	**754477**	**787812**	**841458**	**340853**	**457378**	**547469**
中等收入国家	**Middle Income**	**69264**	**365664**	**1288017**	**106503**	**215539**	**269085**
低收入国家	**Low Income**	**928**			**1559**		
中　国	China	25346	293066	1204981	26560	98111	133522
中国香港	Hong Kong, China	51	133	233	8244	11569	13859
中国澳门	Macao, China		4	3①		58	51
孟加拉国	Bangladesh	70	66	77	248	276	267
文　莱	Brunei Darussalam			26②	21	42③	91②
柬埔寨	Cambodia			2②		26	65①
印　度	India	2206	8853	13199	6332	30909	31858
印度尼西亚	Indonesia	157	508	1058①	3733	5122	8538
伊　朗	Iran	410	11108	14930	206	528	702
以色列	Israel	1599	1450	1300	5203	5856	5119
日　本	Japan	384201	290081	260244	35342	54517	58137
哈萨克斯坦	Kazakhstan	1399	1691	993	116	273	231
韩　国	Korea, Rep.	72831	131805	163424	29179	38296	45406
马来西亚	Malaysia	206	1231	1109	6021	5152	6127
蒙　古	Mongolia	148④	110	112	32④	69	107
巴基斯坦	Pakistan	46	114	204	1149	980	636
菲律宾	Philippines	154	170	327	3482	3223	3092
新加坡	Singapore	516	895	1601	7720	8878	9379
斯里兰卡	Sri Lanka	71	225	280	250	235	293
泰　国	Thailand	561	1214	1098	4488	723	6722
越　南	Viet Nam	34	306	560	1205	3276	4668
埃　及	Egypt	534	605	918	1081	1625	1231
尼日利亚⑤	Nigeria⑤			50			869
南　非	South Africa	895	821	2783	2400	5562	6928
加拿大	Canada	4187	4550	4078	35435	30899	30667
墨西哥	Mexico	431	951	1310	12630	13625	16103
美　国	United States	164795	241977	295327	131100	248249	310244
阿根廷	Argentina	1062	552	884	5574	4165	2925
巴　西	Brazil	3179	4228	5200	14104	20771	22810
委内瑞拉	Venezuela	56		33⑥	2292		1565⑥
捷　克	Czech Rep.	555	868	792	4384	114	47
法　国	France	13870	14748	14206	3483	1832	2012
德　国	Germany	51736	47047	48480	10406	12198	19419
意大利	Italy	7877	8877	8848	1396	846	973
荷　兰	Netherlands	2465	2527	2290	529	240	314
波　兰	Poland	2404	3203	4261	4899	227	135
俄罗斯	Russia	23377	28722	26795	8960	13778	14792
西班牙	Spain	2710	3566	2745	484	213	177
土耳其	Turkey	277	3180	6230	3156	177	618
乌克兰	Ukraine	5620	2556	2233	1604	2756	1862
英　国	United Kingdom	22050	15490	13876	10697	6439	8183
澳大利亚	Australia	1928	2409	2620	20073	22478	25774
新西兰	New Zealand	1463	1585	1075	5585	5051	5311

注：①2015年数据。②2014年数据。③2009年数据。④1998年数据。⑤2013年数据。⑥2011年数据。
Note:①Data refer to 2015.②Data refer to 2014.③Data refer to 2009.④Data refer to 1998.⑤Data refer to 2013.⑥Data refer to 2011.

16−8 享有基本卫生和饮用水服务人口占总人口比重
Percentage of Population Using at least Basic Sanitation and Drinking Water Services

资料来源：世界银行WDI数据库。
Source: World Bank WDI Database.
单位：%　　(%)

国家或地区	Country or Area	享有基本卫生服务人口占总人口比重 Percentage of Population Using at least Basic Sanitation Services			享有基本饮用水服务人口占总人口比重 Percentage of Population Using at least Basic Drinking Water Services		
		2000	2010	2015	2000	2010	2015
世　界	**World**	**58.0**	**64.9**	**68.0**	**80.0**	**86.3**	**88.5**
高收入国家	**High Income**	**98.4**	**99.0**	**99.2**		**99.3**	**99.5**
中等收入国家	**Middle Income**	**52.3**	**61.5**	**66.0**	**80.6**	**87.4**	**90.2**
低收入国家	**Low Income**	**20.9**	**27.8**	**29.1**	**43.8**	**52.0**	**56.1**
中　国	China	60.6	70.1	75.0	77.5	90.9	95.8
孟加拉国	Bangladesh	25.3	39.9	46.9	94.6	96.5	97.3
文　莱	Brunei Darussalam		96.4	96.3		99.5	99.5
柬 埔 寨	Cambodia	12.3	36.5	48.8	52.4	67.4	75.0
印　度	India	21.7	36.7	44.2	80.4	85.3	87.6
印度尼西亚	Indonesia	44.2	60.5	67.9	74.6	84.8	89.5
伊　朗	Iran	87.2	88.0	88.3	95.0	95.1	94.9
以 色 列	Israel	100.0	100.0	100.0	100.0	100.0	100.0
日　本	Japan	100.0	100.0	100.0	98.5	98.7	98.9
哈萨克斯坦	Kazakhstan	96.9	97.5	97.8	86.2	89.6	91.1
韩　国	Korea, Rep.	100.0	100.0	99.9		99.0	99.6
老　挝	Laos	28.0	58.4	72.6	45.8	69.6	80.4
马来西亚	Malaysia	96.8	98.9	99.6	98.2	96.9	96.4
蒙　古	Mongolia	48.0	56.5	59.2	65.0	78.0	83.2
缅　甸	Myanmar	69.6	66.3	64.7	54.8	63.3	67.5
巴基斯坦	Pakistan	31.6	49.6	58.3	88.9	88.8	88.5
菲 律 宾	Philippines	67.0	72.2	75.0	86.1	89.0	90.5
新 加 坡	Singapore	100.0	100.0	100.0	100.0	100.0	100.0
斯里兰卡	Sri Lanka	85.4	91.7	94.2	77.5	87.4	92.3
泰　国	Thailand	94.9	95.0	95.0	94.3	97.1	98.2
越　南	Viet Nam	53.4	70.3	78.2	77.9	86.6	91.2
埃　及	Egypt	92.4	92.9	93.2	98.2	98.3	98.4
尼日利亚	Nigeria	36.5	33.7	32.6	46.1	60.7	67.3
南　非	South Africa	59.4	68.9	73.1	77.0	82.3	84.7
加 拿 大	Canada	98.5	98.5	98.5	99.9	99.4	98.9
墨 西 哥	Mexico	76.3	85.2	89.2	89.3	95.5	98.3
美　国	United States	100.0	100.0	100.0		99.2	99.2
阿 根 廷	Argentina	94.8	94.9	94.8	99.0	99.4	99.6
巴　西	Brazil	73.3	82.0	86.1	93.7	96.3	97.5
委内瑞拉	Venezuela	87.3	93.2	94.9	96.1	97.1	97.4
捷　克	Czech Rep.	99.1	99.1	99.1	99.8	99.9	99.9
法　国	France	98.7	98.7	98.7	99.9	100.0	100.0
德　国	Germany	99.2	99.2	99.2	100.0	100.0	100.0
意 大 利	Italy		99.3	99.3	100.0	100.0	100.0
荷　兰	Netherlands	98.1	97.8	97.7	100.0	100.0	100.0
波　兰	Poland	87.0	94.4	98.1		97.9	97.9
俄 罗 斯	Russia	83.8	87.1	88.8	95.3	96.0	96.4
西 班 牙	Spain	99.9	99.9	99.9	100.0	100.0	99.9
土 耳 其	Turkey	82.6	92.0	96.4	95.5	97.9	98.9
乌 克 兰	Ukraine	94.7	95.6	95.9	95.7	96.9	97.7
英　国	United Kingdom	99.1	99.1	99.1	100.0	100.0	100.0
澳大利亚	Australia	100.0	100.0	100.0	99.7	99.9	100.0
新 西 兰	New Zealand	100.0	100.0	100.0	100.0	100.0	100.0

16-9 医疗支出占国内生产总值比重及人均医疗支出
Health Expenditure as Percentage of GDP and Per Capita Health Expenditure

资料来源：世界银行WDI数据库。
Source: World Bank WDI Database.

国家或地区	Country or Area	医疗支出占国内生产总值的比重（%） Health Expenditure, Total as Percentage of GDP(%)			人均医疗支出（美元） Health Expenditure per Capita(USD)		
		2000	2010	2015	2000	2010	2015
世　界	**World**	**8.6**	**9.5**	**9.9**	**472.9**	**907.3**	**1001.7**
高收入国家	**High Income**	**9.3**	**11.5**	**12.4**	**2362.0**	**4461.5**	**4874.9**
中等收入国家	**Middle Income**	**5.0**	**5.1**	**5.4**	**59.6**	**194.5**	**256.7**
低收入国家	**Low Income**	**4.3**	**6.3**	**6.0**	**14.5**	**35.1**	**37.2**
中　国	China	4.5	4.5	5.3	42.5	198.9	425.6
孟加拉国	Bangladesh	2.4	2.7	2.6	8.3	20.2	31.8
文　莱	Brunei Darussalam	2.5	2.3	2.6	508.4	803.5	812.2
柬埔寨	Cambodia	6.4	6.9	6.0	19.3	54.5	69.6
印　度	India	4.2	3.3	3.9	18.6	45.3	63.3
印度尼西亚	Indonesia	2.0	3.5	3.4	15.6	107.5	111.8
伊　朗	Iran	5.2	7.8	7.6	80.2	440.9	366.0
以色列	Israel	6.8	7.1	7.4	1496.9	2218.4	2756.1
日　本	Japan	7.2	9.2	10.9	2740.5	4060.2	3732.6
哈萨克斯坦	Kazakhstan	4.2	4.2	3.9	50.5	363.9	379.1
韩　国	Korea, Rep.	4.0	6.5	7.4	473.9	1436.8	2012.7
老　挝	Laos	4.7	3.2	2.8	14.5	35.0	53.0
马来西亚	Malaysia	2.4	3.3	4.0	105.8	302.0	385.6
蒙　古	Mongolia	5.5	4.2	3.9	27.5	96.0	152.5
缅　甸	Myanmar	1.8	1.9	5.0	3.3	15.3	59.1
巴基斯坦	Pakistan	3.1	2.6	2.7	15.9	26.6	38.0
菲律宾	Philippines	3.2	4.3	4.4	32.8	91.8	126.9
新加坡	Singapore	3.4	3.2	4.3	820.7	1503.0	2280.3
斯里兰卡	Sri Lanka	4.1	3.0	3.0	36.0	83.4	117.9
泰　国	Thailand	3.2	3.6	3.8	62.3	172.1	217.1
越　南	Viet Nam	4.4	5.9	5.7	18.4	76.7	116.7
埃　及	Egypt	5.2	4.4	4.2	72.5	111.4	156.6
尼日利亚	Nigeria	2.6	3.3	3.6	14.6	76.1	97.3
南　非	South Africa	7.4	7.4	8.2	221.8	539.6	470.8
加拿大	Canada	8.3	10.6	10.4	1998.6	4987.6	4507.6
墨西哥	Mexico	4.9	6.0	5.9	309.6	538.8	534.8
美　国	United States	12.5	16.4	16.8	4561.9	7949.9	9536.0
阿根廷	Argentina	5.0	6.8	6.8	418.4	698.6	997.9
巴　西	Brazil	8.4	8.0	8.9	313.1	894.9	780.4
委内瑞拉	Venezuela	4.4	4.5	3.2	210.3	614.1	973.0
捷　克	Czech Rep.	5.7	6.9	7.3	342.9	1373.9	1284.1
法　国	France	9.5	10.7	11.1	2156.5	4385.4	4026.2
德　国	Germany	9.8	11.0	11.2	2355.5	4696.7	4591.9
意大利	Italy	7.6	9.0	9.0	1520.5	3214.6	2700.4
荷　兰	Netherlands	7.1	10.4	10.7	1836.2	5249.4	4746.0
波　兰	Poland	5.3	6.4	6.4	238.0	809.2	796.7
俄罗斯	Russia	5.4	5.3	5.6	95.4	567.4	523.8
西班牙	Spain	6.8	9.0	9.2	1002.8	2778.4	2353.9
土耳其	Turkey	4.6	5.1	4.1	199.5	539.3	454.6
乌克兰	Ukraine	5.3	6.4	6.1	35.1	188.7	125.1
英　国	United Kingdom	6.0	8.5	9.9	1672.5	3306.8	4355.8
澳大利亚	Australia	7.6	8.5	9.5	1632.4	4952.8	4934.1
新西兰	New Zealand	7.5	9.7	9.3	1053.9	3239.9	3553.6

16-10 每千人口医生数和病床数
Physician and Hospital Bed per 1000 Persons

资料来源：世界银行WDI数据库。
Source: World Bank WDI Database.

国家或地区	Country or Area	每千人口医生数(人) Physicians per 1000 Persons(person)			每千人口病床数(张) Hospital Beds per 1000 Persons(unit)		
		2000	2010	2015	2000	2010	2015
高收入国家	**High Income**	**2.6**	**3.0**	**3.0①**	**6.4**	**4.3**	**4.2②**
中等收入国家	**Middle Income**	**1.1**	**1.3**	**1.3①**			**2.2②**
中　国	China	1.3	1.5	1.8	2.5	3.6	3.8②
孟加拉国	Bangladesh	0.2③	0.4	0.5	0.3④		0.6②
文　莱	Brunei Darussalam	1.0	1.4	1.7	2.6	2.6⑤	2.8⑥
柬埔寨	Cambodia	0.2	0.2	0.1⑦		0.8	0.7②
印　度	India	0.5	0.7	0.7⑦			0.7②
印度尼西亚	Indonesia	0.2	0.1	0.2⑥	0.6⑧	0.6	0.9⑥
伊　朗	Iran	1.0⑧	0.9	1.5⑦		1.7⑤	0.1⑥
以色列	Israel	3.8	3.4	3.6	6.1	3.5	3.3⑥
日　本	Japan	2.0	2.2	2.4⑦	14.7	13.7⑤	
哈萨克斯坦	Kazakhstan	3.3	3.5	3.3⑦	7.2	7.6⑤	7.2⑥
韩　国	Korea, Rep.	1.3	2.0	2.3	6.1	10.3⑤	
老　挝	Laos	0.3	0.3	0.5⑦		0.7	1.5⑥
马来西亚	Malaysia	0.7	1.2	1.5		1.8	1.9⑥
蒙　古	Mongolia	2.5④	2.8	3.3		5.8	6.8⑥
缅　甸	Myanmar	0.3	0.5	0.6⑥	0.7		
巴基斯坦	Pakistan	0.7	0.9	1.0		0.6	0.6⑥
菲律宾	Philippines	0.6				0.5⑤	1.0②
新加坡	Singapore	1.4④	1.7	1.9①		3.1⑨	2.0②
斯里兰卡	Sri Lanka	0.4	0.7	0.9	2.9		3.6⑥
泰　国	Thailand	0.4	0.4	0.5	2.2	2.1	2.1⑩
越　南	Viet Nam	0.5④	0.7	0.8	1.7③	2.0	2.0⑩
埃　及	Egypt	2.1	2.8	0.8⑦	2.1③	1.7	0.5⑥
尼日利亚	Nigeria	0.3	0.4	0.4⑩	1.2		
南　非	South Africa		0.7	0.8			
加拿大	Canada	2.1	2.0	2.5	3.4	2.7	2.7⑩
墨西哥	Mexico	1.9	1.9	2.2	1.1	1.7	1.5②
美　国	United States	2.6	2.4	2.6⑦	3.5	3.0	2.9②
阿根廷	Argentina	3.0⑧	3.2	3.9①	4.1	4.5	4.7⑥
巴　西	Brazil	1.1	1.8	1.9①		2.4	2.3⑥
委内瑞拉	Venezuela	2.0③				1.1⑤	0.9②
捷　克	Czech Rep.	3.4	3.6	3.7①	8.8	7.0	6.8②
法　国	France	3.3	3.4	3.2	8.1	6.6	6.4②
德　国	Germany	3.3	3.8	4.2	9.1	8.3	8.2②
意大利	Italy	4.2	3.5	3.9	4.7	3.5	3.4②
荷　兰	Netherlands	3.2	3.0	3.5	4.8	4.7⑤	
波　兰	Poland	2.2	2.2	2.3	4.9	6.6	6.5②
俄罗斯	Russia	4.2	5.0	4.0	10.9		
西班牙	Spain	4.4	3.8	3.9	4.1	3.2	3.1②
土耳其	Turkey	1.3	1.7	1.7⑦	2.6	2.5	2.5②
乌克兰	Ukraine	3.0	3.5	3.0⑦	8.8	8.7⑤	9.0⑥
英　国	United Kingdom	1.9	2.7	2.8	4.2	3.0	2.9②
澳大利亚	Australia	2.5	3.9	3.5	7.8	3.9	3.9⑩
新西兰	New Zealand	2.2	2.6	3.1	6.2⑧		2.3②

注：①2013年数据。②2011年数据。③1997年数据。④1999年数据。⑤2009年数据。⑥2012年数据。⑦2014年数据。⑧1998年数据。⑨2008年数据。⑩2010年数据。

Note:①Data refer to 2013.②Data refer to 2011.③Data refer to 1997.④Data refer to 1999.⑤Data refer to 2009.⑥Data refer to 2012.⑦Data refer to 2014.⑧Data refer to 1998.⑨Data refer to 2008.⑩Data refer to 2010.

主要统计指标解释

成人识字率 是指15岁及以上人口中有一定理解、阅读、使用文字能力的人口占总人口的百分比。

粗入学率 是指入学总人数(不考虑年龄)与适龄入学人数之比。

研究与发展经费支出 是经常性和资本性支出（包括超前支出）,目的在于增加知识存量的创造性、系统性活动。具体包括基础研究、应用研究和目的在于寻求新型设备，产品和工艺的科学实验活动。

研究与发展技术人员 是指专门从事研究与发展活动，在知识或技术某一分支领域接受过职业或技术培训的人员。

高技术出口产品 是指技术含量密集的出口产品。它包括的高技术产品有：航空、计算机、医药、科学仪器和电气设备等。

Explanatory Notes on Main Statistical Indicators

Adult Literacy Rate is the percentage of people ages 15 and above who can, with understanding, read and write a short, simple statement on their everyday life.

Gross Enrollment Ratio is the ratio of total enrollment, regardless of age, to the population of the age group.

Expenditures for Research and Development are current and capital expenditures (including overhead) on creative, systematic activity intended to increase the stock of knowledge. Included are fundamental and applied research and experimental development work leading to new devices, products, or processes.

Technicians in R&D are people engaged in professional R&D activity who have received vocational or technical training in any branch of knowledge or technology.

High-technology Exports are products with high R&D intensity. They include high-technology products such as in aerospace, computers, pharmaceuticals, scientific instruments, and electrical machinery.

经济社会综合评价指标

Comprehensive Evaluation Indicators

17-1 人文发展指数(2017年)
Human Development Index in 2017

资料来源：联合国开发计划署《2017年人文发展报告》。
Source:UNDP Human Development Report 2017.

排名 Rank	国家或地区	Country or Area	人文发展指数 Human Development Index (HDI)	出生时预期寿命(岁) Life Expectancy at Birth (years)	预期受教育年限(年) Expected Years of Schooling (years)	平均受教育年限(年) Mean Years of Schooling (years)	人均国民总收入(美元，2011年PPP) Gross National Income per Capita (2011 PPP $)
	世　界	**World**	**0.728**	**72.2**	**12.7**	**8.4**	**15295**
	超高人文发展国家	**Very high human development**	**0.894**	**79.5**	**16.4**	**12.2**	**40041**
1	挪　威	Norway	0.953	82.3	17.9	12.6	68012
2	瑞　士	Switzerland	0.944	83.5	16.2	13.4	57625
3	澳大利亚	Australia	0.939	83.1	22.9	12.9	43560
4	爱尔兰	Ireland	0.938	81.6	19.6	12.5	53754
5	德　国	Germany	0.936	81.2	17.0	14.1	46136
6	冰　岛	Iceland	0.935	82.9	19.3	12.4	45810
7	中国香港	Hong Kong, China	0.933	84.1	16.3	12.0	58420
7	瑞　典	Sweden	0.933	82.6	17.6	12.4	47766
9	新加坡	Singapore	0.932	83.2	16.2	11.5	82503
10	荷　兰	Netherlands	0.931	82.0	18.0	12.2	47900
11	丹　麦	Denmark	0.929	80.9	19.1	12.6	47918
12	加拿大	Canada	0.926	82.5	16.4	13.3	43433
13	美　国	United States	0.924	79.5	16.5	13.4	54941
14	英　国	United Kingdom	0.922	81.7	17.4	12.9	39116
15	芬　兰	Finland	0.920	81.5	17.6	12.4	41002
16	新西兰	New Zealand	0.917	82.0	18.9	12.5	33970
17	比利时	Belgium	0.916	81.3	19.8	11.8	42156
17	列支敦士登	Liechtenstein	0.916	80.4	14.7	12.5	97336
19	日　本	Japan	0.909	83.9	15.2	12.8	38986
20	奥地利	Austria	0.908	81.8	16.1	12.1	45415
21	卢森堡	Luxemburg	0.904	82.0	14.0	12.1	65016
22	以色列	Israel	0.903	82.7	15.9	13.0	32711
22	韩　国	Korea, Rep.	0.903	82.4	16.5	12.1	35945
24	法　国	France	0.901	82.7	16.4	11.5	39254
25	斯洛文尼亚	Slovenia	0.896	81.1	17.2	12.2	30594
26	西班牙	Spain	0.891	83.3	17.9	9.8	34258
27	捷　克	Czech Rep.	0.888	78.9	16.9	12.7	30588
28	意大利	Italy	0.880	83.2	16.3	10.2	35299
29	马耳他	Malta	0.878	81.0	15.9	11.3	34396
30	爱沙尼亚	Estonia	0.871	77.7	16.1	12.7	28993
31	希　腊	Greece	0.870	81.4	17.3	10.8	24648
32	塞浦路斯	Cyprus	0.869	80.7	14.6	12.1	31568
33	波　兰	Poland	0.865	77.8	16.4	12.3	26150
34	阿联酋	United Arab Emirates	0.863	77.4	13.6	10.8	67805
35	安道尔	Andorra	0.858	81.7	13.5	10.2	47574
35	立陶宛	Lithuania	0.858	74.8	16.1	13.0	28314
37	卡塔尔	Qatar	0.856	78.3	13.4	9.8	116818
38	斯洛伐克	Slovakia	0.855	77.0	15.0	12.5	29467
39	文　莱	Brunei Darussalam	0.853	77.4	14.5	9.1	76427
39	沙特阿拉伯	Saudi Arabia	0.853	74.7	16.9	9.5	49680
41	拉脱维亚	Latvia	0.847	74.7	15.8	12.8	25002

17-1 续表 1 continued

排名 Rank	国家或地区	Country or Area	人文发展指数 Human Development Index (HDI)	出生时预期寿命(岁) Life Expectancy at Birth (years)	预期受教育年限(年) Expected Years of Schooling (years)	平均受教育年限(年) Mean Years of Schooling (years)	人均国民总收入(美元，2011年PPP) Gross National Income per Capita (2011 PPP $)
41	葡萄牙	Portugal	0.847	81.4	16.3	9.2	27315
43	巴　林	Bahrain	0.846	77.0	16.0	9.4	41580
44	智　利	Chile	0.843	79.7	16.4	10.3	21910
45	匈牙利	Hungary	0.838	76.1	15.1	11.9	25393
46	克罗地亚	Croatia	0.831	77.8	15.0	11.3	22162
47	阿根廷	Argentina	0.825	76.7	17.4	9.9	18461
48	阿　曼	Oman	0.821	77.3	13.9	9.5	36290
49	俄罗斯	Russia	0.816	71.2	15.5	12.0	24233
50	黑　山	Montenegro	0.814	77.3	14.9	11.3	16779
51	保加利亚	Bulgaria	0.813	74.9	14.8	11.8	18740
52	罗马尼亚	Romania	0.811	75.6	14.3	11.0	22646
53	白俄罗斯	Belarus	0.808	73.1	15.5	12.3	16323
54	巴哈马	Bahamas	0.807	75.8	12.8	11.1	26681
55	乌拉圭	Uruguay	0.804	77.6	15.9	8.7	19930
56	科威特	Kuwait	0.803	74.8	13.6	7.3	70524
57	马来西亚	Malaysia	0.802	75.5	13.7	10.2	26107
58	巴巴多斯	Barbados	0.800	76.1	15.3	10.6	15843
58	哈萨克斯坦	Kazakhstan	0.800	70.0	15.1	11.8	22626
高人文发展国家		**High human development**	**0.757**	**76.0**	**14.1**	**8.2**	**14999**
60	伊　朗	Iran	0.798	76.2	14.9	9.8	19130
60	帕　劳	Palau	0.798	73.4	15.6	12.3	12831
62	塞舌尔	Seychelles	0.797	73.7	14.8	9.5	26077
63	哥斯达黎加	Costa Rica	0.794	80.0	15.4	8.8	14636
64	土耳其	Turkey	0.791	76.0	15.2	8.0	24804
65	毛里求斯	Mauritius	0.790	74.9	15.1	9.3	20189
66	巴拿马	Panama	0.789	78.2	12.7	10.2	19178
67	塞尔维亚	Serbia	0.787	75.3	14.6	11.1	13019
68	阿尔巴尼亚	Albania	0.785	78.5	14.8	10.0	11886
69	特立尼达和多巴哥	Trinidad and Tobago	0.784	70.8	12.9	10.9	28622
70	格鲁吉亚	Georgia	0.780	73.4	15.0	12.8	9186
70	安提瓜和巴布达	Antigua and Barbuda	0.780	76.5	13.2	9.2	20764
72	圣基茨和尼维斯	Saint Kitts and Nevis	0.778	74.4	14.4	8.4	23978
73	古　巴	Cuba	0.777	79.9	14.0	11.8	7524
74	墨西哥	Mexico	0.774	77.3	14.1	8.6	16944
75	格林纳达	Grenada	0.772	73.8	16.9	8.7	12864
76	斯里兰卡	Sri Lanka	0.770	75.5	13.9	10.9	11326
77	波　黑	Bosnia and Herzegovinian	0.768	77.1	14.2	9.7	11716
78	委内瑞拉	Venezuela	0.761	74.7	14.3	10.3	10672
79	巴　西	Brazil	0.759	75.7	15.4	7.8	13755
80	黎巴嫩	Lebanon	0.757	79.8	12.5	8.7	13378
80	阿塞拜疆	Azerbaijan	0.757	72.1	12.7	10.7	15600
80	马其顿	Macedonia	0.757	75.9	13.3	9.6	12505
83	泰　国	Thailand	0.755	75.5	14.7	7.6	15516
83	亚美尼亚	Armenia	0.755	74.8	13.0	11.7	9144
85	阿尔及利亚	Algeria	0.754	76.3	14.4	8.0	13802
86	厄瓜多尔	Ecuador	0.752	76.6	14.7	8.7	10347
86	中　国	China	0.752	76.4	13.8	7.8	15270
88	乌克兰	Ukraine	0.751	72.1	15.0	11.3	8130
89	秘　鲁	Peru	0.750	75.2	13.8	9.2	11789
90	哥伦比亚	Colombia	0.747	74.6	14.4	8.3	12938
90	圣卢西亚	Saint Lucia	0.747	75.7	13.6	8.9	11695
92	蒙　古	Mongolia	0.741	69.5	15.5	10.1	10103

17-1 续表 2 continued

排名 Rank	国家或地区	Country or Area	人文发展指数 Human Development Index (HDI)	出生时预期寿命(岁) Life Expectancy at Birth (years)	预期受教育年限(年) Expected Years of Schooling (years)	平均受教育年限(年) Mean Years of Schooling (years)	人均国民总收入(美元，2011年PPP) Gross National Income per Capita (2011 PPP $)
92	斐　济	Fiji	0.741	70.4	15.3	10.8	8324
94	多米尼加	Dominican Rep.	0.736	74.0	13.7	7.8	13921
95	约　旦	Jordan	0.735	74.5	13.1	10.4	8288
95	突尼斯	Tunisia	0.735	75.9	15.1	7.2	10275
97	牙买加	Jamaica	0.732	76.1	13.1	9.8	7846
98	汤　加	Tonga	0.726	73.2	14.3	11.2	5547
99	圣文森特和格林纳丁斯	Saint Vincent and the Grenadines	0.723	73.3	13.3	8.6	10499
100	苏里南	Suriname	0.720	71.5	12.7	8.5	13306
101	马尔代夫	Maldives	0.717	77.6	12.6	6.3	13567
101	博茨瓦纳	Botswana	0.717	67.6	12.6	9.3	15534
103	多米尼克	Dominica	0.715	78.0	12.7	7.8	8344
104	萨摩亚	Samoa	0.713	75.2	12.5	10.3	5909
105	乌兹别克斯坦	Uzbekistan	0.710	71.4	12.0	11.5	6470
106	马绍尔群岛	Marshall Islands	0.708	73.6	13.0	10.9	5125
106	伯利兹	Belize	0.708	70.6	12.8	10.5	7166
108	利比亚	Libya	0.706	72.1	13.4	7.3	11100
108	土库曼斯坦	Turkmenistan	0.706	68.0	10.8	9.8	15594
110	加　蓬	Gabon	0.702	66.5	12.8	8.2	16431
110	巴拉圭	Paraguay	0.702	73.2	12.7	8.4	8380
112	摩尔多瓦	Moldova	0.700	71.7	11.6	11.6	5554
中等人文发展国家		**Medium human development**	**0.645**	**69.1**	**12.0**	**6.7**	**6849**
113	菲律宾	Philippines	0.699	69.2	12.6	9.3	9154
113	南　非	South Africa	0.699	63.4	13.3	10.1	11923
115	埃　及	Egypt	0.696	71.7	13.1	7.2	10355
116	印度尼西亚	Indonesia	0.694	69.4	12.8	8.0	10846
116	越　南	Viet Nam	0.694	76.5	12.7	8.2	5859
118	玻利维亚	Bolivia	0.693	69.5	14.0	8.9	6714
120	伊拉克	Iraq	0.685	70.0	11.0	6.8	17789
121	萨尔瓦多	El Salvador	0.674	73.8	12.6	6.9	6868
122	吉尔吉斯斯坦	Kyrgyzstan	0.672	71.1	13.4	10.9	3255
123	摩洛哥	Morocco	0.667	76.1	12.4	5.5	7340
124	尼加拉瓜	Nicaragua	0.658	75.7	12.1	6.7	5157
125	圭亚那	Guyana	0.654	66.8	11.4	8.4	7447
127	危地马拉	Guatemala	0.650	73.7	10.8	6.5	7278
127	塔吉克斯坦	Tajikistan	0.650	71.2	11.2	10.4	3317
129	纳米比亚	Namibia	0.647	64.8	12.3	6.8	9387
130	印　度	India	0.640	68.8	12.3	6.4	6353
131	密克罗尼西亚	Micronesia, Fed.	0.627	69.3	11.7	8.0	3843
132	东帝汶	Timor-Leste	0.625	69.2	12.8	4.5	6846
133	洪都拉斯	Honduras	0.617	73.8	10.2	6.5	4215
134	基里巴斯	Kiribati	0.612	66.5	12.9	7.9	3042
134	不　丹	Bhutan	0.612	70.6	12.3	3.1	8065
136	孟加拉国	Bangladesh	0.608	72.8	11.4	5.8	3677
137	刚果(布)	Congo, Rep.	0.606	65.1	11.4	6.3	5694
138	瓦努阿图	Vanuatu	0.603	72.3	10.9	6.8	2995
139	老　挝	Laos	0.601	67.0	11.2	5.2	6070
140	加　纳	Ghana	0.592	63.0	11.6	7.1	4096
141	赤道几内亚	Equatorial Guinea	0.591	57.9	9.3	5.5	19513
142	肯尼亚	Kenya	0.590	67.3	12.1	6.5	2961
143	圣多美和普林西比	Sao Tome and Principe	0.589	66.8	12.5	6.3	2941
144	赞比亚	Zambia	0.588	62.3	12.5	7.0	3557

17-1 续表 3 continued

排名 Rank	国家或地区	Country or Area	人文发展指数 Human Development Index (HDI)	出生时预期寿命(岁) Life Expectancy at Birth (years)	预期受教育年限(年) Expected Years of Schooling (years)	平均受教育年限(年) Mean Years of Schooling (years)	人均国民总收入(美元，2011年PPP) Gross National Income per Capita (2011 PPP $)
146	柬埔寨	Cambodia	0.582	69.3	11.7	4.8	3413
147	安哥拉	Angola	0.581	61.8	11.8	5.1	5790
148	缅甸	Myanmar	0.578	66.7	10.0	4.9	5567
149	尼泊尔	Nepal	0.574	70.6	12.2	4.9	2471
150	巴基斯坦	Pakistan	0.562	66.6	8.6	5.2	5311
151	喀麦隆	Cameroon	0.556	58.6	12.2	6.3	3315
低人文发展国家		**Low human development**	**0.504**	**60.8**	**9.4**	**4.7**	**2521**
152	所罗门群岛	Solomon Islands	0.546	71.0	10.2	5.5	1872
153	巴布亚新几内亚	Papua New Guinea	0.544	65.7	10.0	4.6	3403
154	坦桑尼亚	Tanzania	0.538	66.3	8.9	5.8	2655
155	叙利亚	Syrian Arab Republic	0.536	71.0	8.8	5.1	2337
156	津巴布韦	Zimbabwe	0.535	61.7	10.3	8.1	1683
157	尼日利亚	Nigeria	0.532	53.9	10.0	6.2	5231
158	卢旺达	Rwanda	0.524	67.5	11.2	4.1	1811
159	莱索托	Lesotho	0.520	54.6	10.6	6.2	3255
159	毛里塔尼亚	Mauritania	0.520	63.4	8.6	4.5	3592
161	马达加斯加	Madagascar	0.519	66.3	10.6	6.1	1358
162	乌干达	Uganda	0.516	60.2	11.6	6.1	1658
163	贝宁	Benin	0.515	61.2	12.6	3.6	2061
164	塞内加尔	Senegal	0.505	67.5	9.7	3.0	2384
165	多哥	Togo	0.503	60.5	12.4	4.8	1453
165	科摩罗	Comoros	0.503	63.9	11.2	4.8	1399
167	苏丹	Sudan	0.502	64.7	7.4	3.7	4119
168	阿富汗	Afghanistan	0.498	64.0	10.4	3.8	1824
168	海地	Haiti	0.498	63.6	9.3	5.2	1665
170	科特迪瓦	Cote D'Ivoire	0.492	54.1	9.0	5.2	3481
171	马拉维	Malawi	0.477	63.7	10.8	4.5	1064
172	吉布提	Djibouti	0.476	62.6	6.2	4.1	3392
173	埃塞俄比亚	Ethiopia	0.463	65.9	8.5	2.7	1719
174	冈比亚	Gambia	0.460	61.4	9.2	3.5	1516
175	几内亚	Guinea	0.459	60.6	9.1	2.6	2067
176	刚果(金)	Congo, Dem. Rep.	0.457	60.0	9.8	6.8	796
177	几内亚比绍	Guinea-Bissau	0.455	57.8	10.5	3.0	1552
178	也门	Yemen	0.452	65.2	9.0	3.0	1239
179	厄立特里亚	Eritrea	0.440	65.5	5.4	4.0	1750
180	莫桑比克	Mozambique	0.437	58.9	9.7	3.5	1093
181	利比里亚	Liberia	0.435	63.0	10.0	4.7	667
182	马里	Mali	0.427	58.5	7.7	2.3	1953
183	布基纳法索	Burkina Faso	0.423	60.8	8.5	1.5	1650
184	塞拉利昂	Sierra Leone	0.419	52.2	9.8	3.5	1240
185	布隆迪	Burundi	0.417	57.9	11.7	3.0	702
186	乍得	Chad	0.404	53.2	8.0	2.3	1750
188	中非	Central African Rep.	0.367	52.9	7.2	4.3	663

17–2 世界主要国家和地区全球化指数排名(2018年)

资料来源：KOF瑞士经济学会。
Source: KOF Swiss Economic Institute.

排名 Rank	全球化指数 Globalization Index			经济全球化 Economic Globalization		
	国家或地区	Country or Area	数值 Score	国家或地区	Country or Area	数值 Score
1	比利时	Belgium	90.47	新加坡	Singapore	92.47
2	荷兰	Netherlands	90.24	中国香港	Hong Kong, China	90.07
3	瑞士	Switzerland	89.70	荷兰	Netherlands	89.31
4	瑞典	Sweden	88.05	比利时	Belgium	89.23
5	奥地利	Austria	87.91	马耳他	Malta	86.73
6	丹麦	Denmark	87.85	爱尔兰	Ireland	86.19
7	法国	France	87.34	卢森堡	Luxembourg	85.49
8	英国	United Kingdom	87.23	爱沙尼亚	Estonia	84.31
9	德国	Germany	86.89	瑞士	Switzerland	83.82
10	芬兰	Finland	85.98	匈牙利	Hungary	83.02
11	挪威	Norway	85.81	阿联酋	United Arab Emirates	82.47
12	匈牙利	Hungary	84.20	丹麦	Denmark	82.21
13	爱尔兰	Ireland	83.53	捷克	Czech Republic	81.69
14	加拿大	Canada	83.45	奥地利	Austria	81.36
15	捷克	Czech Republic	83.41	瑞典	Sweden	81.32
16	西班牙	Spain	83.31	拉脱维亚	Latvia	81.01
17	葡萄牙	Portugal	82.21	毛里求斯	Mauritius	80.12
18	意大利	Italy	82.15	格鲁吉亚	Georgia	79.49
19	卢森堡	Luxembourg	82.00	芬兰	Finland	79.44
20	爱沙尼亚	Estonia	81.97	斯洛伐克	Slovak Republic	79.05
21	斯洛伐克	Slovak Republic	80.74	保加利亚	Bulgaria	77.77
22	希腊	Greece	80.31	塞舌尔	Seychelles	77.64
23	新加坡	Singapore	80.01	英国	United Kingdom	77.58
24	美国	United States	79.95	法国	France	77.57
25	斯洛文尼亚	Slovenia	79.76	葡萄牙	Portugal	77.30
26	保加利亚	Bulgaria	79.52	德国	Germany	77.06
27	澳大利亚	Australia	79.29	立陶宛	Lithuania	76.38
28	马来西亚	Malaysia	79.28	巴拿马	Panama	76.37
29	克罗地亚	Croatia	79.04	挪威	Norway	76.34
30	立陶宛	Lithuania	78.78	斯洛文尼亚	Slovenia	75.66
31	波兰	Poland	78.72	东帝汶	Timor-Leste	74.97
32	新西兰	New Zealand	78.00	塞浦路斯	Cyprus	74.93
33	罗马尼亚	Romania	77.88	黑山	Montenegro	74.69
34	马耳他	Malta	77.51	卡塔尔	Qatar	74.44
35	日本	Japan	77.30	巴林	Bahrain	74.05
36	韩国	Korea, Rep.	76.67	西班牙	Spain	73.44
37	以色列	Israel	75.73	基里巴斯	Kiribati	72.97
38	塞浦路斯	Cyprus	75.60	克罗地亚	Croatia	72.20
39	拉脱维亚	Latvia	75.42	罗马尼亚	Romania	71.68
40	塞尔维亚	Serbia	75.28	希腊	Greece	71.63
41	阿联酋	United Arab Emirates	74.40	马来西亚	Malaysia	70.58
42	约旦	Jordan	74.31	新西兰	New Zealand	70.39
43	智利	Chile	74.14	加拿大	Canada	70.34
44	卡塔尔	Qatar	73.21	意大利	Italy	70.01
45	格鲁吉亚	Georgia	72.50	以色列	Israel	69.00
46	乌拉圭	Uruguay	70.98	波兰	Poland	68.87
47	土耳其	Turkey	70.87	马其顿	Macedonia	68.71
48	冰岛	Iceland	70.62	约旦	Jordan	68.15
49	乌克兰	Ukraine	70.60	马尔代夫	Maldives	67.68
50	墨西哥	Mexico	70.46	塞尔维亚	Serbia	67.62

The Ranking of Globalization Index in 2018

排名 Rank	社会全球化 Social Globalization			政治全球化 Political Globalization		
	国家或地区	Country or Area	数值 Score	国家或地区	Country or Area	数值 Score
1	挪　威	Norway	90.43	意大利	Italy	99.26
2	卢森堡	Luxembourg	89.89	法　国	France	99.15
3	瑞　士	Switzerland	89.58	德　国	Germany	98.23
4	丹　麦	Denmark	88.30	西班牙	Spain	98.04
5	爱尔兰	Ireland	88.12	英　国	United Kingdom	97.82
6	英　国	United Kingdom	88.05	荷　兰	Netherlands	97.64
7	新西兰	New Zealand	86.88	瑞　典	Sweden	97.16
8	奥地利	Austria	86.75	比利时	Belgium	95.80
9	加拿大	Canada	86.48	瑞　士	Switzerland	95.69
10	比利时	Belgium	86.29	奥地利	Austria	95.62
11	芬　兰	Finland	85.85	美　国	United States	95.43
12	塞浦路斯	Cyprus	85.81	印　度	India	95.31
13	瑞　典	Sweden	85.68	土耳其	Turkey	93.99
14	中国香港	Hong Kong, China	85.46	中　国	China	93.60
15	德　国	Germany	85.39	加拿大	Canada	93.52
16	冰　岛	Iceland	85.33	阿根廷	Argentina	93.10
17	法　国	France	85.28	埃　及	Egypt	93.06
18	以色列	Israel	83.84	丹　麦	Denmark	93.04
19	荷　兰	Netherlands	83.76	芬　兰	Finland	92.65
20	澳大利亚	Australia	83.39	葡萄牙	Portugal	92.28
21	马耳他	Malta	83.30	波　兰	Poland	92.15
22	爱沙尼亚	Estonia	82.65	希　腊	Greece	91.99
23	阿鲁巴	Aruba	82.06	匈牙利	Hungary	91.99
24	巴巴多斯	Barbados	81.26	罗马尼亚	Romania	91.90
25	立陶宛	Lithuania	80.86	日　本	Japan	91.48
26	斯洛文尼亚	Slovenia	80.85	澳大利亚	Australia	90.95
27	马来西亚	Malaysia	80.76	挪　威	Norway	90.66
28	新加坡	Singapore	80.63	俄罗斯	Russia	90.42
29	美　国	United States	80.60	捷　克	Czech Republic	90.22
30	帕　劳	Palau	80.33	乌克兰	Ukraine	90.19
31	克罗地亚	Croatia	79.50	韩　国	Korea, Rep.	90.12
32	韩　国	Korea, Rep.	78.70	墨西哥	Mexico	89.36
33	捷　克	Czech Republic	78.32	印度尼西亚	Indonesia	88.97
34	西班牙	Spain	78.23	南　非	South Africa	88.83
35	斯洛伐克	Slovak Republic	78.03	尼日利亚	Nigeria	88.48
36	匈牙利	Hungary	77.58	摩洛哥	Morocco	88.31
37	中国澳门	Macao, China	77.31	智　利	Chile	88.29
38	希　腊	Greece	77.31	保加利亚	Bulgaria	87.08
39	意大利	Italy	77.17	巴基斯坦	Pakistan	86.93
40	卡塔尔	Qatar	77.11	马来西亚	Malaysia	86.50
41	葡萄牙	Portugal	77.04	秘　鲁	Peru	86.23
42	日　本	Japan	76.32	克罗地亚	Croatia	85.43
43	拉脱维亚	Latvia	76.31	塞尔维亚	Serbia	85.25
44	黑　山	Montenegro	76.28	斯洛伐克	Slovak Republic	85.15
45	哥斯达黎加	Costa Rica	76.02	菲律宾	Philippines	84.76
46	文　莱	Brunei Darussalam	75.48	泰　国	Thailand	83.96
47	波　兰	Poland	75.15	突尼斯	Tunisia	83.83
48	百慕大	Bermuda	74.90	约　旦	Jordan	83.46
49	新喀里多尼亚	New Caledonia	74.58	乌拉圭	Uruguay	83.13
50	科威特	Kuwait	74.43	斯洛文尼亚	Slovenia	82.77

17–2 续表 1

排名 Rank	全球化指数 Globalization Index			经济全球化 Economic Globalization		
	国家或地区	Country or Area	数值 Score	国家或地区	Country or Area	数值 Score
51	巴拿马	Panama	69.89	亚美尼亚	Armenia	67.34
52	毛里求斯	Mauritius	69.60	科威特	Kuwait	67.13
53	波黑	Bosnia and Herzegovina	69.48	阿曼	Oman	66.96
54	马其顿	Macedonia	69.35	安提瓜和巴布达	Antigua and Barbuda	66.86
55	科威特	Kuwait	69.20	瓦努阿图	Vanuatu	65.00
56	俄罗斯	Russia	69.06	尼加拉瓜	Nicaragua	64.74
57	黑山	Montenegro	69.03	冰岛	Iceland	64.65
58	南非	South Africa	68.63	文莱	Brunei Darussalam	64.59
59	中国香港	Hong Kong, China	68.53	黎巴嫩	Lebanon	64.39
60	泰国	Thailand	68.15	阿尔巴尼亚	Albania	64.16
61	秘鲁	Peru	67.98	智利	Chile	64.14
62	哥斯达黎加	Costa Rica	67.67	日本	Japan	64.10
63	阿尔巴尼亚	Albania	67.19	美国	United States	63.83
64	亚美尼亚	Armenia	67.09	吉布提	Djibouti	63.57
65	摩洛哥	Morocco	67.01	澳大利亚	Australia	63.53
66	摩尔多瓦	Moldova	67.00	波黑	Bosnia and Herzegovina	62.78
67	巴林	Bahrain	65.95	柬埔寨	Cambodia	62.69
68	萨尔瓦多	El Salvador	65.86	巴布亚新几内亚	Papua New Guinea	62.47
69	黎巴嫩	Lebanon	65.11	特立尼达和多巴哥	Trinidad and Tobago	62.37
70	白俄罗斯	Belarus	65.00	摩尔多瓦	Moldova	62.12
71	突尼斯	Tunisia	64.86	利比里亚	Liberia	61.61
72	牙买加	Jamaica	64.36	韩国	Korea, Rep.	61.18
73	蒙古	Mongolia	64.09	哥斯达黎加	Costa Rica	60.99
74	菲律宾	Philippines	64.08	蒙古	Mongolia	60.78
75	特立尼达和多巴哥	Trinidad and Tobago	63.73	阿塞拜疆	Azerbaijan	60.07
76	巴拉圭	Paraguay	63.50	萨尔多瓦	El Salvador	59.90
77	塞舌尔	Seychelles	63.29	泰国	Thailand	59.89
78	危地马拉	Guatemala	63.17	博兹瓦纳	Botswana	59.67
79	阿曼	Oman	63.12	秘鲁	Peru	59.27
80	阿根廷	Argentina	63.02	赤道几内亚	Equatorial Guinea	59.03
81	沙特阿拉伯	Saudi Arabia	62.81	乌拉圭	Uruguay	57.73
82	文莱	Brunei Darussalam	62.15	圣多美和普林西比	Sao Tome and Principe	57.61
83	印度尼西亚	Indonesia	62.04	吉尔吉斯斯坦	Kyrgyz Republic	57.61
84	洪都拉斯	Honduras	61.71	圣卢西亚	St. Lucia	57.55
85	哥伦比亚	Colombia	61.68	洪都拉斯	Honduras	57.50
86	多米尼加	Dominican Republic	61.52	利比亚	Libya	57.14
87	中国	China	61.23	牙买加	Jamaica	56.89
88	吉尔吉斯斯坦	Kyrgyz Republic	60.94	莱索托	Lesotho	56.69
89	埃及	Egypt	60.87	乌克兰	Ukraine	56.22
90	尼加拉瓜	Nicaragua	60.68	多米尼加	Dominican Republic	56.00
91	厄瓜多尔	Ecuador	60.67	多米尼克	Dominica	55.76
92	塞内加尔	Senegal	60.48	墨西哥	Mexico	55.40
93	巴巴多斯	Barbados	59.94	汤加	Tonga	54.76
94	玻利维亚	Bolivia	59.92	危地马拉	Guatemala	54.76
95	越南	Vietnam	59.70	圭亚那	Guyana	53.53
96	巴西	Brazil	59.64	卢旺达	Rwanda	53.20
97	阿塞拜疆	Azerbaijan	59.29	沙特阿拉伯	Saudi Arabia	53.03
98	古巴	Cuba	59.24	海地	Haiti	52.94
99	哈萨克斯坦	Kazakhstan	59.10	刚果(布)	Congo, Rep.	52.83
100	纳米比亚	Namibia	58.87	土耳其	Turkey	52.36

continued

排名 Rank	社会全球化 Social Globalization			政治全球化 Political Globalization		
	国家或地区	Country or Area	数值 Score	国家或地区	Country or Area	数值 Score
51	阿联酋	United Arab Emirates	74.15	肯尼亚	Kenya	81.64
52	保加利亚	Bulgaria	73.71	巴西	Brazil	81.58
53	圣文森特和格林纳丁斯	St. Vincent and the Grenadines	73.32	阿尔及利亚	Algeria	81.21
54	毛里求斯	Mauritius	73.30	塞内加尔	Senegal	80.67
55	巴哈马群岛	Bahamas, The	73.03	哥伦比亚	Colombia	80.37
56	塞舌尔	Seychelles	72.82	伊朗	Iran	80.12
57	阿曼	Oman	72.47	危地马拉	Guatemala	80.09
58	马绍尔群岛	Marshall Islands	72.33	斯里兰卡	Sri Lanka	79.47
59	塞尔维亚	Serbia	72.08	立陶宛	Lithuania	79.10
60	乌拉圭	Uruguay	72.08	厄瓜多尔	Ecuador	78.95
61	摩纳哥	Monaco	71.99	爱沙尼亚	Estonia	78.94
62	波多黎各	Puerto Rico	71.91	埃塞俄比亚	Ethiopia	78.88
63	巴林	Bahrain	71.45	坦桑尼亚	Tanzania	77.98
64	约旦	Jordan	71.33	孟加拉国	Bangladesh	77.02
65	圣基茨和尼维斯	St. Kitts and Nevis	71.21	新西兰	New Zealand	76.73
66	萨摩亚	Samoa	70.89	波黑	Bosnia and Herzegovina	76.56
67	安提瓜和巴布达岛	Antigua and Barbuda	70.61	爱尔兰	Ireland	76.27
68	特立尼达和多巴哥	Trinidad and Tobago	70.49	萨尔瓦多	El Salvador	76.04
69	多米尼克	Dominica	70.41	巴拉圭	Paraguay	75.93
70	罗马尼亚	Romania	70.05	白俄罗斯	Belarus	75.41
71	智利	Chile	70.00	喀麦隆	Cameroon	74.77
72	格鲁吉亚	Georgia	69.36	玻利维亚	Bolivia	74.60
73	马尔代夫	Maldives	68.95	越南	Vietnam	74.58
74	圣卢西亚	St. Lucia	68.94	以色列	Israel	74.36
75	格林纳达	Grenada	68.92	科特迪瓦	Cote d'Ivoire	74.19
76	阿根廷	Argentina	68.72	布基纳法索	Burkina Faso	73.81
77	列支敦士登	Liechtenstein	68.47	阿尔巴尼亚	Albania	73.07
78	法罗群岛	Faeroe Islands	68.42	委内瑞拉	Venezuela	72.86
79	波黑	Bosnia and Herzegovina	68.25	马其顿	Macedonia	72.43
80	摩尔多瓦	Moldova	68.06	刚果(金)	Congo, Dem. Rep.	72.04
81	斐济	Fiji	67.91	哈萨克斯坦	Kazakhstan	71.53
82	牙买加	Jamaica	67.71	卢森堡	Luxembourg	70.96
83	沙特阿拉伯	Saudi Arabia	67.71	摩尔多瓦	Moldova	70.85
84	博兹瓦纳	Botswana	67.70	贝宁	Benin	70.64
85	巴拿马	Panama	67.27	亚美尼亚	Armenia	70.46
86	安道尔	Andorra	66.88	赞比亚	Zambia	70.44
87	马其顿	Macedonia	66.78	乌干达	Uganda	70.41
88	墨西哥	Mexico	66.63	洪都拉斯	Honduras	70.10
89	南非	South Africa	66.58	加纳	Ghana	70.06
90	汤加	Tonga	66.43	蒙古	Mongolia	70.02
91	圣马力诺	San Marino	66.38	津巴布韦	Zimbabwe	69.88
92	土耳其	Turkey	66.27	马里	Mali	69.84
93	俄罗斯	Russia	65.81	古巴	Cuba	69.79
94	白俄罗斯	Belarus	65.70	也门	Yemen, Rep.	68.94
95	法属波立尼西亚	French Polynesia	65.46	拉脱维亚	Latvia	68.93
96	佛得角	Cape Verde	65.46	格鲁吉亚	Georgia	68.65
97	乌克兰	Ukraine	65.40	牙买加	Jamaica	68.62
98	多米尼加	Dominican Republic	64.90	几内亚	Guinea	68.37
99	伯利兹	Belize	64.88	卡塔尔	Qatar	68.27
100	纳米比亚	Namibia	64.84	黎巴嫩	Lebanon	68.11

17-2 续表 2

排名 Rank	全球化指数 Globalization Index			经济全球化 Economic Globalization		
	国家或地区	Country or Area	数值 Score	国家或地区	Country or Area	数值 Score
101	印　度	India	56.77	圣基茨和尼维斯	St. Kitts and Nevis	52.22
102	斐　济	Fiji	56.76	巴拉圭	Paraguay	52.09
103	柬埔寨	Cambodia	56.67	巴巴多斯	Barbados	52.03
104	博茨瓦纳	Botswana	56.52	赞比亚	Zambia	51.85
105	安提瓜和巴布达岛	Antigua and Barbuda	56.38	多　哥	Togo	51.75
106	加　纳	Ghana	55.83	萨摩亚	Samoa	51.49
107	肯尼亚	Kenya	55.43	摩洛哥	Morocco	51.13
108	赞比亚	Zambia	55.30	俄罗斯	Russia	50.95
109	尼日利亚	Nigeria	54.93	白俄罗斯	Belarus	50.84
110	利比亚	Libya	54.71	冈比亚	Gambia, The	50.73
111	布基纳法索	Burkina Faso	54.64	佛得角	Cape Verde	50.53
112	斯里兰卡	Sri Lanka	54.45	南　非	South Africa	50.48
113	吉布提	Djibouti	54.38	所罗门群岛	Solomon Islands	50.41
114	委内瑞拉	Venezuela	54.08	纳米比亚	Namibia	50.23
115	圣卢西亚	St. Lucia	53.87	伯利兹	Belize	50.00
116	巴布亚新几内亚	Papua New Guinea	53.68	乌干达	Uganda	49.80
117	多　哥	Togo	53.63	莫桑比克	Mozambique	49.71
118	圭亚那	Guyana	53.55	斯威士兰	Swaziland	49.27
119	格林纳达	Grenada	53.30	斐　济	Fiji	48.94
120	利比里亚	Liberia	53.19	圣文森特和格林纳丁斯	St. Vincent and the Grenadines	48.52
121	阿尔及利亚	Algeria	53.18	菲律宾	Philippines	48.20
122	伯利兹	Belize	52.79	塞内加尔	Senegal	48.10
123	科特迪瓦	Cote d'Ivoire	52.74	越　南	Vietnam	48.09
124	刚果(布)	Congo, Rep.	52.74	玻利维亚	Bolivia	47.47
125	东帝汶	Timor-Leste	52.70	格林纳达	Grenada	47.29
126	乌干达	Uganda	52.66	突尼斯	Tunisia	46.08
127	多米尼克	Dominica	52.59	毛里塔尼亚	Mauritania	45.88
128	加　蓬	Gabon	52.49	塞拉利昂	Sierra Leone	45.80
129	卢旺达	Rwanda	52.32	加　纳	Ghana	45.53
130	巴基斯坦	Pakistan	51.70	哥伦比亚	Colombia	45.05
131	莱索托	Lesotho	51.48	不　丹	Bhutan	44.36
132	萨摩亚	Samoa	51.35	印度尼西亚	Indonesia	44.23
133	也　门	Yemen, Rep.	51.15	布基纳法索	Burkina Faso	43.41
134	毛里塔尼亚	Mauritania	51.10	也　门	Yemen, Rep.	43.24
135	津巴布韦	Zimbabwe	51.10	哈萨克斯坦	Kazakhstan	43.00
136	冈比亚	Gambia, The	51.04	安哥拉	Angola	41.60
137	佛得角	Cape Verde	50.81	马　里	Mali	41.02
138	马尔代夫	Maldives	50.65	肯尼亚	Kenya	40.69
139	瓦努阿图	Vanuatu	50.56	尼日尔	Niger	40.63
140	马　里	Mali	50.26	塔吉克斯坦	Tajikistan	40.28
141	圣文森特和格林纳丁斯	St. Vincent and the Grenadines	50.11	老　挝	Laos	40.20
142	贝　宁	Benin	48.99	加　蓬	Gabon	40.06
143	伊　朗	Iran	48.66	科特迪瓦	Cote d'Ivoire	40.00
144	尼日尔	Niger	48.35	科摩罗	Comoros	39.87
145	巴哈马群岛	Bahamas, The	48.23	伊拉克	Iraq	39.18
146	莫桑比克	Mozambique	48.21	苏里南	Suriname	38.89
147	喀麦隆	Cameroon	48.08	马达加斯加	Madagascar	38.57
148	坦桑尼亚	Tanzania	48.06	中　国	China	38.50
149	帕　劳	Palau	47.91	厄瓜多尔	Ecuador	38.21
150	海　地	Haiti	47.33	巴哈马群岛	Bahamas	37.54

continued

排名 Rank	社会全球化 Social Globalization			政治全球化 Political Globalization		
	国家或地区	Country or Area	数值 Score	国家或地区	Country or Area	数值 Score
101	厄瓜多尔	Ecuador	64.84	阿联酋	United Arab Emirates	68.03
102	突尼斯	Tunisia	64.67	尼泊尔	Nepal	67.38
103	阿尔巴尼亚	Albania	64.33	沙特阿拉伯	Saudi Arabia	67.04
104	亚美尼亚	Armenia	63.46	新加坡	Singapore	66.98
105	哈萨克斯坦	Kazakhstan	62.76	科威特	Kuwait	66.27
106	黎巴嫩	Lebanon	62.59	塞浦路斯	Cyprus	66.05
107	巴拉圭	Paraguay	62.45	巴拿马	Panama	66.04
108	密克罗尼西亚	Micronesia, Fed.	62.44	哥斯达黎加	Costa Rica	65.99
109	吉尔吉斯斯坦	Kyrgyz Republic	61.80	卢旺达	Rwanda	65.60
110	萨尔瓦多	El Salvador	61.63	多哥	Togo	64.98
111	摩洛哥	Morocco	61.58	加蓬	Gabon	64.54
112	蒙古	Mongolia	61.35	阿塞拜疆	Azerbaijan	64.49
113	苏里南	Suriname	61.25	尼日尔	Niger	64.23
114	巴西	Brazil	60.93	多米尼加	Dominican Republic	63.67
115	圭亚那	Guyana	60.91	马达加斯加	Madagascar	63.49
116	瓦努阿图	Vanuatu	60.68	吉尔吉斯斯坦	Kyrgyz Republic	63.42
117	泰国	Thailand	60.59	马耳他	Malta	62.50
118	哥伦比亚	Colombia	59.62	利比亚	Libya	62.27
119	菲律宾	Philippines	59.27	毛里塔尼亚	Mauritania	62.04
120	秘鲁	Peru	58.43	马拉维	Malawi	62.02
121	委内瑞拉	Venezuela	58.04	冰岛	Iceland	61.90
122	玻利维亚	Bolivia	57.69	纳米比亚	Namibia	61.78
123	洪都拉斯	Honduras	57.54	刚果(布)	Congo, Rep.	61.19
124	基里巴斯	Kiribati	57.44	柬埔寨	Cambodia	60.38
125	圣多美和普林西比	Sao Tome and Principe	57.17	尼加拉瓜	Nicaragua	60.17
126	尼加拉瓜	Nicaragua	57.13	叙利亚	Syrian Arab Republic	59.39
127	越南	Vietnam	56.11	乍得	Chad	59.26
128	所罗门群岛	Solomon Islands	55.07	布隆迪	Burundi	59.23
129	埃及	Egypt	55.05	塞拉利昂	Sierra Leone	58.69
130	危地马拉	Guatemala	54.66	特立尼达和多巴哥	Trinidad and Tobago	58.62
131	东帝汶	Timor-Leste	53.75	苏丹	Sudan	58.59
132	阿塞拜疆	Azerbaijan	53.30	黑山	Montenegro	58.44
133	印度尼西亚	Indonesia	52.91	巴布亚新几内亚	Papua New Guinea	57.91
134	古巴	Cuba	52.58	冈比亚	Gambia, The	57.22
135	不丹	Bhutan	52.35	缅甸	Myanmar	56.64
136	加蓬	Gabon	51.70	利比里亚	Liberia	56.56
137	中国	China	51.60	毛里求斯	Mauritius	55.38
138	塞内加尔	Senegal	51.53	吉布提	Djibouti	55.26
139	加纳	Ghana	51.53	莫桑比克	Mozambique	55.12
140	约旦河西岸和加沙	West Bank and Gaza	51.44	斐济	Fiji	52.99
141	斯里兰卡	Sri Lanka	49.95	伊拉克	Iraq	52.98
142	津巴布韦	Zimbabwe	48.86	巴林	Bahrain	52.84
143	斯威士兰	Swaziland	48.63	乌兹别克斯坦	Uzbekistan	52.07
144	莱索托	Lesotho	47.74	中非共和国	Central African Republic	51.68
145	科摩罗	Comoros	47.74	阿曼	Oman	50.87
146	阿尔及利亚	Algeria	47.08	安哥拉	Angola	50.38
147	柬埔寨	Cambodia	46.95	莱索托	Lesotho	50.37
148	塔吉克斯坦	Tajikistan	46.84	塔吉克斯坦	Tajikistan	49.28
149	吉布提	Djibouti	45.91	海地	Haiti	48.98
150	布基纳法索	Burkina Faso	45.54	几内亚比绍	Guinea-Bissau	48.77

17-2 续表 3

排名 Rank	全球化指数 Globalization Index			经济全球化 Economic Globalization		
	国家或地区	Country or Area	数值 Score	国家或地区	Country or Area	数值 Score
151	汤 加	Tonga	47.12	苏 丹	Sudan	36.94
152	塞拉利昂	Sierra Leone	46.96	巴 西	Brazil	36.40
153	马达加斯加	Madagascar	46.78	几内亚比绍	Guinea-Bissau	35.34
154	马拉维	Malawi	46.24	尼日利亚	Nigeria	34.74
155	斯威士兰	Swaziland	45.80	叙 利 亚	Syrian Arab Republic	34.67
156	马绍尔群岛	Marshall Islands	45.74	津巴布韦	Zimbabwe	34.55
157	密克罗尼西亚	Micronesia, Fed.	45.66	埃 及	Egypt, Arab Rep.	34.50
158	尼泊尔	Nepal	45.59	马 拉 维	Malawi	34.10
159	孟加拉国	Bangladesh	45.54	斯里兰卡	Sri Lanka	33.74
160	叙利亚	Syrian Arab Republic	45.51	缅 甸	Myanmar	31.96
161	圣基茨和尼维斯	St. Kitts and Nevis	45.47	委内瑞拉	Venezuela	31.35
162	塔吉克斯坦	Tajikistan	45.47	阿尔及利亚	Algeria	31.26
163	几内亚	Guinea	45.01	贝 宁	Benin	31.09
164	苏里南	Suriname	44.89	坦桑尼亚	Tanzania	30.86
165	基里巴斯	Kiribati	44.56	阿 富 汗	Afghanistan	30.36
166	圣多美和普林西比	Sao Tome and Principe	44.37	印 度	India	29.78
167	乌兹别克斯坦	Uzbekistan	42.63	几 内 亚	Guinea	29.69
168	埃塞俄比亚	Ethiopia	42.51	乍 得	Chad	29.58
169	伊拉克	Iraq	42.31	阿 根 廷	Argentina	27.26
170	赤道几内亚	Equatorial Guinea	42.30	巴基斯坦	Pakistan	26.98
171	老 挝	Laos	42.18	喀 麦 隆	Cameroon	26.87
172	苏 丹	Sudan	41.82	刚果(金)	Congo, Dem. Rep.	25.71
173	安哥拉	Angola	41.75	尼 泊 尔	Nepal	25.58
174	刚果(金)	Congo, Dem. Rep.	41.14	伊 朗	Iran	24.89
175	土库曼斯坦	Turkmenistan	41.07	中非共和国	Central African Republic	23.86
176	所罗门群岛	Solomon Islands	40.97	布 隆 迪	Burundi	21.13
177	不 丹	Bhutan	40.83	孟加拉国	Bangladesh	20.95
178	几内亚比绍	Guinea-Bissau	40.39	埃塞俄比亚	Ethiopia	20.05
179	科摩罗	Comoros	40.20	美属萨摩亚	American Samoa	
180	乍 得	Chad	40.08	安 道 尔	Andorra	
181	缅 甸	Myanmar	39.80	阿 鲁 巴	Aruba	
182	布隆迪	Burundi	38.95	百 慕 大	Bermuda	
183	阿富汗	Afghanistan	38.66	开曼群岛	Cayman Islands	
184	中非共和国	Central African Republic	34.71	海峡群岛	Channel Islands	
185	厄立特里亚	Eritrea	28.68	古 巴	Cuba	
186	美属萨摩亚	American Samoa		厄立特里亚	Eritrea	
187	安道尔	Andorra		法罗群岛	Faeroe Islands	
188	阿鲁巴	Aruba		法属波利尼西亚	French Polynesia	
189	百慕大	Bermuda		格陵兰岛	Greenland	
190	开曼群岛	Cayman Islands		关 岛	Guam	
191	海峡群岛	Channel Islands		马 恩 岛	Isle of Man	
192	法罗群岛	Faeroe Islands		朝 鲜	Korea, Dem. Rep.	
193	法属波利尼西亚	French Polynesia		列支敦士登	Liechtenstein	
194	格陵兰岛	Greenland		中国澳门	Macao, China	
195	关 岛	Guam		马绍尔群岛	Marshall Islands	
196	马恩岛	Isle of Man		密克罗尼西亚	Micronesia, Fed.	
197	朝 鲜	Korea, Dem. Rep.		摩 纳 哥	Monaco	
198	列支敦士登	Liechtenstein		荷属安的列斯	Netherlands Antilles	
199	中国澳门	Macao, China		新喀里多尼亚	New Caledonia	
200	摩纳哥	Monaco		北马里亚纳群岛	Northern Mariana Islands	

continued

排名 Rank	社会全球化 Social Globalization			政治全球化 Political Globalization		
	国家或地区	Country or Area	数值 Score	国家或地区	Country or Area	数值 Score
151	印　度	India	45.23	文　莱	Brunei Darussalam	48.27
152	冈比亚	Gambia, The	44.87	阿富汗	Afghanistan	47.59
153	贝　宁	Benin	44.68	巴巴多斯	Barbados	47.49
154	老　挝	Laos	43.81	圭亚那	Guyana	46.85
155	利比亚	Libya	43.79	格林纳达	Grenada	44.60
156	尼泊尔	Nepal	43.73	伯利兹	Belize	44.56
157	刚果(布)	Congo, Rep.	43.62	博茨瓦纳	Botswana	43.30
158	肯尼亚	Kenya	43.41	老　挝	Laos	42.70
159	科特迪瓦	Cote d'Ivoire	43.39	土库曼斯坦	Turkmenistan	39.94
160	乌兹别克斯坦	Uzbekistan	43.29	塞舌尔	Seychelles	39.80
161	毛里塔尼亚	Mauritania	43.13	斯威士兰	Swaziland	39.62
162	赞比亚	Zambia	43.02	圣卢西亚	St. Lucia	38.40
163	多　哥	Togo	42.79	佛得角	Cape Verde	38.27
164	叙利亚	Syrian Arab Republic	42.47	苏里南	Suriname	37.10
165	马拉维	Malawi	42.41	安提瓜和巴布达	Antigua and Barbuda	35.67
166	土库曼斯坦	Turkmenistan	41.95	多米尼克	Dominica	35.13
167	巴布亚新几内亚	Papua New Guinea	41.15	东帝汶	Timor-Leste	34.70
168	伊　朗	Iran	40.97	圣马力诺	San Marino	34.37
169	巴基斯坦	Pakistan	40.68	科摩罗	Comoros	34.25
170	也　门	Yemen, Rep.	40.30	巴哈马群岛	Bahamas	33.87
171	海　地	Haiti	40.20	朝　鲜	Korea, Dem. Rep.	33.79
172	尼日尔	Niger	39.47	索马里	Somalia	33.41
173	马　里	Mali	39.42	萨摩亚	Samoa	32.71
174	喀麦隆	Cameroon	39.41	赤道几内亚	Equatorial Guinea	32.64
175	莫桑比克	Mozambique	39.40	瓦努阿图	Vanuatu	32.34
176	利比里亚	Liberia	39.38	中国香港	Hong Kong, China	32.01
177	孟加拉国	Bangladesh	38.66	圣文森特和格林纳丁斯	St. Vincent and the Grenadines	31.43
178	尼日利亚	Nigeria	38.35	摩纳哥	Monaco	28.05
179	马达加斯加	Madagascar	38.29	厄立特里亚	Eritrea	27.58
180	乌干达	Uganda	37.76	不　丹	Bhutan	26.94
181	赤道几内亚	Equatorial Guinea	37.58	汤　加	Tonga	25.52
182	卢旺达	Rwanda	37.47	列支敦士登	Liechtenstein	24.80
183	布隆迪	Burundi	36.48	圣多美和普林西比	Sao Tome and Principe	23.78
184	塞拉利昂	Sierra Leone	35.93	马尔代夫	Maldives	22.24
185	几内亚	Guinea	35.80	所罗门	Solomon Islands	20.88
186	几内亚比绍	Guinea-Bissau	35.51	圣基茨和尼维斯	St. Kitts and Nevis	20.17
187	坦桑尼亚	Tanzania	35.33	安道尔	Andorra	18.49
188	阿富汗	Afghanistan	34.40	中国澳门	Macao, China	17.67
189	伊拉克	Iraq	33.18	波多黎各	Puerto Rico	15.84
190	安哥拉	Angola	32.77	基里巴斯	Kiribati	15.08
191	缅　甸	Myanmar	29.76	密克罗尼西亚	Micronesia, Fed.	13.97
192	埃塞俄比亚	Ethiopia	28.59	马绍尔群岛	Marshall Islands	12.77
193	乍　得	Chad	28.41	帕　劳	Palau	12.44
194	苏　丹	Sudan	28.15	百慕大	Bermuda	8.75
195	中非共和国	Central African Republic	27.07	阿鲁巴	Aruba	6.32
196	厄立特里亚	Eritrea	26.55	约旦河西岸和加沙	West Bank and Gaza	5.66
197	刚果(金)	Congo, Dem. Rep.	24.73	法罗群岛	Faeroe Islands	5.43
198	索马里	Somalia	22.38	法属波利尼西亚	French Polynesia	5.28
199	朝　鲜	Korea, Dem. Rep.	18.19	新喀里多尼亚	New Caledonia	4.55
200	美属萨摩亚	American Samoa		美属萨摩亚	American Samoa	

17-3 世界主要国家和地区全球竞争力指数排名(2017年)
The Ranking of the Global Competitiveness Index in 2017

资料来源：世界经济论坛《全球竞争力报告2017-2018》。
Source: World Economic Forum The Global Competitiveness Report 2017-2018.

国家或地区	Country or Area	总指数 Overall Index		分类指数 Subindexes					
				基础设施 Basic Requirements		效率增强 Efficiency Enhancers		创新与成熟度 Innovation and Sophistication Factors	
		排名 Rank	数值 Score	排名 Rank	数值 Score	排名 Rank	数值 Score	排名 Rank	数值 Score
瑞　士	Switzerland	1	5.86	1	6.39	3	5.65	1	5.86
美　国	United States	2	5.85	25	5.54	1	6.01	2	5.80
新加坡	Singapore	3	5.71	2	6.34	2	5.73	12	5.25
荷　兰	Netherlands	4	5.66	4	6.24	8	5.46	4	5.62
德　国	Germany	5	5.66	11	5.97	6	5.53	3	5.65
中国香港	Hong Kong,China	6	5.53	3	6.26	4	5.59	18	4.96
瑞　典	Sweden	7	5.52	8	6.00	12	5.30	5	5.57
英　国	United Kingdom	8	5.51	23	5.65	5	5.55	9	5.34
日　本	Japan	9	5.50	21	5.67	10	5.39	6	5.55
芬　兰	Finland	10	5.49	9	5.98	11	5.30	8	5.48
挪　威	Norway	11	5.40	6	6.02	14	5.29	13	5.19
丹　麦	Denmark	12	5.39	13	5.90	15	5.26	11	5.28
新西兰	New Zealand	13	5.37	5	6.05	9	5.43	25	4.81
加拿大	Canada	14	5.35	17	5.72	7	5.52	24	4.82
中国台湾	Taiwan, China	15	5.33	15	5.84	16	5.25	15	5.12
以色列	Israel	16	5.31	28	5.48	19	5.12	7	5.53
阿联酋	United Arab Emirates	17	5.30	7	6.02	17	5.23	20	4.93
奥地利	Austria	18	5.25	19	5.70	22	5.03	10	5.30
卢森堡	Luxembourg	19	5.23	10	5.98	23	5.01	16	5.11
比利时	Belgium	20	5.23	27	5.48	18	5.15	14	5.19
澳大利亚	Austrlia	21	5.19	18	5.70	13	5.29	27	4.68
法　国	France	22	5.18	26	5.54	20	5.10	17	5.07
马来西亚	Malaysia	23	5.17	24	5.55	24	4.94	21	4.91
爱尔兰	Ireland	24	5.16	20	5.68	21	5.09	19	4.93
卡塔尔	Qatar	25	5.11	12	5.91	25	4.94	22	4.85
韩　国	Korea, Rep.	26	5.07	16	5.77	26	4.93	23	4.85
中　国	China	27	5.00	31	5.32	28	4.88	29	4.33
冰　岛	Iceland	28	4.99	14	5.89	32	4.77	26	4.77
爱沙尼亚	Estonia	29	4.85	22	5.66	27	4.92	35	4.20
沙特阿拉伯	Saudi Arabia	30	4.83	32	5.28	33	4.68	40	4.12
捷　克	Czech Republic	31	4.77	30	5.35	29	4.87	32	4.24
泰　国	Thailand	32	4.72	41	5.06	35	4.62	47	3.92
智　利	Chile	33	4.71	36	5.13	31	4.83	50	3.86
西班牙	Spain	34	4.70	33	5.15	30	4.84	38	4.17

17-3 续表 1 continued

国家或地区	Country or Area	总指数 Overall Index		分类指数 Subindexes					
				基础设施 Basic Requirements		效率增强 Efficiency Enhancers		创新与成熟度 Innovation and Sophistication Factors	
		排名 Rank	数值 Score	排名 Rank	数值 Score	排名 Rank	数值 Score	排名 Rank	数值 Score
阿塞拜疆	Azerbaijan	35	4.69	47	4.93	46	4.44	33	4.22
印度尼西亚	Indonesia	36	4.68	46	4.98	41	4.52	31	4.29
马 耳 他	Malta	37	4.65	29	5.42	37	4.61	34	4.20
俄 罗 斯	Russia	38	4.64	48	4.92	38	4.59	57	3.76
波 兰	Poland	39	4.59	45	4.99	34	4.65	59	3.76
印 度	India	40	4.59	63	4.68	42	4.47	30	4.29
立 陶 宛	Lithuania	41	4.58	34	5.15	40	4.57	44	4.04
葡 萄 牙	Portugal	42	4.57	39	5.12	39	4.58	36	4.18
意 大 利	Italy	43	4.54	51	4.88	43	4.46	28	4.45
巴 林	Bahrain	44	4.54	40	5.08	36	4.62	43	4.05
毛里求斯	Mauritius	45	4.52	44	5.01	59	4.28	46	3.93
文 莱	Brunei Darussalam	46	4.51	42	5.05	74	4.06	88	3.46
哥斯达黎加	Costa Rica	47	4.50	53	4.82	48	4.43	42	4.08
斯洛文尼亚	Slovenia	48	4.48	35	5.14	53	4.39	37	4.18
保加利亚	Bulgaria	49	4.46	59	4.77	50	4.40	73	3.57
巴 拿 马	Panama	50	4.44	37	5.12	57	4.29	48	3.89
墨 西 哥	Mexico	51	4.43	68	4.59	47	4.43	51	3.84
科 威 特	Kuwait	52	4.43	50	4.88	73	4.07	86	3.47
土 耳 其	Turkey	53	4.42	60	4.75	51	4.40	66	3.65
拉脱维亚	Latvia	54	4.40	43	5.01	49	4.40	68	3.65
越 南	Viet Nam	55	4.36	75	4.52	62	4.24	84	3.49
菲 律 宾	Philippines	56	4.35	67	4.60	61	4.27	61	3.72
哈萨克斯坦	Kazakhstan	57	4.35	69	4.59	56	4.32	95	3.39
卢 旺 达	Rwanda	58	4.35	65	4.62	84	3.95	49	3.87
斯洛伐克	Slovakia	59	4.33	52	4.83	44	4.46	56	3.76
匈 牙 利	Hungary	60	4.33	64	4.65	45	4.44	79	3.52
南 非	South Africa	61	4.32	92	4.28	52	4.39	39	4.14
阿 曼	Oman	62	4.31	38	5.12	66	4.19	70	3.61
博茨瓦纳	Botswana	63	4.30	61	4.73	89	3.87	91	3.44
塞浦路斯	Cyprus	64	4.30	49	4.92	55	4.36	55	3.79
约 旦	Jordan	65	4.30	73	4.57	67	4.15	45	3.96
哥伦比亚	Colombia	66	4.29	90	4.33	54	4.38	64	3.67
格鲁吉亚	Georgia	67	4.28	54	4.82	75	4.06	112	3.23
罗马尼亚	Romania	68	4.28	72	4.57	58	4.28	107	3.28
伊 朗	Iran	69	4.27	55	4.82	83	3.99	81	3.51
牙 买 加	Jamaica	70	4.25	76	4.52	68	4.12	54	3.81
摩 洛 哥	Morocco	71	4.24	57	4.79	85	3.94	74	3.56

17-3 续表 2 continued

国家或地区	Country or Area	总指数 Overall Index		分类指数 Subindexes 基础设施 Basic Requirements		效率增强 Efficiency Enhancers		创新与成熟度 Innovation and Sophistication Factors	
		排名 Rank	数值 Score	排名 Rank	数值 Score	排名 Rank	数值 Score	排名 Rank	数值 Score
秘　　鲁	Peru	72	4.22	79	4.45	64	4.22	103	3.33
亚美尼亚	Armenia	73	4.19	77	4.51	78	4.05	67	3.65
克罗地亚	Croatia	74	4.19	58	4.77	69	4.11	99	3.37
阿尔巴尼亚	Albania	75	4.18	71	4.57	80	4.01	76	3.55
乌 拉 圭	Uruguay	76	4.15	56	4.81	65	4.20	87	3.47
黑　　山	Montenegro	77	4.14	80	4.42	72	4.08	92	3.40
塞尔维亚	Serbia	78	4.14	74	4.54	82	3.99	104	3.31
塔吉克斯坦	Tajikistan	79	4.14	81	4.40	95	3.74	62	3.72
巴　　西	Brazil	80	4.14	104	4.08	60	4.27	65	3.66
乌 克 兰	Ukraine	81	4.11	96	4.18	70	4.09	77	3.55
不　　丹	Bhutan	82	4.10	66	4.61	101	3.68	78	3.53
特立尼达和多巴哥	Trinidad and Tobago	83	4.09	83	4.40	63	4.24	80	3.52
危地马拉	Guatemala	84	4.09	93	4.26	79	4.02	63	3.70
斯里兰卡	Sri Lanka	85	4.08	78	4.51	90	3.81	58	3.76
阿尔及利亚	Algeria	86	4.07	82	4.40	102	3.68	118	3.13
希　　腊	Greece	87	4.02	70	4.58	77	4.05	71	3.60
尼 泊 尔	Nepal	88	4.02	86	4.36	112	3.56	122	3.08
摩尔多瓦	Moldova	89	3.99	95	4.22	94	3.75	124	3.00
纳米比亚	Namibia	90	3.99	89	4.35	92	3.80	82	3.51
肯 尼 亚	Kenya	91	3.98	110	3.90	71	4.09	41	4.10
阿 根 廷	Argentina	92	3.95	103	4.10	81	4.00	75	3.56
尼加拉瓜	Nicaragua	93	3.95	85	4.37	118	3.47	132	2.85
柬 埔 寨	Cambodia	94	3.93	102	4.11	96	3.73	111	3.24
突 尼 斯	Tunisia	95	3.93	84	4.38	99	3.69	97	3.37
洪都拉斯	Honduras	96	3.92	94	4.25	103	3.66	102	3.34
厄瓜多尔	Ecuador	97	3.91	87	4.36	98	3.70	110	3.25
老　　挝	Laos	98	3.91	105	4.07	97	3.71	85	3.49
孟加拉国	Bangladesh	99	3.91	101	4.11	105	3.65	106	3.28
埃　　及	Egypt	100	3.90	106	4.05	87	3.90	101	3.35
蒙　　古	Mongolia	101	3.90	100	4.11	91	3.81	116	3.15
吉尔吉斯斯坦	Kyrgyzstan	102	3.90	97	4.14	108	3.61	128	2.97
波　　黑	Bosnia and Herzegovinian	103	3.87	91	4.30	100	3.68	119	3.09
多米尼加	Dominican Rep.	104	3.87	98	4.13	93	3.77	105	3.28
黎 巴 嫩	Lebanon	105	3.85	119	3.55	76	4.06	52	3.82
塞内加尔	Senegal	106	3.81	109	3.95	110	3.59	69	3.62
塞 舌 尔	Seychelles	107	3.80	62	4.72	115	3.53	93	3.40
埃塞俄比亚	Ethiopia	108	3.78	107	4.05	120	3.39	100	3.36
萨尔瓦多	El Salvador	109	3.77	99	4.12	107	3.62	120	3.08
佛 得 角	Cape Verde	110	3.76	88	4.36	121	3.38	109	3.26

17-3 续表 3 continued

国家或地区	Country or Area	总指数 Overall Index		分类指数 Subindexes 基础设施 Basic Requirements		效率增强 Efficiency Enhancers		创新与成熟度 Innovation and Sophistication Factors	
		排名 Rank	数值 Score	排名 Rank	数值 Score	排名 Rank	数值 Score	排名 Rank	数值 Score
加　纳	Ghana	111	3.72	116	3.62	88	3.90	60	3.75
巴拉圭	Paraguay	112	3.71	108	3.97	106	3.63	121	3.08
坦桑尼亚	Tanzania	113	3.71	111	3.88	117	3.47	89	3.45
乌干达	Uganda	114	3.70	112	3.80	113	3.56	90	3.45
巴基斯坦	Pakistan	115	3.67	114	3.68	104	3.65	72	3.59
喀麦隆	Cameroon	116	3.65	113	3.74	114	3.54	96	3.38
冈比亚	Gambia	117	3.61	115	3.64	111	3.56	83	3.50
赞比亚	Zambia	118	3.52	118	3.55	116	3.48	94	3.39
几内亚	Guinea	119	3.48	126	3.38	109	3.59	53	3.82
贝　宁	Benin	120	3.47	117	3.62	125	3.27	115	3.17
马达加斯加	Madagascar	121	3.41	122	3.48	123	3.30	113	3.22
斯威士兰	Swaziland	122	3.35	120	3.54	124	3.30	130	2.92
马　里	Mali	123	3.33	128	3.33	122	3.33	98	3.37
津巴布韦	Zimbabwe	124	3.32	124	3.45	128	3.17	131	2.87
尼日利亚	Nigeria	125	3.30	136	2.93	86	3.91	108	3.27
刚果(金)	Congo, Dem. Rep.	126	3.27	129	3.31	126	3.24	125	3.00
委内瑞拉	Venezuela	127	3.23	131	3.14	119	3.42	133	2.79
海　地	Haiti	128	3.22	121	3.53	134	2.81	137	2.36
布隆迪	Burundi	129	3.22	125	3.42	133	2.89	123	3.01
塞拉利昂	Sierra Leone	130	3.20	127	3.35	132	2.97	129	2.96
莱索托	Lesotho	131	3.20	130	3.29	130	3.04	114	3.20
马拉维	Malawi	132	3.11	134	3.06	127	3.23	126	2.99
毛里塔尼亚	Mauritania	133	3.09	123	3.46	137	2.54	136	2.52
利比里亚	Liberia	134	3.08	133	3.11	131	3.02	117	3.14
乍　得	Chad	135	2.99	132	3.14	135	2.77	134	2.71
莫桑比克	Mozambique	136	2.89	137	2.75	129	3.11	127	2.98
也　门	Yemen	137	2.88	135	3.01	136	2.67	135	2.68

17-4 世界主要国家和地区信息化发展指数(IDI)排名(2016年)

资料来源：国际电信联盟《衡量信息社会发展2017》。
Source: International Telecommunication Union - Mesuring the Information Society 2017.

排名 Rank	总指数 IDI			接入 Access		
	国家或地区	Country or Area	数值 Score	国家或地区	Country or Area	数值 Score
1	冰 岛	Iceland	8.98	卢森堡	Luxemburg	9.54
2	韩 国	Korea, Rep.	8.85	冰 岛	Iceland	9.38
3	瑞 士	Switzerland	8.74	中国香港	Hong Kong, China	9.22
4	丹 麦	Denmark	8.71	英 国	United Kingdom	9.15
5	英 国	United Kingdom	8.65	马耳他	Malta	9.02
6	中国香港	Hong Kong, China	8.61	德 国	Germany	8.93
7	荷 兰	Netherlands	8.49	韩 国	Korea, Rep.	8.85
8	卢森堡	Luxemburg	8.47	瑞 士	Switzerland	8.85
9	挪 威	Norway	8.47	日 本	Japan	8.80
10	日 本	Japan	8.43	荷 兰	Netherlands	8.65
11	瑞 典	Sweden	8.41	法 国	France	8.64
12	德 国	Germany	8.39	新加坡	Singapore	8.61
13	新西兰	New Zealand	8.33	瑞 典	Sweden	8.55
14	澳大利亚	Australia	8.24	丹 麦	Denmark	8.39
15	法 国	France	8.24	奥地利	Austria	8.38
16	美 国	United States	8.18	新西兰	New Zealand	8.34
17	爱沙尼亚	Estonia	8.14	美 国	United States	8.27
18	摩纳哥	Monaco	8.05	摩纳哥	Monaco	8.26
19	新加坡	Singapore	8.05	以色列	Israel	8.17
20	爱尔兰	Ireland	8.02	爱沙尼亚	Estonia	8.16
21	奥地利	Austria	8.02	比利时	Belgium	8.15
22	芬 兰	Finland	7.88	爱尔兰	Ireland	8.14
23	以色列	Israel	7.88	巴 林	Bahrain	8.14
24	马耳他	Malta	7.86	阿联酋	United Arab Emirates	8.11
25	比利时	Belgium	7.81	巴巴多斯	Barbados	8.04
26	中国澳门	Macao, China	7.80	澳大利亚	Australia	8.00
27	西班牙	Spain	7.79	挪 威	Norway	8.00
28	加拿大	Canada	7.77	安道尔	Andorra	7.99
29	塞浦路斯	Cyprus	7.77	西班牙	Spain	7.98
30	安道尔	Andorra	7.71	加拿大	Canada	7.93
31	巴 林	Bahrain	7.60	斯洛文尼亚	Slovenia	7.91
32	白俄罗斯	Belarus	7.55	葡萄牙	Portugal	7.91
33	斯洛文尼亚	Slovenia	7.38	卡塔尔	Qatar	7.90
34	巴巴多斯	Barbados	7.31	白俄罗斯	Belarus	7.87
35	拉脱维亚	Latvia	7.26	塞浦路斯	Cyprus	7.86
36	克罗地亚	Croatia	7.24	中国澳门	Macao, China	7.83
37	圣基茨和尼维斯	Saint Kitts and Nevis	7.24	匈牙利	Hungary	7.78
38	希 腊	Greece	7.23	希 腊	Greece	7.76
39	卡塔尔	Qatar	7.21	克罗地亚	Croatia	7.60
40	阿联酋	United Arab Emirates	7.21	波 兰	Poland	7.58
41	立陶宛	Lithuania	7.19	圣基茨和尼维斯	Saint Kitts and Nevis	7.57
42	捷 克	Czech Rep.	7.16	摩尔多瓦	Moldova	7.56

The Ranking of Information Communication Technology Development Index(IDI) in 2016

排名 Rank	使用 Use			技术 Skill		
	国家或地区	Country or Area	数值 Score	国家或地区	Country or Area	数值 Score
1	丹 麦	Denmark	8.94	澳大利亚	Australia	9.28
2	瑞 士	Switzerland	8.88	韩 国	Korea, Rep.	9.15
3	挪 威	Norway	8.82	美 国	United States	9.05
4	韩 国	Korea, Rep.	8.71	希 腊	Greece	9.00
5	冰 岛	Iceland	8.70	白俄罗斯	Belarus	8.93
6	瑞 典	Sweden	8.40	丹 麦	Denmark	8.87
7	英 国	United Kingdom	8.38	新西兰	New Zealand	8.81
8	卢森堡	Luxemburg	8.30	斯洛文尼亚	Slovenia	8.79
9	荷 兰	Netherlands	8.28	冰 岛	Iceland	8.75
10	中国香港	Hong Kong, China	8.21	芬 兰	Finland	8.73
11	日 本	Japan	8.15	挪 威	Norway	8.71
12	新西兰	New Zealand	8.08	爱尔兰	Ireland	8.65
13	摩纳哥	Monaco	8.01	俄罗斯	Russia	8.62
14	芬 兰	Finland	7.99	荷 兰	Netherlands	8.59
15	爱沙尼亚	Estonia	7.97	奥地利	Austria	8.56
16	澳大利亚	Australia	7.97	乌克兰	Ukraine	8.56
17	法 国	France	7.93	德 国	Germany	8.54
18	德 国	Germany	7.77	西班牙	Spain	8.50
19	中国澳门	Macao, China	7.72	智 利	Chile	8.49
20	美 国	United States	7.67	加拿大	Canada	8.47
21	塞浦路斯	Cyprus	7.61	安道尔	Andorra	8.44
22	爱尔兰	Ireland	7.59	立陶宛	Lithuania	8.44
23	巴 林	Bahrain	7.53	爱沙尼亚	Estonia	8.43
24	新加坡	Singapore	7.45	以色列	Israel	8.38
25	奥地利	Austria	7.39	波 兰	Poland	8.35
26	以色列	Israel	7.34	比利时	Belgium	8.31
27	加拿大	Canada	7.27	阿根廷	Argentina	8.30
28	西班牙	Spain	7.23	捷 克	Czech Rep.	8.27
29	比利时	Belgium	7.22	格林纳达	Grenada	8.26
30	马耳他	Malta	7.16	日 本	Japan	8.22
31	阿联酋	United Arab Emirates	7.09	瑞 士	Switzerland	8.21
32	卡塔尔	Qatar	7.07	中国香港	Hong Kong, China	8.19
33	安道尔	Andorra	7.07	拉脱维亚	Latvia	8.17
34	乌拉圭	Uruguay	7.03	英 国	United Kingdom	8.17
35	圣基茨和尼维斯	Saint Kitts and Nevis	6.76	保加利亚	Bulgaria	8.17
36	斯洛伐克	Slovakia	6.67	瑞 典	Sweden	8.15
37	拉脱维亚	Latvia	6.65	新加坡	Singapore	8.14
38	立陶宛	Lithuania	6.63	克罗地亚	Croatia	8.11
39	捷 克	Czech Rep.	6.62	法 国	France	8.06
40	白俄罗斯	Belarus	6.54	土耳其	Turkey	7.97
41	克罗地亚	Croatia	6.45	塞浦路斯	Cyprus	7.93
42	意大利	Italy	6.35	中国澳门	Macao, China	7.91

17-4 续表 1

排名 Rank	总指数 IDI			接入 Access		
	国家或地区	Country or Area	数值 Score	国家或地区	Country or Area	数值 Score
43	乌拉圭	Uruguay	7.16	哈萨克斯坦	Kazakhstan	7.55
44	葡萄牙	Portugal	7.13	文　莱	Brunei Darussalam	7.47
45	俄罗斯	Russia	7.07	拉脱维亚	Latvia	7.41
46	斯洛伐克	Slovakia	7.06	芬　兰	Finland	7.35
47	意大利	Italy	7.04	意大利	Italy	7.33
48	匈牙利	Hungary	6.93	阿　曼	Oman	7.32
49	波　兰	Poland	6.89	乌拉圭	Uruguay	7.28
50	保加利亚	Bulgaria	6.86	俄罗斯	Russia	7.23
51	哈萨克斯坦	Kazakhstan	6.79	斯洛伐克	Slovakia	7.22
52	阿根廷	Argentina	6.79	沙特阿拉伯	Saudi Arabia	7.21
53	文　莱	Brunei Darussalam	6.75	塞尔维亚	Serbia	7.20
54	沙特阿拉伯	Saudi Arabia	6.67	特立尼达和多巴哥	Trinidad and Tobago	7.18
55	塞尔维亚	Serbia	6.61	捷　克	Czech Rep.	7.14
56	智　利	Chile	6.57	科威特	Kuwait	7.12
57	巴哈马	Bahamas	6.51	立陶宛	Lithuania	7.11
58	罗马尼亚	Romania	6.48	毛里求斯	Mauritius	7.04
59	摩尔多瓦	Moldova	6.45	黑　山	Montenegro	7.03
60	黑　山	Montenegro	6.44	罗马尼亚	Romania	6.98
61	哥斯达黎加	Costa Rica	6.44	巴哈马	Bahamas	6.97
62	阿　曼	Oman	6.43	马来西亚	Malaysia	6.93
63	马来西亚	Malaysia	6.38	黎巴嫩	Lebanon	6.92
64	黎巴嫩	Lebanon	6.30	阿根廷	Argentina	6.87
65	阿塞拜疆	Azerbaijan	6.20	保加利亚	Bulgaria	6.83
66	巴　西	Brazil	6.12	智　利	Chile	6.79
67	土耳其	Turkey	6.08	伊　朗	Iran	6.74
68	特立尼达和多巴哥	Trinidad and Tobago	6.04	安提瓜和巴布达	Antigua and Barbuda	6.73
69	前南马其顿	Macedonia, FYR	6.01	马其顿	Macedonia	6.66
70	约　旦	Jordan	6.00	阿塞拜疆	Azerbaijan	6.62
71	科威特	Kuwait	5.98	乌克兰	Ukraine	6.60
72	毛里求斯	Mauritius	5.88	亚美尼亚	Armenia	6.52
73	格林纳达	Grenada	5.80	塞舌尔	Seychelles	6.46
74	格鲁吉亚	Georgia	5.79	哥斯达黎加	Costa Rica	6.40
75	亚美尼亚	Armenia	5.76	多米尼克	Dominica	6.34
76	安提瓜和巴布达	Antigua and Barbuda	5.71	格林纳达	Grenada	6.32
77	多米尼克	Dominica	5.69	圣文森特和格林纳丁斯	Saint Vincent and the Grenadines	6.31
78	泰　国	Thailand	5.67	土耳其	Turkey	6.30
79	乌克兰	Ukraine	5.62	格鲁吉亚	Georgia	6.26
80	中　国	China	5.60	巴　西	Brazil	6.25
81	伊　朗	Iran	5.58	马尔代夫	Maldives	6.22
82	圣文森特和格林纳丁斯	Saint Vincent and the Grenadines	5.54	摩洛哥	Morocco	6.06
83	波　黑	Bosnia and Herzegovinian	5.39	约　旦	Jordan	6.03
84	哥伦比亚	Colombia	5.36	巴拿马	Panama	5.95
85	马尔代夫	Maldives	5.25	哥伦比亚	Colombia	5.88
86	委内瑞拉	Venezuela	5.17	波　黑	Bosnia and Herzegovinian	5.84

continued

排名 Rank	使用 Use			技术 Skill		
	国家或地区	Country or Area	数值 Score	国家或地区	Country or Area	数值 Score
43	文 莱	Brunei Darussalam	6.30	意大利	Italy	7.86
44	巴巴多斯	Barbados	6.30	巴巴多斯	Barbados	7.85
45	保加利亚	Bulgaria	6.23	摩纳哥	Monaco	7.70
46	黎巴嫩	Lebanon	6.20	匈牙利	Hungary	7.70
47	哥斯达黎加	Costa Rica	6.18	委内瑞拉	Venezuela	7.64
48	马来西亚	Malaysia	6.17	沙特阿拉伯	Saudi Arabia	7.57
49	斯洛文尼亚	Slovenia	6.16	塞尔维亚	Serbia	7.57
50	葡萄牙	Portugal	6.15	斯洛伐克	Slovakia	7.54
51	俄罗斯	Russia	6.13	圣基茨和尼维斯	Saint Kitts and Nevis	7.53
52	阿根廷	Argentina	5.96	蒙 古	Mongolia	7.51
53	希 腊	Greece	5.82	葡萄牙	Portugal	7.50
54	约 旦	Jordan	5.73	格鲁吉亚	Georgia	7.49
55	阿 曼	Oman	5.71	哈萨克斯坦	Kazakhstan	7.48
56	匈牙利	Hungary	5.71	巴哈马	Bahamas	7.41
57	哈萨克斯坦	Kazakhstan	5.69	黑 山	Montenegro	7.37
58	巴 西	Brazil	5.69	伊 朗	Iran	7.32
59	沙特阿拉伯	Saudi Arabia	5.68	阿尔巴尼亚	Albania	7.26
60	罗马尼亚	Romania	5.59	罗马尼亚	Romania	7.25
61	巴哈马	Bahamas	5.59	乌拉圭	Uruguay	7.18
62	阿塞拜疆	Azerbaijan	5.55	古 巴	Cuba	7.16
63	塞尔维亚	Serbia	5.54	哥斯达黎加	Costa Rica	7.05
64	波 兰	Poland	5.47	利比亚	Libya	6.99
65	智 利	Chile	5.39	吉尔吉斯斯坦	Kyrgyzstan	6.96
66	黑 山	Montenegro	5.38	亚美尼亚	Armenia	6.94
67	马其顿	Macedonia	5.36	马耳他	Malta	6.94
68	泰 国	Thailand	5.33	摩尔多瓦	Moldova	6.89
69	中 国	China	5.27	哥伦比亚	Colombia	6.81
70	摩尔多瓦	Moldova	5.12	泰 国	Thailand	6.72
71	特立尼达和多巴哥	Trinidad and Tobago	5.07	巴 西	Brazil	6.71
72	科威特	Kuwait	4.99	阿塞拜疆	Azerbaijan	6.67
73	土耳其	Turkey	4.92	卢森堡	Luxemburg	6.65
74	马尔代夫	Maldives	4.80	巴 林	Bahrain	6.65
75	多米尼克	Dominica	4.78	秘 鲁	Peru	6.54
76	墨西哥	Mexico	4.65	厄瓜多尔	Ecuador	6.53
77	圣文森特和格林纳丁斯	Saint Vincent and the Grenadines	4.61	约 旦	Jordan	6.49
78	苏里南	Suriname	4.55	毛里求斯	Mauritius	6.43
79	波 黑	Bosnia and Herzegovinian	4.52	斯里兰卡	Sri Lanka	6.41
80	格鲁吉亚	Georgia	4.47	阿尔及利亚	Algeria	6.29
81	安提瓜和巴布达	Antigua and Barbuda	4.46	中 国	China	6.28
82	毛里求斯	Mauritius	4.44	多米尼克	Dominica	6.23
83	亚美尼亚	Armenia	4.42	文 莱	Brunei Darussalam	6.23
84	阿尔巴尼亚	Albania	4.42	波 黑	Bosnia and Herzegovinian	6.23
85	哥伦比亚	Colombia	4.11	巴勒斯坦	Palestine	6.22
86	佛得角	Cape Verde	4.11	菲律宾	Philippines	6.20

17-4 续表 2

排名 Rank	总指数 IDI			接入 Access		
	国家或地区	Country or Area	数值 Score	国家或地区	Country or Area	数值 Score
87	墨西哥	Mexico	5.16	苏里南	Suriname	5.83
88	苏里南	Suriname	5.15	佛得角	Cape Verde	5.76
89	阿尔巴尼亚	Albania	5.14	中国	China	5.58
90	塞舌尔	Seychelles	5.03	南非	South Africa	5.48
91	蒙古	Mongolia	4.96	泰国	Thailand	5.48
92	南非	South Africa	4.96	埃及	Egypt	5.40
93	佛得角	Cape Verde	4.92	牙买加	Jamaica	5.29
94	巴拿马	Panama	4.91	墨西哥	Mexico	5.28
95	乌兹别克斯坦	Uzbekistan	4.90	乌兹别克斯坦	Uzbekistan	5.24
96	秘鲁	Peru	4.85	圣卢西亚	Saint Lucia	5.17
97	牙买加	Jamaica	4.84	委内瑞拉	Venezuela	5.15
98	厄瓜多尔	Ecuador	4.84	阿尔及利亚	Algeria	5.14
99	突尼斯	Tunisia	4.82	突尼斯	Tunisia	5.11
100	摩洛哥	Morocco	4.77	厄瓜多尔	Ecuador	4.93
101	阿尔及利亚	Algeria	4.67	秘鲁	Peru	4.90
102	菲律宾	Philippines	4.67	博茨瓦纳	Botswana	4.90
103	埃及	Egypt	4.63	斐济	Fiji	4.88
104	圣卢西亚	Saint Lucia	4.63	菲律宾	Philippines	4.87
105	博茨瓦纳	Botswana	4.59	印度尼西亚	Indonesia	4.85
106	多米尼加	Dominican Rep.	4.51	阿尔巴尼亚	Albania	4.80
107	斐济	Fiji	4.49	利比亚	Libya	4.80
108	越南	Viet Nam	4.43	越南	Viet Nam	4.75
109	吉尔吉斯斯坦	Kyrgyzstan	4.37	萨尔瓦多	El Salvador	4.75
110	汤加	Tonga	4.34	蒙古	Mongolia	4.74
111	印度尼西亚	Indonesia	4.33	斯里兰卡	Sri Lanka	4.66
112	玻利维亚	Bolivia	4.31	汤加	Tonga	4.64
113	巴拉圭	Paraguay	4.18	叙利亚	Syrian Arab Republic	4.58
114	利比亚	Libya	4.11	吉尔吉斯斯坦	Kyrgyzstan	4.54
115	加蓬	Gabon	4.11	危地马拉	Guatemala	4.52
116	加纳	Ghana	4.05	加蓬	Gabon	4.51
117	斯里兰卡	Sri Lanka	3.91	玻利维亚	Bolivia	4.42
118	纳米比亚	Namibia	3.89	巴拉圭	Paraguay	4.41
119	萨尔瓦多	El Salvador	3.82	纳米比亚	Namibia	4.39
120	伯利兹	Belize	3.71	圭亚那	Guyana	4.36
121	不丹	Bhutan	3.69	加纳	Ghana	4.36
122	东帝汶	Timor-Leste	3.57	多米尼加	Dominican Rep.	4.30
123	巴勒斯坦	Palestine	3.55	尼加拉瓜	Nicaragua	4.19
124	圭亚那	Guyana	3.44	柬埔寨	Cambodia	4.16
125	危地马拉	Guatemala	3.35	不丹	Bhutan	4.09
126	叙利亚	Syrian Arab Republic	3.34	洪都拉斯	Honduras	4.08
127	萨摩亚	Samoa	3.30	伯利兹	Belize	4.07
128	洪都拉斯	Honduras	3.28	科特迪瓦	Cote D'Ivoire	3.92
129	柬埔寨	Cambodia	3.28	东帝汶	Timor-Leste	3.84
130	尼加拉瓜	Nicaragua	3.27	冈比亚	Gambia	3.77

Continued

排名 Rank	使用 Use			技术 Skill		
	国家或地区	Country or Area	数值 Score	国家或地区	Country or Area	数值 Score
87	突尼斯	Tunisia	4.11	乌兹别克斯坦	Uzbekistan	6.17
88	格林纳达	Grenada	4.04	安提瓜和巴布达	Antigua and Barbuda	6.16
89	多米尼加	Dominican Rep.	4.04	卡塔尔	Qatar	6.09
90	秘鲁	Peru	3.96	阿曼	Oman	6.07
91	牙买加	Jamaica	3.94	前南马其顿	Macedonia, FYR	6.03
92	委内瑞拉	Venezuela	3.94	巴拿马	Panama	6.01
93	乌兹别克斯坦	Uzbekistan	3.93	南非	South Africa	6.00
94	厄瓜多尔	Ecuador	3.92	玻利维亚	Bolivia	5.96
95	南非	South Africa	3.91	墨西哥	Mexico	5.93
96	蒙古	Mongolia	3.90	多米尼加	Dominican Rep.	5.89
97	加蓬	Gabon	3.85	圣文森特和格林纳丁斯	Saint Vincent and the Grenadines	5.85
98	博茨瓦纳	Botswana	3.73	斐济	Fiji	5.83
99	菲律宾	Philippines	3.70	伯利兹	Belize	5.80
100	摩洛哥	Morocco	3.68	牙买加	Jamaica	5.78
101	圣卢西亚	Saint Lucia	3.68	马来西亚	Malaysia	5.70
102	越南	Viet Nam	3.65	科威特	Kuwait	5.69
103	加纳	Ghana	3.55	汤加	Tonga	5.68
104	伊朗	Iran	3.54	特立尼达和多巴哥	Trinidad and Tobago	5.67
105	塞舌尔	Seychelles	3.47	博茨瓦纳	Botswana	5.67
106	斐济	Fiji	3.44	突尼斯	Tunisia	5.67
107	阿尔及利亚	Algeria	3.38	埃及	Egypt	5.66
108	玻利维亚	Bolivia	3.38	阿联酋	United Arab Emirates	5.63
109	纳米比亚	Namibia	3.36	印度尼西亚	Indonesia	5.54
110	汤加	Tonga	3.35	巴拉圭	Paraguay	5.52
111	埃及	Egypt	3.35	圣卢西亚	Saint Lucia	5.46
112	巴拿马	Panama	3.32	萨摩亚	Samoa	5.37
113	巴拉圭	Paraguay	3.29	越南	Viet Nam	5.31
114	不丹	Bhutan	3.21	塞舌尔	Seychelles	5.28
115	印度尼西亚	Indonesia	3.19	圭亚那	Guyana	5.26
116	乌克兰	Ukraine	3.17	黎巴嫩	Lebanon	5.23
117	东帝汶	Timor-Leste	3.00	基里巴斯	Kiribati	5.20
118	吉尔吉斯斯坦	Kyrgyzstan	2.91	萨尔瓦多	El Salvador	5.11
119	柬埔寨	Cambodia	2.56	苏里南	Suriname	4.97
120	科特迪瓦	Cote D'Ivoire	2.50	佛得角	Cape Verde	4.89
121	缅甸	Myanmar	2.43	印度	India	4.73
122	巴勒斯坦	Palestine	2.42	尼加拉瓜	Nicaragua	4.51
123	伯利兹	Belize	2.29	圣多美和普林西比	Sao Tome and Principe	4.50
124	萨尔瓦多	El Salvador	2.25	洪都拉斯	Honduras	4.44
125	莫桑比克	Mozambique	2.24	加纳	Ghana	4.43
126	莱索托	Lesotho	2.15	摩洛哥	Morocco	4.35
127	津巴布韦	Zimbabwe	2.10	叙利亚	Syrian Arab Republic	4.28
128	利比亚	Libya	1.98	马尔代夫	Maldives	4.25
129	萨摩亚	Samoa	1.94	东帝汶	Timor-Leste	4.14
130	赞比亚	Zambia	1.93	危地马拉	Guatemala	4.13

17-4 续表 3

排名 Rank	总指数 IDI			接入 Access		
	国家或地区	Country or Area	数值 Score	国家或地区	Country or Area	数值 Score
131	科特迪瓦	Cote D'Ivoire	3.14	莱索托	Lesotho	3.72
132	圣多美和普林西比	Sao Tome and Principe	3.09	圣多美和普林西比	Sao Tome and Principe	3.69
133	莱索托	Lesotho	3.04	瓦努阿图	Vanuatu	3.65
134	印度	India	3.03	萨摩亚	Samoa	3.64
135	缅甸	Myanmar	3.00	肯尼亚	Kenya	3.63
136	津巴布韦	Zimbabwe	2.92	尼泊尔	Nepal	3.62
137	古巴	Cuba	2.91	印度	India	3.60
138	肯尼亚	Kenya	2.91	塞内加尔	Senegal	3.57
139	老挝	Laos	2.91	缅甸	Myanmar	3.48
140	尼泊尔	Nepal	2.88	老挝	Laos	3.47
141	瓦努阿图	Vanuatu	2.81	津巴布韦	Zimbabwe	3.40
142	塞内加尔	Senegal	2.66	巴勒斯坦	Palestine	3.35
143	尼日利亚	Nigeria	2.60	巴基斯坦	Pakistan	3.34
144	冈比亚	Gambia	2.59	苏丹	Sudan	3.23
145	苏丹	Sudan	2.55	尼日利亚	Nigeria	3.16
146	赞比亚	Zambia	2.54	马里	Mali	3.16
147	孟加拉国	Bangladesh	2.53	孟加拉国	Bangladesh	3.05
148	巴基斯坦	Pakistan	2.42	毛里塔尼亚	Mauritania	2.96
149	喀麦隆	Cameroon	2.38	赞比亚	Zambia	2.85
150	莫桑比克	Mozambique	2.32	喀麦隆	Cameroon	2.84
151	毛里塔尼亚	Mauritania	2.26	布基纳法索	Burkina Faso	2.82
152	乌干达	Uganda	2.19	所罗门群岛	Solomon Islands	2.81
153	卢旺达	Rwanda	2.18	多哥	Togo	2.71
154	基里巴斯	Kiribati	2.17	赤道几内亚	Equatorial Guinea	2.71
155	马里	Mali	2.16	卢旺达	Rwanda	2.67
156	多哥	Togo	2.15	吉布提	Djibouti	2.63
157	所罗门群岛	Solomon Islands	2.11	贝宁	Benin	2.63
158	吉布提	Djibouti	1.98	安哥拉	Angola	2.62
159	阿富汗	Afghanistan	1.95	科摩罗	Comoros	2.59
160	贝宁	Benin	1.94	阿富汗	Afghanistan	2.56
161	安哥拉	Angola	1.94	莫桑比克	Mozambique	2.53
162	布基纳法索	Burkina Faso	1.90	坦桑尼亚	Tanzania	2.52
163	赤道几内亚	Equatorial Guinea	1.86	几内亚	Guinea	2.51
164	科摩罗	Comoros	1.82	乌干达	Uganda	2.46
165	坦桑尼亚	Tanzania	1.81	几内亚比绍	Guinea-Bissau	2.43
166	几内亚	Guinea	1.78	古巴	Cuba	2.40
167	马拉维	Malawi	1.74	海地	Haiti	2.37
168	海地	Haiti	1.72	埃塞俄比亚	Ethiopia	2.35
169	马达加斯加	Madagascar	1.68	基里巴斯	Kiribati	2.32
170	埃塞俄比亚	Ethiopia	1.65	马达加斯加	Madagascar	2.29
171	刚果(金)	Congo, Dem. Rep.	1.55	马拉维	Malawi	2.18
172	布隆迪	Burundi	1.48	布隆迪	Burundi	2.14
173	几内亚比绍	Guinea-Bissau	1.48	乍得	Chad	2.01
174	乍得	Chad	1.27	刚果(金)	Congo, Dem. Rep.	1.68
175	中非	Central African Rep.	1.04	中非	Central African Rep.	1.57
176	厄立特里亚	Eritrea	0.96	厄立特里亚	Eritrea	1.38

Continued

排名 Rank	使用 Use			技术 Skill		
	国家或地区	Country or Area	数值 Score	国家或地区	Country or Area	数值 Score
131	斯里兰卡	Sri Lanka	1.91	纳米比亚	Namibia	3.96
132	老 挝	Laos	1.90	喀麦隆	Cameroon	3.87
133	洪都拉斯	Honduras	1.89	不 丹	Bhutan	3.86
134	乌干达	Uganda	1.87	加 蓬	Gabon	3.86
135	危地马拉	Guatemala	1.78	肯尼亚	Kenya	3.79
136	苏 丹	Sudan	1.78	老 挝	Laos	3.78
137	圣多美和普林西比	Sao Tome and Principe	1.77	尼泊尔	Nepal	3.73
138	塞内加尔	Senegal	1.76	孟加拉国	Bangladesh	3.72
139	肯尼亚	Kenya	1.76	津巴布韦	Zimbabwe	3.58
140	尼加拉瓜	Nicaragua	1.73	尼日利亚	Nigeria	3.53
141	尼泊尔	Nepal	1.73	莱索托	Lesotho	3.48
142	瓦努阿图	Vanuatu	1.63	瓦努阿图	Vanuatu	3.47
143	叙利亚	Syrian Arab Republic	1.63	科摩罗	Comoros	3.38
144	印 度	India	1.62	所罗门群岛	Solomon Islands	3.33
145	毛里塔尼亚	Mauritania	1.62	多 哥	Togo	3.22
146	圭亚那	Guyana	1.62	缅 甸	Myanmar	3.21
147	尼日利亚	Nigeria	1.58	贝 宁	Benin	3.18
148	卢旺达	Rwanda	1.58	赞比亚	Zambia	3.13
149	孟加拉国	Bangladesh	1.41	刚果(金)	Congo, Dem. Rep.	3.03
150	冈比亚	Gambia	1.34	柬埔寨	Cambodia	2.98
151	古 巴	Cuba	1.30	巴基斯坦	Pakistan	2.95
152	巴基斯坦	Pakistan	1.24	阿富汗	Afghanistan	2.94
153	马 里	Mali	1.19	科特迪瓦	Cote D'Ivoire	2.88
154	喀麦隆	Cameroon	1.16	马达加斯加	Madagascar	2.80
155	布基纳法索	Burkina Faso	1.13	冈比亚	Gambia	2.75
156	多 哥	Togo	1.06	苏 丹	Sudan	2.75
157	安哥拉	Angola	1.03	吉布提	Djibouti	2.69
158	吉布提	Djibouti	0.99	塞内加尔	Senegal	2.62
159	马拉维	Malawi	0.94	坦桑尼亚	Tanzania	2.49
160	阿富汗	Afghanistan	0.83	马拉维	Malawi	2.45
161	几内亚	Guinea	0.83	安哥拉	Angola	2.41
162	赤道几内亚	Equatorial Guinea	0.82	卢旺达	Rwanda	2.40
163	所罗门群岛	Solomon Islands	0.81	海 地	Haiti	2.35
164	坦桑尼亚	Tanzania	0.75	乌干达	Uganda	2.29
165	海 地	Haiti	0.75	赤道几内亚	Equatorial Guinea	2.24
166	埃塞俄比亚	Ethiopia	0.72	几内亚	Guinea	2.23
167	刚果(金)	Congo, Dem. Rep.	0.68	布隆迪	Burundi	2.23
168	贝 宁	Benin	0.63	毛里塔尼亚	Mauritania	2.15
169	马达加斯加	Madagascar	0.51	马 里	Mali	2.12
170	基里巴斯	Kiribati	0.49	埃塞俄比亚	Ethiopia	2.11
171	乍 得	Chad	0.49	莫桑比克	Mozambique	2.06
172	布隆迪	Burundi	0.45	厄立特里亚	Eritrea	1.97
173	几内亚比绍	Guinea-Bissau	0.36	几内亚比绍	Guinea-Bissau	1.82
174	科摩罗	Comoros	0.28	中 非	Central African Rep.	1.61
175	中 非	Central African Rep.	0.24	布基纳法索	Burkina Faso	1.59
176	厄立特里亚	Eritrea	0.04	乍 得	Chad	1.37

17-5 世界主要国家和地区幸福指数排名(2015-2017年)
The Ranking of Happiness Index in 2015-2017

资料来源：联合国《2018年世界幸福指数报告》。
Source: UN World Happiness Index Report in 2018.

排名 Rank	国家或地区	Country or Area	幸福指数	排名 Rank	国家或地区	Country or Area	幸福指数
1	芬　兰	Finland	7.632	40	萨尔瓦多	El Salvador	6.167
2	挪　威	Norway	7.594	41	尼加拉瓜	Nicaragua	6.141
3	丹　麦	Denmark	7.555	42	波　兰	Poland	6.123
4	冰　岛	Iceland	7.495	43	巴　林	Bahrain	6.105
5	瑞　士	Switzerland	7.487	44	乌兹别克斯坦	Uzbekistan	6.096
6	荷　兰	Netherlands	7.441	45	科 威 特	Kuwait	6.083
7	加 拿 大	Canada	7.328	46	泰　国	Thailand	6.072
8	新 西 兰	New Zealand	7.324	47	意 大 利	Italy	6.000
9	瑞　典	Sweden	7.314	48	厄瓜多尔	Ecuador	5.973
10	澳大利亚	Australia	7.272	49	伯 利 兹	Belize	5.956
11	以 色 列	Israel	7.190	50	立 陶 宛	Lithuania	5.952
12	奥 地 利	Austria	7.139	51	斯洛文尼亚	Slovenia	5.948
13	哥斯达黎加	Costa Rica	7.072	52	罗马尼亚	Romania	5.945
14	爱 尔 兰	Ireland	6.977	53	拉脱维亚	Latvia	5.933
15	德　国	Germany	6.965	54	日　本	Japan	5.915
16	比 利 时	Belgium	6.927	55	毛里求斯	Mauritius	5.891
17	卢 森 堡	Luxemburg	6.910	56	牙 买 加	Jamaica	5.890
18	美　国	United States	6.886	57	韩　国	Korea, Rep.	5.875
19	英　国	United Kingdom	6.814	58	北塞浦路斯	Northern Cyprus	5.835
20	阿 联 酋	United Arab Emirates	6.774	59	俄 罗 斯	Russia	5.810
21	捷　克	Czech Rep.	6.711	60	哈萨克斯坦	Kazakhstan	5.790
22	马 耳 他	Malta	6.627	61	塞浦路斯	Cyprus	5.762
23	法　国	France	6.489	62	玻利维亚	Bolivia	5.752
24	墨 西 哥	Mexico	6.488	63	爱沙尼亚	Estonia	5.739
25	智　利	Chile	6.476	64	巴 拉 圭	Paraguay	5.681
26	中国台湾	Taiwan, China	6.441	65	秘　鲁	Peru	5.663
27	巴 拿 马	Panama	6.430	66	科索沃	Kosovo	5.662
28	巴　西	Brazil	6.419	67	摩尔多瓦	Moldova	5.640
29	阿 根 廷	Argentina	6.388	68	土库曼斯坦	Turkmenistan	5.636
30	危地马拉	Guatemala	6.382	69	匈 牙 利	Hungary	5.620
31	乌 拉 圭	Uruguay	6.379	70	利 比 亚	Libya	5.566
32	卡 塔 尔	Qatar	6.374	71	菲 律 宾	Philippines	5.524
33	沙特阿拉伯	Saudi Arabia	6.371	72	洪都拉斯	Honduras	5.504
34	新 加 坡	Singapore	6.343	73	白俄罗斯	Belarus	5.483
35	马来西亚	Malaysia	6.322	74	土 耳 其	Turkey	5.483
36	西 班 牙	Spain	6.310	75	巴基斯坦	Pakistan	5.472
37	哥伦比亚	Colombia	6.260	76	中国香港	Hong Kong, China	5.430
38	特立尼达和多巴哥	Trinidad and Tobago	6.192	77	葡 萄 牙	Portugal	5.410
39	斯洛伐克	Slovakia	6.173	78	塞尔维亚	Serbia	5.398

17–5 续表 continued

排名 Rank	国家或地区	Country or Area	幸福指数	排名 Rank	国家或地区	Country or Area	幸福指数
79	希　腊	Greece	5.358	118	马　里	Mali	4.447
80	塔吉克斯坦	Tajikistan	5.352	119	纳米比亚	Namibia	4.441
81	黑　山	Montenegro	5.347	120	柬埔寨	Cambodia	4.433
82	克罗地亚	Croatia	5.321	121	布基纳法索	Burkina Faso	4.424
83	多米尼加	Dominican Rep.	5.302	122	埃　及	Egypt	4.419
84	阿尔及利亚	Algeria	5.295	123	莫桑比克	Mozambique	4.417
85	摩洛哥	Morocco	5.254	124	肯尼亚	Kenya	4.410
86	中　国	China	5.246	125	赞比亚	Zambia	4.377
87	阿塞拜疆	Azerbaijan	5.201	126	毛里塔尼亚	Mauritania	4.356
88	黎巴嫩	Lebanon	5.199	127	埃塞俄比亚	Ethiopia	4.350
89	前南马其顿	Macedonia, FYR	5.185	128	格鲁吉亚	Georgia	4.340
90	约　旦	Jordan	5.161	129	亚美尼亚	Armenia	4.321
91	尼日利亚	Nigeria	5.155	130	缅　甸	Myanmar	4.308
92	吉尔吉斯斯坦	Kyrgyzstan	5.131	131	乍　得	Chad	4.301
93	波　黑	Bosnia and Herzegovinian	5.129	132	刚果(金)	Congo, Dem. Rep.	4.245
94	蒙　古	Mongolia	5.125	133	印　度	India	4.190
95	越　南	Viet Nam	5.103	134	尼日尔	Niger	4.166
96	印度尼西亚	Indonesia	5.093	135	乌干达	Uganda	4.161
97	不　丹	Bhutan	5.082	136	贝　宁	Benin	4.141
98	索马里	Somalia	4.982	137	苏　丹	Sudan	4.139
99	喀麦隆	Cameroon	4.975	138	乌克兰	Ukraine	4.103
100	保加利亚	Bulgaria	4.933	139	多　哥	Togo	3.999
101	尼泊尔	Nepal	4.880	140	几内亚	Guinea	3.964
102	委内瑞拉	Venezuela	4.806	141	莱索托	Lesotho	3.808
103	加　蓬	Gabon	4.758	142	安哥拉	Angola	3.795
104	巴勒斯坦	Palestine	4.743	143	马达加斯加	Madagascar	3.774
105	南　非	South Africa	4.724	144	津巴布韦	Zimbabwe	3.692
106	伊　朗	Iran	4.707	145	阿富汗	Afghanistan	3.632
107	象牙海岸	Ivory Coast	4.671	146	博茨瓦纳	Botswana	3.590
108	加　纳	Ghana	4.657	147	马拉维	Malawi	3.587
109	塞内加尔	Senegal	4.631	148	海　地	Haiti	3.582
110	老　挝	Laos	4.623	149	利比里亚	Liberia	3.495
111	突尼斯	Tunisia	4.592	150	叙利亚	Syrian Arab Republic	3.462
112	阿尔巴尼亚	Albania	4.586	151	卢旺达	Rwanda	3.408
113	塞拉利昂	Sierra Leone	4.571	152	也　门	Yemen	3.355
114	刚果(布)	Congo, Rep.	4.559	153	坦桑尼亚	Tanzania	3.303
115	孟加拉国	Bangladesh	4.500	154	南苏丹	South Sudan	3.254
116	斯里兰卡	Sri Lanka	4.471	155	中　非	Central African Rep.	3.083
117	伊拉克	Iraq	4.456	156	布隆迪	Burundi	2.905

17–6 世界主要国家和地区全球创新指数(GII)排名(2018年)

资料来源：《全球创新指数2018》。
Source:The Global Innovation Index 2018.

排名 Rank	全球创新指数 Global Innovation Index			创新投入分指数 Innovation Input Sub-Index		
	国家或地区	Country or Area	数值 Score	国家或地区	Country or Area	数值 Score
1	瑞士	Switzerland	68.40	新加坡	Singapore	74.23
2	荷兰	Netherlands	63.32	瑞士	Switzerland	69.67
3	瑞典	Sweden	63.08	瑞典	Sweden	69.21
4	英国	United Kingdom	60.13	英国	United Kingdom	67.89
5	新加坡	Singapore	59.83	芬兰	Finland	67.88
6	美国	United States	59.81	美国	United States	67.81
7	芬兰	Finland	59.63	丹麦	Denmark	67.43
8	丹麦	Denmark	58.39	中国香港	Hong Kong ,China	66.71
9	德国	Germany	58.03	荷兰	Netherlands	66.45
10	爱尔兰	Ireland	57.19	加拿大	Canada	65.67
11	以色列	Israel	56.79	澳大利亚	Australia	65.66
12	韩国	Korea, Rep.	56.63	日本	Japan	65.41
13	日本	Japan	54.95	挪威	Norway	64.18
14	中国香港	Hong Kong ,China	54.62	韩国	Korea, Rep.	63.42
15	卢森堡	Luxembourg	54.53	新西兰	New Zealand	63.41
16	法国	France	54.36	法国	France	63.31
17	中国	China	53.06	德国	Germany	63.27
18	加拿大	Canada	52.98	爱尔兰	Ireland	63.14
19	挪威	Norway	52.63	以色列	Israel	62.76
20	澳大利亚	Australia	51.98	奥地利	Austria	62.61
21	奥地利	Austria	51.32	比利时	Belgium	59.53
22	新西兰	New Zealand	51.29	冰岛	Iceland	58.22
23	冰岛	Iceland	51.24	西班牙	Spain	57.15
24	爱沙尼亚	Estonia	50.51	阿联酋	United Arab Emirates	56.80
25	比利时	Belgium	50.50	卢森堡	Luxembourg	56.19
26	马耳他	Malta	50.29	爱沙尼亚	Estonia	55.64
27	捷克	Czech Republic	48.75	中国	China	55.13
28	西班牙	Spain	48.68	马耳他	Malta	54.74
29	塞浦路斯	Cyprus	47.83	意大利	Italy	54.37
30	斯洛文尼亚	Slovenia	46.87	捷克	Czech Republic	54.26
31	意大利	Italy	46.32	斯洛文尼亚	Slovenia	53.92
32	葡萄牙	Portugal	45.71	葡萄牙	Portugal	53.60
33	匈牙利	Hungary	44.94	塞浦路斯	Cyprus	53.36
34	拉脱维亚	Latvia	43.18	马来西亚	Malaysia	52.07
35	马来西亚	Malaysia	43.16	拉脱维亚	Latvia	51.09
36	斯洛伐克	Slovakia	42.88	立陶宛	Lithuania	50.61
37	保加利亚	Bulgaria	42.65	文莱	Brunei Darussalam	50.05
38	阿联酋	United Arab Emirates	42.58	波兰	Poland	49.41
39	波兰	Poland	41.67	斯洛伐克	Slovakia	49.34
40	立陶宛	Lithuania	41.19	希腊	Greece	49.11
41	克罗地亚	Croatia	40.73	匈牙利	Hungary	48.94
42	希腊	Greece	38.93	克罗地亚	Croatia	47.94
43	乌克兰	Ukraine	38.52	俄罗斯	Russia	47.89
44	泰国	Thailand	38.00	保加利亚	Bulgaria	47.61
45	越南	Vietnam	37.94	智利	Chile	47.17
46	俄罗斯	Russia	37.90	沙特阿拉伯	Saudi Arabia	46.73
47	智利	Chile	37.79	卡塔尔	Qatar	46.63

The Ranking of Global Innovation Index(GII) in 2018

排名 Rank	创新产出分指数 Innovation Output Sub-Index			效率指数 Efficiency Ratio		
	国家或地区	Country or Area	数值 Score	国家或地区	Country or Area	数值 Score
1	瑞　士	Switzerland	67.13	瑞　士	Switzerland	0.96
2	荷　兰	Netherlands	60.19	卢森堡	Luxembourg	0.94
3	瑞　典	Sweden	56.94	中　国	China	0.92
4	卢森堡	Luxembourg	52.87	荷　兰	Netherlands	0.91
5	德　国	Germany	52.79	乌克兰	Ukraine	0.90
6	英　国	United Kingdom	52.37	摩尔多瓦	Moldova	0.89
7	美　国	United States	51.81	马耳他	Malta	0.84
8	芬　兰	Finland	51.38	匈牙利	Hungary	0.84
9	爱尔兰	Ireland	51.25	德　国	Germany	0.83
10	中　国	China	50.98	瑞　典	Sweden	0.82
11	以色列	Israel	50.83	伊　朗	Iran	0.82
12	韩　国	Korea, Rep.	49.84	爱沙尼亚	Estonia	0.82
13	丹　麦	Denmark	49.34	爱尔兰	Ireland	0.81
14	马耳他	Malta	45.84	以色列	Israel	0.81
15	新加坡	Singapore	45.43	亚美尼亚	Armenia	0.80
16	法　国	France	45.40	越　南	Vietnam	0.80
17	爱沙尼亚	Estonia	45.39	捷　克	Czech Republic	0.80
18	日　本	Japan	44.49	塞浦路斯	Cyprus	0.79
19	冰　岛	Iceland	44.26	保加利亚	Bulgaria	0.79
20	捷　克	Czech Republic	43.23	韩　国	Korea, Rep.	0.79
21	中国香港	Hong Kong ,China	42.53	英　国	United Kingdom	0.77
22	塞浦路斯	Cyprus	42.30	美　国	United States	0.76
23	比利时	Belgium	41.47	冰　岛	Iceland	0.76
24	挪　威	Norway	41.08	芬　兰	Finland	0.76
25	匈牙利	Hungary	40.95	土耳其	Turkey	0.75
26	加拿大	Canada	40.28	科威特	Kuwait	0.74
27	西班牙	Spain	40.20	斯洛文尼亚	Slovenia	0.74
28	奥地利	Austria	40.02	斯洛伐克	Slovakia	0.74
29	斯洛文尼亚	Slovenia	39.82	丹　麦	Denmark	0.73
30	新西兰	New Zealand	39.17	蒙　古	Mongolia	0.72
31	澳大利亚	Australia	38.30	坦桑尼亚	Tanzania	0.72
32	意大利	Italy	38.28	法　国	France	0.72
33	葡萄牙	Portugal	37.82	泰　国	Thailand	0.71
34	保加利亚	Bulgaria	37.68	葡萄牙	Portugal	0.71
35	乌克兰	Ukraine	36.59	意大利	Italy	0.70
36	斯洛伐克	Slovakia	36.42	西班牙	Spain	0.70
37	摩尔多瓦	Moldova	35.41	克罗地亚	Croatia	0.70
38	拉脱维亚	Latvia	35.27	比利时	Belgium	0.70
39	马来西亚	Malaysia	34.26	拉脱维亚	Latvia	0.69
40	波　兰	Poland	33.92	马达加斯加	Madagascar	0.69
41	越　南	Vietnam	33.70	肯尼亚	Kenya	0.69
42	克罗地亚	Croatia	33.52	波　兰	Poland	0.69
43	土耳其	Turkey	32.19	哥斯达黎加	Costa Rica	0.68
44	立陶宛	Lithuania	31.77	日　本	Japan	0.68
45	泰　国	Thailand	31.51	埃　及	Egypt	0.66
46	伊　朗	Iran	30.16	巴基斯坦	Pakistan	0.66
47	蒙　古	Mongolia	30.06	罗马尼亚	Romania	0.66

17-6 续表 1

排名 Rank	全球创新指数 Global Innovation Index			创新投入分指数 Innovation Input Sub-Index		
	国家或地区	Country or Area	数值 Score	国家或地区	Country or Area	数值 Score
48	摩尔多瓦	Moldova	37.63	南　非	South Africa	45.36
49	罗马尼亚	Romania	37.59	罗马尼亚	Romania	45.34
50	土耳其	Turkey	37.42	哥伦比亚	Colombia	45.04
51	卡塔尔	Qatar	36.56	黑　山	Montenegro	44.75
52	黑　山	Montenegro	36.49	泰　国	Thailand	44.49
53	蒙　古	Mongolia	35.90	格鲁吉亚	Georgia	44.44
54	哥斯达黎加	Costa Rica	35.72	墨西哥	Mexico	44.32
55	塞尔维亚	Serbia	35.46	哈萨克斯坦	Kazakhstan	43.56
56	墨西哥	Mexico	35.34	塞尔维亚	Serbia	43.50
57	印　度	India	35.18	阿　曼	Oman	43.43
58	南　非	South Africa	35.13	巴　西	Brazil	43.40
59	格鲁吉亚	Georgia	35.05	秘　鲁	Peru	43.12
60	科威特	Kuwait	34.43	白俄罗斯	Belarus	43.00
61	沙特阿拉伯	Saudi Arabia	34.27	毛里求斯	Mauritius	42.72
62	乌拉圭	Uruguay	34.20	土耳其	Turkey	42.64
63	哥伦比亚	Colombia	33.78	印　度	India	42.53
64	巴　西	Brazil	33.44	哥斯达黎加	Costa Rica	42.49
65	伊　朗	Iran	33.44	越　南	Viet Nam	42.17
66	突尼斯	Tunisia	32.86	蒙　古	Mongolia	41.73
67	文　莱	Brunei Darussalam	32.84	乌拉圭	Uruguay	41.62
68	亚美尼亚	Armenia	32.81	波　黑	Bosnia and Herzegovina	41.57
69	阿　曼	Oman	32.80	阿尔巴尼亚	Albania	41.56
70	巴拿马	Panama	32.37	巴　林	Bahrain	41.05
71	秘　鲁	Peru	31.80	马其顿	Macedonia	40.74
72	巴　林	Bahrain	31.73	阿根廷	Argentina	40.55
73	菲律宾	Philippines	31.56	卢旺达	Rwanda	40.49
74	哈萨克斯坦	Kazakhstan	31.42	博兹瓦纳	Botswana	40.48
75	毛里求斯	Mauritius	31.31	乌克兰	Ukraine	40.45
76	摩洛哥	Morocco	31.09	阿塞拜疆	Azerbaijan	40.39
77	波　黑	Bosnia and Herzegovina	31.09	突尼斯	Tunisia	40.25
78	肯尼亚	Kenya	31.07	巴拿马	Panama	40.19
79	约　旦	Jordan	30.77	摩尔多瓦	Moldova	39.85
80	阿根廷	Argentina	30.65	纳米比亚	Namibia	39.61
81	牙买加	Jamaica	30.39	科威特	Kuwait	39.50
82	阿塞拜疆	Azerbaijan	30.20	菲律宾	Philippines	39.14
83	阿尔巴尼亚	Albania	29.98	牙买加	Jamaica	38.75
84	马其顿	Macedonia	29.91	摩洛哥	Morocco	38.69
85	印度尼西亚	Indonesia	29.80	吉尔吉斯斯坦	Kyrgyzstan	37.99
86	白俄罗斯	Belarus	29.35	特立尼达和多巴哥	Trinidad and Tobago	37.82
87	多米尼加	Dominican Rep.	29.33	黎巴嫩	Lebanon	37.74
88	斯里兰卡	Sri Lanka	28.66	约　旦	Jordan	37.36
89	巴拉圭	Paraguay	28.66	巴拉圭	Paraguay	37.23
90	黎巴嫩	Lebanon	28.22	印度尼西亚	Indonesia	37.12
91	博兹瓦纳	Botswana	28.16	肯尼亚	Kenya	36.85
92	坦桑尼亚	Tanzania, United Republic of	28.07	多米尼加	Dominican Rep.	36.77
93	纳米比亚	Namibia	28.03	伊　朗	Iran	36.71
94	吉尔吉斯斯坦	Kyrgyzstan	27.56	亚美尼亚	Armenia	36.40

continued

排名 Rank	创新产出分指数 Innovation Output Sub-Index			效率指数 Efficiency Ratio		
	国家或地区	Country or Area	数值 Score	国家或地区	Country or Area	数值 Score
48	罗马尼亚	Romania	29.84	马来西亚	Malaysia	0.66
49	科威特	Kuwait	29.36	印　度	India	0.65
50	亚美尼亚	Armenia	29.21	约　旦	Jordan	0.65
51	哥斯达黎加	Costa Rica	28.95	乌拉圭	Uruguay	0.64
52	希　腊	Greece	28.75	挪　威	Norway	0.64
53	智　利	Chile	28.41	奥地利	Austria	0.64
54	阿联酋	United Arab Emirates	28.36	中国香港	Hong Kong ,China	0.64
55	黑　山	Montenegro	28.23	突尼斯	Tunisia	0.63
56	俄罗斯	Russia	27.91	黑　山	Montenegro	0.63
57	印　度	India	27.83	塞尔维亚	Serbia	0.63
58	塞尔维亚	Serbia	27.42	立陶宛	Lithuania	0.63
59	乌拉圭	Uruguay	26.77	新西兰	New Zealand	0.62
60	卡塔尔	Qatar	26.49	柬埔寨	Cambodia	0.61
61	墨西哥	Mexico	26.35	加拿大	Canada	0.61
62	格鲁吉亚	Georgia	25.65	菲律宾	Philippines	0.61
63	突尼斯	Tunisia	25.47	新加坡	Singapore	0.61
64	肯尼亚	Kenya	25.30	巴拿马	Panama	0.61
65	南　非	South Africa	24.89	摩洛哥	Morocco	0.61
66	巴拿马	Panama	24.55	印度尼西亚	Indonesia	0.61
67	约　旦	Jordan	24.19	塔吉克斯坦	Tajikistan	0.60
68	菲律宾	Philippines	23.98	智　利	Chile	0.60
69	摩洛哥	Morocco	23.50	津巴布韦	Zimbabwe	0.60
70	巴　西	Brazil	23.49	塞内加尔	Senegal	0.60
71	坦桑尼亚	Tanzania	23.47	多米尼加	Dominican Rep.	0.60
72	哥伦比亚	Colombia	22.52	墨西哥	Mexico	0.59
73	印度尼西亚	Indonesia	22.47	马　里	Mali	0.59
74	巴　林	Bahrain	22.41	希　腊	Greece	0.59
75	阿　曼	Oman	22.18	喀麦隆	Cameroon	0.58
76	牙买加	Jamaica	22.03	澳大利亚	Australia	0.58
77	多米尼加	Dominican Rep.	21.89	俄罗斯	Russia	0.58
78	沙特阿拉伯	Saudi Arabia	21.81	斯里兰卡	Sri Lanka	0.58
79	埃　及	Egypt	21.62	格鲁吉亚	Georgia	0.58
80	斯里兰卡	Sri Lanka	21.06	牙买加	Jamaica	0.57
81	阿根廷	Argentina	20.75	卡塔尔	Qatar	0.57
82	波　黑	Bosnia and Herzegovina	20.60	危地马拉	Guatemala	0.56
83	秘　鲁	Peru	20.48	南　非	South Africa	0.55
84	柬埔寨	Cambodia	20.32	巴　林	Bahrain	0.55
85	马达加斯加	Madagascar	20.21	巴　西	Brazil	0.54
86	巴拉圭	Paraguay	20.09	巴拉圭	Paraguay	0.54
87	阿塞拜疆	Azerbaijan	20.00	孟加拉国	Bangladesh	0.53
88	塔吉克斯坦	Tajikistan	19.98	莫桑比克	Mozambique	0.52
89	毛里求斯	Mauritius	19.90	马拉维	Malawi	0.52
90	塞内加尔	Senegal	19.87	加　纳	Ghana	0.51
91	哈萨克斯坦	Kazakhstan	19.28	阿根廷	Argentina	0.51
92	巴基斯坦	Pakistan	19.19	阿　曼	Oman	0.51
93	马其顿	Macedonia	19.09	厄瓜多尔	Ecuador	0.51
94	黎巴嫩	Lebanon	18.70	哥伦比亚	Colombia	0.50

17-6 续表 2

排名 Rank	全球创新指数 Global Innovation Index			创新投入分指数 Innovation Input Sub-Index		
	国家或地区	Country or Area	数值 Score	国家或地区	Country or Area	数值 Score
95	埃 及	Egypt	27.16	斯里兰卡	Sri Lanka	36.26
96	特立尼达和多巴哥	Trinidad and Tobago	26.95	厄瓜多尔	Ecuador	35.48
97	厄瓜多尔	Ecuador	26.80	萨尔瓦多	El Salvador	35.05
98	柬 埔 寨	Cambodia	26.69	乌 干 达	Uganda	34.96
99	卢 旺 达	Rwanda	26.54	洪都拉斯	Honduras	33.90
100	塞内加尔	Senegal	26.53	阿尔及利亚	Algeria	33.67
101	塔吉克斯坦	Tajikistan	26.51	尼 泊 尔	Nepal	33.32
102	危地马拉	Guatemala	25.51	塞内加尔	Senegal	33.19
103	乌 干 达	Uganda	25.32	柬 埔 寨	Cambodia	33.06
104	萨尔瓦多	El Salvador	25.11	塔吉克斯坦	Tajikistan	33.04
105	洪都拉斯	Honduras	24.95	埃 及	Egypt	32.69
106	马达加斯加	Madagascar	24.75	坦桑尼亚	Tanzania	32.68
107	加 纳	Ghana	24.52	危地马拉	Guatemala	32.67
108	尼 泊 尔	Nepal	24.17	加 纳	Ghana	32.41
109	巴基斯坦	Pakistan	24.12	玻利维亚	Bolivia	31.99
110	阿尔及利亚	Algeria	23.87	贝 宁	Benin	30.58
111	喀 麦 隆	Cameroon	23.85	马 拉 维	Malawi	30.45
112	马 里	Mali	23.32	莫桑比克	Mozambique	30.41
113	津巴布韦	Zimbabwe	23.15	尼 日 尔	Niger	30.27
114	马 拉 维	Malawi	23.09	孟加拉国	Bangladesh	30.11
115	莫桑比克	Mozambique	23.06	喀 麦 隆	Cameroon	30.09
116	孟加拉国	Bangladesh	23.06	尼日利亚	Nigeria	29.85
117	玻利维亚	Bolivia	22.88	布基纳法索	Burkina Faso	29.59
118	尼日利亚	Nigeria	22.37	马 里	Mali	29.41
119	几 内 亚	Guinea	20.71	马达加斯加	Madagascar	29.30
120	赞 比 亚	Zambia	20.66	巴基斯坦	Pakistan	29.05
121	贝 宁	Benin	20.61	津巴布韦	Zimbabwe	28.93
122	尼 日 尔	Niger	20.57	科特迪瓦	Côte d'Ivoire	28.60
123	科特迪瓦	Côte d'Ivoire	19.96	赞 比 亚	Zambia	28.55
124	布基纳法索	Burkina Faso	18.95	几 内 亚	Guinea	28.19
125	多 哥	Togo	18.91	多 哥	Togo	27.86
126	也 门	Yemen	15.04	也 门	Yemen	22.18

continued

排名 Rank	创新产出分指数 Innovation Output Sub-Index			效率指数 Efficiency Ratio		
	国家或地区	Country or Area	数值 Score	国家或地区	Country or Area	数值 Score
95	阿尔巴尼亚	Albania	18.39	阿联酋	United Arab Emirates	0.50
96	危地马拉	Guatemala	18.35	尼日利亚	Nigeria	0.50
97	厄瓜多尔	Ecuador	18.11	波 黑	Bosnia and Herzegovina	0.50
98	喀麦隆	Cameroon	17.60	黎巴嫩	Lebanon	0.50
99	津巴布韦	Zimbabwe	17.36	阿塞拜疆	Azerbaijan	0.49
100	马 里	Mali	17.23	秘 鲁	Peru	0.47
101	吉尔吉斯斯坦	Kyrgyzstan	17.14	洪都拉斯	Honduras	0.47
102	加 纳	Ghana	16.63	几内亚	Guinea	0.47
103	纳米比亚	Namibia	16.44	马其顿	Macedonia	0.47
104	特立尼达和多巴哥	Trinidad and Tobago	16.08	沙特阿拉伯	Saudi Arabia	0.47
105	孟加拉国	Bangladesh	16.01	毛里求斯	Mauritius	0.47
106	洪都拉斯	Honduras	15.99	吉尔吉斯斯坦	Kyrgyzstan	0.45
107	博茨瓦纳	Botswana	15.85	尼泊尔	Nepal	0.45
108	马拉维	Malawi	15.72	乌干达	Uganda	0.45
109	莫桑比克	Mozambique	15.71	赞比亚	Zambia	0.45
110	白俄罗斯	Belarus	15.70	阿尔巴尼亚	Albania	0.44
111	乌干达	Uganda	15.69	哈萨克斯坦	Kazakhstan	0.44
112	文 莱	Brunei Darussalam	15.63	萨尔瓦多	El Salvador	0.43
113	萨尔瓦多	El Salvador	15.17	玻利维亚	Bolivia	0.43
114	尼泊尔	Nepal	15.03	特立尼达和多巴哥	Trinidad and Tobago	0.43
115	尼日利亚	Nigeria	14.89	阿尔及利亚	Algeria	0.42
116	阿尔及利亚	Algeria	14.07	纳米比亚	Namibia	0.41
117	玻利维亚	Bolivia	13.77	科特迪瓦	Côte d'Ivoire	0.40
118	几内亚	Guinea	13.24	博茨瓦纳	Botswana	0.39
119	赞比亚	Zambia	12.77	白俄罗斯	Belarus	0.37
120	卢旺达	Rwanda	12.59	尼日尔	Niger	0.36
121	科特迪瓦	Côte d'Ivoire	11.32	多 哥	Togo	0.36
122	尼日尔	Niger	10.87	也 门	Yemen	0.36
123	贝 宁	Benin	10.64	贝 宁	Benin	0.35
124	多 哥	Togo	9.96	文 莱	Brunei Darussalam	0.31
125	布吉纳法索	Burkina Faso	8.30	卢旺达	Rwanda	0.31
126	也 门	Yemen	7.90	布吉纳法索	Burkina Faso	0.28

17-7 按营业额排序的世界最大500家企业(2017年)

资料来源：美国《财富》杂志2018年。
Source: United States Fortune, 2018.

排名 Rank		企业名称	Company Name	国家	Country
2017	2016				
1	1	沃尔玛	Wal-Mart Stores	美国	US
2	2	国家电网公司	State Grid	中国	China
3	3	中国石油化工集团公司	Sinopec Group	中国	China
4	4	中国石油天然气集团公司	China National Petroleum	中国	China
5	7	荷兰皇家壳牌石油公司	Royal Dutch Shell	荷兰	Netherlands
6	5	丰田汽车公司	Toyota Motor	日本	Japan
7	6	大众公司	Volkswagen	德国	Germany
8	12	英国石油公司	BP	英国	Britain
9	10	埃克森美孚	Exxon Mobil	美国	US
10	8	伯克希尔-哈撒韦公司	Berkshire Hathaway	美国	US
11	9	苹果公司	Apple	美国	US
12	15	三星电子	Samsung Electronics	韩国	South Korea
13	11	麦克森公司	Mckesson	美国	US
14	16	嘉能可	Glencore	瑞士	Switzerland
15	13	联合健康集团	Unitedhealth Group	美国	US
16	17	戴姆勒股份公司	Daimler	德国	Germany
17	14	CVS Health公司	Cvs Health	美国	US
18	26	亚马逊	Amazon.Com	美国	US
19	20	EXOR集团	Exor Group	荷兰	Netherlands
20	19	美国电话电报公司	At&T	美国	US
21	18	通用汽车公司	General Motors	美国	US
22	21	福特汽车公司	Ford Motor	美国	US
23	24	中国建筑股份有限公司	China State Construction Engineering	中国	China
24	27	鸿海精密工业股份有限公司	Hon Hai Precision Industry	中国	China
25	23	美源伯根公司	Amerisourcebergen	美国	US
26	22	中国工商银行	Industrial & Commercial Bank Of China	中国	China
27	25	安盛集团	Axa	法国	France
28	30	道达尔公司	Total	法国	France
29	39	中国平安保险(集团)股份有限公司	Ping An Insurance	中国	Japan
30	29	本田汽车	Honda Motor	日本	Japan
31	28	中国建设银行	China Construction Bank	中国	China
32	54	托克集团	Trafigura Group	新加坡	Singapore
33	45	雪佛龙	Chevron	美国	US
34	35	康德乐	Cardinal Health	美国	US
35	36	好市多	Costco Wholesale	美国	US
36	41	上海汽车集团股份有限公司	Saic Motor	中国	China
37	32	威瑞森电信	Verizon Communications	美国	US
38	34	安联保险集团	Allianz	德国	Germany
39	40	克罗格	Kroger	美国	US
40	38	中国农业银行	Agricultural Bank of China	中国	China
41	31	通用电气公司	General Electric	美国	US
42	51	中国人寿保险(集团)公司	China Life Insurance	中国	China
43	37	沃博联	Walgreens Boots Alliance	美国	US
44	43	法国巴黎银行	Bnp Paribas	法国	France
45	33	日本邮政控股公司	Japan Post Holdings	日本	Japan
46	42	中国银行	Bank of China	中国	China
47	48	摩根大通公司	Jpmorgan Chase & Co.	美国	US
48	46	房利美	Fannie Mae	美国	US
49	63	俄罗斯天然气工业股份公司	Gazprom	俄罗斯	Russia
50	56	英国保诚集团	Prudential	英国	Britain

The 500 Largest Companies in the World Sorted by Revenue in 2017

营业额 Revenues		利润额 Profits		资产额 (百万美元) Assets (mil.USD)	雇员人数 (人) Employees (person)
百万美元 (mil.USD)	比上年增长% % Change from 2016	百万美元 (mil.USD)	比上年增长% % Change from 2016		
500343.0	3.0	9862.0	-27.7	204522.0	2300000
348903.1	10.7	9533.4	-0.4	585277.6	913546
326953.0	22.2	1537.8	22.2	346544.5	667793
326007.6	24.2	-690.5	-137.0	629410.5	1470193
311870.0	29.9	12977.0	183.7	407097.0	84000
265172.0	4.1	22510.1	33.2	473133.2	369124
260028.4	8.2	13107.3	120.8	506956.1	642292
244582.0	31.1	3389.0	2847.0	276515.0	74000
244363.0	17.4	19710.0	151.4	348691.0	71200
242137.0	8.3	44940.0	86.7	702095.0	377000
229234.0	6.3	48351.0	5.8	375319.0	123000
211940.2	21.8	36575.4	89.3	281905.9	320671
208357.0	4.9	67.0	-98.7	60381.0	68000
205476.0	18.2	5777.0	318.9	135593.0	82681
201159.0	8.8	10558.0	50.5	139058.0	260000
185235.4	9.3	11863.9	25.8	306922.4	289321
184765.0	4.1	6622.0	24.5	95131.0	203000
177866.0	30.8	3033.0	27.9	131310.0	566000
161676.5	4.4	1569.1	140.9	196655.9	307637
160546.0	-2.0	29450.0	127.0	444097.0	254000
157311.0	-5.5	-3864.0	-141.0	212482.0	180000
156776.0	3.3	7602.0	65.4	257808.0	202000
156070.8	8.0	2675.2	7.3	239680.9	270467
154699.2	14.5	4559.9	-1.1	114528.3	803126
153143.8	4.3	364.5	-74.5	35316.5	19500
153021.3	3.6	42323.7	1.0	4005995.5	453048
149460.9	4.0	6998.9	8.6	1044822.3	95728
149099.0	16.6	8631.0	39.3	242631.0	98277
144196.8	23.7	13181.4	40.3	997093.8	342550
138645.8	7.3	9561.3	68.0	181972.8	215638
138594.1	2.6	35845.2	2.9	3397479.0	370415
136420.7	39.1	847.7	12.9	48607.6	3935
134533.0	25.1	9195.0	-	253806.0	51900
129976.0	6.9	1288.0	-9.7	40112.0	40400
129025.0	8.7	2679.0	14.0	36347.0	182000
128819.3	13.1	5091.3	5.7	111107.7	148767
126034.0		30101.0	129.3	257143.0	155400
123531.6	1.1	7668.4	0.7	1082252.6	140553
122662.0	6.4	1907.0	-3.4	37197.0	449000
122365.5	4.3	28550.4	3.1	3233013.2	491578
122274.0	-3.5	-5786.0	-165.5	377945.0	313000
120224.1	14.7	266.5	64.1	552760.6	170517
118214.0	0.7	4078.0	-2.3	66009.0	290000
117374.7	7.7	8746.1	2.7	2353808.8	189509
116616.0	-5.2	4157.5	-	2733378.7	245863
115422.7	1.5	25509.2	3.0	2989469.3	311133
113899.0	8.0	24441.0	-1.2	2533600.0	252539
112394.0	4.9	2463.0	-80.0	3345529.0	7200
111982.6	22.5	12249.9	-13.9	316870.9	469600
111458.0	14.9	3076.1	18.6	668029.5	24711

17-7 续表 1

排名 Rank		企业名称	Company Name	国家	Country
2017	2016				
51	52	宝马集团	Bmw Group	德国	Germany
52	65	Alphabet公司	Alphabet	美国	US
53	47	中国移动通信集团公司	China Mobile Communications	中国	China
54	44	日产汽车	Nissan Motor	日本	Japan
55	50	日本电报电话公司	Nippon Telegraph & Telephone	日本	Japan
56	55	中国铁路工程总公司	China Railway Engineering	中国	China
57	59	家得宝	Home Depot	美国	U.S.
58	58	中国铁道建筑总公司	China Railway Construction	中国	China
59	57	意大利忠利保险公司	Assicurazioni Generali	意大利	Italy
60	62	美国银行	Bank of America Corp.	美国	U.S.
61	53	美国快捷药方控股公司	Express Scripts Holding	美国	U.S.
62	61	美国富国银行	Wells Fargo	美国	U.S.
63	102	卢克石油公司	Lukoil	俄罗斯	Russia
64	60	波音	Boeing	美国	U.S.
65	68	东风汽车公司	Dongfeng Motor Group	中国	China
66	66	西门子	Siemens	德国	Germany
67	96	Phillips 66公司	Phillips 66	美国	U.S.
68	67	家乐福	Carrefour	法国	France
69	64	雀巢公司	Nestlé	瑞士	Switzerland
70	70	Anthem公司	Anthem	美国	U.S.
71	69	微软	Microsoft	美国	U.S.
72	83	华为投资控股有限公司	Huawei Investment & Holding	中国	China
73	75	巴西国家石油公司	Petrobras	巴西	Brazil
74	106	瓦莱罗能源公司	Valero Energy	美国	U.S.
75	76	博世公司	Robert Bosch	德国	Germany
76	74	花旗集团	Citigroup	美国	U.S.
77	73	西班牙国家银行	Banco Santander	西班牙	Spain
78	78	现代汽车	Hyundai Motor	韩国	South Korea
79	71	日立	Hitachi	日本	Japan
80	79	美国康卡斯特电信公司	Comcast	美国	U.S.
81	77	德国电信	Deutsche Telekom	德国	Germany
82	80	法国农业信贷银行	Crédit Agricole	法国	France
83	84	意大利国家电力公司	Enel	意大利	Italy
84	95	SK集团	SK Holdings	韩国	South Korea
85	72	软银集团	Softbank Group	日本	U.S.
86	86	中国华润总公司	China Resources	中国	China
87	115	中国海洋石油总公司	China National Offshore Oil	中国	China
88	91	Uniper公司	Uniper	德国	Germany
89	132	埃尼石油公司	Eni	意大利	Italy
90	88	汇丰银行控股公司	Hsbc Holdings	英国	Britain
91	103	中国交通建设集团有限公司	China Communications Construction	中国	China
92	81	国际商业机器公司	International Business Machines	美国	U.S.
93	124	戴尔科技公司	Dell Technologies	美国	U.S.
94	82	法国电力公司	Électricité De France	法国	France
95	85	州立农业保险公司	State Farm Insurance Cos.	美国	U.S.
96	89	太平洋建设集团	Pacific Construction Group	中国	U.S.
97	105	索尼	Sony	日本	Japan
98	143	中国中化集团公司	Sinochem Group	中国	China
99	127	JXTG控股有限公司	JXTG Holdings	日本	Japan
100	97	强生	Johnson & Johnson	美国	U.S.

continued

营业额 Revenues		利润额 Profits		资产额 (百万美元) Assets (mil.USD)	雇员人数 (人) Employees (person)
百万美元 (mil.USD)	比上年增长% % Change from 2016	百万美元 (mil.USD)	比上年增长% % Change from 2016		
111231.4	6.8	9716.6	28.0	232328.3	129932
110855.0	22.8	12662.0	-35.0	197295.0	80110
110158.5	2.8	10932.0	13.7	264342.6	467532
107868.2	-0.3	6741.3	10.1	176308.7	148872
106500.1	1.3	8210.7	11.2	203853.8	282533
102767.1	6.0	1169.8	26.6	130212.2	290535
100904.0	6.7	8630.0	8.5	44529.0	413000
100854.8	6.3	1308.8	9.8	126891.5	364964
100552.1	5.6	2378.4	3.4	644908.7	71327
100264.0	7.0	18232.0	1.8	2281234.0	209376
100064.6	-0.2	4517.4	32.7	54255.8	26600
97741.0	3.8	22183.0	1.1	1951757.0	262700
93896.6	32.4	7182.3	132.4	90797.5	103600
93392.0	-1.2	8197.0	67.5	92333.0	140800
93293.8	8.2	1400.0	-1.1	71384.2	180433
91584.7	3.6	6667.4	10.2	158160.8	372000
91568.0	26.5	5106.0	228.4	54371.0	14600
91276.3	4.8	-598.6	-172.6	57412.3	378923
91221.7	0.4	7297.4	-15.7	133819.2	323000
90039.4	6.1	3842.8	55.6	70540.0	56000
89950.0	5.4	21204.0	26.2	241086.0	124000
89311.4	13.8	7020.8	25.8	77583.7	180000
88827.0	9.1	-91.0	-	251366.0	62703
88407.0	26.0	4065.0	77.6	50158.0	10015
87997.2	8.8	3103.2	44.0	98306.9	402166
87966.0	6.8	-6798.0	-145.6	1842465.0	209000
87400.9	5.6	7461.0	8.8	1734275.9	198960
85259.0	5.6	3567.6	-23.4	166479.3	122217
84558.7		3276.2	53.5	95049.4	307275
84526.0	5.1	22714.0	161.2	186949.0	164000
84481.4	4.5	3901.3	31.9	169709.4	216000
84222.2	4.9	4113.2	5.1	1861531.0	73707
84134.3	7.8	4259.7	49.9	186888.8	62900
83543.8	15.1	1483.9	124.9	102556.9	93000
82664.7	-0.3	9377.5	-28.8	293242.4	74952
82184.1	8.5	3151.9	22.2	186720.4	423169
81482.2	23.7	3018.5	72.2	173408.3	97986
81427.8	9.4	-739.5	-	51826.4	12575
80006.4	27.6	3803.2	-	138001.9	32934
79637.0	5.7	10798.0	335.6	2521771.0	228687
79416.9	12.2	1544.7	7.9	183197.5	161434
79139.0	-1.0	5753.0	-51.5	125356.0	397800
78660.0	21.4	-3728.0	-	122281.0	145000
78490.3	-0.3	3576.7	13.4	337118.2	151073
78330.8	2.9	2206.5	529.9	272345.2	65664
77204.5	3.5	3143.9	-0.8	56577.2	365425
77115.8	9.9	4429.8	554.9	179305.4	117300
76764.8	28.9	753.3	60.9	64065.6	63799
76629.0	20.4	3266.6	121.1	79540.6	39784
76450.0	6.3	1300.0	-92.1	157303.0	134000

17-7 续表 2

排名 Rank		企业名称	Company Name	国家	Country
2017	2016				
101	276	国家能源投资集团	China Energy Investment	中国	China
102	92	乐购	Tesco	英国	Britain
103	87	日本永旺集团	Aeon	日本	Japan
104	93	Engie集团	Engie	法国	France
105	94	空中客车集团	Airbus Group	荷兰	Netherlands
106	118	房地美	Freddie Mac	美国	US
107	152	墨西哥石油公司	Pemex	墨西哥	Mexico
108	140	标致	Peugeot	法国	France
109	120	中国五矿集团公司	China Minmetals	中国	China
110	100	中国南方电网有限责任公司	China Southern Power Grid	中国	China
111	183	正威国际集团	Amer International Group	中国	China
112	126	巴斯夫	Basf	德国	Germany
113	119	中国邮政集团公司	China Post Group	中国	China
114	110	松下	Panasonic	日本	Japan
115	158	俄罗斯石油公司	Rosneft Oil	俄罗斯	Russia
116	107	塔吉特公司	Target	美国	US
117	114	中国人民保险集团股份有限公司	People's Insurance Co. Of China	中国	China
118	165	皇家阿霍德德尔海兹集团	Royal Ahold Delhaize	荷兰	Netherlands
119	117	德国邮政	Deutsche Post	德国	Germany
120	109	慕尼黑再保险公司	Munich Re Group	德国	Germany
121	108	法国兴业银行	Société Générale	法国	France
122	136	中粮集团有限公司	Cofco	中国	China
123	99	美国邮政	U.S.Postal Service	美国	US
124	137	北京汽车集团	Beijing Automotive Group	中国	China
125	125	中国第一汽车集团公司	China Faw Group	中国	China
126	111	日本生命保险公司	Nippon Life Insurance	日本	Japan
127	156	安赛乐米塔尔	Arcelormittal	卢森堡	Luxembourg
128	122	美国劳氏公司	Lowe'S	美国	US
129	145	三菱商事株式会社	Mitsubishi	日本	Japan
130	116	丸红株式会社	Marubeni	日本	Japan
131	160	马拉松原油公司	Marathon Petroleum	美国	US
132	129	天津物产集团有限公司	Tewoo Group	中国	China
133	113	伊塔乌联合银行控股公司	Itaú Unibanco Holding	巴西	Brazil
134	157	雷诺	Renault	法国	France
135	98	宝洁公司	Procter & Gamble	美国	US
136	128	大都会人寿	Metlife	美国	US
137	168	印度石油公司	Indian Oil	印度	India
138	138	联合包裹速递服务公司	United Parcel Service	美国	US
139	147	荷兰全球保险集团	Aegon	荷兰	Netherlands
140	135	中国兵器工业集团公司	China North Industries Group	中国	China
141	133	中国电信集团公司	China Telecommunications	中国	China
142	112	苏黎世保险集团	Zurich Insurance Group	瑞士	Switzerland
143	90	英杰华集团(AVIVA)	Aviva	英国	Britain
144	131	百事公司	Pepsico	美国	US
145	142	第一生命控股有限公司	Dai-Ichi Life Holdings	日本	Japan
146	144	英特尔公司	Intel	美国	US
147	196	陶氏杜邦公司	Dowdupont	美国	US
148	203	信实工业公司	Reliance Industries	印度	India
149	172	中国中信集团有限公司	Citic Group	中国	China
150	207	Equinor公司	Equinor	挪威	Norway

continued

营业额 Revenues		利润额 Profits		资产额(百万美元) Assets (mil.USD)	雇员人数(人) Employees (person)
百万美元 (mil.USD)	比上年增长% % Change from 2016	百万美元 (mil.USD)	比上年增长% % Change from 2016		
75522.4	102.4	2494.9	30.2	274440.5	313264
75405.4	1.4	1581.8	-	61801.9	327916
75338.8	-0.6	220.2	112.0	88600.2	279625
75278.8	2.2	1604.0	-	180513.9	155128
75260.8	2.2	3238.5	194.3	136812.0	129442
74676.0	13.7	5625.0	-28.0	2049776.0	6165
73850.4	27.8	-14846.1	-	108978.6	131590
73505.7	23.0	2174.4	13.7	69050.2	177757
72997.4	11.4	-210.7	-	131337.8	203786
72787.3	2.2	1937.9	-16.8	113886.2	299842
72766.2	46.5	1545.8	28.8	22046.6	17886
72677.2	14.2	6851.2	52.7	94582.1	111112
72197.3	10.0	4960.7	-0.4	1422554.9	948239
72045.0	6.3	2130.4	54.6	59166.3	274143
72027.9	27.4	3807.2	40.7	212425.5	318000
71879.0	3.4	2934.0	7.2	38999.0	345000
71579.1	7.3	2382.0	11.1	151705.5	215362
70890.6	29.0	2048.2	123.1	40671.2	224000
70544.5	7.2	3058.1	4.8	46436.1	472208
70143.3	2.1	422.7	-85.2	319070.6	42410
69948.2	0.9	3163.0	-26.2	1531133.5	153168
69669.1	13.7	393.5	92.5	83596.6	124266
69636.0	-2.6	-2742.0	-	27394.0	573614
69591.3	13.8	1554.5	23.3	67030.5	128735
69524.4	7.3	2855.8	18.4	67073.7	123658
68684.2	1.9	2201.6	-21.0	699638.1	86394
68679.0	20.9	4568.0	156.8	85297.0	197108
68619.0	5.5	3447.0	11.4	35291.0	255000
68301.4	15.2	5056.0	24.4	150822.8	77476
68057.2	3.4	1906.8	33.0	64677.1	45239
67610.0	21.0	3432.0	192.3	49047.0	43800
66577.4	5.1	121.9	-14.0	38257.0	17105
66286.6	-0.9	7488.3	12.3	432701.8	99332
66246.5	16.9	5764.6	52.5	132016.1	181344
66217.0	-7.7	15326.0	45.9	120406.0	95000
66153.0	4.2	4010.0	401.3	719892.0	49000
65915.8	23.1	3442.2	16.3	45337.5	35149
65872.0	8.2	4910.0	43.1	45403.0	346415
65437.1	11.3	2783.1	475.9	475411.9	28318
64646.3	5.4	857.7	0.5	58044.3	226338
63974.0	2.5	1819.9	3.1	126726.5	412868
63961.0	-4.9	3004.0	-6.4	422065.0	51633
63933.6	-14.3	1927.6	103.1	598708.4	30021
63525.0	1.2	4857.0	-23.3	79804.0	263000
63521.6	6.6	3284.7	53.9	504119.5	62943
62761.0	5.7	9601.0	-6.9	123249.0	102700
62683.0	30.2	1460.0	-66.2	192164.0	98000
62303.6	32.7	5596.3	25.5	125176.2	187729
61316.2	16.0	3224.7	-0.4	972752.6	258433
61187.0	33.4	4590.0	-	111100.0	20245

17-7 续表 3

排名 Rank		企业名称	Company Name	国家	Country
2017	2016				
151	104	法国BPCE银行集团	Groupe BPCE	法国	France
152	134	ADM公司	Archer Daniels Midland	美国	US
153	150	联合利华	Unilever	英国/荷兰	Britain/Neth
154	130	安泰保险	Aetna	美国	US
155	180	联邦快递	Fedex	美国	US
156	146	欧尚集团	Auchan Holding	法国	France
157	141	艾伯森公司	Albertsons Cos.	美国	US
158	149	沃达丰集团	Vodafone Group	英国	Britain
159	155	联合技术公司	United Technologies	美国	US
160	148	保德信金融集团	Prudential Financial	美国	US
161	162	中国航空工业集团公司	Aviation Industry Corp. Of China	中国	China
162	204	中国宝武钢铁集团	China Baowu Steel Group	中国	China
163	192	泰国国家石油有限公司	Ptt	泰国	Thailand
164	153	西班牙电话公司	Telefónica	西班牙	Spain
165	--	丰田通商公司	Toyota Tsusho	日本	Japan
166	154	巴西布拉德斯科银行	Banco Bradesco	巴西	US
167	211	中国化工集团公司	Chemchina	中国	China
168	171	交通银行	Bank Of Communications	中国	China
169	169	瑞士罗氏公司	Roche Group	瑞士	Switzerland
170	206	百威英博	Anheuser-Busch Inbev	比利时	Belugium
171	163	荷兰国际集团	Ing Group	荷兰	Netherlands
172	49	英国法通保险公司	Legal & General Group	英国	Britain
173	182	路易达孚集团	Louis Dreyfus	荷兰	Netherlands
174	179	西斯科公司	Sysco	美国	US
175	151	巴西银行	Banco Do Brasil	巴西	Brazil
176	161	华特迪士尼公司	Walt Disney	美国	US
177	164	三菱日联金融集团	Mitsubishi Ufj Financial Group	日本	Japan
178	201	LG电子	LG Electronics	韩国	South Korea
179	167	Seven & I 控股公司	Seven & I Holdings	日本	Japan
180	176	美洲电信	América Móvil	墨西哥	Mexico
181	261	京东集团	JD.com	中国	China
182	190	中国电力建设集团有限公司	Powerchina	中国	China
183	166	哈门那公司	Humana	美国	US
184	208	韩国浦项制铁公司	Posco	韩国	South Korea
185	159	山东魏桥创业集团有限公司	Shandong Weiqiao Pioneering Group	中国	China
186	185	东京电力公司	Tokyo Electric Power	日本	Japan
187	173	辉瑞制药有限公司	Pfizer	美国	US
188	177	韩国电力公司	Korea Electric Power	韩国	Korea
189	121	英国劳埃德银行集团	Lloyds Banking Group	英国	Britain
190	194	惠普公司	Hp	美国	US
191	184	马来西亚国家石油公司	Petronas	马来西亚	Malaysia
192	202	日本三井住友金融集团	SUMITOMO MITSUI FINANCIAL GROUP	日本	Japan
193	174	拜耳集团	Bayer	德国	Germany
194	199	中国医药集团	Sinopharm	中国	China
195	198	西农	Wesfarmers	澳大利亚	Australia
196	197	Finatis公司	Finatis	法国	France
197	--	印度石油天然气公司	Oil & Nature Gas	印度	India
198	228	新日铁住金	Nippon Steel & Sumitomo Metal	日本	Japan
199	191	巴西JBS公司	Jbs	巴西	Brazil
200	178	洛克希德－马丁	Lockheed Martin	美国	US

continued

营业额 Revenues		利润额 Profits		资产额 (百万美元) Assets (mil.USD)	雇员人数 (人) Employees (person)
百万美元 (mil.USD)	比上年增长% % Change from 2016	百万美元 (mil.USD)	比上年增长% % Change from 2016		
61127.8	-13.3	3408.7	-22.7	1512788.2	104770
60828.0	-2.4	1595.0	24.7	39963.0	31300
60548.4	3.9	6823.0	19.0	72388.3	160566
60535.0	-4.1	1904.0	-16.2	55151.0	47950
60319.0	19.8	2997.0	64.7	48552.0	404336
60027.6	2.0	310.0	-52.5	42801.4	341349
59924.6	0.4	46.3	-	21812.3	275000
59838.2	2.1	2849.4	-	179059.3	106135
59837.0	4.5	4552.0	-10.0	96920.0	204700
59689.0	1.5	7863.0	80.0	831921.0	49705
59262.5	7.2	363.1	-21.8	133772.1	452178
59255.1	27.1	21.9	-95.1	114497.4	176518
58819.0	20.7	3984.1	48.6	68517.9	25275
58624.2	1.9	3530.4	34.8	138167.6	122718
58586.4	9.5	1175.4	18.0	40534.6	56827
58061.8	1.1	5353.7	4.4	369192.6	86317
57989.4	28.4	-739.0	-4222.8	122068.7	142083
57711.4	8.9	10390.3	2.7	1387938.3	94085
56634.2	6.0	8770.6	-9.8	78698.6	93734
56444.0	23.0	7996.0	544.3	246126.0	182915
56347.3	1.9	6159.1	12.0	1013302.1	54302
55999.4	-46.8	2434.9	43.4	684172.3	7570
55440.0	11.2	317.0	3.9	20394.0	17210
55371.1	9.9	1142.5	20.3	17756.7	66500
55268.6	-4.9	3329.8	65.3	408007.4	99161
55137.0	-0.9	8980.0	-4.4	95789.0	199000
54768.8	-0.8	8932.5	4.5	2886649.3	117321
54314.2	13.8	1526.7	2204.5	38509.9	74000
54217.1	0.7	1626.7	82.2	51503.9	56606
54006.0	3.5	1550.2	234.9	75968.6	191851
53964.5	37.8	-22.5	-	28264.0	157831
53870.1	10.2	946.7	-10.5	105031.2	186234
53767.0	-1.1	2448.0	298.7	27178.0	45900
53244.3	16.7	2438.3	108.8	74538.1	32287
53203.0	-5.3	1270.0	4.3	35439.2	117718
52809.1	6.8	2870.9	134.2	118422.1	41525
52546.0	-0.5	21308.0	195.3	171797.0	90200
52491.5	1.9	1148.9	-81.1	169832.7	45232
52422.4	-19.6	4901.9	76.0	1098335.1	67905
52056.0	7.9	2526.0	1.2	32913.0	49000
52027.7	5.2	8761.9	114.1	148330.9	49911
52026.0	9.8	6628.2	1.7	1871994.1	72978
51933.1	-1.2	8269.3	65.0	90162.1	99820
51844.4	8.4	690.1	36.9	43301.2	110641
51599.7	7.5	2165.9	631.5	30763.0	223000
51578.0	7.1	-66.5	-109.7	48192.8	231544
51219.3	156.9	3429.3	12.2	70571.0	42617
51163.9	19.7	1760.6	45.7	71404.2	101738
51117.6	4.7	167.4	150.0	32776.3	235000
51048.0	0.8	2002.0	-62.2	46521.0	100000

17-7 续表 4

排名 Rank		企业名称	Company Name	国家	Country
2017	2016				
201	200	法国国家人寿保险公司	Cnp Assurances	法国	France
202	238	广州汽车工业集团	Guangzhou Automobile Industry Grou	中国	China
203	186	诺华公司	Novartis	瑞士	Switzerland
204	215	日本伊藤忠商事株式会社	Itochu	日本	Japan
205	232	俄罗斯联邦储蓄银行	Sberbank	俄罗斯	Russia
206	213	德国大陆集团	Continental	德国	Germany
207	175	美国国际集团	American International Group	美国	U.S.
208	234	迪奥	Christian Dior	法国	France
209	193	东京海上日动火灾保险公司	Tokio Marine Holsings	日本	Japan
210	244	Centene公司	Centene	美国	U.S.
211	212	德国联邦铁路公司	Deutsche Bahn	德国	Germany
212	187	思科公司	Cisco Systems	美国	U.S.
213	216	招商银行	China Merchants Bank	中国	China
214	195	莱茵集团	Rwe	德国	Germany
215	214	HCA医疗保健公司	Hca Healthcare	美国	U.S.
216	217	印度国家银行	State Bank Of India	印度	India
217	275	Energy Transfer Equity公司	Energy Transfer Equity	美国	U.S.
218	224	蒂森克虏伯	Thyssenkrupp	德国	Germany
219	209	起亚汽车	Kia Motors	韩国	South Korea
220	252	中国太平洋保险	China Pacific Insurance(Group)	中国	China
221	188	MS&AD保险集团控股有限公司	Ms&Ad Insurance Group Holdings	日本	Japan
222	248	中国铝业公司	Aluminum Corp. Of China	中国	China
223	189	德意志银行	Deutsche Bank	德国	Germany
224	223	Spain对外银行	Banco Bilbao Vizcaya Argentaria	西班牙	Spain
225	210	Orange公司	Orange	法国	France
226	227	万喜集团	Vinci	法国	France
227	245	上海浦东发展银行股份有限公司	Shanghai Pudong Development Bank	中国	China
228	218	伍尔沃斯集团	Woolworths Group	澳大利亚	Australia
229	236	电装公司	Denso	日本	Japan
230	338	中国恒大集团	China Evergrande Group	中国	China
231	225	圣戈班集团	Saint-Gobain	法国	France
232	247	印度塔塔汽车公司	Tata Motors	印度	India
233	229	邦吉公司	Bunge	美国	U.S.
234	372	山东能源集团有限公司	Shandong Energy Group	中国	China
235	268	恒力集团(HENGLI GROUP)	Hengli Group	中国	China
236	219	日本KDDI电信公司	Kddi	日本	Japan
237	230	兴业银行	Industrial Bank	中国	China
238	264	卡特彼勒	Caterpillar	美国	U.S.
239	221	河钢集团有限公司	Hbis Group	中国	China
240	226	联想集团	Lenovo Group	中国	China
241	250	宏利金融	Manulife Financial	加拿大	Canada
242	101	中国兵器装备集团公司	China South Industries Group	中国	China
243	259	中国建筑材料集团有限公司	China National Building Materials Gro	中国	China
244	246	韩华集团	Hanwha	韩国	South Korea
245	233	中国船舶重工集团公司	China Shipbuilding Industry	中国	China
246	249	三井物产株式会社	Mitsui	日本	Japan
247	254	美国全国保险公司	Nationwide	美国	U.S.
248	239	丰益国际	Wilmar International	新加坡	Singapore
249	267	摩根士丹利	Morgan Stanley	美国	U.S.
250	282	住友商事	Sumitomo	日本	Japan

continued

营业额 Revenues		利润额 Profits		资产额（百万美元） Assets (mil.USD)	雇员人数（人） Employees (person)
百万美元 (mil.USD)	比上年增长% % Change from 2016	百万美元 (mil.USD)	比上年增长% % Change from 2016		
50737.4	6.1	1447.9	9.1	508283.1	5171
50322.7	21.1	989.2	79.2	39171.0	84290
50135.0	1.4	7703.0	14.8	133079.0	121597
49732.4	11.4	3613.3	11.2	81481.6	117074
49697.5	17.9	12869.0	59.3	471033.2	310277
49608.2	10.6	3364.3	8.6	44957.4	235473
49520.0	-5.4	-6084.0	-	498301.0	49800
49221.0	16.9	2525.0	45.1	87370.3	131310
48731.0	0.9	2565.0	1.5	215648.8	39191
48572.0	19.3	828.0	47.3	21855.0	33700
48124.2	7.3	839.8	9.3	67766.6	310935
48005.0	-2.5	9609.0	-10.5	129818.0	72900
47950.7	7.6	10379.4	11.1	967082.0	72530
47832.3	-0.8	2189.1	-	82923.9	59547
47653.0	6.5	2216.0	-23.3	36593.0	221491
47551.1	6.8	-706.8	-2064.9	554532.4	264041
47487.0	26.6	954.0	-4.1	86246.0	29486
47388.6	8.7	-715.7	-317.8	41427.9	158739
47360.3	4.3	856.4	-63.9	48855.0	51789
47318.8	17.7	2169.4	19.5	179856.3	101887
47094.9	-4.4	1390.5	-28.4	211350.8	41295
46683.5	15.9	-428.6	-	81593.5	123293
46511.2	-4.8	-846.5	-	1770811.7	97535
46507.8	6.4	3966.7	3.2	828601.1	131856
46324.1	2.4	2148.5	-33.8	113729.6	151556
46301.5	8.3	3096.5	11.8	83817.2	194428
46295.2	13.8	8138.1	1.8	942450.9	54263
46178.9	5.1	1156.1	-	17573.5	202000
46106.1	10.4	2893.3	21.7	54212.5	168813
46018.6	44.6	3606.1	52.2	270539.3	125526
46001.7	6.4	1765.2	21.8	51533.4	179149
45841.7	13.7	1394.4	25.4	50808.2	81090
45794.0	7.3	160.0	-78.5	18871.0	31000
45649.5	55.8	489.3	1148.9	43534.9	158840
45562.8	20.3	1016.0	23.6	18360.2	63420
45507.6	3.8	5167.5	2.4	61831.6	38826
45491.0	6.7	8463.3	4.4	985387.3	58997
45462.0	18.0	754.0	-	76962.0	98400
45390.2	3.7	-119.2	-	57767.8	123178
45349.9	5.4	-189.3	-135.4	28494.2	54000
44941.1	11.7	1621.2	-26.6	582322.0	34300
44785.4	-37.1	739.6	27.4	56394.7	211716
44701.2	13.7	15.2	-79.6	90846.9	214480
44590.3	9.8	358.6	-15.4	149659.0	52909
44431.0	5.4	716.3	47.5	76200.2	173201
44155.3	9.6	3777.1	33.7	106335.6	42304
43939.9	9.6	246.5	-26.2	221256.9	33135
43846.3	5.9	1219.3	25.4	40932.6	90000
43642.0	15.0	6111.0	2.2	851733.0	57633
43570.2	18.1	2784.6	76.6	73080.3	73016

17-7 续表 5

排名 Rank		企业名称	Company Name	国家	Country
2017	2016				
251	251	中国民生银行	China Minsheng Banking	中国	China
252	277	绿地控股集团有限公司	Greenland Holding Group	中国	China
253	289	印尼国家石油公司	Pertamina	印度尼西亚	Indonesia
254	231	意昂集团	E.on	德国	Germany
255	265	美国利宝互助保险集团	Liberty Mutual Insurance Group	美国	U.S.
256	334	中国机械工业集团有限公司	Sinomach	中国	China
257	220	瑞士再保险股份有限公司	Swiss Re	瑞士	Switzerland
258	243	美国纽约人寿保险公司	New York Life Insurance	美国	U.S.
259	271	高盛	Goldman Sachs Group	美国	U.S.
260	253	美国航空集团	American Airlines Group	美国	U.S.
261	258	百思买	Best Buy	美国	U.S.
262	306	雷普索尔公司	Repsol	西班牙	Spain
263	256	信诺	Cigna	美国	U.S.
264	376	特许通讯公司	Charter Communication	美国	U.S.
265	269	南苏格兰电力	Sse	英国	Britain
266	257	达美航空	Delta Air Lines	美国	U.S.
267	343	浙江吉利控股集团	Zhejiang Geely Holding Group	中国	China
268	263	采埃孚	Zf Friedrichshafen	德国	Germany
269	--	麦德龙	Metro	德国	Germany
270	348	物产中大集团	Wuchan Zhongda Group	中国	China
271	240	赛诺菲	Sanofi	法国	France
272	441	布鲁克菲尔德资产管理公司	Brookfield Asset Management	加拿大	Canada
273	241	中国联合网络通信股份有限公司	China United Network Communications	中国	China
274	393	Facebook公司	Facebook	美国	U.S.
275	260	霍尼韦尔国际公司	Honeywell International	美国	U.S.
276	255	默沙东	Merck	美国	U.S.
277	303	汉莎集团	Lufthansa Group	德国	Germany
278	316	力拓集团	Rio Tinto Group	英国	Britain
279	262	三菱电机股份有限公司	Mitsubishi Electric	日本	Japan
280	--	招商局集团	China Merchants Group	中国	China
281	299	沙特基础工业公司	Sabic	沙特阿拉伯	Saudi Arabia
282	266	加拿大鲍尔集团	Power Corp. Of Canada	加拿大	Canada
283	279	怡和集团	Jardine Matheson	中国	China
284	281	西班牙ACS集团	Acs	西班牙	Spain
285	296	和硕	Pegatron	中国	China
286	301	沃尔沃集团	Volvo	瑞典	Sweden
287	290	麦格纳国际	Magna International	加拿大	Canada
288	326	陕西延长石油集团	Shananxi Yanchang Petroleum Group	中国	China
289	274	中国华能集团公司	China Huaneng Group	中国	China
290	273	英国葛兰素史克公司	Glaxosmithkline	英国	Britain
291	302	Talanx公司	Talanx	德国	Germany
292	304	加拿大皇家银行	Royal Bank Of Canada	加拿大	Canada
293	288	好事达	Allstate	美国	U.S.
294	337	陕西煤业化工集团	Shaanxi Coal & Chemical Industry	中国	China
295	383	友邦保险	Aia Group	中国	China
296	350	必和必拓	Bhp Billiton	澳大利亚	Australia
297	283	泰森食品	Tyson Foods	美国	U.S.
298	335	费森尤斯集团	Fresenius	德国	Germany
299	311	Alimentation Couche-Tard公司	Alimentation Couche-Tard	加拿大	Canada
300	462	阿里巴巴集团	Alibaba Group Holdings	中国	China

continued

营业额 Revenues		利润额 Profits		资产额（百万美元）Assets (mil.USD)	雇员人数（人）Employees (person)
百万美元 (mil.USD)	比上年增长% % Change from 2016	百万美元 (mil.USD)	比上年增长% % Change from 2016		
43297.5	7.6	7370.3	2.3	906340.0	57882
42970.1	15.4	1337.2	23.2	130303.0	33473
42959.3	17.7	2540.2	-19.3	51213.6	27817
42794.7	1.4	4424.3	-	67183.0	42699
42687.0	11.4	17.0	-98.3	142502.0	50000
42638.1	32.3	471.8	-6.0	58593.3	150967
42487.0	-3.0	398.0	-89.0	222526.0	14485
42296.0	3.7	1866.9	71.6	303182.8	11114
42254.0	12.0	4286.0	-42.1	916776.0	36600
42207.0	5.0	1919.0	-28.3	51396.0	126600
42151.0	7.0	1000.0	-18.6	13049.0	125000
41862.5	21.4	2390.8	24.5	71874.4	22375
41616.0	4.9	2237.0	19.8	61753.0	46000
41581.0	43.4	9895.0	180.9	146623.0	94800
41382.8	9.4	1088.8	-47.7	32559.6	20785
41244.0	4.0	3577.0	-18.2	53292.0	86564
41171.9	31.0	1820.3	43.8	42445.6	77073
41080.2	5.6	1221.9	28.6	33421.0	146148
40957.2	-	358.4	-	18651.3	135890
40928.6	31.2	330.7	2.0	13197.8	19071
40809.7	-1.4	9506.9	82.6	119867.9	106570
40786.0	67.1	1462.0	-11.4	192720.0	80750
40663.5	-1.5	63.0	171.7	88086.2	252522
40653.0	47.1	15934.0	56.0	84524.0	25105
40534.0	3.1	1655.0	-65.6	59387.0	131000
40122.0	0.8	2394.0	-38.9	87872.0	69000
40105.2	14.6	2664.7	35.7	43548.3	110917
40030.0	18.5	8762.0	89.8	95726.0	46807
39994.9	2.2	2453.9	26.3	40106.8	142340
39970.8	24.2	4039.4	5.9	183913.8	108737
39939.1	4.7	4914.9	4.6	85992.7	34000
39493.2	3.2	1031.0	20.5	355620.2	30484
39456.0	6.5	3785.0	51.2	82814.0	444000
39337.8	6.3	904.0	8.9	38281.3	122120
39237.6	9.3	482.6	-19.5	16411.3	130052
39171.9	11.1	2455.2	59.9	50393.9	93296
38946.0	6.9	2206.0	8.6	25393.0	168000
38897.8	19.1	166.8	-	50590.3	130614
38872.0	3.5	215.6	-	159644.8	138473
38867.8	3.3	1972.6	60.3	76252.4	98462
38602.6	10.0	757.5	-24.5	190184.9	20419
38551.2	10.4	8735.6	11.4	940998.5	78210
38524.0	5.4	3189.0	69.9	112422.0	42680
38482.6	20.5	73.6	-	71262.3	119416
38330.0	35.9	6120.0	47.0	215691.0	20000
38285.0	23.9	5890.0	-	117006.0	26146
38260.0	3.7	1774.0	0.3	28066.0	122000
38196.8	17.2	2044.8	18.5	63800.4	273249
37904.5	11.0	1208.9	1.3	14171.2	120000
37770.8	60.6	9673.1	49.1	113979.4	66421

17-7 续表 6

排名 Rank		企业名称	Company Name	国家	Country
2017	2016				
301	287	美国联合大陆控股有限公司	United Continental Holdings	美国	U.S.
302	280	甲骨文公司	Oracle	美国	U.S.
303	310	森宝利	J. Sainsbury	英国	Britain
304	285	意大利邮政集团	Poste Italiane	意大利	Italy
305	298	马士基集团	Maersk Group	丹麦	Denmark
306	291	瑞银集团	Ubs Group	瑞士	Switzerland
307	300	法国布伊格集团	Bouygues	法国	France
308	293	加拿大乔治威斯顿公司	George Weston	加拿大	Canada
309	297	日本明治安田生命保险公司	Meiji Yasuda Life Insurance	日本	Japan
310	309	德国艾德卡公司	Edeka Zentrale	德国	Britain
311	294	日本三菱重工业股份有限公司	Mitsubishi Heavy Industries	日本	Japan
312	341	中国保利集团	China Poly Group	中国	China
313	237	富士通	Fujitsu	日本	Japan
314	360	巴拉特石油公司	Bharat Petroleum	印度	India
315	412	Tech Data公司	Tech Data	美国	U.S.
316	305	埃森哲	Accenture	爱尔兰	Ireland
317	347	佳能	Canon	日本	Japan
318	286	英国森特理克集团	Centrica	英国	Britain
319	278	美国教师退休基金会	Tiaa	美国	U.S.
320	317	法国国家铁路公司	SNCF Mobilites	法国	France
321	321	TJX公司	Tjx	美国	U.S.
322	329	中国光大集团	China Everbright Group	中国	China
323	450	美的集团股份有限公司	Midea Group	中国	China
324	292	意大利联合圣保罗银行	Intesa Sanpaolo	意大利	Italy
325	370	巴西淡水河谷公司	Vale	巴西	Brazil
326	—	东芝	Toshiba	日本	Japan
327	315	美国运通公司	American Express	美国	U.S.
328	235	可口可乐公司	Coca-Cola	美国	U.S.
329	324	爱信精机	Aisin Seiki	日本	Japan
330	332	Iberdrola公司	Iberdrola	西班牙	Spain
331	478	腾讯控股有限公司	Tencent Holdings	中国	China
332	307	万科企业股份有限公司	China Vanke	中国	China
333	312	中国能源建设集团有限公司	China Energy Engineering Group	中国	China
334	308	大众超级市场公司	Publix Super Markets	美国	U.S.
335	366	中国远洋海运集团有限公司	China Cosco Shipping	中国	China
336	284	巴克莱	Barclays	英国	Britain
337	351	多伦多道明银行	Toronto-Dominion Bank	加拿大	Canada
338	374	利安德巴塞尔工业公司	Lyondellbasell Industries	荷兰	Netherlands
339	205	来宝集团	Noble Group	中国	China
340	331	耐克公司	Nike	美国	U.S.
341	314	瑞士ABB集团	Abb	瑞士	Switzerland
342	330	大和房建	Daiwa House Industry	日本	Japan
343	336	中国航天科技集团公司	China Aerospace Science & Technology	中国	China
344	453	Andeavor公司	Andeavor	美国	U.S.
345	416	Enbridge公司	Enbridge	加拿大	Canada
346	355	中国航天科工集团公司	China Aerospace Science & Industry	中国	China
347	340	损保控股有限公司	Sompo Holdings	日本	Japan
348	373	铃木汽车	Suzuki Motor	日本	Japan
349	333	澳洲联邦银行	Commonwealth Bank of Australia	澳大利亚	Australia
350	242	住友生命保险公司	Sumitomo Life Insurance	日本	Japan

continued

营业额 Revenues 百万美元 (mil.USD)	营业额 Revenues 比上年增长% % Change from 2016	利润额 Profits 百万美元 (mil.USD)	利润额 Profits 比上年增长% % Change from 2016	资产额 (百万美元) Assets (mil.USD)	雇员人数 (人) Employees (person)
37736.0	3.2	2131.0	-5.8	42326.0	89800
37728.0	1.8	9335.0	4.9	134991.0	138000
37711.3	10.4	409.5	-16.6	30856.9	121200
37695.2	2.9	776.7	12.9	243359.8	136555
37500.0	5.7	-1205.0	-	63227.0	85667
37317.3	3.0	1069.8	-67.1	939794.7	61253
37259.0	5.6	1223.0	51.1	42961.1	115530
37211.6	2.8	584.9	41.0	30730.4	198000
37159.7	3.9	2392.2	15.9	390702.8	42261
37125.4	8.6	345.0	-3.1	8863.8	369000
37103.2	2.7	636.2	-21.4	51609.6	80652
37001.9	17.4	1152.6	54.9	138876.4	88407
36990.9	-11.1	1528.4	87.2	29356.9	140365
36851.1	21.6	1397.5	7.5	18464.9	12924
36775.0	40.2	116.6	-40.2	12652.6	14000
36765.5	5.7	3445.1	-16.2	22689.9	425000
36388.4	16.4	2157.6	55.8	46153.7	197776
36082.7	-1.4	428.8	-81.0	27952.4	34901
36025.3	-2.9	1049.7	-29.7	583631.7	16829
35880.4	6.3	1280.5	126.6	47827.8	201816
35864.7	8.1	2607.9	13.5	14058.0	249000
35840.2	10.4	1895.1	0.9	686170.8	66100
35794.2	48.8	2557.3	15.7	38099.9	101826
35751.9	-1.3	8246.7	139.7	956845.6	96892
35713.0	21.6	5507.0	38.3	99184.0	74098
35630.0	-20.7	7256.8	-	41928.1	141256
35583.0	5.2	2736.0	-49.4	181159.0	55000
35410.0	-15.4	1248.0	-80.9	87896.0	61800
35281.1	7.3	1214.4	3.9	33178.9	114478
35240.4	9.1	3160.7	5.7	132911.3	28750
35178.8	53.8	10580.6	71.0	85176.9	44796
35117.4	1.9	4150.5	31.2	178968.0	77708
35048.3	3.3	371.7	-11.7	54635.0	168260
34836.8	1.6	2291.9	13.1	18183.5	193000
34667.8	16.6	1404.3	-5.7	109043.9	100550
34506.6	-6.2	-1652.0	-158.8	1532658.9	79900
34500.6	11.8	7946.7	19.6	992315.2	83160
34484.0	18.2	4879.0	27.2	26206.0	13400
34420.8	-26.0	-4938.2	-57169.6	4809.5	500
34350.0	6.1	4240.0	12.8	23259.0	74400
34312.0	1.4	2213.0	16.5	43262.0	134800
34261.7	5.7	2133.3	14.6	37950.5	60539
34253.6	6.7	2225.2	11.5	63057.5	173102
34204.0	42.5	1528.0	108.2	28573.0	14300
34195.7	31.2	2203.0	41.1	129384.6	12700
34073.0	11.4	1607.1	11.3	44273.7	145987
34027.5	7.8	1262.0	-17.8	112370.2	48544
33911.7	15.9	1947.1	31.9	31419.4	65179
33886.9	5.0	7484.7	11.5	748753.1	45614
33820.7	-17.4	630.3	21.8	338911.3	42835

17–7 续表 7

排名 Rank		企业名称	Company Name	国家	Country
2017	2016				
351	402	全球燃料服务公司	World Fuel Services	美国	U.S.
352	349	三菱化学控股	Mitsubishi Chemical Holdings	日本	Japan
353	467	碧桂园控股有限公司	Country Garden Holdings	中国	China
354	390	广达电脑	Quanta Computer	中国	China
355	327	德国中央合作银行	DZ Bank	德国	Germany
356	344	Exelon公司	Exelon	美国	U.S.
357	270	万通人寿保险公司	Massachusetts Mutual Life Insurance	美国	U.S.
358	356	日本钢铁工程控股公司	Jfe Holdings	日本	Japan
359	320	冀中能源集团	Jizhong Energy Group	中国	China
360	494	厦门国贸控股集团有限公司	Xiamen Itg Holding Group	中国	China
361	——	雪松控股集团	Cedar Holdings Group	中国	China
362	488	厦门建发集团有限公司	Xiamen C&D	中国	China
363	444	康菲石油公司	Conocophillips	美国	U.S.
364	365	江苏沙钢集团	Jiangsu Shagang Group	中国	China
365	353	普利司通	Bridgestone	日本	Japan
366	342	安达保险公司	Chubb	瑞士	Switzerland
367	357	日本瑞穗金融集团	Mizuho Financial Group	日本	Japan
368	369	台积电	Taiwan Semiconductor Manufacturing	中国	China
369	362	中国电子信息产业集团有限公司	China Electronics	中国	China
370	339	江西铜业集团公司	Jiangxi Copper	中国	China
371	439	中国航空油料集团公司	China National Aviaton Fuel Group	中国	China
372	359	CHS公司	Chs	美国	U.S.
373	354	瑞士信贷	Credit Suisse Group	瑞士	Switzerland
374	319	长江和记实业有限公司	CK Hutchison Holdings Limited	中国	China
375	——	象屿集团	Xiamen Xiangyu Group	中国	China
376	361	3M公司	3M	美国	U.S.
377	346	英国电信集团	Bt Group	英国	Britain
378	367	马自达汽车株式会社	Mazda Motor	日本	Japan
379	371	时代华纳	Time Warner	美国	U.S.
380	323	现代摩比斯公司	Hyundai Mobis	韩国	South Korea
381	322	新兴际华集团	Xinxing Cathay International Group	中国	China
382	363	CRH公司	Crh	爱尔兰	Ireland
383	345	通用动力	General Dynamics	美国	U.S.
384	352	斯巴鲁公司	Subaru	日本	Japan
385	318	中国中车股份有限公司	CRRC Corporation Limited	中国	China
386	388	斯伦贝谢公司	Schlumberger	美国	U.S.
387	325	来德爱	Rite Aid	美国	U.S.
388	400	中国电子科技集团	China Electronics Technology Group	中国	China
389	272	江森自控国际公司	Johnson Controls International	爱尔兰	Ireland
390	401	联合服务汽车协会	United Services Automobile Assn.	美国	U.S.
391	395	第一资本金融公司	Capital One Financial	美国	U.S.
392	379	欧莱雅	L'Oréal	法国	France
393	364	中国船舶工业集团公司	China State Shipbuilding	中国	China
394	407	迪尔公司	Deere	美国	U.S.
395	368	国家电力投资集团公司	State Power Investment	中国	China
396	377	美敦力公司	Medtronic	爱尔兰	Ireland
397	382	中国华电集团公司	China Huadian	中国	China
398	423	日本出光兴产株式会社	Idemitsu Kosan	日本	Japan
399	——	兖矿集团	Yankuang Group	中国	China
400	——	国际资产控股公司	INTL Fcstone	美国	U.S.

continued

营业额 Revenues		利润额 Profits		资产额（百万美元）Assets (mil.USD)	雇员人数（人）Employees (person)
百万美元 (mil.USD)	比上年增长% % Change from 2016	百万美元 (mil.USD)	比上年增长% % Change from 2016		
33695.5	24.7	-170.2	-234.5	5587.8	5000
33615.5	7.9	1911.5	32.6	44207.6	69230
33572.0	45.7	3856.3	122.4	161190.0	124837
33563.8	21.1	472.2	0.6	20617.7	109624
33562.8	2.8	1078.7	-33.5	607101.3	28201
33531.0	6.9	3770.0	232.5	116700.0	34621
33495.4	-11.4	513.0	-59.7	288854.8	11811
33202.2	8.7	1305.5	108.2	41953.4	61234
33187.8	-0.5	-141.5	-	35380.7	118660
32901.6	50.0	106.3	198.4	15282.1	19639
32711.5	38.4	1068.1	27.1	20737.8	31065
32588.4	47.2	305.1	8.9	32280.1	21133
32584.0	33.8	-855.0	-	73362.0	11400
32560.5	9.0	1061.8	201.6	26829.1	34634
32494.6	5.9	2571.0	5.3	35150.8	142669
32243.0	2.5	3861.0	-6.6	167022.0	31000
32141.8	5.8	5203.8	-6.6	1928226.3	60051
32126.4	9.3	11339.3	10.3	66949.0	48602
31990.4	6.6	166.8	-48.2	40399.7	137135
31964.1	0.9	113.5	457.3	18888.8	24416
31942.2	29.9	401.6	25.5	7810.0	12643
31934.8	5.2	127.9	-69.9	15973.8	11626
31900.3	4.3	-998.7	-	817293.4	46840
31892.4	-4.7	4504.5	5.9	140751.6	300000
31676.4	69.8	147.2	34.6	14081.5	7926
31657.0	5.1	4858.0	-3.8	37987.0	91536
31438.9	0.3	2692.9	8.4	59970.5	105800
31355.7	5.7	1011.4	16.9	25656.8	49755
31271.0	6.7	5247.0	33.6	69209.0	26000
31090.6	-5.7	1387.3	-47.0	38991.8	29492
31078.2	-6.3	440.0	-1.8	21110.4	56701
31069.4	3.7	2136.1	55.4	37983.9	89213
30973.0	-1.2	2912.0	-1.5	35046.0	98600
30734.7	0.1	1988.9	-23.7	27126.1	37771
30634.1	-9.2	1597.7	-6.0	57612.2	176754
30440.0	9.5	-1505.0	-	71987.0	100000
30215.4	-8.0	943.5	23178.3	8989.3	48410
30175.5	10.6	1774.3	10.1	46790.3	168923
30172.0	-19.9	1611.0	-	51884.0	121000
30015.8	10.6	2421.9	36.1	155390.5	32705
29999.0	9.0	1982.0	-47.2	365693.0	49300
29925.8	4.7	4037.0	17.5	42434.1	82606
29796.9	-0.3	370.8	0.9	44674.5	70009
29737.7	11.6	2159.1	41.7	65786.3	60476
29726.5	0.8	198.6	-54.5	154358.3	127182
29710.0	3.0	4028.0	13.8	99816.0	102688
29611.8	5.0	333.3	-7.6	122354.9	105006
29605.5	14.4	1464.9	80.0	27464.2	8955
29473.5	40.1	-280.1	-	44190.7	104746
29423.6	99.4	6.4	-88.3	6243.4	1607

17-7 续表 8

排名 Rank		企业名称	Company Name	国家	Country
2017	2016				
401	378	西北互助人寿保险公司	Northwestern Mutual	美国	U.S.
402	328	意大利联合信贷集团	Unicredit Group	意大利	Italy
403	469	Enterprise Products公司	Enterprise Products Partners	美国	U.S.
404	458	仁宝电脑	Compal Electronics	中国	China
405	295	拉加什出口有限公司	Rajesh Exports	印度	India
406	386	法国航空－荷兰皇家航空集团	Air France-Klm Group	法国	France
407	394	Travelers Cos.公司	Travelers Cos.	美国	U.S.
408	428	Inditex公司	Inditex	西班牙	Spain
409	181	慧与公司	Hewlett Packard Enterprise	美国	U.S.
410	411	国泰人寿保险股份有限公司	Cathay Life Insurance	中国	China
411	406	菲利普－莫里斯国际公司	Philip Morris International	美国	U.S.
412	392	Coop集团	Coop Group	瑞士	Switzerland
413	387	康帕斯集团	Compass Group	英国	Britain
414	391	西太平洋银行	Westpac Banking	澳大利亚	Australia
415	385	Migros集团	Migros Group	瑞士	Switzerland
416	396	二十一世纪福克斯	Twenty-First Century Fox	美国	U.S.
417	403	菲尼克斯医药公司	Phonenix Pharma	德国	Germany
418	381	Medipal控股公司	Medipal Holdings	日本	Japan
419	404	法国威立雅环境集团	Veolia Environnement	法国	France
420	389	关西电力	Kansai Electric Power	日本	Japan
421	413	三星人寿保险	Samsung Life Insurance	韩国	South Korea
422	429	艾伯维	Abbvie	美国	U.S.
423	375	荷兰皇家飞利浦公司	Royal Philips	荷兰	Netherlands
424	399	施耐德电气	Schneider Electric	法国	France
425	420	住友电工	Sumitomo Electric Industries	日本	Japan
426	446	达能	Danone	法国	France
427	485	苏宁易购集团	Suning.com Group	中国	China
428	--	鞍钢集团公司	Ansteel Group	中国	China
429	417	西班牙天然气公司	Gas Natural Fenosa	西班牙	Spain
430	424	加拿大丰业银行	Bank of Nova Scotia	加拿大	Canada
431	--	首钢集团	Shougang Group	中国	China
432	--	纬创集团	Wistron	中国	China
433	--	雅培公司	Abbott Laboratories	美国	U.S.
434	427	法国邮政	La Poste	法国	France
435	463	KOC集团	Koç Holding	土耳其	Turkey
436	--	台湾中油股份有限公司	CPC Corporation	中国	China
437	464	前进保险公司	Progressive	美国	U.S.
438	486	GS加德士	Gs Caltex	韩国	South Korea
439	426	曼福集团	Mapfre Group	西班牙	Spain
440	456	艾睿电子	Arrow Electronics	美国	U.S.
441	434	德科集团	Adecco Group	瑞士	Switzerland
442	--	SK海力士公司	SK Hynix	韩国	South Korea
443	408	东日本旅客铁道株式会社	East Japan Railway	日本	Japan
444	398	拉法基豪瑞集团	Lafargeholcim	瑞士	Switzerland
445	473	Altice公司	Altice	荷兰	Netherlands
446	443	SAP公司	Sap	德国	Germany
447	474	Onex公司	Onex	加拿大	Canada
448	418	澳新银行集团	Australia & New Zealand Banking Group	澳大利亚	Australia
449	--	英美资源集团	Anglo American	英国	Britain
450	477	任仕达控股公司	Randstad Holding	荷兰	Netherlands

continued

营业额 Revenues		利润额 Profits		资产额 (百万美元) Assets (mil.USD)	雇员人数 (人) Employees (person)
百万美元 (mil.USD)	比上年增长% % Change from 2016	百万美元 (mil.USD)	比上年增长% % Change from 2016		
29331.0	1.8	1017.0	24.3	265049.0	5437
29257.2	-10.1	6169.3	-	1004790.7	91952
29241.5	27.0	2799.3	11.4	54418.1	7000
29175.2	22.7	189.0	-25.0	12213.7	63491
29124.9	-19.4	196.4	5.7	3608.8	350
29064.1	4.1	-308.9	-135.3	29308.4	80595
28902.0	4.6	2056.0	-31.8	103483.0	30800
28887.2	12.3	3840.1	10.2	25200.5	171839
28871.0	-42.4	344.0	-89.1	61406.0	66000
28804.5	9.6	1192.8	27.7	204963.2	39822
28748.0	7.7	6035.0	-13.4	42968.0	80600
28600.6	3.4	492.7	2.2	19995.9	74532
28577.6	2.7	1470.2	4.4	14727.0	588112
28564.5	3.1	6083.2	11.1	668294.5	35096
28518.3	1.3	524.2	-24.4	66284.5	79303
28500.0	4.3	2952.0	7.2	50724.0	21700
28401.3	5.3	184.4	36.1	10410.0	27638
28397.8	0.4	313.9	17.2	15250.4	15993
28320.8	5.0	452.7	6.9	46000.4	164385
28283.4	1.8	1370.8	5.5	65692.5	32520
28272.5	7.8	1031.6	-41.7	264119.8	5244
28216.0	10.1	5309.0	-10.8	70786.0	29000
28071.1	-3.2	1867.8	16.6	30397.5	73951
27890.7	2.1	2423.5	25.2	47849.4	142013
27819.6	7.1	1086.1	9.4	28376.8	255133
27816.3	14.6	2765.1	45.4	53155.6	104843
27805.7	24.3	623.3	487.8	24151.8	121102
27792.0	32.6	61.1	-	54643.1	145771
27652.9	6.1	1533.0	2.9	56822.8	15374
27554.5	6.7	6119.1	14.1	710119.5	88645
27488.7	35.4	0.9	-	76956.8	115482
27480.0	34.3	127.7	39.1	10979.9	82955
27390.0	31.3	477.0	-65.9	76250.0	99000
27177.2	5.5	959.3	2.2	296184.0	236223
27108.4	15.6	1345.9	17.6	27452.5	94111
27105.5	26.6	1324.9	45.5	25043.6	14814
26839.0	14.5	1592.2	54.4	38701.2	33656
26821.2	20.8	1272.2	4.2	18762.9	2920
26817.2	4.0	789.6	-7.9	81135.3	36271
26812.5	12.5	402.0	-23.1	16462.8	18800
26669.9	6.2	888.2	11.1	11875.6	34000
26636.3	79.7	9414.0	269.8	42431.3	28000
26627.4	0.2	2608.1	1.7	76626.3	86389
26545.3	-2.8	-1701.7	-193.6	65358.7	81960
26489.3	15.4	-615.5	-	86980.1	47143
26445.6	8.4	4529.2	12.3	51029.1	88543
26290.0	14.6	2394.0	-	44679.0	207000
26282.7	1.0	4877.2	16.1	703950.7	44896
26243.0	22.8	3166.0	98.6	54561.0	69000
26233.5	14.7	711.7	9.5	11723.0	37930

17-7 续表 9

排名 Rank 2017	2016	企业名称	Company Name	国家	Country
451	410	卡夫亨氏公司	Kraft Heinz	美国	U.S.
452	--	Plains GP Holdings公司	Plains GP Holdings	美国	U.S.
453	--	英美烟草集团	British American Tobacco	英国	Britain
454	--	墨西哥国家电力公司	CFE	墨西哥	Mexico
455	358	Gilead Sciences公司	Gilead Sciences	美国	U.S.
456	495	新疆广汇实业投资(集团)有限责任公司	Xinjiang Guanghui Industry Investment	中国	China
457	415	诺基亚	Nokia	芬兰	Finland
458	447	三星C&T公司	Samsung c&t	韩国	South Korea
459	421	亿滋国际	Mondelez International	美国	U.S.
460	435	国际航空集团	International Airlines Group	英国	Britain
461	440	美国诺斯洛普格拉曼公司	Northrop Grumman	美国	U.S.
462	451	日本中部电力	Chubu Electric Power	日本	Japan
463	437	日本电气公司	Nec	日本	Japan
464	459	阳光龙净集团有限公司	Yango Longking Group	中国	China
465	--	中国太平保险集团有限责任公司	China Taiping Insurance Group	中国	China
466	455	伟创力	Flex	新加坡	Singapore
467	449	雷神公司	Raytheon	美国	U.S.
468	454	中国大唐集团公司	China Datang	中国	China
469	--	波兰国营石油公司	PKN Orlen Group	波兰	Poland
470	487	巴西Ultrapar控股公司	Ultrapar Holdings	巴西	Brazil
471	--	KB金融集团	KB Financial Group	韩国	South Korea
472	409	Achmea公司	Achmea	荷兰	Netherlands
473	425	梅西百货	Macy'S	美国	U.S.
474	480	阿联酋航空集团	Emirates Group	阿联酋	U.A.E
475	468	喜力控股公司	Heineken Holding	荷兰	Netherlands
476	--	森科能源公司	Suncor Energy	加拿大	Canada
477	--	巴登-符滕堡州能源公司	Energie Baden-Württemberg	德国	Germany
478	466	米其林公司	Michelin	法国	France
479	--	富邦金融控股股份有限公司	Fubon Financial Holding	中国	China
480	--	阿迪达斯集团	Adidas	德国	Germany
481	476	山西晋城无烟煤矿业集团有限责任公司	Shanxi Jincheng Anthracite Coal Mining Group	中国	China
482	457	贺利氏控股集团	Heraeus Holding	德国	Germany
483	479	乐金显示	Lg Display	韩国	South Korea
484	--	DXC Technology公司	DXC Technology	美国	U.S.
485	405	澳大利亚国民银行	National Australia Bank	澳大利亚	Australia
486	123	德国Ceconomy公司	Ceconomy	德国	Germany
487	--	FMX公司	Fomento Económico Mexicano	墨西哥	Mexico
488	475	美国食品控股公司	Us Foods Holding	美国	U.S.
489	--	泰康保险集团	Taikang Insurance Group	中国	China
490	481	美国合众银行	U.S. Bancorp	美国	U.S.
491	--	德国勃林格殷格翰公司	Boehringer-Ingelheim	德国	Germany
492	472	荷兰合作银行	Rabobank Group	荷兰	Netherlands
493	--	希杰集团	CJCorporation	韩国	South Korea
494	445	山西阳泉煤业(集团 有限责任公司	Yangquan Coal Industry Group	中国	China
495	448	潞安集团	Shanxi Luan Mining Group	中国	China
496	--	河南能源化工集团	Henan Energy & Chemical	中国	China
497	430	大同煤矿集团有限责任公司	Datong Coal Mine Group	中国	China
498	452	BAE系统公司	Bae Systems	英国	Britain
499	--	青岛海尔	Qingdao Haier	中国	China
500	419	爱立信公司	Ericsson	瑞典	Sweden

continued

营业额 Revenues		利润额 Profits		资产额（百万美元）Assets (mil.USD)	雇员人数（人）Employees (person)
百万美元 (mil.USD)	比上年增长% % Change from 2016	百万美元 (mil.USD)	比上年增长% % Change from 2016		
26232.0	-1.0	10999.0	202.8	120232.0	39000
26223.0	29.9	-731.0	-877.7	26753.0	4850
26128.2	31.2	48327.8	670.4	190746.6	62270
26108.3	38.6	5704.4	39.8	80467.2	90000
26107.0	-14.1	4628.0	-65.7	70283.0	10000
26106.0	19.1	32.5	-87.1	37727.4	79747
26091.7	-0.2	-1684.1	-	49260.3	101731
25901.7	7.0	566.0	511.8	45823.0	12953
25896.0	-0.1	2922.0	76.1	63109.0	83000
25894.4	3.8	2255.6	5.6	32734.1	63422
25803.0	5.3	2015.0	-8.4	34917.0	70000
25753.2	7.2	671.3	-36.6	52009.7	30635
25673.3	4.4	414.0	64.3	26533.9	111200
25605.1	8.2	452.5	184.2	45226.7	20105
25597.5	18.6	449.2	53.4	85774.0	77472
25441.3	6.6	428.5	34.1	13715.9	200000
25348.0	5.3	2024.0	-8.5	30860.0	64000
25299.2	6.0	341.7	40.1	110688.9	96735
25256.1	25.2	1762.5	32.2	17462.3	20262
25064.6	13.1	493.2	10.2	8545.8	16448
25052.4	56.4	2929.5	58.6	408058.3	26846
24872.0	-6.1	242.4	-	109205.1	14582
24837.0	-3.7	1547.0	149.9	19381.0	130000
24836.9	8.9	761.2	123.7	34737.4	62356
24831.4	7.8	1101.3	27.8	49272.3	80425
24793.4	21.9	3435.1	949.2	71435.2	12381
24769.4	15.6	2315.4	-	46571.7	19939
24753.7	7.1	1916.3	3.4	30339.8	107807
24688.3	11.0	1778.9	18.5	232586.7	44173
24669.1	15.6	1236.6	10.0	17437.6	56888
24658.7	7.8	57.3	1820.1	38267.0	132846
24622.3	3.5	-	-	5798.9	13073
24584.6	7.6	1594.8	104.1	27241.9	53891
24556.0	222.8	1751.0	-	33921.0	150000
24549.8	-8.9	4023.8	1453.8	618439.6	33422
24432.1	-62.3	1215.3	82.7	9787.2	57582
24340.8	13.8	2241.8	98.2	30083.6	295097
24147.2	5.4	444.3	111.8	9037.2	25204
24058.3	27.8	1683.2	32.9	109467.8	52424
23996.0	5.5	6218.0	5.6	462040.0	72402
23888.0	17.6	-258.1	-112.6	34085.0	49610
23812.4	-6.6	1701.0	105.4	724052.6	43810
23795.8	15.3	410.2	113.4	27396.7	55424
23792.8	-2.0	-117.1	-1150.3	33075.6	135723
23784.5	-1.3	0.5	-	37128.2	95796
23699.4	26.9	-68.6	-	39857.3	182480
23697.5	-7.5	66.8	-	51065.7	160836
23591.6	-1.7	1099.6	-10.8	30366.5	76000
23563.2	31.5	1024.7	35.2	23259.1	76896
23556.3	-9.4	-4119.8	-2155.2	31830.3	100735

主要统计指标解释

人文发展指数 是人类发展的一项综合指标，它测量了人类发展的三个方面的平均成就：寿命，教育程度以及体面的生活。人文发展指数是对这三个方面的指标标准化后的几何平均值。

期望受教育年限 是指在现有入学率保持不变的情况下适龄儿童预期获得的受教育年限。

平均受教育年限 是指25岁及以上人口已经获得的文化程度转换成理论教育年限的平均值。

KOF 全球化指数 包括经济，社会和政治三个方面的全球化，是 23 个具体指标标准化后的加权平均值。全球化被定义为突破国家的界限，融合国家的经济、文化、技术和管理，并产生相互依存的复杂关系的过程。经济全球化是指商品、资本和服务以及伴随着市场交流的信息与观念的长途流动；政治全球化是指政府政策的扩散；社会全球化是指思想、信息、图像和人的传播。

全球竞争力指数（GCI），通过测算一个国家的经济、社会、政治、文化教育等各方面情况来评价国家竞争力。全球竞争力的指标体系由三个层次构成：第一层次包括基本条件、效率增强及创新与成熟度三大板块；第二层次是 12 个竞争力“支柱”，包括制度、基础设施、宏观经济环境、健康与初等教育、高等教育与培训、商品市场效率、劳动力市场效率、金融市场发展、技术就绪度、市场规模、商业成熟度和创新等；第三层次是具体指标。

ICT 发展指数（IDI） 是衡量和跟踪各国在迈向信息社会的过程中所取得总体进展的有用工具，是一项由涵盖 ICT 获取、使用和技能三个方面的 11 个指标组成的综合指数，旨在根据发达国家和发展中国家的情况来衡量长期以来 ICT 发展的水平和变化。ICT 发展指数包括的具体指标有：每百人固定电话用户数、每百人移动电话用户数、互联网用户的平均带宽、拥有计算机家庭所占百分比、接入互联网家庭所占百分比、使用互联网个人所占百分比、每百人固定宽带用户数、每百人移动宽带用户、成人识字率、中等教育和高等教育综合入学率。

幸福指数 是衡量一国幸福感的综合指标，由联合国可持续发展解决方案网络（SDSN）与哥伦比亚大学地球研究所自 2012 起开始计算和发布。幸福感调查以盖洛普全球民意调查为基础，通过人均 GDP、健康期望寿命、社会支持度、慷慨指数、自由度和贪污腐败程度六个方面作为评判基础和标准。幸福指数是对这六个方面的加权平均值，幸福指数在 0 和 10 之间，指数越大表明幸福程度越高，指数越小表明幸福程度越低。

全球创新指数（GII） 是通过对创新的制度与政策、人力资本与研究、基础设施、市场成熟度、企业成熟度、知识与技术产出以及创新产出等方面的综合评价来衡量一个国家的经济创新能力。

Explanatory Notes on Main Statistical Indicators

The Human Development Index (HDI) is a summary measure of human development. It measures the average achievements in a country in three basic dimensions of human development: a long and healthy life, access to knowledge and a decent standard of living. The HDI is the geometric mean of normalized indices measuring achievements in each dimension.

Expected years of schooling Number of years of schooling that a child of school entrance age can expect to receive if prevailing patterns of age-specific enrolment rates were to stay the same throughout the child's life.

Mean years of schooling Average number of years of education received by people ages 25 and older in their lifetime based on education attainment levels of the population converted into years of schooling based on theoretical durations of each level of education attended.

The KOF Index of Globalization covers the economic, social and political dimensions of globalization and is the weighted average value of standardized twenty-three indicators. Globalization is conceptualized as a process that erodes national boundaries, integrates national economies, cultures, technologies and governance and produces complex relations of mutual interdependence. economic globalization, characterized as long distance flows of goods, capital and services as well as information and perceptions that accompany market exchanges; political globalization, characterized by a diffusion of government policies; and social globalization, expressed as the spread of ideas, information, images and people.

Global Competitiveness Index (GCI) assess national competitiveness by measuring a country's economic, social, political, cultural, educational and other aspects. GCI system consists of three layers: The first level includes three plates of Basic requirements, Efficiency enhancers and Innovation and sophistication factors; The second level is the competitiveness of 12 major "pillars", including Institutions, Infrastructure, Macroeconomic environment, Health and primary education, Higher education and training, Goods market efficiency, Labor market efficiency, Financial market development, Technological readiness, Market size, Business sophistication, and Innovation; The third level is the specific indicators.

The ICT Development Index (IDI) is a useful tool to benchmark and track the overall progress countries are making towards becoming information societies. The IDI is a composite index made up of 11 indicators covering ICT access, use and skills. It has been constructed to measure the level and evolution over time of ICT developments, taking into consideration the situations of both developed and developing countries. IDI includes the following indicators: Fixed-telephone subscriptions per 100 inhabitants, Mobile-cellular telephone subscriptions per 100 inhabitants, International Internet bandwidth (bit/s) per Internet user, Percentage of households with a computer, Percentage of households with Internet access at home, Percentage of individuals using the Internet, Fixed (wired)-broadband Internet subscriptions per 100 inhabitants, Active mobile-broadband subscriptions per 100 inhabitants, Adult literacy rate, Gross enrolment ratio of secondary and tertiary level.

Happiness Index is a summary measure the degree of happiness of a country. It is designed and published by UN Sustainable Development Solutions Network (SDSN) and the Earth Institute at Columbia University from 2012. The Happiness survey is based on the Gallup World Pull through six factors as the foundation and standard. The six factors are GDP per capita, healthy years of life expectancy, social support, generosity, perceived freedom to make life decisions, corruption in government and business. The Happiness Index is the weighted average of the above six factors, it is between 0-10. The bigger data shows the higher level happiness, the smaller shows the lower level happiness.

Global Innovation Index(GII) evaluates a country's economic innovation ability based on measuring innovation institutions, human capital and research, infrastructure, market sophistication, business sophistication, knowledge and technology outputs, and creative outputs.

附　录

Appendix

附录1　主要国际组织及缩写

一、主要国际组织及其组成成员

经济合作与发展组织（经合组织，OECD），成员国有36个：澳大利亚、奥地利、比利时、加拿大、智利、捷克、丹麦、爱沙尼亚、芬兰、法国、德国、希腊、匈牙利、冰岛、爱尔兰、以色列、意大利、日本、韩国、拉脱维亚、立陶宛、卢森堡、墨西哥、荷兰、新西兰、挪威、波兰、葡萄牙、斯洛伐克、斯洛文尼亚、西班牙、瑞典、瑞士、土耳其、英国、美国。

欧洲联盟（欧盟，EU），成员国有28个：法国、德国、意大利、荷兰、比利时、卢森堡、丹麦、爱尔兰、英国、希腊、西班牙、葡萄牙、奥地利、芬兰、瑞典、塞浦路斯、捷克、爱沙尼亚、匈牙利、拉脱维亚、立陶宛、马耳他、波兰、斯洛伐克、斯洛文尼亚、保加利亚、罗马尼亚和克罗地亚。

欧洲货币联盟（欧元区，Euro Area），成员国有19个：德国、比利时、奥地利、荷兰、法国、意大利、西班牙、葡萄牙、卢森堡、爱尔兰、芬兰、希腊、斯洛文尼亚、塞浦路斯、马耳他、斯洛伐克、爱沙尼亚、拉脱维亚和立陶宛。

东南亚国家联盟（东盟，ASEAN），成员国有10个：菲律宾、马来西亚、泰国、新加坡、印度尼西亚、文莱（1984年）、越南（1995年）、缅甸（1997年）、老挝（1997年）和柬埔寨（1999年）。

北美自由贸易区（NAFTA）：成立于1994年1月1日，成员国有3个，加拿大、墨西哥和美国。

西方七国（G7）：包括美国、日本、英国、德国、法国、意大利和加拿大。

二、主要国家(地区)分类

按收入分组国家：按照世界银行2017年分组标准，高收入国家指按图表集法计算的人均国民总收入12056美元及以上的国家，中等偏上收入国家指人均国民总收入3896美元至12055美元的国家，中等偏下收入国家指人均国民总收入995美元至3895美元的国家，低收入国家指人均国民总收入995美元及以下的国家。

发达国家与发展中国家：联合国统计司对“发达国家”及“发展中国家”没有一个明确的划分标准。通常是把亚洲的日本、北美的加拿大和美国、大洋洲的澳大利亚和新西兰、欧洲（除前南斯拉夫、东欧、独联体外）都列入发达国家。在国际贸易统计中，南部非洲关税联盟和以色列被认为是发达地区和国家；前南斯拉夫为发展中国家，东欧国家和在欧洲的独联体国家既不是发达国家，也不是发展中国家。

国际货币基金组织指出“发达经济体”包括39个国家或地区，他们是：澳大利亚、奥地利、比利时、加拿大、塞浦路斯、捷克、丹麦、爱沙尼亚、芬兰、法国、德国、希腊、中国香港、冰岛、爱尔兰、以色列、意大利、日本、韩国、拉脱维亚、立陶宛、卢森堡、中国澳门、马耳他、荷兰、新西兰、挪威、葡萄牙、波多黎各、圣马力诺、新加坡、斯洛伐克、斯洛文尼亚、西班牙、瑞典、瑞士、中国台湾、英国及美国。其他为新兴市场及发展中经济体。

三、本年鉴中使用的缩写及含义如下：

sq.km (square kilometer) =平方公里
ha (hectare) =公顷
kwh (kilowatt-hour) =千瓦时
g (gram) =克
kg (kilogram) =千克
TJ (terojoule) =1012焦耳
TCE (ton of standard coal equivalent) =吨标准煤当量
TOE (ton of standard oil equivalent) =吨标准油当量
UNSD (Statistics Division of the United Nations) =联合国统计司
IMF (International Monetary Fund) =国际货币基金组织
FAO (Food and Agriculture Organization of the United Nations) =联合国粮食及农业组织
UNCTAD (United Nations Conference on Trade and Development) =联合国贸易和发展会议
UNDP (United Nations Development Program) =联合国开发计划署
ILO (International Labor Organization) =国际劳工组织
WHO (World Health Organization) =世界卫生组织